Versuche

im

Gebiete des Civilrechts

von

Dr. Wilhelm Sell,

Privatdocenten der Rechte zu Giessen.

Erster Theil.

Verlag von J. Ricker in Giessen.

Ausgegeben im März 1833.

Vorwort.

Der Verfasser hat für die nachfolgenden Versuche nicht allein solche Gegenstände der Untersuchung gewählt, bei welchen nur aus verschiedenen, bereits ausgesprochenen und begründeten Ansichten eine bestimmte hervorzuheben, und nach ihren überwiegenden Gründen zu prüfen war, sondern sein Bestreben ist vorzüglich auch darauf gerichtet gewesen, solche Rechtsfragen zu erörtern, bei deren Untersuchung er noch keinen Vorgänger gehabt, bei denen vielmehr unmittelbar aus den Quellen zu schöpfen, und die ursprüngliche Begründung des Ganzen, wie die Durchführung im Einzelnen, dem eignen Urtheile überlassen war.

Das kann namentlich von der ersten Abhandlung gesagt werden, welche sowohl um ihres äußeren Umfangs willen, als wegen der theoretischen und practischen Wichtigkeit ihres Gegenstandes die bedeutendste von den in dem vorliegenden ersten Theile enthaltenen Abhandlungen ist.

Ob dem Verf. nun gelungen, sogleich die rechte Bahn betreten zu haben, mögen die geübteren Wanderer beurtheilen, welche es der Mühe werth achten, ihm auf seinem Wege prüfend zu folgen.

Ruhigen, unbefangenen Tadel des humanen Beurtheilers fürchtet der Verf. im Bewußtseyn seines redlichen Strebens nicht. Seine Arbeit kündigt sich als Versuche an, und er hegt dabei die Hoffnung, daß, wenn die gewählten Gegenstände der Untersuchung auch nicht völlig erschöpft worden sind, seine Bemühungen doch das Verdienst haben werden, als nicht verwerfliche Mittel zur Vorbereitung einer tieferen Forschung zu dienen. Sich selbst kann der Verf. wenigstens das unpartheiische Zeugniß geben, daß er, soweit seine Kräfte reichen, in den Quellen mit Eifer nachgeforscht, und das Aufgefundene mit Fleiße zu Tage gefördert und zusammengestellt hat.

Vielleicht dürfte ihm an manchen Stellen der Einwurf gemacht werden, daß die Untersuchung kürzer hätte zusammengefaßt werden können. Dagegen vertheidigt sich der Verf. mit der Versicherung, daß bei dem Streben nach möglichster Gründlichkeit und Vielseitigkeit in der Behandlung zwar manches an sich Bekannte in der Untersuchung eine Stelle gefunden haben mag, daß aber, von dem Standpuncte der Untersuchung aus betrachtet, doch wohl nichts als überflüssig oder ungehörig sich erweisen möchte; — ebensowenig scheint ihm der Faden der Untersuchung irgendwo verloren oder außer Acht gelassen zu seyn.

Die Quellen des vorjustinianischen Rechts glaubt der Verf. da, wo es für die Untersuchung nöthig oder förderlich geschienen, nicht unbeachtet gelassen zu haben, wie besonders aus manchen Bemerkungen in den Noten erhellen wird. Uebrigens konnten diese Quellen für die nachfolgenden Abhandlungen, welche dem practischen Civilrechte angehören, und demnach zunächst unmittelbar aus dem Rechtssysteme, wie es uns das **Corpus juris** überliefert, zu schöpfen waren, weniger Stoff der Untersuchung bieten. Namentlich wird bei der ersten Abhandlung für die historische Entwickelung des darin behandelten Grundsatzes nicht leicht eine allgemeine Andeutung in diesen Quellen gefunden werden. In Beziehung auf die einzelnen Puncte ist aber der Verf. bei dieser Abhandlung *) absichtlich nicht tiefer eingegangen, als der Zusammenhang des Ganzen erforderte, weil sein Zweck bei dieser Untersuchung nicht sowohl darauf gerichtet war, jedes Einzelne bis ins Kleinste zu verfolgen, als vielmehr alle die im ganzen Systeme zerstreuten Anwendungen unter einem Gesichtspuncte zusammenzufassen. Der Gründlichkeit der Erörterung ist dadurch wohl kein Eintrag geschehen, und der Gang derselben offenbar von zu großen Abschweifungen befreit geblieben.

Noch erlaubt sich der Verf. eine Bemerkung über die in den Noten zu den ersten §§. der ersten Abhandlung hier und da eingeflochtene vergleichende Hinweisung auf das englische Recht. Diese eingestreuten Vergleichungen zwischen englischem und römischem Rechte, welche mit dem Gange der Untersuchung selbst durchaus nicht unmittelbar zusammenhängen, sollen bloß als gelegentlich ausgesprochene Andeutungen gelten, welche wohl manchem der Leser nicht uninteressant erscheinen möchten, wenn der Verf. von dem Interesse weiter schließen darf, welches diese Ver-

*) z. B. bei Gelegenheit der conditiones im §. 34. 2c.

gleichungspuncte bei ihm selbst erregt haben. Besonderes Gewicht wird übrigens jenen Andeutungen keineswegs beigelegt. —

Ob diesem ersten Theile demnächst ein zweiter folgt, (für welchen bereits vieles Material gesammelt und vorbereitet ist,) wird von der Aufnahme abhängen, welche bei Sachkundigen dieser erste Theil findet, den der Verf. zwar mit froher Hoffnung, aber auch mit der dem weniger geübten Schriftsteller eignen Scheu dem juristischen Publicum vorlegt.

Gießen, im März 1833.

Dr. Wilhelm Sell.

Inhalts-Anzeige.

Erste Abhandlung.

Zweite Abhandlung.

Dritte Abhandlung.

Vierte Abhandlung.

Fünfte Abhandlung.

Sechste Abhandlung.

Verbesserungen und Zusätze,

für welche der Verf. um Entschuldigung und Berücksichtigung bittet.

Seite 2. Note 1. Zeile 17. lies Rechtsphilosophie statt: Rechtsphilophie.

— 14. Z. 13. v. o. l. Er st.: Es.

— 14. — 1. v. u. ist statt . ein : zu setzen, sowie in allen übrigen Fällen bei Anführung einer Gesetzesstelle.

— 16. — 18. v. o. l. commisit st.: committit.

— 25. Note 1. l. st.: litiscontestatio mehrmals litis contestatio.

— 27. — 1. hätte noch als widerstreitend das fr. 36. §. 4. D. de heredit. petit. (5, 3) (Paulus lib. 20. ad Ed.) angeführt werden können. Da die Sache, wie Paulus selbst in dieser Stelle angiebt, streitig ist, so muß man wohl unbedenklich den Juristen den Vorzug geben, welche den Zeitpunct der Bereicherung allein nach der Litiscontestation bestimmen. Vergl. Scipio Gentilis opera Tom. IV. lib. 1. cap. 33.

— 28. Zeile 19. u. 20. v. o. } l. Herasiano st. Heretiano u. Heresiano.
— 59. — 21. v. o. . . . }

— 29. — 3. u. 5. v. u. ist nach SCtum u. SCti das . zu streichen.

— 35 Note 1. letzte Zeile ist st.: s. unten §. 36. letzte Note zu lesen: s. unten S. 86. Not. 1.

— 39. i. d. N. ist das fr. 14. §. 1. D. de rebus auctorit. jud. possid. (42, 5.) wohl nicht richtig angewendet; denn die darin genannte actio in factum umfaßt mehr, als die aus unserm Grundsatz hervorgehende Klage, wie fr. 9. pr. D. eod. zeigt; ebenso ist die actio negotiorum gestorum nicht bloß auf Bereicherung gerichtet, sondern der negotiorum gestor haftet bekanntlich in der Regel für omnis diligentia §. 1. i. f. J. de obl. quae quasi ex contractu (3, 28.) fr. 3. §. 9. D. de negotiis gestis (3, 5)

— 39. Z. 22. v. o. l. actio de in rem verso st. actio de in rem versio.

— 47. — 10. v. o. l. conveniri st. converiri.

— 60. — 10. v. o. l. Verwendung st. Verwendang.

— 66. — 8. v. o. l. necesse st. necessarie.

— 66. Note 2. Z. 1. } l. fr. 2. §. 27. i. f. st. fr. 2. §. 26. i. f.
— 67. — 2. — 2. }

Seite 77. erste Zeile sind nach „fungibel" die Worte einzuschalten: „oder deren Aequivalent."

— 81. Z. 18. v. o. sind die Worte „oder der injusta" zu streichen; denn es soll nur angedeutet werden, daß bei gleicher turpitudo der Besitzer den Vorzug verdient, nach fr. 5. pr. D. de cond. sine causa (12. 7.)

— 87. — 9. v. u. l. §. 8. st.: §. 10.

— 96. Note 3. Gajus II. §. 78. sagt für die hier befolgte Ansicht günstiger: „at si tu possideas consequens est, ut utilis actio mihi „adversum te dari debeat etc."; denn diese so unbestimmt bezeichnete Klage läßt sich weit eher von bloßer Entschädigung verstehen, wie die utilis in rem actio, wiewohl auch für diese nach dem Zusammenhange kein anderer Gegenstand bleiben wird.

— 97. Z. 7. v. o. ist nach „sich stützt") zu setzen.

— 97. — 14. v. o. l. Folgendes st. folgendes.

— 136. — 18. v. o. l. divid. st. pivid.

— 139. — 9. v. o. l. Maximianus st. Maximinianus.

— 190. — 20. v. o. l. überhaupt st. haupt.

— 213. Not. 1. hätte noch Gajus II. §. 79. angeführt, und daraus ein doppeltes Argument abgeleitet werden können, nämlich, daß in dieser Stelle, wie im §. 26. J. cit., bloß von der specificatio mala fide, nicht aber speciell von vorausgegangener Entwendung des Stoffs die Rede ist, und ebenso die actio furti und die condictio gestattet wird; und dann, daß diese Stelle allein von dem Falle spricht, wenn der Specificant ausschließlich fremden Stoff verarbeitet hat, während §. 26. J. cit. fast ganz dieselben Worte von dem Verarbeiten des theils eignen, theils fremden Stoffs gebraucht, und dadurch beide Fälle gleichsetzt. — Auch die Lesart bei Gajus „et quibusdam aliis possessoribus" wird uns nicht entgegenstehen, weil auch nach dieser immer die Sache selbst von dem Besitzer als solchem gefordert wird.

I.

Ueber den Grundsatz des römischen Rechts, daß Niemand mit oder aus dem Schaden eines Andern sich bereichern dürfe.

§. 1.

Einleitung.

Ueber den vorstehenden Grundsatz herrschen die mannigfaltigsten Ansichten. Während manche Lehrbücher denselben, wenigstens als allgemeinen Grundsatz, völlig mit Sillschweigen übergehen [1]), wird er von andern, namentlich den neueren und neusten, entweder als völlig unstatthaft verworfen [2]), oder mit größerer [3]) oder geringerer [4]) Beschränkung anerkannt. Eine besondere, der Untersuchung dieses Grundsatzes gewidmete Schrift oder Abhandlung ist dem Verf. nicht bekannt. — Er hält es daher, sowohl von theoretischer wie von practischer Seite betrachtet, nicht für unzweckmäßig, die Gründe seiner Ansicht, welche dahin geht, daß dieser Grund-

1) Thibaut System ꝛc. erwähnt ihn zwar gelegentlich z. B. §. 595. Note z. §. 887. Note l., allein nicht als einen durchgehenden Grundsatz.

2) Seuffert Lehrbuch des practischen Pandectenrechts. Bd. 2. Buch 2. §. 346. a. E. Meno Valett ausführliches Lehrbuch des practischen Pandectenrechts §. 466. Note 69 ff.

3) v. Wening-Ingenheim Lehrbuch des gemeinen Civilrechts. 4te Ausg. Buch III. §. 340. Note n. vergl. mit Buch III. §. 193. Note i. §. 244. Note s. u. a. m.

4) Muehlenbruch Doctrina Pandectarum Ed. II. Lib. III. §. 455.

satz mehr Ausdehnung und Allgemeinheit im römischen Rechte behauptet, als ihm gewöhnlich beigemessen wird, in der nachfolgenden Untersuchung genauer zu entwickeln.

Erste Abtheilung.

Allgemeine Bestimmungen über unsern Grundsatz und die rechtliche Natur desselben.

§. 2.

Der Grundsatz fließt nicht aus dem strengen Rechte, sondern aus der naturalis aequitas.

Es unterliegt wohl keinem Zweifel, daß unser Grundsatz nicht aus dem strengen Rechte, sondern aus der, auf das natürliche Rechts- und Billigkeitsgefühl gegründeten, *aequitas* [1]) hervorgegangen ist. Dafür sprechen zahlreiche Gesetzesstellen z. B.

---

1) Die Römer unterschieden bekanntlich die Begriffe von Recht und Moral nicht so strenge, wie dieß in der neueren und neusten Zeit bei uns in der Theorie geschieht (characteristisch für die Behandlung der philosophischen Rechtslehre nach dem gegenwärtigen Stande ihrer Ausbildung. v. Gros Lehrbuch der philosophischen Rechtswissenschaft. (5te Aufl.) §. 61 ff. vorzügl. §. 72.). — Bei den Völkern dagegen, bei welchen öffentliches und mündliches Verfahren gilt, wird diese scharfe Trennung der Begriffe in der Praxis schwinden, namentlich dann, wenn die Repräsentanten des Volks (die Geschwornen, jury) nach moralischer Ueberzeugung zu entscheiden haben, wie in Frankreich bei eigentlichen Verbrechen (crimes), in England in allen bürgerlichen und peinlichen Rechtssachen *). Vergl. Chr. August Gottlieb Goede. England, Wales, Irland und Schottland. (Erinnerungen an Natur und Kunst aus einer Reise in den Jahren 1802 u. 1803) Thl. 2. Kap. 10. S. 140. „Es sind „daher in England die Gränzen des positiven Rechts, der „Moral und der Rechtsphilophie keineswegs mit Genauig„keit für den gerichtlichen Redner abgesteckt; er kann mit großer „Ungebundenheit auf diesen verschiedenen Gebieten herumschweifen, „und je buntfarbiger der Kranz seiner Rede geflochten ist, desto „schöner erscheint er den Meisten.“

*) L. Hundrich. Darstellungen u. Ansichten aus dem Gebiete der Rechtswissenschaft und Justizverwaltung. 1819. S. 215 ff. Nr. V.

fr. 206. D. de R. J. (Pomponius lib. 9. ex Variis Lectionibus).

Jure naturae aequum est, neminem cum damno alterius fieri locupletiorem;

ebenso

fr. 1. pr. i. f. D. de auctorit. et consensu tutor. (26, 8.) (Ulpian. lib. 1. ad Sabinum).

Divus Pius Antoninus rescripsit, *jure* pupillam non teneri: sed in quantum locupletior facta est dandam actionem;

und bestimmter wird dieß noch ausgesprochen in

fr. 5. pr. D. eod. (Ulpian. lib. 40. ad Sabinum).

verb.: cum solus tutor mutuam pecuniam pupillo dederit, vel ab eo stipuletur, non erit obligatus tutori: *naturaliter* tamen obligabitur, in quantum locupletior factus est: nam in pupillum non tantum tutori verum cuivis actionem in quantum locupletior factus est dandam, Divus Pius rescripsit;

desgleichen in

fr. 6. §. 2. D. de jure dotium (23, 3.) (Pomponius lib. 14. ad Sabinum).

Si in dote danda circumventus sit alteruter, etiam majoribus annis viginti quinque succurrendum est: quia *bono* et *aequo* non conveniat, aut lucrari aliquem cum damno alterius, aut damnum sentire per alterius lucrum.

In dieser Gesetzesstelle wird dieselbe Bestimmung, welche in den beiden vorhergehenden mit Rücksicht auf die Pupillen gegeben ist, auf alle Personen, auch die Großjährigen, ausgedehnt [1]).

§. 3.

Einiges über die Einwirkung der aequitas auf das strenge römische Recht im Allgemeinen.

Wenn nun der Grundsatz, dessen nähere Untersuchung den Gegenstand dieses Versuchs ausmacht, aus der naturalis aequi-

1) Vergl. auch fr. 13. §. 1. fr. 14. D. de condict. indeb. (12, 6.). fr. 10. §. 3. D. mandati vel contra (17, 1.). fr. 22. et 23. §. 11. 15. 16. 17. D. de hereditatis petit (5, 3.).. fr. 1. pr. D. de his qui testamento (47, 4.). const. 3. C. communia utriusque judicii (3, 38.) etc. und die folgende Note.

tas[1]) geflossen ist, so wird es nicht ohne Interesse seyn, einige Andeutungen über die Anwendbarkeit der aequitas im römischen Rechte zu geben, namentlich zu dem Zwecke, um daraus die Folgerung ziehen zu können, ob und wie weit diese aequitas jetzt noch auf unsern Grundsatz influiren könne.

Das alte jus civile war, dem Volkscharakter entsprechend, scharf in sich abgeschlossen, streng und öfters starr; die größere Ausdehnung des römischen Reichs und die dadurch häufiger gewordene Berührung mit fremden Völkern führte zu dem Bedürfniß des, auf milderen Grundsätzen beruhenden, jus gentium[2]); die fortschreitende Zeit, die gesteigerte Bildung milderte sodann überhaupt den römischen Volkscharacter und verschaffte der naturalis aequitas Einwirkung auf die Strenge des jus civile.

Der Prätor, der Repräsentant des practischen Rechtslebens in Rom, Richter und Gesetzgeber in einer Person, ward das Organ für das Bedürfniß der Zeit [viva vox juris civilis[3])]. Doch, fest an das Bestehende sich anschließend[4]), änderte er nur sehr bedächtig und allmälig, fast mit heiliger Scheu vor den bestehenden Rechtsnormen[5]). Als Beweise

1) fr. 3. §. 12. D. de peculio (15, 1.) verb.: quia iniquissimum erit etc. fr. 48. D. de R. V. (6, 1.) verb.: aequitatis ratione etc. fr. 90. D. de R. J. Paulus lib. 15. Quaestionum. In omnibus quidem, maxime tamen in jure aequitas spectanda est. etc.

2) Vergl. im Allgem. Dirksen im Rheinischen Museum für Jurisprudenz, Philosophie, Geschichte etc. Band 1. Heft 1 u. 2. S. 1—50.

3) fr. 8. D. de J. et J. (1, 1.) (Marcianus lib. 1. Institut.) Nam et ipsum jus honorarium viva vox est juris civilis. Gaji comment. I. §. 6.

4) Fast unwillkührlich wird man, bei Vergleichung der neuern Zeit mit der älteren, von dem jus strictum, dem strengen, nach dem Buchstaben bestimmten Recht der Römer, auf das strenge Festhalten der Engländer an dem Buchstaben des Gesetzes geführt (sowie denn überhaupt der englische Nationalcharakter so manche Vergleichungspunkte mit dem Volkscharakter der Römer bietet). — Goede a. a. O. Kap. 10.

5) Das allmälige Einwirken des Prätors auf das Civilrecht zeigt sich besonders dadurch, daß derselbe das Civilrecht anfangs bloß un-

für die Thätigkeit des Prätors 1), um das strictum jus mit dem milderen Geiste der Zeit in Einklang zu bringen, diene

terstützte, sodann ergänzte und zuletzt verbesserte. fr. 6. §. 1. D. de J. et J. (1, 1.) (ULPIANUS lib. I. Instit.) Jus praetorium est, quod Praetores introduxerunt, adjuvandi vel supplendi, vel corrigendi juris civilis gratia, propter utilitatem publicam etc.

1) Auch hier finden wir wieder einen Vergleichungspunct zwischen dem englischen und römischen Rechte *). Ich erlaube mir folgende Stelle von Zachariä aus der kritischen Zeitschrift für Rechtswissenschaft und Gesetzgebung des Auslandes rc. Band 2. Heft 1. S. 138 ff. hier einzurücken: „In den älteren Zeiten unterschieden sich (in der englischen Gerichtsverfassung) die Gerichtshöfe der Billigkeit (Kanzleigerichtshof, court of chancery, das Oberhaus, house of Lords, und der Gerichtshof der Commissarien für Gantsachen, court of commissioners of bankrupt) allerdings wesentlich von den Gerichtshöfen des gemeinen Rechts. Denn einst wurde in jenen Gerichtshöfen eine jede einzelne Rechtssache, die bei ihnen anhängig gemacht wurde, in der That und Wahrheit nach den Maximen der Billigkeit beurtheilt und entschieden, so daß man z. B. eine Klage wegen der besondern Beschaffenheit des Falles aus Gründen der Billigkeit zuließ, welche nach dem gemeinen Rechte nicht aufrecht erhalten werden konnte. Aber seitdem die Gerichtshöfe der Billigkeit (courts of equity) ebenso, wie die Gerichtshöfe des gemeinen Rechts, nach gewissen ein für allemal bestimmten Regeln und Grundsätzen sprechen, seitdem sie ebenso, wie diese dem Ansehen früherer Entscheidungen folgen, ist das Billigkeitsrecht ebenso, wie das gemeine Recht, ein jus certum, ein Gewohnheitsrecht. Der Unterschied ist nur noch der, daß gewisse Klagen, welche vor dem Gerichte des gemeinen Rechts nicht erhoben werden können, dennoch vor den Gerichten der

*) Diese Vergleichungspuncte sind um so interessanter, da im englischen Rechte wohl noch mit am Meisten unter allen germanischen Volksrechten die ursprüngliche Beschaffenheit sich rein erhalten. Vergl. im Allgem. Vollgraff's Recension von Jacob Grimm's Deutschen Rechtsalterthümern in der Allg. Lit. Zeitung November 1830. Nr. 29 ff. Auch hier würde also ein neuer Beleg für die historische Wahrheit sich ergeben, „daß „im Leben der Völker unter gleichen Zeitverhältnissen und „Umständen sich überall, mit Abrechnung des klimatischen Unterschieds, das Gleiche, unter ähnlichen das Aehnliche bildet, „daß sich tausend kleine Erscheinungen an den verschiedenen „Orten, unter den getrenntesten Stämmen, wenn sie auf einerlei Stufe der Bildung stehen, entsprechen." S. W. Probert. The ancient laws of Cambria in den Heidelberger Jahrbüchern 1831 Nr. 3. angezeigt von Dr. Gervinus (vorzügl. S. 48).

nur die beispielsweise Anführung des Instituts der exceptiones, durch welche die obligationes, die dem strictum jus nach eigentlich als rechtsgültig fortbestehen sollten, nach prätorischem Rechte unwirksam gemacht wurden; ebenso die restitutio in integrum praetoria, die auf einem ähnlichen Grunde beruhte; die bonorum possessio, wodurch der Prätor den strengen Character der alten, allein auf juristische Verwandschaftsverhältnisse gegründeten Erbfolge nach Civilrecht (der alten hereditas), der natürlicheren Erbfolge des neuen Civilrechts nach Blutsverwandtschaft näher brachte u. s. w. [1]). Weiter können hier noch als Beispiele erwähnt werden die actiones utiles, in factum, praescriptis verbis etc. etc.

Ob und inwieferne das Centumviralgericht auf das Verhältniß zwischen dem strengen Rechte und der aequitas eingewirkt habe, läßt sich wohl schwerlich genauer bestimmen [2]), obgleich manche gelegentliche Äußerungen nichtjuristischer Schriftsteller dafür zu sprechen scheinen [3]). Dürfte man sich

---

Billigkeit angenommen werden. Allein dieser Unterschied ist schlechterdings nur formeller Art. Auch bei den Römern scheint einst der Prätor das strenge Recht bloß nach den Maximen der Billigkeit und nach der Beschaffenheit eines jeden einzelnen Falles — per edicta repentina — gemildert zu haben. Dann wurde dieses Billigkeitsrecht auf bestimmte Regeln — per edicta annua — zurückgeführt. Endlich wurden beide Rechte, das jus civile und jus praetorium, zu einem Ganzen vereinigt. Jedoch bei den Römern scheint der Prätor schon in den ältesten Zeiten sowohl nach dem einen als nach dem andern Rechte gesprochen zu haben, wenn sich auch Spuren von dem Einflusse dieser seiner doppelten Eigenschaft z. B. in der Eintheilung der Rechtshändel in judicia bonae fidei und stricti juris erhalten haben.

1) Vergl. vorzügl. v. Löhr in seinem u. v. Grolman's Magazin für Rechtswissenschaft und Gesetzgebung. Bd. 3. Nr. VIII.

2) Vergl. v. Löhr Magazin rc. Bd. 3. Nr. VII. §. 9.

3) Cicero pro Caecina cap. 24. Cicero de oratore Lib. 1. cap. 38 et 39. Valerius Maximus VII. 7. Quinctilian. Inst. orat. IV. 2. Seneca de beneficiis III, 7. Bethmann-Hollweg

hier in Hypothesen verlieren, (deren Unumstößlichkeit der Verf. freilich nicht zu behaupten wagt,) so könnte man etwa auf die folgende Deduction geführt werden: Das Centumviralgericht war bekanntlich kein magistratus, sondern ein Volksgericht (judices), welches sich nur dadurch von den übrigen unterschied, daß es von dem Prätor präsidirt wurde, und immer als Collegium (zuweilen in einzelnen Abtheilungen, consilia, Senaten im heutigen Sinne des Worts) zu Gericht saß [1]). Nimmt man nun mit Festus [2]) an, daß das Centumviralgericht (a potiori so genannt) aus 105 Personen bestanden habe, welche je 3 aus jeder der 35 Tribus des römischen Volks gewählt wurden [3]), so könnte man daraus etwa weiter folgern, daß das Volk selbst durch seine Repräsentanten (die centumviri) über die Frage entschieden habe, ob die aequitas die Anwendung des strengen Rechts gestatte, oder m. a. W., daß das Volk selbst im einzelnen Falle die aequitas als Gesetz sancirt habe. Nach dem Geiste des älteren römischen Rechts würde sich dieß nicht als unwahrscheinlich darstellen, wenn man damit andere Fälle vergleicht; z. B. die Zuziehung von 5 Zeugen [4]) bei Errichtung von Testamenten, als die Repräsentanten der 5 ersten Classen der römischen Bürger [5]). Freilich ist auch diese letzte Ansicht

---

hat in seiner Abhandlung über die Competenz des Centumviralgerichts in der Zeitschrift für geschichtliche Rechtswissenschaft Bd. 5. Heft 3. Nr. IX. diesen Punct nicht erwähnt, überhaupt ist seine ganze Deduction eher gegen die hier ausgesprochene Ansicht gerichtet. Allein aus Hollweg's gründlicher Forschung selbst geht hervor, wie wenig sich eigentlich hier aus äußeren Zeugnissen mit Gewißheit nachweisen läßt.

1) Bethmann-Hollweg a. a. O. S. 359. Note 3. S. 362.

2) Epit. v. Centumviralia judicia. Zimmern Rechtsgesch. III. §. 14 ff.

3) Bethmann-Hollweg a. a. O. S. 360. Note 4. S. 362 u. 363.

4) Der libripens und familiae emtor, (welche nach der Form der mancipatio bei Errichtung des Testaments zugegen seyn mußten) füllen die Zahl der 7 Zeugen bei der jetzt noch üblichen Form des testamentum privatum solenne.

5) Die sechste Classe (capite censi) wird dann für keine Classe gerechnet, weil deren Glieder überhaupt kaum als active römische Bür-

wieder eine bloße Hypothese, welche zwar dadurch unterstützt wird, daß in der ältesten Zeit die Testamente nur in Form einer lex errichtet werden konnten, indem der populus das Testament in den Comitien bestätigte, (testamentum in calatis comitiis und gewissermaßen als Surrogat dieser Art der Testamente das testamentum in procinctu); allein an vollgültigen äußeren Zeugnissen wird es wohl immer mangeln.

§. 4.

Fortsetzung.

Indessen, mag auch die Einwirkung des Centumviralgerichts auf das strenge Recht sich nicht vollständig ausmitteln lassen, soviel bleibt doch außer Zweifel, daß nach Auflösung der Republik die Imperatoren in ihrer doppelten Eigenschaft, als höchste Richter und Gesetzgeber [1], den wesentlichsten Einfluß auf die allmälige Umgestaltung des strengen Rechts durch die aequitas ausübten. Dahin wirkte vorzüglich das Institut der relationes und consultationes an den Kaiser [2], als den

ger angesehen wurden. Darum geschieht zuweilen auch nur der 5 Classen Erwähnung. Livius III, 30. Vergl. Adam Handbuch der römischen Alterthümer. Bd. 1. S. 159.

1) Vergl. v. Löhr's Uebersicht der das Privatrecht betreffenden Constitutionen von Constantin bis auf Theodos II. u. Valentinian III. S. 26—28. 43. 55. 76. 85. 98. und v. Grolman u. v. Löhr Magazin rc. Bd. 3. S. 203 ff.

2) Nur allmälig befestigten die römischen Imperatoren ihre gesetzgebende Gewalt. Die früheren Kaiser (von Hadrian bis auf Constantin den Großen) erließen nur Rescripte und Decrete, (Entscheidungen für einzelne Fälle,) von denen noch Theodos und Valentinian in const. 2. C. de legibus (1, 14.) vom Jahr 425 sagen: nec generalia jura sint, sed leges faciant his tantum negotiis ac personis pro quibus fuerint promulgatae: von den späteren Kaisern dagegen [seit Constantin und namentlich seit Arcadius und Honorius *)] wurden mehr Mandate und Edicte erlassen. Die vorhin erwähnten Kaiser (Theodos II. und Valentinian III.) bestimmen aber noch in const. 8. C. cod. ad Senatum vom Jahr 446 über die Form eines allgemein gültigen Gesetzes: si quid de caetero in publica privatave causa emer-

*) Vergl. v. Savigny Geschichte des römischen Rechts im Mittelalter. Bd. 1. S. 6.

höchsten Richter, welches seit Constantin sehr genau geregelt war [1]) und namentlich, nach Vorschrift dieses Kaisers, in allen Fällen zur Anwendung kommen mußte, in welchen es zweifelhaft war, ob aus Gründen der aequitas nach römischer Sitte vom strengen Rechte abgewichen werden dürfe. Denn allein der Kaiser hatte hierüber zu entscheiden.

const. 1. C. de legibus et constitutionibus (1, 14.) (Imp. Constantinus A. Basso Praefecto Urbi 316.).
Inter *aequitatem jusque interpositam* nobis solis et oportet et licet inspicere.

---

serit necessarium, quod formam generalem et antiquis legibus non insertam exposcat, id ab omnibus antea tam proceribus nostri palatii quam gloriosissimo coetu vestro, Patres conscripti, tractari; und i. f. Scitote igitur, Patres Conscripti, non aliter in posterum legem a nostra clementia promulgandam, nisi supradicta forma fuerit observata *). Erst Justinian verlieh in const. 12. C. de legibus (1, 14.) im J. 529 den Rescripten und Decreten allgemeine gesetzliche Kraft. Si imperialis majestas causam cognitionaliter examinaverit et partibus cominus constitutis sententiam dixerit: omnes omnimodo judices, qui sub nostro imperio sunt, sciant, hanc esse legem non solum illi causae, pro qua producta est, sed et omnibus similibus; sowie auch unter Justinian dem Kaiser allein das Recht der Gesetzgebung zustand. const. 12. cit. verb.: Si enim in praesenti leges condere soli Imperatori concessum est etc und i. f. tam conditor quam interpres legum solus Imperator jure existimabitur. const. Tanta §. 21. const. Dedit nobis §. 21. fr. 1. §. 1. D. de constitutionibus principum (1, 4.).

*) Es wurde gewöhnlich eine oratio des Kaisers an den Senat geschickt, welche den Vorschlag (die Proposition) zum Gesetz enthielt, worüber dann der Senat abstimmte. const. 3. C. de legibus (1, 14.) Impp. Theod. et Valent. 426. verb: vel missae a nobis ad venerabilem coetum Oratione conduntur etc. Ueber das Nähere dieser Form vergl. fr. 20. § 6 fr. 22. D. de heredit. petit (5, 3.). Eine andere Form war die nuncupatio als edictum. const. 3. C. de legibus (1, 14.). Vergl. überhaupt v. Löhr Uebersicht der das Privatrecht betreffenden Constitutionen von Theodos II. u. Valentinian III. bis auf Justinian. S. 17 ff.

1) Durch Nov. 113. cap. 1 u. 3. Nov. 125. hob später Justinian das Institut der Relationen völlig auf.

Ebenso Valentinian und Martian in const. 9. C. eod. i. f.

Si quid vero in iisdem legibus latum fortassis obscurius fuerit, oportet id imperatoria interpretatione patefieri *duritiamque legum nostrae humanitati incongruam emendari*, —

welchen Bestimmungen denn auch Leo und Justinian in const. 11 et 12. C. eod. beistimmen.

So kam es denn, daß, trotz der mancherlei Beschränkungen der Gesetzgebungsgewalt der römischen Imperatoren, doch der Privatcharacter der Einzelnen bedeutend einwirkte, namentlich durch die Rescripte [1]). In dieser Beziehung wird für unsere gegenwärtige Untersuchung vorzüglich ein Kaiser wichtig, welcher überhaupt durch die Humanität seines Characters in der Geschichte ausgezeichnet ist. Ich meine den Kaiser Antoninus Pius [Titus Aurelius, Fulvus, Bojonius, Arrius Antoninus Pius [2])] in den Gesetzen [3]) gewöhnlich Divus Pius auch Titus Antoninus genannt [4]). Zwar läßt sich nicht gerade behaupten, daß die erste Idee und Anwendung unsers Grundsatzes von Divus Pius ausgegangen sey; denn schon Hadrianus hat ihn angewendet [5]), und ebenso finden sich andere Anwendungen

1) Die in Justinian's Compilation enthaltenen kaiserlichen Rescripte gelten auf jeden Fall für uns gleich allgemeinen Rechtsnormen (soweit dieß ihrem Inhalte nach möglich ist), sowohl wegen Justinian's Bestimmung in const. 12. C. de legibus (1, 4.), als aus dem Grunde, weil sie in die Compilation, als eine Sammlung allgemeiner Gesetze, aufgenommen worden sind.

2) Vergl. J. Eckhel. Doctrina numorum veterum. Pars II. De moneta Romanorum. Vol. VII. Pag. 1.

3) fr. 3. D. de condict. indeb. (12, 6.).

4) Der Name Antoninus, wenn er allein steht, oder auch Divus Antoninus, bezeichnet in den Inscriptionen auch den Kaiser Antoninus Caracalla; z. B. in const. 1 et 2. C. in quibus causis pignus (8, 15.). c. 3. C. de privilegiis fisci (7, 73.). const. 2. C. de contrar. iud. tut. (5, 58.). Denn diese Constitutionen fallen alle in die Dauer der Regierung des Caracalla v. 211 — 215 n. Chr. Hugo Rechtsgeschichte S. 666.

5) fr. 22. D. de hereditatis petit. (5, 3.) (Paulus lib. 20. ad Edict.

desselben bei den vor Divus Pius lebenden Schriftstellern, wie wir im Verlauf der Untersuchung sehen werden [1]. Allein das kann man wohl mit Bestimmtheit behaupten, daß zuerst Divus Pius durch seine Rescripte unsern Grundsatz als eine allgemein geltende Regel aussprach und befolgte, so daß man darum später bei deren Anwendung diesen Kaiser als den Schöpfer jenes Grundsatzes nannte [2].

§. 5.

Schluß.

Resultat für unsern Grundsatz.

Als Resultat aus dem Bisherigen ergiebt sich, daß zu verschiedenen Zeiten auf verschiedenen Wegen die aequitas auf das strenge Recht influirt hat, und somit für das römische

---

verb.: an vero quia ex hereditaria locupletior sit et id quod amplius habet ex pretio restituere debeat, videndum: nam et in Oratione Divi Hadriani ita est: Dispicite, Patres Conscripti, nun quid sit aequius, possessorem non facere lucrum et pretium, quod ex re perceperit, reddere, quia potest existimari, in locum hereditariae rei venditae, pretium ejus successisse et quodammodo ipsum hereditarium factum. Oportet igitur possessorem et rem restituere petitori, et quod ex venditione ejus lucratus est. S. §. 9. fr. 3 et 4. D. de condictione indebiti (12, 6).

1) Als Beleg diene hier nur die beispielsweise Anführung des alten Juristen Cassius, welcher nach dem Zeugniß von Pomponius in fr. 2. §. 47. D. de origine juris (1, 2.) unter Tiber und Vespasian lebte, und aus dessen Schriften in fr. 35. D. de O. et A. (44, 7.) *) ein offenbarer Ausfluß unsers Grundsatzes von Paulus mitgetheilt wird. Auch Salvius Julianus kann hier in so ferne genannt werden, als seine Digesta wahrscheinlich vor dem Anfang der Regierung des Divus Pius geschrieben sind. (Vergl. meine Abhandlung in der Zeitschrift für Civilrecht u. Proceß. Bd. 3. Heft 3. S. 388. Note 1.) Denn auch aus Julian's Digesten finden wir Anwendungen unsers Grundsatzes in fr. 52. D. de R. V. (6, 1.) fr. 6. §. 3. D. de negotiis gestis (3, 5.). fr. 18. D. quod metus causa (4, 2.). S. überhaupt unten §. 54.

*) Vergl. auch fr. 17. D. de solutionibus (46, 3.).

2) fr. 1. pr. D. de auctorit. et consensu tutor. (26, 8.) fr. 5. pr. D. eod. fr. 18. D. quod metus causa (4, 2.). fr. 3 et 4. D. de condict. indeb. (12, 6.). fr. 3. pr. D. commodati (13, 6.). fr. 3. §. 4. D. de negotiis gestis (3, 5.).

Recht, so wie es uns überliefert ist, einen wirklichen Bestandtheil bildet, oder m. a. W., daß die aequitas den Grund für viele gesetzliche Bestimmungen in Justinian's Compilation enthält. Zwar kennen wir die Grenzen zwischen jus und aequitas nach den Begriffen der Römer nicht mehr [1], auch dürfen wir die aus der aequitas fließenden Normen nicht nach unserer Ansicht von Billigkeit ausdehnen, allein das wird uns doch verstattet seyn müssen, einen Grundsatz, welcher aus der aequitas geflossen, aber unter die positiven Rechtsnormen aufgenommen ist, welcher ganz allgemein in den Gesetzen ausgesprochen wird, und in vielen Anwendungen in unsern Quellen sich zeigt [2], — einen solchen Grundsatz auch in den Fällen zur Anwendung zu bringen, welche zwar in den Gesetzen nicht namentlich aufgeführt sind, allein nach allgemeinen Regeln der Interpretation doch darunter passen, und weder nach dem Geiste des römischen Rechts, noch nach einzelnen Bestimmungen desselben als Ausnahmen zu betrachten sind. Denn, wenn einmal ein aus der aequitas hervorgegangener Grundsatz positives Recht geworden ist,

1) In dem positiven römischen Rechte ist dieser Unterschied nirgends genauer angegeben, und konnte dieß wohl auch nicht, weil er auf der Sitte beruhte, welche in dem lebendigen Gefühle des Volks gegründet war, und mit der fortschreitenden Zeit wechselte. Darum bleiben für uns nur die einzelnen Ausflüsse der aequitas, welche zu positiven Normen erhoben worden sind, als leitende Momente.

2) Bemerkt kann hier noch werden, daß die Stellen der Digesten, welche über diesen Grundsatz handeln, meist aus den Schriften derjenigen römischen Juristen entlehnt sind, welche vorzugsweise die practische Seite des Rechts bearbeitet haben, nämlich aus Ulpianus und Paulus, und daß unter diesen Gesetzesstellen wiederum die meisten auf das prätorische Edict sich beziehen, wie die Inscriptionen der einzelnen Fragmente zeigen. Es werden darum bei den einzelnen ihrem Inhalte nach ganz oder theilweise im Laufe dieser Untersuchung angeführten Fragmente aus den Digesten, sowie bei den einzelnen Constitutionen des Codex, jedesmal die Inscriptionen angeführt werden, und bei den letzteren auch die Subscriptionen. (Auch würde sich diese Anführung der Inscriptionen und Subscriptionen schon aus deren Wichtigkeit im Allgemeinen rechtfertigen lassen. Vergl. Spangenberg Einleitung in das Römisch-Justinianeische Rechtsbuch S. 201 ff.)

so kommt ja auf seine Quelle nichts mehr an, sondern er muß, wie jede andere positive Bestimmung, unbeschränkte Anwendung leiden.

§. 6.

Aufstellung eines allgemeinen Rechtsprincips für unsern Grundsatz nach dem Geiste des römischen Rechts.

Da uns das römische Recht auf die naturalis aequitas als die Quelle unsers Grundsatzes hinweist, so müssen wir an der Spitze dieser Untersuchung, bevor wir zur Deduction desselben aus den einzelnen Gesetzesstellen übergehen, die allgemeinen, aus dem natürlichen Rechts- und Billigkeitsgefühle (der aequitas) abzuleitenden Gesichtspuncte nach dem Geiste des römischen Rechts etwas näher betrachten.

Hat Jemand ein wirkliches Recht, irgend etwas zu thun oder zu lassen, oder auf einen bestimmten Gegenstand, so kommt es nicht darauf an, ob dieses Recht einem Andern Nachtheile bringt: nam qui jure suo utitur nemini facit injuriam [2]). Das Recht ist etwas Selbstständiges, und schließt für einen Jeden, gegen den es gerichtet ist, eine entsprechende Verpflichtung in sich; seine Realisirung gewährt dem Berechtigten Vortheile, und dem Verpflichteten erzeugt sie gewöhnlich Nachtheile. Anders verhält sich die Sache, wenn man kein specielles erweisliches Recht zu einer bestimmten Handlung, auf einen bestimmten Gegenstand hat. Hier ist der ursprüngliche Rechtszustand der gleich unbeschränkten Rechtssphären noch nicht durch ein dazwischen getretenes factum, die Rechtserwerbung, geändert; darum darf denn auch jeder Nachtheil, der eine Beschränkung der Rechtssphären des Andern enthält, von diesem abgewendet werden, und jeder Vortheil, der eine solche Beschränkung mit sich führt, erscheint als widerrechtlich. Solche widerrechtliche Vortheile wie Nachtheile müssen darum nach dem natürlichen Rechtsgesetze (naturalis aequitas), wenn kein dolus begangen werden soll, möglichst ausgeglichen werden [2]), und zwar sowohl dann, wenn der Gewinnende aus

1) fr. 55. 151. D. de R. J. fr. 1. §. 11. D. de aqua (39, 3.).

2) Dafür spricht mit Beziehung auf Rechtsgeschäfte das römische Recht

eignen Handlungen einen solchen Vortheil zum Nachtheile eines Andern gezogen, als auch dann, wenn der Verlierende durch seine Handlungen auf diese Weise dem Andern jenen Vortheil mit seinem eignen Schaden geschaffen hat. — Diese Verbindlichkeit stützt sich, wie wir schon hieraus ersehen, nicht auf eine Willensäußerung (ein Rechtsgeschäft), sondern allein auf das Sachverhältniß selbst. Die Römer bezeichnen dieß mit dem Ausdruck obligatio ex *re*.

Es kann deßhalb schon hier im Allgemeinen angegeben werden, daß unser Grundsatz nicht bei Rechtsgeschäften zur Anwendung kommen kann, weil dann immer ein besonderer Grund für die Rechtserwerbung und Verpflichtung vorhanden ist. Es läßt sich vielmehr nur dann gedenken, wenn entweder gar kein Rechtsgeschäft stattgefunden, oder dieses wegen irgend eines Mangels ungültig, oder wenn von einer Verpflichtung jenseits der Gränzen eines Rechtsgeschäfts, (über dieselben hinaus) die Rede ist [1]. — Die Nachweisungen im Einzelnen müssen diese allgemeine Bemerkung bestätigen.

§. 7.

Der Grundsatz wird auch in unsern positiven Rechtsquellen als ein völlig allgemeiner ausgesprochen. Er beruht auf einem präsumtiven dolus.

Die nächste Aufgabe für unsere Untersuchung wird nun die seyn, nachzuweisen, daß der Grundsatz: Niemand soll sich mit, aus dem Schaden (Nachtheil) oder durch den Schaden eines Andern bereichern (Nemo cum (ex) detrimento alterius locupletior fieri potest) in den positiven Rechtsquellen ganz allgemein ausgesprochen ist. Dieser Beweis läßt sich leicht aus folgenden Gesetzesstellen führen.

---

in const. 3. i. f. C. communia utriusque judicii (3, 38.) (Impp. Dioclet. et Maximian. 293.): quia in bonae fidei judiciis, quod inaequaliter factum esse constiterit, in melius reformabitur. Vergl. auch fr. 183. D. de R. J. fr. 2. D. de constit. princip. (1, 4.).

1) Vergl. unten §. 15.

fr. 206. D. de R. J. (POMPONIUS lib. 9. ex Variis lectionibus).
Jure naturae aequum est, neminem cum alterius detrimento et injuria fieri locupletiorem.

cap. 48. in 6to de R. J.
Locupletari non debet aliquis cum alterius injuria vel jactura.

Beide Gesetze geben eine allgemeine Rechtsregel an, wie schon aus ihrer Stellung in dem Titel de R. J. hervorgeht. Daß nach dem Ausdruck detrimentum in fr. 206. noch die Worte et injuria folgen, ist ohne Bedeutung; denn nach unendlich vielen andern Gesetzesstellen [1]) beruht eben die injuria darauf, daß man ohne besondern Rechtsgrund sich aus dem Schaden eines Andern bereichert, wie dieß auch schon im vorigen §. genauer ausgeführt ist [2]). Nach dem Geiste des römischen Rechts widerstreitet dieß nämlich der bona fides und der aequitas (dem bonum et aequum) wie in

fr. 6. §. 2. D. de iure dotium (23, 3.) (POMPONIUS lib. 14. ad Sabinum).

ausdrücklich gesagt wird:

quia bono et aequo non conveniat, aut lucrari aliquem cum damno alterius, aut damnum sentire per alterius lucrum [3]).

Man würde darum nach den Gesetzen einen dolus begehen, wenn man sich ohne Rechtsgrund aus dem Schaden eines Andern bereichern wollte.

fr. 17. §. 4. D. de institor. act. (14, 3.) (PAULUS ad Ed.). verb.: nam videri me dolum (malum) facere qui ex aliena jactura lucrum faciam.

---

1) z. B. fr. 14. D. de cond. indeb. (12, 6.) (POMPONIUS lib. 21. ad Sabinum) verb.: hoc natura aequum est, neminem cum alterius detrimento fieri locupletiorem u. a. m.

2) Auch wird in cap. 48. cit. der Ausdruck jactura, (welcher doch sicher mit detrimentum synonim ist,) mit dem Worte injuria nicht copulativ, wie in fr. 206., sondern alternativ gebraucht, wenn man die Partikel vel nicht, (wie es wohl geschehen könnte) für identisch mit sive halten will.

3) fr. 10. §. 3. D. mandati vel contra (17, 1.) verb.: q u i a b o n a e f i d e i h o c c o n g r u i t, ne de alieno lucrum sentiat.

Eine natürliche Folge davon ist, daß man dem auf diese Weise Bereicherten, wenn er klagt, die exceptio doli opponiren, und daß der Kläger die Einreden eines solchen Bereicherten mit der replica doli entkräften kann. Dafür sprechen zahlreiche Gesetzesstellen in Justinian's Compilation [1]. Mit diesem dolus hat es übrigens eine eigne Bewandniß. Denn, da die obligatio ex re ist, so kommt es gar nicht darauf an, ob der Bereicherte wirklich vorher in dolo gewesen, im Gegentheil wird gerade vorausgesetzt, daß er sich einer Arglist nicht bereits schuldig gemacht habe, sonst würde er für mehr, als den Betrag der Bereicherung haften müssen. Dafür spricht sowohl der ganze Zusammenhang, wie einzelne Gesetzesstellen; z. B.

fr. 1. §. 15. D. depositi (16, 3.) (Ulp. lib. 30. ad Edict.). An in pupillum apud quem sine tutoris auctoritate depositum est, depositi actio detur, quaeritur? *Sed probari oportet, si apud doli mali jam capacem deposueris, agi posse, si dolum committit: nam (et) in quantum locupletior factus est, datur actio in eum et si dolus non intervenit* [2]).

Es soll also durch unsern Grundsatz mehr einem bevorstehenden, künftig eintretenden dolus vorgebeugt werden, welcher nach der Annahme der Gesetze dadurch begangen würde, daß man sich mit dem Nachtheile eines Andern bereicherte. Daher wird dieser dolus oben ein präsumtiver genannt.

§. 8.

Was bedeutet nach den Gesetzen der Ausdruck: Jemand ist mit dem Schaden eines Andern bereichert?

Bevor wir zur Erörterung der einzelnen Anwendungen un-

1) Vergl. fr. 4. §. 4. D. de doli mali (44, 4.). fr. 47. D. de solut. (46, 3.). §. 12. J. quib. alienare licet (2, 8.). fr. 5. §. 3. fr. 23. §. 4 et 5. fr. 52. D. de R. V. (6, 1.). fr. 7. §. 12. D. de acquir. rer. domin. (41, 1.) u. a. m. S. §. 13. unten.

2) Etwas schwankender drückt sich fr. 13. pr. de dolo malo (4, 3.) aus. S. §. 24. erste Note. Allein dieses Gesetz beweist eben wegen seines Schwankens nichts gegen das so bestimmt sprechende fr. 1. §. 15. D. cit.

seres Grundsatzes übergehen, müssen zuvor einige allgemeine Fragen beantwortet werden; nämlich

I. Was heißt nach den Gesetzen: Jemand ist mit dem Schaden eines Andern bereichert?

und damit enge zusammenhängend:

II. Zu welcher Zeit muß man bereichert seyn?

Zunächst zur Beantwortung der ersten Frage!

Die Gesetze selbst sagen, der Ausdruck: Jemand ist bereichert, locupletior factus est, ad eum pervenit, sey unbestimmt, vieldeutig, [verbum quidem *pervenit* ambiguum est [1]);] namentlich frage es sich, ob zur Bereicherung Alles das zu rechnen, was Jemand gleich Anfangs erhalten, oder bloß das, was ihm später geblieben [quod prima ratione fuerit, an vero id, quod durat [2])].

Über die Beantwortung dieser Frage sind die Gesetzesstellen, wenigstens dann, wenn man sie nicht genauer betrachtet, in einem Widerspruch.

fr. 18. D. quod metus causa (4, 2.) JULIANUS lib. 64. Digestor). sagt:

> Si ipsa res, quae ad alium pervenit, interiit: non esse locupletiorem dicemus. Sin vero in pecuniam aliamve rem conversa sit, nihil amplius quaerendum est, quis exitus sit, *sed omnimodo locuples (factus) videtur, licet postea deperdat.*

Nach dieser so allgemein gefaßten Gesetzesstelle könnte man wohl behaupten: Ist der Gegenstand selbst, durch welchen Jemand bereichert worden, zu Grunde gegangen, so fin-

---

1) fr. 23. D. de hered. petit (5, 1.). Doch soll der Bereicherte nie so weit in Anspruch genommen werden können, daß er Schaden leidet. fr. 3. pr. D. de vi (43, 16.) fr. 3. §. 1. D. de tributor act. (14, 1.).

2) fr. 23, i. f. cit. Auch bei der versio in rem, welche hinsichtlich des Gegenstandes der daraus hervorgehenden Klage mit unserm Grundsatz übereinstimmt (wie wir weiter unten §. 22. a. E. sehen werden) gilt dasselbe, fr. 10. §. 6. D. de in rem verso (15, 3.) (ULPIAN. lib. 29. ad Edict.) Versum autem sic accipimus, ut duret versum etc. cf. fr. 5. D. eod.

det keine Bereicherung statt; ist aber die Sache, durch welche man sich bereichert hat, in Geld oder in einen andern Gegenstand verwandelt, z. B. durch Verkauf, Tausch, und dieser letztere (das erlöste Kaufgeld, die eingetauschte Sache rc.) später verloren gegangen, so scheint der Dritte im Allgemeinen *(omnimodo)* bereichert zu seyn. Es ließe sich dafür (gewiß nicht unjuristisch) Folgendes sagen: Dadurch daß die Bereicherung in einen andern Gegenstand verwandelt worden, hat sie ihren ursprünglichen Character verloren, sie ist nun in das Vermögen überhaupt übergegangen [1]), ein Verlust aus dem Vermögen im Allgemeinen kann aber nicht gerade auf die Bereicherung durch eine einzelne Sache bezogen werden, sondern der Eigenthümer muß den Verlust als einen casus tragen. Allein bei näherer Prüfung wird die in dem Vordersatz des fr. 18. cit. enthaltene Regel nicht so allgemein verstanden werden können, als dessen Worte lauten. Das erweist sich schon aus der Anwendung der gedachten Regel in dem Nachsatz des fr. 18., welcher also lautet:

> Nam et Imperator Titus Antoninus (i. e. Divus Pius) Claudio Frontino de pretio rerum hereditariarum rescripsit, ob id ipsum peti ab eo hereditatem posse: quia licet res, quae in hereditate fuerant, apud eum non sint: *tamen pretium earum, (quo) locupletem eum vel saepius mutata specie faciendo, perinde obligat, ac si corpora ipsa in eadem specie mansissent.*

Hiernach erscheint der Anfangs Bereicherte zwar noch dann als ein Solcher, wenn er die Sache, wodurch er Anfangs bereichert worden, nicht mehr besitzt, aber doch noch den dafür erlösten Preis [ganz oder theilweise [2])]; aber von dem Falle, daß auch dieser Preis gänzlich verloren worden, ist nicht die Rede. Dieß bestätigt sich durch mehrere andere Gesetze, worin die näheren Verhältnisse in

---

1) quodammodo ipsum hereditarium factum wie Paulus in fr. 22. D. de heredit. petit. (5, 3.) sagt.

2) Natürlich bestimmt sich immer die Bereicherung nach dem noch vorhandenen Theil des Preises; daher der Ausdruck in quantum locupletior factus est.

ihren verschiedenen Nuancen ausgeführt werden: fr. 22. D. de heredit. petit. (5, 3.) (PAULUS lib. 20. ad Edictum) antwortet nämlich beim bonae fidei possessor auf die Frage: an, quia ex re hereditaria locupletior sit, et id, *quod amplius habet ex pretio*, restituere debeat? also: Oportet — possessorem et rem restituere petitori, et quod ex venditione ejus rei lucratus est [1]).

Hierbei ist noch eine scheinbare Ausnahme hervorzuheben. Bei denjenigen Klagen, welche gegen den Erben nur soweit zustehen, als derselbe bereichert ist, wird nämlich nur darauf gesehen, ob der erste Erbe sich bereichert befindet, die Erben des Erben rc. dagegen haften unbedingt, auch dann, wenn der erste Erbe oder der zweite die Sache consumirt rc. hat.

fr. 17. D. quod metus causa (4, 2.) (PAULUS lib. 1. Quaestionum).

Videamus ergo, si heres, ad quem aliquid pervenerit, consumpserit id, quod pervenit, desinit teneri; an vero sufficit, semel pervenisse? Et si consumpto eo decesserit, *utrum adversus heredem ejus omnimodo competit actio: quoniam hereditariam suscepit obligationem: an non sit danda, quoniam ad secundum heredem nihil pervenit? Et melius est, omnimodo competere in heredem heredis actionem: sufficit enim semel pervenisse ad proximum heredem;* et perpetua esse coepit: alioquin dicendum erit, nec ipsum, qui consumpsit, quod ad eum pervenit, teneri [2]).

. Diese Entscheidung von Paulus ist ganz natürlich und scharf juristisch gedacht. Auf den ersten Erben geht nämlich die Delictsklage (actio rei persecutoria ex delicto) als solche nicht über, sondern er haftet bloß aus der Bereicherung. Diese Verbindlichkeit (aus der Bereicherung) steht jeder andern Verpflichtung gleich. Die Klage ist, wie fr. 17. ausdrücklich sagt, perpetua, gleich den übrigen nicht besonders ausgenommenen Klagen.

---

1) fr. 39. D. de usufructu (7, 1.).

2) Vergl. fr. 18 u. 19. D. eod.

Da nun der Erbe des Erben die Verbindlichkeit seines Erblassers im Allgemeinen übernehmen muß, soferne nicht eine besondere Ausnahme für dieselbe besteht; eine solche hier aber nicht nachgewiesen werden kann, so geht diese Verbindlichkeit in ihrem ganzen Umfange auf den Erben über, quoniam hereditariam suscepit obligationem [1]).

Dieser letztere Fall ist von dem unmittelbar vorher erwähnten, wenn der Bereicherte selbst eine bestimmte Summe aus der Bereicherung erlöst, und diese verzehrt, verloren hat, sehr verschieden. Denn der Anfangs Bereicherte haftet dann aus dem Grunde nicht mehr, weil die Bereicherung für ihn aufgehört hat; für den Erben des Erben dagegen war die Verbindlichkeit gleich Anfangs nicht auf das factum der Bereicherung gegründet; er wird darum auch nicht von der durch Erbgang auf ihn überkommenen Verbindlichkeit befreit, wenn eine für diese völlig irrelevante Thatsache (die Bereicherung) weggefallen ist. Diesen Unterschied zwischen den beiden genannten Fällen erkennt auch fr. 17. cit. ausdrücklich an, indem es a. E. sagt: alioquin dicendum erit, nec ipsum, qui consumpsit, quod ad eum pervenit, teneri.

§. 9.

Fortsetzung.

Verfolgen wir die Bedeutung des Ausdrucks: Jemand ist bereichert, in seinen einzelnen Beziehungen, so geben uns darüber mehrere Gesetzesstellen [2]) aus dem Titel de hereditatis petitione [3]) folgenden Aufschluß.

Nach fr. 23. D. h. t. (5, 3.) (Ulpian. lib. 15. ad Ed.) soll nicht das, quod prima ratione fuerit, sondern nur das, quod durat, als Bereicherung gelten, als eine solche Bereicherung wird aber nicht angesehen, wenn der bonae fidei

1) S. unten §. 31.

2) Dieß sind indessen immer nur Andeutungen, und die Gesetze sagen selbst, daß die Sache etwas unbestimmt bleiben wird; denn fr. 25. pr. D. de hered. petit. (5, 3.) meint, die darauf bezügliche Clausel des Senatusconsults sey ambigua.

3) fr. 22. i. f. fr. 23—25. D. de heredit. petit. (5, 3.).

possessor etwas von den Sachen consumirt [1]), verschenkt [2]), verloren, ja selbst verschleudert hat, sondern nur soviel soll ihm aufgerechnet werden, als er wirklich reicher geworden ist; wenn ihm nämlich durch das Rechtsgeschäft, wodurch er einen Theil der Bereicherung verloren hat, ein anderer Gegenstand zugekommen ist, gleich wie durch eine Art Tausch (velut genus quoddam permutationis) und nur soweit, als ihm dadurch etwas zugekommen (quatenus acceperunt) [3]). Für das Verhältniß des mit der hereditatis petitio belangten bonae fidei possessor finden wir in den Gesetzen [4]) noch insbesondere die Bestimmung, daß, wenn der Besitzer in gutem Glauben mit Rücksicht auf die Erbschaft (contemplatione hereditatis) splendider wie sonst gelebt und gewirthschaftet hat, (lautius impendit, laute erogasset) derselbe doch nur insoweit als bereichert erscheinen soll, als er vor dem Anfall der Erbschaft für solche Zwecke zu verwenden pflegte [5]). Die in diesem §. angeführten detaillirten Bestimmungen sind zwar, wie vorhin bereits erwähnt worden, zunächst nur für den beklagten bonae fidei possessor bei der hereditatis petitio gegeben; allein sie entsprechen der Natur der Sache größtentheils so sehr [6]), daß

1) Auf die Größe der consumirten Summe kommt nichts an; fr. 25. §. 15. D. eod. sagt, der bonae fidei possessor könne, wenn er sich für den Universalerben gehalten, selbst die Hälfte der Erbschaft consumirt haben, und brauche doch nicht zu haften, wenn er nicht wahrhaft bereichert worden.

2) Selbst wenn er renumeratorisch etwas verschenkt hat, erscheint er nur in so fern bereichert, als er bereits Gegengeschenke (ἀντίδωρα) erhalten hat fr. 25. §. 11. D. eod. Daraus ergiebt sich also, daß die bloße Erwerbung einer naturalis obligatio nach den Gesetzen noch keine Bereicherung begründet, sondern daß diese erst dann angenommen werden kann, wenn die naturalis obligatio wirklich erfüllt, z. B. wenn die donatio renumeratoria zu der man naturaliter verpflichtet war, wirklich geleistet ist.

3) fr. 25. §. 11. D. de heredit. petit. (5, 3.).

4) fr. 25. §. 15. 16. 17. D. eod.

5) fr. 25. §. 16. D. eod.

6) Der letzte Fall, wenn der bonae fidei possessor contemplatione hereditatis einen ungewöhnlichen Aufwand getrieben, möchte bei Bereicherungen anderer Art wohl seltener vorkommen.

sie wohl ohne gegründeten Zweifel auf jeden *bonae fidei possessor*, und somit auf die Fälle der Haftverbindlichkeit aus der Bereicherung im Allgemeinen, angewendet werden können; bei einem *malae fidei possessor* dagegen steigt die Verbindlichkeit aus dem dolus weit über das Maaß der Bereicherung hinaus [1]). Übrigens haben wir noch Gesetzesstellen aus andern Titeln der Digesten, welche den Begriff der Bereicherung ebenso angeben, wie die Stellen über die hereditatis petitio. Dahin gehört fr. 11. §. 6. D. de minoribus (4, 4.) (Ulpian. lib. 11. ad Edict.). Das fr. handelt von der Frage, ob der minor gegen den minor in integrum restituirt werden könne. Die Frage wird verneint für den Fall, wenn Beide in gleicher Lage sich befinden, der Eine also nicht zum Nachtheile des Andern bereichert ist. Ein solcher Fall der mangelnden Bereicherung wird aber dann angenommen, wenn der minor, welcher Geld empfangen, dasselbe verschleudert oder verloren hat: fr. 11. §. 6. D. cit. i. f. minor minori pecuniam dedit, et ille perdidit, melior est causa ejus, qui accepit, et (vel) dilapidavit, vel perdidit [2]).

Alle diese Bestimmungen sind denn auch ganz natürlich und allgemeinen Grundsätzen entsprechend. Denn der bonae fidei possessor haftet ja für gar keine culpa, welche ihm bei der Consumtion oder dem Verlust etwa zur Last gelegt werden könnte.

Sowie indessen auf der einen Seite nur dasjenige als Bereicherung gilt, was einen wirklichen, bleibenden Vortheil bringt, so wird doch keineswegs von den Gesetzen immer ein positives Bereichertwerden erfordert, sondern die Ersparung nothwendiger Ausgaben, durch deren Bestreitung man ärmer geworden wäre, (an seinem Vermögen etwas verloren hätte) steht der positiven Bereicherung völlig gleich [3]).

---

1) fr. 1. §. 15. D. depositi (16, 3.). fr. 13. §. 1. D. de dolo (4, 3.).

2) fr. 34. D. de minoribus (4, 4.). fr. 91. §. 3. i. f. D. de V. O. (45, 1.).

3) S. unten §. 11.

Das wird gesagt in

fr. 47. §. 1. D. de solutionibus (46, 3.) (Marcianus lib. 4. Regularum).

verb.: si necessariam sibi rem emit, quam necessario de suo erat empturus; *nam hoc ipso, quo non est pauperior factus, locupletior est* etc.

(Das Weitere über diese Gesetzesstellen wird im §. 11. folgen.)

§. 10.

Auf welche Zeit muß man bei Beantwortung der Frage Rücksicht nehmen, ob Jemand zum Schaden eines Andern bereichert ist?

In den vorhergehenden §§. ist mehrfach erwähnt worden, es gelte nicht das als Bereicherung, quod prima ratione fuerit, sondern das, quod durat [1]). Daran reiht sich natürlich die Frage: wie lange denn die Bereicherung dauern müsse, oder m. a. W. nach welchem Zeitpunkt es sich bestimme, ob man bereichert ist, oder nicht? —

Über die Beantwortung dieser Frage scheinen die Gesetze sich in einem Widerspruch zu befinden, welcher jedoch bei näherer Betrachtung ohne große Schwierigkeit gelöst werden kann.

Die gewöhnliche Ansicht, für welche denn auch die meisten Gesetzesstellen sprechen [2]), geht dahin, die Frage, ob Jemand bereichert worden, entscheide sich lediglich nach dem Zeitpunkt der Litiscontestation. Richtiger muß man wohl nach den positiven Gesetzen, sowie aus den in der Sache selbst liegenden Gründen, zwischen den Fällen unterscheiden, wenn der Bereicherte als Kläger, und, wenn er als Beklagter erscheint.

Im erstern Falle bestimmt sich Alles nach der Zeit der Anstellung der Klage, im zweiten nach dem Zeitpunkt der Litiscontestation; und zwar aus folgenden Gründen. Der bereicherte Kläger wird, wie wir oben §. 7.

1) fr. 23. D. de heredit. petit. (5, 3.).

2) Vergl. die im §. angeführten Gesetzesstellen und Scipio Gentilis opera Tom. IV. pag. 119 sqq.

gesehen haben, mit der exceptio doli abgewiesen, weil die Gesetze annehmen, er würde sich eines dolus schuldig machen, wenn er sich mit dem Nachtheil eines Andern bereichern wollte. Welcher dolus kann aber hier anders in Frage kommen, als der zur Zeit der Anstellung der Klage [1]? War der Kläger zur Zeit der Klage nicht reich, so läßt sich auch die Möglichkeit eines dolus von seiner Seite nicht gedenken. Dafür sprechen

fr. 50. pr. D. de donat. inter virum et uxorem (24, 1.) (JAVOLENUS lib. 30. Epistolar.).

verb: Quaeritur enim, an mulier ex viri patrimonio locupletior sit eo tempore, quo de dote *agebatur?* etc. [2])

und deutlicher noch

fr. 47. pr. D. de solut. (46, 3.) MARCIANUS lib. 4. Regularum).

In pupillo, cui sine tutoris auctoritate solutum est, si quaeratur, quo tempore sit locupletior: *tempus, quo agitur, inspicitur* [3]), *et ut exceptio doli mali posita ei noceat, tempus, quo agitur, spectatur;*

und ebenso

fr. 4. D. de except. (44, 1.) PAULUS lib. 20. ad Edict.).

In pupillo, cui soluta est debita pecunia sine tutoris auctoritate, si quaeratur, an doli exceptione summoveri debeat, *illud tempus inspicitur*, an pecuniam, vel ex ea aliquid habeat, *quo petit.*

Wird aber der Bereicherte belangt und sucht er durch Einreden, z. B. die Einrede der Unmündigkeit, die Ansprüche des Klägers zu entkräften, so können diese durch die aus der Bereicherung hergeleitete replica doli niedergeschlagen werden. Und welcher dolus ist hier entscheidend? Ja welcher kann natürlicherweise allein entscheidend seyn? Offenbar nur derjenige, welcher bei dem Bereichertseyn zur Zeit der Erklärung des Beklagten auf die Klage und der Vorschützung der Einrede d. h. nach römischem Recht zur Zeit der Litiscontesta-

---

1) Natürlich darf der Kläger nicht überhaupt in mala fide seyn. Ist er dieß, so haftet er aber auch nicht bloß aus der Bereicherung, sondern aus dem dolus. S. oben §. 7. a. E.

2) Bei Rückforderung der dos ist die Frau die Klägerin.

3) Vergl. fr. 15. D. de solutionibus (46, 3.)

tion, [welche bekanntlich bei den Römern die exceptio mit einschloß [1])] angenommen wird. Einzig von diesem Falle, in welchem der Bereicherte als Beklagter erscheint, sprechen denn auch die nachfolgenden, hier gewöhnlich allein berücksichtigten Gesetzesstellen; nämlich:

fr. 37. pr. D. de negotiis gestis (3, 5.) (Paulus lib. 1. Sentent.).

Litis contestatae tempore quaeri solet, an pupillus, cujus sine tutoris auctoritate negotia gesta sunt, locupletior sit ex ea re factus, *cujus patitur actionem.*

Denn die Schlußworte des Gesetzes cujus patitur actionem beziehen sich doch nur auf den Bereicherten, in so ferne er Beklagter ist. Ebenso

fr. 34. D. de minoribus (4, 4.) (Paulus lib. 1. Sentent.).

Si minor XXV annis filio familias minori pecuniam credidit, melior est causa consumentis: *nisi locuple-*

1) Der Begriff der litiscontestatio hängt, wie bekannt, nach römischem Rechte ursprünglich mit der Trennung des Verfahrens vor dem praetor und judex (jus und judicium) zusammen. Die litiscontestatio faßte nämlich den ganzen ersten gerichtlichen Vortrag der Klage und die Antwort des Beklagten vor dem Prätor in sich. Später, nach weggefallener Trennung des jus und judicium, [bekanntlich seit Diocletian *)] verschwand zwar Alles, was mit dieser Trennung nothwendig zusammenhing, allein die litiscontestatio verlor doch nichts an ihrem weiten Umfang, sie umfaßte vielmehr das Vorbringen des Klägers und die Antwort des Beklagten, die Einwendungen, sowohl gegen die Wahrheit der Thatsachen, als die selbstständigen Rechtsvertheidigungsmittel (exceptiones). Das sagt noch Justinian in const. 14. §. 1. C. de judiciis (3, 1.) im J. 530 (also lange nach der Zeit der Vereinigung des Verfahrens zwischen Prätor und judex): Patronus autem causarum, qui utrique parti suum praestantes auxilium ingrediuntur, cum lis fuerit contestata, post narrationem propositam et contradictionem objectam, in qualicunque judicio majore, vel minore, vel apud arbitros, sive ex compromisso, sive aliter datos, vel electos, sacrosanctis evangeliis factis juramentum praestent etc. cf. const. unica C. de litiscontestatione (3, 9.). Nov. 53. cap. III. §. 2. Zimmern Geschichte des röm. Rechts rc. Bd. 3. §. 118. 119. Alles Weitere gehört nicht hierher.

*) const. 2—4. C. de pedan. jud. (3, 3.).

tior ex hoc inveniatur litis contestatae tempore is, qui accepit.

Wer das Geld empfangen und consumirt hat, wird nicht klagen, sondern verklagt werden. Nicht minder

fr. 20. D. quod metus causa (4, 2.) (Ulpian lib. 11. ad Edict.).

Quantum autem ad heredem pervenit, litis contestatae tempore spectabitur [1]**: si modo certum sit, aliquid per-**

---

1) Mit dem Inhalt dieser Gesetzesstelle, sowie mit dem ganzen Zusammenhange, steht in Widerspruch das fr. 127. D. de R. J. (Paulus lib. 20. ad Edict.).

Cum Praetor in heredem dat actionem quatenus ad eum pervenit, sufficit, si vel momento *) ad eum pervenit ex dolo defuncti.

Der Widerspruch dieses Gesetzes liegt offen dar. Nach fr. 127. soll es nämlich genügen, wenn der Erbe nur einen Augenblick bereichert gewesen ist, nach fr. 20. cit. aber (welche Stelle von der actio quod metus causa und dem interdictum unde vi, als actiones honorariae, quae rei persecutionem non habent, handelt), soll allein der Betrag der Bereicherung tempore litis contestatae in Betracht kommen. — Man kann auch den Widerspruch nicht dadurch zu lösen suchen, daß in fr. 127. bloß die Frage entschieden sey, ob überhaupt Bereicherung stattgefunden, fr. 20. dagegen bestimme, nach welcher Zeit die Frage beantwortet werde, wie viel die Bereicherung betrage. Denn, einmal spricht fr. 127. davon, quatenus ad eum pervenit, und dann läßt sich die Frage, ob und wie viel Jemand bereichert ist, strenge genommen gar nicht trennen; denn der Beweis, daß Jemand bereichert ist, hilft nichts, wenn nicht damit der weitere Beweis sich verbindet, wie viel Jemand reicher geworden; ebenso wenig, wie der Beweis hinreicht, daß Jemand Schaden gelitten, ohne daß dessen Betrag auf irgend eine Weise rechtlich dargethan wird. Darum kann denn nur der Zeitpunkt entscheidend seyn, nach welchem sich der Betrag der Bereicherung bestimmt.

Es bleibt uns demnach nichts übrig, als den Ausspruch von Paulus in fr. 127. (welches Gesetz im Tit. de R. J. vereinzelt steht) für eine individuelle Ansicht dieses Juristen zu halten, oder, was noch wahrscheinlicher ist, als eine aus dem Zusammenhang gerissene Stelle zu betrachten. Denn Paulus würde durch fr. 127. cit. mit sich selbst in Widerspruch gerathen, da er in dem bereits vorhin §. 8.

*) fr. 79. D. de adquir. vel omitt. hered. (29, 2.). const. ult. i. f. C. de bonis, quae liberis. (6, 61.).

venisse. Idem et ipsius, qui vim intulit, (si) sic in corpus patrimonii pervenit aliquid, ut certum sit, ad heredem perventurum i. e. si debitor liberatus sit [1]).

§. 11.

Fortsetzung.

Noch ist eine Gesetzesstelle genauer zu betrachten, welche zu Einwendungen gegen die in dem vorigen §. aufgestellten Behauptungen Veranlassung geben könnte; nämlich das (theilweise schon im vorhergehenden §. mitgetheilte) fr. 47. D. de solutionibus (46, 3.) (MARCIANUS lib. 4. Regularum). Das Gesetz nach seinem ganzen Inhalt lautet also:

In pupillo, cui sine tutoris auctoritate solutum est, si quaeratur, quo tempore sit locupletior: tempus, quo agitur, inspicitur, et ut exceptio doli mali posita ei noceat, tempus, quo agitur, spectatur. §. 1. Plane, (ut Scae-

---

allegirten fr. 17. D. quod metus causa selbst sagt: Videamus ergo, si heres, ad quem aliquid pervenerit, consumpserit id, quod pervenit, desinat teneri, an vero sufficit, semel pervenisse? und a. E. dieses fr. entscheidet: dicendum erit, nec ipsum, qui consumpsit, quod ad eum pervenit, teneri. S. oben §. 8. a. E.

1) In den Fällen, in welchen der Bereicherte als Beklagter*) erscheint, nehmen die Gesetze überhaupt nur 2 Zeitpunkte als möglich an, um danach die Frage zu beantworten, ob und wie viel Jemand bereichert sey; nämlich die Zeit der Litiscontestation, oder des rechtskräftigen Urtheils: fr. 7. pr. D. de donat. inter virum et uxor. (24, 1.) (ULP. lib. 31. ad Sabinum) Quod autem spectetur tempus, an locupletiores sint facti: utrum tempus litis contestatae, an rei judicatae? Et verum est, litis contestatae tempus spectari oportere, idque Imperator noster cum patre rescripsit. Das Gesetz entscheidet sich nun für den Zeitpunkt der Litiscontestation schon aus dem bereits angeführten Grunde des dolus, und außerdem darum, weil durch die Litiscontestation, welche bekanntlich eine nothwendige novatio privativa erzeugte, eine neue Grundlage für die Verbindlichkeit des Verurtheilten entstand; der Zustand zur Zeit der Entstehung der Verbindlichkeit aber natürlich als entscheidend betrachtet ward. S. unten §. 31 a. E.

*) Daß auch hier nur vom bereicherten Beklagten die Rede ist, zeigt fr. 5. §. 18. fr. 6. D. de donat. inter vir. in Verbindung mit fr. 7. pr. cit.

vola ajebat) *etiamsi perierit res ante litem contestatam, interdum quasi locupletior factus intelligitur:* id est, si necessariam sibi rem emit, quam necessario de suo erat emturus; nam hoc ipso, quo non est pauperior factus, locupletior est. Sic et in filiofamilias putabat, Macedonianum cessare, si in necessarias causas filius pecuniam acceperit, et eam perdiderit.

Nach dieser Gesetzesstelle, welche so deutlich und bestimmt spricht, daß nicht leicht ein Zweifel dagegen erhoben werden kann, muß man denn behaupten, daß bei impensae necessariae ausnahmsweise nicht bloß das als Bereicherung angesehen werden kann, quod durat, sondern daß hier die Bereicherung sogleich mit der Verwendung selbst eintritt. Damit stimmen denn auch die gesetzlichen Bestimmungen in andern Fällen überein. Die impensae necessariae werden nämlich auch dem malae fidei possessor ersetzt, und zwar ohne auf die Bereicherung zur Zeit der Litiscontestation zu sehen. So z. B. bei der rei vindicatio

const. 5. C. de R. V. (3, 32.) (Imp. Gordianus A. Heretiano) worin von den malae fidei possessores gesagt wird: nullam habeant repetitionem, *nisi necessarios sumptus fecerint* etc. [1]). Am Deutlichsten sprechen dieß aber die Gesetze mit Rücksicht auf die in rem versio aus, (welche ja, wie wir bereits im §. 8. S. 17. Note 2. gesehen haben, und später noch wiederholt sehen werden, hinsichtlich des Gegenstands mit unserm Grundsatz völlig übereinstimmt). Als Beispiel diene

fr. 5. pr. D. de in rem verso (15, 3.) Ulpianus lib. 29. ad Edict.).

Si res domino *non necessarias* emerit servus quasi domino necessarias, veluti servos, hactenus videri in rem ejus versum, Pomponius scribit, *quatenus servorum verum pretium facit* [2]): cum si *necessarias emisset, in solidum* [3]), *quanto venissent, teneretur.*

---

1) S. §. 29. unten u. fr. 38. D. heredit. petit. (5, 3.).
2) fr. 12. 16. D. in rem verso (15, 3.).
3) fr. 21. D. eod.

Ebenso

fr. 3. §. 7. eod. (Ulpian. eod.).

Unde recte dicitur, et si frumentum comparavit servus ad alendam domini familiam (also impensae necessariae) — et in horreo dominico reposuit, et hoc periit, vel corruptum est, vel arsit, videri versum [1]).

Hiernach geht also bei nothwendigen Verwendungen die Forderung des Ersatzes auf die ganze verwendete Summe. Anders ist es bei nützlichen Verwendungen [2]). Soll die Bereicherung durch impensae utiles erzeugt werden, so liegt schon im Begriff des wahren Nutzens, daß er nicht schnell vergeht. Auch kann der in fr. 47. cit. für die impensae necessariae angegebene Grund: hoc ipso, quo non est pauperior factus, locupletior est — nicht für bloß nützliche Verwendungen gelten; denn durch nothwendige Verwendungen wird man auch nothwendig reicher, weil sie durchaus gemacht werden müssen, wenn nicht größerer Schaden eintreten soll, und darum derjenige, welcher dieselben macht, eine Verminderung des Vermögens verhindert; bei nicht nothwendigen, bloß nützlichen aber, fällt diese Abwendung der Vermögensverringerung weg, weil man sie auch, ohne gerade positiven Schaden zu leiden, unterlassen kann. Es kommt darum hier nur der wirkliche, bleibende Nutzen als Bereicherung in Anschlag; und zwar bestimmt sich dieselbe, der allgemeinen Regel entsprechend, nach der Zeit der angestellten Klage und beziehungsweise der Litiscontestation.

Gegen das Gesagte spricht auch nicht die Anwendung auf das SCtum. Macedonianum am Schlusse des §. 1. Denn darin ist nur eine Bestätigung des Grundsatzes enthalten, daß die exceptio SCti. Macedoniani cessire, wenn das Darlehn zur Bestreitung nothwendiger Zwecke aufgenommen worden, sollte auch später das geliehene Geld verloren gegangen

1) Vergl. mit fr. 5. §. 1. D. eod.

2) Es versteht sich indessen von selbst, daß hier nur von den Verwendungen die Rede ist, welche nicht in Gefolge eines besondern Rechtsgeschäfts z. B. eines Mandats, gemacht werden, denn alsdann entscheiden bekanntlich die bei diesem einzelnen Rechtsgeschäfte geltenden Grundsätze.

seyn [1]). Hat nämlich der filius familias zu einem für den Vater nothwendigen Zweck Geld aufgenommen, oder überhaupt ein Rechtsgeschäft abgeschlossen, so gilt dieß, ganz in Übereinstimmung mit den bisher entwickelten Grundsätzen, als versio in rem patris, auch dann, wenn das durch das Rechtsgeschäft Erzielte später durch Zufall verloren oder zu Grunde gegangen ist [2]).

§. 12.

Wer muß den Beweis der Bereicherung führen?

Wir haben schon in dem Bisherigen gesehen, daß die Verpflichtung aus dem Grundsatz des Divus Pius auf die Thatsache der Bereicherung mit dem Nachtheil eines Andern gegründet ist. Wer demnach auf diesen Grundsatz sich stützt, behauptet immer eine Thatsache, und muß diese nach allgemeinen Proceßregeln zu Recht erweisen; mag er nun sein Recht klagend verfolgen, oder vertheidigend durch Exceptionen, Repliken, Dupliken geltend machen. Auch wenn der Bereicherte durch Retentionen oder Compensationen zur Ausgleichung des mit dem Nachtheil des Retinirenden oder Compensirenden gezogenen Vortheils angehalten werden soll, gilt dasselbe. Denn diese beiden Rechtsvertheidigungsmittel werden in der Form von Exceptionen (und zwar als eine exceptio *doli generalis)* geltend gemacht. Nicht minder muß man dieselbe Verpflichtung zum Beweise in den Fällen zur Anwendung bringen, in welchen unser Grundsatz etwa sonst noch nach den Gesetzen Einwirkung äußert [3]). Denn überall ist's das factum der Bereicherung, welches als Basis dient, und deßhalb zur juristischen Gewißheit erhoben werden muß.

§. 13.

Die Rechtsmittel, wodurch unser Grundsatz geltend gemacht werden kann, sind sehr verschieden.

Schon oben §. 7. ist gezeigt worden, daß die Gesetze unsern Grundsatz als einen völlig allgemeinen aussprechen.

1) Vergl. fr. 7. §. 14. D. ad SCtum. Maced. (14, 6.).
2) fr. 7. §. 6—9. D. in rem verso (15, 3).
3) Vergl. §. 36. 37. 39. 41. 42. unten.

Das wird sich in der zweiten Abtheilung dieser Untersuchung durch die mannigfaltigsten Ausflüsse desselben nachweisen lassen, und kann jetzt schon dadurch gezeigt werden, daß zur Verfolgung dieser Wirkungen sehr verschiedenartige Rechtsmittel aufgeführt werden [1]; nämlich

1) exceptiones. Oben §. 7. wurde bereits erwähnt, daß die Gesetze von dem Gesichtspunkt ausgehen, man mache sich eines dolus schuldig, wenn man sich mit dem Schaden eines Andern bereichere, und daß darum die exceptio doli gegen den bereicherten Kläger, und die replica doli gegen den bereicherten Beklagten aus der Bereicherung mit Wirksamkeit geltend gemacht werden kann [2].

2) Hiermit hängt ein zweites Rechtsschutzmittel nahe zusammen — die Retentionen; denn auch diese beruhen, wie schon im vorigen §. erwähnt worden, auf demselben Gesichtspunkt, so daß die retentio durch eine exceptio doli generalis geltend gemacht wird. Das sagt mit dürren Worten fr. 14. §. 1. D. communi dividundo (10, 3.) Paulus lib. 3. ad Plautium) verb.: per exceptionem doli retinere possem. Darum gehören hierher auch überhaupt die Gesetze, welche für die exceptio doli im Allgemeinen sprechen [3].

3) Compensationen, welche wieder auf demselben Grundsatze, wie die Retentionen, beruhen, (sowie überhaupt

1) Der Grundsatz äußert auch noch auf andere Art seine Wirksamkeit, ohne daß man gerade sagen könnte, er werde geltend gemacht durch eine Klage, exceptio u. dergl.; z. B. in der Regel, daß im Zweifel für den gesprochen werden müsse, welcher de damno vitando streitet (s. unten §. 41 f. u. oben §. 12. Note 3.). Allein das hindert doch nicht, daß wir hier die Rechtsmittel im Allgemeinen betrachten, durch welche derselbe bei Weitem in den meisten Fällen geltend gemacht wird.

2) Außer den oben §. 7. S. 16. Note 1. angeführten Gesetzesstellen vergl. fr. 45. §. 1. D. de action. emti (19, 1.). §. 30. J. de rerum divis (2, 1.). const. 11. C. de R. V. (3, 32.). fr. 27. §. 5. fr. 38. fr. 48. 65. D. de R. V. (6, 1.). fr. 4. §. 9. fr. 14. D. de doli mali (44, 4.). const. 9. C. de usucap. pro emtore (7, 26.). fr. 17. §. 4. D. de institor. act. (14, 3.).

3) Vergl. vorzüglich fr. 14. §. 1. fr. 29. fr. 33. D. de condict. indeb. (12, 6.).

alle Fälle, in welchen gegen die Strenge des Rechts aus Gründen des prätorischen Rechts und der Billigkeit eine exceptio gestattet wird, unter dem generellen Begriffe der exceptio doli zusammengefaßt werden können. (Vergl. oben §. 3.) Für die Compensation spricht ausdrücklich

fr. 3. §. 4. D. de negotiis gestis. (3, 5.) Ulp. lib. 10. ad Ed.).

Pupillus sane, si negotia gesserit, post rescriptum Divi Pii (etiam) conveniri potest in id, quod factus est locupletior; agendo autem *compensationem* ejus, quod gessit, patitur [1]).

§. 14.

Fortsetzung.

In der Regel erzeugt unser Grundsatz auch eine Klage.

An den vorigen §. schließt sich ganz natürlich die Frage, ob die darin unter 1 — 3 angeführten Rechtsvertheidigungsmittel als die einzigen Ausflüsse unsers Grundsatzes zu betrachten seyen, oder ob dessen Kraft so weit gehe, daß man im Allgemeinen auch eine Klage auf denselben gründen könne. Das Letztere wird von manchen Rechtslehrern geläugnet, namentlich von v. Wening-Ingenheim [2]), welcher behauptet, daß man, wenigstens in der Regel, keine Klage aus diesem Grundsatze erhalte.

Dem Verf. dieses Versuchs scheinen aber gerade sehr triftige Gründe dafür zu sprechen, daß in der Regel aus unserm Grundsatze Klagen hervorgehen, und nur in sehr wenigen Ausnahmsfällen dieselben (aus besondern Gründen) verweigert werden. Das wird daraus deutlich hervorgehen, wenn sich zeigen läßt, daß in den nämlichen Fällen, in welchen eine exceptio, compensatio, retentio gestattet ist, aus denselben Gründen auch eine actio verliehen wird.

---

1) fr. 48. D. de R. V. (6, 1.)

2) Lehrbuch des gemeinen Civilrechts. Erste Ausg. Buch III. §. 346. Note n. Vierte Ausg. Buch III. §. 346. Note n.

Was nun zunächst die exceptiones betrifft, so sprechen die meisten Gesetzesstellen, worin dieselben genannt sind, entweder von dem pupillus, indem sie gegen ihn, als Kläger, die exceptio doli in so weit gestatten, als derselbe bereichert ist [1]), oder sie beziehen sich auf den Fall, wenn der klagende Eigenthümer sich weigert, den Werth der Verwendungen, namentlich auch der mit der Hauptsache verbundenen Nebensachen, zu erstatten.

Für die meisten dieser Fälle finden wir aber auch ebenso ausdrücklich in den Gesetzen eine Klage gestattet. So

fr. 15. D. dolo (4, 3.) (Ulp. lib. 11. ad Ed.).

Si et ex dolo tutoris, si factus est locupletior, *puto in eum dandam actionem: sicut exceptio datur* [2]).

Was aber von der Bereicherung des Pupillen aus dolosen Handlungen des tutor gilt, muß doch sicher auch dann gelten, wenn der Pupill aus eigenen Handlungen, z. B. aus den mit andern Personen von ihm selbst eingegangenen Rechtsgeschäften, reicher geworden ist. Dafür spricht auch das im vorigen §. unter Nr. 3. aufgeführte fr. 3. §. 4. D. de negotiis gestis (3, 5.) (s. unten §. 21.). Dasselbe tritt in dem Falle der Bereicherung durch angefallene Accessionen ein.

fr. 23. §. 4 u. 5. D. de R. V. (6, 1.) (Paulus lib. 21. ad Ed.).

§. 4. In omnibus igitur istis, in quibus mea res per praevalentiam alienam rem trahit, meamque efficit, si eam rem vindicem, *per exceptionem doli (mali)* cogar pretium ejus, quod acceperit, dare. §. 5. — Ideoque in omnibus his casibus, in quibus neque ad exhibendum, neque in rem locum habet, *in factum actio* necessaria est [3]).

1) Vergl. §. 13. S. 31. Note 2.

2) Vergl. noch fr. 3. D. quando ex facto tutoris (26, 9.). fr. 3. §. 1. D. de tributor. act. (14, 4). fr. 1. §. 15. D. depositi (16, 3.). fr. 3. pr. D. commodati (13, 6.). fr. 6. §. 2. D. de jure dotium (23, 3.). S. unten §. 26.

3) Doch ist die Sache hier sehr bestritten. Das Nähere muß aber unten im §. 38. erörtert werden. S. auch §. 47. 53.

In den Fällen der Compensation ist gleichfalls eine Klage gestattet, wie dieß schon aus dem mehrfach erwähnten fr. 3. §. 4. D. de negot. gest. (3, 5.) hervorgeht, verb.: *conveniri potest* in id, quod factus est locupletior: *agendo* autem *compensationem* ejus, quod gessit, patitur. Nur bei den Retentionen läßt sich ein Fall (nämlich der Fall der Verwenwendungen auf eine völlig fremde, oder mit Andern gemeinschaftliche Sache) anführen, für welchen verschiedene Gesetze die Klagen absprechen [1]). Doch die genauere Erörterung dieses Punkts gehört späteren §§. an [2]). Soviel wird man vorläufig annehmen können, daß in der Regel auch eine Klage durch unsern Grundsatz erzeugt wird.

§. 15.

Fortsetzung.

Die Klagen aus unserm Grundsatz sind von verschiedener Art.

Was ist dieß aber für eine Klage? fragt man mit Recht, und die Antwort auf die Frage verdient eine nähere Erörterung.

Schon oben bei Aufstellung eines allgemeinen Rechtsprincips für unsern Grundsatz (im §. 6.) wurde angedeutet, daß derselbe nicht da zur Anwendnug komme, wo die Bereicherung Folge eines Rechtsgeschäfts ist [3]); denn das Rechtsgeschäft selbst, z. B. der Vertrag, ist nach seiner rechtlichen Natur auf Ausgleichung aller Vortheile und Nachtheile gerichtet, und darum findet für alle diese Beziehungen die Klage aus dem Rechtsgeschäfte statt [4]).

---

1) Vergl. fr. 14. §. 1. D. communi divid. (10, 3.). fr. 29. pr. D. eod. u. a. m.

2) S. unten §. 47—53.

3) In so ferne stimme ich ganz mit der Ansicht von v. Wening, Ingenheim a. a. O. u. Seuffert Lehrbuch rc. Bd. 2. S. 346. Note 16. überein.

4) Die naturalis aequitas, welche die Quelle unsers Grundsatzes ist, hat aber auch wohl bei den Verträgen, namentlich den bonae fidei negotiis, veranlaßt, daß die daraus hervorgehende

Hieran schließt sich aber zugleich eine andere Frage: Wie verhält es sich in dem Falle, wenn zwar ein Rechtsgeschäft, namentlich ein Vertrag, stattgefunden hat, dieses Rechtsgeschäft aber an einem wesentlichen Mangel leidet, und darum die Klage aus diesem Geschäfte nicht angestellt werden kann? Ist dann die Bereicherung aus diesem an sich ungültigen Rechtsgeschäfte allein schon Grund für die Klage, und für welche?

Diese Frage muß, wie sich in den folgenden §§. zeigen wird, nach den Gesetzen bejaht werden; — und somit stellt sich das Resultat für unsern Grundsatz also: Er ist ein subsidiarischer, welcher erst dann zur Anwendung kommt, wenn der Bereicherte aus keinem andern specielleren Rechtsgrunde [sey dieß nun eine erlaubte Handlung, (ein Rechtsgeschäft) oder eine widerrechtliche] verpflichtet ist; der Bereicherte ist dieß dann schon aus dem allgemeinen Grunde, nämlich aus dem *factum* der Bereicherung.

Daraus ergiebt sich auch ein Fingerzeig für die genauere Bestimmung der Klage aus unserm Grundsatz. Ist die Bereicherung zum Nachtheile eines Andern aus einem Rechtsgeschäfte, oder besonderen Obligationsgrunde entstanden, wobei irgend ein wesentlicher Mangel die Statthaftigkeit der eigentlichen Klage aus dem Rechtsgeschäfte verhindert, so findet eine *actio utilis* aus dem betreffenden Rechtsgeschäfte statt. Läßt sich aber keine solche analoge Ausdehnung einer bestimmten genannten Klage gedenken, so wird die allgemeine actio *in factum* angestellt.

§. 16.

Fortsetzung.

Beispiele der einzelnen Arten dieser Klagen.

Die im vorigen §. aufgestellten Behauptungen müssen nun durch einzelne Beispiele aus den Gesetzen näher begründet

Klage auf Ausgleichung aller dieser Nachtheile gerichtet ist. Vergl. fr. 12. §. 9. D. mandati (17, 1.). const. 3. i. f. C. communia utriusque judicii (3, 38.). Das Nähere s. unten §. 36. letzte Note.

werden. Wir wenden uns zunächst zu den utiles actiones, welche in unserm Grundsatz ihre Quelle finden.

L. 1. §. 2. D. commodati (13, 6.) ULP. lib. 28. ad Ed.).

Impuberes *commodati actione* non *tenentur:* quoniam nec constitit commodatum in pupilli persona sine tutoris auctoritate: usque adeo, ut, etiam si pubes factus dolum aut culpam admiserit, hac actione non tenetur, quia ab initio non constitit.

fr. 2. D. eod. (PAULUS lib. 29. ad Ed.).

Nec in *furiosum* commodati actio danda est, sed ad exhibendum adversus eos dabitur, ut res exhibita vindicetur.

fr. 3. pr. D. eod. (ULP. lib. 28. ad Ed.).

Sed mihi videtur, *si locupletior pupillus factus sit, dandam utilem commodati actionem, secundum D. Pii rescriptum* [1]).

An dieses Gesetz schließt sich

fr. 1. §. 15. D. depositi (16, 3.) (ULP. lib. 20. ad Ed.).

An in pupillum, apud quem sine tutoris auctoritate depositum est, depositi actio detur, quaeritur? Sed probari oportet, si apud doli mali jam capacem deposueris, agi posse, si dolum commisit: *nam (et) in quantum locupletior factus est, datur actio in eum, et si dolus non intervenit.*

Um nicht mit fr. 3. D. commodati cit. in Widerspruch zu gerathen, muß man natürlich hier die actio depositi *utilis* annehmen [2]). (S. unten §. 27.)

fr. 12. §. 1. i. f. D. de distract. pignor. (20, 5.) (TRYPHONINUS lib. 8. Disputationum).

verb.: quantum vero ad dominum rei, si necdum pignus evictum est, vel ad emtorem, post evictionem, ipsi debitor *utili actione tenetur, ne ex aliena jactura sibi lucrum adquirat.*

---

1) Vergl. auch fr. 3. §. 4. D. de negotiis gestis (3, 5.).

2) Ganz dasselbe gilt auch von fr. 3. D. quando ex facto tutoris (26, 9.).

und endlich

fr. 3. D. de condict. indeb. (12, 6.) (POMPON. lib. 28. Quaestionum).

verb.: nam *utiles actiones* posthumo vel filio, qui hereditatem evicerat, dare oportere in eos, qui legatum perceperunt, Imperator Titus Antoninus rescripsit: *scilicet, quod bonae fidei possessor in quantum locupletior factus est tenetur*, nec periculum huiusmodi nominum ad eum, cui sine culpa solvit, pertinebit [1]).

Läßt sich nun in einem Falle keine utilis actio finden, so wird, wie schon im vorigen §. erwähnt worden, die allgemeine actio in factum (hier auf die Thatsache der Bereicherung gegründet) verliehen. Dafür beweisen mehrere der früher angeführten Gesetzesstellen [2]); besonders deutlich aber ist es ausgesprochen in

fr 14. §. 1. D. de rebus auctorit. jud. possid. (42, 5.) (PAULUS lib. 59. ad Ed.).

Datur in creditorem actio, qui in possessionem missus est, *de eo, quod ex bonis debitoris ad eum pervenit*: si nondum sit aliquid consecutus, actiones suas praestabit: datur autem *in factum actio* adversus eum: et omne, quod in actionem negotiorum gestorum veniret, si posset agi, restituendum a creditore.

Ebenso in

fr. 52. D. de R. V. (6, 1.) JULIANUS lib. 55. Digestor).

Cum autem fundi possessor ante litem contestatam dolo malo fundum possidere desiit, heredes ejus in rem quidem actionem suscipere cogendi non sunt: sed *in factum actio* adversus eos reddi debebit, per quam restituere cogantur, *quanto locupletiores ex ea re facti fuerunt* [3]).

---

1) Vergl. fr. 4. D. eod.

2) fr. 15. D. de dolo malo (4, 3.) fr. 6. §. 2. D. de jure dotium (23, 3.). fr. 23. §. 4 u. 5. D. de R. V. (6, 1.).

3) Vergl. auch fr. 1. pr. fr. 5. D. de calumniatoribus (3, 6.) und überhaupt unten § 30.

Diese actio in factum characterisirt sich nun, wie gleichfalls schon angegeben worden, durchaus als subsidiäres Rechtsmittel, welches nur dann stattfindet, wenn kein anderes vorhanden:

fr. 1. pr. D. de praescriptis verbis et in factum actionibus (19, 5) (Papinianus lib. 8. Quaest.).

Nonnunquam evenit, ut *cessantibus judiciis proditis et vulgaribus actionibus*, cum proprium nomen invenire non possumus, facile descendamus ad eas, *quae in factum appellantur* [1]).

§. 17.

Unterschied unsers Grundsatzes von der negotiorum gestio.

Der Grundsatz, welcher den Gegenstand unserer Untersuchung ausmacht, berührt auf der einen Seite die negotiorum gestio so nahe, und ist auf der andern Seite doch wieder so sehr von derselben verschieden, daß wir Beides, das Übereinstimmende, wie das Unterscheidende, näher betrachten müssen.

Verschieden ist die negotiorum gestio von unserm Grundsatz dadurch wesentlich, daß sie ein Rechtsgeschäft (ein s. g. Quasicontract) ist, welches bei dem negotiorum gestor die Absicht voraussetzt, Geschäfte für einen Andern besorgen zu wollen [2]), während unser Grundsatz, welcher bekanntlich mit keinem Rechtsgeschäfte concurrirt, gerade dann eintritt, wenn Jemand, der die Absicht, Geschäfte eines Andern zu besorgen, **nicht hat**, mit des Letzteren Nachtheile sich bereichert befindet. In dieser Beziehung stehen sich daher die negotiorum gestio und unser Grundsatz geradezu entgegen.

Doch leidet auch hier bei der negotiorum gestio, wie bei andern Rechtsgeschäften, eine oben (§. 6. a. E. u. §. 15.)

---

1) fr. 11. D. eod. fr. 1. pr. fr. 5. D. de calumniatoribus (3, 6.). fr. 23. §. 5. D. de R. V. (6, 1.). fr. 2. §. 26. i. f. D. de vi bonor. raptor. (47, 8).

2) fr. 14. §. 1. fr. 29. D. communi divid. (10, 3.). fr. 6. §. 3. de negotiis gestis (3, 5.).

angegebene allgemeine Bestimmung Anwendung. Sobald nämlich das Geschäft aus irgend einem wesentlichen Mangel, z. B. wegen Unfähigkeit des negotiorum gestor, als ungültig erscheint, so wird doch für die an sich unfähige Person eine Verbindlichkeit begründet, soweit dieselbe durch die Geschäftsführung bereichert worden ist; wie wir das in dem mehrfach erwähnten fr. 3. §. 4. D. negotiis gestis (3, 5.) bei dem Pupillen sahen.

Auf der andern Seite stimmen aber auch die negotiorum gestio und unser Grundsatz wieder mit einander überein: nämlich in Hinsicht des Zwecks, welcher durch die aus ihnen hervorgehenden Klagen erreicht werden soll. So sagt das schon im vorigen §. erwähnte fr. 14. §. 1. D. de rebus auctoritate judicis (42, 5.).

— datur *actio in factum* (d. i. die actio in factum aus unserm Grundsatz) adversus eum: *et omne, quod in actionem negotiorum gestorum veniret, si posset agi, restituendum a creditore* [1]).

§. 18.

Unterschied von der in rem versio.

Man findet zwar häufig in der Theorie, wie in der Praxis, die Ansicht, die actio de in rem versio könne in allen den Fällen angestellt werden, in welchen etwas aus dem Vermögen des Einen in das Vermögen des Andern ohne besondern Rechtsgrund übergegangen, namentlich dann, wenn aus einem Vertrag einem Dritten, Nichtcontrahirenden, Vortheile zugewachsen seyen [2]). Wäre diese Ansicht richtig, so würde

---

1) Vergl. auch fr. 9. pr. §. 4. D. eod. fr. 6. §. 6. i. f. D. de negotiis gestis (3, 5.).

2) Kind quaest. forens. Tom. III. Cap. XXI. pr.: Quae jure civili non nisi in patrem vel dominum e contractu filii familias aut servi datur, actio de in rem verso, ex aequitate, quin ipsius juris sententia ad omnes hominum liberorum contractus, per quos alii sunt facti locupletiores, producitur; gestützt auf fr. 3. §. 1. D. de in rem verso (15, 3.). fr. 21. eod. Gegen Kind vergl. Seuffert Lehrbuch rc. §. 346 a. E. Note 15 u. 16.

unser Grundsatz als überflüssig erscheinen, weil dann die versio in rem in Grund und Zweck völlig mit demselben übereinstimmte, und ihm, der nur einen subsidiarischen Character hat, kein besonderes Feld mehr übrig ließe [1]).

Allein es wird nicht schwer fallen, nachzuzeigen, daß die Gesetze von einer solchen Ausdehnung der in rem versio durchaus nichts wissen. Die ganze in rem versio bezieht sich vielmehr einzig und allein auf das Verhältniß der potestas, (der dominica, wie der patria) nämlich auf das Verhältniß zwischen dominus und servus, zwischen pater familias und filius familias [2]). Das ist als Princip an der Spitze des Titul. Dig. de in rem verso mit den bestimmtesten Worten ausgesprochen:

> fr. 1. pr. D. de in rem verso (15, 3.) (Ulp. lib. 29. ad Ed.). Si hi, *qui in potestate aliena sunt*, nihil in peculio habent, vel habeant, non in solidum tamen, teneantur *qui eos habent in potestate, si in rem eorum, quod acceptum est, conversum sit:* quasi cum ipsis potius contractum videatur.

Der ganze Titel de in rem verso enthält nur Anwendungen dieses Princips, und zwar in der Art, daß die meisten in den Gesetzen erwähnten Fälle auf das Verhältniß zwischen dominus und servus sich beziehen, und von diesem auf den pater und filius familias theils ausdrücklich ausgedehnt werden [3]), theils als stillschweigend ausgedehnt zu betrachten sind; andere Gesetze dagegen beziehen sich auch direct auf den filius familias [4]). Allein für eine Anwendung außer diesen beiden

1) Darum ist es für unsere Untersuchung von wesentlichem Interesse, den Umfang der in rem versio im Allgemeinen sowohl, als die einzelnen Fälle, worin dieselbe zur Anwendung kommen kann, genauer kennen zu lernen.

2) Dieß ist offenbar der Zustand nach dem Rechte der Digesten; der Codex hat dagegen eine einzige Ausnahme gemacht, wie wir im folgenden §. sehen werden.

3) S. namentlich fr. 3. §. 3. i. f. D. h. t.

4) z. B. fr. 7. §. 5. fr. 8. 9. 11. 12. 20. pr. 21. etc. D. h. t.

Verhältnissen der potestas finden wir in den Digesten durchaus keinen haltbaren Grund. Man lese nur den ganzen Titel de in rem verso, welcher doch, als Haupttitel, irgend eine Andeutung für eine allgemeine Anwendbarkeit enthalten müßte; — man wird vergebens danach forschen!

Zwar beruft man sich [1] für die Allgemeingültigkeit der in rem versio in allen Fällen, wo ein Nichtcontrahent aus den Verträgen Dritter bereichert worden, auf

fr. 3. §. 2. D. de in rem verso (15, 3.) (Ulp. lib. 29. ad Ed.).

Et regulariter dicimus, totiens de in rem verso esse actionem, quibus casibus procurator mandati, vel qui negotia gessit, negotiorum gestorum haberet actionem, quotiens*que* aliquid consumpsit *servus*, ut aut meliorem rem *dominus* habuerit, aut non deteriorem.

Allein offenbar dehnt dieses Gesetz die in rem versio nicht über die Gränzen der potestas hin aus. Das geht aus den Worten quotiens*que* aliquid consumpsit *servus*, welche durch die Partikel *que* mit dem Vorhergehenden, als etwas Verwandtem, verbunden sind, sowie aus den Worten ut aut meliorem rem *dominus* haberet hervor, und eben so deutlich zeugen dafür die übrigen §§. dieses Gesetzes, welche allein von den Verhältnissen der potestas handeln. In dieser Gesetzesstelle ist vielmehr nur von den Fällen die Rede, in welchen die *actio de in rem verso* gegen den *dominus* und folgeweise gegen den *pater familias* angestellt werden kann.

Da, wo nämlich dem procurator die actio mandati (contraria) oder dem negotiorum gestor die actio negotiorum gestorum (contraria) gegen den mandans oder dominus negotiorum auf Ersatz der Verwendungen rc. zusteht, soll in den Verhältnissen der potestas derjenige, mit welchem der servus oder filius familias einen Contract abgeschlossen, durch die actio de in rem verso Ersatz der Verwendungen (versio in rem domini oder patris)

---

1) Kind l. c. not. a.

vom dominus oder pater familias verlangen können. Eben so wenig, wie das fr. 3. §. 1. cit., spricht das weiter von Kind l. c. angeführte fr. 21. D. h. t. für eine weitere Ausdehnung der in rem versio; denn darin ist bloß von dem Verhältniß zwischen pater familias und filia familias die Rede. Es wird darin nämlich die Frage über die Rückerstattung eines, von dem Ehemanne der Ehefrau (deren Alimentirung nach vertragsmäßiger Bestimmung sie selbst oder ihr Vater zu bestreiten hatte) vorgeschossenen Darlehns entschieden, und zwar dahin: (fr. 21. i. f.) Respondit, si ad ea id, quod creditum est, erogatum esset, sine quibus aut se (die Ehefrau) tueri, aut servos paternos exhibere non posset, dandam de in rem verso utilem actionem [1]).

Gegen wen kann hier die actio de in rem verso utilis anders angestellt werden, als gegen den pater familias, welchem durch das Darlehn das Auszahlen des salarium zur Bestreitung der Alimentationskosten erspart worden ist? Und wenn sich dieß also verhält, läßt sich dann in diesem Gesetze irgend eine Spur für eine weitere Ausdehnung der in rem versio über die Gränzen der potestas hinaus entdecken?

Es kann darum nicht zu gewagt erscheinen, wenn man bei solcher Beschaffenheit der Gesetze die weitere Ausdehnung der versio in rem so lange läugnet, bis sie gesetzlich erwiesen ist, wenn man also nicht den Beweis der Negative übernimmt, sondern von den Gegnern den Beweis der Affirmative verlangt. Doch haben sich auch gegen eine solche weitere Ausdehnung der in rem versio in neuerer Zeit in der Theorie manche bedeutende Stimmen erhoben [2]), während die herrschende Ansicht der Praxis dagegen noch für dieselbe zu seyn scheint.

---

1) Damit stimmt fast wörtlich überein fr. 20. pr. i. f. eod.

2) Glück Commentar Bd. 14. §. 917. S. 416 ff. und, seiner Ansicht folgend, v. Wening-Ingenheim Lehrb. 4te Ausg. Buch III. §. 221. Note a. Muehlenbruch Doctr. Pand. Edit. III. Tom. II. §. 439. Vergl. auch M. Valett ausführliches Lehrbuch ꝛc. Bd. 2. §. 466.

§. 19.

Der Codex hat die Grundsätze der in rem versio auch auf das Verhältniß des dominus negotiorum zum negotiorum gestor ausgedehnt.

Nur in einem Falle kann man nach dem Codex eine Ausdehnung der in rem versio über die Gränzen der potestas hinaus annehmen; nämlich dann, wenn ein Geschäftsführer mit Dritten contrahirte, und daraus eine Version für den Geschäftsherrn sich ergab [1]).

Für diese Ausdehnung beruft man sich auf const. 7. §. 1. C. quod cum eo (4, 26.) (Impp. Dioclet. et Maxim. AA. et CC. Crescenti 287.).

Alioquin, si cum libero res ejus agente, cujus precibus meministi, contractum habuisti, et ejus personam elegisti: pervides, *contra dominum* nullam te habere actionem, nisi *vel in rem ejus pecunia processit*, vel hunc contractum ratum habuit.

In der That ist denn auch die Erklärung dieser Stelle, welche Glück a. a. O. giebt, für die einzig richtige zu halten; denn es kann hier nicht, wie Noodt [2]) meint, die actio negotiorum gestorum angestellt werden, weil von der Verbindlichkeit eines Dritten die Rede ist, welcher zwar im Verhältniß zum negotiorum gestor als der dominus negotiorum erscheint, im Verhältniß zu dem mit dem negotiorum gestor Contrahirenden aber außer aller Geschäftsverbindung steht. — Man könnte zwar noch behaupten, die Worte: nisi in rem ejus pecunia processit, seyen von der Klage aus unserm Grundsatz zu verstehen, bei welchem ja ein ganz verwandter Sprachgebrauch, ad eum res pervenit, vorkommt. Allein, wenn auch die actio de in rem verso in const. 7. §. 1. cit. nicht namentlich genannt ist, so weist doch der ganze Zusammenhang mit ziemlicher Bestimmtheit darauf hin; denn der Titel selbst, worin diese const. enthalten ist, handelt, wie dessen Überschrift zeigt, von der in rem versio, und in

1) v. Wening-Ingenheim a. a. O.
2) Commentar. ad Dig. pag. 319.

const. 1. u. 3. desselben ist auch von der actio de in rem verso ausdrücklich die Rede; ja selbst der Ausdruck in *rem ejus* pecunia *processit* steht dem in *rem* ejus *versum est* so nahe, daß hier die actio de in rem verso nicht wohl zu verkennen ist.

Demnach hat denn der *Codex* durch die gedachte const. 7. §. 1. das, was die Digesten (folgend dem Prätor)[1]) lediglich für die Verhältnisse der potestas eingeführt haben, auf das einzige Verhältniß des dominus negotiorum zum negotiorum gestor ausgedehnt. Auf dieses Verhältniß der negotiorum gestio allein muß aber die const. 7. cit. schon nach der Fassung des Gesetzes bezogen werden; namentlich deutet darauf hin das Erwähnen des dominus negotiorum, das Hinweisen auf die Ratihabition ꝛc.[2]).

§. 20.

Fortsetzung.

Findet auch eine solche Ausdehnung in Beziehung auf das Verhältniß des mandans zum mandatarius statt?

Hieran knüpft sich die Frage: ob diese Ausdehnung der in rem versio auf das Verhältniß des dominus negotiorum zum negotiorum gestor nicht auf das Verhältniß des mandans zum mandatarius analog erstreckt werden könne? — Gegen eine solche Ausdehnung spricht aber schon der allgemeine Grundsatz, daß singuläre und correctorische Bestimmungen (und eine solche Bestimmung enthält const. 7. §. 1. cit. doch sicher!) strict zu interpretiren sind. Sodann beweist ebenso dagegen der Schluß der const. 7. selbst; denn diese setzt den Fall der in rem versio dem Falle des Mandats gerade entgegen, verb.: *vel* in rem ejus processit, *vel hunc contractum ratihabuit.* Sobald nämlich der dominus negotiorum die Geschäftsführung des negotiorum gestor ratihabirt, so geht das Rechtsverhältniß gegen den Ratihabirenden in ein Mandat

---

1) fr. 1. §. 1. D. de peculio (15, 1.).

2) fr. 6. §. 6 u. 7. D. de negotiis gestis (3, 5.).

über[1]; und in diesem Falle soll denn, nach const. 7. §. 1. cit., nicht die actio de in rem verso, sondern eine andere Klage stattfinden. Dieß ist ohne Zweifel die actio utilis aus dem betreffenden Rechtsgeschäfte.

Es ist nämlich bekannt, daß in der frühern Zeit des römischen Rechts nur gegen den mandatarius eine Klage aus dem Rechtsgeschäfte stattfand, welcher dann wieder mit der Klage aus dem Mandat Erstattung des Gezahlten von dem Mandanten verlangen konnte. Später aber konnte sich der mit dem Mandatar Contrahirende auch an den Mandanten selbst halten. Denn es wurden die gesetzlichen Bestimmungen über das Verhältniß des institor zum praeponens, und des magister navis zum exercitor, auf die Fälle des Mandats im Allgemeinen ausgedehnt, und in allen diesen Fällen ad exemplum institoriae actionis eine Klage, actio quasi institoria, oder die utilis actio aus dem betreffenden Rechtsgeschäfte verliehen[2]. Diese Klage ist offenbar die hier in Frage stehende. Dasselbe gilt auch von dem Verhältniß des Mündels zum Vormund, bei welchem auch früher nur gegen den Vormund geklagt, später aber auch der Mündel selbst ohne Weiteres mit der actio utilis belangt werden konnte[3]. All' die

1) Von der Seite des negotiorum gestor ändert sich dagegen das Verhältniß nicht. Dieser hat keine weitere verpflichtende Handlung vorgenommen, als die Führung des Geschäfts; er kann also auch nur daraus allein verpflichtet werden: fr. 60. D. de R. J. fr. 6. §. 6. fr. 9. D. de negotiis gestis (3, 5.). const. 9. C. eod. (2, 19.). fr. 13. D. precario (43, 26). fr. 7. pr. D. de institor. act. (14, 3.). fr. 66. D. de evict. (21, 2.). cap. 9. in 6to de R. J. Vergl. C. Th. Welcker Dissertat. interpretat. exhibens l. 9. D. de negot. gest. juncta l. 60. D. de R. J. Giess. 1813. Thibaut Versuche rc. 2te Ausg. Bd. 2. S. 220.

2) fr. 13. §. 25. D. de actione emti vend. (19, 1.). fr. 16 u. 19. pr. D. de inst. act. (14, 3.). fr. 10. § 5. D. mandati (17, 1.). const. 5 u. 6. C. de institor. et exercit. (4, 25.). fr. 31. pr. D. de negot. gest. (3, 5.). v. Wening-Ingenheim Lehrb. Buch III. §. 211. Note c.

3) const. 1 C. quando ex facto tutoris (5, 39). fr. 2. D. de administrat. et peric. tutor. (26, 7.). fr. 1. u. 7. D. quando ex facto tutoris (26, 9.).

bisherigen Bestimmungen treten übrigens nur in dem Falle ein, wenn der mandans und der Mündel aus einem von dem Bevollmächtigten oder Vormund abgeschlossenen Rechtsgeschäfte belangt werden. Ist aber dem Vollmachtgeber oder dem Pupillen nicht sowohl durch ein Rechtsgeschäft, als durch eine widerrechtliche Handlung des Bevollmächtigten oder Vormunds ein Vortheil erwachsen, dann findet nicht die actio utilis aus dem betreffenden Rechtsgeschäfte, nicht die *actio de in rem verso* [1]), sondern die Klage aus unserm Grundsatz statt, wie dieß unten §. 27. näher erörtert werden wird.

§. 21.
Fortsetzung.
Können die Grundsätze der in rem versio bei dem Societäts-Verhältniß Anwendung leiden.

Noch könnten einige Stellen zu der Ansicht verleiten, daß die actio de in rem verso bei dem Societätsverhältniß Anwendung finde.

fr. 14. D. de in rem verso (15, 3.) (Julianus lib. 11. Digestor.).

Interdum et propter hoc, *quod in rem alterius socii versum est, de in rem verso cum altero agi potest:* qui conventus, a socio petere potest id, in quo damnatus fuerit. Quid enim dicemus, *si peculium servo* ab altero ademtum fuerit? Paulus: Ergo haec quaestio ita procedit, si *de peculio* agi non potest [2]).

---

1) Denn die versio in rem findet bekanntlich (wenigstens der Regel nach) nur statt, wenn in Gefolge von Rechtsgeschäften einem Dritten Vermögensvortheile erwachsen sind, nicht aber, wenn dieß durch widerrechtliche Handlungen veranlaßt worden ist. fr. 1. pr. D. de peculio (15, 1.). fr. 1. D. de in rem verso (15, 3.). Dasselbe gilt von der actio de peculio und quod jussu. S. unten §. 27. pos. 3. a.

2) Die actio de in rem verso kommt, wie das bereits oben mitgetheilte fr. 1. pr. D. de in rem verso ausdrücklich bemerkt, nur dann zur Anwendung, si hi, qui in potestate aliena sunt, nihil in peculio habent, vel habeant etc.

Im Eingang dieses Gesetzes wird zwar von dem socius ganz im Allgemeinen geredet; allein schon der weitere Verlauf des Gesetzes, namentlich die wiederholte Erwähnung des peculium, deutet darauf hin, daß nur von dem Falle die Rede ist, wenn mehrere *domini socii* sind. Das erweist sich denn auch vollkommen aus dem vorhergehenden

fr. **13**. D. cod. (Ulp. lib. **29**. ad Ed.).

> Si in rem alterius *ex dominis* versum sit, utrum *is solus*, in cujus rem versum est, an *et socius possit conveniri*, quaeritur: Julianus scribit, eum solum converiri, in cujus rem versum est, sicuti cum solus jussit [1]): quam sententiam puto veram.

Nach diesen beiden Gesetzesstellen findet also in der Regel die actio de in rem verso immer gegen den von mehreren in Societätsverhältnissen stehenden *dominis* statt, für welchen zunächst die Verwendung geschehen; ausnahmsweise jedoch in gewissen Fällen (interdum) auch gegen den andern socius, wie dieß fr. **14**. cit. näher angiebt.

Für uns entscheidet das nichts; denn in dem einen, wie in dem andern Falle, kommt nur das Verhältniß der potestas in Frage, weil, wenn mehrere domini in Societätsverhältnissen stehen, der Sklave in Beziehung auf den einen, wie den andern Herrn, als Sklave erscheint.

Auf Societätsverhältnisse im Allgemeinen läßt sich aber die in rem versio nicht anwenden. Es können nämlich nur folgende Fälle gedacht werden:

1) Mehrere socii gehen zusammen ein Rechtsgeschäft ein: — dann haftet jeder Einzelne pro rata.

2) Einer allein schließt in Auftrag der übrigen das Rechtsgeschäft ab: — dann werden diese als Mandanten mit der actio utilis aus dem Rechtsgeschäfte belangt (s. den vorigen §.).

3) Einer allein handelt ohne Auftrag: — dann haftet er auch allein; er kann aber mit der *actio pro socio*

---

1) fr. ult. D. quod jussu (15, 4.).

theilweisen Ersatz der Verwendungen fordern [1]. Davon allein spricht auch

fr. 82. D. pro socio (17, 2.) (PAPINIANUS lib. 3. Responsor.). *Jure societatis* per socium aere alieno socius non obligatur: *nisi in communem arcam pecuniae versae sunt* [2].

Wenn der eine socius ein Capital aufgenommen, so soll *jure societatis* (d. h. für den, welcher mit ihm in Societätsverhältnissen steht,) nur dann eine Verbindlichkeit (aus der Societät) begründet werden, si pecuniae in communem arcam versae sunt. Daß aber der Darleiher, als ein völlig Dritter, gegen den nichtcontrahirenden socius klagen könne, ist nirgends gesagt; denn dessen Klagerecht könnte nicht jure societatis, sondern es müßte aus der in rem versio entstehen, wovon aber durchaus keine Rede ist.

§. 22.

Schluß.

Resultat für unsere Untersuchung.

Leidet nun, wie in dem Bisherigen nachgewiesen worden, die versio in rem keine allgemeine Anwendung, so bleibt neben dieser eine sehr bedeutende Lücke in der römischen Gesetzgebung, für deren Ausfüllung unser Grundsatz aufgestellt ist, in der Art, daß, wenn keine anderen specielleren Verpflichtungsgründe vorhanden sind, schon das factum der Bereicherung als Verpflichtungsgrund ex re gilt. Was demnach die ältere Theorie und die Praxis irrigerweise als *versio in rem* betrachtet, ist eigentlicher Ausfluß unseres Grundsatzes. Bei dieser Ansicht haben wir den

1) fr. 38. §. 1. fr. 52. §. 12. fr. 67. §. 2. D. pro socio (17, 2.). const. 2. C. pro socio (4, 37.).

2) Es deutet demnach der Ausdruck in rem versio, in rem verti in den Gesetzen nicht immer und ausschließlich eine Verwendung an, welche mit der actio de in rem verso geltend gemacht wird. Vergl. auch fr. 14. §. 5. D. quod metus causa (4, 2.).

Vortheil, daß wir nicht genöthigt sind, zu einer grundlosen und den Gesetzen widerstreitenden Ausdehnung singulärer correctorischer Bestimmungen unsere Zuflucht zu nehmen, und doch denselben Zweck erreichen, nämlich einen ganz allgemeinen Grundsatz gewinnen für die Fälle, in welchen etwas aus dem Vermögen des Einen (mit dessen Nachtheil) in das Vermögen des Andern (zu dessen Vortheil) übergegangen ist; — einen Grundsatz, ohne dessen Existenz gegen das römische Recht der Vorwurf bedeutender Unvollständigkeit mit Recht erhoben werden könnte. Durch unsern Grundsatz wird aber derselbe Zweck, wie durch die in rem versio aus dem Grunde vollkommen erreicht, weil beide hinsichtlich ihres Zwecks, ihres Gegenstands mit einander übereinstimmen [1]).

Zweite Abtheilung.

Einzelne Wirkungen und Anwendungen unsers Grundsatzes.

§. 23.

Einleitung.

Das bedeutendste Criterium für die Allgemeingültigkeit unsers Grundsatzes müssen die mannigfaltigen Anwendungen im Rechtssysteme enthalten, welche allein aus einer solchen Allgemeinheit erklärt werden können. Diese einzelnen Anwendungen werden nun im fernern Verlauf der Untersuchung der Reihe nach näher zu betrachten seyn.

1) Vergl. oben §. 8. S. 17. Note 2. fr. 15. §. 3. D. de in rem verso (15, 3.) verb.: quoties servus rem domini gerens locupletiorem eum fecit etc. fr. 6. cod. verb.: quia hoc ipso, quod servus in peculio haberet, locupletior fieret etc. fr. 2. cod. verb.: quia dando libertatem locupletior ex nummis non fit. fr. 3. §. 4. fr. 7. §. 1 u. 3. D. cod. §. 4. J. quod cum eo (4, 7.). fr. 1. §. 4. D. de peculio (15, 1.) u. a. m.

§. 24.

I. Der pupillus, furiosus und überhaupt alle willensunfähige Personen werden soweit aus einem ohne Einwilligung des tutor oder curator abgeschlossenen Rechtsgeschäfte verpflichtet, als sie daraus bereichert worden sind.

Schon mehrmals ist in der bisherigen Untersuchung erwähnt worden, daß die Verpflichtung aus unserm Grundsatz ex re geschieht, daß es also dabei nicht auf persönliche Fähigkeit oder Unfähigkeit des Bereicherten ankommt [1]). Eine Folge davon ist

1) daß der sonst willensunfähige Pupille soweit aus einem ohne Vollwort des tutor abgeschlossenen Rechtsgeschäfte verpflichtet wird, als er aus demselben bereichert worden ist. Dafür spricht unter vielen Gesetzesstellen [2])

fr. 4. §. 4. D. de doli mali et metus except. (44, 4.) (Ulp. lib. 76. ad Ed.).

Si quis pupillo solverit sine tutoris auctoritate id, quod debuit, ea solutione locupletior factus sit pupillus: rectissime dicitur, exceptionem (doli mali) petentibus nocere [3]), nam et si mutuam acceperit pecuniam, vel

---

1) Ist der Unmündige doli capax, und hat er einen dolus begangen, dann haftet er auch ex dolo; vorzüglich wenn er aus dem dolus reicher geworden. fr. 1. §. 15. D. depositi (16, 3.). fr. 13. pr. D. de dolo malo (4, 3.) (Ulp. lib. 11. ad Ed.) verb.: Ego arbitror, et ex suo dolo conveniendum, si proximus pubertati est: maxime si locupletior ex hoc factus est. (S. oben §. 7. S. 16. Note 2.)

2) fr. 13. §. 1. D. de cond. ind. (12, 6.) fr. 14. D. eod. fr. 1. 5. pr. u. §. 1. D. de auctorit. et consensu tutor. (26, 8.). fr. 9. D. de institor. act. (14, 3.). fr. 10. D. eod. fr. 13. pr. D. de dolo malo (4, 4.). fr. 1. §. 15. D. depositi (16, 3.). §. 2. J. quibus alienare licet (2, 8.). fr. 3. §. 4. fr. 6. pr. D. de negotiis gestis (3, 5.). fr. 8. §. 15. D. ad SCtum Vellej. (16, 1.). fr. 15 u. 47. D. de solut. (46, 3.). fr. 4. D. de except. et praescript. (44, 1.).

3) S. oben §. 14. — Auch der minor haftet bei der rest. in integr. soweit er bereichert ist: fr. 27. §. 1. D. de minor. (4, 4.) fr. 32. §. 4. D. de administr. et peric. tutor. (26, 7.). S. oben §. 2. a. E.

ex quo alio contractu locupletior factus est: dandam esse exceptionem etc.

2) Was hier von dem Pupillen gesagt wird, gilt auch von den willensunfähigen Personen überhaupt. Das eben angeführte fr. 4. §. 4. D. de doli mali fährt nämlich an der abgebrochenen Stelle im Context also weiter fort: Idemque et in caeteris erit dicendum, quibus non recte solvitur: nam si facti sunt locupletiores, exceptio locum habebit [1]).

§. 25.

II. Auch wenn der Vormund seinen freien Wirkungskreis überschritten, und somit nichtig gehandelt hat, so haftet doch der Bevormundete soweit, als er aus der Handlung des Vormunds bereichert worden ist.

Das tritt namentlich in dem Falle ein, wenn der Vormund eines Pupillen (und folgeweise auch ein anderer Vormund) ohne ein richterliches Decret eine Sache des Pupillen veräußert oder verpfändet hat. Da aber über diesen Punkt unter Nr. II. [2]) eine besondere Abhandlung folgen wird, so erlaubt sich der Verfasser hinsichtlich der weiteren Ausführung auf jene Abhandlung zu verweisen.

§. 26.

III. Der Pupille und überhaupt jeder Willensunfähige wird soweit verpflichtet, als er durch den dolus des tutor oder curator bereichert worden ist.

Sowie auf der einen Seite der pupillus, furiosus ꝛc., wenn er ohne Einstimmung des tutor oder curator ein Rechtsgeschäft abgeschlossen hat, wenigstens soweit verpflichtet wird, als er bereichert ist, so tritt ganz dasselbe ein, wenn der tutor oder curator allein fur sich, und zwar *dolose* [3]) gehandelt, und der Mündel [4]), Wahnsinnige ꝛc. Vortheil daraus gezogen

1) Vergl. fr. 23. §. 1. D. de tributor. act. (14, 4.). fr. 13. §. 1. D. de cond. ind. (12, 6).

2) Vergl. besonders Nr. II. §. 3.

3) Hat der tutor oder curator in seinem freien Wirkungskreise bona fide für den Bevormundeten gehandelt, so verpflichtet er diesen nach allgemeinen Grundsätzen.

4) fr. 4. §. 23. D. de doli mali (44, 4.).

hat, nach dem Grundsatz: dolum quidem tutoris vel curatoris nocere pupillo vel furioso non debere puto: *nec tamen lucrosum esse debere* [1]).

1) Was zunächst den pupillus betrifft, so soll dieser hier nach den Gesetzen [2]) dann als bereichert erscheinen: si (tutor) per iniquam distributionem pupilli rationibus favit; oder si modo, quod tutoris dolo desiit, pupilli rationibus illatum probetur.

Darum steht in diesen Fällen dem bereicherten Pupillen nicht allein eine exceptio entgegen [3]), sondern er kann ebenso klagend angegangen werden [4]). Diese Klage ist entweder die allgemeine actio de dolo aus der Bereicherung [5]), oder die Klage aus dem Rechtsverhältniß, bei welchem der tutor dolus geübt [6]). Ist der tutor zahlungsfähig, so wird die Klage nur darauf gerichtet, daß der pupillus die Klagen, welche er gegen den tutor hat, abtrete

fr. 3. §. 1. i. f. D. de tributor. act. (14, 4.) (Ulp. lib. 29. ad Edict.).

verb.: quamvis Pomponius lib. VIII. Epistolarum, si solvendo tutor sit, ex dolo ejus pupillum teneri scripsit. Et sane hactenus tenebitur, ut actionem, quam contra tutorem habeat, praestet [7]).

2) Was bis jetzt (unter Nr. 1.) von dem Unmündigen im Verhältniß zu seinem tutor gesagt worden ist, gilt ebenso

---

1) fr. 3. §. 1. D. detributor. act. (14, 4.).

2) fr. 3. D. quando ex facto tutoris (26, 9.).

3) fr. 4. §. 24. D. de doli mali (44, 4.).

4) S. oben §. 14.

5) fr. 15. D. de dolo malo (4, 3.). Wenn auch in diesem Gesetz die actio de dolo genannt wird, so ist darunter doch nur die actio utilis zu verstehen; denn sie gründet sich allein auf die Bereicherung nnd hat nicht die Folgen der actio de dolo directa.

6) fr. 3. D. quando ex facto tutoris (26, 9.).

7) Vergl. auch fr. 61. D. de administr. et peric. tutor. (26, 7). Dagegen ist fr. 4. §. 23. D. de doli mali (44, 4.) verb.: Nec illud esse distinguendum — solvendo sit, an non, tutor etc.

für den furiosus und seinen curator [1]) und folgeweise für alle rechtlich Willensunfähige [2]).

§. 27.

IV. Der Dritte, welcher sich aus der widerrechtlichen Handlung eines Andern bereichert befindet, kann belangt werden, soweit diese Bereicherung geht.

Nicht allein der Mündel, oder der sonst Willensunfähige haftet aus dem dolus des tutor oder curator soweit sie daraus bereichert worden sind, sondern diese Haftverbindlichkeit findet nach unsern Gesetzen noch in so manchen andern Fällen statt, daß man aus diesen wohl nicht mit Unrecht eine Ausdehnung für alle diejenigen Fälle herleiten kann, in welchen ein Dritter aus der widerrechtlichen Handlung eines Andern reicher geworden.

Das tritt namentlich ein

1) bei der *actio quod metus causa*, bei welcher es indessen, in soferne von der Restitution der abgezwungenen Sache selbst gehandelt wird, schon Ausfluß ihres Characters als actio in rem scripta ist [3]).

fr. 14. §. 5. i. f. D. quod metus causa (4, 2.) (Ulp. lib. 11. ad Ed.).

verb.: nam in alterius praemium verti alienum metum non oportet [4]).

2) Dasselbe läßt sich auch bei dem *dolus* behaupten, doch bei diesem nur subsidiarisch, in soferne derjenige, welcher den dolus verübt, nicht solvent ist.

fr. 3. §. 1. D. de eo per quem factum (2, 10.) (Julianus lib. 2. Digestor.).

Plane si is, qui dolo fecerit, quo minus in judicio sistatur, solvendo non fuerit, *aequum erit*, adversus

---

1) fr. 3. §. 1. D. tributor. act. (14, 4.). fr. 61. D. de administrat. et peric. tutor. (26, 7.).

2) argum. fr. 4. §. 4. D. doli mali (44, 4.).

3) fr. 14. §. 3. D. quod metus causa (4, 2.) vergl. mit fr. 15. §. 3. D. de dolo (4, 3.). Ebenso bei den Noxalklagen fr. 16. §. 1. D. quod metus causa (4, 2.)

4) Vergl mit fr. 3. §. 1. D. de eo per quem factum (2, 10.).

ipsum reum restitutoriam actionem competere: *ne propter dolum alienum reus lucrum faciat, et actor damno adficiatur* [1]).

Die Gesetze erwähnen aber vorzüglich solche Fälle, in welchen mehrere Personen durch ein näheres Verhältniß mit einander verbunden sind; wohl aus dem einfachen Grunde, weil bei solchen Verhältnissen weit leichter eine solche Bereicherung vorkommt.

Von den Fällen dieser Art haben wir bereits schon im vorigen §. das Verhältniß des Willensunfähigen zum tutor und curator betrachtet; daran reihen sich jedoch noch mehrere andere. So haftet namentlich:

a) der pater familias und der dominus aus den widerrechtlichen Handlungen des filius familias und des servus, soweit sie daraus bereichert sind. Die Rechtsmittel, wodurch diese Verpflichtung geltend gemacht wird, sind theils die *actio de peculio*, theils andere, unten näher zu bezeichnende Klagen.

Über die actio de peculio hier nur einige Bemerkungen! Diese Klage, gleich der actio de in rem verso, findet eigentlich nur bei Verpflichtungen des filius familias aus Rechtsgeschäften, nicht aus widerrechtlichen Handlungen statt. (S. oben §. 20. a. E.)

fr. 58. D. de R. J. (Ulp. lib. 2. Disputat.).

Ex poenalibus causis non solet in patrem de peculio actio dari.

fr. 1. §. 7. D. de his qui effuderint (9, 3.) (Ulp. lib. 23. ad Ed.).

verb.: de peculio in patrem non datur, *quia non ex contractu venit.*

Derselbe Ulpian, aus dessen Schriften diese beiden Gesetzesstellen entlehnt sind, sagt aber in

fr. 3. §. 12. D. de peculio (15, 1.) (lib. 29. ad Ed.).

Ex furtiva causa filio quidem familias condici posse constat: an vero in patrem, vel dominum *de peculio*

---

1) Uebrigens verkennt der Verf. nicht, daß gegen die allgemeine Anwendbarkeit dieses Gesetzes sich noch manche Einwendungen denken lassen.

danda est, quaeritur? Et est verior, *in quantum locupletior dominus factus esset ex furto facto, actionem de peculio dandam*. Idem Labeo probat: *quia iniquissimum est, ex furto servi locupletari impune*. Nam et circa rerum amotarum actionem filiae familias nomine in id, quod ad patrem pervenit, competit actio de peculio [1]).

Offenbar ist hier die actio de peculio ausnahmsweise über ihren ursprünglichen Character hinaus ausgedehnt; und der Grund dieser Ausdehnung ist unser Grundsatz, wie dieß aufs Deutlichste in dem Gesetze selbst ausgesprochen ist. Unter denselben Voraussetzungen kann man auch eine Ausdehnung der in rem versio annehmen, welche überhaupt mit der actio de peculio so manche nahe Beruhrungspunkte hat.

Ebenso ist unser Grundsatz die Ursache, noch andere Klagen gegen ihre Natur auszudehnen. So wird in

fr. 5. D. de condict. furt. (13, 1.) (Paulus lib. 9. ad Sabinum).

gesagt:

Ex furtiva causa filio familias condici potest: nunquam enim ea actione *alius*, *quam qui fecit*, *tenetur*, aut heres ejus.

In dem unmittelbar vorhergehenden

fr. 4. D. eod. (Ulp. lib. 41. ad Sabinum).

ist aber von der in fr. 5. cit. ausgesprochenen allgemeinen Regel schon im Voraus die folgende Ausnahme angegeben:

Si servus vel filius familias furtum commiserit, *condicendum est domino id, quod ad eum pervenit*: in residuum noxae servum dominus dedere potest [2]).

Auch das interdictum unde vi kann hier erwähnt werden:

fr. 16. D. de vi (43, 16.) (Ulp. lib. 29. ad Ed.).

In interdicto unde vi dicendum est, ut ejus causa quod ad patrem pervenit, ipse teneatur.

---

1) Vergl. auch fr. 3. §. 4. D. de act. rer. amotar. (25, 2.). fr. 6 §. 2. D. eod.

2) fr. 19. D. eod. Vergl. auch fr. 3. §. 4. fr. 5 u. 6. D. de act. rer. amotar (25, 2.). S. unten §. 34. pos. 4.

All' die bisher erwähnten Klagen müssen indessen actiones utiles seyn, da sie gegen ihren ursprünglichen Character ausgedehnt sind. Dafür spricht auch

fr. 1. §. 20. D. de vi (43, 16.) (Ulp. lib. 69. ad Ed.).

Si filius familias vel mercenarius vi dejecerit, *utile interdictum* competit.

Daß aber hier die Klage gegen den pater familias gemeint ist, erhellt aus den vorhergehenden §§., namentlich aus §. 19. desselben Gesetzes [1]). (S. oben §. 16.)

b) Hierher ist auch die Verbindlichkeit des municeps zu rechnen, aus dem dolus des decurio in soweit zu haften, als er durch denselben bereichert worden.

fr. 15. §. 1. D. de dolo (4, 3.) (Ulpian. lib. 11. ad Ed.)

Sed an in municipes de dolo detur actio, dubitabatur? Ego puto, ex suo quidem dolo non posse dari: qui enim municipes dolo facere possunt? *Sed si quid ad eos pervenit ex dolo eorum,* qui res eorum administrant: puto dandam. De dolo autem decurionum in ipsos decuriones dabitur de dolo actio [2]).

c) Endlich kann hier noch erwähnt werden, daß der mandans, auch außer den durch das Mandatsverhältniß ihm auferlegten Verpflichtungen, aus dem dolus des procurator in soweit verpflichtet wird, als er durch denselben bereichert worden ist. Das wird in dem fr. 15. §. 2. D. de dolo (4, 3.) (also unmittelbar nach dem von dem municeps redenden §. 1.) ausdrücklich gesagt: Item si quid ex dolo procuratoris ad dominum pervenit, *datur in dominum de dolo actio* [3]), *in quantum ad eum pervenit:* nam procurator ex dolo suo procul dubio tenetur [4]).

---

1) fr. 1. §. 19. D. de vi (43, 16.) Si quis tamen negat, se servum vel familiam defendere: cogendus est, pati hoc interdictum, ad hoc scilicet, ut, quod ad eum pervenit, restituet.

2) fr. 4. D. de vi (43, 16.). fr. 27. D. de rebus creditis (12, 1.).

3) Auch hier ist die Klage eine actio utilis, welche, wie in den vorhergehenden Fällen, die Nachtheile der actio directa z. B. Infamie, nicht nach sich zieht.

4) Pauli R. S. Lib. I. Tit. 8.

§. 28.

V. Der bonae fidei possessor wird soweit verpflichtet, als er sich durch seinen Besitz bereichert befindet.

Diese Anwendung steht in einer gewissen Verbindung mit der im §. 24. angeführten. Sowie nämlich der Willensunfähige, der sich gar nicht wirksam verpflichten kann, in soweit (ex re) verpflichtet wird, als er bereichert ist, so soll auch der bonae fidei possessor, welcher sonst zu Nichts verpflichtet ist, wenigstens soviel ersetzen, als er durch seinen Besitz reicher geworden.

fr. 3. D. de cond. ind. (12, 6.) (Pomponius lib. 28. Quaest.).
Imperator Titus Antoninus rescripsit: scilicet quod bonae fidei possessor, in quantum locupletior factus est, tenetur;

und

fr. 20. §. 6. i. f. D. de hereditatis petit. (5, 3.) (Ulp. lib. 15. ad Ed.).
verb.: eos autem, qui justas causas habuissent, quare bona ad se pertinere existimassent, usque eo duntaxat (comdemnandos esse), quo locupletiores ex ea re facti essent [1]).

Es versteht sich indessen von selbst, daß die Verpflichtung des bonae fidei possessor allein aus der Bereicherung nur so lange dauert, als er wirklich in bona fide ist, daß aber eine stärkere Verpflichtung von dem Zeitpunkte an eintritt, in welchem er sich, entweder wirklich in mala fide befindet, oder wo die Gesetze wenigstens im Processe eine mala fides annehmen [2]).

---

1) Vergl. auch fr. 22. 23. 25. §. 1. 11. 15. 16. 17. fr. 28. 37. 38. D. de hered. petit. (5, 3.). fr. 14. §. 3. D. de praescriptis verbis (19, 5.).

2) Linde Lehrbuch des gemeinen deutschen Civilprocesses (3te Ausg.) §. 200. Note 4. v. Grolman Theorie des gerichtlichen Verfahrens §. 3. a. Note 2.

§. 29.

VI. Auch dem malae fidei possessor oder dem mala fide Handelnden muß das, was er auf die Sache oder das Geschäft eines Andern verwendet hat, in soweit ersetzt oder angerechnet werden, als sich der Andere sonst aus dessen Schaden bereichern würde.

Diese Anwendung unsers Grundsatzes bildet gewissermaßen den Gegensatz von der im vorigen §. erwähnten.

1) Die Befugniß des malae fidei possessor, soweit Ersatz seiner Verwendungen zu verlangen, als der Andere dadurch bereichert wird, ist in fr. 38. D. de heredit. petit. (5, 3.) (Paulus lib. 20. ad Edictum) ausdrücklich auf unsern Grundsatz gestützt:

> Plane in caeteris necessessariis *et utilibus* impensis posse separari: ut bonae fidei possessores has quoque imputent: *praedo* [1]) autem de se queri debeat, qui sciens in rem alienam impendit. Sed benignius est, in huius quoque persona haberi rationem impensarum: *non enim debet petitor ex aliena jactura lucrum facere:* et id ipsum officio judicis continebitur: (nam) nec exceptio doli mali desideratur [2]) etc. und i. f. praedo autem non aliter (impensas deducat) quam si res melior sit.

Die Bestimmung dieses Gesetzes entspricht vollkommen den allgemeinen Rechtsgrundsätzen. Derjenige, welcher sich aus dem Schaden eines Andern bereichern will, begeht nämlich nach der Annahme der Gesetze einen dolus; er würde darum, wenn er den Ersatz der Verwendungen verweigert, mit der exceptio oder replica doli von dem malae fidei possessor abgewiesen werden können, weil der Bereicherte, der

---

1) Der Ausdruck praedo ist hier mit malae fidei possessor gleichbedeutend. fr. 25. §. 3. fr. 31. D. de hered. petit. (5, 3.). Brissonius de V. S. sub voc.: praedo.

2) Denn der Richter muß auf Leistung der Nebensachen, wenn die Parthei nicht darauf verzichtet, schon ex officio erkennen. fr. 47 u. 49 §. 1. D. de A. E. (19, 1.). fr. 25. §. 8. D. de aedil. edict. (21, 1.). const. 13. §. 6. C. de judiciis (3, 1.). fr. 38. §. 7. D. de D. de usuris (22, 1.).

nun gleichfalls in dolo ist, de lucro captando certirt, während jener nur den höchsten Nachtheil von sich abzuwenden sucht [1]).

Nach dem fr. 38. cit. wird nun der malae fidei possessor nicht bloß Ersatz der nothwendigen Verwendungen verlangen können, (bei diesen aber unbedingt, ohne Rücksicht darauf, ob sie noch vorhanden sind, oder nicht) (s. §. 11. oben), sondern ebenso auch Ersatz der nützlichen, in soweit nämlich durch dieselben eine wirkliche Bereicherung für den Herrn der Sache eingetreten ist; und diese Bestimmung wird nicht allein von der hereditatis petitio gelten, sondern sie muß, da sie auf unsern allgemeinen Grundsatz sich stützt, auch bei andern Klagen, namentlich der *rei vindicatio*, Anwendung leiden. Dawider streitet aber die gewöhnliche Ansicht [2]), daß bei der rei vindicatio der beklagte malae fidei possessor nur Ersatz der nothwendigen Verwendungen in Anspruch nehmen dürfe, daß ihm bei den nützlichen dagegen ein bloßes jus tollendi zustehe.

Für diese gewöhnliche Ansicht spricht auch mit dürren Worten

const. 5. C. de R. V. (3, 32.) (Gordianus A Heresiano. 240.) verb.: Ejus autem, quod impendit, rationem haberi non posse, merito rescriptum est, cum malae fidei possessores ejus, quod in rem alienam impendunt, non eorum negotia gerentes, quorum res est, nullam habeant repetitionem, nisi necessarios sumtus fecerint. Sin autem utiles: licentia eis permittitur, *sine laesione prioris status rei eos auferre.*

Allein mit dieser const. steht in einem, wenigstens scheinbaren Widerspruch, die

const. 1. C. de infantibus expos. (8, 52.) (Imp. Alexander A. Claudio. 225.).

Si invito vel ignorante te partus ancillae, vel adscriptitiae tuae expositus sit, repetere eum non prohiberis.

1) S. unten §. 41.

2) v. Wening-Ingenheim Lehrb. II. §. 121. (§. 22.) Note z. Thibaut System rc. §. 569. Note u—x.

Sed restitutio ejus, si non a fure[1]) *vindicaveris ita fiet, ut si qua in alendo eo, vel forte ad discendum artificium juste consumpta fuerint, restituas.*

In dieser letzten const. ist für den malae fidei possessor, wenn er nur kein fur ist, das Recht ausgesprochen, auch für nützliche Verwendungen Ersatz zu verlangen; denn, was ad discendum artificium verwendet worden, ist schon an sich betrachtet, sowie nach dem Ausspruch der positiven Gesetze[2]), eine nützliche Verwendung, und für diese wird, gleich wie für die nothwendige Verwendung zur Ernährung des Sklaven, die Ersatzverbindlichkeit in const. 1. cit. ohne allen Unterschied ausgesprochen.

Allein der scheinbare Widerspruch dieser beiden Gesetzesstellen läßt sich leicht lösen, und beide können als völlig übereinstimmend mit unserm Grundsatz nachgewiesen werdeu. Ein jus tollendi wird nämlich bei nützlichen Verwendungen dem malae fidei possessor alsdann gestattet, wenn diese wirklich von der Art sind, daß sie sich wegnehmen lassen, z. B. wenn man auf fremdem Grund und Boden ein Haus gebaut, oder an einem Gebäude Verwendungen gemacht hat. Davon spricht auch die oben allegirte const. 5. C. de R. V. im Anfang[3]). Sobald nun diese Verwendungen weggenommen sind, hört die Bereicherung des Vindicanten auf, — unserm Grundsatz ist also Genüge geschehen. Wenn aber die Verwendung so beschaffen ist, daß sich die Ausübung des jus tollendi gar nicht gedenken läßt, z. B. in dem, in const. 1. C. cit. enthaltenen Falle, wenn der Sklave in einer Kunst oder Wissenschaft unterrichtet worden ist[4]), so bleibt sowohl beim

1) Der Dieb kann auch die nothwendigen Verwendungen nicht ersetzt verlangen, fr. 13. D. de cond. furt. (13, 1). Gerade durch diese einzige Ausnahme beim fur ergiebt sich aber, daß für die übrigen malae fidei possessores die allgemeine Ersatzverbindlichkeit eintreten muß.

2) fr. 79. D. de V. S. (50, 16.). fr. 5. §. 3. fr. 6. D. de impensis in res dotales (25, 1.).

3) Vergl. auch fr. 27. §. 5. D. de R. V. (6, 1.). fr. 37. D. eod.

4) fr. 27. §. 5. i. f. D. de R. V. (6, 1) (Paulus lib. 21. ad Edict.) Sed si puerum meum, cum possideres, erudisses, non idem

bonae, als beim *malae fidei possessor* [1]) kein anderes Mittel, unserm Grundsatz zu genügen, übrig, als Ersatz für die Verwendung zu leisten [2]). Über den Betrag dieses Ersatzes entscheidet aber wieder unser Grundsatz, nämlich das Maaß der Bereicherung. Denn, wenn z. B. der Sklave eine Kunst oder Wissenschaft erlernt hat, welche dem Herrn keinen Vortheil bringt, so kommt die Verwendung für diesen Zweck auch nicht in Aufrechnung [3]), wohl aber wird sie dann berücksichtigt, wenn der Herr den Sklaven verkaufen will, und dieser wegen seiner Geschicklichkeit im Werth gestiegen ist [4]), also dem Verkäufer ein Vortheil aus dem Nachtheile des Verwendenden erwachsen würde.

2) Doch nicht allein beim malae fidei *possessor* tritt das bisher Gesagte ein, sondern auch derjenige, welcher überhaupt mala fide Geschäfte eines Andern besorgt, und bei dieser Gelegenheit Verwendungen zum Besten dieses Andern gemacht hat, kann in soweit Ersatz der Verwendungen verlangen, als der Andere durch dieselben bereichert worden ist. Dafür spricht unzweifelhaft

fr. 6. §. 3. D. de negotiis gestis (3, 5.) (Julianus lib. 3. Digestorum).

Si quis negotia mea gessit, non mei contemplatione, sed sui lucri causa: Labeo scripsit, suum eum potius,

---

observandum Proculus existimat, quia neque carere servo meo debeam: nec potest remedium idem adhiberi, quam in area diximus. S. Note 3. u. 4.

1) Dieses Gesetz spricht zwar vom bonae fidei possessor, allein dieser steht hierin nach const. 1. C. cit. dem malae fidei possessor gleich.

2) Dieß sollte doch in den Lehrbüchern neben der Anführung des jus tollendi ausdrücklich bemerkt werden, da ja die Gesetze diese Bestimmungen so klar auch für die rei vindicatio angeben.

3) fr. 28. D. de R. V. (6, 1.) (Gaius lib. 7. ad Edict. provinciale.) Forte quod pictorem aut librarium docueris, dicitur, non aliter officio judicis aestimationem haberi posse. S. die folgende Note.

4) fr. 29. D. eod. (Pomponius lib. 21. ad Quintum Mucium) Nisi si venalem eum habeas, et plus ex pretio ejus consecuturus sis propter artificium.

quam meum negotium gessisse: qui enim depraedandi causa accedit, suo lucro, non meo commodo studet. Sed nihilominus, imo magis et is tenebitur negotiorum gestorum actione. Ipse tamen, si circa res meas aliquid impenderit, *non in id, quod ei abest, sed in quod locupletior factus sum*, habet contra me actionem [1]).

§. 30.

VII. Der Uebergang der actiones rei persecutoriae ex delicto auf die Erben, soweit sie bereichert sind, und die Fortdauer der judicia honoraria quae rei persecutionem non habent, nach Ablauf der kurzen Verjährung, sind Wirkungen unsers Grundsatzes.

a) Im Allgemeinen.

Findet in den beiden Fällen neben der besonderen, dem concreten Rechtsverhältniß entsprechenden Klage, noch eine allgemeine actio in factum statt?

Aus unserm Grundsatz gehen zwei andere Wirkungen hervor, welche zwar an sich wohl bekannt sind, bei denen man aber gewöhnlich einen nähern Zusammenhang mit unserm Grundsatz übersieht. Ich meine nämlich die Bestimmung der Gesetze

1) daß bei den actiones rei persecutoriae ex delicto [2]) gegen die Erben die Klage nur in soweit verliehen ist, als diese aus dem Delict bereichert sind (in id, quod ad eos pervenit), und

---

1) Auch hier wird die Klage eine actio utilis seyn, weil zur actio negotiorum gestorum im eigentlichen Sinne ein wesentliches Erforderniß, nämlich der Wille, fremde Geschäfte zu besorgen, mangelt.

2) Die Klagen aus dem Contract gehen bekanntlich immer, namentlich auch dann, wenn sie aus einem dolus entsprungen sind, unbeschränkt auf die Erben über: fr. 12 u. 49. D. de O. et A. (44, 7.) fr. 157. §. 2. D. de R. J. fr. 121. §. 3. D. de V. O. (45, 1.). fr. 7. §. 1. D. depositi (16, 3.). fr. 152. §. 3. D. de R. J. fr. 10. pr. D. communi divid. (10, 3). Gegen diese zahlreichen und so deutlich sprechenden Gesetze vermögen auch nichts §. 1. J. de perpetuis et temporalibus actionibus (4, 12.) fr. 8. §. 1. D. de fidejuss. et nominat. (27, 7.)

2) daß bei den genannten judicia honoraria [1]) nach Ablauf der kurzen Verjährung (von einem Jahr) für die ganze Dauer der gewöhnlichen Extinctivverjährung eine Klage auf soviel gestattet wird, als der Beklagte sich noch bereichert befindet.

Beide Eigenschaften (unter 1 und 2.) sind gewöhnlich mit einander vereinigt

fr. 35. D. de O. et A. (44, 7.) (Paulus lib. 1. ad Edict. Praet.).

In honorariis actionibus sic esse definiendum Cassius ait, ut, quae rei persecutionem habeant, hae etiam post annum darentur, caeterae intra annum. Honorariae autem, quae post annum non dantur, nec in heredem dandae sunt [2]): ut tamen lucrum ei extorqueatur, sicut sit in actione doli mali et interdicto unde vi et similibus etc. [3]).

Doch müssen beide Punkte, da sie sich auf ganz verschiedene Gegenstände beziehen, getrennt von einander behandelt werden.

Gleich am Eingange der Untersuchung drängt sich bei der Betrachtung der Gesetze die Frage auf, ob in den beiden erwähnten Fällen zwei verschiedene Klagen stattfänden: zuerst die rei persecutoria ex delicto oder honoraria während der Dauer des ersten Jahres, und sodann eine actio in factum gegen die Erben, oder auf die Zeit nach Ablauf des Jahres, in id quod pervenit [4]), oder ob dieselbe Klage nur mit

---

1) Vergl. pr. J. de perpetuis et temporalibus actionibus (4, 12.).

2) Dagegen läßt sich nicht umgekehrt behaupten, daß alle actiones honorariae dieser Art, welche nicht auf die Erben übergehen, auch nur ein Jahre dauern; denn manche dieser Klagen sind perpetuae z. B. die actio furti (in factum) adversus nautas caupones et stabularios aufs Doppelte fr. 7. §. 6. D. nautae caupones (4, 9.). fr. 3. §. 5. D. eod. Vergl. überhaupt pr. J. de perpetuis et temporal. actionibus (4, 12.).

3) fr. 9. §. 8. fr. 10. D. de rebus auctorit. jud. poss. (42, 5.). fr. 4. D. de interdictis (43, 1.). fr. 4. §. 6. fr. 5. 6. 7. D. de alienatione judicii mutandi causa (4, 7.).

4) Diese Klage ist also perpetua. fr. 28. u. 29. D. de dolo (4, 3.). fr. 3. §. 1. D. de vi (43, 16.). fr. 17. 19. D. quod metus causa (4, 2.). fr. 4. D. de interdictis (43, 1.). s. §. 31.

verändertem Gegenstande, fortdauere, und wie sie in den Gesetzen näher bezeichnet werde?

Vergleicht man unsere Gesetze, so wird man leicht zu der Ansicht bewogen, daß in den beiden Fällen zwei verschiedene Klagen im römischen Rechte angenommen werden. Dafür spricht schon die ganz allgemeine und ausdrückliche Bestimmung der Gesetze, daß beide Arten von Klagen nur einen *annus utilis* dauerten, und nicht länger.

> **fr. 1. §. 8. D. ne vis fiat ei (43, 4.) (Ulp. lib. 72. ad Ed.).**
> **Hanc actionem — intra annum competere, *et non postea*, sciendum est, cum sit poenalis [1]).**

Wenn aber diese Klage nicht länger als ein Jahr dauert, nach Ablauf des ersten Jahres aber noch eine Klage in den Gesetzen gestattet wird, so kann dieses nicht die **honoraria**, sondern es muß eine andere seyn.

In beiden Fällen (beim Übergang der Klagen auf die Erben, wie bei der Fortdauer über ein Jahr) spricht aber für eine doppelte Klage der Umstand, daß der Gegenstand der Klage so völlig verschieden ist, indem derselbe zuerst das volle Interesse, zuweilen das Zweifache, Vierfache begreift, und dann auf das bloße id quod pervenit herabsinkt. Daß aber eine Klage ohne positive Einwirkung der Partheien, oder andere zerstörende äußere Einflüsse, ihren Gegenstand in der Art verändere, davon zeigt uns wohl das römische Recht kein weiteres Beispiel mehr.

Ferner spricht für eine allgemeine actio in factum neben der Klage aus dem concreten Rechtsverhältnisse der bestimmteste Sprachgebrauch der Gesetze. Als Beispiele mögen nur dienen

> **fr. 1. pr. D. de calumniatoribus (3, 6.) (Ulp. lib. 10. ad Ed.).**
> **In eum, qui ut calumniae causa negotium faceret, vel non faceret, pecuniam accepisse dicetur; *intra annum***

---

1) fr. 6. D. alienatione jud. mut. causa (4, 7.) (Ulp. lib. 13. ad Ed.) verb.: vel post annum non dabitur. fr. 3. i. f. D. quod vi aut clam (43, 24.) (Ulp. lib. 71. ad Ed.) verb.: post annum non competit. fr. 1. pr. D. uti possidetis (43, 17.). const. 2. C. unde vi (8, 4.).

in quadruplum ejus pecuniae, quam accepisse dicetur; *post annum simpli in factum*[1]) *actio competit*[2])

und, wenn man diese Klage etwa nicht wollte gelten lassen,

fr. 3. §. 18. D. de vi (43, 1.) (Ulp. lib. 69. ad Ed.).

Heres quoque simili modo debebit *in factum actionem* suscipere in id, quod ad se pervenit[3]).

Am Deutlichsten spricht aber für zwei verschiedene Klagen das

fr. 20. §. 8. D. de novi operis nunciatione (39, 1.) (Ulp. lib. 71. ad Ed.).

Plane si quaeratur, an id heredem ejus, qui opus fecit, interdictum hoc competat? sciendum est: Labeonem existimasse, in id, quod ad eum pervenit, duntaxat dari oportere; vel si quid dolo malo ipsius factum sit, quominus perveniret. Nonnulli putant (tam *actionem) in factum esse dandam, quam interdictum:* quod verum est.

Der Grund, warum hier die beiden Klagen zusammentreffen, liegt darin, daß das interdictum (demolitorium s. de opere restituendo) ausnahmsweise 30 Jahre dauert[4]). Deutlicher aber können doch wohl die zwei verschiedenen Klagen nicht neben einander angegeben werden!

Indessen entspricht eigentlich die Entscheidung des fr. 20. §. 8. cit. nicht völlig den allgemeinen Grundsätzen. Die actio in factum ist nämlich, wie schon oben (§. 16.) ausgeführt worden, eine bloß subsidiarische; da nun durch das Interdict schon derselbe Zweck in diesem Falle erreicht wird, so könnte

---

1) Freilich heißt hier die Klage überhaupt in factum, auch dann, wenn sie auf's Vierfache geht, nämlich actio in factum de calumnia; nach Ablauf des Jahres, wenn sie nur auf's Einfache gerichtet ist, wird sie aber auch eine ganz allgemeine actio in factum, weil alle Erfordernisse dieser Klage dabei vorkommen.

2) fr. 5. D. eod. fr. 4. D. de interdictis (43, 3.). fr. 1. pr. D. de vi (43, 1.). fr. 9. §. 8. fr. 19. D. de rebus auctorit. jud. poss (42, 5.).

3) fr. 1, §. 48. fr. 2 u. 3. D. de vi (43, 16.). fr. 28. D. de dolo (4, 3.).

4) fr. 20. §. 6. D. de novi operis nunciat. (39, 1.).

jene völlig wegfallen [1]), wie dieß von demselben Ulpian in fr. 5. i. f. D. de camlumniatoribus (3, 6.) (ULPIAN. lib. 10. ad Edict.) in dem Falle, wo eine condictio ob turpem causam stattfand, ausgesprochen ist. Er entscheidet nämlich die Frage, ob neben dieser condictio noch eine actio in factum vorkommen solle, durchaus verneinend: Sed puto sufficere alterutram actionem. Ubi autem condictio competit, *ibi non est necessarie post annum dare in factum actionem* [2]).

Sowie aber auf der einen Seite die Gesetze eine actio in factum noch neben der Klage aus dem concreten Rechtsverhältnisse nennen, so drücken dieselben wieder auf der andern Seite sich so aus, daß man glauben sollte, die alte Klage bleibe, und sie verändere nur nach Ablauf des Jahres oder nach dem Übergange auf die Erben ihr Object. So heißt es in

fr. 3. §. 12. D. de vi (43, 16.) (ULP. lib. 69. ad Edict.). *Hoc interdictum* (de vi) — post annum reddetur in id, quod pervenit ad eum, qui prohibuit [3]);

in fr. 1. pr. D. eod. (ULP. lib. 69. ad Ed.) wird dagegen wieder minder bestimmt gesagt:

Praetor ait: unde tu illum vi dejecisti, aut familia tua dejecit: de eo, quaeque ille tunc ibi habuit, tantummodo intra annum, post annum, de eo: quod ad eum, qui vi dejecit, pervenerit, *judicium* dabo;

ohne daß genauer angegeben wird, was das für eine Klage sey, wiewohl sich nach der Fassung der Gesetzes annehmen läßt, daß sowohl während des ersten Jahres, als nach Ablauf desselben, eine und dieselbe Klage, nämlich das Interdict, stattfinde; während wiederum die Fassung des

fr. 4. D. de interdictis (43, 1.) PAULUS lib. 67. ad Ed.).

Ex quibus causis *annua interdicta* sunt, ex his de eo,

---

1) Die in fr. 20. §. 8. cit. von Ulpian verworfene Ansicht des Labeo scheint also doch die richtigere zu seyn.

2) Ebenso entscheidet derselbe Ulpian in fr. 2. §. 26. i. f. D. de vi bonor. raptor. (47, 8.). (ULP. lib. 56. ad Edict.).

3) fr. 7. §. 5. D. communi divid. (10, 3.).

quod ad eum, cum quo agitur, pervenit, post annum *judicium dandum*, Sabinus respondit;

eher für zwei verschiedene Klagen zu sprechen scheint, und in dem oben bereits angeführten fr. 1. pr. D. de calumniatoribus (3, 6.) ausdrücklich gesagt wird: post annum simpli in factum actio competit.

Ebenso ist beim Übergang der betreffenden Klage auf die Erben bald von einer actio in factum, bald von Fortdauer der alten Klage in id quod pervenit die Rede [1]); doch wird hier die actio in factum wohl häufiger genannt [2]), wie in dem vorhergehenden Falle (bei der Dauer über ein Jahr).

Aus dem Bisherigen läßt sich nun zwar nicht folgern, daß die Klage, sobald sie aus der Bereicherung entspringt, jedesmal als eine besondere actio in factum zu betrachten sey, sondern es wird sich aus der Vergleichung der bisher angeführten Gesetze ergeben, daß die Römer nach dem Grundsatz: in verbis simus faciles, ohne an eine wirkliche Unterscheidung zu denken, bald den Ausdruck actio in factum, bald den Namen der einzelnen Klagen, oder des Interdicts [3]), für einen und denselben Fall gebraucht haben.

Aus dieser Verwechslung selbst scheint mir aber ein für unsere Untersuchung nicht unwichtiges Resultat hervorzu-

---

1) fr. 26. D. de dolo (4, 3.). fr. 27. eod. fr. 7. §. 5. D. de tributor act. (14, 4). fr. 16. §. 2. D. quod metus causa (4, 2,).

2) fr. 1. §. 48. D. de vi (43, 16.). fr. 2. 3. §. 18. D. eod. fr. 5. D. de calumniatoribus (3, 6.). fr. 2. §. 26. i. f. D. de vi bonor. raptor. (47, 8.). fr. 20. §. 8. D. de novi operis nunciat. (39, 1.). fr. 52. D. de R. V (6, 1.).

3) Zuweilen werden diese verschiedenen Ausdrücke von **einer** Klage in dem nämlichen Gesetz gebraucht. Als Beispiel diene fr. 1. D. ne vis fiat ei, qui in possessionem missus est. (43, 4.). (Ulpianus lib. 72. ad Edict.). §. 1. Hoc **interdictum** summa providentia Praetor proposuit etc. §. 2. i. f. habent ex hoc edicto **in factum actionem** etc. § 3. **Haec actio** non tantum eum tenet, qui prohibuit, quem venire in possessionem etc. §. 8. **Hanc actionem**, excepta legatorum missione, intra annum competere, et non postea, sciendum est: cum sit poenalis etc.

gehen [1]. Wenn nämlich die auf die Bereicherung gegründete actio in factum [2] völlig gleichbedeutend ist mit der Klage

---

1) Darum war denn die bisherige Untersuchung auch für den Zweck unserer Hauptuntersuchung nicht überflüssig.

2) Von der bisher mehrfach erwähnten actio in factum aus der Bereicherung ist aber eine andere actio in factum zu unterscheiden, welche aus dem dolus, der vis u. s. w. gegen eine Person angestellt wird, der man besondere Achtung schuldig ist, sey dieß nun wegen inniger Verhältnisse (wie Kinder im Verhältniß zu ihren Eltern) oder außerdem noch wegen Unterschieds des Standes, (namentlich der libertus im Verhältniß zum patronus u. s. w). fr. 11. §. 1. fr. 12 u. 13. D. de dolo malo (4, 3.). fr. 4. §. 16. D. de doli mali et metus except. (44, 4.). fr. 1. §. 43. D. de vi (43, 16.). fr. 5. 6. 7. §. 1 u. 2. D. de obsequiis (37, 15.). const. 5. i. f. C. de dolo malo (2, 21.). Die hier in Frage kommende actio in factum entspringt nicht aus dem bloßen factum der Bereicherung, sondern aus dem dolus, der vis u. s. w. selbst, und muß darum auf vollen Schadensersatz gerichtet seyn. Denn fr. 11. §. 1. D. cit. (Ulp. lib. 11. ad Ed.) sagt in Beziehung auf solche Personen ausdrücklich — in horum persona dicendum est, in factum verbis temperandam actionem, ut bonae fidei mentio fiat. Also nur der Name der Klage soll den dolus nicht bezeichnen, um die infamia, welche mit der actio de dolo verbunden ist, zu vermeiden; alles Uebrige aber bleibt, schon aus dem Grunde, weil die Gesetze, welche diese actio in factum einführen, eine Ausnahme von der Regel begründen, welche strict zu interpretiren ist. Dazu kommt noch, daß nach fr. 13. D. de dolo und fr. 4. §. 16 D. de doli cit. die Erben dieser Personen (welche jene Achtung den Beklagten nicht zu zollen schuldig sind) die actio doli geradezu anstellen können. Da diese nun ihr Recht allein von dem Erblasser ableiten, so kann die Klage beim Erben doch nur hinsichtlich ihrer Bezeichnung sich ändern, (für welche Aenderung hier ein in den persönlichen Verhältnissen liegender Grund vorhanden ist) nicht aber hinsichtlich ihres Objects: nam nemo plus juris in alium transferre potest, quam ipse habet. Hat sie aber ihr Object nicht geändert, so war dieß auch bei dem libertus u. s. w., wie bei der wirklichen actio de dolo, auf vollen Schadensersatz gerichtet. Dagegen beweist auch nichts das fr. 12. D. de dolo (Paulus lib. 11. ad Ed.), worin der Grund der Klage so angegeben wird: Ne ex dolo suo lucrentur. Denn dieses Gesetz bezeichnet nur den Rechtsgrund, nicht aber das Maaß der Haftverbindlichkeit. Auch läßt sich gewiß nicht leicht eine Ursache finden, warum gerade der dolose Handelnde noch weiter mit besonderer Schonung behandelt wird. Nur das Eine muß man behaupten, daß

aus dem bestimmten Rechtsverhältniß, so müssen auch beide Folgen unsers Grundsatzes seyn. Das läßt sich auch noch auf das Bestimmteste aus den Gesetzen selbst nachweisen, wie die folgenden §. §. zeigen werden.

§. 31.

b) Im Besonderen.

a) Uebergang der actiones rei persecutoriae ex delicto auf die Erben.

Wir wenden uns zunächst zum Übergang der actiones rei persecutoriae ex delicto auf die Erben, um aus den Gesetzen nachzuweisen, daß dieser Übergang alleiniger Ausfluß unsers Grundsatzes ist.

Die Gesetze sagen hier ausdrücklich, daß der Übergang der Klagen auf die Erben in id, quod pervenit, aus dem Grunde geschehe, damit die Erben aus dem Vergehen ihres Erblassers weder Schaden leiden, noch zum Nachtheile Anderer sich bereichern sollen, z. B.

fr. 3. pr. D. de vi (43, 16.) (Ulp. lib. 69. ad Ed.).

verb.: quia ex facinoribus defunctorum de eo, quod ad heredem pervenit, actio datur: sufficit enim non in lucro versari eum heredem, non etiam damnum subire [1]).

In andern Gesetzesstellen wird dieß weit stärker ausgedrückt, wie in

fr. 5. D. de calumniatoribus (3, 6). (Ulp. lib. 10. ad Ed.).

In heredem autem competit (actio in factum de calumnia) in id, quod ad eum pervenit. Nam est constitutum: *Turpia lucra heredibus quoque extorqueri,* licet crimina extinguantur etc. [2]).

und das schon im vorigen §. angeführte ganz allgemein lautende

---

die hier in Rede stehende actio in factum nach Ablauf e i n e s Jahres oder zweier Jahre, oder nach dem Uebergang auf die Erben, nur in id quod pervenit gerichtet ist, weil sie auf keinen Fall eine nachtheiligere Wirkung hat, als die actio doli, das interdictum unde vi u. s. w. selbst.

1) Dasselbe sagt fr. 38. D. de R. J.

2) fr. 20. D. de poenis (48, 19.). Gajus IV. §. 112.

fr. 35. D. de O. et A. (44, 7.) (Paulus lib. 1. ad Edict. Praetoris).

Honorariae autem (actiones), quae post annum non dantur, nec in heredem dandae sunt: ut *tamen lucrum ei extorqueatur*, sicut in actione doli mali, et interdicto unde vi, et similibus;

und noch viele andere Gesetzesstellen [1]).

Wir finden hierbei noch ausdrücklich bemerkt, daß bei dem Übergange solcher Klagen auf die Erben gewissermaßen nur ein Rechnungsfehler verbessert, d. h. daß die gegen das natürliche Rechts- und Billigkeitsgefühl entstandene Ungleichheit (Vortheil auf der einen Seite zum Nachtheile auf der andern) wieder ausgeglichen werden solle.

fr. 29. D. de dolo (4, 3.) (Ulp. lib. 11. ad Ed.).

Sabinus putat, *calculi* [2]) *ratione potius, quam maleficii heredem convenire:* denique famosum non fieri; ideoque in perpetuum teneri oportere.

Darum ist es denn auch consequent, daß, wenn der erste Erbe bereichert ist, der weitere Erbe unbedingt haften muß, ohne Rücksicht auf die Fortdauer der Bereicherung; denn der beschränkende Character der Delictsklage ist überhaupt weggefallen, die Verbindlichkeit geht darum, wie bei den Klagen in der Regel, ohne Beschränkung auf die Erben über. (Das Nähere s. oben §. 8. g. E.).

Ebenso verhält sich's auch mit der Dauer der auf den Erben in id quod pervenit übergegangenen Klage. Diese ist eine einfache actio rei persecutoria, und unterliegt darum auch nur der ordentlichen Verjährung.

fr. 3. §. 1. D. unde vi (43, 16.) (Ulp. lib. 69. ad Ed.)

Haec actio, quae adversus heredem caeterosque successores pertinet, perpetuo competit; quia in ea rei persecutio continetur [3]).

1) fr. 16. D. quod metus causa (4, 2.). fr. 28 D. de dolo (4, 3.). const. unica C. de delictis defunctorum (4, 17.). fr. 10. §. 24 u. 25. fr. 11. D. quae in fraudem creditorum (42, 8.).

2) const. unica C. de errore calculi (2, 5.).

3) fr. 17. 19. D. quod metus causa (4, 2.). fr. 35. D. de O. et A.

Daß übrigens hier der Erbe nicht aus seiner Erbenqualität im Allgemeinen, sondern aus der durch das Delict für ihn entstandenen Bereicherung verpflichtet wird, erhellt auch noch daraus, daß die Frage, ob und wie weit er verhaftet ist, nach dem Maaße der Bereicherung sich bestimmt, was namentlich dann wichtig wird, wenn mehrere Erben vorhanden sind, von denen einige zu größeren Theilen, oder allein aus dem Delict bereichert erscheinen.

fr. 9. pr. D. de vi (43, 16.). (Paulus lib. 17. ad Ed.)

Si plures heredes sunt, unusquisque non amplius, quam ad eum pervenerit, tenetur. *Qua de causa interdum in solidum tenebitur is, ad quem totum pervenerit, quamvis ex parte heres sit.*

Daß übrigens die bisher erwähnten Klagen, wenn einmal lis contestata ist, unbedingt auf die Erben übergehn und perpetuirt werden [1]), brauche ich hier nur vorübergehend zu erwähnen, weil es mit unserm Grundsatz in keiner nähern Verbindung steht. Doch beruht auch diese gesetzliche Bestimmung auf einem ganz guten Grunde; denn, da nach römischem Rechte durch die litis contestatio eine novatio (privativa) necessaria begründet wurde [2]), so war es ganz natürlich, daß die (mit dem nunmehr aufgehobenen Character [3]) der Delictsklage zusammenhängende) Beschränkung wegfiel.

(44, 7.). const. 7. C. de praescriptione XXX. annor. (7,39.). fr. 28, 29. D. de dolo malo (4, 3). fr. 4. D. de interdictis (43, 1.). s. oben §. 30. S. 63. Note 4.

1) fr. 26. 33. 58. D. de O. et A. (44, 7.). fr. 8. i. f. D. de fidej. tutor. (27, 7.). fr. 52. D. de R. V. (6, 1.) fr. 9. §. 3. D. de jure jur. (12, 2). fr. 139. D. de R. J. fr. 8. D. de compensat. (16, 2.). §. 1. J. de perpetuis et temporal. act. (4, 12.). const. 1. C. de delictis defunctor. (4, 17.).

2) fr. 11. §. 1. fr. 29. D. de novat. (46, 2.). fr. 23. D. de solutionibus (46, 3.). fr. 86 u. 87. D. de R. J. Zimmern römische Rechtsgeschichte. Bd. 3. §. 123.

3) Gajus Lib. III. §. 180 verb.: nam tunc (litis contestatione) obligatio quidem principalis dissolvitur, incipit autem teneri reus litis contestatione. fr. 3. §. 11. D. de peculio (15, 1.).

Eben so wenig soll hier die Frage untersucht werden[1]), ob durch das canonische Recht die Verpflichtung des Erben dahin erweitert worden sey, daß er nicht allein soweit zu haften verbunden ist, als er durch das Delict bereichert worden, sondern vielmehr soweit, als überhaupt der Bestand der Erbschaft reicht; — welches Letztere zwar in der Praxis unbedenklich angenommen, in der Theorie aber noch bestritten ist[2]).

§. 32.

Fortsetzung.

Aufzählung der Klagen, zu deren Uebergang auf die Erben (transitus passivus) unser Grundsatz Veranlassung giebt.

Wir müssen es nun unternehmen, ein gedrängtes Verzeichniß derjenigen Klagen zu geben[3]), deren Übergang auf die Erben durch unsern Grundsatz veranlaßt wird; zugleich müssen die Gesetzesstellen angeführt werden, durch welche sich dieser Übergang im einzelnen Falle nachweisen läßt.

Hierher gehören: die actio quod metus causa[4]), die actio de dolo[5]), das interdictum unde vi[6]), das in-

1) Auch diese Frage hängt nur entfernter mit dem Grundsatz des römischen Rechts, welcher den Gegenstand unserer Untersuchung bildet, zusammen Da sich dieser Grundsatz nun ohnehin so mannigfaltig in das ganze System des römischen Rechts verzweigt, und darum zu so mancherlei beiläufigen Erörterungen Veranlassung giebt, so will der Verf., um nicht zu ermüden, Alles dasjenige ausscheiden, was nicht mit dem Grundsatz im römischen Rechtssysteme in näherer Verbindung steht.

2) v. Löhr. Theorie der culpa. S. 113. W. Franke Beiträge zur Erläuterung einzelner Rechtsmaterien. Nr. I. §. 6.

3) Die Aufstellung eines solchen Verzeichnisses könnte als überflüssig erscheinen, wenn dieselbe nicht für unsern Zweck, Nachweisung der Allgemeingültigkeit unsers Grundsatzes, von Interesse wäre.

4) fr. 16. 17—20. D. quod metus causa (4, 2.). fr. 3. pr. D. de vi (43, 16.). fr. 35. D. de O. et A. (44, 7.) u. a. m.

5) fr. 13. pr. fr. 17. §. 1. fr. 26—29. D. de dolo (4, 3.). fr. 30. §. 7. D. de peculio (15, 1.). fr. 9. §. 8. fr. 10. D. de rebus auctorit. jud. possid. (42, 5.).

6) const. 2. C. unde vi (8, 4.). fr. 1. §. 48. fr 2. 3. fr. 9. D. de vi

terdictum uti possidetis [1]), das interdictum de superficiebus [2]), das interdictum quod vi aut clam [3]), das interdictum ne vis fiat ei, qui in possessionem missus est [4]), die actio rerum amotarum [5]), die actio vi bonorum raptorum [6]), die actio in factum bei der alienatio judicii mutandi causa [7]), die actio in factum de calumnia [8]), die actio in factum gegen den agrimensor si falsum modum dixerit [9]), die actio in factum adversus nautas, caupones et stabularios [10]), die actio in factum gegen denjenigen, qui dolo impedit, aliquem judicio sisti [11]), die actio in factum gegen den judex, qui litem suam facit [12]), die actio in factum gegen den missus in possessionem wegen doloser Vermögensschmälerung [13]), die actio legis Aquiliae [14]), die actio tri-

(43, 16.). const. 1. C. de delictis defunctor. (4, 17.). fr. 20. D. quod metus causa (4, 2.).

1) fr. 1. pr. D. uti possidetis (43, 17.). fr. 4. D. de interdictis (43, 1.) vergl. mit fr. 35. D. de O. et A. (44, 7.).

2) Vergl. die Gesetze in der vorigen Note, u. fr. 1. §. 2. i. f. D. de superficiebus (43, 18.)

3) fr. 15. §. 3. D. quod vi aut clam (43, 24.).

4) fr. 1. pr. u. §. 8. D. ne vis fiat ei, qui in possessionem missus est (43, 4.).

5) fr. 3. i. f. fr. 6. §. 4. De act. rer. amotar (25, 2.) verglichen mit const. 3. C. eod. (5, 21.). Doch ist die Sache bestritten; allein dem Codex gebührt doch wohl der Vorzug. s. unten §. 34. g. E.

6) fr. 2. §. 27. D. de vi bonor. raptor. (47, 8.).

7) fr. 4. §. 6. fr. 5—7. D. de alienatione judicii mutandi causa (4, 7.).

8) fr. 5. D. de calumniatoribus (5, 6.).

9) fr. 3. §. 5. D. si mensor falsum modum dixerit (11, 6.).

10) §. 3. i. f. J. de obligationibus quae quasi ex delicto (4, 5.). fr. 7. §. 6. D. nautae caupones et stabularii (4, 9.).

11) fr. 1. §. 6. fr. 3. pr. D. eo, per quem factum (2, 10.).

12) fr. 16. D. de judiciis (5, 1.). §. 3. i. f. J. de obligationibus quae quasi ex delicto (4, 5.).

13) fr. 9. §. 7 u. 8. fr. 10. 11. D. de rebus auctorit. judicis possid. (42, 5.).

14) fr. 23. §. 8. D. ad legem Aquil. (9, 2) vergl. mit §. 9. i. f. J. de lege Aquilia (4, 2.).

butoria [1]), die actio de peculio, wenn sie aus widerrechtlichen Handlungen hervorgegangen [2]), die rei vindicatio, oder vielmehr die actio in factum, wenn der Besitzer vor der litis contestatio dolo malo desiit possidere [3]), die actio ad exhibendum aus einem dolus des Erblassers [4]), die actio Pauliana (actio in factum) [5]), das interdictum de precario, wenn der precario besitzende Erblasser in dolo gewesen [6]), die actio in factum aus einem damnum in turba datum [7]), die Klage aus dem Raub, Diebstahl, der dolosen Schadensstiftung zur Zeit der Noth [8]), die actio adversus publicanos [9]), die Klage aus dem depositum miserabile gegen den Erben des Abläugnenden [10]), die actio in factum auf Schadensersatz gegen den dolose handelnden Protutor [11]).

[Hier kann auch noch eine andere Klage genannt werden, welche zwar nicht zu den actiones rei persecutoriae ex delicto gehört, wobei aber doch hinsichtlich des Übergangs der Klage auf die Erben unser Grundsatz zur Anwendung kommt, nämlich die actio tutelae, wenn dem tutor auch kein dolus oder culpa lata zur Last fällt, die Erben aber aus dem Schaden des Pupillen bereichert sind [12]).]

---

1) fr. 7. §. 5. D. de tributor. act. (14, 4.).

2) fr. 58. D. de R. J. fr. 1. §. 7. D. de his qui effuderint (9, 3.). fr. 3. §. 12. D. de peculio (15, 1.).

3) fr. 52. D. de rei vindicat. (6, 1.).

4) fr. 12. §. 6. i. f. D. ad exhib. (10, 4.). fr. 1. D. de privatis delictis (47, 1.).

5) fr. 10. §. 24 u. 25. fr. 11. D. quae in fraudem creditorum (42, 8.).

6) fr. 8. §. 8. D. de precario (43, 26.).

7) fr. 4. pr. §. 11. §. 16. D. de vi bonorum raptorum et de turba (47, 8.). vergl. mit fr. 2. i. f. D. eod.

8) fr. 4. §. 2. D. de incendio, ruina, naufragio (47, 9.).

9) fr. 4. pr. D. de publicanis (39, 4.).

10) fr. 18. D. depositi (16, 3.). fr. 1. §. 1. i. f. eod.

11) fr. 9. §. 1. fr. 10. 11. pr. D. quod falso tutore (27, 6.).

12) const. 1. C. de heredibus tutorum (5, 54.).

§. 33.

Fortsetzung.

β) Fortdauer der actiones honorariae (ex delicto) nach Ablauf der kurzen Verjährung.

Es bleibt nur noch übrig, aus einzelnen gesetzlichen Beispielen nachzuweisen, daß die Fortdauer der actiones honorariae (welche nicht bloß reipersecutorisch sind [1]), eine Wirkung unsers Grundsatzes ist. Da nun, nach dem Zeugniß des Cassius in fr. 35. D. de O. et A. (44, 7.). (PAULUS lib. 1. ad Edictum Praetoris), alle actiones honorariae, welche bloß ein Jahr dauern, auch nur gegen die Erben so weit gehen, als diese aus dem Delict bereichert sind, so sind die hierher gehörigen Klagen schon in dem Verzeichniß des vorigen §. enthalten. Doch wird es nicht unpassend seyn, auch hier aus den Gesetzen unmittelbar nachzuweisen, daß die Fortdauer dieser Klagen Ausfluß unsers Grundsatzes sey, so wie auch einzelne in den Gesetzen enthaltene Klagen als Belege für die hier vertheidigte Ansicht anzuführen.

Der allgemeine Grund fur die Fortdauer dieser Klage ist besonders deutlich ausgesprochen in

fr. 10. §. 24. D. quae in fraudem creditorum (42, 8.) (ULP. lib. 73. ad Ed.).

Haec actio (Pauliana) post annum de eo, quod ad eum pervenit, adversus quem actio movetur, competit: *iniquum enim Praetor putavit, in lucro morari eum, qui lucrum sensit ex fraude: idcirco lucrum ei extorquendum putavit.* Sive igitur ipse fraudator sit, ad quem pervenit, sive alius quivis: *competit actio in id, quod ad eum pervenit,* dolove ejus factum est, quominus perveniret.

Als einzelne gesetzliche Beispiele mögen dienen: die actio quod metus causa [2]), die actio de dolo [3]), das interdictum

1) fr. 35. D. de O. et A. (44, 7.).

2) fr. 35. D. de O. et A. (44, 7.). fr. 19. D. quod metus causa (4, 2.)

3) fr. 28 u. 29. D. de dolo (4, 3.). fr. 9. §. 8. fr. 10. D. de rebus auctorit. judicis possid. (42, 5.).

unde vi [1]), das interdictum uti possidetis [2]), das interdictum de superficiebus [3]), das interdictum quod vi aut clam [4]), die actio vi bonorum raptorum [5]), die actio in factum de calumnia [6]), die actio in factum gegen den missus in possessionem, wenn er dolose gehandelt [7]), die actio in factum aus dem damnum in turba datum [8]), die Klage aus dem Raub, Diebstahl oder der dolosen Schadensstiftung zur Zeit der Noth [9]), die actio adversus publicanos [10]), die actio in factum gegen den dolose handelnden protutor [11]), und überhaupt die judicia honoraria, quae rei persecutionem non habent [12]).

§. 34.

VIII. Auf unserm Grundsatz beruhen die condictiones im Allgemeinen.

Aus unserm Grundsatz leitet das römische Recht das ganze Institut der Condictionen im Allgemeinen ab [13]).

Diese sind ihrem Zwecke nach auf Rückgabe einer Sache

---

1) fr. 1. pr. fr. 3. §. 1 u. 12. D. de vi (43, 16.). fr. 4. D. de interdictis (43, 1.).

2) fr. 1. pr. D. uti possidetis (43, 17.) vergl. mit fr. 4. D. de interdictis (43, 1.).

3) fr. 1. §. 2. i. f. D. de superficiebus (43, 18.). vergl. mit fr. 1. pr. D. uti possidetis (43, 17.). u. fr. 4. D. de interdictis (43, 1.).

4) fr. 15. §. 3. D. quod vi aut clam (43, 24.).

5) fr. 2. §. 13. D. de vi bonor. raptor. (47, 8.). const. 2—5. C. eod. (9, 33.).

6) fr. 1. pr. D. de calumniator. (3, 6.).

7) fr. 9. §. 7 u. 8. fr. 10 u. 11. D. de rebus auctorit. jud. possid. (42, 5.).

8) fr. 4. pr. §. 8. 11. D. de vi bonor. raptor. et de turba (47, 8.).

9) fr. 1. pr. D. de incendio, ruina, naufragio (47, 9.).

10) fr. 1. pr. D. de publicanis et vectigalibus (39, 4.).

11) fr. 9. §. 1. fr. 10. 11. pr. D. quod falso tutore (27, 6.).

12) fr. 35. D. de O. et A, (44, 7.). fr. 4. D. de interdictis (43. 1.). vergl. mit pr. u. §. 1. J. de perpetuis et temporal. act. (4, 12.). fr. 7. §. 6. D. nautae, caupones (4, 9.). Vergl. oben S. 63. Not. 2.

13) Die Ausnahmen werden im §. 35. angeführt.

(sie sey fungibel oder nicht fungibel) gerichtet [1]), welche der Andre entweder ohne allen Rechtsgrund (causa), oder aus einem schimpflichen, überhaupt aus einem unrechtlichen Grunde besitzt [2]); oder sie gehen auf Zurücknahme einer Verbindlichkeit, welche ohne Rechtsgrund übernommen worden ist [3]). In beiden Fällen würde sich der Besitzende, oder der Inhaber des Rechts, aus dem Nachtheile eines Andern bereichern. Das wird bei einzelnen Arten der Condictionen, und zwar mit solcher Allgemeinheit ausgesprochen, daß man es für einen allgemeinen, bei allen Arten der Condictionen geltenden Grundsatz halten muß; namentlich in dem bekannten

fr. 14. D. de condict. indeb. (12, 6.). (Pomponius lib. 21. ad Sabinum.).

Nam hoc natura aequum est, neminem cum alterius detrimento fieri locupletiorem;

so wie auch in

fr. 66. D. eod. (Papinianus lib. 8. Quaestionum.).

Haec condictio ex aequo et bono introducta, quod alterius apud alterum sine causa deprehenditur, revocare consuevit [4]).

Wir müssen nun die einzelnen Arten der Condictionen durchgehen, um das Behauptete bei einer jeden derselben genauer nachzuweisen. Zu diesem Zwecke wenden wir uns zunächst

1) zur *condictio indebiti*. Von dieser handeln schon die beiden vorhin angeführten Gesetzesstellen; ebenso

---

1) Es ist hier nicht der Ort, die rechtliche Natur der Condictionen überhaupt genauer zu untersuchen, weil uns dieß in unserer, ohnehin so vielverzweigten, Untersuchung zu weit von dem Hauptpunkt abführen würde. Darum wird es genügen, wenn nur bei den einzelnen Arten der Condictionen ihr Zusammenhang mit unserm Grundsatz gehörig nachgewiesen werden kann. Vergl. über die Condictionen im Allgemeinen Gans Obligationenrecht S. 40 ff.

2) Vergl. v. Wening-Ingenheim Lehrbuch Buch III. §. 291 ff.

3) In diesem Falle findet eine condictio incerti statt. fr. 12. D. de novat. (46, 2.) s. §. 35. S. 83. Not. 6.

4) fr. 23. D. de rebus creditis (12, 1.).

fr. 23. D. de rebus creditis (12, 1.) (Africanus lib. 2. Quaestionum.).

Si eum servum, qui tibi legatus sit, quasi mihi legatum possederim et vendiderim, mortuo eo posse te mihi pretium condicere, Julianus ait: *quasi ex re tua locupletior factus sim.*

So wie nun die Bereicherung mit dem Nachtheile eines Andern den **Grund** für die condictio indebiti abgiebt [1]), so bestimmt sich auch **der Gegenstand derselben** völlig diesem Grundsatze entsprechend. Denn auf der einen Seite kann die Sache mit allen Accessionen gefordert werden, soweit sich der Beklagte nur immer dadurch bereichert befindet [2]), auf der andern kann man aber auch nach dem Untergang oder der Veräußerung der Sache nicht mehr verlangen, als der Beklagte nach Abzug der etwaigen Verwendungen noch bereichert ist:

fr. 26. §. 12. D. de cond. ind. (12, 6.).

verb.: nempe hoc solum refundere debes, quod ex pretio habes; vel meis sumtibus pretiosorem hominem feci: nonne haec aestimari debent? etc. [3]).

Ebenso wirkt aber auch unser Grundsatz ganz consequent gerade im umgekehrten Verhältniß dahin, daß die condictio indebiti nicht stattfinden kann, wenn durch deren Anstellung Jemand mit dem Nachtheile eines Andern sich bereichern würde. Als Beispiel diene

fr. 13. D. de cond. indebiti (12, 6.) (Paulus lib. 10. ad Sabinum.).

pr. Naturaliter etiam servus tenetur. §. 1. Item quod pupillus sine tutoris auctoritate mutuum accepit et *locupletior factus est*, si pubes solvat, non repetit.

---

1) Derjenige, welchem das indebitum gezahlt worden, wird **re** obligirt, wie §. 1. J. quibus modis re contrah. (3, 15.) ausdrücklich sagt.

2) fr. 15. pr. D. de cond. indeb. (12, 6.).

3) fr. 38. §. 2. D. de usuris (22, 1.). fr. 65. §. 5. D. h. t. (12, 6.).

(Darauf folgt das bekannte schon vorhin angeführte fr. 14. eod., welches unsern Grundsatz so allgemein ausspricht).

Läßt sich nun auch bei den übrigen Condictionen nicht so genau, wie bei der condictio indebiti, die Anwendung unsers Grundsatzes in allen bisher bei dieser letztern Klage angegebenen Beziehungen unmittelbar aus den Gesetzen nachweisen, so unterliegt es doch wohl keinem gegründeten Zweifel, daß derselbe auch bei diesen andern Condictionen die nämliche umfassende Anwendung leidet, wenn er ihnen nur überhaupt nach ihrer rechtlichen Natur zu Grunde liegt; — und das zu zeigen, wird nicht schwer fallen.

2) Für die *condictio ob causam datorum (condictio causa data causa non secuta)*, und zwar für deren Grund spricht

fr. 65. §. 4. D. de cond. ind. (12, 6.) (Paulus lib. 17. ad Plautium.).

Quod ob rem datur, ***ex aequo et bono habet repetitionem*****, veluti si dem tibi, ut aliquid facias, nec feceris [1]).**

Ebenso stimmen die Gesetze, welche von dem Gegenstand der Klage sprechen, mit unserm Grundsatz völlig überein [2]).

3) Bei der *condictio ob turpem vel injustam causam* versteht sichs wohl ohnehin von selbst, daß es der aequitas zuwider wäre, wenn der Empfänger das turpiter oder injuste Empfangene nicht zurückzugeben verpflichtet wäre, und auf diese Weise widerrechtlich mit dem Nachtheile des Andern sich bereicherte [3]). Verwendungen kann hier jedoch der Beklagte nur wie überhaupt der malae fidei possessor fordern [4]); denn diese Klage setzt in dessen Person jedesmal mala fides voraus,

---

1) fr. 1. §. 1. D. de condict. ob turpem causam (12, 5.). fr. 9. pr. D. eod. fr. 1. 2. 4. D. de condict. sine causa (12, 7.), Tit. Dig. de condictione causa data causa non secuta (12, 4.).

2) fr. 5. pr. u. §. 2. fr. 7. §. 1. fr. 12. D. h. t. (12, 4.). fr. 38. §. 1. u. 3. D. de usuris (22. 1.).

3) Tit. Dig. de condictione ob turpem vel injustam causam (12, 5.). fr. 1. §. 3. fr. 5. pr. D. de cond. sine causa (12, 7.). fr. 25. D. de act. rer. amotar. (25, 2.). fr. 5. §. 18. fr. 6. D. de donat. inter vir. et uxor. (24, 1.).

4) const. 5. C. de R. V. (3, 32.).

da eine moralische Schändlichkeit, als solche, bona fide nicht begangen werden kann [1]). Demnach wird hier der Beklagte in der Regel nur Ersatz der nothwendigen Verwendungen und der nützlichen bloß dann verlangen können, wenn die Ausübung des jus tollendi als unmöglich erscheint, und zwar soweit, als der Kläger durch die Verwendung wirklich bereichert ist [2]).

4) In noch höherem Grade tritt das bisher Gesagte bei der *condictio furtiva* ein; denn nirgends kann die Bereicherung aus dem Schaden eines Andern wohl deutlicher hervorspringen, als beim Diebstahl. Darum würde sich diese Klage selbst dann hier unter den allgemeinen Grundsatz der Condictionen ihrem Rechtsgrunde nach reihen lassen, wenn auch keine Gesetzesstelle ausdrücklich darauf hinweisen sollte [3]). Hinsichtlich des Gegenstandes der Klage dagegen weicht die condictio furtiva sehr von dem Ergebniß unsers Grundsatzes und dem Gegenstande aller übrigen Condictionen ab, weil der fur, da er von Anfang an in mora sich befindet [4]), selbst für den casus haften, und darum immer den höchsten Preis der untergegangenen Sachen prästiren muß, auch nicht einmal Ersatz der nothwendigen Verwendungen verlangen kann [5]).

Doch ist in einem Falle die condictio furtiva auf bloße Bereicherung gerichtet. Hat nämlich der pater familias oder servus aus dem Diebstahl des filius familias Vortheil gezogen, so muß er, wie wir bereits oben §. 27. gesehen ha-

---

1) Dafür sprechen auch alle im Titel de condictione ob turpem vel injustam causam enthaltenen Beispiele.

2) s. oben §. 29.

3) Allein es weisen auch Gesetzesstellen ausdrücklich auf unsern Grundsatz bei dieser condictio hin, z. B. fr. 5. §. 1. i. f. D. de calumniator. (3, 6.), worin die actio in factum de calumnia, nach Ablauf des ersten Jahres, (da sie bekanntlich nur auf das id quod pervenit gerichtet ist), mit der condictio furtiva, als aus gleichem Grund hervorgegangen, aufgeführt wird. Vergl. auch fr. 2. §. 26. i. f. D. vi bonor. raptor. (47, 8.).

4) fr. 8. §. 1. fr. 20. i. f. D. de cond. furtiva (13, 1.).

5) fr. 13. D. de condict. furtiva (13, 1.). const. 1. C. de infant. expos. (8, 52.).

ben, soweit haften, als er bereichert ist. Diese Haftverbindlichkeit kann nun mit der condictio furtiva geltend gemacht werden. Dafür spricht das schon oben §. 27. angeführte

fr. 4. D. de condict. furtiva (13, 1.) (ULPIANUS lib. 41. ad Sabinum.).

Si servus vel filius familias furtum commiserit, condicendum est domino id, quod ad eum pervenit: in residuum noxae servum dominus dedere potest.

Auch vertritt hier diese condictio die Stelle der actio de peculio [1]).

5) Endlich gilt unser Grundsatz unzweifelhaft für die *condictio sine causa.* Denn, da diese Klage entweder alsdann stattfindet, wenn ohne allen Rechtsgrund etwas gezahlt worden ist, ohne daß gerade eine andere Art der Condictionen zu diesem Zwecke angestellt werden kann [2]), oder da dieselbe als eine allgemeine Form für alle die bisher erwähnten verschiedenen Arten der Condictionen gilt [3]), wenn nur keine turpis oder injusta causa vorhanden gewesen [4]), so erhellt daraus zur Genüge, daß die nämlichen Gründe, welche bei den bisher erwähnten Arten der Condictionen gelten, auch hier ihre Anwendung finden.

6) An die bisher aufgeführten Arten der Condictionen schließt sich die *actio rerum amotarum* an, denn in fr. 26. D. de act. rer. amotar. (25, 2.) (GAJUS lib. 4. ad Edictum provinciale) wird ja ganz klar gesagt: Rerum amotarum actio *condictio* est.

Fragen wir nach dem Namen der condictio, so wird dieß keine andere, als die condictio furtiva seyn. Es lassen sich hier überhaupt nur zwei Arten der Condictionen gedenken: die con-

1) fr. 19. D. eod. s. oben §. 27.

2) Tit. Dig. de cond. sine causa (12, 7.). Vergl. auch fr. 5. §. 18. fr. 6. 33. §. 1. fr. 50. pr. §. 1. D. de donat. inter virum et uxor. (24, 1.). const. 8. 9. 17. C. eod. (5, 16.). const. 20. C. de jure dotium (5, 12.).

3) So kommt z. B. die condictio sine causa an der Stelle der condictio ab causam datorum vor in fr. 1. 2. 4. D. eod. (12, 7.).

4) fr. 1. §. 3. fr. 5. pr. D. condict. sine causa (12, 7.).

dictio ex injusta causa und die condictio furtiva. Da nun die condictio ex injusta causa neben der actio rerum amotarum in den Gesetzen genannt, ja dieser Klage geradezu entgegengesetzt wird, so zwar, daß sie in den Fällen eintritt, in welchen die actio rerum amotarum nach ausdrücklicher Bestimmung der Gesetze ausgeschlossen ist; z. B. wenn während der Ehe von dem Ehegatten ein furtum begangen worden [1]), so bleibt nur die condictio furtiva übrig, was auch noch positiv dadurch bestärkt wird, daß die actio rerum amotarum mit dieser Klage im Allgemeinen [2]) gleichen Zweck und Gegenstand hat, und auch in andern Puncten, z. B. rücksichtlich der Dauer, in den Gesetzen mit derselben zusammengestellt wird [3]). Die Gesetze haben also bloß den schlimmen Namen [4]) der Klage vermeiden wollen: verbis temperandam actionem, wie es an einer andern Stelle heißt [5]); und wie uns auch in

fr. 2. D. h. t. (25, 2.) (GAJUS lib. ad Ed. Praetoris etc.)

> Nam in honorem matrimonii turpis actio adversus uxorem negatur,

gesagt wird. Im Übrigen aber ist eigentlich diese Klage die condictio furtiva.

§. 35.

Fortsetzung.

Außer den bisher aufgezählten Arten der Condictionen können dagegen keine weitere mehr hierher gerechnet werden,

---

1) fr. 25. fr. 6. §. 5. D. de act. rer. amotar. (25, 2.).

2) fr. 29. D. eod. Hinsichtlich des Uebergangs der Klage auf die Erben würde sich freilich ein Unterschied zwischen beiden Klagen ergeben, wenn man, wie dem Verf. scheint, mit Recht, der Bestimmung des Codex den Vorzug giebt, wonach die actio rerum amotarum nur so weit auf die Erben übergehen soll, als dieselben aus dem Delict bereichert sind. Vergl. fr. 6. §. 4. D. de act. rer. amotar. (25, 2.) mit fr. 3. i. f. D. eod. const. 3. C. eod. (5, 21.) u. s. oben §. 32. S. 73. Note 5.

3) fr. 21. §. 5. D. h. t. (25, 2.).

4) Beschimpfend im eigentlichen Sinne ist zwar die condictio furtiva nicht. fr. 36. D. de O. et A. (44, 7.).

5) fr. 13. §. 1. D. de dolo (4, 2.).

namentlich nicht die condictio ex mutuo [1]), denn diese Klage fließt, so gut, wie jede andere Klage, z. B. die actio depositi, commodati rc. aus einem Contractsverhältniß [2]) unser Grundsatz tritt aber, als ein subsidiarischer, nur dann ein, (wie oben §. 6 und 15. ausgeführt ist) wenn entweder gar kein, oder wenigstens kein gültiges Contractsverhältniß stattfindet, oder wenn die Verpflichtung über die Gränzen dieses Verhältnisses hinausgeht. Bei den bisher angeführten Arten der Condictionen liegt aber gerade darum, weil sie nicht aus einem wirklichen Contract hervorgehen, in unserm Grundsatz die rechtliche Entstehungsursache für die Klage [3]).

Eben so wenig gehört die condictio ex lege im Allgemeinen hierher. Diese stützt sich bekanntlich immer auf ein bestimmtes neues Gesetz, ohne durch dasselbe einen besondern Namen erhalten zu haben, oder einer bestimmten Art von Klagen beigezählt zu seyn [4]). Begreiflich kann nun diese so allgemeine Bezeichnung Klagen sehr verschiedener Art in sich schließen [5]); und diese werden nur dann mit unserm Grundsatz in Verbindung stehen, wenn ein Gesetz, auf diesen gestützt, eine condictio verleiht. Als Beispiel möge die unten §. 43. a. E. anzuführende condictio ex lege in const. 22. §. 6. C. de jure deliberandi (6, 30.) dienen.

Endlich sind auch noch die condictio certi und incerti [welche jedoch eigentlich keine selbstständige Art der Condictionen, sondern vielmehr eine Eintheilungsart der Condictionen im Allgemeinen ist [6])], so wie die condictio triticiaria als nicht hierher gehörig auszuscheiden, weil diese meist nur auf den Gegenstand

---

1) Vergl. Gans römisches Obligationenrecht rc. S. 41—44.

2) Sie wird daher auch in const. 5. C. quibus non objicitur (7, 35.) mit diesen Klagen als völlig gleichartig zusammengestellt, und geradezu actio mutui genannt.

3) Vergl. auch unten §. 47. pos. II. 4. u. 5.

4) fr. unic. D. de condictione ex lege (13, 2.).

5) z. B. die condictio ex lege 35. §. ult. C. de donat. (8, 54.).

6) Die condictio incerti findet statt, wenn nicht alle Requisite der condictio vorhanden sind, z. B. wenn die condictio nicht auf ein certum gerichtet ist rc. Vergl. fr. 12. D. de novat. (46, 2).

der Klage, nicht aber auf deren Grund sich beziehen [1]); nicht minder die condictio de eo, quod certo loco, weil diese auf den Ort der Zahlung gerichtet ist; wiewohl hierbei die aequitas recht wohl influiren kann, und wirklichen Einfluß äußert [2]).

§. 36.

IX. Unser Grundsatz erzeugt in manchen Fällen eine Verbindlichkeit, Zinsen zu zahlen.

Unser Grundsatz wird ferner Veranlassung, daß in manchen Fällen Zinsen gezahlt werden müssen, damit man nicht aus fremdem Nachtheile (oder, was hier dasselbe ist, aus fremdem Gut) ohne Rechtsgrund Vortheile ziehe.

Wir finden dies ausgesprochen in

fr. 10. §. 3. D. mandati vel contra (17, 1.) (Ulp. lib. 31. ad Edictum.).

Si procurator meus pecuniam meam habeat, ex mora utique usuras mihi pendet. Sed si pecuniam meam foenori dedit usurasque consecutus est: consequenter dicemus, debere eum praestare *quantumcunque emolumentum sensit:* sive ei mandavi, *sive non* [3]) *: quia bonae fidei congruit, ne de alieno lucrum sentiat.* Quodsi non exercuit pecuniam, sed ad usus suos convertit, in usuras conve-

---

fr. 22. D. de condict. ind. (12, 6.). fr. 31. 39. D. eod. fr. 12. §. 2. D. de condict. furtiva (13, 1.). Das Nähere gehört nicht hierher.

1) Tit. Dig. de condict. triticiaria (13, 3.).

2) Tit. Dig. de eo quod certo loco (13, 4.).

3) Wir heben hier für unsern Zweck nur den Fall heraus, wenn der procurator ohne dazu beauftragt zu seyn, das Geld ausgeliehen, oder die Zinsen für sich verwendet hat; denn, war er dazu beauftragt, dann haftet er direct aus dem Mandatsvertrag; unser Grundsatz leidet aber in den Gränzen eines Vertragsverhältnisses, wie wir schon wiederholt §. 6 u. 15. gesehen haben, keine unmittelbare Anwendung, wiewohl er selbst dem Gesetzgeber bei der Bestimmung des Umfangs und der Natur der Verträge, namentlich der bonae fidei negotia, vorgeschwebt, und zu manchen einzelnen gesetzlichen Bestimmungen bei dem Vertrag selbst Veranlassung gegeben haben mag, wie wir gleich in der folgenden Note sehen werden.

nietur, quod legitimo modo in regionibus frequentantur. Denique Papinianus ait, etiam si usuras exegerit procurator et in usus suos converterit, usuras eum praestare debere [1]).

In diesem Gesetz sind verschiedene Begründungsarten der Zinsen aufgeführt. Vorerst die mora, welche eine allgemeine Verbindlichkeit zur Zinsenzahlung erzeugt. Ist aber der procurator nicht in mora, so kann es seyn:

a) Er hat das Capital ausgeliehen und Zinsen davon für sich gezogen;

b) Er hat das Capital in seinen Nutzen verwendet, oder

c) die Zinsen des Capitals.

In diesen drei Fällen hat er aus fremdem Vermögen ohne Rechtsgrund Vortheile gezogen; er muß daher den hieraus für für den eigentlich Berechtigten entstandenen Nachtheil ersetzen, (oder vielmehr den Vortheil, den er, nicht aber der wirklich Berechtigte, gezogen, wieder herausgeben), und zwar immer so weit, als dieser Vortheil ohne Rechtsgrund reicht (quantumcunque emolumentum sensit). Unser Grundsatz ist zwar in dem Gesetz zunächst nur auf den ersten der drei genannten Fälle angewendet, allein er paßt ebenso auch für die beiden andern, und diese stehen nach den Worten des Gesetzes und nach dessen Zusammenhange in so naher Verbindung mit dem ersten, daß der Grund für diesen, wiewohl er vor den beiden andern Fällen im Gesetz ausgesprochen ist, doch auch auf diese letzteren bezogen werden muß.

Der Betrag der Bereicherung beläuft sich aber in diesen beiden letzten Fällen auf das in der Gegend übliche Zinsmaaß aus dem Grunde, weil der procurator, wenn er das Geld leihweise aufgenommen hätte, mindestens landesübliche Zinsen hätte entrichten müssen, und der Mandant, wenn das Geld für ihn wäre ausgeliehen worden, wenigstens landesübliche Zinsen hätte ziehen können [2]).

---

1) Vergl. auch fr. 1. §. 1. D. de usuris (22, 1.).

2) Dieß ist wenigstens in der Regel der Fall.

Fragt man nach dem Namen der Klage, mit welcher hier die Zinsen gefordert werden, so wird diese nach dem Zusammenhange des Gesetzes, obgleich keine besondere Klage darin genannt ist, doch keine andere, als die actio mandati seyn können [1]). Dafür spricht auch deutlich ein anderer §. dessel-

1) Daß unser Grundsatz auch sonst zu manchen gesetzlichen Bestimmungen bei Rechtsverhältnissen (bei Verträgen, wie bei s. g. Quasicontracten) Veranlassung gegeben, geht z. B. daraus hervor, daß bei den Verträgen (sobald sie bonae fidei negotia sind) die Verwendungen sammt Zinsen ersetzt werden müssen*), so daß Beides mit der Contractsklage verfolgt werden kann. Als Grund für die Verbindlichkeit zur Zinszahlung wird dann in den Gesetzen angegeben: aequissimum erit, rationem ejus rei haberi, oder totum hoc ex aequo et bono judex arbitrabitur. fr. 12. §. 9. D. mandati (17, 1.) (Ulp. lib. 31. ad Edictum) eine Gesetzesstelle, welche so manchen näheren Berührungspunct mit dem vorhin erwähnten fr. 10. §. 3. u. §. 8. D. mandati aus demselben Titel der Digesten aus demselben Buch desselben Werks von Ulpianus darbietet. (Vergl. über die Verwendungen im Allgemeinen weiter unten §. 47 ff. u. fr. 19. §. 4. D. de negotiis gestis (3,5.).) So ist auch gewiß unser Grundsatz Veranlassung zu der Bestimmung des römischen Rechts geworden, daß der Käufer den creditirten Kaufpreis in der Regel verzinsen muß, wiewohl manche Lehrbücher, z. B. v. Wening-Ingenheim Buch III. §. 192. Nr. III. A. 1. verglichen mit B. 1., dieß als eine Singularität betrachten wollen. Dem Verf. scheint hier die Sache ganz natürlich: Der Käufer gebraucht die gekaufte Sache, zieht die Früchte daraus u. dergl., während dem Verkäufer der Gebrauch des creditirten Kaufgeldes entzogen ist. Jener würde sich also ohne Rechtsgrund zum Nachtheile dieses bereichern, wenn er nicht für die von ihm gezogenen natürlichen Früchte, oder den sonstigen Gewinn, als Ersatz derselben bürgerliche Früchte (Zinsen) erlegen müßte. Diese Ansicht wird auch von den Gesetzen ausdrücklich gebilligt in fr. 13. §. 20. D. de act. emti (19, 1.) (Ulp. lib. 32. ad. Ed.) Veniunt autem in hoc judicium infra scripta: inprimis pretium, quanti res venit: iterum usurae pretii post diem traditionis: nam cum re emtor fruatur, aequissimum est, eum usuras pretii pendere. Wiederum die aequitas enthält den gesetzlichen Grund zur Zinsverbindlichkeit! Dabei ist das Gesetz aus Ulp. lib. 32. ad Ed. entlehnt, während fr. 10. §. 3, 8. u. fr. 12. §. 9. citt. aus dem unmittelbar vorhergehenden Buch desselben Werks herrühren.

*) Vergl. im Allg. const. 3. C. communia utriusque judicii (3, 38.) u. S. 13 Note 2. oben.

ben Gesetzes, welcher von einem ganz ähnlichen Falle, wie §. 3, handelt, und gleichfalls eine unverkennbare Anwendung unsers Grundsatzes enthält; nämlich

fr. 10. §. 8. D. eod. (Ulp. lib. 31. ad Ed.).

Si mandavero procuratori meo, ut Titio pecuniam meam credat *sine usuris*, isque *non sine usuris crediderit*, an etiam usuras mihi restituere debeat, videamus? Et Labeo scribit, restituere eum oportere, etiam si hoc mandaverim, ut gratuitam pecuniam daret: quamvis, si periculo suo credidisset, cessaret (inquit Labeo) in usuris *actio mandati*.

Aus dem Bisherigen ließe sich aber gegen die hier vertheidigte Ansicht, daß unser Grundsatz in den Gränzen eines Vertragsverhältnisses keine unmittelbare Anwendung leide, (§. 6. u. 15. oben) ein gewiß nicht unbedeutender Einwand ableiten. Allein wird nicht gerade in fr. 10. §. 3. cit. das Mandatsverhältniß über seine strengen Gränzen hin durch unsern Grundsatz ausgedehnt? Der Mandatar haftet doch eigentlich nur für die gehörige Erfüllung seines Auftrags; darum muß er auch sicher die eincassirten Zinsen restituiren, wenn er zum Ausleihen beauftragt worden ist; wenn er aber hierzu keinen Auftrag erhalten, so hat er eigentlich außer den Gränzen seines Mandats gehandelt, er haftet aber dennoch: quia bonae fidei congruit, ne de alieno lucrum sentiat. Das Gesetz ist also genöthigt, unsern allgemeinen Grundsatz zu Hülfe zu nehmen, um hier die Verbindlichkeit des Mandatars zu begründen. Was aber in fr. 10. §. 3. ausdrücklich gesagt wird, muß im §. 10. als stillschweigend vorausgesetzt angenommen werden.

Will man darum hier strenge zu Werke gehen, so muß man eine actio utilis annehmen, weil hier das Mandat, wie schon erwähnt, durch unsern Grundsatz ungewöhnlich erweitert wird, was sich aus dessen Natur, als negotium bonae fidei, erklären läßt. — Daß aber eine wirkliche Erweiterung des Mandatsverhältnisses gegen die Regel stattfindet, ergibt sich aus fr. 6. §. 1. D. eod. (Ulp. lib. 31. ad Ed.) worin gesagt ist:

nec enim ideo est obligatus, quod negotia gessit, verum idcirco, *quod mandatum susceperit;* und deutlicher noch aus fr. 5. pr. D. eod. (PAULUS lib. 32. ad Ed.) Diligenter igitur fines mandati custodiendi sunt: nam qui excessit, *aliud quid facere videtur.* Demnach wird der Mandatar in der Regel nicht durch die Führung eines Geschäfts, sondern allein durch die Uebernahme des Mandats und folglich nur so weit, als dieses reicht, aus diesem Vertragsverhältniß verpflichtet.

Dawider möchte auch nicht

fr. 41. D. eod. (GAJUS lib. 3. ad Ed. provinciale) streiten: Potest et ab una duntaxat parte mandati judicium dari: nam si is, qui mandatum suscepit, egressus fuerit mandatum, ipsi quidem mandati judicium non competit, at ei, qui mandaverit, adversus eum competit [1]).

Denn eben der Umstand, daß hier ausnahmsweise nur von einer Seite aus dem Mandatsverhältniß eine Klage entspringt, zeigt das Anomale dieser gesetzlichen Bestimmung an.

Auch in den beiden andern oben sub pos. b. u. c. angeführten Fällen des fr. 10. §. 3. cit. muß die Verpflichtung zur Zinszahlung allein auf die Bereichernng gegründet seyn. Dafür sprechen schon die in dem Vorhergehenden angegebenen Gründe; außerdem kann noch hinzugefügt werden, daß, wollte man überhaupt in den drei in fr. 10. §. 3. enthaltenen Fällen (sub a — c oben) einen andern Grund, als die Bereicherung, für die Zinsverpflichtung zur Anwendung bringen, nach der Strenge der Gesetze [fr. 38. D. de negotiis gestis (3, 5.)] usurae maximae (12. pr. Ct.) entrichtet werden müßten [1]), weil der mandatarius als Verwalter fremder Geschäfte fremdes Geld eigenmächtig und gewinnsüchtig in seinen eignen Nutzen verwendet hat.

---

1) Ueber den Streit, welcher wegen fr. 12. §. 3. cit. im Vergleich mit fr. 38. cit. unter den Rechtslehrern herrscht, vergl. Glück Commentar Bd. 15. S. 294. ff.

§. 37.

X. Aus unserm Grundsatz läßt sich das interusurium ableiten.

Auf unserm Grundsatz beruht auch das interusurium oder commodum repraesentationis. Denn, wenn eine unverzinsliche betagte Schuld vor Ablauf der Zeit ganz gezahlt wird, so würde der Gläubiger dadurch, daß er die Zinsen der Zwischenzeit ohne Rechtsgrund zieht, aus dem Nachtheile des Zahlenden einen widerrechtlichen Vortheil haben. Das Gesagte entspricht offenbar vollkommen der Natur der Sache; aber es ist nicht gerade mit dürren Worten in den Gesetzen ausgesprochen. Daß zwar bei dem interusurium derjenige, an welchen gezahlt wird, Vortheil zieht, spricht sich schon in dem Ausdruck *commodum* repraesentationis, *commodum* temporis aus [1]), und deutlicher wird noch auf unsern Grundsatz hingewiesen in

fr. 10. §. 12. D. quae in fraudem creditor. (42, 8.) (ULP. lib. 73. ad Edict.)

Si cum in diem (mihi) deberetur, fraudator praesens solverit, dicendum erit, (quod) in eo quod sensi *commodum in repraesentatione, in factum actione locum fore etc.*

Wenn der debitor in fraudem creditorum mir vor Eintritt des dies gezahlt hat, so soll ich mit der *actio in factum* auf das belangt werden, *quod sensi commodum in repraesentatione.* Also wieder die actio in factum, welche bei unserm Grundsatz so häufig vorkommt! Wenn darum die Gesetze auch nicht ganz unumwunden sprechen, so wird sich aus dem Ganzen doch die Aufzählung des interusurium unter den Ausflüssen unsers Grundsatzes rechtfertigen lassen.

§. 38.

XI. Wer durch accessio oder specificatio bona fide Eigenthum an einer Sache erwirbt, muß den Werth der von ihm eigenthümlich erworbenen fremden Sache ersetzen, weil er sich sonst zum Nachtheile des Andern bereichern würde.

Eine reine Anwendung unsers Grundsatzes finden wir bei

1) fr. 1. §. 10. fr. 66. pr. D. ad legem Falcid. (35, 2.). fr. 82. pr. D. de legatis II. (31.). fr. 9. §. 8. D. de pecul. (15, 1.).

Erwerbung des Eigenthums durch accessio und specificatio. Der Eigenthümer der Hauptsache, welcher durch untrennbare Verbindung der Nebensache mit der seinigen, der Specificant, welcher durch die Verarbeitung eines völlig fremden, oder theils eignen, theils fremden Stoffes, fremdes Eigenthum für sich erworben, müssen, auch wenn sie in bona fide sind, wenigstens soviel ersetzen [1]), als sie durch die Verbindung reicher geworden. Für diese so natürliche Bestimmung der Gesetze lassen sich viele Belege anführen; z. B.

fr. 23. §. 4. D. de rei vindicat. (6, 1.) (Paulus lib. 21. ad Edict.).

In *omnibus igitur istis*, in quibus mea res, per praevalentiam, rem alienam trahit, meamque efficit, si eam rem vindicem, *per exceptionem doli (mali)* cogar pretium ejus, quod accesserit, dare.

Dieser so allgemein ausgedrückte Grundsatz findet auch Anwendung in

fr. 7. §. 12. D. de acquir. rer. domin. (41, 1.) (Gajus lib. 2. cottidianarum s. aureorum.)

Certe si dominus soli petat aedificium, nec solvat pretium materiae et mercedes fabrorum, poterit *per exceptionem doli mali* repelli etc.

Was ist nun diese exceptio doli anders, als die aus der Bereicherung entspringende, wie wir sie bisher so oft kennen gelernt haben?

Als erwiesen läßt sich darum wohl annehmen, daß durch die exceptio der klagende Herr der Hauptsache so lange zurückgehalten werden kann, als er nicht den Werth des Zuwachses ersetzt hat. Eine andere und zwar sehr streitige Frage

---

1) Hat der Eigenthümer der Hauptsache mala fide die fremde Sache mit der seinigen verbunden, oder der Specificant mala fide die species gefertigt, so müssen sie vollen Schadensersatz leisten. Hat aber der Eigenthümer der Nebensache wissentlich dieselbe mit der Hauptsache verbunden, so kann nur in so ferne Ersatz gefordert werden, als aus der Verbindung oder Specification eine nothwendige Verwendung sich nachweisen läßt.

aber ist: ob auch eine Klage auf Ersatz des Werthes der Accessionen stattfinde?

Diese Frage wird gewöhnlich verneint, und daraus ein hauptsächliches Argument für die Behauptung abgeleitet[1]), daß unser Grundsatz in der Regel keine Klage erzeuge. Allein es lassen sich doch aus den Gesetzen nicht verwerfliche Gründe für die bejahende Antwort der obigen Frage ableiten. Man vergleiche namentlich

fr. 23. §. 5. D. de R. V. (6, 1.) (PAULUS lib. 21. ad Ed.) Item quaecunque aliis juncta sive adjecta accessionis loco cedunt, ea quamdiu cohaerent, dominus vindicare non potest: sed ad exhibendum agere potest, ut separentur et tunc vindicentur: scilicet excepto eo, quod Cassius de ferruminatione scribit. Dicit enim, si statuae suae ferruminatione junctum brachium sit, unitate majoris partis consumi: et quod semel alienum (factum) sit, etiam si inde abruptum sit, redire ad priorem dominum non posse. Non idem in eo, quod adplumbatum sit: quia ferruminatio per eandem materiam facit confusionem: plumbatura non idem efficit. Ideoque in *omnibus his casibus*, in quibus neque ad exhibendum, neque in rem locum habet, *in factum actio* necessaria est.

So lange die Nebensache noch nicht mit der Hauptsache fest verbunden ist, kann sie vindicirt werden; ist sie zwar fest verbunden, jedoch nicht untrennbar, so dringt man mit der actio ad exhibendum auf Trennung, um sie sodann vindiciren zu können. Erscheint keine dieser beiden Klagen zulässig, so findet die actio in factum statt. Grund dieser Klage kann hier nur die Bereicherung zum Nachtheile eines Andern seyn. Dabei ist hier die actio in factum subsidiär, wie es ihrer Natur entspricht.

Zwar will man diese actio in factum auf den einzigen Fall der afferruminatio beziehen[2]); und wahr ist allerdings, daß der Satz: ideoque in omnibus his casibus im Ge-

1) v. Wening-Ingenheim Lehrbuch. Buch III. §. 346. Note n u. o.

2) Valett a. a. O. §. 466. Not. 71.

setz unmittelbar nach dem Falle der ferruminatio folgt. Allein die so allgemeine Fassung dieses Satzes kann doch unmöglich allein auf die ferruminatio bezogen werden; denn offenbar muß es auch noch andre Arten von künstlichen Verbindungen [1]) geben, bei welchen weder die rei vindicatio, noch die actio ad exhibendum stattfinden kann; d. h. solche Verbindungen, welche, wenn sie auch nicht immer (in abstracto) nach den Gesetzen als untrennbar gelten, doch in concreto als unauflösbar erscheinen, oder m. a. W.: es können mehrere Sachen in einem einzelnen Falle so enge mit einander verbunden seyn, daß sie ohne Verletzung oder Zerstörung der Substanz nicht von einander getrennt werden können, auch ohne daß die Verbindung durch ferruminatio geschehen; z. B. fest zusammengekittetes Glas, Porcellan, Thon und andere dergl. zerbrechliche Gegenstände rc. Diese Fälle sind doch offenbar in dem Satze ideoque in *omnibus his casibus* nicht ausgeschlossen. Das Characteristische der Verbindung durch ferruminatio besteht demnach bloß darin, daß nach den Gesetzen bei dieser im Allgemeinen (in abstracto) Untrennbarkeit der Verbindung angenommen wird, während sich dieß bei den andern Arten dieser accessio nach den concreten Verhältnissen bestimmt.

Für diese Ansicht spricht auch offenbar der Gebrauch der Worte *in omnibus his casibus;* denn, sollte sich dieser Satz allein auf die ferruminatio beziehen, so würde das Gesetz weit kürzer und bestimmmter diesen einen Fall geradezu angeführt haben. Dazu kommt noch der, unmittelbar auf die eben erwähnte Stelle des Gesetzes folgende Gegensatz: At in his (corporibus) quae ex *distantibus corporibus essent*, constat singulas partes retinere suam propriam speciem etc. Den untrennbar verbundenen Sachen werden also die aus einzelnen getrennten Gegenständen bestehenden entgegengesetzt; und zwar ganz allgemein. — Fügt man hierzu noch den so all-

---

1) Auch bei natürlichen Verbindungsarten gilt dasselbe, wie wir weiter unten sehen werden.

gemein ausgedrückten unmittelbar vorhergehenden §. 4. dieses Gesetzes: In *omnibus igitur istis*, in quibus mea res per praevalentiam rem alienam trahit meamque efficit etc., und den gleich allgemein lautenden Anfang des §. 5. Item *quaecunque aliis juncta sive adjecta accessionis loco cedunt* etc., so kann man wohl nicht ohne Grund die Bestimmungen des fr. 23. für allgemeine halten[1]), und zwar in der Art, daß §. 4. die Frage beantwortet, welche Vertheidigungsmittel dem frühern Eigenthümer der Nebensache zustehen, wenn er auf Herausgabe der Hauptsache sammt Accessionen belangt wird, während §. 5. bestimmt, welche Angriffsmittel nach der bereits geschehenen Herausgabe der Hauptsache sammt Accesionen, oder in dem Falle, wenn der Herr der Hauptsache die Verbindung der Sachen veranlaßt und dadurch Eigenthum an der fremden Sache erworben hat, auf Ersatz der letzteren zustehen.

Eine andere Ansicht ist noch die[2]), daß eine Klage aus der Bereicherung zwar dann gegeben werde, wenn der Herr der Hauptsache die Verbindung der Sachen veranlaßt, daß aber in den Fällen, wenn diese Verbindung von dem Herrn der Nebensache ausgegangen, ein bloßes Retentionsrecht stattfinde. Allein die Hauptstelle (fr. 23. §. 4 u. 5. cit.) beweist nach der Wortfassung dafür doch wohl nichts; denn darin wird nicht die Person genannt oder angedeutet, welche die Verbindung der Sachen veranlaßt hat, sondern es wird vielmehr ganz allgemein gesprochen; z. B. §. 4. In omnibus igitur istis, in quibus *mea res* per praevalentium *rem alienam trahit* etc. §. 5. Item quaecunque aliis juncta sive adjecta accessionis loco cedunt etc. —

Ideoque in omnibus his casibus, in quibus neque ad exhibendum, neque in rem locum habet etc.

Alle diese Stellen schließen doch nach ihrer Wortfassung

---

1) Dieselbe Ansicht spricht schon die Glosse aus, indem sie zu den Worten des §. 5. „Ideoque in omnibus his casibus“ bemerkt: „Vel dic in omnibus his et similibus: ut satis et plantatis et naturali alimento alitis et specificatis etc.“

2) Thibaut System §. 595. pos. 3. A. u. B. not. c u. d.

den Fall keineswegs aus, in welchem der Herr der Nebensache die Verbindung mit der Hauptsache bewirkt hat; denn die rei vindicatio und die actio ad exhibendum finden überhaupt dann statt, wenn entweder der Herr der Hauptsache die Accession bewirkt, oder der *dominus* der Nebensache, welcher die Verbindung veranlaßte, die ganze Sache herausgegeben hat[1]).

Dagegen beweisen auch eigentlich nicht die weiter angeführten Gesetzesstellen §. 26. 30. 32. J. de rerum divis. (2, 1.); denn diese nennen zwar allein die exceptio doli, wie es auch im §. 4. des fr. 23. und in fr. 7. §. 12. D. cit. geschieht[2]); allein nirgends wird eine Klage in diesen Gesetzen abgesprochen oder untersagt. Nach der hier vertheidigten Ansicht müssen aber die verschiedenen Gesetzesstellen derselben Compilation mit einander verbunden werden, und sich gegenseitig ergänzen, in so ferne sie sich nicht direct oder indirect widersprechen.

Da nun aus dem Bisherigen hervorgeht, daß in den Fällen der accessio im Allgemeinen eine Klage auf Erstattung des Werths der Nebensache verliehen wird, so läßt sich kein eigentlicher Grund absehen, warum in den Fällen kein Ersatz gefordert werden dürfe, wenn der Entgang auf der einen, und der Zuwachs auf der andern Seite, durch bloße Naturkräfte bewirkt wird, wie bei der alluvio und avulsio. Beide Fälle sind doch auch unter den omnibus casibus der untrennbaren accessio[3]) mit begriffen, und müssen darum so lange nach den allgemeinen Grundsätzen über accessio beurtheilt werden,

---

1) Der Herr der Nebensache konnte nämlich die Verbindung nicht bewerkstelligen, wenn er die Sache nicht in Händen hatte, und er kann die rei vindicatio oder die actio ad exhibendum nicht anstellen, wenn er den Besitz der Sache nicht verloren hat.

2) §. 30. J. cit. enthält ganz denselben Fall, wie das fr. 7. §. 12. cit., was sich daraus wohl leicht erklären läßt, daß dieses fr. aus den Schriften des Gajus entlehnt ist.

3) Der Ausdruck in fr. 23. §. 5. pr. cit. Item quaecunque aliis juncta sive adjecta accessionis loco cedunt schließt doch offenbar auch die durch Naturkräfte bewirkte Accession in sich.

als nicht eine Ausnahme aus den Gesetzen oder der Natur der Sache nachgewiesen werden kann.

Bei der alluvio läßt sich nun eine solche Ausnahme aus der Natur der Sache darthun, weil bei dieser nicht ausgemittelt werden kann, von wessen Grundstück der allmälig und unvermerkt angeschwemmte Boden losgespült worden, und man daher nicht weiß, zu wessen Nachtheile der Herr der Hauptsache sich bereichert; — allein bei der avulsio hindert nichts die Anwendung der allgemeinen gesetzlichen Bestimmungen über die accessio.

Anderer Ansicht ist Köchy [1]). Er berührt aber in seiner Gegendeduction die zur Unterstützung der hier vertheidigten Ansicht beigebrachte Gesetzesstelle gar nicht, sondern argumentirt gegen ein anderes Gesetz, welches freilich, wie Köchy richtig behauptet, von dem Falle der Avulsion gar nicht handelt, wohl aber von einem andern Falle der durch Naturkräfte bewirkten accessio, und welches darum für die Fälle der accessio im Allgemeinen zur Unterstützung unserer Ansicht angeführt werden kann; nämlich

fr. 5. §. 3. D. de R. V. (6, 1.) (Ulpianus lib. 16. ad Ed.). De arbore, quae in alienum agrum translata coaluit et radices immisit, Varus et Nerva *utilem in rem actionem dabant* [2]): nam si nondum coaluit, mea esse non desinit [3]).

Worauf ist diese utilis rei vindicatio nun gerichtet? Auf Herausgabe der Sache? (des Baums?) Das läßt sich doch wohl kaum denken; denn das Eigenthum hat, nach dem Schluß des fr. 5. §. 3. D.: nam *si nondum coaluit*, mea esse

---

1) Civilistische Erörterungen. Erste Sammlung. S. 13—20. Auf ihn stützt sich auch v. Wening-Ingenheim Lehrbuch. Buch III. §. 340. Note o.

2) Damit stimmt vollkommen überein §. 34. J. de rerum divis. (2, 1.). fr. 9. §. 2. D. de acquir. rer. domin. (41, 1.).

3) Die Glosse zu dieser Stelle sagt: Sed nos non damus (utilem in rem actionem): quia alterius est facta arbor alterius terrae alimento etc. Damus autem actionem in factum pro aestimatione ad instar ferruminatorum. fr. 23. §. 5. D. de R. V. (6, 1.).

non desinit, selbst bereits aufgehört; und damit stimmen auch noch viele andere Gesetzesstellen vollkommen überein [1]). Hat aber das Eigenthum wirklich aufgehört, aus welchem Grunde könnte dann die Sache selbst noch gefordert werden?

Darum verstehen andere Rechtslehrer [2]) unter der utilis rei vindicatio die Pfandklage: der Eigenthümer habe nämlich eine Forderung auf Erstattung des Werths der durch Accession in das Eigenthum eines Andern übrrgegangenen Sache, und zur Sicherung dieser Forderung ein stillschweigendes Pfandrecht an der Hauptsache selbst, weil ja bekanntlich der Pfandgläubiger, so wie alle Klagen des Eigenthümers, so auch die rei vindicatio, utiliter habe.

Mag indessen die utilis rei vindicatio eine Pfandklage seyn, oder mag sie einen andern Grund haben [3]), immer bleibt doch gewiß, daß in diesen Fällen der accessio auf den Ersatz des Werths der Nebensache, (denn darauf muß doch am Ende der Zweck der utilis in rem actio gerichtet seyn) eine Klage, und zwar eine utilis actio, in den Gesetzen gegeben, und daß diese Klage in §. 34. J. de rerum divis., und vorzüglich in fr. 9. §. 2. D. de adquir. rer. domin. cit. mit der exceptio doli und dem Retentionsrechte (welche bei unserm Grundsatz so häufig vorkommen) in nahe Verbindung gebracht wird.

Zu dem Bisherigen kommt noch ein neuer Beleg für die hier vertheidigte Ansicht, und zwar ein solcher, welcher sich unmittelbar auf den hier zunächst in Frage stehenden Fall der avulsio bezieht; nämlich

---

1) fr. 26. §. 2. D. de adquir. rer. domin. (41, 1.). §. 21. 31. J. de rer. divis. (2, 1.). fr. 9. §. 2. i. f. D. de damno inf. (39, 1.).

2) Vergl. Marezoll in v. Grolman's und v. Löhr's Magazin für R. W. u. Gesetzgebung. Band 4. Abh. XIX. Nr. 3. vorzüglich S. 368 u. 369. Note 1.

3) Für Marezoll's Ansicht sprechen wohl erhebliche äußere, wie innere Gründe; allein es ist hier nicht der Ort, diesen Punct detaillirt zu behandeln; denn zunächst interessirt uns nur das Resultat, daß eine Klage auf Ersatz der Nebensache, und zwar eine utilis actio, stattfindet.

fr. 4. §. 2. D. de rebus creditis (12, 1.) (ULPIAN. lib. 34. ad Sabinum)

Ea quae vi fluminum importata sunt, *condici* possunt.

Die condictio, von welcher dieses Gesetz spricht, ist offenbar die condictio sine causa. Diese Klage, (welche, wie oben im §. 34. pos. 5. gezeigt worden, auf unsern Grundsatz sich stützt, ist zunächst auf Herausgabe des abgerissenen und anderswo angetriebenen Grundstücks gerichtet. Wie wird sich's aber verhalten, wenn das angetriebene Stück Land fest coalescirt und darum eine Trennung nicht mehr möglich ist? Hört alsdann die condictio ganz auf, oder kann ein Surrogat für die Sache verlangt werden? Das Gesetz bestimmt darüber durchaus nichts; allein aus der rechtlichen Natur der condictio läßt sich folgendes anführen. Da diese condictio sowohl auf die Herausgabe der ohne Rechtsgrund besessenen Sache selbst, als auf Zahlung des Werths derselben, gerichtet seyn kann; z. B. wenn die Sache selbst consumirt ist [1]), so wird man wohl auch hier den Werth der Nebensache nach der untrennbaren Verbindung derselben mit der Hauptsache als Gegenstand der condictio annehmen können; da in dieser Verbindung offenbar nicht mehr gelegen ist, als in der Consumtion, und da ja sogar eine rei vindicatio utilis in diesem Falle von den Gesetzen verliehen wird, wie wir vorhin gesehen haben.

Bis hierher haben wir also in Beziehung auf den Ersatz des Werths der durch accessio in das Eigenthum eines Andern übergegangenen Nebensache drei verschiedene Klagen kennen gelernt, nämlich die rei vindicatio utilis, die condictio (sine causa) und die actio in factum [2]). Alle diese Klagen werden nun zwar nicht gerade mit Rücksicht auf die accessio, wohl aber doch auf sehr nahe verwandte Fälle, in einer andern Gesetzesstelle aufgeführt, welche uns den Gegenstand dieser Klagen besonders deutlich zeigt, nämlich in

1) Tit. Dig. de condict. sine causa (12, 7.).

2) Die actio in factum, als subsidiär, findet auch hier nur statt, wenn keine der beiden andern Klagen angestellt werden kann.

const. 22. C. de sacrosanctis ecclesiis (1, 2.) (JUSTINIANUS A. Demostheni Praefecto Praetorio.)

verb.: Si autem vel conflata sunt, vel fuerint, (sacratissima vasa) vel *alio modo immutata,* vel dispersa: nihilominus vel ad *ipsa corpora, vel ad ipsa pretia eorum* exactionem competere, *sive per in rem, sive per condictionem, sive per in factum actionem: cujus tenor in multis et variis juris articulis saepe est admissus.*

Dieses Gesetz enthält freilich nur eine singuläre Bestimmung für heilige Gefäße, allein, wie schon bemerkt, stimmen die darin genannten Klagen in ihrem Zwecke mit den hier in Frage kommenden vollkommen überein; und dazu bezeichnet noch das Gesetz in den letzten angeführten Worten die subsidiarische actio in factum, welche auch hier offenbar auf die durch die Sache erwachsene Bereicherung gegründet ist, als eine völlig allgemeine.

Was bisher von der accessio gesagt ist, gilt ebenso auch von der specificatio, weil durchaus derselbe Grund bei diesen beiden Erwerbsarten des Eigenthums eintritt. Dabei kann auch noch auf const. 22. cit. hingewiesen werden, welche in den Worten: Si autem vel *conflata* sunt vel fuerint, vel *alio modo immutata* vel dispersa, sicher auch die specificatio begreift, und für den Fall, daß dieselbe stattgefunden, die drei genannten Klagen gestattet.

Deutlicher noch spricht dafür fr. 29. §. 1. u. fr. 30. D. de donat. inter virum et uxorem (24, 1.) (Pomponius lib. 14. ad Sabinum et Gajus lib. 11. ad Edictum provinciale.) Darin wird dem frühern Eigenthümer geradezu eine utilis actio (rei vindicatio utilis) gegen den Specificanten zugesprochen; näm. fr. 29. §. 1. Si vir uxori lanam donavit, et ex ea lana vestimenta sibi confecit: uxoris esse vestimenta Labeo ait. (fr. 30.) *Utilem tamen viro competere* etc.

§. 39.

XII. Die Lex Rhodia de jactu steht mit unserm Grundsatz in naher Verbindung.

Mit unserm Grundsatz hängt auch offenbar zusammen die Lex Rhodia de jactu. Es wird dieß zwar nicht so geradezu in den Gesetzen ausgesprochen, ergiebt sich aber doch deutlich, sowohl aus der Natur der Sache, als aus der Vergleichung mehrerer Gesetzesstellen, namentlich im Titel de lege Rhodia de jactu [1]); nämlich aus

fr. 1. D. h. t. (14, 2.) (PAULUS lib. 2. Sententiarum).

Lege Rhodia cavetur: Ut si levandae navis gratia jactus mercium factus est, *omnium contributione sarciatur, quod pro omnibus datum est.*

Der Grund hiervon wird in fr. 1. pr. i. f. D. eod. (Id. lib. 34. ad Edict.) dahin angegeben: *aequissimum enim est, commune detrimentum fieri eorum*, qui propter amissas res aliorum consecuti sunt, ut merces suas salvas haberent.

Verbindet man nun mit diesen Stellen andere Gesetze, namentlich das mehrmals angeführte fr. 47. D. de solutionibus (46. 3.), worin der Begriff des Bereichertseyns so angegeben ist: hoc ipso, quo non est pauperior factus, locupletior est, so paßt unter diesen Begriff der Fall der Lex Rhodia vollkommen, zumal da diese Lex auch nur strenge in dem Falle der wirklichen Bereicherung aus dem Schaden eines

1) Als ein wirklicher Ausfluß unsers Grundsatzes kann die Lex Rhodia im römischen Rechte freilich nicht angesehen werden, weil sie ja überhaupt nicht aus dem römischen Rechte selbst hervorgegangen, sondern, aus dem Rechte der Insel Rhodus entlehnt, von den Römern recipirt ist. Allein das hindert doch nicht, daß die römischen Gesetze diese recipirte Lex mit dem hier in Frage stehenden Grundsatz in Verbindung bringen; wie denn überhaupt diese Anwendung unsers Grundsatzes so sehr der natürlichen Billigkeit entspricht, daß die Bestimmungen der Lex Rhodia im Wesentlichen in allen europäischen Schiffs- und Seerechten sich finden. Ein Beispiel hiervon giebt das in neuerer Zeit herausgegebene alte Isländische Rechtsbuch die Graugans (Grágás) aus den ersten Decennien des 12. Jahrhunderts. Gött. gel. Anz. 1830. Stück 191. S. 1902.; Michelsen in den Granien zum deutschen Recht mit Urkunden von R. Falck. Zweite Lieferung. No. IX. S. 131. ff. Beck's allgemeines Repertorium der neuesten in- und ausländischen Litteratur für 1831. Band 1. Stück 3. S. 174 ff. Grimm Litteratur der altnord. Gesetze in der Zeitschrift für gesch. Rechtsw. Bd. 3. S. 100.

Andern in Anwendung kommt, nämlich dann, wenn durch das Auswerfen auch wirklich die Sachen der Andern gerettet werden und glücklich gelandet sind

fr. 5. D. h. t. (Hermogenianus lib. 2. Juris Epitomarum).

verb.: nam *hujus aequitatem* tunc admitti placuit, cum *jactus remedio* caeteris in communi periculo salva navi consultum est [1]).

Wenn nun aber die Lex Rhodia de jactu wirklich Anwendung des allgemeinen Grundsatzes ist, daß man durch die Bereicherung aus dem Nachtheile eines Andern verpflichtet werde, so wird sich auch die Ausdehnung dieser Lex auf alle diejenigen Fälle rechtfertigen lassen, in welchen durch die Aufopferung des Eigenthums des Einen die Sachen des Andern unzweifelhaft erhalten worden sind; z. B. in folgendem wirklich vorgekommenen Falle: Ein französischer General befiehlt die Anzündung und gänzliche Niederbrennung eines im feindlichen Lande gelegenen Dorfes. Der mit der Vollstreckung des Befehls beauftragte Officier, welcher den Bewohnern wohl will, giebt zu verstehen, daß er zwar seinen Auftrag nicht ganz unvollzogen lassen dürfe, daß er aber das Dorf selbst schonen wolle, wenn nur ein, durch die Wahl der Dorfbewohner [2]) bezeichnetes, einzeln stehendes

1) Vergl. über die näheren gesetzlichen Bestimmungen fr. 4. pr. §. 1. D. h. t.

2) Es versteht sich, daß die Bewohner des Dorfs dem Eigenthümer des angezündeten Hauses nicht besonders Entschädiguug zugesichert haben; (weil sie alsdann schon aus dem Versprechen, und nicht aus unserm subsidiarischen Grundsatz haften müßten), noch daß der Eigenthümer animo donandi sein Haus Preis gegeben hat; (weil er alsdann auf seinen Entschädigungsanspruch verzichtet) sondern, wie dieß im Augenblicke der Noth so oft geschieht, daß eben das kürzeste Mittel zur Abwendung der drohenden allgemeinen Gefahr auf dem kürzesten Wege angewendet wird, ohne über Entschädigung und deren Betrag lange mit dem Einzelnen zu unterhandeln; wie ja auch bei dem Auswerfen aus dem Schiffe die Einwilligung des Eigenthümers nicht zuvor eingeholt wird, noch eingeholt werden kann. S. die folg. Note.

Gebäude, in Flammen aufgehe. — Ein solches Gebäude [1]) wird in Brand gesteckt. Nachdem die Flamme aufgeschlagen, zieht die feindliche Colonne weiter. — Das angezündete Haus brennt nieder, das Dorf ist gerettet. Sind nun die übrigen Bewohner des Dorfs nicht verpflichtet, den Schaden, welchen ein Einzelner zu ihrem offenbaren Vortheil erlitten, pro rata zu ersetzen? Paßt nicht auf diesen Fall vollkommen der Grundsatz der Lex Rhodia: ut omnium contributione sarciatur, quod pro omnibus datum est?

Der Grund zur Ausdehnung der Grundsätze der Lex Rhodia liegt für uns darin, weil wir sie, nach den bisher versuchten Ausführungen, nicht, wie die Dissentienten meinen, für eine bloße Singularität, sondern nur für eine Anwendung unsers ganz allgemeinen Grundsatzes halten müssen. Wir brauchten darum wohl auch nicht einmal eine Ausdehnung der Lex Rhodia hier anzunehmen, sondern wir könnten unsern Grundsatz unmittelbar zur Anwendung bringen. Dagegen versteht sich von selbst, daß die Lex Rhodia nie auf solche Fälle auszudehnen ist, in welchen nicht eine wirkliche Bereicherung aus fremdem Nachtheile sich nachweisen läßt.

§. 40.

XIII. Wer eine fremde Sache bona fide veräußert, muß, wenn diese nicht mehr vom dritten Besitzer vindicirt werden kann, dem Eigenthümer wenigstens den aus der Veräußerung erlößten Preis ersetzen, weil er sonst aus dem Nachtheile des Andern Vortheil ziehen würde.

Hat Jemand bona fide eine fremde Sache veräußert, und kann diese Sache von dem dritten Besitzer nicht mehr vindicirt werden, weil sie z. B. untergegangen ist 2c., so bleibt offenbar kein anderes Rechtsmittel übrig, als die Klage aus der Bereicherung, welche die Veräußerung [2]) für den Veräußererer

---

1) Arg. fr. 2. §. 1. i. f. D. h. t. (PAULUS lib. 34. ad Edict.) verb.: Sed si voluntate vectorum, vel propter aliquem metum id detrimentum factum sit, hoc ipsum sarciri oportet.

2) S. unten §. 44.

erzeugt hat. Diese Klagen sind hier nach den Gesetzen die condictio sine causa und die actio negotiorum gestorum (utilis).

fr. 23. D. de rebus creditis (12, 1.) (Africanus lib. 2. Quaestionum).

Si eum servum, qui tibi legatus sit, quasi mihi legatum possederim et vendiderim, mortuo eo posse te mihi pretium condicere, Julianus ait: *quasi ex re tua locupletior factus sim.*

Da die Condictionen überhaupt (wie wir schon oben §. 34. gesehen haben), als Ausflüsse unsers Grundsatzes zu betrachten sind, so haben wir in der vorstehenden (auch schon oben bei den Condictionen angeführten) Gesetzesstelle eine Anwendung desselben auf einen einzelnen Fall.

fr. 49. D. de negotiis gestis (3, 5.) (Africanus lib. 8. Quaestionum [1]).

Si rem, quam servus venditus subripuisset a me venditore, emtor vendiderit, eaque in rerum natura esse desierit: de pretio negotiorum gestorum actio mihi danda sit: ut dari deberet, si negotium, quod tuum esse existimares, cum esset meum, gessisses etc.

Die actio negotiorum gestorum, welche in vorstehendem fr. erwähnt wird, ist offenbar die actio negotiorum gestorum utilis [2], da in dem Falle des Gesetzes die strengen Requisite der negotiorum gestio keineswegs alle vorhanden sind. Es bestätigt sich demnach auch hierdurch die oben §. 16. ausgesprochene Behauptung, daß unser Grundsatz öfters Veranlassung zur Ausdehnung der Klage aus einem Rechtsgeschäfte über die gewöhnlichen Gränzen desselben, oder m. a. W. zur Gestattung einer actio utilis wird.

Ebenso wird unser Grundsatz bei bona fide geschehener Veräußerung, Veranlassung zur Gestattung der Contractsklage (utiliter) in Fällen, in welchen sonst die Klage nicht statt-

---

1) Diese Gesetzesstelle ist also aus demselben Werk desselben Juristen entlehnt, wie das vorhergehende fr. 23.

2) Vergl. fr. 47. §. 1. D. de negot. gestis (3, 5.) const. 24. C. cod. (2, 19.)

finden könnte. Ein sprechendes Beispiel hiervon liefert fr. 1. §. 47. D. depositi (16, 3.) (Ulp. lib. 30. ad Ed.), worin von dem Falle die Rede ist, daß der Testamentserbe die beim Testator deponirte, oder demselben geliehene Sache bona fide veräußert hat [1]). Er haftet dann aus dem Contract nur wenn er dolose gehandelt, hier aber wird er wegen der Bereicherung (nach dem ganzen Zusammenhange) mit einer actio utilis aus dem Contract belangt, wie wir schon so häufig in dem Bisherigen gesehen haben. Die fragliche Gesetzesstelle lautet also: Quia autem dolus duntaxat in hanc actionem venit, quaesitum est, si heres rem apud testatorem depositam vel commodatam distraxit, an teneatur? *Et quia dolo non fecit, non tenebitur de re.* An tamen vel de pretio teneatur, *quod ad eum pervenit?* Et verius est, teneri eum: *hoc enim ipso dolo facit, quod id, quod ad se pervenit, non reddit.* Dieses Gesetz enthält so recht eigentlich eine Anwendung unsers auf einem s. g. präsumtiven dolus (s. oben §. 6. u. 7.) beruhenden Grundsatz, welcher die Veranlassung zur Gestattung von exceptiones, sowie von actiones utiles wird [2]). Darum braucht auch der bona fide Veräußernde (ganz anders, wie in dem Falle eines wirklichen, speciell nachzuweisenden dolus, welcher die Contractsklage auf volle Entschädigung geradezu erzeugen würde: fr. 1. §. 47. verb.: Et quia dolo non fecit, non tenebitur de re etc.) auch nur die aus der Veräußerung erworbenen Klagen zu cediren, wenn er den Preis nicht eincassirt hat ꝛc.

---

1) Dieser Punct ist hier und nicht oben §. 30. u. 31. beim transitus passivus der actiones rei persecutoriae ex delicto berührt worden, weil hier der Erbe nicht aus einer widerrechtlichen Handlung des Erblassers, sondern aus seiner eignen haftet, und zwar aus einer bona fide geschehenen Veräußerung, von welcher gerade in diesem §. die Rede ist.

2) Der §. 47. die fr. 1. cit., steht offenbar in nahem Zusammenhange mit dem oben §. 16. S. 36. allegirten fr. 1. §. 15. D. depositi, worin auch von einer actio depositi utilis aus der Bereicherung die Rede ist, ohne daß die Klage als utilis actio in dem Gesetze bezeichnet wäre.

fr. 2. D. depositi (16. 3.) (Paulus lib. 31. ad Ed.) Quid ergo, si pretium nondum exegit? Aut minoris quam debuit, vendidit? Actiones suas tantummodo praestabit.

§. 41.

XIV. Die Rechtsregel, daß, wenn von zwei streitenden Theilen der eine de lucro captando, der andere de damno vitando certirt, im Zweifel für den letzteren zu entscheiden sey, kann auf unsern Grundsatz zurückgeführt werden.

Auf unsern Grundsatz kann auch die allgemeine Rechtsregel zurückgeführt werden, daß bei Streitigkeiten zwischen mehreren Personen, von denen der Eine um Erreichung eines Gewinns (de lucro captando), der Andere aber bloß um Abwendung eines Schadens (de damno vitando) certirt, im Zweifel für den Letzteren zu entscheiden sey. Der Zusammenhang dieser Rechtsregel mit unserm Grundsatz wird nicht schwer auszumitteln seyn. Denn, würde für denjenigen entschieden, welcher de lucro captando certirt, so würde sich dieser aus dem Nachtheile des Andern, der bloß de damno vitando streitet, bereichern; um diese Bereicherung (welche, wie wir in dem Bisherigen gesehen haben, in andern Fällen durch Einreden und Klagen ausgeglichen werden kann), hier zu vermeiden, erklärt sich das Gesetz für denjenigen, welcher bloß einen Nachtheil von sich abwenden will. Dafür spricht

fr. 34. D. de minoribus (4, 4.) (Paulus lib. 1, Sententiarum). Si minor XXV. annis filio familias minori pecuniam credidit, melior est causa consumentis: *nisi locupletior ex hoc inveniatur litis contestatae tempore is, qui accepit* [1]).

Da der minor bei der Restitution nur soweit zu haften braucht, als er bereichert ist, so kann der Unterschied, ob

---

1) Vergl. auch fr. 14. §. 1. D. de religiosis (11, 7.) (Ulp. lib. 25. ad Edict.) verb.: melius est, legatarium non lucrari, quam emtorem damno adfici. const. 22. C. de jure deliberandi. (6, 30.) fr. 41. §. 1. D. de R. J. const. 8. §. 2. i. f. C. de codicillis (6, 36.).

de damno vitando, oder de lucro captando gestritten wird, hier nur nach der Bereicherung zur Zeit der Litiscontestation beurtheilt werden; denn, was der minor früher zwar erhalten, aber verloren oder verschleudert hat, kommt nicht in Betracht [1]) nach

fr. 11. §. 6. D. eod. (4, 4.) (Ulp. lib. 11. ad Edict.) verb.: proinde si ambo capti sunt, verbi gratia minor minori pecuniam dedit et ille perdidit; melior est causa secundum Pomponium ejus, qui accepit, et (vel) dilapidavit, vel perdidit.

Hieran knüpft sich eine weitere Bemerkung:

Schon aus der eben allegirten Gesetzesstelle geht hervor, daß unser Grundsatz stärker ist, als die andere Regel des römischen Rechts, daß im Zweifel für den Beklagten zu erkennen sey [2]). Das fr. 11. §. 6. cit. läßt nämlich die Lage dessen, qui accepit (und das ist doch sicher der Beklagte!) erst dann melior seyn, wenn er das Erhaltene verloren oder verschleudert hat, also nicht bereichert ist. Noch deutlicher erhellt das aus

fr. 91. §. 3. i. f. D. de V. O. (45, 1.) (Paulus lib. 17. ad Plautium).

Et sane probabilis haec sententia est, quam quidem et Julianus sequitur; *nam dum quaeritur de damno et par utriusque causa sit,* quare non potentior sit, qui teneat, quam qui persequitur?

Denn, wenn die Lage des Beklagten (qui teneat) erst dann potentior seyn soll, als die Lage des Klägers (qui persequitur), wenn Beide de damno streiten, und alsdann par utriusque causa ist, (wenn also nur bei gleich großem Schaden zu Gunsten des Beklagten gesprochen wird, nicht

---

1) Vergl. oben §. 8—10.

2) fr. 125. D de R. J. cap. 11. in 6to de R. J. fr. 38. D. de re judicata (42, 1.). fr. 4. §. 13. D. de doli mali (44, 4.) fr. 5. pr. fr. 47. D. de poenis (48, 19.). fr. 47. D. de O. et A. (44, 7.). fr. ult. D. de feriis (2, 12.) const. 4. u. 5. C. de edendo (2, 1.).

aber dann, wenn der Schaden, auf Seiten des Klägers größer ist,) so unterliegt es keinem Zweifel, daß für den Beklagten in allen den Fällen nicht entschieden werden kann, in welchen auf Seiten des Beklagten aller Gewinn, und auf der des Klägers aller Schaden ist. Das wird aufs Bestimmteste bestätigt in

fr. 33. D. de R. J. (POMPONIUS lib. 22. ad Sabinum.)

In eo, quod vel is, qui petit, vel is, a quo petitur, lucri facturus est, durior causa est petitoris [1]).

§. 42.

XV. Unser Grundsatz bewirkt die Gültigkeit der Zahlung in manchen Fällen, in welchen sie sonst ungültig gewesen wäre.

Es ist eine bekannte Regel, daß der Zahlende zur Leistung der Zahlung, und derjenige, an welchen gezahlt wird, zu deren Empfang fähig seyn, daß ferner der Zahlende die Absicht, zu zahlen, und der Empfangende die Absicht, die Zahlung anzunehmen, haben muß. Von diesen Requisiten treten Ausnahmen ein, welche auf unsern Grundsatz sich stützen; und zwar

1) wenn Jemand, der von mir beauftragt ist, für mich zu zahlen, nicht in meinem, sondern in seinem eignen Namen gezahlt hat, so ist eigentlich die Zahlung ungültig; denn ich werde durch dieselbe nicht befreit, weil nicht für mich gezahlt worden; der Zahlende nicht, weil er, ohne hierzu befugt zu seyn, mit fremdem Gelde gezahlt hat. Dieß sagt auf's Bestimmteste

fr. 17. D. de solutionibus (46, 3.) (POMPONIUS lib. 19. ad Sabinum).

---

1) fr. 98. D. de R. J. Ebenso ist unser Grundsatz auch stärker, als die Regel, daß im Zweifel für den Besitzer zu entscheiden sey, welcher freilich mit dem Beklagten meist identisch ist. fr. 126. §. 2. D. de R. J. (ULPIANUS lib. 15. ad Edict.) Cum de lucro duorum quaeratur: melior est causa possidentis. fr. 128. pr. D. eod. fr. 9. §. 4. D. de Publiciana in rem actione (6, 2.) fr. 5. §. 1. D. de calumniat. (3, 6.) §. 4. J. de interdictis (4, 15.).

Cassius ait, si cui pecuniam dedi, ut eam creditori meo solveret, si suo nomine dederit, neutrum liberari: me, quia non meo nomine data sit; illum, quia alienam dederit: caeterum mandati eum teneri. Sed si creditor eos nummos sine dolo malo consumsisset, ***qui suo nomine solvisset, liberatur: ne, si aliter observaretur, creditor in lucro versaretur.***

In dem vorstehenden Falle fehlte von Seiten des Bevollmächtigten die Befugniß, für sich dieses fremde Geld zu zahlen, und die Absicht, für den Andern die Zahlung zu leisten. Allein es treten für den, welcher in seinem Namen gezahlt hat, die Wirkungen der gültigen Zahlung ein, wenn das Geld vom Gläubiger angenommen, und bona fide consumirt ist, damit der Gläubiger sich nicht widerrechtlich bereichere [1]).

2) Sodann wird derjenige, welcher unfähig ist, Zahlung anzunehmen, wenigstens in so ferne verpflichtet, als er durch die Zahlung bereichert worden ist. Er kann nämlich mit der exceptio doli so lange abgewiesen werden, bis er so viel zurückgegeben, als er durch die Zahlung bereichert worden ist. S. oben §. 24. 25. und Abhandl. No. II. §. 3.

3) Darum sprechen denn auch die Gesetze ganz allgemein den Grundsatz aus, daß die Zahlung als gültig geschehen angesehen werden, und demgemäß für den Schuldner die Befreiung von der obligatio eintreten solle, so oft nur das, was der Eine dem Andern schuldet, auf irgend eine Weise an den Gläubiger gelangt ist, in der Art, daß er das Gezahlte behalten kann:

fr. 61. D. de solutionibus (46, 3.) (Paulus lib. 5. au Plautium.)

---

1) Einen ähnlichen Fall enthält, fr. 94. D. de solutionibus (46, 3.) (Papinianus lib. 8. Quaestionum.) Si is, cui nummos debitor solvit alienos, nummis integris pergat petere, quod sibi debeatur, nec offerat, quod accepit, exceptione doli summovebitur. (Vergl. Abh. No. II. §. 3.)

In perpetuum quotiens id, quod tibi debeam, *ad te pervenit*, et tibi nil absit, nec quod solutum est, repeti possit, competit liberatio.

§. 43.

XVI. Einige von Justinian mit dem beneficium inventarii verknüpfte Begünstigungen lassen sich auf unsern Grundsatz zurückführen.

Eine Anwendung unsers Grundsatzes kann noch in der von Justinian erlassenen const. 22. §. 5. u. 6. C. de jure deliberandi (6, 30.) (Imp. JUSTINIANUS A. ad Senatum 531.) gefunden werden.

Justinian hat nämlich in seiner bekannten Vorliebe für das von ihm eingeführte beneficium inventarii in der vorerwähnten const. mit diesem, so sehr begünstigten beneficium, unter andern bedeutenden Vortheilen auch den nachfolgenden verbunden: daß nämlich der Erbe, welcher sich desselben bedient, die Erbmasse versilbern, und die Gläubiger, sowie die im Testamente Honorirten (die Legatarien, Fideicommissarien) nach der Reihe, wie sie sich melden, befriedigen, oder die Erbschaftssachen ihnen in solutum geben darf; so zwar, daß durch den also geschehenen Verkauf, oder die datio in solutum das Pfandrecht an den Gegenständen erlischt; die Pfandgläubiger sich also weder an den Käufer der verpfändeten Sache, noch an den verkaufenden Erben halten können. Um nun durch diese Begünstigung keine offenbare Verletzung wohlerworbener Rechte herbeizuführen, bestimmt der §. 5. der angeführten const. zunächst in Beziehung auf das Verhältniß der Erbschaftsgläubiger zu den voraus befriedigten Honorirten: Licentia creditoribus non deneganda, adversus legatarios venire, vel hypothecis, vel *indebiti condictione* uti, et haec, quae acceperint, recuperare: cum satis absurdum sit, creditoribus quidem jus suum persequentibus legitimum auxilium denegari, legatariis vero, *qui pro lucro certant*, suas partes leges accommodare.

Mit den Legatarien ꝛc. stehen aber die Erbschaftsgläubiger in keinerlei Rechtsverhältniß, wenn sie nicht etwa als Pfandgläubiger die actio hypothecaria gegen dieselben anstellen können; namentlich sind die Requisite der condictio indebiti nicht vorhanden; denn es fordert eines Theils nicht derjenige zurück, welcher das indebitum gezahlt, und andern Theils ist hier auch das Zahlen aus Irrthum nicht Erforderniß der Klage, da der Erbe, wenn er sub beneficio inventarii die Erbschaft angetreten hat, nach ausdrücklicher Vorschrift des Gesetzes [1]), die Legatarien auch dann vorweg ausbezahlen kann, wenn er weiß, daß noch Gläubiger vorhanden sind.

Will man darum die Bestimmung der const. 22. auf einen allgemeinen Rechtsgrund zurückführen, so kann dieser nur in unserm Grundsatz gefunden werden: nämlich darin, daß der Legatar, *qui pro lucro certat*, sich zum Schaden des Erbschaftsgläubigers bereichern würde, dessen Forderung auf einem onerosen Titel beruht, der also *de damno vitando* certirt [2]).

Dafür spricht auch schon die Gestattung der condictio indebiti, welche bekanntlich, wie so viele andere Arten der Condictionen, auf unserm Grundsatz beruht [3]). Doch wird diese Klage hier nur utiliter zustehen, weil ihr so manche der gewöhnlichen Requisite mangeln. Das läßt sich aus einem Gesetze folgern, welches einen mit dem unsrigen in mancher Beziehung verwandten Fall entscheidet, und unsern Grundsatz expressis verbis zur Anwendung bringt; nämlich

fr. 3. D. de condict. indeb. (12, 6.) (Papinianus lib. 28. Quaestionum).

Idem est et si solutis legatis nova et inopinata causa hereditatem abstulit; veluti nato posthumo, quem heres in utero fuisse ignorabat: vel etiam ab hostibus reverso filio, quem pater obiisse falso praesumpserat: nam *utiles actiones posthumo vel filio, qui hereditatem evicerat, dari oportere in eos, qui legatum perceperunt,*

1) const. 22. §. 4. C. l. c.
2) S. §. 41.
3) S. oben §. 31.

Imperator Titus Antoninus [1]) rescripsit: scilicet, quod bonae fidei possessor, ***in quantum locupletior factus est, tenetur*****, nec periculum hujusmodi nominum ad eum, qui sine culpa solvit, pertinebit.**

Was wir bisher von den Erbschaftsgläubigern und Legatarien bemerkt haben, gilt ebenso von den früher befriedigten Erbschaftsgläubigern von geringerem Rechte im Verhältniß zu den später sich meldenden besser berechtigten Erbschaftsgläubigern; denn, wenn auch die ersteren in abstracto keinen Vortheil ziehen, da sie nur wegen ihrer Forderung ex titulo oneroso befriedigt werden, so erscheint dieß doch im concreten Falle als ein Vortheil, da sie bei der überschuldeten Erbmasse nichts, oder nur einen Theil ihrer Forderungen würden erhalten haben, alles Mehrere also wie ein Geschenk zu betrachten ist. Von diesem Falle spricht der §. 6. der const. 22.

Sin vero heredes res hereditarias creditoribus pro debito dederint in solutum: vel per dationem pecuniarum satis eis fecerint: liceat aliis creditoribus, qui ex anterioribus veniunt hypothecis, adversus eos venire (et) a posterioribus (creditoribus) secundum leges eas abstrahere, vel per hypothecariam actionem, vel per ***condictionem ex lege*****, nisi voluerint debitum eis offerre.**

Also auch hier wird wieder eine condictio als das entsprechende Rechtsmittel aufgeführt, und, wie der Verf. glaubt, eignet sich dieses Rechtsmittel mehr für unsern Fall, als die im §. 5. der const. 22. erwähnte condictio indebiti; — mit welcher letzteren übrigens die condictio ex lege hier gleichen Grund und Zweck hat [2]).

§. 44.

XVII. Unser Grundsatz äußert nach den Gesetzen einen bedeutenden Einfluß auf das Verbot der Schenkungen unter Ehegatten.

Unter allen bisher aufgeführten Wirkungen unsers Grundsatzes ist wohl keine, bei welcher sich die Anwendung des letz-

1) i. e. Divus Pius. S. oben S. 10. Note 2—4. u. S. 11. Note 2.

2) S. oben §. 35. S. 85.

teren detaillirter aus den Gesetzen nachweisen ließe, als der in diesem §. zu entwickelnde Ausfluß desselben, welcher, da er sich zum größten Theile auf solche Gesetze stützt, die in der bisherigen Untersuchung noch nicht benutzt worden sind, gewissermaßen als Controle für diese Untersuchung selbst dienen kann, weil wir hier die allgemeinen Bestimmungen über die rechtliche Natur unsers Grundsatzes, (welche oben aus verschiedenen Gesetzesstellen, die von verschiedenen Rechtsverhältnissen handeln, nachgewiesen werden mußte,) bei einem und demselben Rechtsverhältniß vereinigt, und demnach aus einem Ganzen hervorgegangen finden. Ein längeres Verweilen bei diesem Puncte wird darum gerechtfertigt erscheinen.

Doch zur Entwickelung selbst!

In fr. 3. pr. D. de donat. inter virum et uxorem (24, 1.) (Ulp. lib. 32. ad Sabinum.), worin der Grund für die Ungültigkeit der Schenkungen unter Ehegatten angegeben wird, heißt es:

> Haec ratio et oratione [1]) Imperatoris nostri Antonini [2]) (Augusti) electa est: nam ita ait: Majores nostri inter virum et uxorem donationes prohibuerunt, amorem honestum solis animis aestimantes, famae etiam conjunctorum consulentes, ne concordia pretio conciliari videretur: *neve melior in paupertatem incideret, deterior ditior fieret.*

Diesem Grunde entsprechend wird denn auch, wenn es sich von der Gültigkeit oder Ungültigkeit einer Schenkung inter virum et uxorem handelt, gewöhnlich zuerst in den Gesetzen danach gefragt, ob der Beschenkte durch dieselbe reicher, und der Schenker zugleich ärmer geworden. Dafür sprechen nicht nur alle diejenigen Gesetze, welche in der folgenden Untersuchung wörtlich aufgeführt werden, sondern auch noch sehr

---

1) Vergl. oben §. 4. S. 9. Note *).
2) Antoninus Caracalla vergl. fr. 32. 42. D. eod. u. oben S. 10. Note 4.

viele andere Stellen dieses Titels [1]) in den Digesten, wie in dem Codex [2]). —

Die Beantwortung der Frage nun: ob durch das Geschenk der eine Ehegatte reicher, der andere aber ärmer geworden, oder wie man auch sagen könnte: ob der eine Ehegatte mit dem Schaden des andern sich bereichert habe, bestimmt sich ganz nach den allgemeinen Regeln über unsern Grundsatz. Dafür sprechen die folgenden, einzeln genauer zu betrachtenden Puncte:

1) Die Schenkung ist nur dann verboten, wenn sowohl der Schenkende ärmer, als der Beschenkte reicher wird; wenn also der Nachtheil des Schenkers mit dem Vortheil des Beschenkten zusammentrifft:

fr. 5. §. 8. D. h. t. (Ulp. lib. 32. ad Sabinum.)

verb.: Hoc autem eo venit, quod definiri solet, eam demum donationem impediri solere, quae et donantem pauperiorem, et accipientem facit locupletiorem [3])

Treffen nicht beide Requisite (Vortheil auf der einen, Nachtheil auf der andern Seite) zusammen, sondern fehlt eins derselben, so ist die Schenkung gültig:

---

1) Vergl. im Allg. fr. 3. pr. fr. 4. fr. 5. §. 5. 8. 13. 16. 17. 18. fr. 7. §. 1. 3. 7. fr. 15. §. 1. fr. 17. fr. 21. pr. fr. 25. 28. §. 3. i. f. §. 4. fr. 31. §. 7. fr. 32. §. 9. u. 14. fr. 33. §. 1. fr. 39. i. f. fr. 49. fr. 50. pr. u. §. 1. fr. 51. fr. 55. fr. 56. fr. 57. i. f. fr. 58. i. f. D. h. t. (24, 1.) const. 8. 9. 17. 21. C. h. t. (5, 16.)

2) Darum sollte man doch wohl diesen Punct als eine allgemeine Vorfrage über Gültigkeit oder Ungültigkeit solcher Schenkungen, in den Lehrbüchern *) mehr hervorheben, und nicht bloß unter den einzelnen, abgerissenen Ausnahmsfällen, in welchen eine solche Schenkung gültig ist, anführen. Denn offenbar geht unser Grundsatz durch die ganze Lehre von den Schenkungen unter Ehegatten durch, und steht darum nicht so vereinzelt, wie die andern Fälle, in welchen ausnahmsweise die Schenkung als gültig erscheint.

*) Thibaut System §. 436. pos. a. u. c. hebt diesen Punct schon mehr hervor, indem er denselben zum Theil an die Spitze der Ausnahmsfälle stellt, und ganz allgemein faßt; weniger geschieht dieß bei v. Wening-Ingenheim Buch IV. §. 381. (58.) pos. 7.

3) Vergl. auch 25. D. eod.

fr. 5. §. 16. D. eod.

verb.: Ubicunque igitur non deminuit de facultatibus suis, qui donavit (valet); vel etiam, si deminuit, locupletior tamen non fit, qui accepit, donatio valet.

2) Der Bereicherte haftet immer nur so weit, als er wirklich bereichert ist:

fr. 5. §. 18. D. eod. (Ulp. lib. 32. ad Sabinum.)

In donationibus autem jure civili impeditis hactenus revocatur donum ab eo (ab eave), cui donatum est, ut si quidem extet res, vindicetur; si *consumta sit, condicatur hactenus, quatenus locupletior quis eorum factus est.*

Ein Beispiel dafür ist enthalten in

fr. 5. §. 5. D. eod. (Ulp. lib. 32. ad Sabinum.)

verb.: Enimvero si cum animum vendendi haberet, ex pretio ei remisit, [1]) venditionem quidem valere, *remissionem autem hactenus non valere, quatenus facta est locupletior.* Itaque si res quindecim venierit quinque, nunc autem sit decem, quinque tantum praestanda sunt: quia in hoc locupletior videtur. (Vergl. oben §. 8. u. 9.)

3) Das gilt namentlich auch dann, wenn der Beschenkte bona fide etwas consumirt hat; denn er haftet alsdann immer nur so weit, als er durch die Consumtion wahren reellen [2]) Gewinn gezogen hat. Dafür spricht schon das oben sub 2. allegirte

fr. 5. §. 18. D. h. t. (Ulp. lib. 32. ad Sabinum.) sodann

fr. 32. §. 9. D. eod. (Ulp. lib. 33. ad Sabinum.)

Quod ait Oratio *consumsisse*, sic accipere debemus, ne is, qui donationem accepit, locupletior factus sit etc. (Vergl. oben §. 8. u. 9.)

---

1) Das Nachlassen von der verhältnißmäßigen Summe des Kaufpreises wird als Geschenk betrachtet.

2) fr. 7. §. 1. D. eod. (Ulp. lib 31. ad Sabinum.) Si maritus pecuniam uxori in unguenta dederit, eaque eam (pecuniam) creditori suo solverit, mox ea de sua pecunia unguenta emerit: non videri locupletiorem factam, Marcellus lib. 7. Digestor. scribit etc.: quia non est locupletior, quae tantundem in re mortua impendit.

4) Als wahre Bereicherung gilt es aber auch dann, wenn die geschenkte Sache selbst (z. B. Geld) zwar nicht mehr vorhanden, aber eine andere Sache dafür angeschafft worden ist; und zwar geht die Bereicherung so weit, als noch irgend etwas von dieser letzteren (angeschafften) Sache sich vorfindet:

fr. 55. D. eod. (PAULUS lib. 6. Quaestionum.)

Uxor marito suo pecuniam donavit: maritus ex pecunia sibi donata aut mobilem, aut soli rem comparavit: solvendo non est et res extant etc. Respondi: Locupletiorem esse ex donatione, negari non potest: non enim quaerimus, quid deducto aere alieno liberum habeat, sed quid ex re mulieris possideat etc. (Vergl. oben §. 8. S. 17. ff.)

Ebenso gilt es hier für wahre Bereicherung, wenn nothwendige Ausgaben erspart, z. B. Schulden bezahlt sind; einerlei aus welchem Rechtsgrunde dieselben entstanden:

fr. 50. pr. D. eod. (JAVOLENUS lib. 13. Epistolar.)

verb.: Facta autem intelligitur (locupletior), quae aere alieno suo interventu viri liberata est, quod potuisset adhuc deberi, si vir pecuniam non solvisset: neque enim interest, ex qua causa mulier pecuniam debuit, utrum creditam, an eam, quam ex emtione praestare debeat. (Vergl. oben §. 9. S. 22. a. E. u. 23. §. 11. S. 27—30.)

und damit verbunden

fr. 50. i. f.

verb.: nec videtur mulier locupletior esse, quae neque a creditore suo liberata est, neque id possidet, quod ex pecunia viri emerat [1]).

5) Was die Zeit betrifft, nach welcher sich die Beantwortung der Frage bestimmt, ob Jemand bereichert worden, so finden wir auch hier die bereits oben §. 10. S. 23. ff. angegebenen Bestimmungen bestätigt, nach welchen entweder die Zeit der Anstellung der Klage, oder der Litiscontestation entscheidend ist:

---

1) Vergl. fr. 66. i. f. D. de solut. (46, 3.)

a) Für den bereicherten Kläger spricht nämlich das theilweise schon oben S. 24. angegebene

fr. 50. pr. D. eod. (JAVOLENUS lib. 13. Epistolar.)

Si cum mulier viginti servum emisset, in eam emtionem vir quinque venditori dedit, divortio facto omnimodo vir eam summam exiget. Neque ad rem pertinet, an is servus deterior factus sit: nam et si mortuus esset, quinque exactio ei competeret. Quaeritur enim, *an mulier ex viri patrimonio locupletior sit eo tempore, quo de dote agebatur.*

b) Für den bereicherten Beklagten wird der Zeitpunct der Litiscontestation, und zwar besonders genau in Beziehung auf den Betrag der Bereicherung, bestimmt in

fr. 7. §. 3. D. eod. (ULP. lib. 31. ad Sabinum.)

Idemque (i. e. D. Hadrianus) ait, (et) si vir uxori pecuniam donaverit, ipsaque ex ea praedium emerit, *aestimari oportere, in quantum locupletior facta sit mulier.* Proinde et si praedia hodie vilissimo sunt, consequenter dicemus, *litis contestatae tempore aestimationem eorum spectandam* etc. (Vergl. oben §. 10. S. 25 — 27.

6) Auch von den Erben des Beschenkten kann das Geschenk nur so weit zurückgefordert werden, als dieser (der Beschenkte) bereichert war:

const. 17. C. h. t. (5, 16.) (Impp. DIOCLET. et MAXIM. A. A. et C. C. Capitolinae.)

De his, quae extra dotem (in domum) illata a marito erogata commemoras: si quidem *te donante* consumta sunt, intelligis, *adversus heredes non nisi in quantum locupletior fiat,* habere te actionem. Si vero contra voluntatem tuam: omnia tibi restitui oportere.

7) Die Klage, mit welcher der bereicherte Beschenkte von dem ärmer gewordenen Schenker belangt wird, ist eine condictio [1]).

---

1) Vergl. fr. 19. §. 1. i. f. fr. 55. D. h. t.

fr. 5. §. 18. D. eod. (Ulp. lib. 32. ad Sabinum.) [1]
verb.: *Condicatur* hactenus, quatenus locupletior quis eorum factus est.

Diese condictio muß entweder die condictio sine causa, oder die condictio ex injusta causa seyn; — welche beide Klagen auf unsern Grundsatz basirt sind: (Vergl. oben §. 34.)

fr. 6. D. eod. (Gajus lib. 11. ad Ed. provinciale.)
Quia quod ex non concessa donatione retinetur, id aut sine causa, aut ex injusta causa retineri intelligitur: ex quibus causis condictio nasci solet.

§. 45.

Resultat der bisherigen Untersuchung.

Das Resultat der ganzen bisherigen Untersuchung geht nun dahin: Der Grundsatz, daß Niemand mit oder aus dem Nachtheile eines Andern sich bereichern solle, ist nach römischem Rechte ein völlig allgemeiner, durch das ganze Rechtssystem durchgehender. Er ist darum nicht bloß auf die Fälle zu beziehen, für welche sich in den Gesetzen eine ausdrückliche Anwendung findet, sondern ebenso auch auf diejenigen Fälle, welche in den Gesetzen nicht ausdrücklich angeführt sind, wenn nur der Grund selbst, nämlich die Bereicherung mit oder aus dem Nachtheile eines Andern, wirklich vorhanden ist [2].

---

1) Es verdient hier wohl bemerkt zu werden, daß bei Weitem die meisten in diesem §. mitgetheilten Gesetzesstellen aus Ulpian. ad Sabinum und zwar vorzüglich aus einem Buche dieses Werks, dem 32ten, entlehnt sind. Dadurch zeigt sich, wie alle diese Bestimmungen so recht aus dem Zusammenhange (aus einem Ganzen) hervorgehen.

2) Statt vieler Beispiele hier nur eins: Nach unserm Grundsatz würde der das Ganze zahlende correus debendi im Allgemeinen eine aus diesem Grundsatz fließende Klage auf theilweisen Ersatz des Gezahlten gegen die übrigen durch die Zahlung liberirten correi haben. Auch nimmt Muehlenbruch Doctr. Pand. Ed. III. T. Vol. II. §. 492. not. 6. in diesem Falle eine Klage aus der Bereicherung an. Er

Die Allgemeingültigkeit des Grundsatzes läßt sich nach den vorhergehenden Ausführungen dadurch erweisen,

1) daß derselbe aus der im römischen Rechte förmlich und wiederholt anerkannten, und unendlich häufig angewandten naturalis aequitas hervorgegangen ist; (vergl. oben §. 2 — 7.)

2) daß er als ein allgemeiner Grundsatz in den Gesetzen klar ausgesprochen (vergl. oben §. 7.), und seine Natur selbst im Einzelnen in den Gesetzen genau bestimmt ist; (vergl. §. 8 — 16. §. 44.)

3) daß er im System des römischen Rechts, so wie es unsere Quellen überliefern, die mannigfaltigsten Anwendungen findet (vergl. oben §. 23 — 44.), und

4) daß derselbe im römischen Rechtssystem eine wesentliche Lücke füllt. (Vergl. §. 13 — 22.)

Die behauptete Allgemeingültigkeit kann indessen ganz natürlich nur dann mit Grund angenommen werden, wenn derselben nicht positive gesetzliche Bestimmungen widerstreiten. Ein solcher Widerstreit der Gesetze wird von manchen Rechtslehrern behauptet. Es schließt sich daher jetzt der bisherigen Untersuchung eine genauere Prüfung der von den Gegnern für ihre abweichenden Meinungen angeführten Gründe an.

---

weicht also von der durch den Verf. früher in der Zeitschrift für Civilrecht und Prozeß. Band 3. Heft 3. Nr. XXI. u. Band 4. Heft 1. Nr. II. vertheidigten Behauptung eines allgemeinen Klagerechts nur in dem Namen der Klage ab; denn das Klagerecht selbst hat der Verf. (der in jenem „Versuche" eine actio negotiorum gestorum utilis als allgemeines Rechtsmittel annahm,) allein aus der durch die Gesetze anerkannten aequitas, daß Niemand mit dem Nachtheile eines Andern Vortheile ziehen solle, abgeleitet. (S. die angef. Zeitschrift Bd. 3. Heft 3. S. 375 — 377.) Eine andere Anwendung unsers Grundsatzes wird unter Nr. II. sich zeigen.

Dritte Abtheilung.

Gründe gegen die hier vertheidigte Ansicht der Allgemeingültigkeit unseres Grundsatzes, und deren Prüfung.

§. 46.

Abweichende Ansichten von Seuffert und Valett.

An der Spitze dieser Abtheilung stehe die widerstreitende Ansicht von Seuffert, weil diese, von allgemeinen Rechtsprincipien ausgehend, an die bisherige Untersuchung, welche, auf demselben Wege allgemeiner Principien beginnend, gerade zu dem entgegengesetzten Resultate gelangt ist, sich zunächst anreiht.

Seuffert sagt in seinem Lehrbuche:[1] „In allen Fällen, wo derjenige, dem etwas aus dem Vermögen des Andern zu Gute gekommen, nicht wenigstens mittelbar mit diesem in Obligationsverhältnisse getreten ist, muß der Umstand, daß er mit dem Schaden des Andern reicher geworden, als ein zufälliger betrachtet werden. Der Zufall ist aber niemals dazu geeignet, eine Forderung auf Schadensersatz zu begründen."

Ist nun die ganze bisherige Untersuchung nicht völlig verfehlt, so wird sich aus derselben zur Genüge ergeben, daß die Gesetze die Bereicherung mit oder aus dem Nachtheile eines Andern aus dem Bereiche des Zufalls, zu welchem sie allerdings ohne das gehören würde, hervorgehoben, und in den Fällen solcher Art aus Gründen wohlverstandener aequitas im Allgemeinen eine Klage und verschiedene Vertheidigungsmittel gestattet haben.

Unter den übrigen Dissentienten ist zunächst Valett[2] zu nennen, welcher sich entschieden gegen die hier vertheidigte Allgemeingültigkeit unsers Grundsatzes erklärt, und für seine Ansicht verschiedene Gesetze beibringt. Bevor wir zur genaueren Prüfung dieser Gesetze übergehen, mögen einige allgemeinere Bemerkungen vorangeschickt werden.

---

1) Band 2. §. 346. Note 16.

2) Lehrbuch §. 446. Note 69 ff.

Die eigentlich hierher gehörigen, von Valett angegebenen Gesetzesstellen sind drei Rescripte der Kaiser Diocletian und Maximian [1]. Wiewohl nun nach Justinians Vorschrift die Rescripte, gleich den Edicten ꝛc., allgemeine Gültigkeit haben sollen [2], so müssen dieselben doch immer mit Rücksicht auf den concreten Fall verstanden werden und können (man mag sie für noch so allgemein gelten lassen), immer nur auf einen gleichen oder analogen Fall angewendet werden, wenn nicht mit Bestimmtheit eine völlig allgemeine Regel sich darin nachweisen läßt.

Sodann können die in den erwähnten drei Rescripten enthaltenen Fälle auf unsern Grundsatz schon aus dem Grunde keine Anwendung leiden, weil sie nicht von dem Falle wirklicher Bereicherung mit dem Nachtheile eines Andern handeln, da der, welcher allein der Bereicherte in diesen Gesetzen seyn könnte, immer demjenigen, mit dem er zunächst in einem obligatorischen Verhältniß steht, aus diesem besondern Obligationsgrund verhaftet ist; die subsidiäre Verpflichtung aus der Bereicherung also wegfällt.

Die Gesetzesstellen selbst werden dieß Alles näher zeigen; und zwar zuerst

const. 15. C. si certum petatur (4, 2.) (Dioclet. et Maxim. A. A. et C. C. Charidemo.)

Non adversus te creditores, qui mutuam sumpsisti pecuniam, sed ejus, cui hanc credideras, heredes experiri, contra juris formam evidenter postulas.

Die const. sagt einfach: Es sey gegen die Regel des Rechts, zu verlangen, daß die Gläubiger das Darlehn, welches sie mir geschossen, von den Erben desjenigen, dem ich es weiter als Darlehn gegeben, einklagen sollten. — Nichts

1) Sie sind enthalten in const. 15. C. si certum petatur (4, 2.) const. 13. C. de O. et A. (4, 10.) const. 8. C. depositi (4, 34.) Die Erklärung wird gleich unten folgen.

2) const. 12. C. de legibus (1, 14.)

ist wohl natürlicher, als die Entscheidung dieses Rescripts! Mit mir hat der creditor contrahirt; ich allein bin debitor; denn nur zwischen uns Beiden besteht das Obligationsverhältniß. Wie soll gegen den Dritten geklagt werden? — Aus der Bereicherung? — Wo findet eine solche statt? — Wenn ich das dargeliehene Geld weiter gegeben, so ist mir der Empfänger verhaftet, wie ich meinem mutuo dans. Wer von mir empfängt, erlangt also keinen Vortheil zum Nachtheile meines mutuo dans; denn jeder Contrahent haftet seinem Gläubiger aus dem Contractsverhältniß.

Dieselben Gesichtspuncte gelten bei der folgenden Gesetzesstelle:

const. 13. C. de O. et A. (4, 10.) (DIOCLET. et MAXIM. A. A. et C. C. Barsumio 300.)

Eum, cui mutuam dedisti pecuniam, ad solutionem urgere competente debes actione, nam adversus negotiatores, quos ex mercibus pecunias abstulisse tuo debitori proponis, nullam habes actionem.

Diese const. stimmt offenbar mit der vorhergehenden in Grund und Zweck vollkommen überein. Die negotiatores sind dem debitor verhaftet, sie sind also nicht bereichert; mit ihnen steht aber der creditor in keiner Verbindung. Ich klage also hier einfach gegen meinen debitor, und dieser mag sich weiter an die negotiatores halten.

Dazu weiter

const. 8. C. depositi (4, 34.) (DIOCLET. et MAXIM. ALEXANDRO.)

Si is, qui depositam a te pecuniam accepit, eam suo nomine, vel cujuslibet alterius mutuo dedit, tam ipsum de implenda fide, quam ejus successores teneri tibi certissimum est. Adversus eum autem, qui accepit, nulla alia actio tibi competit, nisi nummi extent, tunc enim contra possidentem uti rei vindicatione potes.

Auch in dieser const. wieder derselbe Fall! Wegen der Untreue meines Depositars kann ich nur gegen diesen und seine Erben aus dem Vertrag klagen; weil aber beim depositum nicht, wie beim mutuum, das Eigenthum auf einen Andern übertragen wird, so bin ich befugt, die deponirten Geldstücke, so ferne sie existiren, von jedem Dritten, also auch hier von dem besitzenden mutuo accipiens, zu vindiciren. Dieser mutuo accipiens wird aber, wenn die Geldstücke nicht mehr vorhanden sind, nicht mit meinem Nachtheile bereichert, weil er dem mutuo dans verhaftet bleibt, und offenbar, wenn er auch mir zum Ersatz der deponirten Summe verpflichtet wäre, das Doppelte leisten müßte.

In den Fällen der drei Rescripte kann und brauche ich nicht zu einem subsidiären Rechtsmittel zu greifen, weil die Klage aus dem Rechtsgeschäft (aus dem mutuum, depositum) gegeben ist, neben einer solchen Klage aber unser Grundsatz, wie wir wiederholt gesehen haben, nicht zur Anwendung kommt.

Die drei bisher angeführten Gesetze wären also wohl nicht schwer zu beseitigen. Die übrigen von Valett für seine Ansicht angeführten Gesetzesstellen werden theils in den folgenden §§. geprüft, weil sie auch noch andern Rechtslehrern zur Unterstützung ihrer abweichenden Meinung dienen [1]), theils gehören sie eigentlich gar nicht hierher, wie fr. 19. D. de condict. indebiti (12, 6.) [2])

§. 47.

Prüfung der Gesetzesstellen, welche überhaupt von den dissentirenden Rechtslehrern gegen die hier vertheidigte Allgemeingültigkeit unsers Grundsatzes angeführt werden, und welche allein von dem Ersatz der Verwendungen handeln.

Die Gesetzesstellen, welche überhaupt gegen die Allgemein-

---

1) nämlich fr. 14. §. 1. D. communi dividundo. (10, 3.) Die übrigen von Valett in den Noten 70—74 aufgeführten Gesetze sind schon an den einschlägigen Stellen der bisherigen Untersuchung geprüft und erläutert worden, s. namentlich oben §. 38.

2) Dieses Gesetz spricht doch nur davon, daß die condictio indebiti stattfindet, si is, qui dat, non debitum dat, quamvis debitum sibi quis recipiat, (§. 1.) oder daß man zurückfordern könne, wenn man einen ganz andern Gegenstand gegeben, (§. 3.) oder ein theilweises

gültigkeit unsers Grundsatzes [1]) und insbesondere dagegen angeführt werden, daß derselbe eine Klage begründe, reduciren sich, genauer betrachtet, auf den einzigen Fall der Verwendungen, und zwar in doppelter Beziehung, nämlich entweder auf Verwendungen auf eine ganz fremde, oder auf eine mit Andern gemeinschaftliche Sache (also auf eine theilweise fremde). Da nun gerade dieser Punct für unsere ganze Untersuchung von vorzüglicher Wichtigkeit ist, so befürchtet der Verf. nicht den Vorwurf unnöthiger Weitläufigkeit, wenn er die verschiedenen Rechtsverhältnisse, in welchen Verwendungen vorkommen können, der Reihe nach durchgeht, und die Grundsätze möglichst kurz andeutet, welche über deren Erstattung nach den Gesetzen gelten.

Betrachten wir nun

I. Die Contractsverhältnisse, und zwar

1) die zweiseitigen, so findet auf den Ersatz der Verwendungen sammt Zinsen, so weit Verwendungen überhaupt nach der Natur des Contracts vergütet werden müssen, die Contractsklage statt; z. B. beim Kauf [2]), bei der Miethe [3]), bei der Societät rc. [4]).

2) Bei den einseitigen Contracten ist auf Ersatz der Verwendungen sammt Zinsen die actio contraria gerichtet; z. B. beim Commodat [5]), beim Depositum [6]), beim Mandat rc. [7]).

---

indebitum gezahlt hat. (§. 2. u. 4.) Da nun die condictio indebiti, wie bekannt, im römischen Rechte auf unserm Grundsatz beruht, so würde dieses Gesetz eher für die hier vertheidigte Ansicht angeführt werden können.

1) Vergl. im Allg. die in den Noten zu §. 1. angeführten Schriften.

2) fr. 13. §. 22. D. de act. emti (19, 1.) const. 16. C. eod. (4, 49.)

3) fr. 55. §. 1. fr. 61. D. locati conducti (19, 2.)

4) fr. 60. §. 1. D. pro socio (17, 2.) fr. 1. §. 1. D. de usuris (22, 1.)

5) fr. 18. §. 2. D. commodati (13, 6.) fr. 15. §. 2. D. de furtis (47, 2.)

6) fr. 23. D. depositi vel contra (16, 3.)

7) fr. 12. §. 9. D. mandati vel contra (17, 1.)

II. Dasselbe gilt von den obligationes quasi ex contractu [1]). Diese Fälle müssen besonders genau geprüft werden, weil zu dieser Art von Obligationsverhältnissen die communio incidens gehört, bei welcher unserm Grundsatz in einem Falle durch die Gesetze eine Klage geradezu abgesprochen wird.

1) Bei der *negotiorum gestio* kann der negotiorum gestor Erstattung der Verwendungen (Auslagen) sammt Zinsen von dem dominus negotiorum verlangen [2]).

2) Bei der tutelae et curae administratio ist zu diesem Zweck sowohl die actio tutelae contraria [3]), als die actio negotiorum gestorum gestattet [4]); eben so

3) bei der rei communis administratio i. w. S., sey

1) Auch hier ergiebt sich wieder ein Unterschied zwischen den Verwendungen, welche bei einem Contractsverhältniß oder einem contractsähnlichen Verhältniß (obl. quasi ex contractu) in Frage kommen, und den Verwendungen, die durch die actio de in rem verso verfolgt werden, (s. oben §. 18 ff.). Die ersteren können immer mit Zinsen verlangt werden, weil die Contracte und Quasicontracte, bei welchen dieselben in den Gesetzen genannt werden, negotia bonae fidei sind: fr. 1. §. 1. fr. 34 u. 37. D. de usuris (22, 1.) const. 13. 24. C. de usuris (4, 32) fr. 19. §. 4. D. de negotiis gestis (3, 5.) fr. 31. §. 3. fr. 37. §. 1. D. eod. fr. 10. §. 3. fr. 12. §. 9. D. mandati (17, 1.) const. 18. C. de negotiis gestis (2, 19.) fr 67. §. 2. D. pro socio (17, 2.) Bei der versio in rem dagegen, welche eigentlich allein bei dem Verhältniß der potestas, als einem streng civilrechtlichen Institut, vorkommt, können ohne besondere Stipulation keine Zinsen verlangt werden: fr. 10. §. 5. D. de in rem verso (15. 3.) fr. 37. D. de usuris (22, 1.)

2) §. 1. J. de obligat. quasi ex contr. (3, 27. [28.]) fr. 19. §. 4. D. de negotiis (3, 5.) const. 13. u. 24. C. de usuris (4, 32.) fr. 19. §. 4. fr. 37. D. de usuris (22, 1.) const. 18. C. de negotiis gestis (2, 19.) fr. 5. §. 1. D. de O. et A. (44, 7.)

3) §. 2. J. eod. (3. 27. [28.]) fr. 13. §. 3. D. de administrat. et peric. tutor. (26, 7.) fr. 3. §. 1—8. D. de contraria tutelae (27, 4.) const. 3. C. de administrat. tutor, (5, 37.) const. 2. C. de in litem dando tutore (5, 44.) const. 3. C. de contrario judicio tutelae (5, 58.)

4) fr. 3. §. 5. D. de negotiis gestis (3, 5.)

dieß nun eine einzelne körperliche Sache, oder eine universitas juris [1]).

a) Bei der Gemeinschaft einer einzelnen Sache findet nämlich

α) so lange die communio dauert, die actio communi dividundo auf Ersatz der wissentlich auf die gemeinschaftliche Sache gemachten Verwendungen statt [2]), wenn der Miteigenthümer seinen Antheil nicht allein hätte besorgen können [3]), womit denn auch die actio negotiorum gestorum electiv concurrirt [4]).

Hätte er aber seinen Antheil allein besorgen können, so darf bloß die actio negotiorum gestorum angestellt werden [5]).

β) Nach Auflösung der communio wird aber die actio negotiorum gestorum gestattet [6]); ebenso auch die actio communi dividundo utilis [7]).

b) Bei einer gemeinschaftlichen Erbschaft kann Ersatz der Verwendungen sowohl mit der actio familiae herciscundae, als der actio negotiorum gestorum nach allgemeinen Regeln verlangt werden [8]).

---

1) §. 3. u. 4. J. de obligationibus quae quasi ex contractu (3, 27. [28.])

2) Irrthum in der Person des Miteigenthümers schadet nicht, fr. 29. pr. D. communi divid. (10, 3.); nur darf man nicht auf eine gemeinschaftliche Sache Verwendungen gemacht haben, in dem Glauben, sie sey allein dem Verwendenden eigen; denn dieß ist gerade der Fall, worin die Gesetze jede Klage auf den Ersatz der Verwendungen absprechen: fr. 14. §. 1. fr. 29. D. communi divid. (10, 3.) Die genauere Erörterung s. unten §. 49.

3) §. 3. J. de obl. quae quasi ex contr. (3, 27. [28.]) fr. 6. §. 2. u. 11. D. communi divid. (10, 3.) fr. 6. pr. §. 1. fr. 11. D. cod.

4) const. 3. C. de negotiis gestis (2, 19) const. 18. §. 1. C. famil. hercisc. (3, 36.) fr. 25. §. 1. D. famil. hercisc. (10, 2.) fr. 6. §. 11. D. communi divid. (10, 3.)

5) fr. 40. D. de negot. gest. (3, 5.) fr. 6. §. 2. u. 7. D. communi divid. (10, 3.)

6) fr. 14. §. 1. D. communi divid. (10, 3.)

7) fr. 6. §. 1. D. cod. Zu der Auflösung gehört denn auch der Untergang der Sache: fr. 11. D. cod.

8) §. 4. J. de obligat. quae quasi ex contr. (3, 27. [28.]) const.

Die letztere Klage erfordert hier, wie bei dem Miteigenthum an einer einzelnen Sache, nicht gerade nothwendig, daß man bei der Verwendung jedesmal die specielle Absicht nachweisen kann, ein fremdes oder gemeinschaftliches Geschäft zu besorgen, sondern es wird diese Absicht, dem natürlichen Verhältniß entsprechend, so lange angenommen werden, bis erwiesen ist, daß man die Verwendungen in dem Glauben, alleiniger Eigenthümer oder Erbe zu seyn, gemacht hat. Das geht schon aus den in den Noten 1—8 angeführten Gesetzesstellen hervor, welche hier bei der actio negotiorum gestorum die Absicht, fremde Geschäfte zu besorgen, nirgends ausdrücklich erwähnen; und deutlicher erhellt es noch aus dem natürlichen Sachverhältniß selbst. Bei einer gemeinschaftlichen Sache, einer gemeinsamen Erbschaft, läßt sich nämlich nicht so genau bestimmen, welcher Theil dem Verwendenden, welcher dem andern Theilhaber angehört. Darum findet die actio negotiorum gestorum statt, wenn der Verwendende nur überhaupt das Bewußtseyn der Gemeinschaftlichkeit gehabt, und dieses Bewußtseyn wird, da die Sache einmal der That nach gemeinschaftlich ist, immer so lange angenommen werden müssen, bis erwiesen ist, daß der Verwendende in einem dem factischen Verhältnisse widerstreitenden Glauben gestanden hat. Von diesem Gesichtspuncte gehen offenbar, ihrer ganzen Fassung nach, auch die unten §. 49. näher zu erwähnenden Gesetzesstellen, welche das Hauptargument gegen unsern Grundsatz abgeben, aus, nämlich

fr. 14. pr. u. §. 1. fr. 29. pr. D. communi divid. (10, 3.)

und eben so wird diese Ansicht bestätigt durch

fr. 9. §. 4. D. de rebus auctoritate judicis possid. (42, 5.) (Ulp. lib. 62. ad Edict.)

Generaliter etiam dicendum est, quidquid impendit in rem, *si modo sine dolo malo impendit*, repetere eum

---

3. C. de negotiis gestis (2. 19.) const. 18. §. 1. C. famil. herciisc. (3, 36.) fr. 25. §. 16. D. famil. herciisc. (10, 2.)

posse: nam negotiorum gestorum agere non magis potest, quam si socius commune aedificium fulsit: ***quia hic quoque creditor commune, non alienum negotium gessisse videtur*** [1]).

4) Die nämlichen Grundsätze gelten bei der hereditatis aditio. Der Erbe wird dem Legatar oder Fideicommissar quasi ex contractu zur Herausgabe der legirten Sache verpflichtet [2]); dabei kann er aber die auf diese Sache nach dem Tode des Erblassers gemachten Verwendungen in Abrechnung bringen, und zwar sowohl in der Art, daß sie vor der Herausgabe der Sache abgezogen werden [3]), als dadurch, daß, wenn das Legat oder Fideicommiß ohne Abzug der darauf gemachten Verwendungen herausgegeben ist, der Ersatz dieser Verwendungen auch mit einer selbstständigen Klage gefordert werden kann:

fr. **60.** D. de legatis I. **(30.)** (Julianus lib. **39.** Digestor). sagt nämlich:

Quod si nulla retentione facta domum tradidisset, *incerti condictio ei competet*, quasi plus debito solverit; (nachdem in den beiden vorhergehenden fr. 58. u. 59. von dem Abzuge wegen der Verwendungen die Rede gewesen ist.)

Dem Erben steht also neben dem Rechte, die Sache zu retiniren, und selbst die Verwendungen abzuziehen, eine condictio zu, welche entweder die condictio indebiti oder sine causa seyn muß [4]), weil die Klage darauf gerichtet ist, daß man mehr, als man schuldig gewesen, herausgegeben, somit etwas ohne Rechtsgrund geleistet habe, sey dieß nun im Irrthume geschehen, oder nicht [5]). Beide Arten der Condictionen

---

1) fr. 9. pr. D. eod.

2) §. 5. J. de obligat. quae quasi ex contractu. (3, 27. [28.])

3) fr. 58. u. 59. D. de legatis I. (30.) fr. 52. §. 5. D. de usufructu legato (33, 2.) fr. 50. D. de usufructu et quemadmodum (7, 1.) Dasselbe gilt vom fideicommissum hereditatis: fr. 19. §. 2. fr. 22. §. 3. i. f. D. ad SCtum Trebell. (36, 1.)

4) Ueber die condictio incerti s. oben S. 83. Note 6.

5) Jedoch natürlich nicht donandi animo.

beruhen aber, wie wir schon öfters gesehen haben, auf unserm Grundsatz, — welcher also auch hier, bei dem Ersatz von Verwendungen, eine nähere Anwendung findet.

5) Als letzte Art der obligationes quasi ex contractu ist hier noch die indebiti solutio zu erwähnen. Der Empfänger eines indebitum wird nämlich nach den Gesetzen so verpflichtet, wie wenn er dasselbe als ein mutuum empfangen hätte [1]). Ist eine nicht fungible Sache indebite übergeben worden, so wird die Sache selbst zurückgefordert sammt den Früchten [2]), jedoch nach Abzug der Verwendungen:

fr. 65. §. 5. D. de condict. indeb. (12, 6.) (Paulus lib. 7. ad Plautium.)

Ei, qui indebitum repetit, et fructus et partus restitui debent *deducta impensa.*

fr. 26. §. 12. D. eod. (Ulp. lib. 26. ad Edict.)

verb.: vel *meis sumptibus pretiosiorem hominem feci;* nonne aestimari haec debent?

In diesen beiden Gesetzesstellen wird freilich nicht direct gesagt, daß die Verwendungen klagend zurückgefordert werden können, wenn die indebite übergebene Sache zurückgegeben worden ist, ohne daß die Impensen vorher abgezogen wurden. Allein, da doch hier ein Rechtsverhältniß quasi ex contractu vorliegt, und, wie wir bisher gesehen haben, bei allen diesen Verhältnissen, wie bei wirklichen Contracten, auch eine Klage auf Ersatz der Verwendungen stattfindet, so kann man wohl auch hier, ohne den Vorwurf grundloser Hypothesen zu verschulden, wie bei den andern Arten dieser Obligationen, eine Klage für diesen Zweck annehmen, zumal da in dem vorhin bei Gelegenheit des Quasicontracts der hereditatis aditio erwähnten fr. 60. D. de legatis I. (30.) ausdrücklich gesagt wird, wegen der Verwendungen finde eine

---

1) §. 6. J. de obligat. quae quasi ex contractu (3, 27. [28.]) fr. 5. §. 3. D. de O. et A. (44, 7.) §. 1. J. quibus modis re contrahitur obligatio (3, 14. [15.]) fr. 13. i. f. D. commodati (13, 6.)

2) fr. 15. pr. D. de condict. indeb. (12, 6.) fr. 38. §. 2. D. de usuris (22, 1.)

condictio statt, weil man ohne Rechtsgrund mehr als seine Schuld gezahlt habe, und bei den übrigen dort allegirten Gesetzesstellen [1]) wegen des Abzugs der Verwendungen sogar ganz dieselben Ausdrücke gebraucht werden, wie in den hier für die condictio indebiti angezogenen Gesetzen, was leicht auf weitere Uebereinstimmung der beiden Fälle einer und derselben Gattung von Obligationen schließen läßt.

Auch wird hier unserer Behauptung nicht die gesetzliche Zusammenstellung der obligatio zur Restituirung eines indebitum mit dem mutuum [2]) im Wege stehen, weil das mutuum doch nie an nicht fungiblen Sachen, als solchen, vorkommen kann, also der hier in Frage kommende Punct (die Erstattung der Verwendungen) mit der Natur des mutuum sich durchaus in keinerlei Verbindung bringen läßt.

§. 48.

Fortsetzung.

Fassen wir das Resultat des vorigen §. zusammen, so finden wir, daß in Contractsverhältnissen und bei den (diesen im Allgemeinen gleichstehenden) obligationes quasi ex contractu die Verwendungen gewöhnlich auch mit einer Klage gefordert werden können. Außerdem wird es keinem Zweifel unterliegen, daß auch ohne alle nähere Verhältnisse die actio negotiorum gestorum auf Ersatz der Verwendungen alsdann stattfindet, wenn diese in der wirklichen Absicht, fremde Geschäfte zu besorgen, gemacht worden sind. Denn es ist hinsichtlich der Erstattung der Verwendungen bei der negotiorum gestio offenbar völlig einerlei, ob die Geschäftsführung allein die Verwendungen in sich begreift, oder ob die Verwendung bloß bei Gelegenheit der Führung eines andern Geschäfts stattgefunden.

Es bleiben daher hier nur noch zwei Fälle näher zu betrachten übrig: nämlich, wenn man Verwendungen auf

1) fr. 35. §. 5. D. de usufructu legato (33, 2.) fr. 50. D. de usufructu et quemadmodum (7, 1.)

2) §. 1. J. quibus modis re contrahitur obligat. (3, 15.)

eine mit andern Personen gemeinschaftliche oder auf eine völlig fremde Sache gemacht hat, ohne die Absicht, negotia eines Andern zu geriren.

§. 49.

Fortsetzung.

Verwendungen auf eine mit Andern gemeinschaftliche Sache in dem Glauben, es sey eine ausschließend eigne.

Betrachten wir den Fall der Verwendungen auf eine gemeinschaftliche Sache im Allgemeinen, so wissen wir aus dem §. 47. II. 3. a. u. b., daß deren Ersatz in der Regel sowohl mit der actio communi dividundo, als mit der actio negotiorum gestorum gefordert werden kann, und daß nicht gerade die specielle Absicht, fremde Geschäfte zu besorgen, in jedem Falle strenge erfordert wird, sondern daß nur das Bewußtseyn der Gemeinschaftlichkeit der Sache im Allgemeinen vorhanden seyn muß, welches indessen, da es dem äußerlich bestehenden (factischen) Zustand entspricht, so lange vermuthet wird, bis ein entgegenstehender Glaube nachgewiesen ist. Findet aber ein solcher entgegenstehender Glaube wirklich statt, oder m. a. W. hat der eine Theilnehmer Verwendungen auf die gemeinschaftliche Sache gemacht, in dem erweislichen Glauben, sie sey ihm allein eigen, so soll nach den Gesetzen der Verwendende nicht die actio negotiorum gestorum und überhaupt gar keine Klage haben, weil er durch seine Handlungen Niemanden habe verpflichten wollen. Die Gesetzesstellen, welche dieß aussprechen, müssen nun näher geprüft werden [1]).

Zunächst

fr. 14. pr. u. §. 1. D. communi dividundo (10, 3.) (PAULUS lib. 3. ad Plautium.)

pr.: In hoc judicium (hoc) venit, quod communi nomine actum est, aut agi debuit ab eo, qui scit se socium habere. §. 1. Impendia autem, quae, dum proprium meum fundum existimo, feci, quae scilicet, si vindicaretur fundi pars, per exceptionem doli retinere possem, an

---

1) Wegen ihrer Wichtigkeit werden sie ihrem ganzen Inhalte nach angegeben.

etiam, si communi dividundo judicio mecum agetur, aequitate ipsius judicii retinere possim, considerandum est? Quod quidem magis puto: quia bonae fidei judicium est communi dividundo: Sed hoc ita, si mecum agatur. Caeterum, si alienavero partem meam, non erit, unde repetere possim. Sed is, qui a me emerit, an retinere possit, videndum est; nam (et) si vindicaretur ab eo pars impendiorum nomine, quae ego fecissem; ita, ut ego, poterat retentionem facere? Et verius est, ut in hac specie expensae retineantur. Quae cum ita sint, rectissime dicitur, etiam impendiorum nomine utile judicium dari deberi mihi in socium, etiam manente rei communione [1]. *Diversum est enim, cum quasi in rem meam impendo, quae sit aliena, aut communis: hoc enim casu, ubi quasi in rem meam impendo, tantum retentionem habeo: quia neminem mihi obligare volui.* At cum puto, rem Titii esse, quae sit Maevii, aut esse mihi communem cum alio, quam est; id ago, ut alium mihi obligem: et sicut negotiorum gestorum actio datur adversus eum, cujus negotia curavi, cum putarem, alterius ea esse, ita et in proposito. Igitur et si abalienavero praedium, quia in ea causa fuit, ut mihi actio dari deberet, danda mihi erit (ut Julianus quoque scribit) negotiorum gestorum actio.

Mit dieser Gesetzesstelle übereinstimmend ist

fr. 29. pr. D. eod. (Paulus lib. 2. Quaestionum.)

Si quis, cum existimaverit, fundum communem sibi cum Maevio esse, quem cum Titio communem habebat, impendisset, recte dicitur, etiam communi dividundo judicium ei sufficere: hoc enim est, si sciam, rem communem esse, ignorem autem, cujus socii: neque enim negotia socii gero, sed propriam rem tueor: et magis ex re, in quam impenditur, quam ex persona socii, actio nascitur. Denique ea actione pupillum teneri dicimus,

---

1) Diese Gesetzesstelle scheint überhaupt corrupt zu seyn. Vergl. Glück Commentar. Band II. §. 740. S. 155. ff.

ut impendia restituat officio judicis. *Diversa causa est ejus, qui putat, se in rem propriam impendere, cum sit communis: huic enim nec communi dividundo judicium competit, nec utile dandum est.* Ille enim, qui scit, rem esse communem, vel aliena negotia eo animo gerit, ut aliquem sibi obliget, et in persona labitur.

In beiden Gesetzesstellen, welche aus demselben Titel der Digesten und aus den Schriften eines Juristen, des *Paulus*, herrühren, wird demjenigen, welcher Verwendungen auf eine gemeinschaftliche Sache macht, in dem irrigen Glauben, es sey eine ihm ausschließend eigne, die Klage abgesprochen, während ihm bloß eine exceptio doli und ein Retentionsrecht zugestanden ist.

Könnte man nun auch etwa nach fr. 29. pr. cit. das Verbot der Klage allein auf die in den Gesetzen genannte actio communi dividundo und actio negotiorum gestorum utilis [1]) beziehen, so würde doch schon die ganz allgemeine Bestimmung des fr. 14. §. 1. cit. „*retentionem tantum habeo*" für die Untersagung jeder Klage sprechen; überdieß wird dieß Verbot auch in vielen anderen Gesetzesstellen wiederholt, welche von dem Falle der Verwendungen auf eine völlig fremde Sache sprechen, und jetzt näher zu betrachten sind. Nach allen diesen Gesetzen muß man wohl unbedingt zugeben, daß im Falle solcher Verwendungen hier gar keine Klage gestattet wird.

§. 50.

Fortsetzung.

Verwendungen auf eine ganz fremde Sache in dem Glauben, sie sey eine eigne.

Auch für den Fall, daß man auf eine ganz fremde Sache Verwendungen gemacht hat in dem irrigen Glauben,

---

1) Vergl. meine Abhandlung in der Zeitschrift für Civilrecht und Prozeß. Bd. 3. S. 391. u. 392. Doch bekennt hier der Verf. gerne, daß in fr. 29. pr. nicht, wie er an jenem Ort behauptet, eine nähere Verbindung mit der negotiorum gestio mangelt; der in dem Gesetz enthaltene Fall führt vielmehr sehr leicht auf die actio

sie sey eine eigne, wird von den Gesetzen, um deren Ersatz zu erlangen, nur eine exceptio doli und ein Retentionsrecht gestattet, eine Klage aber ganz allgemein abgesprochen. Das geht schon aus dem im vorhergehenden §. erwähnten fr. 14. §. 1. D. communi divid. hervor; denn darin wird der Fall der Verwendungen auf eine ganz fremde Sache der Verwendung auf eine gemeinschaftliche Sache gleichgesetzt, verb.: Diversum est enim, cum quasi in rem meam impendo, *quae sit aliena aut communis* etc.

Damit stimmen noch viele Gesetzesstellen überein; z. B.

fr. 14. D. de doli mali (44, 4.) (PAULUS lib. 3. Responsorum, also von demselben Juristen, wie die im vorigen §. allegirten Gesetze.)

Paulus respondit, eum, qui in alieno solo aedificium exstruxerit, *non alias* sumptus consequi posse, quam si possideat, et ab eo dominus soli rem vindicet: scilicet opposita doli mali exceptione; ebenso

fr. 48. D. de R. V. (6, 1.) (PAPINIANUS lib. 2. Responsorum.)

Sumptus in praedium, quod alienum esse apparuit, neque ab eo, qui praedium donavit, neque a domino *peti possunt:* verum exceptione doli opposita, per officium judicis aequitatis ratione servantur etc.;

und außerdem eine ganze Reihe anderer Gesetze, welche zwar die Klage nicht ausdrücklich untersagen, aber doch allein die exceptio doli und die retentio als die hier zustehenden Rechtsvertheidigungsmittel nennen [1]).

Nach diesem Allem ist es wohl außer Zweifel, daß, wenn man zwar *bona fide*, allein ohne den animus

---

negotiorum gestorum hin, da, nach dem Bisherigen, der Ersatz der Verwendungen gewöhnlich entweder mit der actio communi dividundo, oder mit der actio negotiorum gestorum zurückgefordert wird.

1) fr. 45. §. 1. D. de act. emti (19, 1.) const. 11. C. de R. V. (3, 32.) §. 30. 32. u. 33. J. de rer. divis (2, 1.) fr. 37. u. 38. D. de R. V. (6, 1.) fr. 27. §. 5. D. eod. fr. 65. D. eod. fr. 37. u. 38. D. de heredit. petit. (5, 3.) const. 16. i. f. C. de praediis et aliis rebus minorum (5, 71.)

negotia eines Andern zu geriren, Verwendungen auf eine fremde Sache gemacht hat, in den Gesetzen keine Klage auf den Ersatz derselben gestattet ist. Es wird daher für unsere Untersuchung die Aufgabe nur noch so zu stellen seyn, wie dieß die hier folgende Ueberschrift des nächsten §. bezeichnet.

§. 51.

Fortsetzung.

Sind die gesetzlichen Bestimmungen über Verwendungen, welche eine Klage auf deren Ersatz absprechen, als ein singulare zu betrachten? und zwar

a) bei Verwendung auf eine gemeinschaftliche Sache?

In dem §. 49. wurde angegeben, daß bei Verwendungen auf eine gemeinschaftliche Sache in dem Glauben, sie sey eine ausschließend eigne, keine Klage auf deren Ersatz stattfinde, *quia neminem mihi obligare volui* [1]).

Wäre diese gesetzliche Bestimmung kein **singulare**, sondern Ausfluß eines allgemeinen Grundsatzes, so dürfte überhaupt in allen den Fällen keine Klage gestattet werden, in welchen Jemand ein fremdes Rechtsgeschäft in dem Glauben vorgenommen hat, er besorge sein eignes.

Allein dagegen spricht offenbar

fr. 49. D. de negotiis gestis (3, 5.) (Africanus lib. 8. Quaestionum.)

Si rem, quam servus venditus subripuisset a me venditore, emtor vendiderit, eaque in rerum natura esse desierit: de pretio negotiorum gestorum actio mihi danda erit [2]); *ut dari deberet, si negotium, quod tuum esse existimares, cum esset meum, gessisses: sicut ex contrario in me tibi daretur, si cum hereditatem, quae ad me pertinet, tuam putares, res tuas proprias solvisses (quandoquidem ea solutione liberarer.)* [3])

---

1) fr. 14. §. 1. D. de condict. indeb. (12, 6.) cit., ebenso fr. 29. pr. D. eod. cit.

2) Diese Gesetzesstelle ist in Beziehung auf den Vordersatz schon oben §. 40. angeführt worden.

3) fr. 43. D. eod.

Hier wird also die actio negotiorum gestorum (utilis) [1]) ausdrücklich auch in dem Falle gestattet, wenn man fremde Geschäfte in dem Glauben besorgt hat, es seyen die eignen. Dazu enthält gerade der Schluß von fr. 49. cit. den hierher gehörigen Grundsatz. Die Klage wird nämlich gestattet, weil derjenige, für welchen die Legate gezahlt worden sind, dadurch von der Entrichtung derselben befreit wird; — weil er also (kann man ganz folgerecht weiter schließen) sich zum Nachtheile des Zahlenden bereichern würde, wenn diesem keine Klage auf Erstattung des Gezahlten zuständе [2]).

Dieses fr. 49. steht nun offenbar mit dem in §. 49. angeführten fr. 14. pr. u. §. 1. u. dem fr. 29. pr. D. de cond. indeb. [3]) in einem directen Widerstreit, welcher sich nur dadurch heben läßt, daß man annimmt, es sey die Absicht des Gesetzgebers gewesen, für die Fälle der Verwendungen andere Bestimmungen zu treffen, wie für die übrigen Fälle. Welche von diesen Bestimmungen nun als allgemein, welche als singulär zu betrachten seyen, wird sich daraus leicht ergeben, daß die Bestimmungen über Verwendungen isolirt stehen, ohne sich auf einen allgemeinen Grundsatz zu stützen, während die Bestimmungen für alle andere Fälle mit unserm allgemeinen Grundsatz, der im römischen Rechtssystem so vielfache Anwendung findet, völlig übereinstimmen. Einige Gründe für die Singularität der Bestimmungen bei Verwendungen, werden noch im §. 53. angegeben werden.

§. 52.

Fortsetzung.

b. bei Verwendungen auf eine ganz fremde Sache?

Schon oben §. 38. wurde nachgewiesen, daß die Gesetze bei Nebensachen, welche untrennbar mit der Hauptsache ver-

---

1) Wie wir diese Klage bei mangelnden Requisiten der directa schon so oft kennen gelernt haben.

2) Da nach S. 22. u. 23. oben der positiven Bereicherung die Ersparung nothwendiger Ausgaben völlig gleich steht.

3) Mit diesen letzteren Gesetzen stimmt aber überein fr. 33. i. f. D. de condict. indeb. (12, 6.) s. §. 53.

bunden sind, auf den Ersatz des Werths derselben verschiedene Klagen (nämlich die rei vindicatio utilis, die condictio sine causa und die actio in factum) aus unserm Grundsatz gestatten; und doch betrachten die römischen Gesetze [1]) den Zuwachs durch accessio, namentlich in Hinsicht der Erstattung des Werths der mit der Hauptsache verbundenen Nebensachen, als eine Art der Verwendungen; was auch mit der Natur der Sache völlig übereinstimmt.

Also hier abermals ein Widerstreit zwischen verschiedenen Gesetzen! — Dieser Widerstreit muß nun freilich zu Gunsten der großen Mehrheit der Gesetze, welche bei Verwendungen im Allgemeinen [2]) das Recht, auf deren Ersatz zu klagen, absprechen, entschieden werden; allein trotz dem geben diese widerstreitenden Gesetzesstellen doch immer auch in Beziehung auf die Verwendungen im Allgemeinen noch manchem Zweifel Raum, und tragen wenigstens dazu bei, den gesetzlichen Bestimmungen über Verwendungen keine größere Ausdehnung beizulegen, sondern sie vielmehr als ein gesetzliches singulare zu betrachten.

§. 53.

Fortsetzung.

Gründe für die singulären Bestimmungen der Gesetze bei den Verwendungen.

Ein für unsere Untersuchung nicht unwichtiger Punct würde die Beantwortung der Frage seyn: aus welchen Gründen die römischen Gesetze bei Verwendungen auf gemeinschaftliche und fremde Sachen keine Klage auf deren Ersatz gestattet haben.

Leider läßt sich aber hier nichts mit völliger Gewißheit behaupten! Indessen ist doch eine Gesetzesstelle, welche nicht unwichtige Andeutungen zur Beantwortung dieser eben berührten Frage bietet; nämlich

---

1) fr. 38. D. de R. V. (6, 1.) fr. 33. i. f. D. de condict. indeb. (12, 6.) fr. 27. §. 5. D. de R. V. (6, 1.) §. 30. J. de rerum divis. (2, 1.) fr. 14. D. de doli mali (44, 4.)

2) Für die Verwendungen, sobald sie in wirklichem Zuwachs bestehen, muß aber nach §. 38. oben sicher eine Klage auf den Ersatz des Werths derselben nach den Gesetzen angenommen werden.

fr. 33. D. de condict. indeb. (12, 6.) (JULIANUS lib. 39. Digestorum.)

Si in area tua aedificassem, et tu aedes possideres, condictio locum non habebit: quia nullum negotium inter nos contraheretur: nam is, qui non debitam pecuniam solverit, hoc ipso aliquid negotii gerit: cum autem aedificium in area sua ab alio positum dominus occupat, nullum negotium contrahit. Sed et si is, qui in aliena area aedificasset, ipse possessionem tradidisset, condictionem non habebit: *quia nihil accipientis faceret, sed suam rem dominus habere incipiat.* Et ideo constat, si quis, cum existimaret, se heredem esse, insulam hereditariam fulsisset, nullo alio modo, quam per retentionem impensas servare posse [1]).

In diesem Gesetz werden unverkennbar dieselben Gründe für die Verweigerung der Klage geltend gemacht, wie oben (§. 49.) in fr. 14. pr. u. §. 1. u. in fr. 29. pr. D. communi divid. (10, 3.), und darum wird auch ganz consequent die condictio indebiti nicht gestattet; denn diese Klage beruht, wie wir schon wiederholt gesehen haben, auf unserm Grundsatz: kommt dieser nicht zur Anwendung, so darf auch die condictio

---

1) Diese Gesetzesstelle giebt Veranlassung zur Vergleichung mit einer andern, und dadurch zur Bestärkung der Behauptung, daß die actio de in rem verso **nicht auf jede Bereicherung aus dem Vermögen eines Andern** anzuwenden sey, sondern nur in den Verhältnissen Anwendung leide, für welche sie in den Gesetzen ausdrücklich eingeführt ist: fr. 3. §. 8. D. de in rem verso (15, 3) (ULPIANUS lib. 29. ad Edict.) sagt: Sed si servum domino necessarium emisset, isque decessisset: vel **insulam fulsisset**, eaque ruisset: dicerem esse actionem de in rem verso *). Dieß Gesetz enthält also ganz denselben Fall, wie fr. 33. D. de cond. ind. cit.; allein in diesem fr. 33. werden nicht die Grundsätze der in rem versio in Anwendung gebracht, was bei völliger Allgemeingültigkeit dieser Grundsätze wohl hätte geschehen müssen; sondern es wird vielmehr der Anwendbarkeit derselben geradezu widersprochen. Vergl. oben §. 18. ff.

*) Vergl. auch §. 4. J. quod cum eo, qui in aliena potestate. (4, 7.)

indebiti nicht angestellt werden. Weil aber diese condictio mit unserm Grundsatz so enge verbunden ist, so werden auch die Gründe, welche die Gesetze zu deren Verweigerung veranlaßt haben, auf unsern Grundsatz im Allgemeinen angewendet werden können.

In fr. 23. cit. wird nun dem, der auf fremdem Grund und Boden gebaut hat, die condictio abgesprochen; am Ende wird aus demselben Grunde von dem, *qui insulam hereditariam fulsisset*, in dem Glauben, er sey Erbe, gesagt, er könne nur durch Retention seine Ansprüche auf Verwendungen geltend machen; und doch würde derjenige, welcher in dem Glauben, er sey Erbe, Legate gezahlt hat, den Ersatz derselben nach fr. 49. D. de negotiis gestis (s. §. 51.) mit der actio negotiorum gestorum utilis fordern können. Was veranlaßt nun das Gesetz zu der abweichenden Bestimmung bei Verwendungen? — Die Antwort hierauf liegt in den Worten: *quia nihil accipientis faceret, sed suam rem dominus habere incipiat* [1]. Der Eigenthümer erhält also nur seine eigne Sache, nicht eine fremde. — Allein seine Sache ist doch werthvoller geworden, und dadurch ist er mit dem Schaden eines Andern bereichert! — Darauf kann man (ohne gerade dem Geiste des römischen Rechts zuwider zu handeln) etwa entgegnen: Der Verwendende hat, um sein Recht auf Ersatz geltend zu machen, das so nahe liegende und natürliche Mittel der Retention gehabt; hat er unterlassen, dieses zu gebrauchen, absichtlich oder ohne Vorbedacht, so hat er entweder darauf verzichtet, oder es fällt ihm wenigstens eine culpa zur Last. Er soll darum den Eigenthümer später nicht mehr weiter beunruhigen dürfen. Freilich begeht dieser, wenn er sich mit dem Schaden eines Andern bereichern will, einen dolus [2]. Der dolus des Eigenthümers überwiegt aber offenbar die culpa

1) Freilich wird dieser Grund zunächst nur für die condictio indebiti angegeben; allein unmittelbar darauf im Nachsatz durch das „Et ideo" auf Verwendungen im Allgemeinen angewendet.

2) Dieser dolus kann auch, wie wir wiederholt im § 50. gesehen haben, mit der exceptio doli, (welche ja zugleich die retentio umfaßt) geltend gemacht werden.

des Verwenders! — Allein die Gesetze nehmen es eben nach der Herausgabe der Sache mit der Bereicherung hier nicht so strenge; denn der Eigenthümer hat immer nur seine eigne Sache erhalten, und dadurch das Recht eines Andern nicht direct gekränkt. Doch mag die Unbestimmtheit, welche darin immer noch liegt, zu einem gewissen Schwanken in den Gesetzen Veranlassung gegeben haben, wie die im §. 38. angeführten, auf Ersatz des Werths der mit der Hauptsache verbundenen Nebensache gerichteten Klagen zeigen [1]).

§. 54.

Nachweisung, wie allgemein unser Grundsatz in den Digesten und in dem Codex anerkannt und angewendet wird.

Ehe wir zum Schlusse dieses Versuches übergehen, möge hier noch, als Stütze für die Allgemeingültigkeit unsers Grundsatzes, auf die Quellen hingewiesen, und bemerkt werden, wie allgemein dieser Grundsatz von den römischen Juristen, deren Schriften in den Digesten excerpirt sind, sowie von den römischen Imperatoren im Codex anerkannt wird. Als Beispiele [2]) können hier zur Uebersicht Stellen aus den Schriften folgender, nach alphabetischer Ordnung zusammengestellter, Juristen angeführt werden, nämlich aus Africanus, [3]) Callistratus, [4]) Cassius, [5]) Celsus, [6]) Terentius Clemens, [7])

1) fr. 23. §. 5. D. de R. V. (6, 1.) fr. 5. §. 3. D. eod. fr. 9. §. 2. D. de acquir. rer. domin. (41, 1.) § 34. J. de rerum divis. (2, 1.) fr. 29. §. 1. fr. 30. D. de donat. inter vir. et uxor. (24, 1.) const. 22. C. de sacrosanctis ecclesiis (1, 2.)

2) Das nachfolgende Verzeichniß macht darum durchaus keinen Anspruch auf vollständige Zusammenstellung aller hierher gehörigen Gesetze; vielmehr müssen hier die Inscriptionen der einzelnen Gesetzesstellen (welche auch zu diesem Zwecke jedesmal angegeben sind, s. oben §. 5. S. 12. Not. 2.) die nähere Nachweisung liefern, die durch die folgende ganz allgemeine Uebersicht nur erleichtert werden soll.

3) fr. 23. D. de rebus creditis (12, 1.) fr. 49. D. de negotiis gestis (3, 5.)

4) fr. 4. §. 2. D. de lege Rhodia de jactu (14, 2.)

5) Aussprüche von ihm, welche Anwendungen unsers Grundsatzes enthalten, werden angeführt von Paulus in fr. 35. D. de O. et A. (44, 7.) und von Pomponius in fr. 17. D. de solut. (46, 3.)

6) fr. 38. D. de R. V. (6, 1.)

7) fr. 25. D. de donat. inter vir. et uxor. (24, 1.)

Gajus,[1] Hermogenianus,[2] Javolenus,[3] Salvius Julianus,[4] Labeo,[5] Marcianus,[6] Papinianus,[7] Paulus,[8] (aus dessen Schriften die Gesetzesstellen entlehnt sind, welche am Meisten mit unserm Grundsatz im Widerstreit stehen, s. §. 49.) Pomponius,[9] Tryphoninus,[10] Ulpianus,[11] und unter den im Laufe dieser Untersuchung angeführten kaiserlichen Verordnungen aus dem Codex mögen hier nur aufgezählt werden Constitutionen von Alexander Severus,[12] Gordianus,[13] Diocletianus und Maximinianus,[14] Justinianus[15]).

---

1) fr. 26. D. de dolo (4, 3.) fr. 7. §. 12. D. de acquir. rer. domin. (41, 1.) fr. 10. D. de institor. act. (14, 3.)

2) fr. 5. D. de lege Rhod. de jactu (14, 2.)

3) fr. 50. pr. D. de donat. inter vir. et uxor. (24, 1.)

4) fr. 52. D. de R. V. (6, 1.) fr. 6. §. 3. D. de negotiis gestis (3, 5.) fr. 18. D. quod metus causa (4, 2.)

5) Aussprüche von ihm, welche Anwendungen unsers Grundsatzes sind, werden angeführt von Ulpian. in fr. 3. §. 12. D. de peculio. (15, 1.) u. fr. 20. §. 8. D. de novi operis nunciat. (39, 1.)

6) fr. 47. D. de solut. (46, 3.)

7) fr. 3. D. quando ex facto tutoris (26, 9.) fr. 3. u. 66. D. de condict. ind. (12, 6.) fr. 94. D. de solut. (46, 3.)

8) fr. 14. §. 1 D. de rebus auctorit. jud. poss. (42, 5.) fr. 23. §. 4. u. 5. D. de R. V. (6, 1.) fr. 4. D. de interdictis (43, 1.) fr. 35. D. de O. et A. (44, 7.) u. a. m. s. d. folg. Abh. §. 3.

9) fr. 33. 38. 206. D. de R. J. fr. 17. D. de solut. (46, 3.) fr. 6. §. 2. D. de jure dotium (23, 3.)

10) fr. 12. §. 1. D. de distract. pignor. (20, 5.)

11) Aus seinen Schriften könnten wohl hier die meisten Excerpte angeführt werden. Statt vieler vergl. man nur fr. 15. D. de dolo (4, 3.) fr. 1. § 2. D. commodati (13, 6.) fr. 3. pr. D. eod. fr. 1. §. 15. D. depositi (16, 3.) fr. 3. §. 4. D. de negotiis gestis (3, 5) u. a. m.

12) const. 8. C. de donat. inter vir. et uxor. (5, 16.)

13) const. 9. C. eod. const. 9. C. de usucap. pro emtore (7, 26.)

14) const. 17. u. 21. C. de donat. inter vir. et uxor. (5, 16.) const. 1. C. de delictis defunctor. (4, 17.) const. 2. C. unde vi (8, 4.) const. 3. C. communia utriusque judicii (3, 38.)

15) const. 22. C. de sacrosanctis ecclesiis (1, 2.) const. 22. §. 5. u. 6. C. de jure deliberandi (6, 30.)

§. 55.

Schluß.

Resultat des Bisherigen für unsere Untersuchung.

Fassen wir das Resultat der Prüfung der gegen die hier vertheidigte Allgemeinheit unsers Grundsatzes sprechenden Ansichten kurz zusammen, so wird sich ergeben, daß die Einwendungen

1) theils ungegründet sind, (vergl. §. 46.) und

2) theils nur eine einzelnstehende Ausnahme enthalten, welche aber ohnehin nicht über jeden Zweifel erhaben ist, und deshalb um so weniger ausgedehnt werden darf, (vergl. §. 47. — 53.) als die römischen Juristen Paulus, Papinianus, Julianus, Ulpianus, sowie die Kaiser Diocletianus und Maximianus, von welchen die widerstreitenden in §. 49. — 53. (im Text wie in den Noten) aufgeführten Gesetzesstellen herrühren, die Allgemeingültigkeit unsers Grundsatzes völlig anerkennen, wie der vorige §. zur Genüge ausweist.

II.

Ueber fr. 7. §. 5. u. 6. D. de rebus eorum, qui sub tutela vel cura sunt, sine decreto non alienandis vel supponendis (27, 9.)

§. 1.

Wening-Ingenheim [1]) führt unter den Fällen, in welchen ein Vormund ohne richterliches Decret Mündelgüter rechtsgültig verpfänden könne, auch den folgenden auf: „wenn zur Befriedigung eines Gläubigers ein Darlehn aufgenommen und dafür verpfändet wird;" — und beruft sich zur Unterstützung dieser Behauptung auf die in der Ueberschrift genannte Gesetzesstelle. Bestimmter drücken diesen Ausnahmsfall die Lehrbücher von Thibaut [2]) und Schweppe [3]) aus. Der erstere sagt a. a. O. sub pos. D.: eine Veräußerung könne ohne Einwilligung der Obrigkeit gültig geschehn, wenn der Vormund des Mündels Sache „einem Gläubiger verpfändet, welcher Geld hergegeben hat, womit ein anderer Pfandgläubiger abgefunden ist;" und Schweppe a. a. O.: „wenn er dessen Sache (der Vormund des Mündels Sache) an Jemanden verpfändet, welcher zur Abfindung eines Pfandgläubigers Geld hergiebt." [4])

1) Lehrbuch (4te Ausg.) Buch IV. §. 408. (§. 121.) Not. c.

2) §. 524. not. c.

3) §. 762. a. E. Not. 14. Muehlenbruch D. P. Edit. III. Vol. III. §. 595. führt die einzelnen Fälle, in denen eine Verpfändung des Vormunds ohne richterliche Einwilligung gültig ist, nicht genauer an.

4) Auch Seuffert Lehrbuch des practischen Pandectenrechts. Band 3.

Bei allen diesen Angaben ist nicht genauer hervorgehoben, daß der Vormund nur die Sache, welche dem abgefundenen Pfandgläubiger verpfändet war, an den neuen Pfandgläubiger, mit dessen Geld der andere abgefunden ist, wieder verpfänden, also bloß das bereits bestehende Pfandrecht von dem einen Gläubiger auf den andern übertragen dürfe, und zwar durchaus unter keinen nachtheiligeren Bedingungen, als die bei der ersten Verpfändung stattfindenden. Von einer **neuen** Verpfändung ist also eigentlich nicht die Rede, sondern nur von einem Wechsel der Pfandgläubiger, und von einer Uebertragung des Pfandrechts von einem Gläubiger auf den andern. Dafür spricht auf's Bestimmteste das gedachte

fr. 7. im §. 6. (Ulpianus lib. 35. ad Edict.)

Idem videndum est, an et obligare ei rem possit? Et dicendum est, si eandem sortem acceperit, nec gravioribus usuris, valere obligationem, *ut jus prioris creditoris ad sequentem transeat.*

§. 2.

Für die oben angeführte Meinung **Wening**'s scheint zwar der vorhergehende §. 5. des fr. 7. cit. zu sprechen:

Si obligavit rem tutor sine decreto, *quamvis obligatio non valeat*, est tamen exceptioni doli locus: sed tunc cum tutor acceptam mutuam pecuniam ei solverit, qui sub pignore erat creditor.

Der von Wening a. a. O. erwähnte Fall ist freilich in dieser Gesetzesstelle enthalten, allein das Gesetz sagt gerade, daß die Verpfändung dann **nicht gelte**, sondern nur eine exceptio doli stattfinden solle; und **zwar dann**, (sed tunc) wenn der tutor mit dem empfangenen Darlehn einen Pfandgläubiger abgefunden hat. Daß der Gegensatz „sed tunc" etc. nur auf die Statthaftigkeit der exceptio doli zu beziehen ist, geht daraus deutlich hervor, daß erst im folgenden §. 6. die Frage beantwortet wird, in welchem Falle der Vormund auch ohne

§. 505. pos. 6. und **Valett** ausführliches Lehrbuch des Pandectenrechts. Band 3. §. 907. pos. 7. bestimmen unsern Fall nicht ganz genau.

richterliches Decret rechtsgültig verpfänden könne; wie der Anfang dieses §. klar erweist: „Idem videndum est, *an et obligare ei rem possit?*“ Die natürliche Verbindung der §§. 5. u. 6. ist hiernach folgende: Die exceptio doli kann aus einer ohne richterliches Decret vom Vormund geschehenen Verpfändung gegen den anfechtenden Mündel opponirt werden, wenn mit dem Darlehn ein Pfandgläubiger abgefunden wird; (§. 5.) aber verpfänden kann der Vormund dem neuen Gläubiger die Sache nur unter den im §. 6. angeführten näheren Bedingungen.

§. 3. *)

Fragen wir nach dem Grund, auf welchen bei der an sich ungültigen Verpfändung die im §. 5. cit. erwähnte exceptio doli sich stützt, so wird dieß einfach folgender seyn: Der Pupill würde sich offenbar mit dem Schaden des Vormunds bereichern, wenn er die Verpfändung nicht wollte gelten lassen, durch welche die Abzahlung einer Pfandschuld für ihn bewirkt worden ist. Das wird denn auch mit dürren Worten sowohl in Beziehung auf die Verpfändung, als die Veräußerung im Allgemeinen gesagt in

fr. 13. desselben Titels der Digesten (PAULUS lib. singularis ad Orationem D. Severi.)

verb.: Quanquam autem *neque distrahere, neque obligare* tutor pupillare praedium possit, attamen Papinianus lib. V. Responsorum ait, tutorem pupilli sine decreto Praetoris non jure distrahere: si tamen, inquit, errore lapsus vendiderit, et pretium acceptum creditoribus paternis pueri solverit; quandoque domino praedium cum fratribus vindicanti doli non inutiliter opponitur exceptio, pretium ac medii temporis usuras, quae creditoribus debentur, non offerenti; si ex caeteris ejus facultatibus aes alienum solvi non poterit. Ego autem notavi, et si solvi potuerit, si tamen illae res salvae erunt, ex quarum pretio aeri alieno satisfieri potuit, dicendum est,

*) Dieser §. dient zur näheren Entwickelung des §. 25. der vorhergehenden Abhandlung. S. auch S. 107. Not. 1.

adhuc doli exceptionem obstare, *si lucrum captat pupillus ex damno alieno* [1]).

Nur dann kann also der Pupille oder Minderjährige die an sich nichtige Veräußerung als solche anfechten, wenn er nicht mehr durch dieselbe bereichert ist, wenn er nämlich den aus derselben erhaltenen Preis sammt Zinsen entweder zahlt, oder wenigstens anbietet. Thut er aber dieß, so kann er zu jeder Zeit (ohne vorhergegangene Aufkündigung) die verpfändete oder veräußerte Sache von einem Jeden, also auch von dem Pfandgläubiger, zurückfordern.

---

1) Damit stimmt überein: const. 14. C. de praediis et aliis rebus minorum sine decreto non alienandis (5, 71.) const. 4. 10. 16. i. f. C. cod. const. 3. C. si quis ignor. rem min. esse (5, 73.)

III.

Ueber das Finden der in beweglichen Gegenständen befindlichen Sachen.

§. 1.

In den gesetzlichen Definitionen des Schatzes (thesaurus) wird kein Unterschied zwischen den in beweglichen, und den in unbeweglichen Gegenständen gefundenen Sachen gemacht:

fr. 31. §. 1. D. de acquir. rer. domin. (41, 1.) (PAULUS lib. 31. ad Edict.)

Thesaurus est vetus quaedam depositio pecuniae [1]), cujus non extat memoria, ut jam dominum non habeat etc.

const. unica Cod. Just. de thesauris (10, 15.) (Imp. LEO A. Eytychio P. P. 474.)

verb.: thesaurum i. e. condita ab ignotis dominis tempore vetustiore mobilia etc.

und damit übereinstimmend

const. 2. Cod. Theod. de thesauris (10, 18.) (Impp. GRATIANUS, VALENTINIANUS et THEOD. ad Populum Urb. Constantinopolitanae 380.)

Quisquis thesauros et condita ab ignotis dominis tempore vetustiore monilia quolibet casu repererit, suae vindicet potestati etc.

1) Der Begriff von pecunia ist bekanntlich sehr weit. fr. 5. 178. pr. 222. D. de V. S.

Dasselbe finden wir in unsern Lehrbüchern [1]), sowie in einzelnen Monographieen und Abhandlungen [2]).

In dem Context der Gesetzesstellen, welche die Bestimmungen über den Schatz enthalten, scheint aber allein auf die in unbeweglichen Gegenständen gefundenen Sachen Rücksicht genommen zu seyn. Dieß beweisen die Ausdrücke, deren sich die Gesetze bedienen, um den Gegenstand zu bezeichnen, worin der Schatz gefunden worden. Sie sprechen nämlich von fundus, [3]) praedium, [4]) terra, [5]) terrula, [6]) ager, [7]) solus, [8]) locus. [9]) Unter diesen Ausdrücken würde

---

1) Thibaut System rc §. 600. v. Wening-Ingenheim Lehrbuch rc. (4te Ausg.) Buch II., §. 128. (§. 56.) Schweppe römisches Privatrecht (3te Ausg.) §. 258. Muehlenbruch D. P. Edit. II. Vol. 1. §. 367. Edit. III. Vol. II. §. 258. Seuffert Lehrbuch rc. Thl. 1. §. 130. M. Valett ausführliches Lehrbuch des Pandectenrechts. Bd. I. §. 232. a. E. bemerkt: „Wird ein Schatz in beweglicher Sache gefunden, so sind wohl durchaus dieselben Regeln anzuwenden"; ohne jedoch irgend einen Grund für diese Ansicht anzuführen.

2) Während Köchy in der ausführlichen Abhandlung über die Erwerbung des Eigenthums der gefundenen Schätze rc. in den Civilist. Erörterungen I. Nr. VII. u. F. Ortloff commentatio juris Romani de thesauris, über unsere Frage gänzlich schweigen, sagt Gesterding in der Lehre vom Eigenthum §. 17. S. 93. von dem Schatz: „Hier versteht man darunter nicht jede Sache von Werth, die an irgend einem Ort, namentlich im Schooß der Erde, versteckt gefunden wird, sondern nur eine solche, die vor so langer Zeit versteckt oder vergraben ward, daß der Eigenthümer durch die Länge der Zeit unbekannt geworden." In dieser Definition des Schatzes ist wenigstens eine Hinweisung auf Sachen, welche in einem beweglichen Gegenstande gefunden werden, enthalten.

3) fr. 63. §. 2. D. de acquir. rer. domin. (41, 1.)

4) fr. 63. §. 2. D. eod.

5) fr. 63. §. 3. D. eod.

6) const. unica C. h. t. (10, 15.)

7) fr. 63. pr. §. 3. u. 4. D. de acquir. rer. domin. (41, 1.)

8) const. 2. Cod. Theod. de thesauris (10, 18.) §. 39. J. de rer. divis (2, 1.)

9) §. 39. J. de rerum divis. (2, 1.) const. unica C. h. t. fr. 63 §. 2. u. 3. D. de acquir. rer. domin. (41, 1.) fr. 44. D. de acquir. poss. (41, 2.)

lediglich der letzte (locus) etwa von beweglichen Sachen verstanden werden können; allein auch dieser Ausdruck ist, sowohl an sich, als vorzüglich nach der Verbindung, in welcher er in den Gesetzen erwähnt wird, viel eher bloß von unbeweglichen Gegenständen zu verstehen, wie hervorgeht aus den Worten des §. 39. J. de rerum divis. (2, 1.): dimidium domino *soli* concessit etc.; ferner aus const. unica C. h. t. (10, 15.) verb.: Nam in suis *locis* etc. — In alienis vero *terrulis* etc. aus fr. 44. cit. pr.: pecuniam in *terra* custodiae causa condiderat: cum reversus *locum* thesauri in memoria non repeteret; und endlich i. f. itaque nec *alienus locus* meam propriam aufert possessionem: cum supra *terram* aut infra possideam, nihil intersit.

Es läßt sich dieß wohl daraus erklären, daß der Fall des Findens in Grund und Boden bei Weitem der häufigere ist; denn die römischen Gesetze sprechen ja bekanntlich so oft bloß von dem gewöhnlichen Falle mit Uebergehung der minder gewöhnlichen, ohne dadurch diese letzteren ausschließen zu wollen. Allein damit wird noch nicht die Frage erörtert, nach welchen Grundsätzen das Finden in beweglichen Sachen zu beurtheilen ist. Leiden hierauf die gesetzlichen Bestimmungen über den Schatz so unmittelbare Anwendung, daß die Sache gar keiner näheren Erörterung bedarf? — (wie aus dem Schweigen der Gesetze und Lehrbücher fast anzunehmen seyn möchte [1]), oder lassen sich manche in der Natur der Sache liegende nähere Bestimmungen denken, welche, wenn auch nicht durch ausdrücklich sprechende Gesetzesstellen zu begründen, doch aus allgemeinen Grundsätzen näher zu entwickeln sind? —

1) Valett a. a. O. spricht dieß klar aus. Das mag denn auch nach seiner Definition des Schatzes, als „einer beweglichen Sache, welche von unbekannten Personen verborgen oder verloren wurde“ wohl angehn; allein enthält diese Begriffsbestimmung auch alle gesetzlichen Requisite, namentlich das tempore vetustiore, vetus depositio etc.? — Ebenso definirt Muehlenbruch D. P. (Edit. III.) l. c. den Schatz als „res pretiotores reconditae, quarum ignoratur dominus,“ ohne auf die Zeit des Verbergens Rücksicht zu nehmen.

Der Verf. glaubt das Letztere, und wird eine solche Entwickelung in den folgenden §§. versuchen.

§. 2.

Das Finden des Schatzes ist offenbar eine Art des Findens im Allgemeinen, und fällt darum eigentlich unter den Begriff der Occupation einer herrnlosen Sache. Das unterliegt, wenigstens rücksichtlich des Erwerbsgrundes für den Finder, nach unsern Gesetzen keinem Zweifel; denn

fr. 31. §. 1. D. de acquir. rer. domin. (41, 1.) (Paulus lib. 31. ad Edict.) sagt ja klar:

Thesaurus est vetus quaedam depositio pecuniae, cujus non extat memoria, ut jam dominum non habeat: *sic enim fit ejus, qui invenerit, quod non alterius sit* etc. (Ueber die nähere Ausführung vergl. folg. Abh. §. 1—5.)

Warum erwirbt aber der Finder nicht das Eigenthum an der ganzen Sache, wie es doch die Grundsätze über die Occupation herrnloser Sachen erheischen? oder m. a. W.: Worauf gründet der Herr des einschließenden Gegenstandes sein Recht auf die Hälfte des gefundenen Schatzes?

Darüber herrschen bekanntlich zwei ganz verschiedene Ansichten.

Die eine, welcher bei Weitem die meisten Rechtslehrer anhängen, leiten den Erwerb des dominus fundi aus dem Rechte des Herrn der Hauptsache auf die Nebensache her, und betrachten darum das Finden eines Schatzes als eine aus occupatio und accessio gemischte Erwerbungsart des Eigenthums [1]); die andere, vorzüglich vertheidigt von *Ulrich Huber* [2]) und Gesterding [3]), gründet den Erwerb für den dominus fundi auf die naturalis aequitas.

Als eine eigentliche accessio kann nun der Schatz wohl nicht betrachtet werden, weil er sich streng juristisch unter keine der in den Gesetzen angegebenen Arten der Accessionen sub-

---

1) Vergl. z. B. Thibaut System zc. §. 600.

2) Praelect. jur. civ. Tom. I. Lib. 2. Tit. 1. §. 29. Respons. u. N. Addit.

3) Lehre vom Eigenthum. §. 17. S. 99. ff.

sumiren läßt, weder unter die Früchte, oder die Erzeugnisse einer Sache, namentlich nicht unter die Erzeugnisse des Bodens, (nach dem Grundsatze, daß dem dominus fundi Alles gehöre, was unter der Oberfläche des Bodens sich befindet; denn der Schatz wird den im Schooße der Erde befindlichen Steinen, Metallen rc. ausdrücklich entgegengesetzt) [1]); noch unter die durch untrennbare Verbindung mehrerer Sachen erzeugte Eigenschaft als Nebensache im Verhältniß zur Hauptsache rc.

Gegen die accessio spricht noch außerdem die Stellung der betreffenden Gesetze in den Digesten; denn die von dem Schatz handelnden Fragmente in dem tit. Dig. de acquir. rer. domin. (41, 1.) reihen sich nicht an diejenigen Gesetze an, welche von den verschiedenen Arten der accessio handeln, (nämlich fr. 7. ff.) sondern sie folgen erst weit später (nämlich fr. 31. fr. 63. §. 3. D. h. t.) nach manchen Zwischensätzen.

Vorzüglich aber streitet gegen die Erwerbung durch accessio, wie schon Gesterding a. a. O. bemerkt, der Umstand, daß der dominus des Grund und Bodens die gefundene Sache nicht ganz zum Eigenthum erhält, was nach den Grundsätzen der accessio der Fall seyn müßte, sondern daß er das Eigenthum mit dem Finder theilt. — Aber auch dieser (der Finder) sollte nach den Grundsätzen der Occupation die Sache für sich allein eigenthümlich erwerben!

Es tritt darum bei dem Finden des Schatzes eine eigenthümliche Collision zweier Erwerbsarten des Eigenthums ein, welche ihrer rechtlichen Natur nach beide ausschließliches Eigenthum begründen müßten, durch ihr Zusammentreffen aber sich gegenseitig beschränken. Ein eigentlicher Rechtsgrund für die Concurrenz und gegenseitige Beschränkung dieser Erwerbsarten läßt sich nun, strenge genommen, nicht denken.

---

1) fr. 7. §. 12—14. D. soluto matrimonio (24, 3.) Das ergiebt sich schon daraus, daß der Schatz jedesmal vorher im Eigenthume eines Menschen gewesen seyn muß, und erst später durch die Länge der Zeit seit seinem Verbergen herrnlos geworden ist, während Steine, Metalle, Perlen u. dergl. gerade umgekehrt aus dem Grunde res nullius sind, weil sie noch nie in Menschen-Händen waren.

Man kann deßhalb auch wohl mit Gesterding a. a. O. annehmen, daß die römischen Imperatoren bei ihren gesetzlichen Bestimmungen über den Schatz einem gewissen Gefühle der Billigkeit folgten [1]), ohne sich weiter über den Rechtsgrund für den Erwerb des dominus fundi genauere Rechenschaft zu geben [2]).

§. 3.

Wenn nun der Schatz nicht als eigentliche Accession von Grund und Boden zu betrachten ist, wenn er namentlich in den Gesetzen ausdrücklich von Steinen und Metallen unterschieden wird, so scheint kein genügender Grund der Anwendung der gesetzlichen Bestimmungen über den Schatz auf die in beweglichen Gegenständen gefundenen Sachen entgegen zu stehen. Denn, sprechen die Gesetze auch in den einzelnen Fällen allein von unbeweglichen Sachen, so paßt doch die allgemeine Definition auch auf bewegliche Gegenstände. Die in den Gesetzen gebrauchten Ausdrücke fundus, ager rc. sind darum, wie schon bemerkt, bloß a potiori zu verstehen, und es bedarf, um die gesetzlichen Bestimmungen über den Schatz auch auf die in beweglichen Gegenständen befindlichen Sachen

---

1) Etwas Accessions-Aehnliches hat aber die Erwerbsart allerdings. s. folg. Abh. §. 4.

2) Nur darf man hierauf nicht den §. 39. J. de rer. divis (2, 1.) beziehen: Thesauros, quos quis in loco suo invenerit, Divus Hadrianus, naturalem aequitatem secutus, ei concessit, qui invenerit. Denn darin, sowie in mehreren anderen Gesetzesstellen (z. B. const. 2. Cod. Theod. de thesauris (10, 18.) verb.: In hac tamen naturali aequitate etc., sowie Nov. Leonis. 51. i. f. verb.: secundum veteris legis aequitatem) — wird die aequitas als Grund für die Erwerbung des Finders angegeben. Die naturalis aequitas im Sinne der angegebenen Gesetze lag nämlich darin, daß der Schatz nicht mehr dem Fiscus, sondern dem Finder selbst zufallen sollte, und bezieht sich auf die aus der Habsucht der früheren Kaiser hervorgegangenen Gesetze, wonach die Schätze an den Fiscus abgeliefert werden mußten, und die vermeintlichen Finder oft selbst torquirt wurden, um von ihnen das Geständniß unterschlagener Schätze zu erpressen. Vergl. Köchy a. a. O. S. 168. ff., und über die Geschichte der römischen Legislation in Betreff der Schätze J. Gothofredus ad const. 2. Cod. Theod. de thesauris (10, 18.)

anzuwenden, nicht erst einer analogen Ausdehnung[1]) der Gesetze, sondern diese leiden direct hierauf Anwendung. Weil aber die Anwendung jener Gesetze allein auf die allgemeine Legaldefinition von thesaurus sich gründet (ohne daß dieselbe durch die in andern Stellen enthaltenen Fälle und Beispiele unterstützt wird), so muß um so strenger darauf gehalten werden, daß alle in der Legaldefinition enthaltenen Requisite vorhanden sind.

§. 4.

Da unsere Untersuchung vorzüglich von der Legaldefinition des Schatzes ausgeht, so müssen wir hier, an der Spitze derselben, diese Definition genauer betrachten.

Die Gesetze [2]), namentlich

fr. 31. §. 1. D. de acquir. rer. domin. (41, 1.) (Paulus lib. 31. ad Edict.)

stellen nun für den Schatz vier Requisite auf:

1) eine bewegliche, werthvolle Sache (**pecunia, mobilia, monilia**),

2) welche seit längerer Zeit verborgen oder versteckt ist[3]),

---

1) Gegen eine analoge Ausdehnung der Grundsätze über thesaurus würden sich wohl manche gegründete Einwendungen erheben lassen. s. unten §. 10.

2) Vergl. die Gesetzesstellen in §. 1.

3) Mit dem Begriffe des Verbergens oder Versteckens wird es indessen nach den Gesetzen so strenge nicht genommen werden müssen. Denn, wenn auch zwei Gesetzesstellen den Ausdruck condita mobilia gebrauchen, so spricht die dritte (die Hauptstelle) doch wieder von einer bloßen vetus depositio (s. die Gesetze im §. 1.) Ueberhaupt werden wohl nach der Natur der Sache auch solche Gegenstände unter den Begriff des Schatzes fallen müssen, bei welchen sich ein absichtliches Verstecken oder Verbergen gar nicht nachweisen läßt, wenn nur die übrigen Requisite des Schatzes vorhanden sind; z. B. Es werden in einem fundus, einem Mauerwerk, alte Münzen, nicht verschlossen, sondern einzeln zerstreut gefunden, so daß man nicht weiß, ob sie absichtlich dahin gelegt, oder ohne Absicht dahin gekommen sind; ebenso, wenn man auf einem alten Schlachtfelde Geld oder andere Gegenstände, z. B. Waffen, findet, von denen man doch wohl schwerlich behaupten kann, sie seyen während des Schlachtgetümmels in die Erde verborgen worden.

(tempore *vetustiore* condita, *vetus* quaedam depositio, cujus non extat memoria);

3) so daß man deren Eigenthümer nicht mehr kennt; — welche also in so ferne keinen Herrn mehr hat (ut jam dominum non habeat): und darum

4) dem Finder als herrnlos zufällt (sic enim fit ejus, qui invenerit, quod non alterius sit); — nur mit der Modification, daß dem Eigenthümer der Sache, worin der Schatz sich befunden, die Hälfte gehört.

Bevor wir nun zur Erörterung der einzelnen Fragen übergehen, welche Gegenstand unserer Untersuchung werden müssen, ist noch für alle diese Fälle ein allgemeiner Gesichtspunct aufzustellen, durch welchen sich das Finden in einem beweglichen Gegenstande von dem Finden in Grund und Boden unterscheidet. In jenem Falle ist auch der einschließende, verbergende Gegenstand (wenigstens meistentheils) ein Erzeugniß von Menschen-Händen, ein opus manufactum, während Grund und Boden in der Regel [1]) als bloßes Naturerzeugniß erscheint.

Ist aber auch die Sache, worin der Schatz gefunden wird, ein opus manufactum, so wird nach der gesetzlichen Definition von thesaurus nicht allein auf das Alter der gefundenen Sache Rücksicht zu nehmen seyn, sondern auch auf das Alter des Gegenstandes, worin die Sache gefunden worden, weil, wenn jener neu ist, z. B. ein neuer Schrank, eine neue Kiste, das Alter dieser nichts ausmachen kann; denn die Sache ist ja nicht seit längerer Zeit verborgen! (s. unten §. 8. 10. 11.)

Ein gleiches Verhältniß kann freilich auch bei unbeweglichen Gegenständen vorkommen, in welchen der Schatz gefunden wird, wenn diese ein opus manufactum sind; z. B. Gebäude, Mauern, Monumente ꝛc. [2]). Darum müssen aber auch für diesen Fall dieselben Gesichtspuncte entscheiden, und

---

1) Ausnahmen können etwa gedacht werden bei frisch aufgeworfenem Boden, bei künstlich (z. B. durch Mischung) bereitetem Erdreich.

2) fr. 3. §. 10. D. de jure fisci (49, 14.)

wir werden später sehen, daß gerade die Gesetzesstellen, welche von solchen Fällen reden, für unsere Frage mit Nutzen angewendet werden können.

§. 5.

Zur genaueren Untersuchung unsers Gegenstandes müssen nun folgende Fälle unterschieden werden:

I. Der Eigenthümer der gefundenen Sache ist bekannt.

Dann kann von einem Schatz (thesaurus) im juristischen Sinne keine Rede seyn. Die Gesetze gebrauchen zwar hier öfters den Ausdruck thesaurus [1]), allein offenbar im uneigentlichen Sinne; wie ja auch in der teutschen Sprache (und zwar in der Schrift- wie in der Volkssprache) der Ausdruck Schatz überhaupt gebraucht wird, um etwas Werthvolles, Theures im weitesten Sinne des Wortes, zu bezeichnen.

Ist nun der Eigenthümer der verborgenen oder versteckten Sache bekannt [2]), so kommt durchaus nichts darauf an, ob diese Sache alt oder neu, ob sie vor langer oder kurzer Zeit verborgen worden ist. [3]) Denn das Alter der Sache und die Zeit ihres Verbergens kann nicht entscheiden, weil die Ansprüche von dem verbergenden Eigenthümer auf dessen Nachkommen fortgeerbt sind [4]). Dafür sprechen gar manche Gesetzesstellen [5]), namentlich

fr. 67. D. de R. V. (6, 1.) (SCAEVOLA lib. 1. Responsor.)

A tutore pupilli domum mercatus, ad ejus refectionem

---

1) Thesaurus meus in tuo fundo est etc. fr. 15. D. ad exhib. (10, 4.) Peregre profecturus pecuniam in terra condiderat; cum reversus locum thesauri in memoria non repeteret etc fr. 44. D. de acquir. poss. (41, 2.) vergl. mit fr. 67. D. de R. V. (6, 1.) (SCAEVOLA lib. 1. Responsor.) verb.: Respondi, si non thesauri fuerint, sed pecunia forte perdita etc.

2) Z. B. durch einen bei dem gefundenen Schatze befindlichen Zettel, worauf der Name des Verbergenden geschrieben steht, oder auf irgend eine andere Art.

3) arg. fr. 77. pr. D. de contrah. emt. (18, 1.)

4) fr. 37. D. de acquir. vel amittenda hered. (29, 2.)

5) fr. 44. D. de acquir. poss. (41, 2.) fr. 15. D. ad exhibendum (10, 4.) fr. 22. pr. D. familiae herciscundae (10, 2.)

fabrum induxit: is pecuniam invenit: Quaeritur, ad quem pertineat? Respondi: si non thesauri fuerint, sed pecunia forte perdita, vel per errorem ab eo, ad quem pertinebat, non ablata: nihilominus jam ejus esse, cujus fuerat.

Der Fall, da man den Eigenthümer der verborgenen Sache kennt, wird also in fr. 67. cit. dem Schatze geradezu entgegengesetzt, und auf das Alter der Sache oder die Zeit des Verbergens keine Rücksicht genommen; denn das, was in den Mauern oder dem Boden eines baufälligen Hauses gefunden wird, ist doch gewöhnlich nicht mehr neu.

Doch wird der Umstand, daß die Sache (bewegliche oder unbewegliche) seit längerer Zeit in dem Eigenthum und Besitz einer Familie sich befunden, allein noch nicht hinreichen, um für die Glieder dieser Familie einen ausschließlichen Anspruch auf die gefundene Sache genügend zu begründen, denn es kann ja auch ein Dritter diese Sache versteckt oder verborgen haben; — obgleich nicht geläugnet werden darf, daß für die Ansprüche der Familienglieder gar manchmal nicht unbedeutende Vermuthungsgründe sprechen mögen, deren Stärke jedesmal nach den concreten Verhältnissen zu beurtheilen ist. (s. unten §. 12.)

§. 6.

II. Ist der Eigenthümer der verborgenen Sache [1]) unbekannt, so müssen mehrere Fälle von einander unterschieden werden:

1) Der bewegliche Gegenstand, worin die Sache gefunden worden, sowie die gefundene Sache selbst sind alt.

2) Der Gegenstand, worin die Sache gefunden wurde, ist alt, allein die gefundene Sache ist neu.

---

1) Der Eigenthümer der Sache, worin die andere verborgen ist, muß hier immer bekannt seyn; denn sonst erstreckt sich der Fund auf beide Sachen, die verbergende (einschließende), und die verborgene (eingeschlossene).

3) Die gefundene Sache ist alt, der Gegenstand, worin sie eingeschlossen, aber neu.

4) Beide Gegenstände, der einschließende, wie die darin befindliche Sache, sind neu.

§. 7.

Ad II, 1. Trägt sowohl der bewegliche verbergende Gegenstand, wie die darin befindliche Sache, das Gepräge des Alters an sich, z. B. alte Sachen, (etwa alte Münzen) welche in eisernen oder hölzernen alten Kisten, Schränken u. dgl. gefunden werden — so leiden die Grundsätze über den Schatz offenbar Anwendung; denn es paßt für diese Fälle, wie wir schon oben (§. 3.) gesehen haben, die gesetzliche Definition von thesaurus. Auch würde man bei der entgegengesetzten Ansicht leicht in die Verlegenheit versetzt werden, in mehreren ganz gleichen, oder wenigstens höchst ähnlichen Fällen ganz verschieden entscheiden zu müssen; z. B.: In zwei alten Schränken eines Hauses werden Sachen von hohem Alter gefunden; der eine dieser Schränke ist in die Mauer festgemauert, oder doch wenigstens daran befestigt (mauerfest); der andere aber, der vielleicht dicht daneben steht, ist nicht befestigt, sondern läßt sich frei von einem Orte zum andern bewegen, wiewohl er schon lange Zeit auf der einen Stelle unverrückt, und als wäre er noch so stark an die Mauer befestigt, gestanden haben kann. Die in dem mauerfesten Schranke gefundenen Sachen würden nun bei der entgegengesetzten Ansicht als Schatz zur Hälfte dem Eigenthümer des Schrankes, zur Hälfte dem Finder zufallen, während die in dem nicht befestigten gefundenen allein dem Finder zugesprochen werden müßten; denn es würden in dem letzteren Falle nach jener Ansicht allein die allgemeinen Grundsätze über das Finden entscheiden.

§. 8.

Wann sind aber die Gegenstände alt?

Diese Frage drängt sich fast unwillkührlich auf. — Eine allgemeine, durchgreifende Regel für deren Beantwortung läßt sich wohl schwerlich angeben.

Eine für alle Fälle nach Jahren bestimmte Zeit, wie einige Rechtslehrer wollen; z. B. 100 Jahre, oder mehr, oder weniger [1]), kann nach den Gesetzen durchaus nicht angenommen werden. Denn, so bestimmt diese zu wiederholten Malen für das Verborgenseyn des Schatzes eine längere Zeit erfordern, so wenig ist die Dauer dieser Zeit selbst nach Jahren genau angegeben. Doch enthalten eben diese Gesetze einen nicht unbedeutenden Fingerzeig für die genauere Bestimmung der Dauer dieser Zeit, und folgeweise für die Bestimmung des Begriffs von „Alter" (*vetus* quaedam depositio), in der Verbindung, wie derselbe hier vorkommt [2]).

Das mehrerwähnte **fr. 31. §. 1. D.** de acquir. rer. domin. (welches der Verf. hier unbedenklich die Hauptgesetzesstelle nennt,) sagt: **Thesaurus est** *vetus quaedam depositio* **pecuniae, cujus non extat memoria,** *ut jam dominum non habeat:* **sic enim fit ejus, qui invenit, quod non alterius sit etc.**

Das Alter bestimmt sich also mit Rücksicht darauf, daß der wahre Eigenthümer durch die Länge der Zeit des Verborgenseyns unbekannt geworden ist. Wenn darum auch der Begriff des Schatzes mit Nothwendigkeit erheischt, daß das Verbergen desselben vor längerer Zeit geschehen ist, so wird doch die Beantwortung der Frage, welche Zeit für eine lange zu halten sey, nach den concreten Verhältnissen verschieden sich beantworten lassen, und zwar immer mit gleicher Berücksichtigung der beiden Momente

a) des Unbekanntseyns des Eigenthümers,

b) wegen der langen Dauer der depositio des Schatzes.

---

1) Vergl. Lauterbach colleg. Pand. Tom. III. Lib. 41. Tit. I. Cap. 31. Not. n u. o. de Berger oeconomia juris. Lib. II. Tit. II. Th. XIII. Not. 1.

2) Denn wir nennen hier die Sache eine alte, in welcher das Verbergen vor längerer Zeit geschehen seyn, bei welcher eine vetus depositio in der Art stattfinden kann, daß der Eigenthümer durch die Länge der Zeit unbekannt geworden ist. (S. oben den folgenden Text des §.)

Auf eine solche Verschiedenheit nach Beschaffenheit der einzelnen Fälle scheint auch der etwas unbestimmte Comparativ „tempore vetustiore“ hinzudeuten.

Bei unbeweglichen Gegenständen nun, welche im Allgemeinen nicht so leicht und oft ihren Besitz wechseln, wie die beweglichen, wird zwar in der Regel eine Reihe von Jahren verstreichen müssen, bis man mit Grund behaupten kann, man sey wegen des Alters derselben außer Stande gewesen, den früheren Eigenthümer, oder denjenigen, welcher etwas darin verborgen hat, auszumitteln. [1]) Doch kann dieß auch hier nach den Umständen in dem einen Falle wohl eine minder lange Zeit seyn, wie in dem andern; z. B. bei Gebäuden, Grundstücken ꝛc., welche häufig ihre Besitzer gewechselt haben, im Vergleich mit solchen, welche seit langer Zeit, vielleicht seit Menschengedenken, in dem ausschließlichen Besitz, und der fast ausschließlichen Einwirkung einer Familie gewesen sind. Freilich muß auch in den Fällen der ersteren Art die Zeit immer ein tempus longius zu nennen seyn. Das Nähere kann und muß sich aber begreiflich nur aus dem einzelnen Falle ergeben. (s. unten §. 11.)

Stärker tritt dieser Unterschied nach den concreten Ver-

---

1) Man könnte wohl hier die Frage aufwerfen: Sind Münzen, etwa mit dem Bilde Napoleons, welche jetzt auf dem Schlachtfelde bei Jena, oder bei Leipzig gefunden werden, als Schatz zu betrachten? Der Verf. würde diese Frage bejahen. Denn hier wird nach dem Verlauf so mancher Jahre, und mit Rücksicht auf die besonderen Verhältnisse des concreten Falles gewiß mit Recht ein tempus longius angenommen werden können. In dem Unbekanntseyn des Eigenthümers der gefundenen Sache allein kann aber das Alter noch nicht gelegen seyn, oder m. a. W. das Unbekanntseyn des Eigenthümers allein, ohne eine vetus depositio, genügt nicht zum Begriffe des Schatzes. Denn, würde man es etwa im Geiste des römischen Rechts einen Schatz nennen können, wenn die Soldaten beim Beerdigen der Todten nach beendigter Schlacht in dem Boden des Schlachtfeldes Geld finden, (natürlich nicht alte vergrabene Münzen) dessen Eigenthümer sich nicht ausmitteln läßt? Wird hier dem Eigenthümer des fundus die Hälfte des gefundenen Geldes zuzusprechen seyn? Die Verneinung dieser Frage mag wohl ziemlich allgemein erfolgen.

hältnissen noch bei beweglichen Sachen hervor; denn diese können, namentlich bei sehr lebendigem Verkehr, wie in großen Städten, in verhältnißmäßig kurzer Zeit leicht durch hundert Hände gehen; und deßhalb mag, (zumal bei dem leichteren Abnutzen und Verderb derselben, sowie bei dem so häufigen Wechsel der Mode bei solchen Gegenständen,) auch ein weniger langer Zeitraum, wie bei unbeweglichen Gegenständen, genügen, um für eine längere Zeit zu gelten, durch welche die Ausmittelung des Eigenthümers der verborgenen Sache unmöglich wird. Der Begriff des Alters wird darum bei diesen Sachen im Allgemeinen minder strenge, (und zwar auch hier wieder nach den concreten Verhältnissen verschieden) zu bestimmen seyn, weil hier die Zeit, wie sich ja schon der Sprachgebrauch ausdrückt, gewissermaßen schneller verstreicht, und darum wenigstens scheinbar sich weiter von dem Anfangspuncte entfernt, als in dem vorhererwähnten Falle (bei unbeweglichen Sachen). Ueberhaupt ist der Begriff von „alt, Alter" auch im gewöhnlichen Leben in verschiedenen Fällen, bei verschiedenen Gegenständen ein sehr verschiedener, und öfters nur negativ zu bestimmen; was auch die Gesetze ausdrücklich anerkennen [1]).

Immer müssen aber nach den Gesetzen die Sachen alt seyn; diesen Ausdruck nach den individuellen Verhältnissen genommen.

---

1) fr. 11. D. de tritico, vino, vel oleo legato (33, 6.) (Ulp. lib. 4. ad Sabinum.) Vetus (accipietur) quod non est novum: id est, et anni prioris vinum appellatione veteris continebitur. (Nach unserm Sprachgebrauche wird freilich der vorjährige Wein nicht leicht unter den alten zu rechnen seyn.) Ueber den verschiedenen Gebrauch des Wortes „vetus, vetustas" in unsern Quellen vergl. im Allg. fr. 1. §. 13. D. de novi operis nunciat. (39, 1.) const. 4. C. de aquaeductu (11, 42.) const. 1. C. de servit. et aqua (3, 34.) fr. 2. §. 8. fr. ult. D. de aqua et aquae pluviae arcendae (39, 3.) fr. 24. §. 9. D. de damno infecto (39, 2.) fr. 15. §. 5. D. locati (19, 2.) fr. 30. §. ult. D. eod. fr. 7. §. 2. fr. 50. 65. §. 1. D. de usufructu (7, 1.) fr. 1. §. ult. D. de bonor. poss. sec. tab. (37, 11.) u. Brissonius de V. S. s.: v.: vetus, vetustas.

Denn, wollte man auf das Alter der Sache (und somit auf die Dauer des Verborgenseyns derselben) kein Gewicht legen, so würde man nothwendig zu dem Endresultat kommen, eine jede gefundene Sache, deren Eigenthümer sich nicht mehr ausmitteln läßt, für einen Schatz zu halten; — im directen Widerspruch mit den Gesetzen, welche in allen Definitionen des thesaurus das Alter und die Länge der Zeit des Verborgenseyns so bestimmt hervorheben, und den Schatz so genau von bloß verlornen, verlegten Sachen u. dergl. unterscheiden [1]).

Noch ist hier eine Gesetzesstelle zu erwähnen, welche zur Erläuterung des Ausdrucks „vetus quaedam depositio, *cujus non extat memoria*" benutzt werden kann; nämlich

fr. 28. D. de probationibus (22, 3.) (Labeo lib. 7. Pithanon. a Paulo Epitomarum.)

Si arbiter animadvertere debeat, an *operis facti memoria extet*, hoc ei quaerendum est: an aliquis meminerit, id opus factum esse? Paulus: Imo, cum in arbitrio quaeritur, num aliquis meminerit, quo die aut quo Consule factum sit, sed, num hoc aliquo modo probari possit, quando id opus factum sit: etc. — sed cum omnium haec est opinio, nec audisse, nec vidisse, cum id opus fieret, neque ex eis audisse, qui vidissent, aut audissent: et hoc infinite similiter sursum versum accidet; *cum memoria operis facti non extaret*.

Wenden wir dieses Gesetz auf unsern Fall an, so läßt sich daraus folgern: Zu einer vetus depositio *cujus non extat memoria*, wird hier erfordert, daß durchaus auf keine Weise dargethan werden kann, wer den Schatz verborgen; daß also Niemand sich mehr erinnere, wann und von wem die Sache verborgen worden, und zwar, daß man weder selbst die Thatsache des Verbergens wahrgenommen, noch auch von Andern, welche aus eigner Anschauung oder von Hörensagen aussagen, dieses erfahren habe.

---

1) Vergl. fr. 67. D. de R. V. (6, 1.) u. die folg. Abh. §. 6.

Wenn also derjenige, welcher den Schatz als ursprünglicher Eigenthümer desselben verlangt, auf eine der in dem Gesetze angegebenen Arten die Thatsachen des Verbergens nachweisen, und daraus sein Eigenthumsrecht gehörig ableiten kann, so hört der vermeintliche Schatz auf, ein solcher zu seyn.

Doch ist hinsichtlich der Anwendung des fr. 28. cit. auf unsern Fall noch zu bemerken, daß man bei der Frage nach der Zeit der Entstehung eines bleibenden, mit Grund und Boden zusammenhängenden [1]), dem Anblick eines Jeden ausgesetzten Werks weit eher mit günstigem Erfolge in der Zeit wird aufwärts steigen, und bei einem größeren Publicum nachfragen können, als bei dem heimlich geschehenen Verbergen eines Schatzes. In so ferne fehlt also zur vollen Anwendbarkeit jenes Gesetzes die völlige Gleichheit des darin enthaltenen Falles mit dem unsrigen.

§. 9.

Beim Finden in beweglichen Sachen ist noch ein Fall hervorzuheben.

Es können alte bewegliche Sachen in einem andern alten beweglichen Gegenstande eingeschlossen seyn, der wiederum in einer unbeweglichen Sache (in Grund und Boden, oder in Mauern) sich befindet; z. B. vergrabene oder eingemauerte alte Gefäße, Kisten u. dergl., welche Münzen, Preciosen rc. enthalten. In diesem Falle entscheidet natürlich das umschließende Behältniß nichts, der Eigenthümer des fundus wird Eigenthümer der Hälfte des Schatzes, wozu auch das Behältniß gehört. (Denn das ist ja gerade der gewöhnliche Fall beim Finden eines Schatzes.)

Allein die Sache ändert sich, und unsere Frage von dem Finden in beweglichen Gegenständen tritt ein, wenn die bewegliche einschließende Sache weiter veräußert wird (in

---

1) Ein solches Werk wird in fr. 28. cit. gemeint; dafür zeugt fr. 2. §. 8. D. de aqua et aquae pluviae arcendae (39, 3.), welches mit fr. 28. in den Ausdrücken völlig übereinstimmt, und als Beispiele nur solche Werke aufführt; z. B. fossa, agger u. dergl.

das Eigenthum eines Andern übergegangen ist,) und erst später, etwa in einem verborgenen Fach, zwischen einem doppelten Boden rc., die Sache gefunden wird. Denn der Eigenthümer des fundus, worin die Sachen sich ursprünglich befunden haben, wird hier wohl ebensowenig Ansprüche auf den Schatz machen können, als bei mehreren auf einander folgenden Veräußerungen der frühere Eigenthümer des beweglichen verborgenen Gegenstandes. Der Grund hiervon liegt darin, daß der Schatz ein donum fortunae ist[1]), welches nach der Natur der Sache nur demjenigen zufällt, der zur Zeit des Glücksfalls, zur Zeit der Auffindung, das Eigenthum an der verbergenden Sache hatte[2]), sey dieß nun eine unbewegliche, oder eine bewegliche. Hat dagegen der dominus fundi die den Schatz einschließende bewegliche Sache vermiethet, verliehen rc., und der Miether, der Commodatar rc. findet darin zufällig den Schatz, dann fällt er diesem als Finder zur Hälfte, zur andern Hälfte aber dem Eigenthümer der einschließenden Sache zu, welcher zwar hier zugleich der dominus fundi ist, weil dieser nur den Gebrauch der Sache, nicht aber sein Eigenthumsrecht aufgegeben hat; ebensogut könnte es aber auch ein Dritter seyn, wenn an diesen mittlerweile das Eigenthum jener verbergenden Sache übergegangen wäre.

§. 10.

Ad II, 2—4. Alle die übrigen, oben in §. 6. sub 2—4. aufgeführten Fälle lassen sich in gewisser Hinsicht als Gegen-

---

1) fr. 63. §. 1. u 3. D. de acquir. rerum domin. (41, 1.) const. unica C. de thesauris (10, 15.)

2) Aus diesem Grunde erwirbt der zeitige Eigenthümer den Schatz eigenthümlich, auch wenn ihm das Eigenthum am fundus widerruflich, z. B. unter einer Resolutivbedingung, verliehen ist; denn er war zur Zeit des Findens voller Eigenthümer des fundus, und in dieser Eigenschaft hat er den Schatz zur Hälfte erworben, der, als eine besondere, getrennte Sache, nach andern Regeln, wie der fundus, beurtheilt wird: arg. fr. 66. D. de R. V. (6, 1.) (Paulus lib. 7. Quaestionum.) Non ideo minus recte nostrum esse vindicabimus quod abire a nobis dominium speratur, si conditio legati vel libertatis exiterit. fr. 205. D. de R. J. fr. 12. §. 2. D. familiae hercisc. (10, 2.)

sätze zu dem im §. 7. erwähnten Falle betrachten, und als solche zusammenfassen. Auf diese paßt nämlich, wie wir im folgenden §. bei jedem einzelnen näher sehen werden, die gesetzliche Definition des Schatzes nicht gehörig, und es wirft sich darum die Frage auf: Können die Bestimmungen der Gesetze über das Finden eines Schatzes auch analog auf die hier zu betrachtenden Fälle angewendet werden?

Diese Frage ist wohl unbedenklich zu verneinen.

Die Vorschriften unserer Gesetze über das Finden eines thesaurus enthalten in jedem Falle ein gesetzliches singulare. Denn, man mag nun dem dominus fundi vermöge einer accessio, oder aus bloßer Billigkeit, Eigenthum an der Hälfte des gefundenen Schatzes zuschreiben, — immer bleibt es eine höchst eigenthümliche Beschränkung der allgemeinen Grundsätze über das Finden herrnloser Sachen: Eine Concurrenz zweier Erwerbsarten, welche ihrer Natur nach beide das Eigenthum der ganzen Sache verleihen würden, und sich hier beide pro rata beschränken!

Ein solches singulare ist strict zu interpretiren; es treten daher die allgemeinen Grundsätze über das Finden herrnloser Sachen in allen den Fällen ein, welche nicht unter die Ausnahmsgesetze über den Schatz unmittelbar gehören.

Ehe aber solche gefundene Sachen, welche nicht für Schätze gelten können, von dem Finder erworben werden, müssen entweder von dem Finder selbst, oder, auf dessen Anzeige, von einer öffentlichen Behörde, öffentliche Aufforderungen der Eigenthümer (proclamata) erlassen werden. Erst wenn diese Aufforderungen erfolglos geblieben sind, wird die gefundene Sache dem Finder, und zwar alsdann, wenigstens vorläufig, ganz zufallen [1]). (Ueber das Recht, welches der Finder erwirbt, s. die folgende Abhandl. §. 6.)

Den Erlaß öffentlicher Aufforderungen schreibt zwar kein

1) Der Fiscus kann die Sache nicht als bonum vacans in Anspruch nehmen, weil dieselbe nicht mehr herrnlos ist. Denn für den Fall, daß kein Eigenthümer vorhanden, hat ja schon der Finder durch Occupation Eigenthum an der herrnlosen Sache erworben.

Gesetz als durchaus nothwendig vor, allein die Gesetze verbieten im Allgemeinen, eine fremde Sache animo lucri faciendi irgendwo wegzunehmen, auch dann, wenn der Wegnehmende nicht weiß, wem die Sache gehört. Sie betrachten dieß als ein furtum [1]. — Wer nun bei einer gefundenen Sache die öffentliche Aufforderung oder Anzeige unterläßt, beurkundet dadurch den animus lucri faciendi, und würde demnach ein furtum begehen, weil er sich die Sache angeeignet, ehe er versucht hat, den wahren Eigenthümer auszumitteln.

Darum bezeichnen denn auch die Gesetze den Erlaß von öffentlichen Aufforderungen als ein sicheres Mittel, dem Vorwurfe widerrechtlicher Zueignung der gefundenen Sache vorzubeugen:

fr. 43. §. 8. D. de furtis (47,2.) (Ulpianus lib. 41. ad Sabinum.) verb.: *Solent plerique etiam hoc facere, ut libellum proponant continentem invenisse, et redditurum ei, qui desideraverit: hi ergo ostendunt, non furandi animo se fecisse.* (S. folg. Abh. §. 6.).

§. 11.

Unter die im vorigen §. entwickelten Grundsätze würden also die folgenden, schon oben im §. 6. aufgezählten Fälle zu rechnen seyn:

1) wenn der bewegliche Gegenstand, worin die Sache gefunden worden, zwar alt, allein die gefundene Sache selbst neu ist; z. B. Münzen mit ganz neuem Gepräge, Schaumünzen auf eine Begebenheit neuerer und neuster Zeit geschlagen, Gegenstände, welche entschieden dem Geschmack neuerer und neuster Zeit angehören, oder die deutlichen Kennzeichen neuer Verfertiger tragen u. s. w.

Hier kann ja die gefundene Sache unmöglich schon seit längerer Zeit verborgen seyn!

---

1) fr. 43. §. 4. D. de furtis (47, 2.) (Ulpianus lib. 41. ad Sabinum.) Qui alienum quid jacens, lucri faciendi causa sustulit, furti obstringitur, sive scit cujus sit, sive ignoravit; nihil enim ad furtum minuendum facit, quod cujus sit, ignoret. Vgl. mit fr. 31. §. 1. i. f. D. de acquir. rer. domin. (41, 1.) und im Allgemeinen fr. 3. D. de incendio, ruina (47, 9.) §. ult. J. de rerum divis. (2, 1.)

Man kann darum auch nicht im Geiste des Gesetzes sagen, daß der Eigenthümer der gefundenen Sache durch die Länge der Zeit unbekannt geworden sey.

Wann aber hier die Sache als neu zu betrachten sey, muß sich theils aus den oben §. 8. angegebenen allgemeineren Bestimmungen, theils aus den concreten Verhältnissen ergeben.

Dasselbe gilt, wenn auf irgend eine andere Art sich ausmitteln läßt, daß das Verbergen der gefundenen Sache nicht vor langer Zeit geschehen ist.

Was bisher für den Fall unter Nr. 1. gesagt worden ist, muß

2) aus dem nämlichen Grunde und in derselben Art auch dann behauptet werden, wenn die gefundene Sache zwar alt, z. B. alte Münzen, aber der Gegenstand, worin sie verborgen sind, neu ist[1]), und ebenso wird dieß

3) noch viel mehr in dem vierten der oben §. 6. angeführten Fälle eintreten, wenn beide Gegenstände, der verbergende, wie der verborgene, das entschiedene Gepräge der Neuheit tragen.

§. 12.

Die bisher entwickelten Grundsätze treten sicher in den Fällen ein, wenn der Eigenthümer rechtlich durchaus nicht auszumitteln ist. Diese Ausmittelung geschieht nun im Allgemeinen durch die gewöhnlichen Beweismittel; doch kann hier gar manchmal eine Vermuthung für den letzt-vorhergehenden Eigenthümer der verbergenden Sache, z. B. für

1) Man kann hier freilich einwenden: Auch in einer im Ganzen neuen Mauer, in einem neuen Schranke, kann ein wahrer Schatz gefunden werden; z. B. wenn bei einem neuen Gebäude ein aus mehreren Theilen bestehender, künstlich zusammengefügter alter Stein, welcher im Innern ausgehöhlt ist, und werthvolle alte Gegenstände in sich schließt, wie ein einfacher Stein vermauert wird, oder wenn bei Fertigung eines im Ganzen neuen Schrankes altes, früher schon verarbeitetes Holz verwendet ist, in welchem sich andere alte Sachen von Werth befinden, wie etwa in einem doppelten Boden, der für einen einfachen gehalten worden ist. — Allein ist in beiden Fällen nicht die Sache, welche den Schatz einschließt, eine alte? Ich meine den ausgehöhlten Stein und den doppelten Boden! Denn, daß beide einschließende an sich alte Gegenstände mit andern neuen verbunden sind, ändert hier doch wohl nichts.

den Verkäufer, Erblasser u. s. w. in der Art streiten, daß man glaubt, dieser habe die gefundene Sache darin verborgen [1]; und zwar aus den einfachen, in der Natur der Sache liegenden Gründen: weil nicht leicht ein Dritter seine Sachen in fremdem Eigenthum verbergen wird, weil bei dem letzten Besitzer am Leichtesten ein Versehen angenommen werden kann, weil dessen Versehen am Geringsten ist, da der frühere Besitzer der verborgenen, verlegten rc. Sache schon längere Zeit zur Zurückforderung derselben gehabt hat. Die Vermuthung für diesen letzt-vorhergehenden Eigenthümer ist um so stärker, je länger er die Sache im Besitz gehabt, je ausschließlicher er auf dieselbe eingewirkt hat u. s. w., so daß unter Umständen das Zusammentreffen der Vermuthungen durch das juramentum suppletorium zur vollen juristischen Gewißheit erhoben werden kann [2].

Weil aber diese Vermuthung eine praesumtio *facti* ist, so muß sie auch jedesmal nach den concreten Verhältnissen sich richten. Sie wird darum nicht für den letzten Eigenthümer, sondern für den letzt-vorhergehenden Naturalbesitzer des verbergenden, einschließenden Gegenstandes sprechen, wenn diese Sache im Gebrauche einem steten Wechsel unterworfen ist: z. B. Es wird in einem Schrank, einem Bett, einer Commode eines frequenten Gasthauses etwas gefunden; oder in einem solchen Möbelstück, welches in einem Zimmer gestanden, worin schnell auf einander folgend Soldaten einquartirt gewesen sind u. dgl. Hier wird offenbar die erste Vermuthung für den letzt-vorhergehenden Bewohner des fraglichen Zimmers sprechen; allein so stark kann die Vermuthung nicht seyn, wenn die ver-

1) Bei alten Sachen, die als wirklicher Schatz gelten, ist diese Vermuthung geringer, oder fällt vielmehr meist weg, weil das Alter gerade gegen den letzten Eigenthümer oder Besitzer spricht, und vielmehr auf einen unbekannten früheren Besitzer hinleitet.

2) Eine starke Vermuthung wird schon dann für ihn streiten, wenn er genau den gefundenen Gegenstand zu bezeichnen vermag, z. B. das Gepräge der Münzen, namentlich wenn dieß besonders ausgezeichnet ist, oder etwa auch die Münzsorten, insbesondere wenn diese von ungewöhnlicher Art oder sehr gemischt sind rc.

bergende Sache einem schnell aufeinander folgenden Wechsel der Bewohner unterworfen war, weil dann auch bei dem eh-vorletzten Bewohner leichter ein Versehen sich denken läßt, und die Zeit der Zurückforderung der Sache nur eine kurze ist; zumal da bei Reisenden, wie bei Soldaten auf dem Marsche, die schnelle und rasch fortschreitende Entfernung, und der mannigfache Wechsel des Logis die Rückforderung offenbar erschweren.

In den bisher erwähnten Fällen wird denn die Aufforderung zunächst an die Person zu richten seyn, für welche die Vermuthung im einzelnen Falle streitet [1]). Meldet sich nun der Eigenthümer der gefundenen Sache, so muß er natürlich den Beweis seines Eigenthums führen, wobei er aber durch die für ihn sprechende Vermuthung, je nach deren Stärke im einzelnen Falle, unterstützt wird. Meldet sich aber auf die Aufforderung Niemand, so cessirt nun auch die Vermuthung für den letzt-vorhergehenden Eigenthümer oder Naturalbesitzer — und der Finder kann nun die gefundene Sache vorläufig ganz sich aneignen [2]). (S. über das Nähere die folg. Abh. §. 6.)

§. 13.

Am Schwierigsten wird der Fall seyn, wenn in einer Erbschaftssache etwas gefunden wird. Die Vermuthung streitet auch hier für den letzt-vorhergehenden Eigenthümer, d. h. für den Erblasser; und zwar um so stärker, je länger derselbe im Besitz der verbergenden Sache sich befunden, je ausschließlicher er auf die Sache eingewirkt hat. (Ganz wie oben §. 12. im Allgemeinen angegeben worden ist.) Auch kann hier durch das unterlassene Melden des Erblassers diese Vermuthung nicht entkräftet oder geschwächt werden, weil die offenbare Unmöglichkeit eines solchen Meldens vor Augen liegt. Die Vermuthung bleibt also bestehen, oder m. a. W.: Findet man

---

1) Geschieht die Aufforderung in öffentlichen Blättern, dann ist dieß wohl nicht nöthig.

2) Nach der andern Ansicht, welche auf die längere Dauer des Verborgenseyns keine Rücksicht nimmt, müßte man, sobald kein Eigenthümer der gefundenen Gegenstände sich meldet, diese letzteren auch hier immer für einen *thesaurus* halten

in einem zu einer Erbschaft gehörigen Gegenstande eine versteckte oder verborgene Sache, (welche nicht unter den hier aufgestellten Begriff des Schatzes fällt,) so wird man im Zweifel [1]) annehmen, daß der Erblasser dieselbe dahin versteckt oder verborgen, und später sie wegzunehmen vergessen, oder aus einem andern Grunde dieß unterlassen habe; die gefundene Sache wird darum, als ein zur ganzen Erbmasse gehöriger, bis jetzt noch ungetheilter Gegenstand, unter die einzelnen Erben zu vertheilen seyn [2]). Dafür scheint auch zu sprechen

fr. 22. pr. D. familiae herciscundae (10, 2.) (ULPIAN. lib. 19. ad Edict.)

Idem Labeo scribit, si unus heredum thesaurum, *relictum a testatore* effodit, familiae herciscundae judicio eum teneri, etsi *cum extraneo conscio* partitus sit.

Sollte diese Gesetzesstelle ausdrücklich nur von dem Falle sprechen, wenn es gewiß ist, daß der Testator den thesaurus verborgen? Der Ausdruck „cum extraneo *conscio*“ könnte dieß allerdings andeuten, wenn man ihn so versteht, daß der Nichterbe mit dem einen der Erben erweisliche Kenntniß davon gehabt, daß der testator den Schatz verborgen; dieser Ausdruck läßt sich aber auch so verstehen, daß der eine Erbe und der extraneus bloß Kenntniß von der Existenz des thesaurus überhaupt gehabt, ohne gerade zu wissen, daß er von dem testator verborgen oder versteckt worden sey, und ohne zu bestimmen, ob diejenigen, welche den thesaurus gehoben, vor oder nach dem Tode des Erblassers Kenntniß von demselben erhalten haben. Nimmt man die letztere Erklärungsart an, so geht das Gesetz in einem solchen Falle, (wenn die in einem zur Erbmasse gehörigen Gegenstande gefundene Sache kein Schatz im eigentlichen Sinne

1) Also wenn sich weder direct noch indirect aus den Umständen etwas Anderes nachweisen läßt.

2) Doch werden auch hier zweckmäßig proclamata erlassen, weil ja möglicherweise ein Dritter die Sache verborgen haben könnte. Die Vermuthung gewinnt darum erst dann festen Bestand, wenn auf ergangene Aufforderung sich Niemand gemeldet hat.

des Wortes ist, und die Umstände sonst nicht dagegen streiten,) von der stillschweigenden Voraussetzung aus, daß der testator die Sache verborgen habe, und diese Vermuthung würde der bisherigen Deduction vollkommen entsprechen. Man würde dieser Erklärungsart die Worte „*relictum* a testatore" entgegenstellen können, mit der Behauptung, das Gesetz könne doch nur dann von einer Hinterlassung vom testator mit solcher Bestimmtheit sprechen, wenn diese juristisch erwiesen sey [1]). Allein der Ausdruck *relictum* a testatore enthält doch wieder eine gewisse Unbestimmtheit; denn, kann derselbe nicht überhaupt von einer zur Erbmasse des testator gehörigen Sache verstanden werden, worin sich der thesaurus befunden? Daß der testator den s. g. thesaurus selbst verborgen, ist wenigstens durchaus nicht angedeutet. Etwas Bestimmteres läßt sich freilich nicht angeben; allein das Ganze hängt auch so sehr von den eigenthümlichen Verhältnissen in jedem einzelnen Falle ab, daß man sich mit den ganz allgemeinen Andeutungen der Gesetze, als Fingerzeige für die Entscheidung der einzelnen Fälle, begnügen muß.

Doch läßt sich hier noch im Allgemeinen die Frage aufwerfen: Muß nicht der Richter überhaupt, wenn er keine völlige juristische Gewißheit gewinnen kann, für die Vermuthung sich entscheiden, welche nach der Beschaffenheit des einzelnen Falles die meisten Gründe für sich hat?

Zur Erläuterung des Bisherigen diene der nachfolgende Rechtsfall:

Drei Geschwister, zwei Brüder, A. und B., und eine Schwester, C., beerben gemeinschaftlich ihre Großmutter. Die Schwester C. erhält bei der Erbtheilung eine Kiste, welche sie gegen einen Schrank an den Bruder A. vertauscht. Während einer Reise stellt A. die Kiste zu seinem Bruder B., dieser findet in einem verborgenen Fach derselben 600 fl. (Die Kiste ist weder alt, noch die Münzen von altem Gepräge.) Der zurückkehrende Bruder, welcher von diesem Fund Kenntniß

---

1) Doch verkennt der Verf. nicht, daß diese Behauptung allerdings Manches für sich hat.

erhalten, verlangt die ganze Summe als accessorium der Kiste für sich; der Finder will aber höchstens die Hälfte der Summe herausgeben, weil er auf die andere Hälfte als Finder eines Schatzes Ansprüche macht; während die Schwester ein Drittheil der Summe fordert, weil das Geld als eine nicht getheilte Erbschaftssache zu betrachten sey, da die Vermuthung dafür streite, daß die Großmutter (eine reiche und etwas geizige Frau) das Geld in der Kiste, in deren Besitz sie lange gewesen war, verborgen habe.

Dieser letzte Gesichtspunct wurde bei der Entscheidung als der überwiegende betrachtet [1]).

1) Eine ähnliche Entscheidung findet sich in Carpzov. definit. forens. Part. II. Const. 53. Definit. 10. Vergl. auch Perez. praelect. in Cod. Lib. X. Tit. 15. (de thesauris) 9. u. 10.

IV.

Auf welche Weise erwirbt der Finder ein Recht an der gefundenen Sache, namentlich am Schatz, und welches Recht erlangt er an derselben?

§. 1.

Wir stellen die erste der in der Ueberschrift enthaltenen Fragen: Auf welche Weise erwirbt der Finder ein Recht an der gefundenen Sache? voran, und beantworten dieselbe zunächst mit Rücksicht auf das Finden des Schatzes [1]).

In der neuern Zeit ist es ziemlich allgemein angenommene Ansicht geworden, daß der Schatz von dem Finder durch Occupation erworben werde [2]); denn in den Compendien wird die Lehre von der Erwerbung des Schatzes entweder geradezu bei der Lehre von der Occupation vorgetragen [3]), oder die Erwerbung des Schatzes als eine besondere, aus Occupation und Accession gemischte Acquisitionsart des Eigenthums [4]) aufgestellt.

1) Man vergl. hierüber im Allgemeinen außer Lauterbach, Carpzov, Berger an den in den folgenden §§. mitgetheilten Stellen J. Hoppii commentatio succincta ad Inst. Justin. Lib. II. Tit. 1. §. 39. Commentar.

2) Vergl. die vorhergehende Abh. §. 2.

3) v. Wening-Ingenheim Buch II. §. 128. (36.)

4) Thibaut §. 600. Vergl. im Allg. die vorhergehende Abh. §. 2.

Früher waren die Juristen anderer Ansicht, und auch jetzt noch finden sich über diese und andere damit in naher Verbindung stehende Fragen manche verschiedene Meinungen, — so, daß der Verf. nicht den Vorwurf nutzloser Wortgrubelei befürchtet, wenn er die oben bezeichnete Frage etwas genauer untersucht, und damit zugleich die Untersuchung anderer nahe verwandter Fragen verbindet, welche bisher noch wenig oder gar nicht erörtert worden sind.

§. 2.

In Justinian's Compilation ist für die Handlung, durch welche der Finder Eigenthum an dem Schatz erwirbt, beinahe ausschließlich der Ausdruck *invenire* gebraucht [1]); und nur in einigen Gesetzesstellen kommt, jedoch im Ganzen als gleichbedeutend mit invenire, das Zeitwort *reperire* vor; z. B. in const. unica i. f. C. de thesauris (10, 15.) verb.: si forte — in alienis locis thesaurum *invenerit, id quod repertum fuerit* etc. [2])

Aus diesem Grunde ist denn die Bedeutung des Ausdrucks invenire von besonderer Wichtigkeit für unsere Untersuchung; namentlich fragt es sich, ob der Ausdruck invenire hier in den Quellen gleichbedeutend mit dem Zeitwort occupare gebraucht werde.

Die Glosse verneint dieß ausdrücklich und wiederholt: Sie bemerkt nämlich zu den Worten des fr. 31. §. 1. D. de

---

1) Vergl. fr. 31. §. 1. D. de acquir. rer. domin. (41, 1.) fr. 67. D. de R. V. (6, 1.) §. 39. J. de rerum divis. (2, 1.) const. unica Cod Just. de thesauris (10, 15) const. 2. Cod. Theod. (10. 18.) fr. 63. pr. §. 1 — 4. D. de acquir. rer. domin. (41, 1.) fr. 7. §. 12. i. f. fr. 13. D. soluto matrim. (24, 3.) fr. 3. §. 11. D. de jure fisci (49, 14.) fr. 4. §. 6. D. ad legem Jul. peculatus (48, 13.)

2) Vergl. fr. 3. §. 10. u. 11. D. de jure fisci (49, 14.) Dawider streitet auch nicht der Sprachgebrauch in const. 2. Cod. Theod. de thesauris (10, 18.) Quisquis thesauros etc. quolibet casu repererit, suae vindicet potestati; denn diese Gesetzesstelle sagt doch nur: „Wer Schätze findet, mag sie behalten,“ ohne sich über die Art der Erwerbung näher zu erklären.

acquir. rer. domin. (41, 1.): — sic enim fit ejus qui *invenerit* etc.: — „*licet non occupaverit: aliud in gemmis in littore maris inventis*“ etc.; ebenso zu den Worten des fr. 3. §. 3. D. de acquir. vel amitt. poss. (41, 2.) — nec alias eum (thesaurum) qui scit possidere, nisi si loco motus sit — „*sed videtur per solum conspectum*“; und endlich stellt sie in fr. 1. §. 1. D. eod. bei den Worten: nam haec (quae terra, mari etc. capiuntur) protinus eorum fiunt, qui primi possessionem eorum apprehenderint, indem sie dieses Gesetz mit dem eben erwähnten fr. 3. §. 3. eod. vergleichend zusammenhält, unter den Vergleichungspuncten den folgenden auf: „*Tertio dicit ibi de possessione: hic de dominio: vel ibi de alio genere quaerendi, scilicet per inventionom: hic per occupationem: quae diversa sunt* etc. [1]).

Die Glosse verweist an diesen Stellen, um den Unterschied zwischen invenire und occupare darzuthun, auf diejenigen Gesetze, welche vom Finden der Edelsteine, Perlen u. dergl. handeln [2]), namentlich auf

fr. 1. §. 1. D. de acquir. vel amitt. poss. (41, 2.) (PAULUS lib. 54. ad Edict.)

> Dominiumque rerum *ex naturali possessione* coepisse, Nerva filius ait: ejusque rei vestigium remanere de his, *qui primi possessionem eorum apprehenderint.* Item bello capta et insula in mari enata et gemmae, lapilli, margaritae in litoribus *inventae*, ejus fiunt, *qui primus eorum possessionem nanctus est* [3]).

---

1) Gegen die Ansicht der Glosse ist übrigens schon CARPZOV. definit. forens. Part. II. Const. LIII. Definit. VII. PEREZ. praelectiones in Cod. Lib. X. Tit. 15. (de thesauris). 9. DE BERGER oeconomia juris Lib. II. Tit. II. Th. XII. Not. 1. PUFENDORF observat. Tom. II. Obs. 140.

2) Außer diesen Gesetzesstellen beruft sich die Glosse auch noch auf §. 12. J. de R. D. (2, 1.) welcher vom Fangen, Erjagen wilder Thiere, Vögel rc. handelt. Allein diese Art der Occupation (bei lebenden Thieren) kann wohl hier bei dem Finden einer leblosen Sache nicht in Anwendung kommen.

3) Vergl. fr. 23. pr. D. de acquir. vel amittenda poss. (41, 2.)

Hier ist allerdings durch die Worte possessionem apprehenderint, — qui primus eorum possessionem nanctus est, die Occupation entschieden genug angedeutet, und in so ferne hat die Glosse Recht, wenn sie jene Ausdrücke dem unbestimmten invenire entgegenstellt.

Daß indessen der Ausdruck invenire nicht bloß das Auffinden, das Gewahrwerden, (solus conspectus nach der Glosse) sondern das wirkliche Besitzergreifen in den Quellen bezeichnet [1]), geht aus einer andern Gesetzesstelle hervor, welche, wie fr. 1. §. 1. etc., vom Finden der Perlen, Edelsteine ꝛc. handelt, und von der Glosse selbst für ihre entgegengesetzte Ansicht angezogen wird; nämlich

§. 18. J. de rer. divis. (2, 1.)

Item lapilli et gemmae et caetera, quae in litore *inveniuntur*, jure naturali *statim inventoris fiunt*.

Diese Gegenstände können doch nur, wie die vorhin angeführten Gesetzesstellen so bestimmt aussprechen, durch Occupation in das Eigenthum des Finders übergehen, und dennoch ist hier bloß von *invenire*, *inventor* die Rede, ohne der Occupation zu gedenken; im Gegentheile wird darin gesagt, daß die Sachen, quae inveniuntur, *statim* (d. h. durch das invenire ohne jede weitere Handlung) inventoris fiunt. Ganz in ähnlicher Weise drücken sich denn auch die Gesetze in Beziehung auf das Finden des Schatzes aus, z. B. das bekannte fr. 31. §. 1. D. de acquir. rer. domin. verb.: *sic enim fit ejus, qui invenerit*, quod non alterius sit etc.

Deutlicher noch, wie die bisher allegirten Gesetze, spricht

---

1) Wer also bloß die Sache sieht, ohne den Besitz daran zu ergreifen, hat noch g a r k e i n R e c h t daran erworben, weil die Rechtserwerbung nur durch o c c u p a t i o, diese aber allein durch B e s i t z e r g r e i f u n g geschieht, und vor derselben kein anderes Recht zusteht. Dieß wird z. B. eintreten, wenn der Eine den Schatz sieht, der Andere den Besitz daran vorweg ergreift, wenn der erste Finder den Schatz ohne ihn zu heben, liegen läßt, um ihn etwa bei schicklicher Zeit wegzubringen, und mittlerweile ein Anderer denselben findet und hebt. (Natürlich in beiden Fällen ohne die Gesetze im Allgemeinen auf irgend eine Weise zu verletzen.) S. das Nähere im §. 3.

für die Behauptung, daß durch den Ausdruck invenire auch das Ergreifen in Justinian's Compilation bezeichnet werde, eine andere, wenig gekannte Gesetzesstelle, nämlich

const. 13. C. de fidejussoribus (8, 41.) (Pars ex epistola Gordiani A. ad Auxium.)

Si Barbasatorem latronem Lysanias Decurio *inventurum* [1]) se spopondisset: aut *exhibere* compellendus est, aut transmittendus ad Praefectum praetorio, vel ad Praesidem provinciae.

Ehe aber der decurio gezwungen werden kann, den latro auszuliefern, (exhibere) muß er sich doch erst seiner bemächtigt haben? —

Man kann demnach vorläufig wohl schon annehmen, daß der Ausdruck invenire in unsern Quellen beim Schatz nicht allein das Auffinden durch den Blick, sondern auch das Besitzergreifen bezeichne; — und wir können darum zur Beantwortung einer andern Frage übergehen, welche diese Ansicht noch mehr bestätigt, indem sie die bisherige Ausführung ergänzt.

§. 3.

Geht man, wie hier geschieht, von der Ansicht aus, daß nicht durch das Wahrnehmen allein der Schatz erworben wird, so knüpft sich daran sehr leicht und natürlich die Frage: Was gehört zur Besitzergreifung beim Finden des Schatzes?

Diese Frage läßt sich, genauer betrachtet, also theilen: Erwirbt der Finder durch jede äußere, dem Willen zu besitzen entsprechende Handlung, (namentlich durch Anrühren, Betasten, Ergreifen) das Eigenthum am Schatz, oder ist zu diesem Erwerbe wirkliches Ausgraben, Heben des Schatzes (loco motio [2])

---

1) In Beziehung auf den latro, den fur, den servus fugitivus wird hier sonst gewöhnlich der Ausdruck apprehendere gebraucht: fr. 1. D. de receptator. (47, 16.) fr. 5. §. ult. D. de re militar. (49, 16.) fr. 2. §. 2. D. de lege Fabia (48, 15.)

2) fr. 15. i. f. D. ad exhibendum (10, 4.) (Pompon. lib. 18. ad Sabinum) sagt sehr bestimmt: nec vim facias mihi, quominus eum thesaurum effodiam, tollam, exportem etc. und fr. 22. pr. D. familiae herciscundae (10, 2.) (Ulp. lib. 19. ad Edict.): si unus heredum thesaurum relictum a testatore effodit etc.

erforderlich? Hierüber sind die Ansichten der Rechtslehrer getheilt: Lauterbach (der die Lehre vom thesaurus vorzüglich ausführlich und gründlich behandelt) sagt in seinem Colleg. Pand. Lib. XLI. Tit. I. Cap. 35. „Acquisitio autem haec fit per apprehensionem etc. *Non tamen necesse est, ut thesaurus loco moveatur;* sed sufficit, si quis manum injiciat et ad possessionem retinendam illum sub custodia sua retineat.“

Andere Rechtslehrer [1]) fordern dagegen unbedingt Heben des Schatzes, sie schreiben das Eigenthum am Schatz dem Finder erst dann zu, si thesaurus loco motus est; — und diese haben entschieden die Gesetze für sich. Wird der Schatz nämlich durch Occupation eigenthümlich erworben, so kann dieß bekanntlich erst durch Erlangung des juristischen Besitzes geschehen, und dieser wird allein durch das Ausgraben, das Heben des Schatzes begründet. Das ist mit Berufung auf

fr 3. §. 3. D. de acquir. vel amitt. poss. (41, 2.) (Paulus lib. 54. ad Edict.)

fr. 44. pr. D. eod. (Papinianus lib. 23. Quaest.) und

fr. 15. D. ad exhibendum (10, 4.) (Pomponius lib. 18. ad Sabinum.)

schon in der älteren Zeit von Carpzov, Perez und Berger [2]), in der neuern aber von v. Savigny [3]) und Gesterding [4]) hinlänglich nachgewiesen worden.

Wenn darum Lauterbach l. c. der Meinung ist, man könne auch den Besitz, und folgeweise das Eigenthum am Schatz, ohne wirkliches Heben durch andere unzweideutige Besitzhandlungen, durch welche der Schatz in unsern Gewahrsam komme, erwerben, so widerstreiten dieser Behauptung, wie schon bemerkt, die oben erwähnten drei Gesetzesstellen direct; denn sie erkennen allein das Heben des Schatzes als eine solche Handlung an, wodurch der Schatz in unsern Gewahrsam kommt: fr. 3. §. 3. cit. verb.: nec alias eum qui scit,

---

1) Carpzov. Berger l. c.

2) loc. citt.

3) Lehre vom Besitz (5te Aufl.) S. 216—224.

4) Lehre vom Eigenthum S. 98.

possidere, nisi si (thesaurus) loco motus sit; ***quia non sit sub custodia nostra;*** und **fr. 44. cit. verb.: cum non alias possiderem, quam si ipsius rei possessionem** ***supra terram*** **adeptus fuissem** [1]).

Daß in diesem fr. 44., sowie in dem fr. 15. cit. vont hesaurus im uneigentlichen Sinne die Rede ist, ändert nichts an der Sache; denn es kommt hier nur der Punct in Betrachtung, daß der Besitz an dem thesaurus (im eigentlichen, wie im uneigentlichen Sinne) nur durch wirkliche loco motio begründet wird, worin offenbar der eigentliche, wie der uneigentliche thesaurus, völlig übereinstimmen [2]).

Wenden wir die bisher über das Finden des Schatzes aufgestellten Grundsätze auf den Erwerb der gefundenen Sachen im Allgemeinen an, so werden dieselben Bestimmungen in so weit gelten müssen, daß der Finder auch bei diesen erst dann den Besitz erwirbt, wenn er nicht allein eine Contrectation, sondern eine wirkliche Apprehension vorgenommen hat, und daß eine solche Apprehension bei den in der Erde verborgenen neuen Sachen nur durch Heben derselben und durch Ergreifung des Besitzes supra terram bewirkt werden kann [3]).

---

1) Daß in dieser Gesetzesstelle gesagt wird, man verliere den Besitz einer versteckten, verborgenen Sache selbst dann nicht, wenn man den Ort, wo derselbe vergraben ist, vergessen habe, schadet hier nichts; weil bekanntlich zur Fortdauer des Besitzes weit weniger erfordert wird, als zum anfänglichen Erwerb desselben; wie gerade auch dieses Gesetz sehr deutlich zeigt, indem es die Gegensätze der Fortdauer des Besitzes im Anfange, und des ursprünglichen Erwerbs am Ende zusammenstellt.

2) Vergl. v. Savigny a. a. O. S. 216. u. 217.

3) Die in diesen §§. behandelte Frage gilt, wie schon oben §. 1. a. E. bemerkt wurde, nur als Vorfrage und Einleitung für das Folgende. Darum hat der Verf. dieselbe auch hier einer besonderen Untersuchung unterworfen; was wohl nicht geschehen wäre, wenn sie allein stände, weil das Resultat der Untersuchung jetzt ziemlich allgemein angenommen wird, wenn auch nicht gerade alle Gesetzesstellen bisher so ausführlich, wie es hier geschehen, in Beziehung auf diesen Punct geprüft worden sind.

§. 4.

Der Eigenthümer des fundus [1]), worin der Schatz gefunden worden, kann durch das Finden desselben von Seiten des inventor möglicherweise auf zwei Wegen Rechte an der Hälfte des Schatzes erlangen: er erwirbt nämlich entweder ein persönliches Recht, vermöge dessen er die Auslieferung dieser ihm gebührenden Hälfte allein von dem Finder verlangen kann, oder er erwirbt sogleich das Eigenthum an der Hälfte des Schatzes selbst ohne alle Besitzergreifung von seiner Seite, sobald der Finder nur für sich das Eigenthum an der gefundenen Sache erworben hat.

Prüft man die Gesetze, so muß man sich für den zweiten dieser angegebenen Wege entscheiden; denn die Rechte des inventor, wie des dominus fundi, werden in den Gesetzen hinsichtlich der Erwerbung als völlig gleich betrachtet [2]). Dafür spricht §. 39. J. de R. D. (2, 1.) verb.: Thesauros, quos quis in loco suo invenerit, D. Hadrianus, naturalem aequitatem secutus, *ei concessit, qui (eos) invenerit* etc. — At si quis in alieno loco — invenerit, *dimidium domino soli concessit*, et *dimidium inventori.* — Si quis in Caesaris loco invenerit, *dimidium inventoris et dimidium esse Caesaris statuit.* — Si quis in fiscali loco, vel publico (vel civitatis) invenerit, *dimidium ipsius esse debeat, et dimidium fisci vel civitatis.*

Mit dem Sprachgebrauche im vorstehenden §. 39. J. stimmt ein anderes Gesetz überein, nämlich fr. 63. D. de acquir. rer. domin. (41, 1.) (Tryphoninus lib. 7. Disputationum.)

In dieser Stelle werden die Verhältnisse näher betrachtet, in welchen Personen in aliena potestate (der servus und filius familias) durch Finden eines Schatzes dem Inhaber der potestas Eigenthum an demselben erwerben, und in Beziehung

---

1) Diesem steht natürlich der Eigenthümer einer beweglichen Sache gleich, wenn der in dieser eingeschlossene Gegenstand nach §. 7. der vorhergehenden Abhandl. als wahrer Schatz gilt.

2) Der dominus fundi erwirbt den thesaurus sogar ganz, wenn das Nachsuchen absichtlich geschehen ist: §. 39. h. t. const. unica C. h. t

auf dieses Recht, welches dem dominus oder pater familias erworben ist, werden die Ausdrücke: illius (i. e. domini) totus thesaurus sit — solius domini sit — proprietatis domini sit etc., gerade wie im §. 39. J. cit. gebraucht.

Nun erwerben zwar, wie bekannt, der dominus und pater familias durch die von Seiten des servus oder filius familias peculiari nomine geschehene Besitzergreifung, auch ohne Wissen und Willen von ihrer Seite [1]), den juristischen Besitz, und hier folgeweise das Eigenthum; — um so mehr bedeutet aber eben deßhalb der Umstand, daß von diesem Verhältniß der potestas dieselben Ausdrücke gebraucht werden, wie beim inventor und dem dominus fundi, auch wenn diese in gar keiner näheren Verbindung unter einander stehen.

Ebenso deutet auf Erwerbung des Eigenthums für den dominus fundi durch den Act des Findens hin das

fr. 3. §. 10. D. de jure fisci (49, 14.) (Callistratus lib. 3. de jure fisci.)

Si in locis fiscalibus, vel publicis, (religiosisve) aut in monumentis thesauri reperti fuerint: Divi fratres constituerunt, ut dimidia pars ex his fisco *vindicaretur*: item si in Caesaris possessione repertus fuerit, dimidiam aeque partem fisco *vindicari*.

Gegen das Bisherige streitet auch nicht

const. unica i. f. C. de thesauris (10, 15.) (Imp. Leo A. Eutychio P. P. 474.)

Quod si forte vel arando, vel alias terram alienam colendo, vel quocunque casu, non studio perscrutandi, in alienis locis thesaurum invenerit: *id, quod repertum fuerit, dimidia retenta, altera dimidia data, cum locorum domino partiatur.*

Denn diese const. sagt doch nur, das Gefundene soll in der Art zwischen dem dominus fundi und dem inventor getheilt werden, daß dieser die eine Hälfte zurückbehält, und

1) fr. 1. §. 5. fr. 3. §. 12. fr. 4. fr. 24. fr. 44. §. 1. D. de acquir. poss. (41, 2.)

dem dominus die andere Hälfte giebt [1]. Ob dieser Letztere aber ein bloßes Forderungsrecht, oder wirkliches Eigenthumsrecht an seiner Hälfte erworben, ist unbestimmt gelassen; es müssen also darüber die andern Gesetze entscheiden.

Wenn darum auch (wie in der vorhergehenden Abhandlung §. 2. gezeigt worden) beim Erwerb der Hälfte des Schatzes für den dominus fundi eine accessio nach den strengen Erfordernissen dieser Erwerbsart des Eigenthums nicht angenommen werden kann, so läßt sich doch nicht in Abrede stellen, daß dieselbe etwas der accessio Aehnliches habe [2], nämlich darin, daß hier das Eigenthum mit Rücksicht darauf erworben wird, daß man das Eigenthum an einer andern Sache bereits vorher hat, und daß dieser Erwerb ohne alles Zuthun von Seiten des Eigenthümers der andern Sache geschieht.

Wenden wir nun hier die bisher entwickelten Grundsätze in Uebereinstimmung mit den vorhergehenden §§. an, so ergiebt sich daraus, daß der dominus fundi, gleich dem Finder, erst mit dem vollendeten Heben des Schatzes an der Hälfte desselben ein Recht, und zwar Eigenthumsrecht [3]) erwirbt. Das kann jedoch nur so viel heißen: er erwirbt das Eigenthum, um von dem inventor, oder einem Dritten, jure dominii die Hälfte des Schatzes verlangen zu können; erwirbt aber dieser bestimmte

1) Aehnlich drückt sich der §. 4. des oben schon nach seinem Sprachgebrauche in den drei ersten §§. mitgetheilte fr. 63. D. de acquir. rer. domin. aus. Quodsi creditor invenerit, in alieno videbitur invenisse: partem itaque sibi, partem debitori praestabit etc. Auch in diesem §. ist das Recht nicht genauer bezeichnet, welches der dominus fundi erworben. Immer wird aber in diesem fr. 63. §. 4., wie in const. unica, von dem Erwerb des inventor und des dominus fundi derselbe Ausdruck gebraucht; wie „partem sibi, partem debitori praestabit," — „id quod repertum fuerit cum locorum domino partiatur."

2) Vergl. vorherg. Abh. S. 150. Not. 1.

3) Den Besitz mit den possessorischen Rechtsmitteln erhält er dagegen nicht eher, als bis er denselben besonders ergriffen hat, weil dieser bekanntlich nie eo ipso übergeht: Pauli R. S. V, 2. fr. 3. §. 1. fr. 8. D. de acquir. poss. (41, 2) fr. 153. D. de R. J.

Finder das Eigenthum nicht, weil er z. B. den Schatz zwar aufgefunden, aber nicht gehoben hat, da ihm ein Anderer zuvorgekommen ist[1]), so ändert dieß das Rechtsverhältniß in Beziehung auf den dominus fundi nur in so ferne, daß er sein Eigenthumsrecht an der Hälfte des Schatzes gegen den späteren Finder, und (da er erst mit der Hebung des Schatzes überhaupt ein Recht daran erwirbt,) folgeweise auch das Eigenthumsrecht gegen einen jeden Dritten nicht eher geltend machen kann, bis der eigentliche inventor den Besitz des Schatzes gehörig erlangt hat (si thesaurus loco motus est). Denn offenbar bleibt dem dominus fundi das Recht auf die Hälfte des Schatzes, als Ausfluß des Eigenthumsrechts am fundus, so lange, als dieses Recht selbst dauert, und kann darum gegen jeden Dritten als inventor geltend gemacht werden.

Besondere Wichtigkeit gewinnt die in dem Bisherigen bezeichnete Gleichheit des Erwerbs des Eigenthums am Schatz beim Finder und dem dominus fundi alsdann, wenn diese Erwerbung wegen fehlender Voraussetzungen unvollkommen ist, was nun näher untersucht werden muß.

§. 5.

Die Gesetze sagen und allgemein wird gelehrt: der Finder wird Eigenthümer des gefundenen Schatzes, ebenso erhält der dominus fundi, worin derselbe gefunden wurde, die Hälfte des Schatzes eigenthümlich.

Die Erwerbung des Eigenthums gründet sich beim inventor auf die Occupation einer herrnlosen Sache, beim dominus fundi auf eine aus der aequitas hervorgegangene accessionsähnliche Acquisitionsart[2]). Das Letztere interessirt uns hier weniger, weil, wie der vorhergehende §. a. E. zeigt, mit dem

---

1) Als Finder kann natürlich der dominus fundi, wenn er zufällig oder absichtlich den Schatz zu Tage fördert, hebt, jeden Augenblick das Eigenthum, und zwar an der ganzen Sache, erwerben: const. unica C. h. t. (10, 15.) §. 39. J. de R. D. (2, 1.)

2) Näher ist das entwickelt in der vorhergehenden Abhandl. §. 2. und im vorhergehenden §.

Erwerb des inventor auch eo ipso der Eigenthumserwerb für den dominus fundi begründet ist, in der Art, daß, wenn für den ersteren Erwerb die gehörigen Voraussetzungen vorhanden sind, auch der zweite als genügend begründet erscheint, sowie die Mängel in den Voraussetzungen bei jenem, auch auf diesen sich erstrecken. — Die folgenden §§. werden dieß näher zeigen.

Daß übrigens der Eigenthumserwerb beim inventor des Schatzes sich auf Occupation einer herrnlosen Sache gründe [1]), dafür sprechen, wie schon in der vorhergehenden Abhandlung §. 2. erwähnt wurde, die Gesetze ausdrücklich, und namentlich die mehrerwähnte Hauptgesetzesstelle

fr. 31. §. 1. D. de acquir. rer. domin. (41, 1.) (PAULUS lib. 31. ad Edict.)

Thesaurus est vetus quaedam depositio pecuniae, cujus non extat memoria, ut *jam dominum non habeat:* sic *enim fit ejus*, qui invenerit, *quod non alterius sit.*

Mit diesem Gesetz stimmen alle die Stellen unserer Compilation beinahe wörtlich überein, welche von der Occupation herrnloser Sachen handeln; z. B.

fr. 7. §. 3. D. de acquir. rer. domin. (41, 1.) (GAJUS lib. 2. rerum cottid. s. aureor.)

Insula, quae in mari nascitur, occupantis fit, *nullius enim esse creditur;* ferner

fr. 30. §. 4. D. eod. (POMPONIUS lib. 34. ad Sabinum.)

verb.: quoniam id, *quod nullius sit*, occupantis fit; und

§. 12. J. de R. D. (2, 1.)

verb.: quod enim ante *nullius est*, id naturali ratione occupanti conceditur etc.

Alle diese Gesetzesstellen sprechen aber von Sachen, welche noch nie im Eigenthum eines andern Menschen gewesen sind, wie die Meeresinseln, Edelsteine, Perlen ꝛc. Anders verhält sich die Sache dagegen beim Schatz. Dieser ist eine Sache, welche schon im Eigenthum der Menschen dem Begriffe des thesaurus nach nothwendig gewesen seyn muß, und später

---

1) v. Savigny a. a. O. S. 216.

herrnlos geworden ist, wie auch das fr. 31. §. 1. cit. ausdrücklich in den Worten ut *jam* dominum *non* habeat zeigt; denn die Worte *jam non* können richtig doch nur mit „jetzt nicht mehr" übersetzt werden!

Daran knüpft sich aber die Frage: Wie ist der Schatz eine herrnlose Sache geworden?

Was einmal im Eigenthum eines Menschen gewesen ist, kann nur dadurch wieder herrnlos, und zur Occupation für einen Andern geeignet werden, daß der Eigenthümer die Sache derelinquirt [1]). Eine solche Dereliction muß also beim Schatz, als einer herrnlos gewordenen Sache, angenommen werden. Das geht schon daraus hervor, daß der Schatz den bloß verlorenen, verlegten u. dergl. Gegenständen geradezu entgegengesetzt wird [2]).

Allein zur Dereliction gehört, nach der klaren Vorschrift der Gesetze [3]), der animus derelinquendi, und dieser fehlt gerade beim Schatz, weil aus dem sorgfältigen Einschließen, Verwahren und dem Verbergen unter der Erde, oder an einem schwer aufzufindenden Orte vielmehr die Vermuthung für das Gegentheil sehr deutlich hervorgeht.

Dagegen ließe sich nur einwenden: Wenn auch der Verbergende anfänglich den animus derelinquendi nicht gehabt, so hat er diesen später doch dadurch kund gegeben, daß er die Sache liegen gelassen. — Aber, wer vermag zu bestimmen, ob es in der Macht des Verbergenden gestanden, den Schatz wieder zu erlangen? — Und offenbar würde doch erst dann, wenn diese Möglichkeit dem Verbergenden gegeben gewesen wäre, von einer Absicht zu derelinquiren die Rede seyn können; denn ohne freien Willen ist auch eine gewisse Willensbestimmung (eine Absicht) undenkbar.

---

1) Die Besonderheit bei zahmgemachten Thieren, welche die Gewohnheit des Wiederkehrens ablegen ꝛc., kommt natürlich hier nicht in Betracht.

2) Vergl. fr. 67. D. de R. V. (6, 1.) und weiter unten S. 188. 191.

3) §. 47. u. 48. J. de R. D. (2, 1.) Tit. Dig. pro derelicto (41, 7.) fr. 3. §. 6. ff. D. de acquir. vel amitt. poss. (41, 2.) fr. 43. §. 11. D. de furtis (47, 2.)

Der einzig mögliche Weg wäre demnach nur der, daß man auch gegen den Willen der verbergenden Person und deren Nachkommen den animus derelinquendi fingirte. Allein welches Gesetz schreibt eine solche Fiction vor, oder lassen sich etwa Fictionen ohne gesetzliche Sanction annehmen?

Doch, die Gesetze haben einmal bei denjenigen Gegenständen, welche unter den Begriff des Schatzes fallen, dem Finder und beziehungsweise dem dominus fundi das Eigenthum am Schatz zugesprochen, und es ist darum ohne besondere practische Wichtigkeit, wenn wir den Grund dafür nicht vollständig aufzufinden vermögen, wenn und in so ferne nur alle gesetzliche Requisite des Schatzes vorhanden sind. —

Allein um so wichtiger wird die Frage nach dem Grunde der Erwerbung seyn, wenn nicht alle Requisite des Schatzes vorhanden sind; und darum hat der Verf. auch bisher bei der Untersuchung dieser Frage verweilt.

Vermag nämlich später ein Dritter sein Eigenthum am Schatz gehörig nachzuweisen; z. B. indem er darthut, daß einer seiner Vorfahren, dessen ganzes Vermögen durch fortlaufenden Erbgang auf ihn gekommen ist, den thesaurus verborgen hat [1]), so leidet in diesem, wie in ähnlichen Fällen, der Erwerb des Eigenthums am thesaurus für den Finder sowohl, als für den *dominus fundi*, an einem wesentlichen Mangel; denn die Sache ist nicht herrnlos geworden, wie die Gesetze bei Erwerbung des Eigenthums am Schatz voraussetzen; dieser kann darum auch nicht occupirt werden.

Da indessen der Finder, wie der dominus fundi, in bona fide sich befinden, und ein äußeres factum der Erwerbung vorhanden ist, so wird, wenn auch die Occupation an einem innern Mangel leidet, doch immer für Beide ein Verjährungstitel vorhanden seyn [2]).

---

1) Vergl. die vorhergehende Abh. §. 5.

2) Pufendorf l. c. Obs. 140. i. f. sagt: Nam etsi concedam, dominium thesauri non acquiri, si dominus superveniat, tamen cur

Was ist das aber für ein Titel? — fragt man fast unwillkührlich.

Ließe sich mit Bestimmtheit nachweisen, daß die Gesetze bei dem Schatz eine aus dem Liegenlassen hervorgegangene Dereliction angenommen hätten, so würde man leicht auf den titulus pro derelicto geführt werden, und damit Alles schnell beendigt seyn. Auch würde dafür

fr. 4. D. pro derelicto (41, 7.) (PAULUS lib. 15. ad Sabinum.) sprechen:

Id quod pro derelicto habitum est, usucapere possumus, etiamsi ignoramus, a quo derelictum sit.

Allein der vermeintliche thesaurus ist ja gerade nicht derelinquirt. Das zeigt sich am Deutlichsten dadurch, daß der wahre Eigenthümer sich meldet, und denselben reclamirt.

Eben so wenig können nach dem Bisherigen der Verbergende und dessen etwaige successores als auf ihre Eigenthumsansprüche verzichtend angenommen werden.

Diejenigen, welche die gefundene Sache ersitzen wollen, haben also, (selbst dann, wenn man im Allgemeinen den Grundsatz annimmt, daß die Gesetze die Erwerbung des Schatzes auf vorhergegangene Dereliction gegründet,) in concreto eine Sache für derelinquirt gehalten, welche es in Wirklichkeit nicht war. In diesem Falle findet aber, nach dem klaren Ausspruch der Gesetze, eine Verjährung auf den titulus pro derelicto hin nicht statt:

fr. 6. D. pro derelicto (41, 7.) (JULIANUS lib. 3. ad Ursejum Ferocem.)

Nemo potest pro derelicto usucapere, *qui falso existimaverit, rem pro derelicto habitam esse* [1]).

Es bleibt also für die Verjährung des gefundenen Schatzes gegen den wirklich noch existirenden Eigenthümer kein anderer Titel übrig, als der titulus pro suo, nach

---

nec possessio interim, quamdiu dominus ignoratur, acquiri possit, ut demum capio longi temporis accedat, ego quidem non pervideo etc.

1) Eine Anwendung dieses Grundsatzes s. in fr. 7. D. eod. und fr. 8. D. de lege Rhodia de jactu (14, 2.)

fr. 5. pr. D. pro suo (41, 10.) (NERATIUS lib. 5. Membranarum.)

Usucapio rerum etiam ex aliis causis concessa, interim *propter ea, quae nostra existimantes possideremus*, constituta est, ut aliquis litium finis esset.

Eine Verjährung auf diesen Titel hin kann hier aber ohne Bedenken angenommen werden, weil eine äußere Erwerbshandlung stattgefunden, und bona fides, gegründet auf einen factischen Irrthum, vorhanden war [1]). Denn man irrte nur darin, daß man glaubte, es existire kein Eigenthümer des Schatzes mehr. Ein error juris dagegen findet nicht statt, weil der Finder, wenn wirklich kein Eigenthümer des Schatzes mehr vorhanden gewesen wäre, das Eigenthum am thesaurus ohne Zweifel würde erworben haben [2]).

Außerdem wird ohne Zweifel, wenn auch die Requisite der Acquisitivverjährung nicht vorhanden sind, die Extinctivverjährung der Eigenthumsklage vom Augenblicke der vollendeten Besitzergreifung an, gegen den sich später meldenden Eigenthümer am Schatz zu laufen beginnen.

Gegen einen jeden Andern, als den wahren Eigenthümer des Schatzes, wird aber die bonae fidei possessio des Finders und des dominus fundi mit der actio in rem Publiciana ebenso wirksam geltend gemacht werden, als das Eigenthum durch die rei vindicatio; denn, nächst dem ursprünglichen Eigenthümer des Schatzes, hat offenbar der Finder das stärkste Recht daran. Zur Begründung der actio in rem Publiciana werden übrigens bloß die gesetzlichen Requisite des thesaurus, nämlich vetus quaedam depositio cujus non extat memoria, nachzuweisen seyn, weil, wenn diese vorhanden sind, für die Herrnlosigkeit der Sache so lange vermuthet wird, bis der erweisliche Eigenthümer sich meldet. Dieß bestätigen die Gesetze

1) Unterholzner Verjährungslehre §. 95. S. 327. ff.

2) Die Acquisitivverjährung für den dominus fundi an der Hälfte des Schatzes wird aber erst mit der Besitzergreifung von seiner Seite beginnen, weil mit dieser der Besitz überhaupt, also auch die bonae fidei possessio, anfängt. s. oben §. 4. S. 179. Not. 3.

dadurch, daß sie bei der Existenz der vorhin angegebenen Requisite dem Finder gestatten, durch Besitzergreifung für sich und den dominus fundi Eigenthum zu erwerben, also unter Voraussetzung dieser Requisite Herrnlosigkeit der Sache annehmen müssen.

§. 6.

In der vorhergehenden Abhandl. §. 10. u. 12. a. E. ist erwähnt worden, daß der Finder einer Sache, welche nicht unter den Begriff eines Schatzes fällt, dieselbe, wenigstens vorläufig, ganz erwerbe, so ferne er vorher fruchtlos die gehörigen Mittel angewendet hat, den wahren Eigenthümer ausfindig zu machen.

Es fragt sich nun, auf welchen Titel hin geschieht der Erwerb des Finders, und welches Recht begründet er für denselben?

Darauf antwortet Lauterbach l. c. Lib. 41. Tit. 1. §. 32., nachdem er vorher von der Verpflichtung des Finders, proclamata zu erlassen ꝛc. geredet hat: si autem aliud probari possit, vel saltem de domino per scripturam, testes, vel etiam per praesumtionem haud constet, inventor, *modo publice indicaverit*, illam bona fide retinere potest, non quidem ut thesaurum, *verum ceu rem pro derelicto habitam.*

Lauterbach nimmt also hier eine Verjährung auf den Titel pro derelicto an. Entschiedener wird noch diese Ansicht ausgesprochen von Berger l. c. Lib. II. Tit. II. Th. XII.:

> Quodsi dominus non compareat, (nach erlassener Aufforderung) aut dominium minus probet jure civili, res inventa relinquitur inventori, ut *eam usucapiet pro derelicto* 1).

Allein auch hier muß gegen diese Ansicht eingewendet werden, daß der animus derelinquendi, welcher bei jeder Dereliction als nothwendig erscheint, nicht so kurzweg angenommen werden kann, wenn auf erlassene proclamata sich

1) Dasselbe sagt auch Hoppius l. c. §. 47. Commentar. 2. (Nec longe) i. f. Vergl. auch Stryk usus modern. Pand. Lib. 41. Tit. 1. §. 17.

Niemand meldet. Die Vermuthung spricht im Gegentheile gerade wider eine Dereliction.

Man betrachte nur das einfache Sachverhältniß!

Wird ein werthvoller Gegenstand in einem Hause, oder einem Behältniß (z. B. Schrank, Tisch, Commode, Kiste u. dgl.) gefunden, so wird man denselben doch nicht sowohl für derelinquirt, als vielmehr für verlegt, für vergessen halten müssen. Ebenso streitet, wenn auf der Straße, oder im offenen Felde eine solche Sache gefunden wird, die Vermuthung gewöhnlich doch eher dafür, daß dieselbe verloren, als daß sie weggeworfen ist.

Man könnte freilich zur Unterstützung der widerstreitenden Ansicht entgegnen: Durch den Erlaß der öffentlichen Aufforderung ist Alles geschehen, was in der Macht des Finders gestanden hat, um den Eigenthümer der gefundenen Sache auszumitteln; meldet sich dieser nun nicht, so muß er, auch wenn er nicht Anfangs schon die Absicht zu derelinquiren gehabt hat, doch nach seinem Schweigen später als derelinquirend betrachtet werden, wie dieser Einwand schon in ähnlicher Weise im vorigen §. beim Schatz vorgekommen ist.

Hat aber auch der Verlierende Kenntniß von den öffentlichen Aufforderungen erhalten? — und, wenn dieß nicht geschehen, welches Gesetz schreibt vor, daß er wider seinen Willen als derelinquirend solle fingirt werden? [1])

Denn, daß in dem Falle, wenn proclamata ohne Erfolg erlassen worden sind, eine verlorene, oder aus Versehen liegen gebliebene Sache ohne Weiteres als derelinquirt zu betrachten sey, wird nirgends gesagt; wohl aber läßt sich aus den Gesetzen mit großer Bestimmtheit das Gegentheil folgern.

Die öffentlichen Aufforderungen haben nämlich nach römischem Rechte nur den Zweck, den Finder gegen den Vorwurf des animus furandi zu sichern, wie das

fr. 43. §. 8. D. de furtis (47, 2.) (Ulpianus lib. 41. ad Sabinum.) sehr deutlich ausspricht:

1) Hat er erweislich Kenntniß von der Aufforderung erhalten, so kann schon eher eine Dereliction nach Umständen angenommen werden.

Proinde videamus, si nescit cujus esset, sic tamen (alienum quid jacens) tulit, *quasi redditurus ei, qui desiderasset, vel qui ostendisset rem suam*, an furti obligetur? Et non puto obligari eum. Solent plerique etiam hoc facere, ut libellum proponant, continentem invenisse et redditurum ei, qui desideraverit: *hi ergo ostendunt, non furandi animo se fecisse* [1]).

Weitere Folgen hat aber die Aufforderung nicht.

Darum kann auch die Sache, welche vor dem erfolglosen Erlaß der proclamata bloß für eine verlorene oder verlegte gegolten hat, nach demselben diesen ihren Character nicht in den einer derelinquirten Sache ohne Weiteres verwandeln; und es leidet aus diesem Grunde das mehrerwähnte fr. 67. D. de R. V. (6, 1.) (SCAEVOLA lib. 1. Responsorum.) Anwendung:

verb.: Respondi, si non thesauri fuerunt, sed pecunia forte perdita, vel per errorem ab eo, ad quem pertinebat, non ablata: nihilominus ejus jam esse, cujus fuerat [2]).

Ebenso wird auch bei den Sachen von Werth, welche auf der Straße, oder auf offenem Felde gefunden werden, selbst nach fruchtlosem Erlaß öffentlicher Aufforderungen, die Vermuthung im Allgemeinen eher dafür streiten, daß sie verloren [3]), als daß sie weggeworfen, derelinquirt seyen; wiewohl hier das Letztere natürlich weit eher angenommen werden kann, als in dem vorhergehenden Falle.

Noch ist eine Gesetzesstelle zu betrachten, welche Berger als Argument für seine oben mitgetheilte Ansicht gebraucht, nämlich

fr. 5. pr. D. si ususfructus petatur (7, 6.) (ULP. lib. 17. ad Sabinum.) [4])

---

1) S. die vorherg. Abh. §. 10. a. E. S. 163.

2) Vergl. fr. 31. §. 1. i. f. D. de acquir. rer. domin. (41, 1.)

3) Der Eigenthümer kann ja gerade abwesend seyn, oder aus einem andern Grunde keine Nachricht von der Aufforderung erhalten haben.

4) Auf dieselbe Gesetzesstelle stützt sich hier auch HOPPIUS l. c. Lib. II. Tit. 1. §. 47. Commentar. 2. (Nec longe) i. f.

verb.: **Quod si forte qui agit, dominus proprietatis non sit, quamvis usufructuarius jus utendi non habeat,** ***vincet tamen jure, quo possessores sunt potiores, licet nullum jus habent.***

Allein aus diesem Gesetz kann für unsern Fall doch weiter gar nichts gefolgert werden, als die bekannte Rechts-Wahrheit, daß der Finder, welcher bonae fidei possessor der gefundenen Sache ist, gegen jeden Dritten, der kein stärkeres Recht hat, seinen Besitz vertheidigen kann. Hier ist aber gerade vom Rechte des Besitzers dem sich meldenden Eigenthümer gegenüber die Rede, dessen Recht doch zweifellos das stärkere ist; wie auch fr. 5. pr. cit. selbst ausdrücklich sagt: Quod si forte, qui agit, *dominus non sit* etc.

Prüft man das Sachverhältniß genauer, so müssen dieselben Gründe, welche im vorigen §. gegen den titulus pro derelicto bei der Ersitzung eines vermeintlichen Schatzes angeführt wurden, auch hier in demselben Grade gelten, weil auch hier eine Sache auf diesen Titel verjährt werden soll, welche man irrig für eine derelinquirte gehalten.

In Beziehung auf die andere Frage aber, ob überhaupt hier irgend eine andere Art der Ersitzung, und welche, und auf welchen Titel hin eine solche stattfinde, oder ob bloß die Extinctivverjährung zulässig sey? — in dieser verschiedenen Beziehung müssen, zur genaueren Betrachtung der Sache, mehrere Fälle von einander unterschieden werden:

1) Der Finder stützt seine bona fides auf den irrigen Glauben, die gefundene Sache sey eine derelinquirte. Alsdann kann zwar, nach dem Obigen, keine Ersitzung auf den titulus *pro derelicto*, wohl aber eine solche auf den titulus *pro suo* stattfinden, wie wir oben bei der Ersitzung eines vermeintlichen Schatzes gesehen haben.

Allein hier ist noch ein weiterer Punct hervorzuheben: Beim Schatz wird unter Voraussetzung des Requisits der vetus depositio cujus non extat memoria (s. S. 181. — 183) Herrnlosigkeit der Sache im Allgemeinen von den Gesetzen angenommen. Die bona fides kann sich also auch auf den Glauben der Herrnlosigkeit jedesmal ohne Weiteres stützen. Hier aber muß sich die bona fides speciell auf den Glauben, die Sache sey derelinquirt worden, gründen. Es müssen darum auch die Thatsachen, welche die Sache als derelinquirt annehmen lassen, genau angegeben werden; — und da wird dem Ersitzenden in der Regel der Beweis der bona fides schwer fallen. Denn dem Richter mag die juristische Ueberzeugung, daß Jemand eine Sache, welche er in einer Commode, einem Schranke, einer Kiste wohlverwahrt gefunden, für eine derelinquirte gehalten habe, doch wohl nicht leicht zu geben seyn.

Wenn darum auch der Grundsatz fest steht, daß im Allgemeinen bei der Acquisitivverjährung die bona fides vermuthet wird, weil überhaupt gegen den dolus die Vermuthung streitet, so geht dieser Grundsatz doch nicht so weit, daß die bona fides auch dann angenommen werden müsse, wenn die Umstände im concreten Falle für das Gegentheil sprechen [1]).

Leichter wird hier schon die bona fides in den Fällen dargethan werden können, in welchen man auf der Straße, in offenem Felde ꝛc. eine Sache gefunden hat, sowie dieselbe haupt in allen Fällen, ohne jeden Beweis vermuthet wird, in welchen die factischen Verhältnisse nicht dagegen sprechen.

Darum wird auch die bona fides schon weit leichter anzunehmen, und der titulus *pro suo* eher statthaft seyn, wenn man nach erfolglosem Erlaß der proclamata die gefundene Sache für derelinquirt gehalten hat.

2) Der Finder hält die gefundene Sache für eine verlorene, verlegte, und will, auf diesen Glauben gestützt, dieselbe ersitzen.

Hier wird gar keine Art der Ersitzung, weder die ordentliche, noch die außerordentliche, stattfinden können. Denn der Ersitzende gründet seine bona fides auf einen Rechtsirrthum, nämlich darauf, daß er irrig glaubt, man könne überhaupt an einer solchen Sache Eigenthum erwerben, wiewohl die Gesetze dieß ausdrücklich untersagen, indem sie solche

1) Vergl. Unterholzner Verjährungslehre. Band 1. §. 139., vorzüglich S. 500. a. E.

Sachen dem thesaurus direct entgegensetzen, wie das mehrerwähnte fr. 67. D. de R. V. (6, 1.) so deutlich ausspricht [1]), und ebenso das gleichfalls schon öfters angezogene

fr. 31. §. 1. l. f. D. de acquir. rer. domin.

Alioquin si quis aliquid vel lucri causa, vel metus, vel custodiae condiderit sub terra, non est thesaurus: cujus etiam furtum fit.

Die außerordentliche Ersitzung ist hier aber, gleich der ordentlichen, aus dem Grunde ausgeschlossen, weil auch die erstere bona fides erfordert, welche bei beiden Instituten unter Voraussetzung eines error juris nicht stattfinden kann. Ganz anders gestaltet sich das Verhältniß bei dem vermeintlichen Schatz, oder bei der für derelinquirt gehaltenen Sache; denn an beiden würde man, wenn die Requisite gehörig vorhanden wären, allerdings nach den Gesetzen volles Eigenthum erworben haben, weil der thesaurus und die res derelicta nach den Gesetzen occupirt werden können; man hat darum nicht in jure, sondern nur in dem *factum* der Existenz des Eigenthümers geirrt.

Aus diesen Gründen lassen sich für den Finder in dem gegenwärtigen Falle nur zwei Wege gedenken:

a) Gegen den wirklichen Eigenthümer der gefundenen Sache läuft die Extinctivverjährung; dem Finder steht also nach deren Ablauf die exceptio praescriptionis (extinctivae) entgegen, wobei sich übrigens natürlich Alles nach den Grundsätzen der erlöschenden Verjährung richtet.

b) Kommt es zwischen dem Finder und dem sich meldenden (vermeintlichen) Eigenthümer zum Streit, und die gefundene Sache wird vermöge stärkeren Rechts dem Finder zugesprochen, dann hat dieser gegen den abgewiesenen Kläger — aber auch nur gegen diesen und dessen Successoren — die exceptio rei judicatae.

3) Die gefundene Sache wird zwar bona fide besessen, aber ohne alle weitere Begründung und Rechtfertigung des Besitzes [2]).

---

1) Vergl. S. 183.

2) Es läßt sich ja wohl denken, daß der Finder die gefundene Sache

In diesem Falle kann natürlich die ordentliche Ersitzung nicht stattfinden, weil ein justus titulus nicht vorhanden ist; wohl aber wird, außer der Extinctivverjährung, auch die außerordentliche Ersitzung stattfinden können [1]). Denn die letztere entsteht bekanntlich aus der Extinctivverjährung durch den Hinzutritt der bona fides; ein justus titulus ist dagegen nicht erforderlich; die longissimi temporis praescriptio findet vielmehr gerade in den Fällen statt, wenn ein solcher titulus fehlt.

Die bona fides stützt sich daher, wie auch die gewöhnliche Meinung richtig anerkennt, nicht, wie bei der ordentlichen Ersitzung, auf den Glauben, daß ein justus titulus vorhanden sey; das wird namentlich durch das Decretum Gratiani sehr bestimmt bestätigt:

---

bona fide besessen, aber bei diesem Besitz sich gar nichts weiter gedacht hat, als daß er sie eben behalten könne. — Freilich dürfen die Thatsachen bei dem Erwerb nicht gegen eine solche bona fides sprechen (s. oben S. 190.); denn, wenn daraus auch nur ein Zweifel des Ersitzenden hervorgeht, so ist dadurch schon die Ersitzung, wie bekannt, verhindert.

1) Der Verf. erlaubt sich, hier eine Stelle aus Unterholzner's Verjährungslehre mitzutheilen, welche das eben Gesagte deutlicher und bestimmter ausspricht. Es heißt nämlich daselbst I. §. 104. S. 365.: „Wenn — Justinian in der l. 8. §. 1. C. de praescr. XXX. vel „XL. annorum (7, 39.) dem dreißig- und vierzigjährigen Besitzer „für den Fall, daß er den Besitz „„bona fide““ erworben hat, eine „„actio ad vindicandam rem““ einräumt, während derselbe im „entgegengesetzten Falle („„sin vero mala fide eam adeptus est““) „zufrieden seyn muß, daß er sich gegen fremde Ansprüche im Besitz „behaupten kann; so hat man dieses von jeher so verstan„den, als sey hier unter „„bona fides““ keineswegs „eine auf einem wirklichen (oder doch mit gutem „Grunde vorausgesetzten) Rechtsgrunde beruhende „redliche Meinung verstanden, wie dieses sonst wohl die Be„deutung von bona fides ist (vgl. § 95.), sondern eben nichts „weiter, als die redliche Meinung, wie sie ohne alle „weitere Begründung und Rechtfertigung so lange ver„muthet wird, bis das Gegentheil derselben dargethan wird. Diese „Erklärungsweise möchte, an sich betrachtet, kaum zu rechtfertigen „seyn 2c. Aber sie ist in das Decretum Gratiani übergegangen, „uud hat dadurch entschiedenen Anspruch auf Gültigkeit in den Gerichten „gewonnen.“ S. die Stelle des Decret. Grat. eben folg. S. im Text.

can. 15. C. 16. quaest. 4.

verb.: Qui enim bona fide et justo titulo rem praesentis per decennium, absentis vero per vicennium tenuerit [1]), perpetua exceptione tutus erit, non solum adversus alios etc., sed etiam adversus verum dominum. Si vero aliquo casu possessione ceciderit, etiam adversus verum dominum utiliter rem vindicare poterit. Si autem *nullo titulo, bona tamen fide*, per tricennium rem alicujus possederit, simili gaudebit praesidio etc.

§. 7.

Nach den bisher entwickelten Grundsätzen bleibt freilich der Rechtszustand in Beziehung auf die gefundene Sache lange Zeit ein sehr schwankender; und darum hat die Praxis auch hier wohl aus Gründen der Politik den so häufig zur Anwendung kommenden Grundsatz angenommen, daß die an sich rechtlich begründeten Ansprüche verloren seyn sollen, wenn sie binnen einer von dem Richter unter dem entsprechenden Präjudiz anberaumten peremtorischen Frist nicht angemeldet werden.

Läßt sich dieses Verfahren aber auch aus Gründen des positiven Rechts deduciren? oder m. a. W.: steht dem Richter das Recht zu, ohne den Grund der Gesetze Eigenthumsrecht zu- oder abzusprechen? Denn bekanntlich vermag der Richter nicht Rechte zu schaffen, sondern bloß, wenn Rechte streitig sind, auf den Grund der Gesetze auszusprechen, wem dieselben zustehen.

Darum verstößt es auch durchaus gegen die Gesetze, wenn öffentliche Aufforderungen durch den Richter oder die Polizeibehörde unter dem Präjudiz geschehen, daß diejenigen, welche ihre Ansprüche an eine gefundene Sache binnen einer bestimmten Frist nicht anmelden, mit denselben präcludirt werden sollen; denn nirgends ist dem Richter in den Gesetzen die exorbitante Befugniß gegeben, die genau vorgeschriebene gesetzliche Verjährungszeit auf diese Weise zu verkürzen, und dadurch wohlgegründete Rechte zu entziehen.

1) Bei beweglichen Sachen gilt dasselbe, wiewohl bei diesen, wenn sie bona fide consumirt sind, nur der Werth condicirt werden kann. S. Abh. I. §. 28. 40.

V.

Erwirbt der Specificant auch dann Eigenthum an der neuen species, wenn er mala fide die Specification vorgenommen?

§. 1.

Die vorstehende Frage ist schon in früherer Zeit verschieden beantwortet worden; so jedoch, daß sich die herrschende Meinung [1]) für deren Verneinung ausgesprochen; in neuerer Zeit hat sich dagegen die Ansicht der meisten Rechtslehrer für die Bejahung dieser Frage entschieden. Dafür zeugen Westphal [2]), Glück [3]), Thibaut [4]), Gesterding [5]), Seuffert [6]), Mühlenbruch [7]), v. Wening-Ingenheim [8]), M. Valett [9]).

---

1) Vergl. Vinnii commentar. ad §. 25. J. de rer. divis. Brunnemanni commentar. ad Pand. Ad leg. 7. D. de acquir. rer. domin. No. 16. Stryk usus modern. Pand. Tit. de acquir. rer. domin. §. 24. — Lauterbach colleg. Pand. Tit. de acquir. rer. domin. §. 87. nennt dieß ausdrücklich die herrschende Ansicht.

2) System des röm. Rechts über die Arten der Sachen rc. §. 461. (2te Ausg. S. 338.)

3) Commentar Bd. 13. §. 840. u. 841. S. 235. ff.

4) System §. 597. Besitz u. Verjährung §. 23. a. E.

5) Lehre vom Eigenthum S. 265 — 275.

6) Erörterungen einzelner Lehren des römischen Privatrechts. 2te Abth. No. IV. S. 17. — 20.

7) Doctr. Pand. (Edit. II. Vol. I. §. 361. not. 5) Edit. III. Vol. II. §. 252. not. 5. ff.

8) Lehrbuch. 4te Ausg. §. 129. a. E.

9) Ausführliches Lehrbuch des Pandectenrechts. Band 1. §. 236. Not. 85.

So bestritten nun diese Frage in mancher Beziehung wohl immer bleiben wird, so scheinen doch dem Verf. des nachstehenden Versuches für die verneinende Beantwortung derselben nicht unwichtige Gründe zu sprechen, welche er in den folgenden §§. dem juristischen Publicum zur Beurtheilung vorlegt.

§. 2.

Die Specification ist eine Erwerbungsart des Eigenthums. Darum muß hier die Frage so gestellt werden, wie es zu Anfang dieser Abhdl. in der Ueberschrift geschehen ist. Man hat dieß nicht immer berücksichtigt, und die Sache mehr von dem Gesichtspunct aus betrachtet: Behält der Eigenthümer des Stoffs das Eigenthum auch nach der mala fide vorgenommenen Specification?

Es ist nun ein bekannter Grundsatz, daß ein einmal begonnener Rechtszustand, ein einmal erworbenes Recht so lange fortdauert, bis ein entgegengesetzter Zustand erweislich eingetreten ist. Bei einer Specification läßt sich aber ein solcher entgegengesetzter Zustand nur in zweifacher Weise als möglich denken: Die neue species wird nämlich entweder herrnlos, oder der Specificant erwirbt das Eigenthum derselben. Kann aus den Gesetzen keiner dieser beiden Fälle nachgewiesen werden, so dauert der vorige Zustand fort, oder m. a. W. die neue species bleibt dem Eigenthümer des Stoffs, — die Form weicht der Materie.

§. 3.

Wir müssen nun zum Zweck der näheren Untersuchung unserer Frage die Art und Weise genauer betrachten, wie derjenige, welcher mala fide eine neue species gebildet hat, das Eigenthum daran erwerben würde.

Indem der Specificant *mala fide* eine bewegliche Sache contrectirt, um daraus *suo nomine* eine

---

Für die verneinende Ansicht sind in neuerer Zeit Hofacker principia jur. civ. §. 953. Unterholzner Verjährungslehre. Bd. 1. §. 70. S. 235. Note 245. Schweppe, römisches Privatrecht. (3te Ausg.) §. 241. Note 6.

neue *species* zu bilden [1]), begeht er, nach Grundsätzen des römischen Rechts, ein furtum, nach der Legaldefinition dieses Delicts: Furtum est contrectatio rei fraudulosa lucri faciendi gratia [2]), was derselbe Jurist (Paulus) in seinen Rec. Sent. II. 31. pr. noch allgemeiner so ausdrückt: Fur est, qui dolo malo rem alienam contrectat. Damit stimmt nicht allein

§. 6. J. de obligat. quae ex delicto (4, 1.) überein:

Furtum autem fit, non solum cum quis intercipiendi causa rem alienam amovet: sed generaliter si quis alienam rem invito domino contrectat etc. [3])

und die Anwendung davon in

§. 3. i. f. J. de usucap. (2. 6.)

Nam qui (sciens) alienam rem vendiderit, vel ex alia causa tradiderit, furtum ejus committit [4]);

sondern ebenso viele andere Gesetzesstellen, welche das Characteristische des furtum in die contrectatio mala fide setzen [5]).

Durch die Contrectation der Sache zu dem Zwecke, um daraus suo nomine (also zu eignem Vortheile) eine neue species zu bilden, wird also diese Sache eine res furtiva; es steht daher der Fall der specificatio mala fide hier dem Falle vollkommen gleich, wenn der Specificant den Stoff zur Bildung der neuen species vorher entwendet hat [6]). Darum muß man denn auch in allen Fällen der specificatio mala fide nach Wort und Geist des römischen Rechts ein furtum rei annehmen.

---

1) fr. 7. §. 7. pr. D. de acquir. rer. domin. (41, 1.)

2) fr. 1. §. 3. D. de furtis. (47, 2.) (Paulus lib. 39. ad Edict.) §. 1. J. de oblig. quae ex delicto. (4, 1.)

3) Vergl. Gajus III. §. 195. ff.

4) Vergl. Theophili paraphras. ad §. 3. cit.

5) fr. 3. §. 18. D. de acquir. vel amitt. possessione (41, 2.) fr. 1. §. 1. fr. 22. pr. fr. 52. §. 19. fr. 60. fr. 67. pr. D. de furtis (47, 2.) fr. 15. D. de condict. furtiva. (13, 1.) const. 6. C. de furtis (6, 2.) ꝛc.

6) Das erkennt auch Seuffert a. a. O. an. Vergl. auch den unten §. 12. näher erörterten §. 26. pr. J. de R. D. (2, 1.), welcher nach seiner allgemeinen Fassung dieser Ansicht offenbar günstig ist.

§. 4.

Damit verbindet sich ein zweites Moment: Durch Specification wird (nach der in fr. 7. §. 7. D. de acquir. rerum domin. (41, 1.) in so weit von Justinian gebilligten Ansicht der Proculianer)[1]), dadurch Eigenthum erworben, daß die neue species, als eine res nullius, dem Specificanten, als primus occupans, zufällt. Das oben erwähnte fr. 7. §. 7. D. (Gajus lib. 2. rerum cottidianarum vel aureorum) sagt nämlich: Cum quis ex aliena materia speciem aliquam suo nomine fecerit, Nerva et Proculus putant, hunc dominum esse, qui fecerit: *quia, quod factum est, antea nullius fuerat* etc. Diese letzten Worte deuten bestimmt auf eine Occupation[2]) hin, wenn man damit nur beispielsweise §. 22. pr. J. de rer. divis (2, 1.) vergleicht: Insula, quae in mari nata est, *occupantis fit: nullius enim esse creditur.*[3])

Nach den Prämissen in diesem und dem vorhergehenden §. muß nun unsere Frage also gestellt werden: Werden die Folgen des furtum dadurch gehoben, daß die alte species (die res furtiva) zu Grunde gegangen, und eine neue Sache an deren Stelle getreten ist, oder w. d. i.: Kann der fur durch Occupation Eigenthum an der neuen species erwerben?

§. 5.

Die am Ende des vorigen §. aufgeworfene Frage wird wohl mit überwiegenden Gründen zu verneinen seyn. Dafür spricht schon der allgemeine Grundsatz, daß Niemand durch

---

1) Justinian billigt nämlich in fr. 7. §. 7. cit. die Ansicht der Proculianer, wenn der Gegenstand nicht mehr auf seine frühere Gestalt zurückgeführt werden kann; er muß darum auch den in diesem Gesetz angegebenen Grund für jene Ansicht billigen. Ob dagegen Justinian auch im Falle einer specificatio mala fide den Proculianern beistimme, wird sich im §. 11. näher zeigen.

2) Die Specification würde darum wohl richtiger nicht als selbstständige Erwerbungsart des Eigenthums, sondern als eine Unterart der occupatio im System des römischen Rechts aufgeführt werden. Das hat auch schon im Allgemeinen Vinnius im Commentar. zu §. 25. J. de rer. divis. ausgesprochen.

3) Vgl. auch fr. 7. §. 3. D. de acquir. rer. domin. (41, 1.) fr. 3. 31. D. eod. Vergl. oben S. 181.

seine widerrechtlichen Handlungen ein Recht erwerben, oder im Stande seyn solle, sich in eine bessere Lage zu versetzen: Nemo ex suo delicto meliorem suam conditionem facere potest [1]. Ein Grundsatz, welcher sich in Beziehung auf die malae fidei possessio (wozu das furtum natürlich immer gehört) namentlich dadurch äußert, daß dem malae fidei possessor keine Klage zusteht [2], um die mala fide besessene Sache wieder zu erlangen, wenn sie ihm entwendet worden ist:

fr. 12. §. 1. D. de furtis (47, 2.) (Ulp. lib. 29. ad Sabin.) Sed furti actio malae fidei possessori non datur, quamvis interest ejus [3], rem non subripi, quippe cum res periculo ejus sit. *Sed nemo de improbitate sua consequitur actionem* [4]: et ideo soli bonae fidei possessori, non etiam malae fidei, furti actio datur etc.

Gegen das in diesem §. Gesagte läßt sich ein doppelter Einwand gedenken.

Man könnte nämlich zuerst behaupten: der mala fide Specificirende habe keinen Vortheil, weil er ja allen Schaden ersetzen müsse, dessen Betrag noch überdieß, mit Einrechnung der Affectionen, durch das bloße juramentum in litem nachgewiesen werden darf [5]. Allein die Gesetze gehen sowohl nach dem Inhalt ihrer Worte: z. B. nemo de improbitate consequitur *actionem* [6], als nach dem Geiste des römischen

---

1) fr. 134. §. 1. D. de R. J. (Ulpian. lib. 21. ad Edict.) Vgl. auch fr. 67. §. 2. D. de furtis (47, 2.) fr. 10. §. 1. D. soluto matrimonio (24, 3.) fr. 2. pr. D. de privatis delictis (47, 1.) const. 13. i. f. C. de rebus creditis (4, 1.)

2) Das wird namentlich auch von der actio ad exhibendum gesagt in fr. 3. §. 11. D. ad exhibendum (10, 4.)

3) Damit stimmt überein fr. 11. D. eod. (Paulus lib. 9. ad Sabinum) Tum is, cujus interest, furti habet actionem, si honesta causa interest; ebenso fr. 76. §. 1. D. eod.

4) Noch weit allgemeiner drückt sich fr. 11. D. de R. J. (Pomponius lib. 5. ad Sabinum) aus: Id quod nostrum est, sine facto nostro ad alium transferri non potest.

5) fr. 2. §. 1. fr. 5. §. 3. D. de in litem jurando (12, 3.)

6) Denn, wenn der malae fidei possessor keine Klage erlangt, so muß

Rechts, von dem natürlichen Grundsatz aus: durch Unrecht kann einmal kein Recht begründet werden [1]), weil jus und injuria als directe Gegensätze sich entgegenstehen. Darum soll der Zustand, welcher durch eine widerrechtliche Handlung begründet worden, rechtlich als gar nicht existent betrachtet werden.

Sodann wird noch ein zweiter Einwand erhoben. Man entgegnet nämlich [2]): widerrechtlich handelt auch der, welcher bei der specificatio sich in culpa befindet, wie dieß bei dem specificator in den meisten Fällen eintreten wird.

Allein man vergleiche die angeführten Gesetzesstellen! Sie sprechen von improbitas, von delictum, vom malae fidei possessor. Warum wird nun in den Gesetzen der malae fidei possessor so strenge dem bonae fidei possessor entgegengesetzt? Dieser befindet sich doch auch gar manchmal in irgend einer culpa. — Setzt nicht der Begriff eines Delicts in den meisten Fällen einen *dolus* voraus; z. B. bei allen Privatdelicten mit Ausnahme des damnum injuria datum? Ja! wird nicht der Ausdruck dolus öfters in den Gesetzen mit Delict als völlig identisch gebraucht [3]), und zieht nicht der dolus über=

man doch wohl auch annehmen, daß ihm das Recht mangelt, welches diese Klage erzeugen müßte.

1) Besitzrechte (Interdicte) können allerdings mala fide erworben werden; allein der Besitz ist bekanntlich kein definitiver Rechtszustand, weil auf ihn nach das Recht selbst folgt; und dann beruht doch immer das jus possessionis nicht auf einer mala fides, einer Widerrechtlichkeit, sondern vielmehr gerade umgekehrt auf der dem Besitz im Großen und Ganzen zu Grunde liegenden Idee, daß jeder bestehende Zustand so lange als ein rechtlicher geschützt werden müsse, bis dessen Widerrechtlichkeit nachgewiesen werden kann.

2) Gesterding a. a. O. S. 268. oben.

3) z. B. fr. 1. §. 14. D. de tut. et rat. distrah. (27, 3.) verb.: si ex dolo communi conventus etc. — quia proprii delicti poenam subit etc. fr. 30. i. f. D. de negotiis gestis (3, 5.) verb.: si non sit conscius fraudis. Statt des dolose begangenen Verbrechens wird also nur der dolus genannt. Vergl. im Allgemeinen meine Abhandlung über das Recht des correus debendi auf theilweisen Ersatz der gezahlten Correalschuld in der Zeitschrift für Civilrecht und Proceß. Band 3. Heft 3. §. 18. u. 28.

haupt weit nachtheiligere Folgen nach sich, als die culpa? — Beweise genug, daß zwischen einer specificatio, welche zwar bona fide gemacht worden, bei der aber dem Specificanten eine culpa zur Last fällt, und einer specificatio mala fide nach den Gesetzen ein gewiß nicht unbedeutender Unterschied ist.

§. 6.

Mit den im vorigen §. erörterten allgemeinen Grundsätzen sind denn auch die einzelnen Gesetze in völliger Uebereinstimmung. Sie sagen nämlich zu wiederholten Malen, daß die condictio furtiva stattfinde, um die vorher entwendete, durch die specificatio in eine neue umgewandelte Sache (und unser Fall steht diesem, wie oben §. 3. gezeigt worden, vollkommen gleich) von dem Specificanten zurück zu fordern. Es gehören nämlich hierher folgende Gesetzesstellen [1]:

fr. 4. §. 20. D. de usurpat. et usucap. (41, 3.) (PAULUS lib. 54. ad Edict.)

Si ex lana furtiva vestimentum feceris, verius est, ut substantiam spectemus: et ideo vestis furtiva erit.

fr. 13. D. de condictione furtiva (13, 1.) (PAULUS lib. 39. ad Edict.)

Ex argento subrepto pocula facta condici posse, Fulcinius ait: etc.

fr. 14. §. 3. D. eod. (JULIANUS lib. 22. Digestor.)

Idem est et uvis subreptis: nam et mustum et vinacia jure condici possunt.

fr. 52. §. 14. D. de furtis (47, 2.) (ULPIAN. lib. 37. ad Edict.)

Si quis massam meam argenteam subripuerit, et pocula fecerit: possum vel poculorum vel massae furti agere;

---

1) Der Verf. führt alle betreffenden Gesetzesstellen nach ihrem hierher gehörigen Inhalt an, auch wenn sie bereits in andern Schriften, z. B. bei Gesterding a. a. O., schon mitgetheilt sind. Es geschieht dieß deßhalb, um diese Gesetze sowohl nach ihrem Inhalte, als nach ihrem Zusammenhange mit dem ganzen Rechtssystem, leichter übersehen zu können.

vel condictione. Idem est et in uvis, et in musto, et in vinaceis: nam et uvarum, et musti, et vinaceorum nomine furti agere potest; sed et condici.

Manche von diesen Gesetzesstellen beziehen sich zwar auf solche Fälle, in denen die neue species wieder auf ihre frühere Gestalt zurückgebracht werden kann; (in denen also nach Justinian's Vorschrift [1]) der Eigenthümer der Materie auch bei der specificatio bona fide das Eigenthum nicht verliert;) allein neben diesen Fällen werden auch, und zwar als völlig gleich, wieder andere aufgeführt, in denen keine reductio ad priorem formam möglich ist: wie in fr. 14. §. 3., fr. 52. §. 14. die Weintrauben, woraus Most bereitet ist, in fr. 4. §. 20. die Wolle, woraus ein Kleid gefertigt worden. Gerade diese völlige Gleichstellung, namentlich in einem Gesetze, wie in fr. 52. §. 14. cit., ist aber sicher nicht ohne Bedeutung.

§. 7.

Vor Allem sind für unsere Untersuchung hier zwei Fragen zu beantworten, nämlich:

1) Wer kann die condictio furtiva überhaupt anstellen? In welcher Eigenschaft klagt also hier der dominus der Materie? und

2) Was ist im Allgemeinen, was ist hier Gegenstand der condictio furtiva?

Auf die erste Frage antworten die Gesetze, und zwar namentlich

fr. 1. D. de condictione furtiva (13, 1.) (Ulpian. lib. 16. ad Sabinum.)

In furtiva re soli *domino* condictio competit.

fr. 14. §. 16. D. de furtis (47, 2. (Ulp. lib. 29. ad Sabinum). verb.: condictio autem ei demum competit, *qui dominium habet* [2]).

Ebenso wird für unsern Fall die condictio furtiva mit den aus dem Eigenthum hervorgehenden Klagen, nämlich mit

---

1) §. 25. J. de rerum divis. (2, 1.) fr. 7. §. 7. D. de acquir. rer. domin. (41, 1.)

2) Vergl. auch fr. 56. §. 4. D. de furtis (47, 2.) fr. 1. §. 1. D. de condictione triticiaria (13, 3.)

der rei vindicatio und der actio ad exhibendum, vereint genannt, wie in

fr. 7. §. 1. D. de condictione furtiva (13, 1.) (ULPIAN. lib. 42. ad Sabinum.)

Is itaque, cui furtum factum est, habet *actionem furti et condictionem et vindicationem* [1]).

Aus diesen Gesetzesstellen geht hervor, daß die condictio furtiva **nur dem Eigenthümer** zusteht. Darum wird auch hier der Eigenthümer des Stoffs die neue species nur **in der Eigenschaft als solcher** condiciren.

Damit stimmt denn auch — und dieß betrifft die Beantwortung der zweiten Frage — der **Gegenstand** der condictio furtiva vollkommen überein. Der **Gegenstand selbst**, **die neue** *species*, wird gefordert, nicht **Entschädigung**. — Aus welchem Grunde könnte aber die **neue** *species* **selbst** verlangt werden, wenn es nicht das Eigenthum wäre?

Das Interesse ist offenbar etwas durchaus Verschiedenes; denn als Interesse kann der Bestohlene wohl den höchsten Werth der Sache verlangen [2]), nie aber das an die Stelle der untergegangenen Sache getretene Surrogat. Wurde darum durch specificatio die frühere Sache als völlig vernichtet betrachtet, so könnte **allein** das Interesse verlangt werden. Dafür spricht auf's Bestimmteste

fr. 8. pr. D. de condict. furtiva (13, 1.) (PAULUS lib. 27. ad Edict.)

In re furtiva condictio *ipsorum corporum* competit: sed utrum tamdiu, quamdiu extent: an vero et si desierint esse in rebus humanis? Et si quidem obtulit fur, sine

---

1) Vergl. auch fr. 2. §. 26. D. de vi bonor. raptor. (47, 8.) Die condictiones stehen bekanntlich in der Regel nur demjenigen zu, welcher das Eigenthum verloren hat; die condictio furtiva wird aber ausnahmsweise odio furum auch neben der Eigenthumsklage gestattet; fr. 12. i. f. D. usufruct. quemadm. cav. (7, 9.) §. 14 J. de action. (4, 6.)

2) fr. 8. § 1. D. de condict. furtiva (13, 1.) fr. 3. 20. D. eod. fr. 25. §. 28. D. de furtis (47, 2.)

dubio nulla erit condictio: si non obtulit, *durat condictio aestimationis ejus, corpus enim ipsum praestari non potest* etc.

Aus dieser Gesetzesstelle, verbunden mit der vorhergehenden Ausführung, erhellt also deutlich, daß die condictio furtiva, wenn die Gesetze in Justinian's Compilation wirklich von dem Grundsatz ausgegangen wären, daß durch Verfertigung der neuen *species* der *mala fide* specificirte Stoff für den früheren Eigenthümer zu Grunde gegangen sey *(si desierit esse in rebus humanis)*, — daß diese condictio doch nimmermehr auf Herausgabe der Sache selbst, sondern nur auf Erstattung des Interesse hätte gerichtet werden können: (durat condictio aestimationis ejus, corpus enim ipsum praestari non potest.)

Da nun diese Gesetze in andern Fällen, wenn die entwendete Sache in einen neuen Gegenstand sich umgewandelt hat, die condictio furtiva erst dann gestatten, wenn an dem letzteren eine neue *contrectatio* stattgefunden hat [1]), hier aber eine solche neue contrectatio durchaus nicht erfordert wird, so muß hier eine continuatio furti angenommen werden, durch welche die anfängliche Lage des fur zweifelsohne nicht verbessert werden kann [2]).

§. 8.

Gegen die bisherige Deduction wendet man freilich ein [3]): Die condictio furtiva geht weiter, wie die rei vindicatio:

1) Vergl. fr. 14. §. 2. D. de condictione furtiva (13, 1.) (JULIANUS lib. 26. Digestorum.) Bove subrepto et occiso condictio et bovis, et corii, et carnis domino competit: scilicet si et corium et caro contrectata fuerint. Daß hier aber wirklich eine Verwandlung des Ochsen in einen andern Gegenstand angenommen wird, geht aus fr. 49. pr. D. de legatis II. (31.) (PAULUS lib. 5. ad legem Jul. et Pap.) hervor: Mortuo bove, qui legatus est, neque corium, neque caro debetur. Denn offenbar kann hier das Legat aus dem Grunde nicht mehr gefordert werden, weil dessen Gegenstand (der Ochs) untergegangen ist.

2) fr. 67. §. 2. i. f. D. de furtis (47, 2.)

3) Seuffert a. a. O. S. 19.

man behält die erstere nämlich so lange, bis man das Eigenthum durch eigne Handlungen aufgegeben hat [1]); da nun die specificatio eine Handlung eines Dritten ist, durch welche das Eigenthum verloren wird, so kann zwar die condictio furtiva fortbestehen, die rei vindicatio ist aber erloschen. — Allein liegt in dieser Deduction nicht eine petitio principii?

Kann man das Eigenthum an dem Stoffe so vorweg durch die specificatio als erloschen annehmen?

Das müßte doch eigentlich erst erwiesen werden. Die bisherige Entwickelung scheint aber eher dagegen, als dafür zu sprechen.

Und dann: Betrachten wir die Sache, wie sie betrachtet werden muß! — Hat derjenige, welcher mala fide die Specification vorgenommen, das Eigenthum an der neuen species erworben?

Ist das Eigenthum zu nennen, wenn man keine Klage gegen den Dritten hat, Falls man den Besitz der Sache verloren, sondern wenn die Sache selbst von dem früheren Eigenthümer mit einer Klage zurückgefordert werden kann, die, nach ausdrücklichen Bestimmungen der Gesetze, gewöhnlich allein dem Eigenthümer zusteht? — Oder ist die neue species etwa herrnlos geworden?

Es bleibt demnach nichts übrig, als daß das Eigenthum des dominus der Materie an der neuen species fortbesteht.

Ueberhaupt möchte sich hier die Frage aufwerfen lassen: Kann der Unterschied, ob man das Eigenthum an dieser bestimmten Sache durch eigne, oder durch fremde Handlungen verloren habe, hier entscheiden? Die Gegner müssen sich doch consequent auf den Grundsatz stützen: der Stoff ist untergegangen, eine neue Sache ist geschaffen, an welcher der dominus des Stoffs keinen Anspruch hat. — Freilich verliert dieser durch die Handlung eines Dritten (des Specificanten) das Eigenthum, allein diese Handlung ist nur mittelbare Ursache; — unmittelbarer Grund ist dagegen

---

1) fr. 10. §. 2. u. 3. fr. 12. D. de condict. furtiva (13, 1.)

der Untergang der Sache! Nähmen es die Gesetze mit diesem Untergange bei der specificatio mala fide so strenge, so würde die condictio furtiva in Beziehung auf die Sache selbst gewiß nicht mehr stattfinden können. Denn die eigne Sache wäre ja nicht mehr existent; es könnte darum auch von dieser eignen Sache nicht mehr die Rede seyn, weder in der Beziehung, ob das Eigenthum an dieser Sache mit, oder ohne Erlaubniß des Eigenthümers verloren worden [1]).

§. 9.

Zu der in den vorhergehenden §§. erwähnten Klage kommt noch eine andere.

Außer der condictio furtiva wird nämlich, und zwar gerade für den Fall der *specificatio mala fide*, in den Gesetzen [2]) die actio ad exhibendum gestattet; — eine Klage, welche, wie schon oben erwähnt worden, gewöhnlich mit der rei vindicatio verbunden erscheint [3]), und worüber

fr. 1. §. 3. D. ad exhibendum (10, 4.) (Ulpian. lib. 4. ad Edict.) sagt:

Est autem personalis haec actio: et ei competit, qui *in rem acturus est*, qualicunque in rem actione: etiam pignoratitia, Serviana seu hypothecaria, quae creditoribus competunt.

In unserm Falle ist aber Eigenthum das einzige dingliche Recht, aus welchem die Klage möglicherweise entspringen

---

1) Es müßte darum zur Begründung der condictio furtiva erst eine Contrectation der neuen species erfordert werden, wie wir bereits im vorigen § gesehen haben.

2) fr. 12 §. 3. ad exhibendum (10, 4.) vergl. mit fr. 7. §. 1. D. de condict. furtiva (13, 1.)

3) In früherer Zeit bereitete diese Klage bekanntlich die rei vindicatio in der Art vor, daß man damit zuerst auf Vorzeigung der Sache vor dem Prätor klagte, um nach dem alten Vindicationsproceß die vindicatio vornehmen zu können; später konnte man auch auf Trennung der eignen, mit einer fremden verbundenen Sache bringen, um jene zu vindiciren 2c. Die weiteren Ausdehnungen dieser Klage gehören zunächst nicht hierher.

kann. Das wird denn auch mit dürren Worten gesagt in dem vielbesprochenen

fr. 12. §. 3. D. ad exhibendum (10, 4) (PAULUS lib. 26. ad Edictum.)

Si quis ex uvis meis mustum fecerit, vel ex olivis oleum, vel ex lana vestimenta, *cum sciret haec aliena esse:* utriusque nomine ad exhibendum actione tenebitur: quia quod *ex re nostra* fit, *nostrum esse* verius est.

Gegen diese Gesetzesstelle wird eingewendet [1]): Sie beweise zu viel, und darum gar nichts. Der Grund am Schlusse des Gesetzes: quia quod ex re nostra fit, nostrum esse verius est, — würde jede Specification, auch die bona fide vorgenommene, ausschließen.

Allein, wenn dieser Grund auch, aus dem Zusammenhange herausgerissen, etwa so verstanden werden kann, so ist dieß doch im Zusammenhange mit dem Vordersatz nicht wohl möglich. In diesem ist bloß von der specificatio mala fide die Rede (cum sciret haec aliena esse). Es wird also das, was möglicherweise von der specificatio im Allgemeinen gelten könnte, hier wirklich (und zwar auf das Bestimmteste) von der specificatio mala fide allein gesagt.

Ein zweiter Einwand ist [2]): Das fr. 12. §. 3. cit. nenne zwar die actio ad exhibendum, allein diese sey nur auf das Vorzeigen der Sache zum Zwecke der Vorbereitung der condictio furtiva, nicht aber auf Geltendmachung des Eigenthums gerichtet. Das erhelle aus dem unmittelbar vorhergehenden §. 2. dieser Gesetzesstelle selbst, verb.: Item si ei, *qui furti acturus, ad exhibendum egisset*, iterum furtum factum sit.

Allerdings handelt dieser §. an der angeführten Stelle von der actio ad exhibendum, in so ferne dieselbe auf Vorzeigen einer Sache gerichtet ist, und ebenso erscheint diese Klage hier als vorbereitend für eine persönliche Klage, nämlich für die condictio furtiva.

---

1) Vergl. Gesterding a. a. O. S. 268. a. E. u. 269. oben.

2) Vergl. Gesterding a. a. O. S. 272.

Allein kann dieß bewirken, daß wir den §. 3. nicht selbstständig nach Wort und Sinn verstehen? — Ist ja doch die Verbindung der einzelnen §§. eines und desselben Gesetzes in Justinian's Compilation oft so lose! — wie gerade dieses fr. zeigt, indem im §. 2. nicht allein von der Vorbereitung der condictio furtiva, sondern ebensowohl von der Vorbereitung der rei vindicatio, und von der Vorbereitung für die Wahl bei Legaten (optandi gratia) die Rede ist; im §. 3. dagegen die actio ad exhibendum direct auf das Eigenthum gegründet, und auf Herausgabe der Sache selbst gerichtet ist, während im §. 4. mit derselben Klage auf Ersatz des Interesse gedrungen wird.

Daß aber die actio ad exhibendum im gedachten §. 3. nicht bloß auf Vorzeigen oder auf Ersatz des Schadens gerichtet, sondern auf das Eigenthum selbst gegründet ist, geht aus den Worten des Gesetzes deutlich hervor. Es heißt in dessen Anfang: Si quis ex uvis *meis* mustum fecerit etc.; und dadurch wird das Eigenthum doch wohl deutlich genug bezeichnet; sodann am Ende: quia quod ex re *nostra* fit, *nostrum esse* [1]) verius est. Das *nostrum* esse ist doch gleichbedeutend mit dem ex re *nostra*, und dieses letztere wieder mit dem ex uvis *meis*. Wie könnte darum unzweideutiger als Grund für die Klage das Eigenthum genannt werden? — Wollte man aber dennoch zweifeln, so vergleiche man nur noch folgende Gesetzesstellen:

fr. 49. §. 1. D. de R. V. (6, 1.) (Celsus lib. 18. Digest.)

Meum est, quod *ex re mea superest*, cujus vindicandi jus habeo; ebenso

fr. 66. D. eod. (Paulus lib. 2. Quaestionum.)

Non ideo minus recte quid *nostrum esse vindicabimus*, quod abire a nobis dominium speratur, si conditio legati vel libertatis exstiterit.

fr. 25. D. de V. S. (50, 16.) (Paulus lib. 21. ad Edict.)

---

1) Man wird bei dieser Gesetzesstelle leicht an die alte Vindicationsformel erinnert: „Ajo hanc rem meam esse ex jure Quiritium!"

Recte dicimus eum fundum totum *nostrum esse*, etiam cum ususfructus alienus est: quia ususfructus non *dominii* pars, sed servitutis est [1]).

Diese beiden letzten Gesetzesstellen sind um so bedeutender, als sie, gleich dem fr. 12. §. 3., aus den Schriften des Paulus [2]) entlehnt sind, und somit den Sprachgebrauch dieses so scharfen und präcisen juristischen Denkers bezeichnen.

Aus der ganzen bisherigen Untersuchung würde nun als Resultat hervorgehen: Der Eigenthümer des Stoffs kann die mala fide specificirte Sache sowohl mit der condictio furtiva, als mit der actio ad exhibendum, nach den Gesetzen fordern. Grund dieser Klagen ist das Eigenthum an der neuen *species*.

§. 10.

Gegen die ganze bisherige Deduction sprechen aber immer noch bedeutende Gründe.

Vor Justinian herrschte bekanntlich über die Frage, wer das Eigenthum der neuen species erwerben sollte, ein großer Streit zwischen den Sabinianern und Proculianern, deren Erstere dem Herrn des Stoffs, die Letzteren aber dem Specificanten das Eigenthum der neuen species zuschrieben. Justinian entschied sich für die Mittelmeinung, daß in dem Falle, wenn die species wieder auf ihre frühere Gestalt zurückgeführt werden könne, der Eigenthümer des Stoffs, wenn aber dieß nicht möglich sey, der Specificant Eigenthümer der neuen species werden solle. Dieß sagen sowohl die Institutionen [3]), wie die Pandecten [4]). In keiner dieser beiden Gesetzesstellen ist aber der Fall der specificatio mala fide als ein besonderer hervorgehoben; es rechtfertigt sich darum die Behauptung, daß dieser unter die allgemeine Regel falle, und demgemäß das Eigenthum der neuen species dem Specificanten erworben werde, wenn die neue species sich nicht mehr in den alten

1) Vergl. auch fr. 58. §. 1. D. de V. S. (50, 16.)

2) Vergl. noch fr. 24. — 26. D. de acquir. rer. domin. (41, 1.)

3) §. 25. J. de rerum divis. (2, 1.)

4) fr. 7. §. 7. D. de acquir. rer. domin. (41, 1.)

Zustand umwandeln läßt. Diese Gründe haben denn auch die meisten Rechtslehrer zu der Ansicht vermogt, bei der mala fide vorgenommenen specificatio Erwerbung des Eigenthums anzunehmen; — bei welcher Ansicht man, wie billig, auf die beiden obigen Gesetzesstellen besonderes Gewicht gelegt, da sie aus den Haupttiteln der Gesetzessammlung entlehnt sind.

Nun ließe sich zwar gegen die erwähnte Stelle der Institutionen einwenden, daß diese öfters nur die allgemeinen Regeln angeben, die nähere Ausführung und Modification aber den Pandecten überlassen; was denn auch in so ferne hier sicher eintritt, als wir erst aus der Pandectenstelle erfahren, daß die specificatio von dem Specificanten suo nomine geschehen muß, und die Ansicht der Institutionen, als begründe das Ausdreschen der Früchte eine Specification, in den Pandecten ihre Berichtigung findet.

Allein diese Einwendung scheitert an der Pandectenstelle selbst, welche die Ansicht der Institutionen in Beziehung auf unsere Frage vollkommen billigt: was sich auch daraus leicht erklären läßt, daß fr. 7. §. 7. cit. aus Gajus lib. 2. rerum cottidianarum s. aureorum entlehnt ist [1]).

§. 11.

Dennoch möchten einige Gründe für die Behauptung sprechen, daß in den beiden allegirten Gesetzesstellen nicht völlig umfassende Vorschriften für die specificatio enthalten seyen.

Beide Gesetze gehen nämlich von dem Streit der verschiedenen Secten der römischen Juristen aus, und geben dabei, jedoch immer in genauer Beziehung zu den Ansichten dieser Secten, die in der Compilation befolgte Mittelmeinung an; z. B. in fr. 7. §. 7. cit. verb.: Est tamen et media sententia recte existimantium, si species ad materiam reverti possit, verius esse, quod Sabinus et

---

1) Diese Schrift und die Institutionen des Gajus sind bekanntlich die vorzüglichste Quelle und Grundlage für Justinian's Institutionen. Vgl. Göschen über die res quotidianae des Gajus rc. in der Zeitschrift für geschichtliche Rechtswissenschaft. Band 1. No. IV. S. 54. ff. Band 2. No. I. S. 1. ff.

Cassius censerunt; si non possit reverti, verius esse, quod Nervae et Proculo placuit: ut ecce vas conflatum ad rudem massam auri, vel argenti, vel aeris reverti potest etc.; und auf eine ähnliche Weise in §. 25. J. cit.

Die Proculianer haben aber den Unterschied zwischen specificatio bona und mala fide nicht gekannt, weil sie sich lediglich darauf stützten, daß der Specificant durch Occupation das Eigenthum der herrnlosen neuen species erwerbe; ebenso wenig war dieser Unterschied den Sabinianern bekannt, da von ihnen gerade umgekehrt dem Eigenthümer des Stoffs auch das Eigenthum an der neuen species unbedingt zugesprochen wurde.

Wenn nun Justinian in den mehrerwähnten Gesetzesstellen die Ansicht der Proculianer, in so ferne der Stoff nicht mehr auf seine frühere Form zurückgeführt werden kann, billigt; — so läßt sich fragen, ob diese Ansicht der Proculianer als die einzig geltende Regel in Justinian's Compilation betrachtet werden, alle übrige Gesetzesstellen derselben Compilation aber — die Stellen nämlich, welche die condictio furtiva oder die actio ad exhibendum gestatten — nicht mehr gelten sollen?

Dagegen werden sich alle Gesetze ohne besondere Schwierigkeit vereinigen lassen, wenn man annimmt, daß die angeführten Stellen aus den Haupttiteln der Inst. und Dig., nur die allgemeine Regel aufgestellt haben, ohne dadurch die an andern Orten der justinianischen Compilation vorkommenden Modificationen und Ausnahmen auszuschließen. (Vergl. auch §. 13. pos. 6. unten.)

Diese Ansicht kann auch gewiß nach der Beschaffenheit des Corpus juris, als einer Sammlung bereits vorhandener Materialien, nicht als gesucht oder gezwungen betrachtet werden.

§. 12.

An den im vorigen §. geprüften Einwand schließt sich aber ein anderer, und zwar offenbar der wichtigste und schwierigste unter allen.

Die bisher erörterten Gesetzesstellen beziehen sich nur auf eine Gattung der specificatio, nämlich darauf, wenn der

Specificant eine völlig fremde Sache zu einer neuen species verarbeitet; sie passen aber nicht auf die Fälle, wenn der Specificirende theils aus eignem, theils aus fremdem Stoff eine neue *species* gebildet hat.

Auf den letzteren Fall scheinen im Gegentheile alle bisher angeführten Gründe keine Anwendung zu leiden; denn ein furtum kann durch contrectatio mala fide doch nur an der fremden Sache begangen werden, und nicht an der eignen; beide Sachen sind aber zu einer einzigen untrennbar verbunden. — Ebenso kann hier bei dem dominus, welcher nur an einem Theile des Stoffs Eigenthum hat, nicht von dem Behalten des Eigenthums in Beziehung auf den von dem Specificanten herrührenden Theil der Materie die Rede seyn, sondern es müßte hier nothwendig ein neuer Erwerb angenommen werden, und zwar durch Vermittelung des mala fide Specificirenden, der jedoch nicht als Bevollmächtigter betrachtet werden kann, da er vielmehr die specificatio, wie deren Begriff erheischt [1]), suo nomine vorgenommen hat.

Aus diesen Einwendungen kann man aber die Folgerung ziehen: Wenn diese erwähnten Fälle nicht unter die hier aufgestellte Regel passen, so kann diese selbst nicht allgemein gelten. Ja, man könnte noch weiter schließen: durch diese Lücke, welche so viele, vielleicht die häufiger vorkommenden Fälle in sich faßt, zerfällt die ganze Regel!

Gegen all' diese Einwürfe diene der folgende Widerlegungs-Versuch:

Der Fall, wenn der Specificant die neue species theils aus eignem, theils aus fremdem Stoff gebildet hat, ist von dem andern Falle, wenn allein aus fremdem Stoff die neue species formirt worden, überhaupt verschieden, und wird auch in unsern Quellen auf diese Art behandelt; so daß, auch wenn man hier die Unanwendbarkeit der vertheidigten Ansicht zugestehen müßte, daraus noch kein nothwendiger Schluß auf die Unanwendbarkeit der Regel im Allgemeinen gezogen werden darf.

1) fr. 7. §. 7. D. de acquir. rer. dom. (41,1.) S. oben §. 3. S. 195. a. E.

Bei der Verarbeitung des eignen und fremden Stoffs vereinigt sich nämlich in der Person des Specificanten ein doppeltes Moment: nämlich seine Thätigkeit bei der Verarbeitung, und dann das Liefern seines eignen Stoffs; ganz anders, wie bei der Verarbeitung eines völlig fremden Stoffs, wobei von Seiten des Specificanten bloß die opera (seine Thätigkeit) bei der Specification stattfindet. Das erkennen unsere Quellen ausdrücklich an, und sind darum auch in diesem Falle weit gelinder gegen den Specificanten, als in dem andern, wenn er allein fremden Stoff verarbeitet hat. Denn in jenem Falle erwirbt der Specificant nach der von der großen Mehrzahl der heutigen Rechtslehrer befolgten Ansicht [1]), Eigenthum, ohne daß es darauf ankommt, ob die species wieder ad priorem formam reducirt werden kann, während dieß sonst so strenge unterschieden wird [2]):

§. 25. i. f. J. de R. D. (2, 1.)

verb.: *dubitandum non est, hoc casu eum esse dominum, qui fecerit: cum non solum operam suam dederit, sed et partem ejusdem materiae praestiterit.*

§. 13.

Unmittelbar an den im vorigen §. allegirten §. 25. J. schließt sich aber der §. 26. J. de R. D., welcher zu manchen nicht unwichtigen Betrachtungen Veranlassung giebt. Er lautet also:

Si (tamen) alienam purpuram [3]) *vestimento suo intexuerit:* licet pretiosior sit purpura, tamen accessionis

---

1) Thibaut System §. 597. Not. r. v. Wening-Ingenheim Lehrbuch. Buch II. §. 129. (§. 39.) Not. e.)

2) Es bedarf wohl kaum einer wiederholten Erinnerung, daß nach der hier vertheidigten Ansicht der §. 25. cit. nur von dem Falle zu verstehen ist, wenn der Specificant die Specification bona fide vorgenommen hat. Das geht auch aus dem folgdnden §. 26., welcher von dem Falle der specificatio mala fide handelt, hervor.

3) Purpura bedeutet hier offenbar (wie dieser Ausdruck auch sonst gebraucht wird) einen mit Purpur gefärbten Gegenstand, am Besten Purpurwolle.

vice cedit vestimento: et qui dominus fuit purpurae adversus eum, *qui subripuit*, habet *furti actionem et condictionem: sive ipse sit, qui vestimentum fecit*, sive alius: nam extinctae res, licet vindicari non possint, *condici tamen* a furibus et *quibusque aliis possessoribus*[1]) possunt.

Wir heben aus dieser Gesetzesstelle als hierher gehörig nur den Fall heraus, wenn derjenige, *qui subripuit purpuram*, das Kleid selbst verfertigt hat.

Betrachten wir das Gesetz von dieser Seite, dann ist darin von dem Falle die Rede, wenn Jemand mala fide eine fremde species gebildet hat, in der Art, daß er mit eignem Stoff einen fremden verbunden, und zwar unter der näheren Bestimmung, daß hier der fremde Stoff, als eine Nebensache, dem Stoff des Specificanten, welcher die Hauptsache ausmacht, vermöge der *accessio* folgt. Für diesen Fall nun, der offenbar noch mehr enthält, als eine gewöhnliche Vereinigung eignen und fremden Stoffs, (weil hier nicht immer die Hauptsache von dem Specificanten herrührt,) wird im §. 26. cit. dem dominus der Nebensache die condictio furtiva gegeben, und nicht etwa bloß in Beziehung auf die Nebensache — denn diese existirt ja nicht mehr! — sondern in Beziehung auf die aus Haupt- und Nebensache vereint bestehende neue *species* selbst.

Aus der bisherigen allgemeiner gehaltenen Erklärung des §. 26. sind noch folgende Puncte genauer hervorzuheben:

1) Im Anfange dieses §. ist ganz allgemein davon die Rede: si quis alienam purpuram vestimento suo intexuerit, ohne genauer zu unterscheiden, ob das furtum erst durch die Contrectation der Purpurwolle zum Zwecke der Specification begangen worden, oder ob dieselbe schon vorher entwendet

---

1) Vinnius in seinem Commentar. zu diesem §. No. 5. nimmt diese lectio vulgata, welche auch Theophilus befolgt, gegen die von Contius aus Manuscripten restituirte Lesart „et quibusdam aliis possessoribus,“ mit Recht in Schutz.

war; — und doch heißt es nachher, der dominus purpurae habe gegen den, *qui subripuit*, die actio furti und die condictio furtiva.

Wollte man den §. 26. wegen seiner Anfangsworte nicht zugleich von einer vorhergegangenen Entwendung verstehen, (von welcher darin nirgends genauer die Rede ist) so würde die hier vertheidigte Ansicht in dieser Gesetzesstelle ihre ausdrückliche Bestätigung finden.

Zwar läßt sich eine solche Auslegung nicht als die einzig richtige mit völliger Gewißheit annehmen; allein offenbar ist dieser §. unserer Ansicht gerade durch die allgemeine Fassung, welche doch immer wenigstens den Fall der vorhergegangenen Entwendung und der bloßen Besitzergreifung zum Zwecke der Verarbeitung als gleichbedeutend in sich schließt, höchst günstig.

2) Daß die Sache selbst, und nicht bloßes Interesse mit der condictio gefordert wird, geht daraus mit Bestimmtheit hervor, daß sie gegen den dritten Besitzer gerichtet ist.

3) Daß die aus Haupt- und Nebensache gebildete neue *species* der Gegenstand der condictio ist, ergiebt sich, wie schon bemerkt, daraus, daß die Nebensache durch Verbindung mit der Hauptsache aufgehört hat, in ihrer ursprünglichen Beschaffenheit zu existiren, und nur in Verbindung mit der Hauptsache noch als existirend betrachtet werden kann.

4) Daß die am Ende des §. 26. erwähnte condictio die condictio furtiva ist, kann wohl nach den Worten des Gesetzes: habet furti actionem et condictionem, und: condici tamen a furibus etc. keinem gegründeten Zweifel unterliegen, wenigstens nicht in Beziehung auf den mala fide Specificirenden; denn beim dritten Besitzer kann man etwa mit VINNIUS[1]) eine condictio sine causa annehmen, (s. unten pos. 5. u. Not. 1.) wiewohl die Worte: condici tamen a furibus et quibusque aliis possessoribus possunt, wegen ihrer so engen Verbindung auf eine Klage in beiden Fällen schließen lassen könnten.

5) Kann man nun nach dem Bisherigen wohl sagen: das Eigenthum für den dominus des einen Theils der species

---

1) l. c. No. 4. a. E.

hat aufgehört, und der mala fide Specificirende hat das Eigenthum an der ganzen species erworben? — Freilich kann der Erstere seine Sache nicht mehr in der ursprünglichen Beschaffenheit verfolgen — und darum erscheint auch die Anstellung der *rei vindicatio* als unmöglich; — allein mit der condictio fordert man auch hier (wie schon oben §. 7. S. 202. bei der Verarbeitung von ausschließlich fremdem Stoff gezeigt worden) nicht bloß Interesse, sondern die neue Sache selbst; — diese condictio mag nun die condictio furtiva seyn, und in so ferne die Natur einer actio in rem scripta annehmen, oder, was der Verf. eher billigen möchte, bei dem dritten Besitzer die condictio sine causa [1]).

6) Endlich kann man noch darauf Gewicht legen, daß §. 26. aus dem Haupttitel der Inst. entlehnt ist, und an den oben mitgetheilten §. 25. J. eod. unmittelbar sich anschließt. Es läßt sich daraus ein nicht unwichtiger Grund für die schon oben (§. 11.) ausgesprochene Behauptung ableiten, daß im §. 25. Justinian's Vorschrift nur in so ferne im Allgemeinen angegeben sey, als sie die direct entgegenstehenden

---

1) Ein genügender Rechtsgrund für die Gestattung der condictio furtiva gegen jeden dritten Besitzer der Sache läßt sich nicht wohl denken, da diese Klage nach ausdrücklicher Bestimmung der Gesetze (fr. 5. D. de condict. furt. [13, 1.]) nur gegen den fur und dessen Erben *), sonst aber nicht einmal gegen die Gehülfen des fur zusteht (fr. 6. D. eod.) Deßhalb kann man wohl mit mehr Grund eine condictio sine causa gegen den dritten Besitzer annehmen; denn offenbar sind die Voraussetzungen für diese so allgemeine Klage weit eher vorhanden **), als für die condictio furtiva. Dieser Erklärung würde auch nicht die Fassung des §. 26. J. cit. entgegenstehen, weil der unbestimmte Ausdruck „condici" in seiner hier wohl absichtlich gebrauchten Unbestimmtheit, ebenso die condictio furtiva, als alle andere Arten der condictiones in sich schließt. Eine solche Auslegung des Gesetzes nach inneren Gründen würde auch den oben pos. 4. a. E. erhobenen Einwand der nahen Verbindung des Schlusses von §. 26. cit.: „condici tamen a furibus et quibusque aliis possessoribus," überwiegen.

*) Eine Ausnahme mit Rücksicht auf die Verhältnisse der potestas s. oben Abh. I. S. 54. u. 55., 81. Vergl. auch fr. 19. D de cond furt. (13, 1.)

**) arg. fr. 32. D. de rebus creditis (12, 1.) s. oben Abh. I §. 34.

Ansichten der Proculianer und Sabinianer mit einander vereinigt, ohne die gesetzlichen Bestimmungen über specificatio überhaupt zu erschöpfen, da sich ja gerade in dem folgenden §. 26. eine mit den Bestimmungen im §. 25. durchaus nicht harmonirende ergänzende Vorschrift findet, wie die bisherige Erörterung gezeigt hat.

7) Wenn aber §. 26. J. cit. sogar in dem Falle der Verarbeitung eignen und fremden Stoffs dem dominus an einem Theile des Stoffs dieselben Rechtsmittel (die condictio furtiva) verleiht, welche oben (§. 7.) bei der Verarbeitung von ausschließend fremdem Stoff für den dominus materiae angenommen wurden, so kann man offenbar von dem ersteren Falle, als dem plus, wieder auf den letzteren Fall, als das minus, zurückschließen.

Zwar läßt sich bei ruhiger, sorgfältiger Betrachtung nicht verkennen, daß der §. 26. J. cit. manche Unbestimmtheit enthält, welche sich nicht leicht vollständig wird lösen lassen; allein daß im Allgemeinen ein für unsere Ansicht durchaus günstiges Resultat daraus erfolgen muß, kann doch in keinem Falle in Abrede gestellt werden.

§. 14.

Endlich kann man noch der hier vertheidigten Ansicht entgegnen: Der Fall, da der Specificant mala fide die Specification vorgenommen, wird im Leben doch wohl nicht so selten vorkommen. — Läßt es sich nun denken, daß die practischen Römer, welche ihre Rechtsnormen gewiß aus dem Leben selbst geschöpft haben, diesen Fall mit Stillschweigen übergangen, oder daß die Compilatoren denselben ohne Weiteres aus dem Corpus juris weggelassen hätten; — zumal, da bei den übrigen Erwerbungsarten des Eigenthums, wie bei der Ersitzung, so genau und strenge zwischen bona und mala fides unterschieden wird?

Indem man diese Frage verneint, folgert man weiter, daß die allgemeinen Bestimmungen in dem Haupttitel der Inst. und Dig. sowohl für die specificatio bona, als mala fide gelten müssen.

Allein dagegen diene zur Erwiderung:

Wenn durch contrectatio mala fide ein furtum begangen, und der Begriff des letzteren überhaupt so weit gefaßt wurde, wie oben §. 3. gezeigt ist, so waren die Rechtsnormen für die specificatio mala fide eigentlich für die Römer hinlänglich genau angegeben; denn bei einem im Volke lebenden Rechtsbegriffe kann man die Subsumtion des einzelnen Falles unter diesen Begriff (wie hier die Contrectation der fremden Sache, um daraus eine neue species suo nomine zu bilden, als ein Fall des furtum) dem gesunden Sinne des Volks selbst wohl überlassen, ohne dieselbe jedesmal durch besondere Gesetze auszusprechen.

Uebrigens ermangeln wir auch nicht einmal besonderer gesetzlicher Bestimmungen, da ja der §. 26. J. cit., welcher gleichfalls aus dem Haupttitel der Inst. entlehnt ist, nach seiner allgemeinen Fassung auf den Fall der specificatio mala fide direct angewendet werden kann, so ferne man ihn in der Art auslegt, wie es in dem vorhergehenden §. geschehen ist.

Und dann haben wir immer noch das mehrfach erwähnte fr. 12. §. 3. D. ad exhibendum (10, 4.), welches gleichfalls direct und bestimmt von unserm Falle spricht! Auch ist ja nicht gerade nöthig, daß man zur Begründung einer Behauptung eine Reihe von Gesetzesstellen aufzuführen vermag, wenn nur der an sich klare und bestimmte Ausspruch der einen, oder der andern Stelle nicht mit den allgemeinen Grundsätzen, oder mit andern Gesetzesstellen von überwiegender Kraft im Widerspruch steht; — ein Widerspruch, welcher nach dem Bisherigen, so hofft der Verf., wohl als gelöst betrachtet werden darf.

VI.

Bemerkungen zur Lehre von der Form der Testamente nach der Notariats-Ordnung Kaiser Maximilian's I. vom Jahre 1512. †)

A. Kann der schreibkundige Testator das Testament durch einen achten Zeugen unterschreiben lassen, wenn er selbst nicht unterzeichnen will? ††)

Es ist bekannt, daß nach römischem Rechte, wenn ein Testator, welcher nicht schreiben kann, ein schriftliches Testament errichten will, ein achter Zeuge statt seiner in Gegenwart der

---

†) Die Notariats-Ordnung vom Jahre 1512. Tit. von Testamenten schließt sich bekanntlich rücksichtlich der Form der Testamente an das römische Recht *) enge an. Sie bringt dessen Vorschriften theils zur Anwendung, theils ergänzt sie dieselben, oder ändert wohl auch Manches **), sey dieß nun aus Mißverständniß ***), oder absichtlich.

*) N. O. v. 1512. Tit. von Testamenten §. 1. i. d. W.: „nach Kayserlichen Rechten und Gesetzen," sowie überhaupt nach dem ganzen Inhalt dieses Gesetzes.

**) z. B. das testamentum militare soll nach N. O. §. 2. a. E. immer vor zwei Zeugen errichtet werden, ausgenommen, wenn der Soldat wirklich im Streit begriffen ist, während nach römischem Rechte (const. 17 C. de testamento militis (6,21.) schon den Soldaten, qui expeditionibus occupati sunt, ganz allgemein verstattet wird, hoc, quo modo voluerint, testamenta componere.

***) Sie betrachtet z. B. das Testament eines Blinden, gegen die Bestimmungen des römischen Rechts, neben dem mündlichen und schriftlichen Testament, als eine dritte Hauptart der Testamente ꝛc. N. O. a. a. O. §. 1. a. E.

††) Die nachfolgenden Bemerkungen waren schon lange ausgearbeitet, als der Verf. die darin vertheidigte Ansicht bei Gesterding Ausbeute

übrigen Zeugen das Testament mit derselben Wirkung unterzeichnen kann, als wenn der Testator selbst unterschrieben:

const. 21. C. de testamentis (6, 23.) (Impp. THEOD. et VALENT. A. A. FLORENTINO P. P.) sagt darüber:

verb.: Quod si *literas* testator *ignoret*, *vel subscribere nequeat:* octavo subscriptore pro eo adhibito eadem servari decernimus etc. und

const. 28. §. 1. C. eod. (Imp. JUSTINIANUS A. JULIANO P.P. 530.) Cum autem constitutione (i. e. const. 21. C. cit.) quae de testamentis ordinandis processit, cavetur, quatenus septem testium praesentia in testamentis requiratur et subscriptio a testatore fiat, vel ab aliquo pro eo, et constitutio sic edixit: „*Octavo subscriptore adhibito*" etc.

Die R. O. [1]) a. a. O. §. 7. drückt sich also aus:

„doch also, daß er offenbarlich ansage, daß solches, so „er darlegt, sein Testament sey, und vor den Zeugen „allen mit eigner Hand unterschreibe: oder, wo er nicht „schreiben könnt, oder alsdann nicht möcht, durch „eines andern achten Zeugen Hand in seinem Namen „und auf sein Begehren, an einem Orte des Testaments „unterschreiben lasse" ꝛc.

Man hat diese Worte der R. O. wohl so erklärt [2]),

---

von Nachforschungen ꝛc. Th. 1. S. 345. u. 346. bestätigt fand. Da Gesterding aber, auf andere Gründe gestützt, zu demselben Resultat gelangt, so hält der Verf. die Bekanntmachung der nachstehenden Bemerkungen, welche die R. O. hauptsächlich aus dem Sprachgebrauch des Mittelalters erklären, nicht für überflüssig, zumal da auch noch in neuerer Zeit verschiedene Ansichten über die berührte Frage herrschen. S. Archiv für civ. Praxis. Band 6. S. 340. Not. 32.

1) Der Verf. folgt hier dem in die „Neue Sammlung der Reichsabschiede" Th. 2. S. 151. ff. aufgenommenen Text der R. O.

2) Vergl. CARPZOV. decisiones illustres Saxonicae. P. 2. Dec. 147. verb.: Ac si literas nesciat, vel scribere nolit, tunc supernumerarius testis, octavus nempe, in testamento, sextus vero in codicillo ejus loco admittitur. Quae omnia ceu principaliora requisita referuntur etiam in dict. Recess. Imper. Colon. tit. von Testamenten. JOH. SCHNEIDW. in pr. Inst. de testam. ord. de solenni testam.

daß der Testator, wenn er entweder des Schreibens unkundig sey, oder wenn er gerade keine Lust zu unterschreiben habe, (wenn er das Testament selbst gerade nicht unterschreiben wolle) durch einen achten Zeugen statt seiner könne unterzeichnen lassen.

Zu dieser Erklärung haben die Worte: „wo er nicht schreiben könnt, oder alsdann nicht möcht,“ bewogen.

Allein diese Erklärung ist sowohl der Natur der Sache, als allgemeinen Interpretationsregeln zuwider, und wird auch durch den Sprachgebrauch keineswegs unterstützt. Denn

1) läßt sich nicht leicht einsehen, was für ein vernünftiges Interesse ein Schreibkundiger daran haben könne, das Testament nicht selbst zu unterschreiben, sondern dieß durch die, mit ungleich viel mehr Schwierigkeit verbundene Zuziehung eines achten Zeugen bewirken zu lassen. Daß aber das Gesetz etwa eine alberne Grille (namentlich bei einem so feierlichen und deßhalb an so strenge Formen gebundenen Rechtsgeschäfte, wie die Testamentserrichtung,) habe begünstigen wollen, dürfen wir doch zu seiner Ehre nicht eher annehmen, als bis dieß gehörig nachgewiesen ist.

2) Auch der Sprachgebrauch ist für die hier mißbilligte Erklärungsart durchaus nicht. Das Zeitwort mögen bedeutet in der Sprache des Mittelalters fast immer [1]) soviel, als können, vermögen, valere. Dieß könnte durch viele Beispiele belegt werden. Es wird indessen genügen, nur auf mehrere Stellen desselben Gesetzes hinzuweisen, und zwar vorzüglich auf §. 5. a. E.

„Die Notarien sollen sich auch hüten vor allen denen,
„so weder verständlich reden noch schreiben können,
„dann sie kein Testament machen mögen.

1) S. Feuerbach Lehrbuch des gemeinen deutschen peinl. Rechts. (10te Ausg.) §. 337. not. b. a. E. Man betrachte namentlich Luther's Sprache in seiner nicht viel späteren Bibel-Uebersetzung, z. B. Matthäus 10, 28. Lucas 6, 39. Jesaias 10, 15. Vergl. auch G. F. Benecke in: Anmerkungen und Wörterbuch zum Wigalois s. voc.: mugen; v. der Hagen Ausgabe des Lieds der Nibelungen, Wörterbuch s. voc.: mugen, mügen.

Hier kommt offenbar das Zeitwort mögen in derselben Verbindung, wie im §. 7. vor, und es zeigt sich deutlich, daß durch können und mögen derselbe Begriff ausgedrückt werden soll, die verschiedenartige Bezeichnung aber allein aus dem Grunde gewählt ist, um Wiederholungen gleichlautender Wörter zu vermeiden.

Außerdem spricht für die hier vertheidigte Erklärung auch §. 4. a. E. i. d. W.: „und mag kein Testament machen" §. 6. i. d. W.: „Dann viel seynd in Rechten zu solcher Zeugniß „verboten, als gemeiniglich alle die, so selbst nicht mö- „gen von Recht Testament machen."
ebenso auch §. 9. in den Worten:
„oder ob kein Notarius bekommen werden möcht;"
und endlich §. 12. in den Schlußworten: daß die Notarien
„die Pön des Rechten darum zu leiden sich nicht enthal- „ten mögen;"
sowie überhaupt der in dem ganzen Gesetze herrschende Sprachgebrauch.

3) Darum enthält denn die N. O. im §. 7. bloß eine Uebersetzung der oben angeführten Worte der const. 21. C. cit.: Quod si *literas* testator *ignoret*, vel subscribere *nequeat;* nur mit der Unterscheidung, daß die N. O. das, was in den Worten, „vel subscribere *nequeat*" im Gegensatze zu „*ignoret*," schon an sich liegt, durch das Wort „alsdann" noch deutlicher hervorhebt. Hiernach bedeuten die Worte der N. O. weiter nichts, als: wenn der Testator entweder überhaupt des Schreibens unkundig, oder gerade zu der Zeit, da er das Testament unterzeichnen soll, unfähig oder verhindert ist, dasselbe mit eigner Hand zu unterschreiben; z. B. wegen Krankheit, wegen Verwundungen an der Hand rc.; wozu denn natürlich auch die Gründe gehören, welche bei vorhandener Kenntniß der Schreibkunst, deren Ausübung wegen eines fortdauernden Fehlers für immer unmöglich machen; z. B. unheilbare Lähmung der Hand, Verlust oder Verstümmelung der Hände rc.

4) Diese Erklärungsart muß um so viel mehr als die einzig richtige angenommen werden, da die N. O. in jedem

Falle in Beziehung auf const. 21. C. cit. als ein correctorisches Gesetz erscheint, und deßhalb strict, d. h. in dem von const. 21. C. cit. am Wenigsten abweichenden Sinne, erklärt werden muß [1]).

B. Welchen Namen hat der beim Testamente eines Schreibunfähigen zugezogene achte Zeuge zu unterzeichnen?

Darüber sind Carpzov [2]) und Gesterding [3]) entgegengesetzter Ansicht. Der Erstere behauptet, der achte Zeuge habe seinen eignen, der Letztere, er habe den Namen des Testators zu unterschreiben. Beide vertheidigen ihre Ansichten mehr durch innere Gründe, als dadurch, daß sie auf die Worte der Gesetze genaueren Bezug nehmen. Darum soll in den folgenden Zeilen versucht werden, die Gesetze selbst etwas genauer zu prüfen.

Das römische Recht sagt in der schon erwähnten

const. 21. C. de testamentis (6. 23.)

— dum tamen testibus praesentibus testator suum esse testamentum dixerit quod offertur, *eique ipse coram testibus sua manu in reliqua parte testamenti subscripserit:* quo facto et testibus uno eodemque die ac tem-

---

1) Darum drückt sich denn auch Muehlenbruch Doctrina Pandectarum *) Edit. II. Vol. III. §. 177. not. 2. mit Recht also aus: „quodsi ipse aut nesciat aut non possit subscribere octavus subscriptor loco ejus adhibeatur.“ Er bezieht sich aber bloß auf das röm. Recht (const. 28. §. 1. C. cit.) ohne der R. O. zu erwähnen. — Der unbekannte Autor der, in der Neuen Sammlung der Reichsabschiede dem teutschen Originaltext gegenüber abgedruckten, lateinischen Version übersetzt die betreffenden Worte des §. 7. sehr richtig: vel si ipse scribere nesciat, vel tunc (alsdann) non possit, alterius octavi testis manu — subscribi faciat.

*) Die neuen Compendien in teutscher Sprache gedenken gewöhnlich bloß des Falls, da der Testator überhaupt nicht schreiben kann.

2) loc. cit.

3) a. a. O. S. 317. ff.

pore subscribentibus et consignantibus testamentum valere etc. Quod si literas testator ignoret vel subscribere nequeat: *octavo subscriptore pro eo adhibito*, *eadem servari decernimus* etc.

Die Fassung dieses Gesetzes ist der Behauptung Gesterding's günstig; denn, wenn der octavus subscriptor dasselbe thut, was der schreibunfähige *testator* hätte thun sollen, so kann er doch wohl keinen anderen, als den Namen des Testirers unterzeichnen. Dafür spricht auch noch ferner, daß hier, wie in der gleichfalls schon angeführten const. 28. §. 1. C. eod., die achte zur Testamentserrichtung zugezogene Person nicht als testis, sondern als octavus *subscriptor* bezeichnet ist.

Genauer wird aber hier die Sache bestimmt durch die Notariats-Ordnung a. a. O. §. 7. in den Worten:

„oder wo er nicht schreiben könnt, oder alsdann nicht „möcht, durch eines andern achten Zeugen „Hand in seinem Nahmen und auf sein Begehren, an einem Ort des Testaments unterschreiben „lasse."

Darum wird sich das Folgende ausschließlich mit Erklärung dieser Worte der N. O. beschäftigen:

Erstens: Der erwähnte §. 7. der N. O. nennt die achte zum Act der Testamentserrichtung hier beizuziehende Person ausdrücklich einen andern (d. h. einen besonderen, außer den sieben gewöhnlich erforderlichen) achten Zeugen. — Dieser achte Zeuge muß demnach auch gerade so, wie die sieben übrigen Zeugen, als Urkundsperson betrachtet werden, und darum mit seinem, des Zeugen, eignem Namen unterschreiben, damit man daraus ersieht, daß dieß wirklich von einem besonderen achten, nicht aber von einem der sieben gewöhnlichen Zeugen geschehen, und ob der Unterschreibende auch ein fähiger Zeuge ist.

Neben der allgemeineren Eigenschaft eines achten Zeugen hat aber zweitens der Unterschreibende noch eine andere speciellere Function, nämlich: durch seine Hand etwas vorzunehmen, was der Testator, wenn er schreiben könnte, mit eigner Hand hätte vornehmen müssen, d. i. das Unterschreiben des Testaments; — was demnach, eben weil sich der Testator bloß einer fremden Hand dazu bedient, nur in der Unterzeichnung des Namens des Testators bestehen kann.

Aus der angezogenen Stelle der N. O. ergiebt sich endlich drittens noch ein anderes Requisit: Das Gesetz schreibt nämlich vor, daß der achte Zeuge im Namen und auf besonderes Begehren des schreibunfähigen Testators unterzeichnen solle, und erhebt dieß ausdrücklich zu einem wesentlichen Erforderniß des Testaments.

Aus der Natur der schriftlichen Testamente läßt sich nun aber gewiß nicht mit Unrecht die Folgerung ziehen, daß aus der Testamentsurkunde selbst die Beobachtung aller wesentlichen für die Aufzeichnung und Unterzeichnung des Testaments vorgeschriebenen Formalitäten hervorgehen muß [1]). — Darum wird denn auch bei der Unterschrift des achten Zeugen der Zusatz nothwendig erscheinen, daß er im Namen und auf besonderes Begehren des Testators unterschreibe; was auch zum Theile schon deßhalb nöthig seyn wird, um die unterschriebenen Namen des Zeugen und des Testators in den passenden Zusammenhang zu bringen. —

Die oben berührte Streitfrage wird also nach der hier vertheidigten Ansicht so entschieden werden müssen, daß man weder die Unterzeichnung des Namens des Testators, noch die des Namens des Zeugen allein, sondern nur die Unterzeichnung der Namen Beider mit dem passenden Zusatz für hinreichend hält [2]); eine Ansicht, welche durch die Natur der Sache gewiß eher unterstützt, als verworfen wird.

---

1) So nimmt man ja wohl ziemlich allgemein an, daß der Zeuge, um die specialis rogatio zu bescheinigen, den Zusatz „als erbetener Zeuge" beizufügen habe. Ein Gesetz schreibt dieß zwar nicht gerade speciell für das jetzt gültige römische Civiltestament vor; (vergl. im Allg. v. Löhr im Archiv für civ. Prax. VI. No. 16. gegen v. Savigny Geschichte des röm. Rechts im Mittelalter. Th. II. S. 182. — 186. und Spangenberg in demselben Archiv V. No. 5.) allein es ergiebt sich dieß aus der Natur der Sache, welche offenbar noch mehr in unserm Falle dafür spricht.

2) Die Meinung des Verf. weicht also darin von der Ansicht Gester-

In welcher Folge dagegen die beiden Namen geschrieben werden: ob der Name des Testators zuerst steht, und dann (gewissermaßen zur Bescheinigung des Umstandes, daß dieser nicht mit eigner Hand seinen Namen unterzeichnet habe,) der Name des achten Zeugen folgt, oder ob umgekehrt der Name des achten Zeugen voran gesetzt, und diesem, als Zusatz, der Grund dieser Namens-Unterschrift mit ausdrücklicher Benennung des Testators beigefügt wird; — mag im Ganzen einerlei seyn; weil in beiden Fällen die doppelte Eigenschaft der achten Person als Zeuge und octavus subscriptor gewahrt ist. In der ersteren Form tritt die letztere dieser Eigenschaften mehr hervor, in der letztern gilt das Umgekehrte; für diese spricht die Analogie der Unterzeichnung der Zeugen (mit dem Zusatz „als erbetener Zeuge"), auch kann man dafür auf die angezogene Stelle der N. O. sich berufen, weil diese nur verlangt, daß der achte Zeuge an irgend einem Orte das Testament unterzeichne, die Unterschrift also nicht gerade am Ende des Testaments, wohin doch sonst gewöhnlich der Name des Testators unterschrieben wird, zu stehen braucht.

C. Ist es nach der Notariats-Ordnung gleichgültig, mit welchem Petschaft der Zeuge das Testament untersiegelt?

Die Compendien [1]) lehren gewöhnlich, die Testamentszeugen könnten bei Untersiegelung schriftlicher Testamente ein beliebiges Petschaft [2]) gebrauchen, sowohl ihr eignes, als ein

ding's a. a. O. S. 348. i. d. M. ab, daß dieser für ein bloßes nützliches superfluum hält, was hier, (gestützt auf die N. O., welche Gesterding nicht berücksichtigt zu haben scheint) als nothwendiges Requisit angenommen wird.

1) Thibaut §. 693. Not. c. v. Wening-Ingenheim V. §. 51. Not. i. Schweppe §. 816. Not. 7. Muehlenbruch Edit. II. §. 477. not. 6.

2) Wenn es nur ein wirkliches Petschaft (annulus, Siegelring) d. h. mit irgend einem Wappen oder Bilde versehen ist. (forma insculptaque signis imago) fr. 22. §. 5. D. qui testamenta facere possunt (28, 1.)

fremdes (insbesondere das Petschaft des Testators,) und zwar alle eines und dasselbe, oder verschiedene.

Diese Ansicht gründet sich auf römische Gesetzesstellen:

§. 5. J. de testamentis ordinandis (2, 10.)

Possunt autem omnes testes et uno annulo signare testamentum: quid enim *si septem annuli una sculptura fuerint*, secundum quod Papiniano visum est? Sed et alieno quoque annulo licet signare testamentum.

fr. 22. §. 2. D. qui testamenta facere possunt (28, 1.) (Ulpianus lib. 39. ad Edict.)

Si ab ipso testatore annulum accepero et signavero, testamentum valet, quasi alieno signaverim.

const. 12. C. de testamentis (6, 23.) (Impp. Dioclet. et Maximian. A. A. et C. C. Matronae.)

verb.: omnes eodem loco testes suo vel alieno annulo — signaverint etc.

Anders scheint die Notariats-Ordnung a. a. O. die Sache zu bestimmen.

Sie sagt im §. 1. a. E. von dem Testament eines Blinden:

„und auch von den Zeugen darzu sonderlich genommen
„und erbeten, mit ihren aller eignen Händen un-
„terschrieben, auch mit derselben aller *Signet*
„bezeichnet wird."

Sodann weiter im §. 7. in der Mitte:

„durch einen jeden der sieben Zeugen zu unterschreiben
„und mit ihren gewöhnlichen Signeten zu besiegeln;"

und §. 7. a. E.:

„durch die sieben Zeugen alle, mit eignen Händen unter-
„schrieben, und gewöhnlichen Siegeln oder Signeten
„bezeichnet werde;"

und endlich im §. 10.:

„Es mögen auch ihrer einer oder mehr, so nicht
„eigen Signet hätten, eins oder mehr der
„andern Signeten, sich hierinn gebrauchen."

Betrachten wir die vorstehenden Bestimmungen der N. O. nach dem Geiste [1]), wie nach den Worten des Gesetzes, so wird

1) den Zeugen die Wahl des Petschafts nicht mehr völlig freistehen, sondern sie werden sich in der Regel alle ihres eignen, gewöhnlichen Siegels bedienen müssen.

2) Nur ausnahmsweise können diejenigen Zeugen, welche entweder gar kein Petschaft haben [2]), oder doch gerade im Augenblick des Untersiegelns keines bei sich führen, eines fremden Siegels sich bedienen.

3) Nie aber dürfen alle Zeugen ein fremdes Petschaft gebrauchen; denn die Worte des §. 10. „eins oder mehr der andern Signeten" kann man doch natürlicherweise nur von Petschaften der andern Zeugen verstehen, nicht aber des Testators oder eines Dritten, weil ja in allen betreffenden Stellen des Gesetzes allein von den Signeten oder Siegeln der Zeugen die Rede ist. Darf sich aber der eine Zeuge nur des Siegels des andern Zeugen bedienen, so muß doch wenigstens ein Zeuge ein eignes Siegel haben. Auch der Ausdruck „einer oder mehr" wird nach der Bedeutung der Worte, wie nach dem Geiste des Gesetzes, nicht sowohl „alle" als vielmehr „einige" bezeichnen, wiewohl nicht zu läugnen ist, daß unter denen, welche mehr sind, als Einer, auch Alle begriffen werden können [3]).

---

1) Im Mittelalter war seit Einführung der Wappen bekanntlich Besiegelung der Urkunden weit wichtiger, wie früher, namentlich im römischen Rechte. Eichhorn deutsche Staats- und Rechtsgeschichte §. 341. Not. f. §. 382. 401. 463. Not. g §. 504. Not. b. Eichhorn Einleitung in das deutsche Privatrecht § 62. 63.

2) Man würde vielleicht, dem Geiste des Gesetzes entsprechender, die Worte „so nicht eigen Signet hätten" allein von dem Falle verstehen, wenn der Zeuge überhaupt gar kein eignes Siegel besitzt. Allein immer bleibt doch die Sache zweifelhaft, und darum mag denn die obige, dem römischen Recht mehr entsprechende Erklärungsart den Vorzug verdienen, weil die N. O. ein correctorisches Gesetz ist.

3) Nach der Stellung des §. 10. zwischen den §§. 9. und 11., welche allein von dem Testament eines Blinden handeln, könnte man etwa die Bestimmung dieses §. (10.) ausschließlich auf das Testament eines Blinden beziehen wollen; — allein die allgemeine Fassung der Worte des §. 10. berechtigt offenbar zu einer weiteren Ausdehnung

Darum möchte denn die hier versuchte Auslegung der N. O. trotz der Regel, daß correctorische Gesetze strenge auszulegen sind, mit guten Gründen sich vertheidigen lassen, weil die Anwendung jener Regel doch niemals zu einem unnatürlichen Zwange in der Auslegung der Worte eines neuern Gesetzes führen kann [1].

---

1) Abweichender Ansicht ist das Archiv für civilist. Praxis. Band. 6. S. 340. Not. 30.

Inhalts-Anzeige.

Versuche

im

Gebiete des Civilrechts

von

Dr. Wilhelm Sell,
Privatdocenten der Rechte zu Giessen.

Zweiter Theil.

Verlag von J. Ricker in Giessen.

Ausgegeben im Mai 1834.

Der erste in demselben Verlage erschienene Theil dieser Versuche enthält:

I. Ueber den Grundsatz des römischen Rechts, daß Niemand mit oder aus dem Schaden eines Anderen sich bereichern dürfe. II. Ueber fr. 7. §. 5. u. 6. D. de rebus eorum, qui sub tutela vel cura sunt, sine decreto non alienandis vel supponendis (27, 9.). III. Ueber das Finden der in beweglichen Gegenständen befindlichen Sachen. IV. Auf welche Weise erwirbt der Finder ein Recht an der gefundenen Sache, namentlich am Schatz, und welches Recht erlangt er an derselben? V. Erwirbt der Specificant auch dann Eigenthum an der neuen species, wenn er mala fide die Specification vorgenommen? VI. Bemerkungen zur Lehre von der Form der Testamente nach der Notariats-Ordnung Kaiser Maximilians I. vom Jahre 1512. A. Kann der schreibkundige Testator das Testament durch einen achten Zeugen unterschreiben lassen, wenn er selbst nicht unterschreiben will? B. Welchen Namen hat der beim Testamente eines Schreibunfähigen zugezogene achte Zeuge zu unterzeichnen? C. Ist es nach der Notariats-Ordnung gleichgültig, mit welchem Petschaft der Zeuge das Testament untersiegelt?

Kind's Summarium II., 3. urtheilt darüber:

„In der Hauptsache verdient der Aufsatz (die erste Abhandlung) des „sichtbaren Fleißes und der Gründlichkeit wegen, die dem Verfasser gewiß „die Billigung seiner Ansichten Seiten Anderer verschaffen wird, alles „Lob. Nur würden wir an seiner Stelle theils den Stoff in mancher „Beziehung anders angeordnet, theils aber auch mehreres gänzlich ge„strichen und zurückbehalten haben. — — — Doch wollen wir hiermit „das unverkennbare Verdienst des Verf., für eine wissenschaftliche, um„fassende Erörterung und Behandlung jener Rechtsregel, die in so man„nichfache Verhältnisse eingreift, zuerst die Bahn gebrochen zu haben, nicht „in Abrede stellen.“ — — — —

„Unsere Leser werden aus dem vorstehenden Inhaltsberichte ersehen „haben, daß der Verfasser der Versuche sein im Vorworte gegebenes „Versprechen, nur solche Rechtsfragen zu erörtern, bei deren Unter„suchung er noch keinen Vorgänger gehabt, bei denen vielmehr unmittel„bar aus den Quellen zu schöpfen und die ursprüngliche Begründung des „Ganzen, wie die Durchführung im Einzelnen dem eigenen Urtheile über„lassen war, wenigstens zum größten Theile wirklich erfüllt hat. Als „besonders wichtig und neu können wir die erste und dritte Abhandlung „mit vollem Rechte jedem Civilisten zur weiteren Beachtung anem„pfehlen.“

Versuche

im

Gebiete des Civilrechts

von

Dr. Wilhelm Sell,
Privatdocenten der Rechte zu Giessen.

Zweiter Theil.

Verlag von J. Ricker in Giessen.

Ausgegeben im Mai 1834.

Die Lehre

von den

unmöglichen Bedingungen,

aus

den Quellen des römischen Rechts

systematisch entwickelt

von

Dr. Wilhelm Sell,
Privatdocenten der Rechte zu Giessen.

Verlag von J. Ricker in Giessen.

Ausgegeben im Mai 1834.

Vorwort.

Die günstige Aufnahme, welche der erste Theil dieser „Versuche" bei dem juristischen Publicum gefunden hat, ermuntert den Verfasser, schon jetzt, bald nach Ablauf eines Jahres nach dem Erscheinen desselben, den zweiten Theil folgen zu lassen, welcher die systematische Entwickelung einer größeren, in die verschiedenen Theile des Rechtssystems eingreifenden, für Theorie und Praxis gleich wichtigen Lehre enthält.

Er hat bei dieser Entwickelung im Ganzen dieselbe Methode der Untersuchung, wie in dem ersten Theile befolgt, und hegt die Hoffnung, daß auch hier sorgfältiges Forschen in den Quellen, und das Streben nach Selbstständigkeit in der Anlage, und Gründlichkeit in der Durchführung der Untersuchung von dem unbefangenen Beurtheiler nicht vermißt werde.

Was über den Gegenstand der Abhandlung selbst zu sagen ist, findet sich in der Einleitung so ausführlich angegeben, daß hier nichts mehr beizufügen seyn wird.

Noch bemerkt der Verf., daß mit diesem zweiten Theile die „Versuche“ als geschlossen erscheinen indem er sich für seine späteren Mittheilungen aus dm Gebiete des Civilrechts die Wahl einer anderen Fom vorbehält.

Giessen, im Mai 1834.

Dr. Wilhelm Sell.

Inhalts-Anzeige.

---

*) Zur Vermeidung jedes Mißverständnisses bemerkt hier der Verf., daß in diesem Unterabschnitt, wiewohl die Ueberschrift nur von einzelnen Arten moralisch unmöglicher Bedingungen spricht, doch auch solche Bedingungen vorkommen, welche nach den Gesetzen nicht die Wirkungen der unmöglichen haben. Die Absicht des Verf. geht hier nämlich dahin, die Gründe, aus welchen die Gesetze diese Bedingungen für unmöglich erklärt haben, im Allgemeinen näher kennen zu lernen; und zu diesem Zwecke war es denn räthlich, ja sogar nöthig, auch andere, mit jenen wirklich unmöglichen nahe verwandte Bedingungen genauer zu betrachten, selbst wenn sie nach den Gesetzen nicht als unmöglich gelten können; denn dadurch ließ sich der Gesichtspunct, von welchem das römische Recht hier ausgegangen ist, mit gehöriger Sicherheit, und zwar auf einem doppelten Wege feststellen, nämlich positiv, durch Aufführung und Untersuchung der Fälle, worin wirklich eine Unmöglichkeit vorhanden war, und negativ, durch Ausscheidung nahe verwandter Fälle, worin die Gesetze keine wirkliche Unmöglichkeit annehmen, nebst der Prüfung der Gründe für eine solche Annahme der Gesetze.

Verbesserungen und Zusätze,

welche der Verf. zu entschuldigen und zu berücksichtigen bittet.

Seite 2. Zeile 5. von oben lies in vollem statt im vollen.
— 4. Not. 2. letzte Zeile l. besondere st. besnobere.
— 26. Zeile 6. v. u. l. et his similia st. et haec similia.
— 55. — 11. v. o. l. Deficirens st. Deficientwerdens.
— 84. — 8. v. o. l. Sylbe st. Silbe.
— 96. — 17. ff. Das hier angeführte fr. 9. §. 6. D. de rebus creditis (12, 1.) ist wohl nicht richtig angewendet; denn dieses Gesetz erklärt nur, daß, wenn ich eine Summe dem Andern gezahlt habe, und mir die Rückzahlung unter einer unmöglichen Bedingung versprechen lasse, diese Stipulation ungültig ist, und darum nicht aus dieser Stipulation, sondern allein mit der durch die Hinzahlung begründeten condictio certi (condictio ex numeratione fr. 9. §. 5. i. f. cit.) auf Rückzahlung geklagt werden kann. — Diese Gesetzesstelle läßt sich demnach nur in so ferne hier anwenden, als man daraus folgert, daß mit Eingehung eines Realcontracts auch eine Stipulation verbunden seyn kann. Das erscheint aber auch für die Untersuchung hinreichend; denn, wenn man das mutuum unter einer mündlich (durch Stipulation) beigefügten unmöglichen Bedingung hingezahlt hat, z. B. ich zahle dir zwar hierdurch die Darlehnssumme aus; du sollst sie aber erst dann eigenthümlich erwerben, wenn ein unmögliches Ereigniß eingetreten ist, — so kann diese Summe, weil kein gültiger Vertrag besteht, wieder condicirt werden.
— 140. Not. 2. Z. 8. l. nuptui st. nuptiae.
— 142. Zeile 22. v. o. ist vor der Ueberschrift des §. 31. st. A. zu setzen I.
— 143. ff. kann statt conditio de mutanda vel non mutanda religione besser durchgängig conditio mutandae vel non mutandae religionis gelesen werden.
— 165. — 4. v. o. ff.
— 166. — 1—12 v. o.
— 168. — 7—9. v. o. } Die Anwendung von fr. 71. §. 1. D. de condit. et demonstrat. (35, 1.) ist hier nicht an der rechten Stelle; denn dieses Gesetz gehört, genauer betrachtet, nicht sowohl zu der Bedingung,

eine bestimmte Person nicht zu heurathen, als vielmehr zu der Bedingung, eine bestimmte Person zu heurathen, (§. 40.) und wird richtiger also erklärt: In dem Vordersatze der Stelle ist von dem Falle die Rede, wenn dem Titius etwas unter dem modus hinterlassen worden, ut Maeviam uxorem — ducat; und hier soll nicht der modus, (hier conditio) genannt und darum auch nicht die cautio erlassen, sondern beide sollen erfüllt werden. In dem Nachsatze dagegen wird von dem Falle gehandelt, wenn Jemand Geld (eine Privatstrafe) unter der Bedingung versprochen hat, si Maeviam uxorem non ducat. Dieses Versprechen soll ungültig seyn, weil hier die freie Wahl der zu heurathenden Person durch die Furcht vor der zu verwirkenden Privatstrafe beschränkt werde, während durch die vorhergehende Bestimmung nur zur Eingehung der Ehe mit einer bestimmten Person eingeladen werde. — Der Unterschied zwischen dem Vordersatz und dem Nachsatz der Stelle besteht also darin, daß einem Dritten zwar unter der Bedingung, eine bestimmte Person zu heurathen, etwas hinterlassen werden darf, daß aber Niemand sich zu einer Privatstrafe verpflichten kann, wenn er eine bestimmte Person nicht heurathe. Demgemäß ist auch das S. 168. Z. 7—9 Gesagte zu verbessern. — Damit stimmt überein, daß nach fr. 134. D. de V. O. (45, 1.) (S. 174.) keine poena von Seiten der Eltern für den Fall stipulirt werden darf, wenn ihre Kinder einander nicht heurathen, weil das Versprechen einer solchen poena, und der daraus hervorgegangene Zwang in Beziehung auf Eingehung der Ehe contra bonos mores ist. Ebenso darf auch nach const. 2. C. de inutilib. stipulat. (8, 39) (S. 186. unten u. 187 oben) keine poena für den Fall stipulirt werden, wenn man eine bereits eingegangene Ehe wieder trenne. — Nach diesem Allem erscheint also das Stipuliren einer poena, und die dadurch begründete Beschränkung der Freiheit als der Anstoß, welcher in dem Nachsatz des fr. 71. §. 1. D. de cond. et dem. cit. den Ausspruch des Papinianus veranlaßt. Vergl. auch §. 49. pos. 1.

Seite 172. Not. 2. l. mixtis st. mistis.

— 173. Zeile 24. v. o. l. Pamphilam st. Pamphiliam.

— 173. — 28. v. o. l. inutilis st. in utilis.

— 180. Not. 5. sind noch die Abhandlungen von Kämmerer und Marezoll in der Zeitschrift für Civilrecht und Proceß. Bd. 6. H. 2. Nr. VII. u. VIII. beizufügen.

— 212. oben. Hierzu kann noch bemerkt werden, daß, wenn in dem Falle der Tödtung des Sklaven bei Lebzeiten des Testators in dem fr. 23. §. 2. cit. nur der Werth des Sklaven berechnet wird, die Erbschaft aber gar nicht in Anschlag kommt, daraus vielleicht ein Scheingrund für die Behauptung sich ableiten ließe, die Bedingung werde hier für unmöglich, und demnach pro non scripta gehalten, weil sie gar nicht in Betracht komme. Allein, da im fr. 23. §. 2. bloß von der Berechnung des Schadens die Rede ist, wobei die genau vorgeschriebenen, eigenthümlichen Grundsätze der lex Aquilia in Anwendung kommen, so läßt sich die hier vertheidigte Ansicht gegen diesen Scheingrund mit überwiegenden Grunden rechtfertigen, wie S. 221 u. 222 geschieht. Ueberhaupt ist dieser Fall zu singulär, und hängt zu genau mit der vielfach eigenthümlichen lex Aquilia zusammen, als daß er den klar widerstreitenden allgemeinen gesetzlichen Bestimmungen gegenüber einiges Gewicht haben könnte.

Seite 216. Zeile 3 u. 4. v. o. l. Bedingungen st. Beding- gen.
— 221. — 7 u. 8. v. o. ist das Wort „vielmehr" zu streichen.
— 228. — 6. v. o. a. E. ist das . zu streichen.
— 310. — 5. v. o. l. postea st. mores.
— 310. — 6. v. o. l. mores st. postea.
— 312. — 7. v. u. ist die Sylbe „da-" zu streichen.

Einleitung.

Die Lehre von den unmöglichen Bedingungen, welche den Gegenstand der nachfolgenden Untersuchung ausmacht, ist zwar in früherer Zeit, sowohl in den Schriften über die Bedingungen im Allgemeinen, als in einzelnen Monographiceen, sowohl in den größeren systematischen Werken, als in den Commentaren der Quellen nach der Reihenfolge der Gesetze, mit größerer oder geringerer Ausführlichkeit behandelt worden; dagegen hat die neuere Literatur keine den fraglichen Gegenstand im Ganzen umfassende Schrift zu bieten.

Und doch verdient die gedachte Lehre sowohl in theoretischer, als in practischer Hinsicht, eine systematische Entwickelung im Geiste der neueren Doctrin. Der Verf. hat daher den Versuch einer solchen Darstellung im Interesse der Wissenschaft nicht für unverdienstlich gehalten, zumal da bei allen früheren Bearbeitungen ein vollständiges, von allgemeinen Principien ausgehendes, und unter diesen allgemeinen Gesichtspuncten die so mannigfachen Einzelheiten vereinigendes System wohl nicht zu finden seyn mag; was auch bei dem so allgemein gefühlten Mangel systematischer Behandlung der Lehren in den Schriften aus der älteren Zeit der Legalmethode leicht zu begreifen ist.

Dazu kommt noch die Beschaffenheit der Quellen in Beziehung auf unsere Lehre. Das römische Recht, welches zum größten Theile so unmittelbar und frisch aus dem Rechtsleben des Volks hervorgegangen ist, liebt bekanntlich die systematische Behandlung der Lehren nicht, sondern es giebt meist nur einzelne Bestimmungen und Entscheidungen streitiger Rechtsfälle mit deren Gründen an, aus welchen dann auf dem Wege der Abstraction die allgemeinen Grundsätze gefunden, und durch Combination zu einem geordneten, gegliederten Ganzen vereinigt werden müssen.

Das tritt im vollen Maaße bei unserer gegenwärtigen Lehre ein. Die Quellen des römischen Rechts enthalten hier eine fast zahllose Menge einzelner Bestimmungen und Entscheidungen, welche, an sich betrachtet, als Muster der Consequenz und des juristischen Scharfsinns gelten, und zum großen Theile aus dem gesunden, natürlichen Rechtsgefühle abgeleitet werden können; allein allgemeine regulirende Principien finden sich nur sehr spärlich angegeben.

Wenn nun der Verf., als ein weniger bekannter Schriftsteller, eine systematische Entwickelung der Lehre von den unmöglichen Bedingungen unternimmt, so legt er dieselbe nur als den „Versuch" einer neuen systematischen Behandlung dieser Lehre dem juristischen Publicum vor.

Bei der Untersuchung selbst hat der Verf. zunächst unmittelbar aus den Quellen geschöpft, und darum Anfangs weniger die früheren Bearbeitungen dieser Lehre zu Rathe gezogen; damit aber doch die Untersuchung der für die ausführlichere Behandlung einer einzelnen Lehre so nöthigen Vielseitigkeit nicht ermangle, so ist sein Bestreben auch darauf gerichtet gewesen, später, nachdem er den eignen Weg an der Hand der Quellen gefunden, die Ansichten anderer Schriftsteller mit Sorgfalt zu vergleichen, und da, wo es nöthig oder räthlich erschien, verbessernd, erläuternd, ergänzend oder abändernd nachzuhelfen. Es wird dieß wohl aus der nachfolgenden Angabe der Literatur über unsern Gegenstand hervorgehen. Dabei erlaubt sich aber der Verf. noch die Bemerkung, daß ihm, trotz vieler Bemühungen, diese oder jene Schrift über Bedingungen entgangen seyn mag; namentlich gehören dahin einzelne zerstreute Dissertationen, welche nur schwer zu erhalten sind. Allein bei einem genauen Quellenstudium ist ein solcher Mangel wohl von geringerer Bedeutung. Sollte er dennoch eine oder die andere bedeutendere Schrift unbeachtet gelassen haben, so bittet er deßhalb um Entschuldigung. Alle Schriften, welche sich nicht auf die Lehre im Allgemeinen, sondern ausschließlich auf einzelne Arten der unmöglichen Bedingungen beziehen, sind bloß an den betreffenden Orten angegeben.

I. Quellen.

A. Vorjustinianisches Recht.

1) ULPIANI Fragment. Tit. II. (De statuliberis.) §. 5. Tit. XXIV. (De legatis.) §. 17. (Edit. Hugo, Berol. 1814.)

2) PAULI Sentent. Recept. Lib. I. Tit. I. (De pactis et conventionibus.) §. 4. Lib. III. Tit. IV. B. (De institutione heredum.) §. 1—3. Lib. IV. Tit. XIII. (De fideicommissis libertatibus.) (Edit. Hugo, Berol. 1795.)

3) GAJI Commentar. Lib. II. §. 200. 235 — 237. 243. 288. Lib. III. §. 97. 98. (Edit. Goeschen, Berol. 1824. und Heffter, Bonn. 1830.)

4) FRAGMENTA VATICANA. De usufructu. §. 50 sqq. De cognitoribus et procuratoribus. §. 329. (Edit. Bethmann-Hollweg, Bonn. 1833.)

B. Justinian's Compilation.

1) Institutionen [1]).

a) Tit. de heredibus instituendis. (2, 14.)
b) — de legatis. (2, 20.)
c) — de verborum obligationibus. (3, 16.)
d) — de inutilibus stipulationibus. (3, 20.)

2) Digesten.

a) Tit. de heredibus instituendis. (28, 5.)
b) — de conditionibus institutionum. (28, 7.)
c) — de legatis et fideicommissis I. (30.)
d) — de legatis et fideicommissis II. (31.)
e) — de legatis et fideicommissis III. (32.)
f) — de conditionibus et demonstrationibus et causis et modis eorum, quae in testamento scribuntur. (35, 1.)
g) — de fideicommissariis libertatibus. (40, 5.)

---

1) Auch die Paraphrase des Theophilus zu den bedeutenderen Gesetzesstellen ist hier unter den Quellen zu nennen.

h) Tit. de statuliberis. (40, 7.)[1])
i) — de obligationibus et actionibus. (44, 7.)
k) — de verborum obligationibus. (45, 1.)

3) Codex.

a) Tit. de institutionibus et substitutionibus et restitutionibus sub conditione factis. (6, 25.)
b) — de indicta viduitate et lege Julia Miscella tollenda. (6, 40.)
c) — de his, quae poenae nomine in testamento vel codicillis scribuntur vel relinquuntur. (6, 41.)
d) — de his, quae sub modo legata, vel fideicommissa relinquuntur. (6, 45.)
e) — de conditionibus insertis tam legatis, quam fideicommissis et libertatibus. (6, 46.)

II. Literatur.

A. Commentare der Quellen[2]).

1) Die Glosse zu den bedeutenderen Gesetzesstellen, auf welche an den betreffenden Orten Rücksicht genommen ist.
2) Franc. Duareni († 1559.) commentar. in Pandect. Tit. de condit. instit. vorzüglich cap. IV.
— — commentar. in Tit. Dig. de V. O. l. 7. 17. u. a.
— — commentar. in Tit. Dig. de stipulat. servor. Cap. VI. (in Opp. edit. Francof. 1607.)

1) Dieser sowie der vorhergehende Titel finden aus dem Grunde hier eine Stelle, weil in Justinian's Compilation sehr zahlreiche Beispiele bedingter Freilassungen vorkommen.

2) Die Commentare der Quellen zeichnen sich durch genaue Kenntniß der letzteren aus; es fehlt ihnen aber, wie natürlich, das System in der Darstellung, und, weil bei Weitem die meisten Gesetzesstellen von den Bedingungen bei negotia mortis causa handeln, so ist auch fast ausschließlich von den Rechtsgeschäften dieser Art die Rede, und nur gelegentlich werden bei einzelnen Gesetzen aus den Titeln de O. et A. u. de V. O. die unmöglichen Bedingungen bei Verträgen erwähnt. Im Uebrigen ist der allgemeine wissenschaftliche Character der einzelnen Commentatoren zu bekannt, als daß hier eine besnodere Characteristik derselben nöthig erschiene.

3) Franc. Balduini († 1573.) commentarius de conditionibus. Cap. I — VIII. vorzüglich Cap. VII. (in Heineccii Jurisprudentia Romana et Attica. Tom. I. pag. 323 sqq.)

4) Hug. Donelli († 1591.)

— — commentar. absolut. ad lib. XLV. Dig. Tit. de V. O.

— — ad lib. VI. Cod. Tit. de indicta viduitate, et de his, quae poenae nomine. (Edit. Francof. 1622.)

5) Jac. Cujacii († 1590.)[1]

a) observation. et emendation.[2] Lib. II. cap. 2. Lib. V. cap. 1. 2. 11. Lib. XIII. cap. 22. Lib. XIV. cap. 25. Lib. XVI. cap. 11. Lib. XVII. cap. 22. Lib. XVIII. cap. 1.

c) — paratitla in Cod.[3] Lib. 6. Tit. 40, 41, 45, 46.

b) — tractat. ad Africanum[4] II. i. f. (ad l. 31. D. de cond. et dem.)

d) — recitationes solennes in Tit. Dig.[5] de condit. instit. (28, 7.)

— — de legatis I. (30.) l. 12. §. 1. l. 13. §. 2. l. 19. §. 2. l. 54. pr. l. 55.

— — de legatis II. (31.) l. 1. 34. §. 1. l. 77. §. 15. u. 23. l. 88. §. 6.

— — de annuis legatis. (33, 1.) l. 3. §. 3. l. 20. pr.

— — de O. et A. (44, 7.) l. 8, 31, 44.

e) — recitation. solennes in libros Cod. Justin.[6] IV. IX. (Edit. Dionys. Gothofred. Francof. 1605.)

---

1) Vergl. im Allg. die Biographie des Cujacius in Hugo's civ. Magazin. Bd. 3. Nr. XI. u. XXII. Hugo's Literärgeschichte. §. 242.

2) Bei der hier beobachteten Reihenfolge der Werke des Cujacius ist im Allgemeinen die chronologische Ordnung zu Grunde gelegt, so jedoch, daß, wenn ein Werk durch viele Jahre hindurchläuft und zwischen dessen Anfang und Ende manche andere in der Mitte liegen, alle Theile des ersteren ohne Unterbrechung angeführt werden, wie die Observationes von 1556—1585. (1595.)

3) 1562 — 1579.

4) 1569. u. 1573.

5) Zuerst gedruckt 1596. Diese Recitat. in Dig. wie die unter e folgenden in Cod. gehören zu den opera postuma.

6) Zuerst gedruckt 1597.

6) Hubert. Giphanii († 1601.) lecturae Altorfinae ad Tit. Dig. de O. et A. l. 8. 31. 42. 44. und ad Tit. Dig. de V. O. l. 7. 8. 38. 46. 61. 72. 84. 85. 100. 108. 123. 124. (Edit. Francof. 1605.)

7) Anton. Perez. († 1674.) praelectiones in XII. libros Codicis Justin. Lib. VI. Tit. 25. VI, 40. VI, 41. VI, 45. VI, 46. (Edit. Colon. 1661.)

8) Joh. Brunnemann. († 1672.) commentar. in Codic. Justin. VI, 25. VI, 40. VI, 45. VI, 46. (Edit. Lips. 1679.) [1])

9) A. D. Alteserrae († nach 1682.) commentar. ad Tit. Dig. de condit. et demonstrat. in Recitat. quotidian. Tom. II. pag. 291 — 402. (Edit. Tolos. 1679 — 1684.)

10) Joh. Voet. († 1714.) commentar. ad Pand. (1698.) Tom. II. Lib. XXVIII. Tit. 5. Nr. 27. Tit. 7. Nr. 1. 5. 9 — 20. Lib. XXXV. Tit. 1. (Edit. Colon. Allobrog. 1769.)

B. Systematische Schriften.

11) Hug. Donelli [2]) († 1591.) commentarii de jure civili. Lib. VIII. cap. 30 — 31. (De conditionibus in legatis.) Lib. XII. (Quae res obligationem recipiant vel non.) (Edit. Koenig et Bucher.)

12) Philibert. Brusselii de Bruxell. tractat. de conditionibus testamentorum, contractuum et pactorum. (zuerst Lovan. 1560.) (Edit. Francof. et Lips. 1700. mit Paul. Duran.

---

1) Minder bedeutend ist Brunnemann's Commentar über die Digesten, wie so manche andere Commentare der Digesten und des Codex, welche darum hier mit Stillschweigen übergangen werden können; wiewohl im Laufe der Untersuchung an den einschlägigen Stellen auch auf diese hier nicht erwähnten Commentare gelegentlich Rücksicht genommen ist.

2) Offenbar einer derjenigen Schriftsteller, welche unsere Lehre am Gründlichsten und Umfassendsten bearbeitet haben; doch erstreckt sich seine Untersuchung, wie schon die Ueberschrift der betreffenden Titel zeigt, meist auf negotia mortis causa und insbesondere auf Legate; wahrscheinlich aus dem Grunde, weil von diesen auch die meisten Gesetzesstellen handeln. Namentlich fehlt hier eine Anwendung der gesetzlichen Bestimmungen für die negotia mortis causa auf die Rechtsgeschäfte unter Lebenden

tractat. de condit. s. folg. Nr.) vorzüglich Lib. I. Tit. I. — III. Lib. III. Tit. I. II. IV. V. Lib. IV. Tit. II. — V. [1])

13) Paul. Durani tractatus de conditionibus et modis impossibilibus ac jure prohibitis, contractibus et testamentis adscriptis. (zuerst 1611?) (Edit. Francof. et Lips. 1700. hinter Brussel.)

14) Oswald. Hilliger. († 1619.) diss. [2]) de condition. Jen. 1618. Cap. II. §. 25. 36 — 43 sqq. Cap. III. §. 46.

15) Anton. Merendae († 1655.) controversiae juris. Lib. III. cap. 6. (Edit. Francof. 1626.)

16) Ant. Affelmann. conclusiones de actu conditionali. Argentor. 1629. Conclus. I. XII — XXII.

17) Casp. Ziegler. († 1690.) diss. de conditionibus. [3]) Jen. 1655. (in ejus Disceptat. select. Thema XXXIV.) Nr. I. sq. X — XVI sqq. XLIII. sqq. L. sqq. LX — LXXX. LXXXIX. XCVI. CVII. sqq. CXVIII. sqq.

18) Barth. Leonh. Schwendendorfer. diss. binae de conditionibus. Lips. 1665.

19) Petr. Mueller. diss. de condit. derisoriis ultim. voluntat. adjectis. Jen. 1687.

20) Joh. Henr. Meier. disputat. de condition. Erford 1695. §. 11 sqq.

21) Henr. Bodini disput. de conditione turpi impleta. Hal. 1696. Cap. I. (De conditione turpi in genere.)

22) Jos. Averanii († 1738.) interpretation. juris. [4]) Lib. II. Cap. 21. Lib. III. Cap. 9. (Edit. II. Lugd. Batav. 1736.)

23) Gregor. Majansii († 1781.) disputationes juris. Tom. II.

---

1) Enthält, wie die folgende Schrift, gründliches Studium der Quellen, jedoch ohne gehöriges System.

2) Die hier angeführten Dissertationen überhaupt sind für die Lehre im Allgemeinen meist unbedeutend, weil sie entweder gar kein, oder ein unvollständiges System enthalten; doch erscheinen sie für einzelne Stellen der Untersuchung nicht unwichtig.

3) Gehört zu den gründlichsten und umfassendsten älteren Abhandlungen über unsern Gegenstand.

4) Erstreckt sich, wie die folgende Schrift, nur auf die unmöglichen Bedingungen bei negotia mortis causa, und ist vorzüglich wichtig für die relativ unmöglichen Bedingungen.

Disputat. 34. (De conditione impossibili ultimis dispositionibus adjecta.) (Edit. Lugd. Bat. 1752.)

24) Conr. Guil. Strecker. progr. de conditionibus impossibilibus. Erford 1741 [1]).

25) Jo. Tob. Richter. diss. de impossibili conditione contractum non vitiante. Lips. 1747.

26) Jo. Frid Boecler. diss. de conditionibus tum mortis causa, cum actibus inter vivos adjectis. Argentor. 1749. pag. 11. sqq. 16. sqq. 21. sqq.

27) J. Georg. Brueckmann. de eo, quod circa conditiones impossibiles actibus humanis appositas justum est. Erford. 1751.

28) J. J. Ravensberg. opuscul. de conditionibus conventionum et ultimarum voluntatum. Jen. 1752. vorzügl. Cap. I. §. 7. u. 8. Cap. II. §. 3 — 33. Cap. V. §. 26 — 46. Cap. V. Membr. II. §. 13. u. Membr. III. [2])

29) H. Becker. diss. conditio impossibilis non indistincte pro non scripta habenda. Rostoch. 1754. Dagegen ist gerichtet:

30) Jo. Tob. Richter. diss. de conditione impossibili ultimae voluntati adjecta indistincte pro non scripta habenda. Lips. 1756.

31) Jo. Phil. Slevogt. diss. de conditionibus institutionum. Jen. 1781.

32) Ernst Christian Westphal's († 1792.) Darstellung der Lehre von Vermächtnissen und Fideicommissen [3]) Leipz. 1791. Thl. 1. Cap. VII. Von den Bedingungen bei Vermächtnissen. §. 406—563. Cap. VIII. Von Zeitbestimmungen. Cap. IX. Vom modus.

33) L. J. Fr. Höpfner's († 1796.) Commentar über die Heineccischen Institutionen. 8te Aufl. von A. D. Weber.

---

1) Unbedeutend!

2) Diese Schrift ist zwar ziemlich ausführlich, aber weder gründlich noch umfassend, und entbehrt namentlich eines gehörigen Systems.

3) Enthält eine sehr fleißige und ziemlich vollständige Sammlung der hierher gehörigen Gesetzesstellen, aber ohne gehörige systematische Verbindung unter einander.

Frankfurt 1818. §. 490. Pos. 4. Not. 2. u. 3. §. 491. Pos. 3—5. Not. 3. u. 4. §. 574. 740. Pos. 1. u. 2.

34) C. Fr. Glück's († 1830.) ausführliche Erläuterung der Pandecten. Bd. 4. Abthl. 2. §. 337. a. Pos. V. S. 480 ff. §. 338. S. 505 ff.

35) A. Fr. J. Thibaut's civilistische Abhandlungen. Heidelb. 1814. Abhandl. XVII. Ueber Bedingungen. Nr. I.

36) A. E. Endemann. commentatio de implendae conditionis tempore. Marburg. 1821 [1]).

1) Auch können hier noch die bedeutenderen neueren Compendien erwähnt werden: Hofacker Principia jur. civ. Tom. I. §. 187 sqq. §. 194. u. 195. § 375. Tom. II. §. 1324 sqq. §. 1332 — 1336. Hufeland Lehrbuch des Civilrechts. Thl. I. §. 122 — 124. Thl. II. §. 1095 — 1098. Schweppe Römisches Privatrecht. (4te Aufl.) Bd. I. §. 116. Bd. III. §. 422 *). Thibaut System ꝛc. (7te Aufl.) §. 120 — 126. § 406. 413. Not. f. §. 802 — 804. Seuffert Lehrb. ꝛc. Thl. I. §. 76 ff. Thl. II. §. 279. Thl. III. §. 536. 610. M. Valett ausführl. Lehrb. des Pandectenrechts. §. 107 ff. §. 989. 1206 ff. Warnkoenig Comment. jur. rom. privat. Leod. 1825. Tom. I. cap. IV. §. 144 — 148. Muehlenbruch Doctrin. Pandectar. (Ed. III.) Vol. I. §. 105 — 109. Vol. II. §. 339. pos. 1. u. 2. Vol. III. §. 507. not. 9. 10. §. 510. i. f. § 584. not. 5. §. 648 — 650. v. Wening-Ingenheim Lehrbuch (4te Aufl.) Buch I. §. 135 — 140. Buch III. §. 87. Buch V. §. 72 — 76. Mackeldey Lehrbuch. (10te Aufl.) §. 171. 360. 505. 653. 711.

*) Der jüngst erschienene 4te Bd. war dem Verf. zur Zeit des Drucks noch nicht zu Gesicht gekommen.

Erste Abtheilung.

Allgemeine Bestimmungen.

§. 1.

Begriff der Bedingung, Unterschied von den übrigen Nebenbestimmungen und deren verschiedenartige Bezeichnung in den Gesetzen.

Unter Bedingung, conditio im eigentlichen Sinne 1), versteht man bekanntlich diejenige Nebenbestimmung eines Rechtsgeschäfts, durch welche dessen Existenz von dem Eintritt oder Nichteintritt eines ungewissen künftigen Ereignisses abhängig gemacht wird. Sie ist verschieden von der Zeitbestimmung (dies), welche entweder den Anfang der Wirksamkeit 2) eines Rechts oder Rechtsverhältnisses (dies a quo, Anfangstermin), oder dessen Ende bezeichnet (dies ad quem, Endtermin) 3); und ebenso von dem modus i. e. S., der Zweckbestimmung, worunter man die einem lucrativen Rechtsgeschäfte 4) beigefügte Auflage versteht, irgend etwas vorzunehmen, sey dieß nun, daß das Empfangene zu einem bestimmten Zwecke verwendet 5), oder sonst etwas gethan, oder unterlassen werden soll 6).

---

1) Ueber den vieldeutigen Begriff des Wortes conditio vergl. im Allg.: Brissonius de V. S. s. v. conditio. Balduin. commentar. de condition. cap. I. Brussel. l. c. Lib. I. Tit. I. Nr. 12. sqq. Ziegler l. c. Nr. I. sqq. Endemann. l. c. §. 1.

2) fr. 46. pr. D. de V. O. (45, 1.) fr. 54 pr. D. de cond. et dem. (35, 1.)

3) fr. 44. de O. et A. (44, 7.)

4) z. B. Geschenke, Legate. Von den letzteren sprechen die meisten Gesetzesstellen.

5) fr. 17. §. 3. D. de cond. et dem. (35, 1.) fr. 88. §. 1. D. de legatis II. (31.) const. 2. pr. C. de his quae sub modo. (6, 45.)

6) Der Verf. befolgt hier die Begriffsbestimmung des modus, welche

Die Bedingung wird gewöhnlich durch die Partikel „si“ „wenn“; der modus durch „ut“ oder „ita ut“ „ne“ [1]) „daß“ „damit“ „damit nicht“; und der dies durch „cum“ [2]) „wann“ ausgedrückt [3]).

---

in der neuesten Zeit gewöhnlich angenommen, und auch in besonderen Schriften ausführlicher vertheidigt worden ist: Vergl. C. G. Waechter de condicione causa data causa non secuta. Tubing. 1822. pag. 88 — 99. Hofacker Pr. jur. civ. Tom. I. §. 197. v. Wening-Ingenheim Lehrbuch. Buch I. §. 142. Not. t. u. u. Muehlenbruch D. P. (Ed. III.) §. 111. not. 3. u. A. m.

Eine genauere Begründung dieses Begriffs gehört der gegenwärtigen Untersuchung nicht an, weil hier nur der Unterschied zwischen conditio und modus festzustellen ist, und dieser sich dadurch bestimmt genug bezeichnen läßt, daß bei der conditio das Hauptgeschäft von einem ungewissen künftigen Ereigniß abhängig gemacht wird, während beim modus das Hauptgeschäft sogleich wirksam (purum) ist, und nur die Erfüllung der Zweckbestimmung zur Pflicht wird: Cujac. observat. Lib. XIV. cap. 25. Pfeiffer practische Ausführungen rc. Bd. 1. Nr. IV. Ebenso unterscheiden sich auch beide Arten der Nebenbestimmungen, wenn sie eine physische, juristische oder moralische Unmöglichkeit enthalten, hinsichtlich ihrer Wirkungen zur Genüge. Denn der unmögliche modus gilt bekanntlich nach der übereinstimmenden Ansicht Aller sowohl bei negotia inter vivos, als bei negotia mortis causa immer für nicht beigefügt, während die unmögliche Bedingung bloß bei negotia mortis causa, aus besonderer gesetzlicher Begünstigung, pro non adjecta gehalten wird; bei negotia inter vivos dagegen in der Regel das ganze Rechtsgeschäft vernichtet. Vergl. über den oben angegebenen Begriff des modus im Allgemeinen: fr. 19. D. de legatis III. (32.) fr. 17. §. 2. fr. 44. D. de manum. testam. (40, 4.) fr. 92. §. 1. D. de legatis I. (30.) const. 1. C. de his, quae sub modo (6, 45.) const. 8. C. de condict. ob causam dator. (4, 6.)

1) fr. 17. §. 4. fr. 71. pr. D. de cond. et dem. (35, 1.) fr. 80. D. eod. fr. 48. D. de fideic. libert. (40, 5.) fr. 2. §. 7. D. de donat. (39, 5) const. 2. C. de his quae sub modo (6, 45.) fr. 17. §. 2. D. de manum testam. (40, 4.) fr. 44. D. eod.

2) const. 5. pr. C. quando dies legati. (6, 53.)

3) Den bisher angegebenen Nebenbestimmungen sind verwandt die demonstratio und die causa. Der Unterschied der ersteren von der conditio wird im Laufe der Untersuchung angegeben werden. Die causa, der Grund einer Disposition, [fr. 12. 17. §. 2. u. 3. D. de cond. et dem. (35, 1.) fr. 52. 65. §. 2. D. de condict. indeb.

Doch ist zur genaueren Unterscheidung der Bedingung von den beiden andern Nebenbestimmungen nach dem bekannten Grundsatze der Römer: „in verbis simus faciles“ weder auf den Ausdruck „conditio,“ noch auf die Bezeichnung durch „si“ im Gegensatze von „ut“ und „cum“ besonderes Gewicht zu legen, vielmehr kommt bei Entscheidung der Frage, was als Bedingung gelten solle, Alles auf das Wesen der Bedingung an, nämlich darauf, ob die Existenz des ganzen Rechtsverhältnisses von dem ungewissen, künftigen Ereigniß abhängig gemacht wird, oder nicht [1]).

Vergleichen wir nun, von diesem Gesichtspuncte ausgehend, zunächst den dies [2]) mit der conditio, so wird derselbe bei negotia inter vivos sich leichter von der Bedingung unterscheiden lassen, weil bei diesen Rechtsgeschäften die Nebenbestimmung im Allgemeinen als ein dies gilt, wenn nur ausgemacht ist, daß sie einmal eintreten wird, mag auch unbestimmt seyn, wann sie eintritt [3]).

Bei negotia mortis causa dagegen, welche das Recht, das durch dieselben erworben werden soll, vor dem wirklich geschehenen Erwerb nicht auf die Erben übertragen [4]), ist immer

---

(12, 6.) fr. 2. §. ult. fr. 3. D. de donat. (39, 5.)] ist an sich nicht schwer von der conditio zu unterscheiden; doch kann dieselbe bedingungsweise angegeben seyn, und alsdann hat sie auch mit der conditio gleiche Wirkung; was namentlich bei der falsa causa wichtig wird: §. 31. i. f. J de legatis. (2, 20.) fr. 17. §. 3. D. de cond. et dem. (35, 1.)

1) §. 4. J. de V. O. (3, 16.) fr. 54 213. D. de V. S. (50, 16) const. 1. pr. C. de pactis. (2, 3.) Duaren. comment. ad Tit. Dig. de condit. inst. cap. III. Averan. interpretat. jur. civil. Lib. III. cap. IX. Nr. 7.

2) Balduin. l. c. cap. III.

3) fr. 16. 17. 18. 48. D. de condict. indeb. (12, 6.) Bucher Recht der Forderungen. §. 45. Vergl. auch fr. 38. §. 16. D. de V. O. (45, 1.) Muehlenbruch D. P. Vol. I. §. 110.

4) const. unica. §. 7. C. de caducis tollendis. (6, 51.) fr. 4. 5. 21. pr. fr. 22. pr. D. quando dies legat. cedat. (36, 2.) fr. 12. §. 1. D. de legatis I. (30.) fr. 59. pr. fr. 79. §. 1. D. de cond. et dem. (35, 1.) fr. 42. pr. D. de O. et A. (44, 7.) Cujac. observat. Lib. XVIII. cap. 1. Lib. XXV. cap. 19. Giphan. lectur. Altorf. ad Tit. Dig. de O. et A. l. 42. Averan. l. c.

die Ungewißheit vorhanden, ob der im Testament Eingesetzte oder Bedachte auch den wirklichen Anfall erleben wird [1]). Es muß darum die Nebenbestimmung immer als Bedingung gelten, wenn der Disponirende nicht im Testamente oder dem Codicill die Absicht ausgesprochen hat, daß die Existenz des Rechtsverhältnisses sogleich eintreten, und daß der dies nur die Zeit der Wirksamkeit des seinem Wesen nach schon existirenden Rechtsverhältnisses bestimmen soll [2]). Denn nur in diesem Falle kann hier eine Gewißheit vorhanden seyn, daß das Recht erworben werde (dies certus) [3]), weil, wenn auch der sub die Bedachte vorher stirbt, doch sein Erbe succedirt [4]). In allen übrigen Fällen ist nur ein dies incertus [5]), oder vielmehr eine conditio vorhanden; denn der dies incertus gilt bei letztwilligen Verfügungen als eine wirkliche conditio [6]), und wird auch in den Gesetzen durch diesen Ausdruck bezeichnet [7]). Ein dies certus aber, bei welchem bestimmt ist, daß und wann er eintritt [8]) (d. h. durch welchen bloß der Anfang oder das

1) fr. 1. §. 2. fr. 79. §. 1. D. de cond. et dem. (35, 1.) fr. 59. pr. D. eod. fr. 4. pr. D. quando dies legat. ced. (36, 2.) fr. 12. §. 1. D. de legatis II. (31.)

2) fr. 54. pr. D. de cond. et dem. (35, 1.) (Javolenus lib. 2. ex Cassio.) verb.: Dies ponitur ad proroganda ea, quae ad praesens tempus, non etiam quae in futurum legata sunt. const. 5. C. quando dies legati. (6, 53.) const. 15. i. f. C. de contrah. stipulat. (8, 38.) fr. 40. §. 2. fr. 79. pr. u. §. 1. D. de cond. et dem. (35, 1.) vergl. mit den in den vorhergehenden Noten allegirten Gesetzesstellen.

3) const. 15. i. f. C. cit. fr. 38. §. 16. D. de V O. (45, 1.) fr. 4. D. quando dies legat. cedat. (36, 2.) fr. 79. pr. D. de cond. et dem. (35, 1.)

4) const. 15. i. f. cit. fr. 49. §. 2. u. 3. D. de legatis I. (30.) Vergl. auch 4. D. quando dies legat. ced. (36, 2.) fr. 79. pr. D. de cond. et dem (35, 1.)

5) fr. 38. §. 16. D. de V. O. (45, 1.)

6) fr. 1. 75. D. de cond. et dem. (35, 1.) Alteserra ad l. 75. D. cit. Voet. l. c. Lib. 28. Tit. 7. No. 32. Donell. commentar. jur. civ. Lib. VIII. cap. 31. §. 2—10.

7) fr. 30. §. 4. D. de legatis I. (30.)

8) fr. 1. §. 1. D. de cond. et dem. (35, 1.)

Ende der Wirksamkeit des seinem Wesen nach schon bestehenden Rechtsverhältnisses festgesetzt wird), kann nur den Singularsuccessionen auf den Todesfall mit Wirksamkeit beigefügt werden [1]), bei Erbeinsetzungen gilt er aber pro non adjecta [2]), so daß also die Existenz und die Wirksamkeit der institutio heredis sogleich eintreten.

Nach dem Bisherigen wird es sich denn auch leicht erklären, daß bei Rechtsgeschäften überhaupt, und namentlich bei negotia mortis causa, die Partikel „si“ zuweilen eher einen dies, als eine conditio bezeichnet, wenn nämlich der Testator nicht die Absicht gehabt hat, das zu hinterlassende Recht von dem Eintritt des Ereignisses abhängig zu machen, sondern vielmehr nur den Anfangspunct der Wirksamkeit zu bezeichnen, wie hervorgeht aus

fr. 19. D. de cond. et dem. (35, 1.) (Ulpian. lib. 5. Disputat.)

In conditionibus primum locum voluntas defuncti obtinet, eaque regit conditiones etc. [3]). §. 1. Haec scriptura, *si primus heres erit*, damnas esto dare, pro conditione non est accipiendum; magis enim demonstravit testator, quando legatum debeatur, quam conditionem inseruit: nisi forte hoc animo fuerit testator, ut conditionem faceret [4]).

Es gilt also hier der durchgehende Grundsatz, welcher von Proculus in fr. 69. D. de heredibus instit. (28, 5.) (Lib. 2. Epistolarum.) ausgesprochen ist: Die Nebenbestimmung müsse, um als eine wahre Bedingung zu gelten, non solum figuram, sed vim quoque conditionis continere.

Umgekehrt wird es dagegen auch wieder vorkommen können, daß Partikeln, welche sonst den dies bezeichnen, zuweilen eine Bedingung ausdrücken. Weil aber bei der Entscheidung der Frage, ob dies oder conditio vorhanden, in concreto Alles

---

1) fr. 30. §. 4. D. de legatis I. (30.) fr. 21. pr. D. quando dies legat. cedat. (36, 2.) Brussel. l. c. Lib. III. Tit. V. Nr. 22.

2) §. 9. J. de hered. instit. (2, 14.) fr. 34. D. de hered. instit. (28, 5.) fr. 23. pr. D. eod.

3) Vergl. unten §. 7. u. 8.

4) Vergl. Westphal v. Vermächtnissen und Fideicommissen. §. 424

auf die ausdrückliche oder vermuthliche Absicht des Disponirenden ankommt, und diese Absicht sich leicht verschieden deuten läßt, so kann im einzelnen Falle über die Existenz der einen oder anderen dieser Nebenbestimmungen Streit entstehen, wie dieß auch unter den römischen Juristen selbst eintrat. Als Beispiel diene

fr. 51. pr. D. de cond. et dem. (35, 1.) (JAVOLENUS lib. 2. ex Cassio.)

Si quis legata, quibus dies apposita non esset, *annua, bima, trima die dari jussit* [1]), et alicui, *cum pubes esset*, pecuniam legavit: id quoque legatum annua, bima, trima die post pubertatem praestandam esse, in commentariis GAJI scriptum est: *quia magis conditio quam dies legato adjecta esset* [2]): Contra ego sentio, quia fere dies ponitur ad proroganda ea, quae ad praesens tempus, non etiam, quae in futurum legata sunt, *dies pubertatis habet aliquam temporis demonstrationem* [3]).

Als allgemeine Regel läßt sich hier nur so viel angeben, daß jedesmal die Verhältnisse des einzelnen Falls entscheiden müssen. Es ist also mehr eine quaestio facti, als eine quaestio juris [4]).

Mit dem bisher Angeführten stimmt auch vollkommen überein, daß die verschiedenartigsten Partikeln zur Bezeichnung einer conditio in den Gesetzen gebraucht werden, wenn nur das Wesen derselben vorhanden ist [5]). Beispielsweise lassen

1) fr. 19. §. 1. u. 2. D. de legatis I. (30.) fr. 30 pr. D. de legatis I. (30.)

2) fr. 21. pr. fr. 22. pr. D. quando dies legator. cedat. (36, 2.)

3) ULPIANUS dagegen befolgt in fr. 19. D. de legatis I. (30.) (lib. 23. ad Sabin.) eine Mittelmeinung: Er nimmt nämlich das Legat als ein bedingtes so lange an, als das vierzehnte Jahr noch nicht erfüllt ist, später als ein betagtes: §. 2 Hoc autem legatum et conditionale est, et in diem: conditionale tamdiu, quamdiu quartus decimus annus sit completus, postea in diem. Diese Unterscheidung scheint dem Verf. am Meisten der Natur der Sache zu entsprechen. CUJAC. Recitat. ad Tit. Dig. de legat. I. fr. 49. §. 2. cit.

4) fr. 2. §. ult. D. de donat. (39, 5.)

5) So sagt namentlich POMPONIUS in fr. 22. pr. D. quando dies

sich anführen die Partikeln cum [1]), ubi [2]), quando [3]), quandoque [4]), quatenus [5]), quoties [6]), donec [7]), nisi [8]), nisi ne [9]), und dergl. [10]).

Ja es geht aus den Gesetzen hervor, daß die conditio auch zuweilen durch einen mit dem pronomen relativum „qui" [11]), oder mit „quantus" [12]), oder mit „uter" [13]), oder mit „quisquis" [14]) construirten Satze ausgedrückt wird, wenn dieser auf die künftige Zeit sich bezieht [15]), und dadurch die Un-

legat. (36, 2.) (lib. 5. ad Quintum Mucium.), in Beziehung auf die Bestimmung „*cum* (is) annorum quatuordecim esset factus" und „*si* annorum quatuordecim factus erit" — es sey einerlei, ob per conditionem tempus demonstretur, oder per tempus conditio: — utrobique tamen eadem conditio est.

1) const. 3. C. de indicta viduit. (6, 40.) fr. 10. pr. D. de cond. et dem. (35, 1.) fr. 21. pr. fr. 22. pr. D. quando dies legat. (36, 2.) fr. 45. §. 3. D. de V. O. (45, 1.) fr. 38. §. 16. eod. u. a. m.

2) fr. 45. §. ult. D. de legatis II. (31.)

3) fr. 30. §. 4. u. 5. D. de legatis I. (30.) fr. 39. §. 1. D. de statuliberis. (40. 7.)

4) fr. 25. D. de cond. et dem. (35, 1.)

5) fr. 6. D. de legatis I. (30.)

6) const. 3. C. de indicta viduit. tollenda. (6, 40, 1.)

7) cap. 7. X. de condit. appositis. (4, 5.)

8) fr. 12. §. 5. D. de legatis III. (32, 1.)

9) fr. 40. §. 2. i. f. D. de cond. et dem. (35, 1.)

10) Auch durch ablativi absoluti kann eine Bedingung ausgedrückt werden: fr. 109. D. de cond. et dem. (35, 1.) Gothofr. ad h. l. Brussel. l. c. Lib. I Tit. I. Nr. 38.

11) fr. 2. pr. D. de condit. inst. (28, 7.) fr. 28. §. 1. D. de cond. et dem. (35, 1.) fr. 6. D. de legatis I. (30.) fr. 2. D. de hered. instit. (28, 5.) fr. 71. pr. eod. fr. 1. i. f. D. de his quae pro non scriptis. (34, 8.)

12) fr. 29. 81. §. 1. D. de hered. instit. (28, 5.)

13) fr. 9. §. 10. u. 11. D. de hered. inst. (28, 5.)

14) fr. 8. pr. i. f. D. de vulgari et pupillari substit. (28, 6.)

15) H. Donell. commentar. Lib. VIII. cap. 31. §. 11. nennt dieß eine demonstratio ex futuro tempore sumta. Balduin. l. c. cap. II. drückt sich so aus: „an demonstratio conditionem contineat." Vergl. Cujac. Recitat. ad Tit. Dig. de condit. inst. l. 2. pr. Voet. l. c. Lib. 35. Tit. 1. Nr. 6.

gewißheit eintritt, ob das Ereigniß in Erfüllung gehen wird, wie es namentlich bei negotia mortis causa der Fall ist [1]).

Zum Beleg diene

fr. 85. i. f. D. de legatis III. (32.) (POMPONIUS lib. 2. ad Quintum Mucium.)

Plane si in mortis tempore collatum hunc sermonem *vestem quae mea erit*, sine dubio pro conditione accipiendum puto: sed et *Stichum, qui meus erit*, puto pro conditione accipiendum: nec interesse, utrum ita, *qui meus erit*, an ita, *si meus erit* [2]): utrobique conditionem eam esse. Labeo tamen scribit, etiam in futurum tempus collatum hunc sermonem, *qui meus erit*, pro demonstratione accipiendum. Sed alio jure utimur.

Ebenso

fr. 1. §. 3. D. de cond. et dem. (35, 1.) (POMPONIUS lib. 3. ad Quintum Mucium.)

Inest autem conditio legati, veluti cum ita legamus: *Quod ex Arescusa natum fuerit*, heres dato: aut fru-

1) Ist das pronomen „qui" etc. aber mit dem tempus praesens verbunden, z. B. „qui meus *est*," dann ist eine bloße demonstratio vorhanden: fr. 6. D. de legatis I. (30.)

2) Manche römische Juristen haben sogar die Ansicht aufgestellt, es liege bei Legaten ꝛc. eine Bedingung schon in der bloßen Bezeichnung „mein"; z. B. ich legiere dem A. meinen Wein, mein Kleid, wenn nicht zugleich eine bestimmte species angegeben sey; denn alsdann enthalte eine solche Disposition nach dem Willen des Disponirenden die stillschweigende Bedingung: „Ich legire diese oder jene Sache, wenn sie bei meinem Tode mein seyn wird." Aus diesem Grunde müsse die Bezeichnung durch „mein," wenn der Gegenstand nicht genauer bestimmt sey, auf die Zukunft bezogen werden: fr. 85. cit. verb.: Et ideo elegans est illa distinctio, ut quotiens *certum corpus* legatur, ad praesens tempus adjectum hoc verbum „*meum*" non faciat conditionem: si vero *incertum corpus* legetur (veluti ita „*vina mea*," „*vestem meam*") videatur pro conditione hoc verbum esse „mea" ut ea demum, quae illius sunt, videantur legata etc. Allein Pomponius verwirft in dem unmittelbar auf diese Worte folgenden Satze die allzu fein gespitzte Ansicht, verb.: quod non puto fortiter posse defendi, sed potius et hic vestem, vel vinum, quod suorum numero habuerit, hoc legatum esse etc.

ctus, *qui ex (eo) fundo percepti fuerint*, heres dato; aut servum, *quem alii non legavero*, Sejo dato [1]).

Was seither zur Unterscheidung zwischen conditio und dies gesagt worden ist, gilt auch für die Unterscheidung zwischen conditio und modus [2]); denn die erstere wird immer vorhanden seyn, wenn von dem Eintritt der Nebenbestimmung die Existenz des Rechtsverhältnisses abhängt, während bei dem modus das Hauptgeschäft sogleich als negotium purum erscheint, und der Acceptant nur zur Erfüllung der Zweckbestimmung verpflichtet ist [3]). Der Gebrauch bestimmter Partikeln ist hier so wenig entscheidend, wie oben bei der conditio im Gegensatze vom dies; denn die conditio wird zuweilen auch durch die Partikeln „ut" oder „ita ut" [4]) „ne" [5]) u. dergl. ausgedrückt.

Doch können conditio und modus sich so nahe berühren, daß sie gänzlich in einander übergehen, wie const. 1. pr. C. de his quae sub modo (6, 45.) (Imp. Antoninus A. Saturninae 212.) für die Legate ganz allgemein ausspricht: In legatis quidem et fideicommissis et modus adscriptus pro conditione observatur etc.

In einem solchen Falle ist denn nach allgemeinen Interpretationsregeln [6]) eher für den modus, als für die conditio zu vermuthen [7]).

Die in diesem §. vorausgeschickten Bemerkungen, welche aus der Lehre von den Bedingungen im Allgemeinen entlehnt sind, erscheinen für den Gegenstand unserer Untersuchung keineswegs als überflüssig, weil der Gebrauch der verschiedenen Partikeln zur Bezeichnung der conditio auch bei der hier zu-

---

1) Vergl. fr. 25. §. 1. D. quando dies legat. ced. (36, 2.)

2) Vergl. im Allg. fr. 44. D. de fideic. libertat. (40, 4.)

3) Vergl. oben S. 10. Note 6.

4) const. 9. C. de operis libertor. (6, 3.) Vergl. im Allg. fr. 71. D. de V. O. (45, 1.) §. ult. J. eod. (3, 16.) fr. 8. §. 7. D. de condit. instit. (28, 7.) u. a. m.

5) fr. 34. §. 4. D. de legatis II. (31.)

6) arg. fr. 9. D. de R. J. fr. 67. D. de hered. instit. (28, 5.)

7) fr. 17. §. 2. fr. 44. D. de manum. testam. (40, 4.)

nächst in Frage stehenden Art derselben vorkommt, und darum ein allgemeines Criterium für das Vorhandenseyn einer conditio überhaupt unserer Untersuchung zweckmäßig vorangestellt wird. Namentlich wird sich unten am Ende dieser Abhandlung bei den legata poenae nomine relicta und den captatorischen Erbeinsetzungen zeigen, daß unmögliche Bedingungen durch Sätze mit „qui," „quisquis" und „quantus" bezeichnet werden.

§. 2.

Verschiedene Arten der unmöglichen Bedingungen und deren Bezeichnung in den Quellen.

Unterscheidet man die verschiedenen Arten der unmöglichen Bedingungen [1]) scharf, so lassen sich deren drei annehmen [2]): nämlich die nach den Gesetzen der Natur, nach den Gesetzen des positiven Rechts und nach den Gesetzen der Moral unmöglichen (die physisch, juristisch und moralisch unmöglichen).

1) Die physisch unmöglichen Bedingungen, welche den Gesetzen der Natur zuwider sind, werden eigentlich in unsern Quellen allein impossibiles conditiones genannt [3]), nach der in §. 11. J. de inutilibus stipulat. (3, 20.) enthaltenen Definition: Impossibilis autem conditio habetur, *cui natura impedimento est*, quominus existat etc.; ebenso nach Pauli S. R. Lib. III. Tit. IV. B. §. 1.: Possibilis est (condicio), quae per *rerum naturam* admitti potest: impossibilis, quae non potest; oder nach fr. 137. §. 6. D. de V. O. (45, 1.) (Venulejus lib. 1. Stipulat.): conditio quae *natura* impossibilis est [4]).

1) Daß conditiones difficiles, welche in der Doctrin im Allgemeinen strenge von den unmöglichen Bedingungen geschieden werden, diesen letzteren gleichstehen, wenn sie wirklich eine an Unmöglichkeit gränzende Schwierigkeit enthalten, wird unten im Laufe der Untersuchung genauer ausgeführt.

2) Für diese dreifache Eintheilung ist auch H. Donell. commentar. jur. civ. Lib. VIII. cap. 32. §. 5.

3) Duaren. commentar. in Dig. Tit. de condit. instit. cap. IV. pr. pag. 413.

4) Vergl. fr. 16. i. f. D. de injusto rumpto. (28, 3.) fr. 1. §. 11.

2) **Die juristisch unmöglichen Bedingungen** werden in den Quellen gewöhnlich nicht durch den Ausdruck impossibilis[1]), sondern vielmehr so bezeichnet: conditiones contra leges et decreta principum adscriptae[2]), conditio, quam Senatus aut Princeps improbant[3]), oder noch genauer conditiones contra edicta Imperatorum, aut contra leges, aut quae legis vicem obtinent, scriptae[4]), auch conditio, quae *jure* impleri non potest[5]).

3) **Die moralisch unmöglichen Bedingungen** werden im römischen Rechte bezeichnet durch: conditiones, quae contra bonos mores inseruntur[6]), conditiones contra bonos mores adscriptae[7]), conditiones turpes[8]), und durch ähnliche

---

D. de O. et A. (44, 7.) const. unica i. f. C. de his quae poenae nomine. (6, 41.) §. ult. i. f. J. de legatis. (2, 20.) fr. 50. §. 1. D. de heredibus instit. (28, 5.) fr. 31. D. de O. et A. (44, 7.) fr. 3. D. de condit. et demonstrat. (35, 1.) fr. 7. u. 69. D. de V. O. (45, 1.) fr. 135. 185. 188. §. 1. D. de R. J. cap. 6. in VIto. de R. J. fr. 4. §. 1. D. de statuliberis (40, 7.) fr. 4. i. f. fr. 20. i. f. D. de condit. inst. (28, 7.) fr. 6. i. f. D. eod.

1) Doch wird der Ausdruck „impossibilis" auch zur Bezeichnung einer juristischen oder moralischen Unmöglichkeit gebraucht: fr. 137. §. 6. i. f. D. de V. O. (45, 1.) fr 50. pr. D. de pactis. (2, 14.) fr. 97. pr. D. de cond. et dem. (35, 1.)

2) Pauli S. R. l. c.

3) fr. 15. D. de condit. inst. (28, 7.)

4) fr. 14. pr. D. eod.

5) fr. 137. §. 6. D. de V. O. (45, 1.) Vergl. auch const. unica i. f. C. de his, quae poenae nomine (6, 41.) §. ult. i. f. J. de legatis (2, 20.) fr. 112. §. 3. D. de legatis I. (30.)

6) fr. 9. D. de condit. inst. (28, 7.) fr. 61. D. de V. O. (45, 1.) const. 5. C. de inst. et subst. (6, 25.)

7) Pauli S. R. l. c.

8) fr. 112. §. 3. D. de legatis I. (30.) fr. 29. §. 2. D. de testam. militis (29, 1.) fr. 20. D. de cond. et demonstr. (35, 1.) fr. 63. §. 7. D. ad SCtum Trebell. (36, 1.) cap. 7. X. de conditionibus appositis. (4, 5.)

Ausdrücke [1]). Auch werden zu diesen bekanntlich die unanständigen [2]) und die lächerlichen [3]) Bedingungen gezählt.

Bei diesen drei Arten der unmöglichen Bedingungen [4]) versteht es sich von selbst, daß mit denselben die übrigen Eintheilungen der Bedingungen zusammentreffen können; denn die unmöglichen Bedingungen lassen sich entweder als Suspensiv- oder als Resolutivbedingungen, affirmativ oder negativ hinzufügen.

§. 3.

Läßt sich die dreifache Eintheilung der unmöglichen Bedingungen nach den Gesetzen rechtfertigen?

Nicht immer werden die drei im vorigen §. aufgezählten Arten der unmöglichen Bedingungen so, wie dieß hier geschehen, von einander geschieden; vielmehr findet man die juristisch und moralisch unmöglichen Bedingungen in manchen Schriften zu einer und derselben Classe verschmolzen, indem entweder die juristisch unmöglichen Bedingungen nicht als eine be-

1) Vergl. §. ult. i. f. J. de legatis. (2, 20.) const. unica i. f. C. de his, quae poenae nomine (6, 41.) fr. 15. D. de cond. inst. (28, 7.) cap. 7. X. de conditionibus appositis (4, 5.)

2) Pauli S. R. l. c.

3) fr. 14. D. de condit. instit. (28, 7.) fr. 71. pr. D. de legatis I. (30.) Offenbar mit vollem Rechte, weil auch diese beiden gegen die guten Sitten verstoßen, contra bonos mores sind.

4) Die beiden letzten Arten dieser Bedingungen unter 2 und 3 könnte man vielleicht richtiger juristisch und moralisch unerlaubte, als unmögliche nennen, weil die Gesetze den Ausdruck impossibilis zur Bezeichnung dieses Begriffs doch immer nur selten gebrauchen im Verhältniß zu den verschiedenen andern Ausdrücken, welche das Unerlaubte dieser Bedingungen bezeichnen; allein, da doch auch der Ausdruck impossibilis in den Gesetzen vorkommt, und bisher wenigstens in der Doctrin ziemlich allgemein die physisch, juristisch und moralisch unmöglichen Bedingungen unter dieser Bezeichnung zusammengefaßt worden sind, so ist der Verf. von diesem Sprachgebrauche auch in der gegenwärtigen Untersuchung nicht abgewichen, zumal, da ja davon nichts Materielles abhängt, und auf jeden Fall durch die allgemeine Bezeichnung die Sache abgekürzt werden kann, auch die Uebersicht wohl dadurch erleichtert erscheint.

sondere Art betrachtet werden [1]), oder die moralisch unmöglichen unter dem Ausdruck der juristisch unmöglichen mit begriffen sind [2]).

Indessen wird schon aus dem vorhergehenden §., worin die in den Gesetzen für jede der drei Arten dieser Bedingungen gebrauchten Ausdrücke aufgezählt sind, die Richtigkeit der dreifachen Eintheilung erhellen; deutlicher wird dieß noch, wenn man die einzelnen Gesetzesstellen, worin die verschiedenen Arten der unmöglichen Bedingungen angegeben werden, in ihrem Zusammenhange betrachtet; z. B. Pauli S. R. l. c. Condicionum duo sunt genera: aut enim possibilis est, aut impossibilis. Possibilis est, quae per rerum naturam admitti potest: impossibilis, quae non potest: quarum ex eventu altera exspectatur; altera impossibilis submovetur. Condiciones contra leges et decreta principum, vel bonos mores adscriptae nullius sunt momenti etc. Ebenso fr. 14. D. de condit. inst. (28, 7.) (Marcianus lib. 4. Inst.) Conditiones contra edicta imperatorum, aut contra leges, aut quae legis vicem obtinent, scriptae, vel quae contra bonos mores, vel derisoriae sunt, aut hujusmodi, quas praetores improbaverunt, pro non scriptis habentur. Nicht minder geht die Unterscheidung des dreifachen Gesichtspuncts, der physischen, juristischen und moralischen Unmöglichkeit, hervor aus const. unica C. de his quae poenae nomine (6, 41.) (Imp. Justinianus A. Mennae 528.) verb.: Quod si aliquid facere vel *legibus interdictum*, vel *alias probrosum*, vel etiam *impossibile* jussus aliquis eorum fuerit etc. [3]) und damit übereinstimmend §. ult. J. de legatis (2, 20.) verb.: exceptis videlicet iis, *quae impossibilia sunt, vel legibus interdicta, aut alias probrosa* [4]).

Läugnen läßt es sich freilich nicht, daß die juristisch un-

---

1) z. B. bei Thibaut System rc. §. 123. Mackeldey Lehrbuch. 10te Aufl. §. 171.

2) v. Wening-Ingenheim a. a. O. Buch I. §. 135. pos. III Muehlenbruch D. P. Vol. I. §. 106. not. 7. u. 8.

3) const. 6. C. de pactis. (2, 3)

4) Vergl. überhaupt die meisten der im vorigen §. angeführten Gesetzesstellen.

möglichen Bedingungen in ihren Wirkungen mit den moralisch unmöglichen völlig übereinstimmen [1]), und in so ferne könnte das Bestreben, zwei getrennte Arten dieser Bedingungen aufzustellen, als ein Ausfluß des übelberüchtigten „divide et impera“ [2]) in der Doctrin, für lächerlich gehalten werden. Allein erwägt man dagegen, daß die erwähnte dreifache Eintheilung nicht willkührlich ersonnen, sondern, wenigstens der Form nach, in den Gesetzen wirklich enthalten ist, und daß dieselbe in soferne einen inneren Grund hat, als offenbar die Bedingungen, welche gegen das im Staate geltende Recht verstoßen, an sich von denen verschieden sind, welche bloß den natürlichen Gesetzen der Moral [3]) zuwiderlaufen; so wird man bei einer theoretischen Behandlung, bei welcher es immer auf scharfe Sonderung der Begriffe ankommt, eine solche Trennung zweckmäßig finden, zumal da, wie sich später zeigen wird, durch die Trennung der juristisch unmöglichen Bedingungen von den moralisch unmöglichen die genauere Erörterung dieser beiden Arten um Vieles erleichtert wird.

§. 4.

Werden die juristisch unmöglichen Bedingungen nach den Grundsätzen über moralich unmögliche, oder nach den Grundsätzen über physisch unmögliche Bedingungen behandelt? [4])

In dem vorigen §. ist zwar so geradehin behauptet worden, daß die juristisch unmöglichen Bedingungen

1) Das wird der folgende §. näher zeigen.

2) Qui bene distinguit, bene docet!

3) Die Bedingungen, welche gegen das natürliche (vom Staate nicht sanctionirte) Rechtsgesetz verstoßen, fallen nach römischen Begriffen mit den dem natürlichen Sittengesetz widerstreitenden Bedingungen völlig zusammen. Cicero de legibus. Lib. I. cap. 15. 16. Lib. II. cap. 4. i. f. und die in den folgenden §§. allegirten Gesetzesstellen.

4) Man könnte nach dem vorigen §. die Frage auch umgekehrt so stellen, ob moralisch unmögliche Bedingungen nach den Grundsätzen über juristisch unmögliche, oder über physisch unmögliche Bedingungen beurtheilt werden; allein aus dem §. wird hervorgehen, daß das Gebiet des Unmoralischen zugleich das Gebiet

(obgleich man sie der Form nach als eine selbstständige Art der unmöglichen Bedingungen betrachten kann,) doch hinsichtlich ihrer Wirkung mit den moralisch unmöglichen völlig übereinkommen, und in so ferne eine Gattung mit denselben ausmachen. Gegen diese Behauptung lassen sich aber, sowohl aus allgemeinen Gründen [1]), als aus einzelnen Gesetzen, noch manche Einwendungen erheben, deren Prüfung Gegenstand dieses §. ist.

Was gegen das in einem Staate bestehende Rechtsgesetz verstößt, ist eben so unmöglich, als das, was den Naturgesetzen zuwider ist. Denn der Staat, als eine Anstalt zur Realisirung des Rechtsgesetzes, kann seinen directen Gegensatz, das Unrecht, nie und nimmer als möglich ansehen, ohne sich selbst aufzuheben [2]). Nicht so bei moralisch unmöglichen Bedingungen. — Was unsittlich ist, ist darum noch nicht nothwendig unrechtlich [3]), und das Rechtsgesetz kann darum auch bei unsittlichen Handlungen wohl als fortbestehend gedacht werden; wie denn in der That gar manche unsittliche Handlungen von den Gesetzen des Staats nicht beachtet werden, und nicht beachtet werden können [4]). Demnach würden die

---

des Unrechtlichen in sich schließt, weil jenes viel umfassender ist, als dieses; und darum erscheint die in der Ueberschrift gewählte Stellung der Frage als die zweckmäßigere. Practische Folgen hat dagegen weder diese, noch jene Stellung der Frage.

1) Daß in dieser Untersuchung manche allgemeine a priori geschöpfte Ausführungen vorkommen, bedarf wohl kaum einer Rechtfertigung, weil bei unserm Gegenstande ohne allgemeinere philosophische Grundlagen eine systematische Darstellung durchaus nicht zu erzielen ist. Doch versteht sich von selbst, daß diese Reflexionen mit dem Geiste des römischen Rechts, sowie mit den philosophischen Ansichten der Römer überhaupt, übereinstimmen müssen. Es wird darum auch an manchen Stellen auf nichtjuristische römische Schriften, namentlich auf Cicero, recurrirt werden.

2) Vergl. im Allg. const. 5. C. de legib. et constitutionib. (1, 14.)

3) Das lehrt die philosophische Rechtswissenschaft. Vergl. v. Droste-Hülshoff Lehrb. d. Naturrechts. (2te Aufl.) §. 17. S. 53 a. E. ff.

4) Dieser Gedanke ist ausgesprochen in fr. 144. D. de R. J. (Paulus lib. 62. ad Ed.) Non omne, quod licet, honestum est. Vergl. im Allg. Cicero de officiis. Lib. I. cap. 5. 6. 7. sqq. cap. 18. 27. sqq. cap. 43.

juristisch unmöglichen Bedingungen mit den physisch unmöglichen zusammenfallen.

Mit diesen allgemeinen Grundsätzen scheinen auch die einzelnen Gesetze zu harmoniren, namentlich

fr. 137. §. 6. de V. O. (45, 1.) (Venulejus lib. 1. Stipulationum.)

Cum quis sub hac conditione stipulatus sit, si rem sacram aut religiosam Titius vendiderit, vel forum, aut basilicam et hujusmodi res, quae publicis usibus in perpetuum relictae sint, *ubi omnino conditio jure impleri non potest, vel id facere ei non liceat:* nullius momenti fore stipulationem, *proinde ac si ea conditio, quae natura impossibilis est, inserta esset* [1]) etc.; ebenso

fr. 35. pr. D. de V. O. (45, 1.) (Paulus lib. 12. ad Sabinum.)

Si stipulor, ut id fiat, *quod natura fieri non concedit: non magis obligatio consistit*, quam cum stipulor, ut detur, *quod dari non potest.* (juristisch unmöglich.)

Allein bei genauerer Betrachtung ergiebt sich das entgegengesetzte Resultat, daß nämlich die juristisch unmöglichen Bedingungen mit den moralisch unmöglichen zusammenfallen. Das läßt sich sowohl aus allgemeinen Grundsätzen, als aus einzelnen Gesetzesstellen nachweisen.

Wenn auch nicht alles Unsittliche zugleich unrechtlich ist, wie wir vorhin gesehen haben, so ist doch alles Unrechtliche immer unsittlich [2]), und in soferne fällt das Unrechtliche (das juristisch Unmögliche) mit dem Unsittlichen (dem moralisch Unmöglichen) zusammen, weil jede Uebertretung der positiven Gesetze unmoralisch ist. Ueberhaupt ist die Grenzlinie zwischen Moral und Recht, schon a priori betrachtet, so fein, sie läßt sich oft in einzelnen Fällen so schwer mit Sicherheit bestimmen, und der Unterschied zwischen beiden war überhaupt

---

1) Donell. commentar. Lib. XII. cap. 20. §. 24. 27.

2) Vergl. im Allg. v. Droste-Hülshoff a. a. O. Das Nähere kann theils aus der philosophischen Rechtslehre als bekannt vorausgesetzt, theils darf es nach dem Zwecke unserer Untersuchung, um nicht zu weit abzuführen, bloß angedeutet werden.

bei den Römern so wenig genau fixirt [1]), daß das Unrechtliche mit dem Unmoralischen in unsern Quellen überhaupt, sowie insbesondere in Beziehung auf unsere Frage, mannigfach verwechselt, ja daß Beides als identisch betrachtet wird. Als Beispiele mögen folgende Gesetze dienen:

§. ult. i. f. J. de legatis. (2, 20.)

verb.: exceptis videlicet iis, quae impossibilia sunt, *vel legibus interdicta*, *vel alias probrosa* etc.; ebenso

const unica i. f. C. de his, quae poenae nomine (6, 41.)

(Imp. JUSTINIANUS A. Mennae P. P. 528.)

Quod si aliquid facere vel *legibus interdictum*, vel *alias probrosum* [2]), vel etiam impossibile jussus aliquis eorum fuerit: tunc sine ullo damno etiam neglecto testatoris praecepto servabitur.

Am Unzweideutigsten geht dieß aber hervor aus PAULI S. R. l. c.; denn dort werden unmittelbar nach der oben im §. 3. mitgetheilten Stelle, als Beispiele, juristisch und moralisch unmögliche, ja bloße unanständige Bedingungen untereinander gemischt als völlig gleichwirkend aufgezählt:

Condiciones contra leges et decreta principum, vel bonos mores adscriptae nullius momenti sunt, veluti: Si uxorem non duxeris, si filios non susceperis, *si homicidium feceris*, *si barbaro habitu processeris* et haec similia [3]).

Als völlig identificirt erscheint endlich das juristisch Unmögliche mit dem moralisch Unmöglichen in

fr. 35. §. 1. D. de V. O. (45, 1.) (PAULUS lib. 12. ad Sabinum.)

Idem quod *leges fieri* prohibent — cessat obligatio — quia statim *contra mores sit* etc. [4]).

---

1) Vergl. meine Abhandl. über den Grundsatz, daß Niemand mit dem Nachtheile eines Andern sich bereichern dürfe. Versuche Thl. 1. Nr. I. §. 2. u. 3.

2) Vergl. auch §. 24. J. de inutilib. stipulat. (3, 20.)

3) Vergl. fr. 9. 14. u. 15. D. de condit. inst. (28, 7.) fr. 26. u. 27. D. de V. O. (45, 1.) fr. 112. §. 3. D. de legatis I. (30.)

4) Vergl. auch fr. 9. 14. 15. D. de condit. instit. (28, 7.) cap. ult. X. de conditionibus appositis (4, 5.) Vergl. meine Versuche Thl. 1. a. a. O.

Die oben für die Gleichheit juristisch und physisch unmöglicher Bedingungen angeführten Gesetze [fr. 137. §. 6. u. fr. 35. pr. D. de V. O. (45, 1.)] lassen sich auch ohne besondere Schwierigkeit mit der hier vertheidigten Ansicht vereinigen; denn beide setzen die Wirkungen der juristisch unmöglichen Bedingungen nicht im Allgemeinen, sondern nur in soferne denen der physisch unmöglichen gleich, daß jene Bedingungen ebenso, wie diese, das Rechtsgeschäft entweder vernichten, oder für nicht hinzugefügt gehalten werden 1).

Als Resultat der bisherigen Untersuchung ergiebt sich nun, daß wir nach den Gesetzen drei verschiedene Arten der unmöglichen Bedingungen der Form nach aufzustellen haben, daß aber die juristisch unmöglichen und die moralisch unmöglichen Bedingungen hinsichtlich ihrer Wirkung nach völlig gleichen Grundsätzen beurtheilt werden, so, daß sie in dieser Beziehung sich als identisch betrachten lassen.

§. 5.

Die physisch unmöglichen Bedingungen sind keine Bedingungen im eigentlichen Sinne.

Nachdem wir in den vorhergehenden §§. von den juristisch und moralisch unmöglichen Bedingungen gehandelt haben, bleibt uns noch übrig, das dritte oben erwähnte Eintheilungsglied,

1) Wir werden später sehen, daß dieß nicht bloßer Wortstreit ist; denn, wenn die Wirkungen der juristisch unmöglichen Bedingungen auch in soweit denen der physisch unmöglichen gleichkommen, als bei beiden das Rechtsgeschäft als nichtig, oder die conditio pro non adjecta erscheint, so sind die Wirkungen darum noch nicht in jeder andern Beziehung dieselben; denn es können z. B. die Wirkungen der juristisch unmöglichen Bedingungen nicht wohl mit den Wirkungen der physisch unmöglichen Bedingungen in einer Darstellung verbunden werden, weil, um die juristische Unmöglichkeit einer Bedingung nach allen Seiten hin kennen zu lernen, andere Glieder der Eintheilung aufgestellt werden müssen, wie bei den physisch unmöglichen Bedingungen; dagegen die Wirkungen der juristisch und moralisch unmöglichen Bedingungen lassen sich sehr wohl völlig vereint darstellen, wie die folgende Untersuchung zeigen wird, auf welche deßhalb hier im Allg. hingewiesen werden muß.

die physisch unmöglichen Bedingungen, etwas näher zu betrachten. Aus dieser Betrachtung ergiebt sich denn, daß die *conditio impossibilis*, d. h. die physisch unmögliche Bedingung, oder die unmögliche Bedingung im eigentlichen Sinne, keine wahre *conditio* ist, weil ihr das Wesen der conditio fehlt, welches in der Ungewißheit des zur Bedingung gesetzten künftigen Ereignisses besteht[1]). Zwar wird die physisch unmögliche Bedingung in den Gesetzen mit dem Ausdruck impossibilis *conditio* bezeichnet[2]); allein dadurch ist ihr noch nicht die Kraft einer conditio überhaupt verliehen, sondern sie stimmt vielmehr mit zwei andern Arten der Bedingungen überein, welche zwar auch in den Gesetzen conditiones genannt werden, ohne darum die wirkliche Kraft einer Bedingung zu haben; nämlich die conditio in praesens vel in praeteritum collata[3]) und die conditio necessaria[4]).

Mit der ersteren dieser Arten kommt die physisch unmög-

---

1) Vergl. oben §. 1. S. 12. Not. 1. u. fr. 69. i. f. D. de hered. inst. (28, 5.) Balduin. l. c. cap. II. Brussel. l. c. Lib. IV. Tit. III. Voet l. c. Lib. 28. Tit. 7. No. 17. Majans. l. c. §. 1. Ravensberg l. c. cap. 1. §. 8.

2) z. B. in fr. 7. D. de V. O. (45, 1.)

3) fr. 10. §. 1. i. f. D. de condit. inst. (28, 7.) fr. 37—39. D. de rebus creditis (12, 1.) fr. 16. i. f. D. de injusto rumpto (28, 3.) fr. 3. §. 13. D. de bonis libertorum (38, 2) fr. 7. 8. 100. 120 i. f. D. de V. O. (45, 1.) §. 6. J. de V. O. (3, 16.) fr. 91. D. de cond. et dem. (35, 1.) Balduin. l. c. cap. II. Brussel. l. c. Lib. IV. Tit. IV. No. 1. Duran. l. c. P. I. cap. 2. No. 5. Giphan. lectur. Altorf. ad Tit. Dig. de V. O. l. 100. Endemann l. c. §. 3. pag. 22 sqq. Bei der conditio in praesens vel in praeteritum collata kann zwar das zur Bedingung gesetzte Ereigniß für die Parteien (subjectiv) noch zweifelhaft seyn, allein an sich (objectiv) ist es dieß nie, weil es bereits im Reiche der Wirklichkeit besteht, und, was einmal existent geworden ist, nicht mehr absolut ungewiß seyn, und darum auch die obligatio nicht mehr verzögern kann: §. 6. J. de V. O. (3, 16.) Quae enim per rerum naturam sunt certa, non morantur obligationem, licet apud nos incerta sint. fr. 120. D. de V. O. (45, 1.) Endemann l. c. pag. 24 sqq.

4) fr. 9. §. 1. D. de novat. (46, 2.) fr. 18. D. de condict. indeb. (12, 6.) fr. 79 pr. u. §. 1. D. de cond. et dem. (35, 1.)

liche Bedingung aber offenbar in so ferne überein, als sie kein ungewisses künftiges Ereigniß enthält, und darum bei ihr nicht, wie bei der Bedingung im eigentlichen Sinne, bis zu deren Existenz oder Nichtexistenz ein schwankender Zustand besteht. Denn man kann ja sogleich bestimmen, ob die Bedingung eintreten wird, oder ob sie nicht eintreten kann; ja dieß ist jedesmal sogleich mit Nothwendigkeit bestimmt [1]); und in so ferne kommt die conditio impossibilis mit der oben erwähnten zweiten Art der uneigentlichen Bedingungen, der conditio necessaria, überein; welche letztere die Gesetze ausdrücklich nicht als wahre Bedingung gelten lassen:

fr. 9. §. 1. D. de novationibus (46, 2.) (Ulp. lib. 47. ad Sabinum.)

Qui sub conditione stipulatur, quae omnimodo exstatura est, pure videtur stipulari [2]).

Aus dem Bisherigen ergiebt sich aber auch ferner, daß nicht bei jeder der drei angeführten Arten der unmöglichen Bedingungen die obige Behauptung sich aufstellen läßt, wie manche Rechtslehrer annehmen [3]), sondern daß dieß strenge genommen nur bei der physisch unmöglichen geschehen kann [4]). Denn, wenn auch die juristisch und moralisch unmöglichen Bedingungen auf die Rechtsgeschäfte ganz dieselben Wirkungen äußern, wie die physisch unmöglichen, so kann doch eine den Gesetzen

---

1) Wenn ich z. B. etwas dem A. verspreche unter der Bedingung, wenn er den Himmel berührt, so ist es sogleich gewiß, daß die Bedingung nie eintreten wird; und wenn ich die Bedingung negativ fasse, wenn A. nicht in den Himmel steigt, so ist ebenso im ersten Augenblick gewiß, daß die Bedingung eintreten muß. Vergl. fr. 7. D. de V. O. (45, 1.) §. 11. J. de inutilib. stipulat. (3, 20.) Duran. l. c. P. I. cap. 2. No. 3.

2) Vergl. S. 28. Not. 4.

3) Hofacker Pr. jur. civ. Tom. I. §. 194. u. 195. Seuffert Lehrbuch des practischen Pandectenrechts. Bd. 1. §. 76. pos. a — d. Lauterbach colleg. Pand. Lib. II. Tit. XIV. §. 73. not. g. Vergl. auch Donell. comment. jur. civ. cap. 32. §. 5.

4) Damit stimmen überein v. Wening-Ingenheim Lehrb. Buch I. §. 135. Not. t. Valett ausführl. Lehrb. Bd. I. §. 107. pos. B. 2.

des Rechts oder der Moral widerstreitende Handlung nach Naturgesetzen in das Reich der Wirklichkeit treten: (m. a. W. eine physische Unmöglichkeit läßt sich vernünftigerweise nicht als wirklich werdend denken, ein Rechtsgesetz oder Moralgesetz aber kann wohl übertreten, und dadurch eine moralische oder rechtliche Unmöglichkeit de facto wirklich werden.) Bei den beiden letztern Bedingungen läßt sich demnach nicht, wie bei der conditio impossibilis, im Voraus bestimmen, ob die zur Bedingung gemachte Handlung vorgenommen werden wird, oder nicht; das Wesen der conditio, als ungewisses künftiges Ereigniß, fällt darum bei diesen nicht weg.

§. 6.

Verschiedenheit der Wirkungen der unmöglichen Bedingungen bei negotia inter vivos und mortis causa.

Schon in den vorhergehenden §§. ist angedeutet worden, daß die Wirkungen, welche die Gesetze an die Hinzufügung von unmöglichen Bedingungen geknüpft haben, bei den angeführten drei Arten dieser Bedingungen (den physisch, juristisch und moralisch unmöglichen) im Allgemeinen gleich sind; — um so mehr weichen aber die Wirkungen einer und derselben Art von unmöglichen Bedingungen von einander ab, je nachdem diese einem negotium inter vivos [1]), oder einem negotium mortis causa [2]) beigefügt sind. Während nämlich bei den ersteren die Hinzufügung einer wirklich [3]) unmög-

1) Vorläufig kann hier bemerkt werden, daß unter den negotia inter vivos im Allgemeinen die Verträge zu verstehen sind. Doch wird jener umfassendere Ausdruck im Laufe der Untersuchung absichtlich, und namentlich im Gegensatze der negotia mortis causa, aus dem Grunde gebraucht, um für diese beiden Arten von Rechtsgeschäften eine gleichumfassende Bezeichnung zu haben. Auch müssen erst später die übrigen Rechtsgeschäfte unter Lebenden als unwichtig für unsere Lehre ausgeschieden werden.

2) z. B. Erbeinsetzungen, Legate, Fideicommisse, mortis causa donationes. fr. 8 pr. §. 1—3. D. de condit. inst. (28, 7.)

3) Was hier unter einer wirklich unmöglichen Bedingung zu verstehen sey, wird unten bei Entwickelung der Wirkungen unmöglicher Bedingungen angegeben werden.

lichen Bedingung das ganze Rechtsgeschäft ungültig macht [1]), fällt bei den letzteren in der Regel allein die unmögliche Bedingung weg, die Hauptdisposition bleibt aber vollkommen gültig [2]).

Die eben angegebene Verschiedenheit in den Wirkungen unmöglicher Bedingungen bei Rechtsgeschäften unter Lebenden und auf den Todesfall kann nach justinianischem Rechte mit Grund nicht bezweifelt werden; denn es sprechen dafür, wie die Noten 1. u. 2. dieser Seite zeigen, zahlreiche unzweideutige Gesetzesstellen aus Justinian's Compilation [3]). Aber

1) fr. 31. 185. D. de R. J. §. 11. J. de inutilib. stipulat. (3, 20.) fr. 1. §. 11. fr. 31. D. de O. et A. (44, 7.) fr. 7. 97 pr. D. de V. O. (45, 1.) fr. 29. D. de fidejussor. (46, 1.) fr. 9. §. 6. D. de rebus creditis. (12, 1.)

2) §. 10. J. de hered. inst. (2, 14.) Theophil. ad §. cit. fr. 3. u. 6 i. f. D. de cond. et dem. (35, 1.) fr. 16 i. f. D. de injusto rupto. (28, 3.) fr. 1. 9. 14. 20 pr. D. de condit. inst. (28, 7.) fr. 104. §. 1 i. f. D. de legatis I. (30.) fr. 5. §. 4. D. quando dies legat. (36, 2.) fr. 135. D. de R. J. Vergl. im Allg. Jo. Ton. Richter Diss. de condit. impossib. ultimae voluntati adjecta indistincte pro non scripta habenda. Lips. 1756.

3) Dennoch hat Jo. Ton. Richter Diss. de conditione impossibili contractum non vitiante. Lips. 1747. weitläufig darzuthun gesucht, daß die unmögliche Bedingung den Contract nicht ungültig mache, sondern pro non adjecta gelte. Er geht dabei in §. 1—8. von den allgemeinen Interpretationsregeln aus: utile per inutile non vitiatur; in dubio benignius interpretandum; superflua non nocent — ohne aber die Anwendbarkeit dieser Regeln auf unsern Fall gehörig zu zeigen; da hier von bloß überflüssigen Dingen nicht die Rede ist, und die Gesetze bestimmt genug bei Verträgen durch das inutile der unmöglichen Bedingungen das Hauptgeschäft selbst angegriffen wissen wollen. Als specielle Beweise dienen ihm nur (Diss. §. 9.) die Gesetze über die Ehe, bei denen er aber übersieht, daß die Ehe, als ein Sacrament, im canon. Rechte nach singulären Grundsätzen beurtheilt wird. (s. weiter unten.) Endlich sucht Richter die so klaren Gesetzesstellen §. 11. J. de inutilib. stipulat. (Diss. §. 10 u. 11.) und fr. 31. D. de O. et A. (Diss. §. 12.) durch nichtssagende Gründe wegzuraisonniren. Er behauptet nämlich, daß nach diesen Gesetzen nur die unmögliche Bedingung nichtig werde. Dabei wird in der Untersuchung der modus mit der conditio verwechselt, und dadurch die Verwirrung größtentheils veranlaßt.

eben diese Compilation deutet auch an, daß die so sehr abweichende Wirkung unmöglicher Bedingungen bei negotia mortis causa im römischen Rechte nicht immer unangefochten war, und sich erst nach vorausgegangenen längeren Streitigkeiten unter den Juristen begründet hat. **Ulpianus** sagt nämlich in

fr. 3. D. de cond. et dem. (35, 1.) (lib. 6. ad Sabinum.)

Obtinuit, impossibiles conditiones testamento adscriptas pro nullis habendas.

Der Ausdruck obtinuit aber setzt eine abweichende Meinung voraus, über welche die in dem Gesetze ausgesprochene Ansicht den Sieg davon getragen hat [1]). Diese Andeutung wird zur völligen Gewißheit durch eine Stelle aus den Commentarien des **Gajus**, die bei den so spärlichen Nachrichten, welche die vorjustinianischen Quellen über unsere Lehre enthalten, ein doppeltes Interesse gewährt. Die Stelle bei Gajus III. §. 98. lautet also: Item si quis sub ea condicione stipuletur, quae existere non potest, *vel*uti si digito caelum tetigerit, inutilis est stipulatio. sed legatum sub inpossibili condicione relictum nostri praeceptores proin*de valere* putant, ac si *ea condicio adjecta non* esset: diversae scholae auctores non minus legatum inutile existimant, quam stipulationem. et sane vix idonea [2]) diversitatis ratio reddi potest.

Nach dieser Stelle des **Gajus** waren die verschiedenen Secten der römischen Juristen über die Wirkungen der unmöglichen Bedingungen bei negotia mortis causa und negotia inter vivos im Streit: die Cassianer oder Sabinianer [3]), denen

---

1) Vergl. Cujac. Recit. ad Tit. Dig. de condit. instit. pr. Duran. l. c. P. I. cap. 1. No. 1. sq. Ziegler. l. c. No. XLVII.

2) Der Verf. befolgt hier die Lesart „*vix* idonea diversitatis ratio," welche jetzt allgemein angenommen wird, nachdem **Göschen** die in seiner ersten Ausgabe enthaltene Lesart „non inidonea ratio" in der zweiten (v. 1824.) Not. 7. auf Veranlassung **Hugo's** mit der oben angegebenen vertauscht hat. Vergl. **Hugo's** Rechtsgesch. (10te Aufl.) S. 854. Not. 3. u. Heffter l. c. (Ed. Bonn. 1830.)

3) Vergl. fr. 6. §. 1. i. f. D. de cond. et dem. (35, 1.)

Gajus sich beizählt [1]), vertheidigten die in Justinian's Compilation siegreich übergegangene Ansicht, daß bei Legaten (und somit überhaupt bei negotia mortis causa) unmögliche Bedingungen pro non adjectis gelten sollen, während die Proculianer zwischen Legaten und Stipulationen (d. h. negotia mortis causa und inter vivos) eine Verschiedenheit in den Wirkungen nicht zulassen wollten.

Der Grund für diese Verschiedenheit ist nirgends angegeben, vielmehr erklärt sich Gajus in den Schlußworten des §. 98.: „vix idonea diversitatis ratio reddi potest" geradezu außer Stande, einen genügenden Grund aufzufinden. Allein, da die Verschiedenheit selbst im justinianischen Rechte anerkannt ist, so muß es Aufgabe unserer Untersuchung seyn, jenen Grund im Einklange mit dem Geiste des römischen Rechts, so wie uns dasselbe durch Justinian's Compilation überliefert wird, zu erforschen, ohne daß wir den Vorwurf eines anmaßlichen Beginnens zu verdienen befürchten, wenn wir hier etwas versuchen, was Gajus, nach seinem eigenen Bekenntniß, nicht anzugeben vermochte.

Die folgenden §§. werden sich nun mit dieser Nachforschung beschäftigen, und überhaupt nachzuzeigen suchen, daß sowohl bei den verschiedenen Arten der unmöglichen Bedingungen, als bei der Verschiedenheit in den Wirkungen der nämlichen Art unmöglicher Bedingungen bei negotia inter vivos und mortis causa, einer und derselbe Grund den Gesetzgeber geleitet hat. Je vollkommener es hierbei gelingt, die so verschiedenen, zum Theile sich widerstreitenden gesetzlichen Bestimmungen in allgemeinen Gesichtspuncten zu vereinigen, desto mehr wird die Untersuchung an systematischer Einheit und an Zusammenhang gewinnen.

§. 7.

Feststellung des Grundes, aus welchem die Gesetze die Wirkungen der unmöglichen Bedingungen herleiten.

a) Bei den verschiedenen Arten der unmöglichen Bedingungen gilt einer und derselbe Grund.

Um zu zeigen, daß für die Wirkungen der verschiedenen

---

1) Gajus II. §. 195. 217 u. 218. 221. 231. 244. III. §. 87. § 103.

Arten unmöglicher Bedingungen ein gemeinschaftlicher Grund in den Gesetzen gefunden werden kann, wenden wir uns in diesem §. zuerst zu den Rechtsgeschäften unter Lebenden, unter welchen hier, wie schon früher angedeutet worden, die Verträge zu verstehen sind, theils weil sie die Hauptgattung dieser Rechtsgeschäfte ausmachen, theils weil die übrigen Arten von negotia inter vivos für unsere Lehre ohne Bedeutung sind, wie sich unten bei den Wirkungen physisch unmöglicher Bedingungen näher zeigen wird.

Wir betrachten nun den Grund für die Wirkungen der unmöglichen Bedingungen bei einer jeden der drei oben angegebenen Gattungen derselben abgesondert.

1) Physisch unmögliche Bedingungen machen, wie uns die Gesetze ausdrücklich sagen, den ganzen Vertrag aus dem Grunde ungültig, weil man annimmt, die Contrahenten hätten nicht die ernstliche Absicht gehabt, einen Vertrag abzuschließen [1]), da sie dessen Existenz von dem Eintritt eines unmöglichen Ereignisses abhängig gemacht haben. Es wird dabei in der Gesetzesstelle vorausgesetzt, daß die Contrahenten die Unmöglichkeit des zur Bedingung gemachten Ereignisses gekannt haben [2]). Das Hauptgesetz ist hier

141. 168. i. f. §. 178. IV. §. 78. 79. 114. Hugo Rechtsgeschichte. (10te Aufl.) S. 759. Z. 19. vergl. mit S. 854. Z. 13—22.

1) Denn die Absicht der Contrahenten ist bekanntlich bei Verträgen entscheidender, als die Worte: fr. 219. pr. D. de V. S.

2) Bei absolut unmöglichen Bedingungen werden die Contrahenten, mit seltenen Ausnahmen, die Unmöglichkeit der Bedingung jedesmal gekannt haben, und es wird darum für diese Kenntniß in der Regel zu vermuthen seyn. Hätten sie aber auch etwa in einem einzelnen Falle die Bedingung für möglich gehalten, so würde dieß doch an den Wirkungen dieser Bedingung nichts ändern können; denn das Hauptgeschäft wird durch dieselbe ungültig, auch ohne daß die Contrahenten die Unmöglichkeit gekannt, weil diese Nichtkenntniß die vernichtende Wirkung der Bedingung natürlich nicht aufhebt. Allein im Falle einer solchen Unbekanntschaft mit der Unmöglichkeit scheint das hier aufgestellte Princip für die Wirkungen unmöglicher Bedingungen, nämlich der vermuthliche Wille der Disponirenden, durchaus keine Anwendung zu finden, und darum die hier vertheidigte An-

fr. 31. D. de O. et A. (44, 7.) (MAECIANUS lib. 2. Fideicommissorum.)

Non solum stipulationes impossibili conditione adplicatae nullius momenti sunt: sed etiam caeteri quoque contractus, veluti emtiones, locationes impossibili conditione interpositae, aeque nullius momenti sunt: quia in ea re, quae ex duorum, pluriumve consensu agitur, omnium voluntas spectetur: *quorum proculdubio in hujusmodi actu talis cogitatio est, ut nihil agi existiment apposita ea conditione, quam sciant esse impossibilem* [1]).

2) Derselbe Grund, welcher bei physisch unmöglichen Bedingungen gilt, läßt sich auch auf juristisch unmögliche anwenden durch die folgende Schlußfolgerung: In einem durch Gesetze geregelten Staatsleben ist Alles, was gegen die Gesetze des Rechts verstößt, ebenso unmöglich und ungültig, als dasjenige, was nach den physischen Gesetzen unmöglich erscheint [2]). Die Gesetze aber muß jeder Staatsbürger kennen. Wenn er also eine gegen die Rechtsgesetze streitende Bedingung einem Vertrage beigefügt hat, so wird er (einerlei, ob dieß wirklich sein Wille ist, oder nicht) so angesehen, als ob er gar nicht die Absicht gehabt, einen Contract einzugehen [3]), oder m. a. W.: sein unrechtlicher Wille

---

sicht, daß auch bei der Unbekanntschaft der Disponirenden mit der Unmöglichkeit der Bedingung dieselbe Wirkung aus demselben Grunde eintrete, mit den Principien bei der Untersuchung im Widerspruch zu stehen. Das ist aber doch auch nur Schein! denn bei näherer Betrachtung (s. das Weitere unten §. 11. bei relativ unmöglichen Bedingungen) wird sich Alles gehörig vereinigen lassen.

1) Vergl. auch MERENDAE controvers. jur. Lib. III. cap. 50. ALTESERRAE commentar. ad Tit. Dig. de condition. et demonstrat. l. 3. VOET l. c. Lib. 28. Tit. 7. No. 16. DUARENI commentar. in Tit. Dig. de V. O. l. 7. ejusd. commentar. in Tit. Dig. de stipulat. servor. pag. 803. ENDEMANN. l. c. §. 21. pag. 127 sqq.

2) Vergl. oben §. 4.

3) Kenntniß der Gesetze wird also hier, wie überall, in der Regel bei den Contrahirenden vermuthet. Sollte diese Kenntniß aber auch in einem einzelnen Falle fehlen, so wird doch darum die vernichtende Wirkung der unmöglichen Bedingung nicht minder eintreten.

gilt im Staate als gar kein Wille. Darum sagen auch die Gesetze: eine Stipulation unter einer juristisch unmöglichen Bedingung sey ungültig *proinde* (auf dieselbe Art) *ac si* ea conditio, quae natura impossibilis est, inserta esset,[1]) und stimmen dadurch genau mit der hier versuchten Ausführung überein.

3) Der nämliche Gesichtspunct paßt für die moralisch unmöglichen Bedingungen. Denn, wenn Moral und Recht auch nicht an sich identisch sind, so werden doch juristisch und moralisch unmögliche Bedingungen, wie wir bereits oben §. 4. gesehen haben, den Wirkungen nach als identisch betrachtet; wie es ja auch ein bekannter Grundsatz des römischen Rechts ist, daß Verträge und überhaupt Rechtsgeschäfte[2]), welche gegen die Gesetze der Moral verstoßen, eben so wenig Gültigkeit haben, als solche, welche einem Rechtsgesetze widerstreiten: Pauli S. R. Lib. I. Tit. I. §. 2. Neque contra leges, neque contra mores pacisci possumus[3]); und noch allgemeiner wird dieser Grundsatz von Papinianus in fr. 15. i. f. D. de condit. instit. (28, 7.) (Lib. 16. Quaest.) ausgesprochen, verb.: Nam quae facta laedunt pietatem, existimationem, verecundiam nostram, et (ut generaliter dixerim) contra bonos mores fiunt: nec facere nos posse credendum est[4]).

Ueber den Einwand, der hieraus gegen das hier angenommene Princip für die Wirkungen unmöglicher Bedingungen (vermuthlicher Wille der Disponirenden) hervorzugehen scheint, wird unten §. 11. bei den relativ unmöglichen Bedingungen das Weitere folgen.

1) fr. 137. §. 6. D. de V. O. (45, 1.) u. §. 4. oben.

2) fr. 112. §. 3 D. de legatis I. (30.)

3) Gajus III. §. 157.

4) Vergl. im Allg. fr. 7. §. 7. fr. 27. §. 3. u. 4. D. de pactis (2, 14.) fr. 26. 27. 35. §. 1. fr. 61. 83. §. 5. D. de V. O. (45, 1.) const. 6. u. 30. C. de pactis. (2, 3.) fr. 112. §. 3. D. de legatis I. (30.) §. 24. J. de inutilib. stipulat. (3, 20.) const. 4. C. de inutilib. stipulat. (8, 39.) fr. 5. D. de usuris. (22, 1.) fr. 1. D. de condict. ob turpem causam. (12, 5.) fr. 197. D. de R. J fr. 52. §. 17. 18. fr. 53. 54. 57. D. pro socio. (17, 2.) fr. 6. §. 2. fr. 22. §. 6. D. mandati. (17, 1.) fr. 70. i. f. D. de fidejussor. (46, 1.) fr. 14. §. 1. D. soluto matrimon. (24, 3.)

Gekannt haben aber die Contrahenten das Unmoralische der Bedingung; denn die Gesetze der Moral, sowie die Gesetze des natürlichen Rechts, sind dem Menschen ins Herz geschrieben, (wie schon der Sprachgebrauch sich so bezeichnend ausdrückt) und bedürfen darum keiner besonderen Publication [1]).

Dasselbe gilt auch bei unschicklichen, unanständigen oder lächerlichen Bedingungen, welche das römische Recht [2]) (nach einem sich häufig äußernden Gefühle für Anstand und äußere Ehre) den unsittlichen gleichstellt [3]).

---

1) Fast unwillkürlich wird man hier an jene treffende Stelle in CICERO de legibus. Lib. I. cap. 15. erinnert: Est enim unum jus, quo devincta est hominum societas, et quod lex constituit una: quae lex est recta ratio imperandi atque prohibendi: quam qui ignorat, is est injustus, *sive sit illa scripta uspiam, sive nusquam* — und weiter cap. 16. Nec solum jus et injuria a natura dijudicantur, sed omnino omnia honesta ac turpia: nam et communis intelligentia nobis notas res efficit easque in animis nostris inchoat, ut honesta in virtute ponantur, in vitiis turpia. Haec autem in opinione existimare, non in natura posita, dementis est etc. und endlich Lib. II. cap. 4. i. f. Erat enim ratio profecta a rerum natura, et ad recte faciendum impellens, et a delicto avocans, *quae non tum denique incipit lex esse, cum scripta est, sed tum, cum orta est: orta autem simul cum mente divina.* Quamobrem lex vera atque princeps, apta ad jubendum et ad vetandum, ratio est recta summi Jovis.

2) PAULI S. R. Lib. III. Tit. IV. B. §. 2. fr. 14. D. de condit. inst. (28, 7)

3) Wenn es gleich keinem Zweifel unterliegt, daß die moralische Unmöglichkeit oder Unschicklichkeit einer Bedingung dem gesunden Gefühle des Menschen im Allgemeinen auch ohne besondere Publication bekannt seyn wird, so können doch möglicherweise Bedingungen auch von der Art seyn, daß, um deren moralische Unmöglichkeit zu erkennen, ein gewisser Grad von Bildung und ein feineres Gefühl erfordert wird. In einem solchen (jedoch immer nur seltener vorkommenden) Falle vermag zwar nicht Jeder a priori diese Unmöglichkeit einzusehen, allein es läßt sich alsdann eine doppelte Auskunft gedenken: Entweder hat der Gesetzgeber, ein solches feineres Gefühl berücksichtigend, die Bedingung für unerlaubt erklärt; — dann hört sie auf, eine bloß moralisch unmögliche zu seyn, sie ist vielmehr eine juristisch unmögliche geworden. Das Gesetz aber muß jeder Staatsangehörige kennen. (Dieser Fall gehört also eigentlich gar nicht hierher.) Ist dagegen über die Unmoralität oder Unschick-

§. 8.

Fortsetzung.

b) So verschieden auch die Wirkungen der unmöglichen Bedingungen bei negotia inter vivos und mortis causa sind, so läßt sich doch auch hier ein und derselbe durchgehende Grund für diese Wirkungen annehmen.

Als Resultat des vorigen §. ergiebt sich, daß der Grund für die Wirkungen der verschiedenen Arten der unmöglichen Bedingungen bei Contracten der von dem Gesetze vermuthete Wille der Contrahenten ist; die Aufgabe dieses §. wird seyn, dasselbe für die negotia mortis causa nachzuweisen.

Ueber diesen Punct herrschen seit den frühesten Zeiten der wissenschaftlichen Bearbeitung des römischen Rechts sehr verschiedene Ansichten [1]). Die wichtigsten lassen sich unter die folgenden drei Gesichtspuncte zusammenfassen. Als Grund für die Regel, daß unmögliche Bedingungen bei den Rechtsgeschäften auf den Todesfall für nicht hinzugefügt gehalten werden, kann nämlich gelten

---

lichkeit einer Bedingung in den Gesetzen nichts bestimmt, so muß das richterliche Ermessen darüber entscheiden [arg. fr. 8. §. 8. fr. 9. D. condit. inst. (28, 7.)] und der Richter wird bei dieser Entscheidung als die sicherste leitende Norm das unbefangene Urtheil des gebildeteren Theils des Volks gelten lassen.

1) Man vergl. im Allg.: Duaren. commentar. in Tit. Dig. de cond. instit. cap. IV. u. in Tit. Dig. de V. O. l. 7. ejusd. commentar. in Tit. Dig. de stipulat. servor. cap. VI. pag. 803. Balduin. l. c. cap. VII. pr. Cujac. Recitat. ad Tit. Dig. de O. et A. l. 31. ad Tit. de cond. inst. l. 2. i. f. Donell. commentar. absolut. ad Tit. Dig. de V. O. l. 7. vorzügl. No. 4. sqq. Giphan. lectur. Altorf. ad Tit. Dig. de O. et A. l. 31. Brussel. l. c. Lib. IV. Tit. II. No. 13. (pag. 296. sqq.) Duran. l. c. P. II. cap. 1. Perez. praelect. in Cod. Lib. VI. Tit. 25. Ziegler. l. c. No. LXVII. Ulric. Huber. praelect. jur. civ. Lib. XXVIII. Tit. 7. No. 4. u. 5. Lauterbach. colleg. Pand. Lib. XXVIII. Tit. 7. cap. 11. Affelmann. l. c. conclus. XVII. Averan. interpret. jur. civ. Lib. II. cap. 24. No. 3. sqq. Majans. Disputat. 34. cap. 3 — 5. J. P. Slevogt. diss. de cond. inst. pag. 8. sqq. Ravensberg l. c. cap. I. §. 8. Höpfner Commentar. §. 491. pos. 4. Not. 3. (v. A. D. Weber.)

1) der vermuthliche Wille des Disponirenden (des Testators, Codicillanten);

2) die gesetzliche Begünstigung der letztwilligen Dispositionen, der favor testamentorum;

3) ein odium gegen den testator, welcher solche Bedingungen seiner Disposition hinzugefügt hat [1]).

Der Verf. glaubt durch Verbindung der unter 1. u. 2. erwähnten Meinungen die richtige Ansicht begründen zu können.

Als erster und hauptsächlicher Grund für die gesetzliche Bestimmung, daß bei letzten Willensdispositionen unmögliche Bedingungen für nicht hinzugefügt gehalten werden, gilt nach römischem Rechte hier, wie bei negotia inter vivos, der vermuthliche Wille des Disponirenden.

Dieser vermuthliche Wille bildet überhaupt nach den Gesetzen [2]) ein entscheidendes Moment, und gilt als richtende

---

1) Brusset., l. c. pag. 298. verb.: „Itaque si tam impudens testator fuerit, ut rem impossibilem, aut legibus improbatam facere jusserit; in odium ejus impudentiae, et favore ejus, cui talem conditionem adscripsit, conditio prorsus pro non scripta erit“ etc. und i. f. In odium igitur ejus, qui turpem aut impossibilem conditionem adscripsit, pro non scripta talem conditionem haberi puto, non in favorem testamenti, ut vulgo probatum est. — und endlich pag. 299. pr. Ut autem haec longius extendam, puto supervacaneum fore, quod, ni quis plane mentis inops sit, (?) hoc putem satis dictum esse, in odium ipsius, qui conditionem impossibilem adscripsit, eandem rejici. Mit dieser ganz eignen (verhältnißmäßig wenig gebilligten) Ansicht stimmen überein Conr. Guil. Strecker de condit. imposs. pag. 3. i. f. und Höpfner a. a. O.

2) Vergl. im Allg.: fr. 16. 27. 37. 102. i. f. D. de cond. et dem. (35, 1.) fr. 2. pr. D. de condit. inst. (28, 5.) fr. 35. §. 3. D. de hered. inst. (28, 5.) fr. 12. i. f. fr. 52. §. 1. fr. 77. §. 15. i. f. fr. 84. §. 7. D. legatis I. (30.) fr. 29. §. 4. D. de legatis III. (32.) fr. 7. §. 2. D. de suppellectili legata. (33, 10.) fr. 8. §. 9. D. de adimend. vel transferend. legat. (34, 4.) fr. 13. §. 1. D. de alimentis legatis. (34, 1.) fr. 77. 86. D. ad leg. Falcid. (35, 2.) fr. 15. i. f. D. eod. §. 1. pr. J. de lege Falcid. (2, 22.) fr. 57. §. 1. D. ad SCtum. Trebell. (36, 1.) const. 7. i. f. C. de fideicommissis. (6, 42.) const. 9. C. de inst. et subst. (6, 25.) (verb.: voluntatis esse quaestionem etc.) const. 1.

Norm bei letztwilligen Dispositionen, selbst wenn er mit dem Wortsinne nicht völlig übereinstimmt. Diese allgemeinere Bestimmung wird insbesondere auf Bedingungen angewendet in

fr. 19. pr. D. de cond. et dem. (35, 1.) (ULP. lib. 5. Disputat.)

In conditionibus primum locum voluntas defuncti obtinet, eaque regit conditiones [1]; und

fr. 101. pr. D. eod. (PAPINIANUS lib. 8. Responsor.)

verb.: Cum in conditionibus testamentorum voluntatem potius, quam verba considerari oporteat etc. [2]).

Am Deutlichsten läßt sich nun nach der Ansicht des Verf. die oben angeführte Behauptung, daß der Wille des Disponirenden in der Regel auf das Wegfallen der Bedingung gerichtet seyn müsse, auf folgende Weise begründen: Hat der Disponirende (der Testator, Codicillant) seiner Disposition eine unmögliche Bedingung hinzugefügt, so sind nur zwei Wege möglich:

1) entweder die Bedingung fällt weg, oder

2) die ganze Disposition.

Nimmt man nun an, wie es doch in der Regel geschehen muß, daß der Testator mit Vernunft gehandelt, so wird man seinen Willen am Ersten und Sichersten befolgen, wenn man die Disposition als solche aufrecht erhält [3]). Denn die Disposition (die Erbeinsetzung, das Legat rc.) ist die Hauptsache,

---

C. de sacrosanctis ecclesiis. (1, 2.) Nov. 1. cap. 2. pr. fr. 12. D. de R. J.

1) ALTESERRAE commentar. ad h. l.

2) Doch darf man nur dann eine Abweichung zwischen der Absicht und den Worten des Disponirenden annehmen, wenn sich diese nachweisen läßt, weil natürlich bis dahin jene aus diesen gefolgert werden muß, wie der §. 2. des fr. 101. cit. deutlich sagt: Conditionum verba, quae testamento praescribuntur, „pro voluntate considerantur etc. fr. 69. pr. D. de legatis III. (32.) fr. 126. §. 2. D. de V. O. (45, 1.)

3) Vergl. Jo. Tob. RICHTER de condit. potestat. et mixt. casu deficientib. in ultim. volunt. pro adimplet. habend. §. 7. Dieß gilt natürlich aber nur so lange, als nicht ein entgegengesetzter Wille des Disponirenden nachgewiesen wird.

die Bedingung dagegen, als zufällige Nebenbestimmung, bloße Nebensache. Soll nun eine von beiden wegfallen, so wird dieß zunächst die Nebenbestimmung seyn; denn, fällt diese, dann bleibt noch immer die Hauptbestimmung; läßt man aber die Nebenbestimmung gelten, so kann weder diese existent werden, weil sie eine physische, juristische oder moralische Unmöglichkeit enthält, noch kann das Hauptgeschäft in das Reich der Wirklichkeit treten, weil es nothwendig von der Existenz der Bedingung abhängen würde, diese aber, wie eben bemerkt, nimmer eintreten kann. Darum wird denn bloß das, was eigentlich allein die Unmöglichkeit enthält (die Bedingung nämlich), als nichtig betrachtet, das Rechtsgeschäft selbst aber, nachdem es von seinen schädlichen Bestandtheilen gereinigt ist, seinem Wesen nach aufrecht erhalten, und dadurch eine allgemeine Interpretationsregel [1]) befolgt, welche vorzüglich bei Testamenten zu deren Gunsten angewendet wird:

fr. 24. D. de rebus dubiis (34, 5.) (MARCELLUS lib. 11. Digestor.)

Cum in testamento ambigue aut etiam perperam scriptum est: benigne interpretari et secundum id, quod credibile est cogitatum, credendum est.

Hiernach ist also der vermuthliche Wille des Disponirenden auch bei negotia mortis causa der nächste Grund für die Wirkungen der unmöglichen Bedingungen; ein Grund, durch welchen diese Rechtsgeschäfte unter einem Gesichtspuncte mit den negotia inter vivos sich vereinigen lassen.

Allein es bleibt noch die weitere Frage nach dem letzten Grunde der Verschiedenheit in den Wirkungen beider Arten der Rechtsgeschäfte übrig. Warum verfahren die Gesetze bei letztwilligen Dispositionen soviel gelinder, wie bei Verträgen, warum führt dort der vermuthliche Wille zur Aufrechthaltung des Rechtsgeschäfts, während bei diesen Nichtigkeit des ganzen Geschäfts aus der Vermuthung der Gesetze folgt?

---

1) fr. 80. D. de V. O. (45, 1.) fr. 9. 67. D. de R. J. fr. 10. §. 1. i. f. fr. 12. fr. 21. i. f. fr. 24. D. de rebus dubiis. (34, 6.)

Dieser letzte Grund kann nur der bekannte **favor testamentorum** seyn [1]), vermöge dessen derjenige Theil der Willensbestimmung, welcher derselben schädlich werden könnte, vernichtet wird, um die Bestimmung selbst zu erhalten [2]). Wird hierdurch auch etwa einmal zufällig gegen den Willen des Disponirenden gehandelt, so geschieht dieß doch nur zu seinen Gunsten, wie es auch an andern Orten in den Gesetzen vorkommt; z. B. bei der **lex Falcidia: pr. J. de lege Falcidia** (2, 22.) verb.: **idque ipsorum testatorum gratia provisum est etc.** [3]).

Als Gründe für diese Begünstigung der letzten Willensdispositionen lassen sich etwa folgende gedenken: 1) der Disponirende verdient bei Abfassung eines Testaments, oder eines Codicills größere Nachsicht, als der Contrahent bei einem Vertrage. Schon der lebhafte Gedanke an den Tod kann jenem die nöthige Ruhe rauben; oft gesellt sich dazu noch Krankheit, Körperschwäche [4]) u. dergl. 2) Derjenige, zu dessen Vortheil die Disposition errichtet wird, wirkt bei deren Errichtung nie mit, darf dieß sogar nach den Gesetzen unter keiner Bedingung [5]). Eine deutlichere Erklärung des Willens, wie bei dem Mitcontrahenten, läßt sich daher von diesem unmöglich erwarten [6]); er ist also in jedem Falle an der fehlerhaften

---

1) const. 1. C. de sacrosanctis ecclesiis. (1, 2.) (CONSTANTINUS 321.) verb.: Nihil enim est, quod magis hominibus debeatur, quam ut supremae voluntatis, postquam jam aliud velle non possunt, liber sit stylus, et licitum, quod iterum non redit arbitrium. AVERAN. l. c. Lib. II. cap. 24. No. 7.

2) Bei der Ehe wird dieß in cap. 7. X. de conditionibus appositis. (4, 5.) ausdrücklich gesagt verb.: Licet aliae conditiones, appositae in matrimonio, si turpes aut impossibiles fuerint, debeant *propter ejus favorem* pro non adjectis haberi.

3) fr. 77. 86. D. ad legem Falcidiam. (35, 2.) fr. 15. i. f. D. eod. Nov. 1. cap. 2. AVERAN. l. c.

4) const. 8. C. qui testamenta facere possunt. (6, 22.) verb.: At cum humana fragilitas etc.

5) Man denke nur an die Strafe des SCtum. LIBONIANUM: fr. 1. D. de his, quae pro non scriptis. (34, 8.) fr. 11. 15. 18. pr. D. ad legem Cornel. de falsis et de SCto LIBONIANO. (48, 10.) const. 3. 5. C. de his, qui sibi adscribunt. (9, 23)

6) Bei Verträgen verlangt das Gesetz eine solche deutlichere Erklärung

Disposition unschuldig, und das Gesetz folgt darum nur einer sehr natürlichen Billigkeit, wenn es ihn in Schutz nimmt [1]. 3) Dazu kommt hauptsächlich, daß mit Aufrechthaltung des letzten Willens die Interessen aller Betheiligten am Besten gewahrt werden; und zwar a) der Testator hat ein nahes Interesse, nicht unbeerbt zu seyn [2], weil es nach den Begriffen der Römer für einen Schimpf gehalten wurde, keinen Erben zu haben, da dieß als ein Zeichen der inopia galt [3]; b) die Erbschaftsgläubiger sind bei der schnelleren Antretung der Erbschaft interessirt, weil ihnen dadurch die Person ihres Schuldners angewiesen wird [4]. c) Ebenso gewinnen die Honorirten, weil durch den Antritt der Erbschaft die Person bestimmt wird, an welche sie sich zu wenden haben, um ihr Legat oder Fideicommiß zu erhalten. Dasselbe tritt ein, wenn ein Singularsuccessor mit Fideicommissen [5] beschwert ist; denn auch dieser wird erst nach der Annahme des Legats oder Fideicommisses zur Erfüllung des ihm auferlegten onus verpflichtet. d) Der Einzige, welcher bei dem Wegfallen einer unmöglichen Bedingung etwas verlieren kann, ist der Intestaterbe. Dieser hat aber gegen den Testator kein Recht auf Einsetzung

---

von dem Contrahenten nach dem oben erwähnten fr. 31. D. de O. et A. (44, 7.) Cujac. Recitat. ad h. l. fr. 39. D. de pactis. (2, 14.) und im Zweifel wird gegen den interpretirt, welcher sich etwas hat versprechen lassen: fr. 99. pr. D. de V. O. (45, 1.)

1) Balduin. l. c. cap. VII. pr.

2) fr. 6. pr. D. de interrogat. in jure. (11, 1.) Auch galt im früheren Recht vorzüglich noch das religiöse Motiv, daß die sacra privata nicht längere Zeit unadministrirt blieben. Zu diesem Zwecke war mit die alte pro herede usucapio eingeführt: Gajus II. §. 52—55 Vergl. Cicero de legibus. Lib. II cap. 19. u. 20. 22—27.

3) §. 1. J. quibus ex causis manumittere non licet. (1, 6.) fr. 26. D. de fidejussoribus. (46, 1.) (Gajus lib. 8. ad Edict. provinciale.) verb.: sine herede decesserit, vel ad inopiam pervenerit etc. Gajus II. § 154. Hugo Rechtsgeschichte. (10te Aufl.) S. 437. a E.

4) fr. 1. pr. D. de successor. edicto. (38, 9.) §. 4. J. de bonor. possess. (3, 10.) Gajus II. §. 55. i. f.

5) Gajus II. §. 271. Vergl. mit const. 9. C. de fideic. (6, 42.)

im Testamente, wenn er nicht zugleich Notherbe oder Pflichttheilsberechtigter ist. Ist er aber ein solcher, dann stehen ihm andere genügende Mittel zum Schutz seiner Ansprüche zu Gebote.

Wenn nun der Testator gegen den Intestaterben keine Pflicht verletzt hat, so ist auch kein Grund vorhanden, warum man gerade dessen Vortheil dem Interesse der andern unter a — c genannten Personen vorziehen soll, da der Disponirende seinen Willen dahin doch deutlich genug ausgesprochen hat, daß er dem Intestaterben, als solchen, nichts zuzuwenden gedenke.

Die dritte der oben erwähnten Ansichten, daß die Gesetze odio testatoris die bei letztwilligen Verfügungen hinzugefügten unmöglichen Bedingungen pro non scriptis gelten lassen, wird sich schon aus dem Grunde als unhaltbar erweisen, weil diese Bestimmung der Gesetze zum offenbaren Vortheil des Disponirenden gereicht [1], wie vorhin zur Genüge dargethan worden ist. Auch läßt sich aus den Gesetzen ein solches odium keineswegs nachzeigen; die einzige Stelle, welche hierher gezogen werden könnte [2], sagt nämlich nur: Solche Legate, welche mehr zur Beschimpfung des Legatars gereichen, sollen odio scribentis pro non scriptis gelten:

fr. 54. pr. D. de legatis I. (30.) (Pomponius Lib. 8. ad Sabinum.)

Turpia legata, quae denotandi magis legatarii gratia scribuntur, odio scribentis pro non scriptis habentur [3].

---

1) Vergl. Duran. l. c. P II. cap. 1. No. 15. sqq.

2) Vergl. Brussel. l. c. pag. 298. i f.

3) Das römische Recht geht hierbei von dem Gesichtspuncte aus, daß Legate, Fideicommisse &c. als ein Zeichen des Wohlwollens gelten, [fr. 9. D. pro socio. (17, 2.) Theophili paraphras. ad §. ult. J. de legatis] Zeichen des Wohlwollens aber durch eine beschimpfende Form nicht allein ihren Werth verlieren, sondern sich umgekehrt eher in eine Beleidigung verwandeln, weil eine solche Form eher für eine exheredatio paßt [fr 3. pr. D. de liberis et posthumis. (28, 2.)], die in den Gesetzen ausdrücklich als eine Injurie bezeichnet wird. [fr. 8. pr. de inoffic. testam. (5, 2.) const. 24. pr. C. de legatis. (6, 37.)] Vergl. auch Cujac. Recitat. ad fr. 54. pr. cit. Das Nähere wird unten in der dritten Abtheilung folgen.

Dieser Fall ist offenbar von dem unsrigen sehr verschieden; denn hier liegt das Schimpfliche nicht in der hinzugefügten Nebenbestimmung, der Bedingung, sondern in dem Hauptgeschäfte, dem Legat selbst. Wenn man darum auch das fr. 51. auf moralisch unmögliche Bedingungen im Allgemeinen anwenden wollte, so müßte gerade das umgekehrte Resultat daraus gefolgert werden: nämlich, daß die Bestimmung pro non scripta gilt, welche die turpitudo enthält. Das ist aber bei moralisch unmöglichen Bedingungen eben die Bedingung, das Nebengeschäft; die Disposition selbst, das Hauptgeschäft, wird dagegen durch einen solchen Makel nicht inficirt, wie auf's Deutlichste gesagt ist in

> fr. 1. D. de condit. inst. (28, 7.) (Ulp. Lib. 5. ad Sabin.) Sub impossibili conditione vel alio mendo factam institutionem placet *non vitiari.*

§. 9.

Wie bestimmt sich der Begriff der Unmöglichkeit bei hinzugefügten Bedingungen nach den Gesetzen genauer?

a) Welcher Zeitpunct ist für die Unmöglichkeit entscheidend?

Nach den vorausgegangenen Bemerkungen über die Arten der unmöglichen Bedingungen, und über das allgemeine Princip bei den Wirkungen derselben müssen wir nun noch den Begriff der Unmöglichkeit bei hinzugefügten Bedingungen nach seinen Nüancen näher betrachten.

Die Unmöglichkeit kann nämlich auf die ganze Bedingung sich erstrecken, eine gänzliche, oder sie kann eine theilweise seyn; ebenso eine absolute oder eine relative, eine fortdauernde, immerwährende, oder eine vorübergehende.

Wir heben das Letztere zuerst hervor.

Ist die Unmöglichkeit bei einer hinzugefügten Bedingung eine immerwährende, so ist nichts Besonderes zu bemerken [1]); wohl aber lassen sich manche Modificationen gedenken,

1) fr. 35. §. 1. D. de V. O. (45, 1.) (Paulus Lib. 12. ad Sabinum.) Idem quod leges fieri prohibent, *si perpetuam causam servaturum est*, cessat obligatio etc.

wenn die Unmöglichkeit nicht fortdauert. Wir müssen zu diesem Zwecke die drei verschiedenen Arten der unmöglichen Bedingungen einzeln betrachten.

Bei physisch unmöglichen Bedingungen wird nicht leicht eine vorübergehende Unmöglichkeit eintreten, weil die Gesetze der Natur ewigdauernd sind [1]), und demnach das, was diesen widerstreitet, nimmer in das Reich der Möglichkeit treten kann. Nur bei relativ-physisch unmöglichen Bedingungen läßt sich ein Aufhören der Unmöglichkeit gedenken. Davon weiter unten!

Mit den physisch unmöglichen Bedingungen kommen in dieser Beziehung die moralisch unmöglichen überein, weil diese auf dem gleich ewigen und unwandelbaren Grunde des Sittengesetzes basiren [2]). Da jedoch das Sittengesetz, wenn es auch immer eins und dasselbe ist, doch zu verschiedenen Zeiten, je nach der Bildungsstufe der Menschen, verschieden erkannt wird, so läßt sich hier wohl eher ein Wechsel denken, als bei den Gesetzen der Natur, wiewohl auch bei diesen früher etwas für unmöglich gehalten werden kann, was bei späterer besserer Einsicht als möglich erscheint.

Eigentlich kommt die Frage über die Fortdauer der Unmöglichkeit nur bei juristisch unmöglichen Bedingungen vor, weil diese durch das positive Gesetz bestimmt werden, welches im Laufe der Zeiten nach den sich ändernden Bedürfnissen des

---

1) Ein ähnlicher Gedanke ist in fr. 28. i. f. D. de judiciis (5, 1.) (Paulus Lib. 17. ad Plautium.) ausgesprochen: nec rerum naturam intuendam, in qua omnia certa essent, cum futura utique fierent.

2) Unsere Quellen sagen dieß selbst sehr treffend von den Vorschriften des natürlichen Rechts, welche in Beziehung auf unsere Lehre mit den Vorschriften des Sittengesetzes als identisch betrachtet werden können (wie oben §. 3. S. 23. Not. 3. bereits bemerkt worden ist): §. 11. J. de jure naturali. (1, 2.) Sed naturalia quidem jura, quae apud omnes gentes peraeque observantur, divina quadam providentia constituta, *semper firma, atque immutabilia permanent:* ea vero, quae ipsa sibi quaeque civitas constituit, saepe mutari solent, vel tacito consensu populi, vel alia postea lege lata. Vergl. auch Cicero de legibus. Lib. II. cap. 4.

Volks und der verschiedenen Bildungsstufe desselben mannigfach wechselt [1]). Hier bestimmen denn die Gesetze — und diese Bestimmung muß auch auf die übrigen Arten der unmöglichen Bedingungen angewendet werden, wenn etwa bei diesen ein geeigneter Fall vorkommt — daß nicht bloß dann die volle Wirkung eintritt, wenn die Unmöglichkeit immerwährend ist, sondern auch dann, wenn sie vorübergeht. Dafür spricht auf's Bestimmteste das schon mehrfach erwähnte

fr. 35. §. 1. D. de V. O. (45, 1.) (Paulus Lib. 12. ad Sabinum.)

Idem quod leges fieri prohibent, *si perpetuam causam servaturum est*, cessat obligatio: veluti si sororem suam nupturam sibi aliquis stipuletur. Quanquam etiam, *si non sit perpetua causa*, ut recidit in sorore adoptiva, idem dicendum sit: *quia statim contra mores sit.*

Fragen wir nun nach dem Zeitpunct, welcher bei hinzugefügten Bedingungen für deren Unmöglichkeit entscheidend ist, so nennen uns die Gesetze ganz einfach die Zeit, in welcher die Bedingung dem Rechtsgeschäfte hinzugefügt worden:

fr. 137. §. 6. D. de V. O. (45, 1.) (Venulejus Lib. 1. Stipulationum.)

Cum quis sub hac conditione stipulatus sit, si rem sacram, aut religiosam Titius vendiderit, vel forum, aut basilicam, et hujusmodi res, quae publicis usibus in perpetuum relictae sint, ubi omnino conditio jure impleri non potest, vel id facere ei non liceat: nullius momenti fore stipulationem, proinde ac si ea conditio, quae natura impossibilis est, inserta esset: *nec ad rem pertinet, quod jus mutari potest, et id, quod nunc impossibile est, postea possibile fieri: non enim secundum futuri temporis jus, sed secundum praesentis aestimari debet stipulatio.*

Die vorstehenden Gesetzesstellen, welche den Augenblick der Hinzufügung der Bedingung für deren Möglichkeit oder Unmöglichkeit als entscheidend bezeichnen, beziehen sich indessen

---

1) §. 11. i. f. J. cit. fr. 137. §. 6. i. f. D. de V. O. (45. 1.)

bloß auf stipulationes, und können darum zunächst nur auf negotia inter vivos (Verträge) [1]) angewendet werden.

Um dagegen die Frage gehörig beantworten zu können, ob dieselben gesetzlichen Vorschriften auch bei negotia mortis causa Anwendung leiden, oder nicht, müssen zuvörderst die in den oben allegirten Gesetzesstellen angegebenen Gründe für die unmöglichen Bedingungen bei Stipulationen näher geprüft werden, um daraus auf deren weitere Anwendbarkeit schließen zu können.

In dem angeführten fr. 137. §. 6. D. de V. O. ist der Grund für den entscheidenden Zeitpunct der Unmöglichkeit der Bedingungen dahin angegeben: non enim secundum futuri temporis jus, sed secundum praesentis aestimari debet stipulatio. Diese gesetzliche Bestimmung enthält nur eine Anwendung des allgemeinen Grundsatzes, daß bei Stipulationen (und folglich auch bei andern Arten von Verträgen), Alles nach dem Zeitpuncte der Abschließung der Stipulation beurtheilt wird: fr. 144. §. 1. D. de R. J. (Paulus Lib. 62. ad Edict.) In stipulationibus id tempus spectatur, quo contrahimus.

Ein solcher Grundsatz entspricht auch überhaupt der Natur der Rechtsgeschäfte unter Lebenden (Verträge); denn durch diese soll unter den contrahirenden Personen selbst sogleich und unwiderruflich ein Rechtsverhältniß begründet werden. Davon tritt freilich alsdann eine Ausnahme ein, wenn das Hauptgeschäft eine Nebenbestimmung, namentlich eine Bedingung, enthält, weil durch diese das ganze Rechtsverhältniß bis zum Eintritt der Bedingung in einem ungewissen, schwebenden Zustande bleibt. Allein es wird auch hier der ursprüngliche Character der negotia inter vivos wieder in so ferne sich geltend machen, als bei dem bedingten Erwerbe überhaupt immer auf die Zeit der Abschließung des Rechtsgeschäfts Rücksicht genommen wird. Das sagt uns derselbe Paulus, aus dessen

1) Unten am Schlusse dieser Abtheilung wird nachgewiesen, daß die Gesetze, welche von Stipulationen handeln, auf Verträge überhaupt angewendet werden können.

Schriften das allegirte fr. 144. §. 1. D. de R. J. entlehnt ist, in einer andern Gesetzesstelle, welche aus dem nämlichen Buche des nämlichen Werks (Lib. 62. ad Edict.) hervorgegangen.

Das fragliche Gesetz ist

fr. 78. pr. D. de V. O. (45, 1.)

Si filiusfamilias sub conditione stipulatus emancipatus fuerit, deinde extiterit conditio, patri actio competit: *quia in stipulationibus id tempus spectatur, quo contrahimus* [1]).

Vergleichen wir nun mit dem, was bisher von den negotia inter vivos gesagt worden ist, die Natur der negotia mortis causa, so wird sich bei den letzteren eine wesentliche Verschiedenheit ergeben. Diese sind nothwendig auf den Fall des Todes gerichtet, sie können nur in diesem Falle und nur für den Ueberlebenden Wirksamkeit erhalten, während gerade umgekehrt bei Verträgen die Parteien durch Abschließung des Rechtsgeschäfts für sich und ihre Erben das Rechtsverhältniß sogleich fest begründen.

Nach dieser wesentlichen Verschiedenheit zwischen Rechtsgeschäften unter Lebenden und auf den Todesfall wird sich denn auch die Frage nach dem entscheidenden Zeitpuncte für die Unmöglichkeit der Bedingung verschieden, und zwar dahin bestimmen, daß bei den letzteren der Augenblick der Hinzufügung der Bedingung zur Bestimmung der Möglichkeit oder Unmöglichkeit derselben nicht entscheidend ist. Damit stimmen auch die einzelnen Gesetzesstellen in unsern Quellen überein; denn Pomponius giebt in einem Gesetze, welches im Allgemeinen denselben Fall, wie fr. 78. pr. D. de V. O. cit. für stipulationes enthält, in Beziehung auf Legate eine ganz entgegengesetzte Entscheidung. Diese Gesetzesstelle ist

fr. 18. D. de R. J. (Pomponius Lib. 6. ad Sabin.)

Quae legata mortuis nobis ad heredem nostrum transeunt, eorum commodum per nos his, quorum in potestate sumus, eodem casu adquirimus: *aliter atque quod stipulati sumus, nam et sub conditione stipulantes, omnimodo eis*

---

1) fr. 40. D. de stipulatione servorum. (45. 3.)

adquirimus, etiamsi, liberatis nobis potestate domini, conditio existat [1]).

Aus dieser Stelle läßt sich folgern, daß nicht immer derjenige das Legat erwirbt, welcher zur Zeit der Errichtung desselben die patria potestas hatte, sondern vielmehr derjenige, welchem zur Zeit des Anfalls die väterliche Gewalt zusteht, oder der Honorirte selbst, wenn dieser zur Zeit des Anfalls noch lebt und sui juris geworden ist [2]), während bei bedingten Stipulationen immer und überall derjenige das Versprochene erhält, welchem zur Zeit des Versprechens die patria potestas zugestanden hat. Der Grund für diese Verschiedenheit zwischen negotia mortis causa und negotia inter vivos kann nur darin gefunden werden, daß bei jenen der Zeitpunct der Abschließung des Rechtsgeschäfts nicht so bedeutend ist, wie bei diesen. Die Wahrheit der letzteren Behauptung muß nun zunächst in Beziehung auf unsere Frage genauer geprüft werden. Die Frage stellt sich hier also: ob bei Rechtsgeschäften auf den Todesfall, denen eine unmögliche Bedingung beigefügt worden, welche später möglich werden kann, der Augenblick der Hinzufügung in der Art entscheidend ist, daß die vorübergehend unmögliche Bedingung der immerwährend unmöglichen gleichsteht, oder nicht.

Gehen wir bei Beantwortung dieser Frage auf unsere Quellen zurück, so muß hier eine Stelle aus den Werken des-

1) const. 5. C. de condit. insert. (6, 46.) fr. 14. §. 3. D. quando dies legat. (36, 2.) Pauli S. R. Lib. IV. Tit. I. § 12.

Die Meinungen der älteren Juristen über die Gründe dieser Verschiedenheit zwischen negotia inter vivos und mortis causa giebt Dionys. Gothofred. in seiner Ausgabe des Corp. jur. in den Noten zu dem oben mitgetheilten fr. 73. pr. D. de V. O. genauer an: Er zählt daselbst die Ansichten des Accursius, des Baldus, Cumanus u. Zasius, des Duarenus, des Alciatus, Corrasius u. Cujacius auf. Ebenso betrachtet die Glosse zu der am Anfang dieser Note angeführten const. 5. C. de cond. insert. die Gründe jener Verschiedenheit genauer. Hier mag eine Hinweisung auf diese Schriften genügen, weil ein weiteres Eingehen ins Einzelne zu weit von dem Zwecke unserer Untersuchung abführt.

2) fr. 14. §. 3. i. f. D. quando dies legat. (36, 2.)

selben **Pomponius** zur Anwendung kommen, von welchem auch das vorhin erwähnte fr. 18. D. de R. J. herrührt; nämlich

fr. 58. D. de cond. et dem. (35, 1.) (POMPONIUS Lib. 10. ex variis lectionibus.)

Si ancillae alienae, *cum ea nupsisset*, legatum sit, PROCULUS ait, utile legatum esse: quia possit manumissa nubere.

Die Bedingung „cum ea nupsisset," welche der fremden Sklavin auferlegt wurde, ohne daß der Disponirende vorher deren Freilassung erwirkt hatte, war offenbar zur Zeit der Hinzufügung juristisch unmöglich, weil die Sklavin keine wirkliche Ehe (nuptiae) eingehen kann [1]); allein ebenso juristisch unmöglich, oder vielmehr ungültig, schien die ganze Disposition, weil eine Sklavin ein Legat zu erhalten unfähig ist. Auf diesen letzten Punct bezieht sich eigentlich das fr. 58. cit. allein, indem es sagt, das Legat sei doch nicht ungültig, quia possit (ancilla) manumissa nubere. — Hier interessirt uns aber zunächst nur die Frage nach der Bedingung und deren Möglichkeit oder Unmöglichkeit.

Die Bedingung war entschieden zur Zeit der Hinzufügung juristisch unmöglich — das ist schon oben gesagt — und ebenso geht aus den Schlußworten des Gesetzes unzweifelhaft hervor, daß die conditio hier nicht als juristisch unmöglich pro non adjecta gelten, sondern erfüllt werden soll, daß folglich das ganze Legat ungültig ist, wenn die conditio deficirt. Somit ließe sich aus diesem Gesetze leicht die allgemeine Regel abstrahiren [2]), daß Bedingungen, welche zur Zeit der Hinzufügung unmöglich sind, später aber wieder möglich werden können, bei negotia mortis causa nach den Gesetzen nicht als wirklich unmöglich, und somit nicht pro non adjectis gelten, sondern vielmehr erfüllt werden müssen. Allein dieser Schluß-

1) Sie können bekanntlich nur in contubernio leben: PAULI S. R. Lib. II. Tit. XIX. §. 6. const. 3. pr. C. de incestis et inutilib. nuptiis. (5, 5.) Nov. 22. cap. 10.

2) Wie auch schon BALDUS gethan. Vergl. auch MUEHLENBRUCH D. P. Vol. III. §. 648 i. f. not. 11.

folgerung steht noch ein Hinderniß im Wege, welches jetzt zu beseitigen ist.

Wenn aus fr. 58. cit. eine allgemeine Regel für die unmöglichen Bedingungen bei Rechtsgeschäften auf den Todesfall abgeleitet werden soll, so muß vorausgesetzt werden, daß der darin enthaltene Fall in allen wesentlichen Puncten mit den gewöhnlichen Fällen der Hinzufügung von unmöglichen Bedingungen bei dieser Art von Rechtsgeschäften übereinstimme. Allein daran gerade scheint es zu fehlen. Unmögliche Bedingungen gelten nämlich bei negotia mortis causa zu deren Gunsten aus dem Grunde für nicht beigefügt, damit die Hauptdisposition aufrecht erhalten wird. (§. 8. oben.) Das kann aber gerade hier nicht der Fall seyn; denn neben der unmöglichen Bedingung erschien zugleich noch, wie schon bemerkt, die Hauptdisposition als unmöglich oder ungültig. Hätte darum auch die Bedingung pro non adjecta gegolten, so würde daraus für die Hauptdisposition kein Vortheil erwachsen seyn, weil diese dann ebenso ungültig blieb, wie vorher.

Es scheint darum die hier in Frage stehende Gesetzesstelle für die Fälle der unmöglichen Bedingungen bei negotia mortis causa im Allgemeinen nicht vollkommen zu passen.

Dagegen sprechen aber wieder auf der andern Seite für die allgemeine Anwendbarkeit der obigen Gesetzesstelle sehr wichtige, und, wie der Verf. glaubt, überwiegende Gründe, welche nun näher auszuführen sind:

1) Die Schlußworte des fr. 58. cit.: „quia possit manumissa nubere," sind so allgemein und leicht hin gestellt, daß sie nur als die Anwendung eines generellen Grundsatzes betrachtet werden können; denn, sollten dieselben einen bloß speciellen Grund für den concreten Fall enthalten, so müßte dieser specielle Grund weit detaillirter angegeben seyn. Da dieß aber nicht geschehen, so muß man nach dem Zusammenhange fast mit Nothwendigkeit auf einen allgemeinen Grund zurückgehen, welcher hier zwar nicht angegeben, aber als bekannt vorausgesetzt ist. Generalisirt man aber jenen Grund, so gelangt man zu dem Resultate, daß Bedingungen, welche zwar Anfangs unmöglich waren, später aber möglich werden können,

nicht, wie die immerwährend unmöglichen, pro non adjectis gelten, sondern erfüllt werden müssen.

Dagegen streitet auch nicht der oben erhobene Einwand, daß neben der Bedingung zugleich die Hauptdisposition unmöglich geschienen; denn dadurch war ja gerade ein doppelter Grund vorhanden, beide als ungültig zu verwerfen: die conditio, weil sie als juristisch unmöglich gelten, die Hauptdisposition, weil sie einer unfähigen Person etwas zugewendet hatte, und darum als ungültig zusammenfallen mußte. Da aber nach den Gesetzen Keines von Beiden geschieht, sondern vielmehr umgekehrt beide Dispositionen als gültig betrachtet werden, so liegt eben in dieser Gültigkeit der Hauptdisposition und Nebendisposition ein plus, woraus das minus der Gültigkeit der bloßen Nebendisposition (der Bedingung) für andere Fälle vorübergehend unmöglicher Bedingungen mit Consequenz gefolgert werden kann.

2) Mit dem bisher Gesagten steht auch das oben (§. 8.) für unsere Untersuchung aufgestellte Princip im Einklange. Denn, wenn die unmögliche Bedingung von der Art ist, daß sie später wieder möglich werden kann, so kann man nicht, wie bei der immerwährend unmöglichen, im Allgemeinen annehmen, daß der Testator die Aufrechthaltung der Hauptdisposition der Bedingung vorgezogen habe, sondern es läßt sich ebenso, und wohl noch mit mehr Grund vermuthen, daß der Disponirende für den zu erwartenden Fall des Möglichwerdens der Bedingung die Erfüllung der letzteren beabsichtigt habe.

3) Dafür, daß die vorübergehend unmögliche Bedingung bei negotia mortis causa der immerwährend unmöglichen nicht gleichstehe, spricht auch noch die klare Bestimmung der Gesetze [1]), daß, **wenn nach Errichtung des letzten Willens die Bedingung zwar unmöglich geworden**, allein die Hoffnung der wiederkehrenden Möglichkeit geblieben ist, die Disposition noch nicht als erloschen betrachtet werden kann. Das Nähere über diesen Fall müssen wir aber weiter unten betrachten.

---

1) fr. 59 D. de cond. et dem. (35. 1.)

Nehmen wir nun, wie in dem Bisherigen geschehen ist, an, daß die unmögliche Bedingung, bei welcher künftig ein Möglichwerden zu hoffen ist, der immerwährend unmöglichen nicht gleichsteht, sondern daß dieselbe erfüllt werden müsse, so knüpft sich daran mit Nothwendigkeit die Frage: wann es sich entschieden haben muß, ob die Bedingung möglich wird, oder nicht.

Im Allgemeinen lassen sich hier bei negotia mortis causa nur zwei Zeitpuncte annehmen: nämlich, entweder die Zeit des Anfalls des Legats oder der Erbschaft, (die Zeit des Todes des Testators) oder die Dauer des ganzen Lebens des Eingesetzten oder Bedachten [1]).

Vergleichen wir hier die Gesetze, so wird sich ergeben, daß das Möglichwerden der Bedingung nicht auf's Ungewisse hinausgeschoben bleibt, sondern daß ein bestimmter Zeitpunct angenommen wird, welcher dafür entscheidend ist, ob die Bedingung wieder als möglich, oder als deficirend erscheinen soll; und dieser Zeitpunct ist der Tod des Erblassers, oder der Anfall und Erwerb der Erbschaft oder des Legats. Die nähere Begründung und Ausführung dieser Behauptung wird gleich unten folgen.

In der bisherigen Untersuchung ist nachgewiesen worden, daß für die Bestimmung des Begriffs der Unmöglichkeit einer Bedingung bei negotia inter vivos (Verträgen) der Augenblick der Hinzufügung entscheidend ist; daß bei negotia mortis causa dagegen eine conditio, welche zwar zur Zeit der Hinzufügung unmöglich war, später aber wieder möglich werden kann, zu den wirklich unmöglichen nicht gerechnet wird. Von diesem Gegenstande der Untersuchung unterscheidet sich aber eine andere Frage, welche jetzt genauer zu erörtern ist, nämlich: ob, wenn die dem Rechtsgeschäfte beigefügte Bedingung zur Zeit der Hinzufügung nicht unmög-

1) Denn über das Leben hinaus läßt sich hier nie ein Erwerb gedenken, weil der Honorirte, wenn er vor dem Anfall der Erbschaft oder des Legats gestorben ist, in der Regel nichts auf seine Erben überträgt. Vergl. oben S. 12. Not. 4.

lich gewesen ist, später aber unmöglich wird, dieselbe *pro non scripta* gilt?

Die Antwort kann hier im Allgemeinen, sowohl für negotia inter vivos, als für negotia mortis causa, nur verneinend ausfallen; denn solche Bedingungen lassen sich zu den unmöglichen in dem Sinne, wie dieselben hier vorkommen, eigentlich gar nicht rechnen, sondern die Gesetze betrachten in diesem Falle die Bedingung eben als nicht eingetreten, als deficirt (conditio deficit, conditione deficitur heres etc.) [1]), und unterscheiden diese Art des Nichteintritts von den übrigen Arten des Deficientwerdens im Allgemeinen nicht [2]), z. B. von dem Nichteintritt aus dem Grunde, weil derjenige, welcher etwas unter einer Potestativbedingung erlangen soll, dieselbe nicht erfüllen will. Doch müssen in Beziehung auf die negotia mortis causa unten in der dritten Abtheilung noch verschiedene Gründe der später eingetretenen Unmöglichkeit einer Bedingung unterschieden, und danach die Wirkungen des Unmöglichwerdens verschieden bestimmt werden, worauf deßhalb hier im Voraus hingewiesen werden kann. Hier dagegen bleibt noch die Frage zu erörtern übrig: welcher Zeitpunct bei den später unmöglich werdenden Bedingungen entscheidend ist, oder m. a. W.: ob eine später eingetretene vorübergehende Unmöglichkeit das Deficiren der Bedingung ebenso bewirkt, wie eine immerwährende [3]).

Auch bei Beantwortung dieser Frage müssen wieder die negotia inter vivos und mortis causa von einander unter-

---

1) fr. 6. §. 1. fr. 31. 72. §. 4. i. f. §. 7. i. f. fr. 94. pr. i. f. fr. 102. i. f. D. de cond. et dem. (35, 1.) fr. 8. §. 7. i. f. D. de cond. inst. (28, 7.) const. 8. §. 7. C. de condit. insert. (6, 46.) u. a. m.

2) Vergl. im Allg. Gajus II. §. 144. verb.: aut conditione, sub qua heres institutus est, defectus sit.

3) Davon ist die vorhin erwähnte Frage verschieden: ob eine Bedingung, welche zur Zeit der Hinzufügung unmöglich ist, später aber möglich werden kann, der immerwährend unmöglichen gleichsteht. Doch kommen beide in Beziehung auf den Zeitpunct, wann die Möglichkeit wieder vorhanden seyn muß, mit einander überein, wie schon oben bemerkt worden ist.

schieden werden. Die ersteren, welche immer auf einen gegenwärtigen Zustand sich beziehen, müssen, wie schon oben ausgeführt worden ist, non secundum futuri temporis jus, sed secundum praesentis beurtheilt werden [1]). Wenden wir diesen Grundsatz von den Bedingungen, welche zur Zeit der Hinzufügung unmöglich sind, auf diejenigen an, welche nach Eingehung des Rechtsgeschäfts unmöglich werden, so wird sich daraus das Resultat ergeben, daß, sobald später einmal eine Bedingung unmöglich geworden ist, dieselbe sogleich deficiren muß, ohne Rücksicht darauf, ob vielleicht in noch späterer Zeit die Unmöglichkeit wieder verschwinden kann.

Mit diesem der Natur der negotia inter vivos im Allgemeinen ganz entsprechenden Resultate stimmen denn auch andere Gesetze des römischen Rechts überein, welche ganz allgemein den Grundsatz aussprechen, daß Verträge (stipulationes), welche zur Zeit ihrer Eingehung juristisch möglich sind, durch später eintretende Unmöglichkeit in der Regel sogleich ungültig werden, ohne Rücksicht darauf, ob diese Unmöglichkeit eine vorübergehende, oder eine immerwährende ist. Dahin gehört

> fr. 83. §. 5. D. de V. O. (45, 1.) (Paulus Lib. 72. ad Edict.) Sacram, vel religiosam rem, vel usibus publicis in perpetuum relictam, ut forum, aut basilicam, aut hominem liberum, inutiliter stipulor, quamvis sacra profana fieri, et usibus publicis relicta in privatos usus reverti, et ex libero servus fieri potest. *Nam et cum quis rem profanam, aut Stichum dare promisit, liberatur, si sine facto ejus res sacra esse coeperit, aut Stichus ad libertatem pervenerit. Nec revocantur in obligationem, si rursus lege aliqua et res sacra profana esse coeperit, et Stichus ex libero servus effectus sit:* quoniam una atque eadem causa et liberandi et obligandi esset etc.

Mit dieser Stelle der Digesten stimmt eine andere Stelle der Institutionen, §. 2. i. f. J. de inutilibus stipulat. (3, 20.), überein, in welcher, wie in jener, von solchen Stipulationen

---

1) fr. 137. §. 6. D. de V. O. cit.

gehandelt wird, die aus dem Grunde ungültig sind, weil der Gegenstand dem Privatverkehr entzogen ist, und dergl. Am Schlusse heißt es dann: Nec in pendenti erit stipulatio ob id, quod publica res in privatum deduci, et ex libero servus fieri potest: *sed protinus inutilis est. Item contra, licet initio utiliter res in stipulatum deducta sit, si (tamen) postea in aliquam eorum causam, de quibus supra dictum est, sine facto promissoris devenerit, extinguitur stipulatio* etc.

Die vorstehenden Gesetzesstellen sprechen zwar nicht von unmöglichen Bedingungen, sondern von unbedingten Rechtsgeschäften, und können darum hier keine unmittelbare Anwendung leiden; allein, wenn nach den Gesetzen die später eingetretene juristische Unmöglichkeit das ganze unbedingte Rechtsgeschäft sogleich unmöglich macht, ohne daß darauf geachtet wird, ob die Unmöglichkeit noch später wieder verschwinden kann, so liegt darin ein plus, aus welchem offenbar auf das minus der gleichen juristischen Unmöglichkeit der Bedingung, als einer bloßen Nebenbestimmung, geschlossen werden kann. (Vergl. auch §. 13. unten.)

Das findet denn auch durch das oben mitgetheilte fr. 137. §. 6. D. de V. O. ausdrückliche Bestätigung; denn dort sind die Grundsätze, welche von unbedingten Rechtsgeschäften gelten, unmittelbar auf die bedingten angewendet, und sogar dieselben Beispiele, wie in fr. 83. §. 5. u. §. 2. i. f. J. cit. gebraucht. Freilich bezieht sich fr. 137. §. 6. direct nur auf solche Bedingungen, welche gleich Anfangs unmöglich sind, allein, da in fr. 83. §. 5. u. §. 2. i. f. J. cit. die Fälle der später eingetretenen Unmöglichkeit der gleich Anfangs vorhanden gewesenen völlig gleichgestellt werden, so erhalten wir dadurch das letzte Glied zu einem vollkommen logischen Schluß von den unbedingten Rechtsgeschäften auf die bedingten.

Anders, wie bei negotia inter vivos, muß sich die Sache bei negotia mortis causa gestalten, weil bei diesen, wie wir aus dem Vorhergehenden ersehen, die Rücksicht auf den Zeitpunct des Todes entscheidend ist. Diese vorherrschende Rücksicht wird denn auch in den Gesetzen in Beziehung auf den gegenwärtigen Gegenstand unserer Untersuchung ausdrücklich bestätigt. Die Gesetzesstellen sagen nämlich ganz deutlich, daß, wenn die später eintretende Unmöglichkeit eine vorübergehende ist, oder nur die Hoffnung einer später möglich werdenden Erfüllung übrig läßt, die Bedingung nicht als deficirt betrachtet werden kann. Als Beleg diene eine Stelle aus Ulpian. Lib. 13. ad leg. Jul. et Pap. in

fr. 59. D. de cond. et dem. (35, 1.)

> Intercidit legatum, si ea persona decesserit, cui legatum est sub conditione. §. 1. Quid ergo, si non decesserit, sed in civitate esse desierit? puta alicui legatum, *si Consul fuerit*, et is in insulam deportatus est: *numquid non interim extinguitur legatum, quia restitui in civitate potest?* [1]) quod probabilius esse arbitror. §. 2. Non idem erit dicendum, si ea poena in eum statuta fuerit, quae irrogat servitutem: quia servitus morti adsimilatur.

Wenn wir nun, diesem Gesetze folgend, annehmen, daß eine später eintretende Unmöglichkeit der Bedingung, so lange noch die Hoffnung der wiederkehrenden Möglichkeit vorhanden ist, das Deficiren der conditio nicht bewirkt, so begegnen wir hier, fast unwillkührlich, der, auch schon oben bei den zur Zeit der Disposition unmöglichen Bedingungen erwähnten, Frage: bis zu welcher Zeit die nach der Errichtung der letztwilligen Disposition unmöglich gewordene Bedingung wieder möglich geworden seyn muß.

Es lassen sich bei Beantwortung dieser Frage (wie gleichfalls schon oben angedeutet worden) überhaupt nur zwei Fälle gedenken: entweder die Möglichkeit muß zur Zeit des Anfalls des Legats (zur Zeit des Todes des Erblassers) wieder vorhanden seyn, oder die Möglichkeit braucht nur überhaupt in irgend einem Zeitpuncte bis zum Tode des Eingesetzten oder Bedachten wiederzukehren.

---

1) fr. 121. §. 2. D. de V. O. (45, 1.)

Wenden wir uns nun, um zwischen diesen zwei möglichen Fällen zu entscheiden, zu den Gesetzen, so finden wir darin zwar keine direct von unserm Falle redende Vorschrift, wohl aber andere Bestimmungen, welche analog auf denselben angewendet werden können. Die Gesetze schreiben nämlich vor, daß, wenn der Eingesetzte oder Bedachte später die testamenti factio verliert (wodurch, strenge genommen, die Disposition ungültig wird), aber zur Zeit des Anfalls und Erwerbs (d. h. bei unbedingten Dispositionen zur Zeit des Todes des Erblassers, bei bedingten zur Zeit des Eintritts der Bedingung) wieder testamentsfähig ist, die zwischen beiden Momenten in der Mitte liegende Unfähigkeit (und daraus entstehende Ungültigkeit) nichts schadet, weil bei negotia mortis causa der Zeitpunct des Anfalls und Erwerbs vorzugsweise entscheidet. **Die Zeit nach dem Anfall wird also gar nicht berücksichtigt**; und demnach macht die später eintretende Fähigkeit die Disposition nicht gültig. Als Beleg diene

fr. 49. §. 1. D. de condit. instit. (28, 5.) (FLORENTINUS Lib. 10. Institutionum.)

Et id (ut sit cum heredibus extraneis testamenti factio) duobus temporibus inspicitur: testamenti facti, ut constiterit institutio: et mortis testatoris, ut effectum habeat: hoc amplius, et cum adibit hereditatem, esse debet cum eo testamenti factio, sive pure, sive sub conditione institutus sit. *Nam jus heredis eo vel maxime tempore inspiciendum est, quo adquirit hereditatem: medio autem tempore inter factum testamentum et mortem testatoris, vel conditionem institutionis existentem, mutatio juris heredi non nocet:* quia (ut dixi) tria tempora inspicimus [1]).

Wenn aber der Zeitpunct des Anfalls einer Erbschaft oder eines Legats für deren Gültigkeit in andern verwandten Fällen als entscheidend betrachtet wird, so können wir diese Bestimmung der Gesetze wohl auch auf das Möglichwerden von Be-

---

1) § 4. J. de heredum qualitate. (2, 19.) Anwendungen dieser allgemeinen Regel sind enthalten in fr. 6. §. 2. fr. 50. pr. fr. 59. §. 4. D. de hered. instit. (28, 5) fr. 104. D. de cond. et dem. (35, 1.)

dingungen analog ausdehnen; denn die Ungültigkeit der Disposition wegen der später fehlenden testamenti.factio ist im Allgemeinen der Ungültigkeit wegen des späteren Deficirens der conditio gleich; für beide Fälle bestimmen die Gesetze ausdrücklich, daß eine vorübergehende Unmöglichkeit der immerwährenden nicht gleichstehen solle, – und in so ferne werden wiederum die beiden Fälle unter dieselben Gesichtspuncte gestellt. Es bleibt darum nur noch die eine Frage nach dem Zeitpuncte für das Wiedergültigwerden der ungültig gewesenen Disposition übrig; auch diese wird in den Gesetzen ausdrücklich für den einen Fall (der testamenti factio) entschieden, und dafür besonders der allgemeine Grund angegeben, daß bei Dispositionen auf den Todesfall der Zeitpunct des Anfalls und Erwerbs vorzugsweise entscheidend sey[1]).

Wenn nun diese beiden Fälle, wie gezeigt worden, in so manchen Puncten nach ausdrücklicher Bestimmung der Gesetze übereinstimmen, so kann wohl auch in dem einen noch fehlenden Puncte eine übereinstimmende gesetzliche Vorschrift angenommen werden, und zwar um so mehr, als der Grund für die Bestimmung der Gesetze in dem einen Falle so allgemein ausgedrückt ist, daß daraus wohl ohne logischen Sprung die Regel sich ableiten läßt, daß die später eintretende Unmöglichkeit oder Ungültigkeit einer Disposition auf den Todesfall spätestens bis zum Anfall der Erbschaft oder des Legats gehoben seyn muß; eine später eintretende Convalescenz aber nicht rückwärts wirken kann.

Von allen bisher erwähnten Fällen ist aber schließlich noch der folgende zu unterscheiden:

Die in einer letztwilligen Disposition enthaltene Bedingung kann im Augenblicke der Hinzufügung möglich gewesen, während des Lebens des Testators auch wirklich eingetreten seyn, spä-

1) Vergl. fr. 19. D. de rebus dubiis. (34, 5.) fr. 24. D. de legatis praestandis contra tab. bonor. poss. (37, 5.) und im Allg. §. 2. J. de lege Falcid. (2, 22.) fr. 73. pr. D. ad leg. Falcid. (35, 2.) u. a. m.

ter aber, und zwar noch vor dem Tode des Testators (also vor dem Anfalle des Legats, oder der Erbschaft) wieder aufgehört haben, zu existiren.

Dieser Fall unterscheidet sich offenbar von den vorhergehenden dadurch, daß hier bereits die wirkliche Erfüllung der Bedingung eingetreten, deren Dauer aber nur zu kurz ist.

Im früheren römischen Rechte war nun die Ansicht hierüber getheilt; wahrscheinlich, weil in dem so entscheidenden Momente des Anfalls und Erwerbs die Bedingung nicht mehr existirte; allein Justinian entschied den Zweifel dahin, daß hier die Bedingung als völlig existirend angesehen werden müsse, weil es nicht darauf ankomme, ob der Eintritt derselben noch bei Lebzeiten des Disponirenden, oder im Augenblicke von dessen Tod, oder nach diesem Tode geschehe[1]):

const. 7. C. de instit. et substit. (6, 25.) (JUSTINIANUS A. Joanni P. P. 531.)

Si quis heredem scripserit sub tali conditione, *si ille Consul factus fuerit, vel Praetor:* vel ita filiam suam instituerit heredem, *si nupta fuerit:* vivo autem testatore vel ille Consul processerit, vel Praetor fuerit factus, vel filia ejus nupta fuerit, vel adhuc vivo testatore Consulatum quidem vel Praeturam ille deposuerit, filia autem ejus (a marito) diverterit, omni veterum dubitatione explosa, sancimus, quandocunque impleta fuerit conditio, sive vivo eo, sive mortis tempore, sive post mortem; conditionem videri completam. Quod et in legatis et fideicommissis et libertatibus obtinendum esse censemus, ne, dum nimia utimur circa hujusmodi sensus subtilitate, judicia testantium defraudentur.

---

1) Der dreifache Unterschied kann natürlich nicht bei denjenigen Bedingungen eintreten, welche überhaupt entweder nur bei Lebzeiten des Testators, oder nur nach dessen Tod erfüllt werden können: Vergl. fr. 91. D. de cond. et dem. (35, 1.) fr. 2. 11. §. 1. D. eod. DUAREN. commentar. ad Tit. Dig. de condit. inst. cap. V. pr. ENDEMANN l. c. §. 7. 8. 12. 13.

§. 10.

Fortsetzung.

b) Ganz und theilweise unmögliche Bedingungen.

Zu den im Anfange des vorigen §. erwähnten Arten der unmöglichen Bedingungen gehören die ganz und theilweise unmöglichen, welche jetzt zunächst genauer zu betrachten sind.

Die gänzlich unmöglichen Bedingungen bilden die Regel; bei ihnen ist also nichts Besonderes zu bemerken.

Bei den theilweise unmöglichen Bedingungen dagegen zeigt sich manches Eigenthümliche, wie die folgende Untersuchung lehren wird.

Um die Wirkungen der letzteren genauer darzustellen, müssen wir wieder die negotia inter vivos und mortis causa von einander getrennt behandeln.

Bei den Rechtsgeschäften auf den Todesfall, bei welchen (wie wir oben §. 6. gesehen,) die unmöglichen Bedingungen als nicht hinzugefügt betrachtet werden, steht die theilweise Unmöglichkeit der gänzlichen schon aus dem Grunde gleich, weil das plus der gänzlichen Unmöglichkeit das minus der theilweisen Unmöglichkeit in sich schließt; (denn, wenn bei gänzlicher Unmöglichkeit die Bedingung pro non adjecta gilt, so muß dieß weit mehr noch bei bloß theilweiser Unmöglichkeit der Fall seyn.) Doch tritt bei der letzteren natürlich der Unterschied ein, daß das, was bei der Bedingung noch möglich geblieben ist, von dem Eingesetzten oder Bedachten erfullt worden, oder überhaupt eingetreten seyn muß. Zum Beleg diene

fr. 45. D. de heredibus instit. (28, 5.) (Alfenus Lib. 2. Digest.)

Si Maevia mater mea et Fulvia filia mea vivent, tum mihi Lucius Titius heres esto. Servius respondit, si testator filiam nunquam habuerit, mater autem supervixisset, tamen Titium heredem fore: quia id, quod impossibile in testamento scriptum est, nullam vim haberet [1]).

1) Vergl. im Allg. fr. 6. §. 1. fr. 33. §. 4. D. de cond. et dem (35, 1.)

Anders gestaltet sich das Verhältniß bei negotia inter vivos (Verträgen). Bei diesen bewirkt, wie bekannt, die Unmöglichkeit der Bedingung Ungültigkeit des ganzen Rechtsgeschäfts; das argumentum a majori ad minus kann darum nicht, wie bei den negotia mortis causa, angewendet werden. Ueberhaupt verlassen uns hier alle specielle Bestimmungen der Gesetze, und wir müssen darum theils zu allgemeinen Grundsätzen, theils zu analoger Anwendung der fur die negotia mortis causa geltenden gesetzlichen Vorschriften, unsere Zuflucht nehmen. Nach allgemeinen Grundsätzen wird nun folgende Regel aufzustellen seyn:

Ist das zur Bedingung gemachte Ereigniß zur Zeit der Abschließung des Rechtsgeschäfts von der Art, daß eine theilweise Erfullung desselben, ohne dessen Wesen aufzuheben, nach den Gesetzen der Natur, des positiven Rechts, oder der Moral eintreten kann, so wird nach dem Grundsatz: „utile per inutile non vitiatur“ [1]), durch die theilweise Erfullung die Ungültigkeit des Hauptgeschäfts abgewendet werden können. Macht aber der Theil der Bedingung, welcher als unmöglich erscheint, das Wesen der conditio aus, so wird die theilweise unmögliche Bedingung der gänzlich unmöglichen gleichstehen müssen. Was wesentlich, oder nicht wesentlich sey, bestimmt sich aber lediglich nach der Absicht der Contrahenten, (s. oben §. 7.) weil diese auch einen an sich unwesentlichen Bestandtheil zu einem wesentlichen erheben können.

Doch kann der Unterschied zwischen theilweiser und gänzlicher Unmöglichkeit der Bedingung überhaupt nur dann vorkommen, wenn das Object der conditio ein theilbares ist; ist dieß dagegen ein untheilbares, so steht die theilweise der völligen Unmöglichkeit immer gleich, nach dem bekannten Grundsatze, daß obligationes individuae so lange als gänzlich unerfüllt erscheinen, als nicht alles das geleistet worden, was den Gegenstand der obligatio ausmacht [2]).

Von der bisher behandelten Frage über die bei Abschlie-

1) cap. 37. in VI. de R. J.

2) Vergl. fr. 4. §. 1. fr. 72. pr. fr. 85. §. 2. D. de V. O. (45, 1.)

ßung des Rechtsgeschäfts bereits vorhandene theilweise Unmöglichkeit der conditio ist aber der Fall verschieden, **wenn später, nach dem Rechtsgeschäfte, die Erfüllung der Bedingung theilweise unmöglich wird.** Deficirt die Bedingung dann ebenso, als wenn sie gänzlich unmöglich wäre, oder genügt die theilweise Erfüllung?

Auch hier müssen wieder die negotia inter vivos von den negotia mortis causa getrennt werden.

Bei den letzteren standen sich im römischen Rechte, wie die folgende Untersuchung zeigen wird, zwei Ansichten gegenüber, eine strengere und eine minder strenge. Die strengere setzt die theilweise Unmöglichkeit der gänzlichen völlig gleich; die mildere dagegen, welche in Justinian's Compilation prävalirt, ließ auch die theilweise Erfüllung gelten, wenn nur demjenigen, welchem die Bedingung gesetzt war, keine Verschuldung [namentlich keine mora [1])] zur Last fiel.

Vorläufig diene zur Unterstützung des Gesagten die Berufung auf

fr. 12. D. de dote praelegata (33, 4.). (Scaevola Lib. 3. Responsor.) [2])

Qui dotem in pecunia numerata et aestimatis rebus acceperat, uxori ita legavit: *Sejae uxori meae, si omnes res, quae tabulis dotalibus continentur*, heredi meo exhibuerit, et tradiderit summam dotis, quam mihi pro ea pater ejus intulit, dari volo hoc amplius (denarios) decem. Quaesitum est, cum res in dotem datae plures ipso usu finitae essent, nec moriente marito fuerant, an quasi sub impossibili conditione legatum datum debeatur? Respondi, videri conditioni paritum, si, quod ex rebus in dotem datis supererat, in potestatem heredis pervenit [3]).

---

1) fr. 112. §. 1. D. de cond. et dem. (35, 1.) fr. 5. §. 4. D. de condict. causa data. (12, 4.) fr. 41. §. 12. D. de fideicom. libertat. (40, 5.)

2) Vergl. auch fr. 2. pr. D. de condit. inst. (28, 7.) fr. 29. §. 4. D. de legatis III. (32.) fr. 33. §. 1. D. de cond. et dem. (35, 1.) fr. 10. pr. D. de annuis legatis. (33, 1.)

3) Majans. l. c. §. 56.

Zur genaueren Untersuchung müssen indessen noch mehrere Fälle unterschieden werden, in welchen der Eintritt der Bedingung durch verschiedene Ereignisse theilweise verhindert wird.

Erstens: Ist mehreren Personen eine Bedingung gemeinschaftlich auferlegt, so wird diese nur dann vollkommen erfüllt, wenn alle Beschwerte die zur Bedingung gemachte Handlung vorgenommen haben; hat dagegen nur der Eine die Handlung vorgenommen, der Andere aber verweigert an seinem Theile die Erfüllung, so ist die Bedingung einer theilweise unmöglich gewordenen gleichzuachten; denn in des Ersteren Macht liegt es nicht, den Andern zur Erfüllung der conditio zu zwingen.

Ueber die Wirkungen dieser theilweise unmöglichen Bedingungen waren die Ansichten im römischen Rechte getheilt.

Strenge genommen kann, wie schon bemerkt, eine solche Bedingung nur von allen denen vereint erfüllt werden, welchen sie auferlegt ist, und nur genau in der Art, wie sie auferlegt worden; wenn also auch der Eine Alles vornimmt, was in der conditio enthalten war, so genügt er dadurch dem Willen des Disponirenden noch nicht. Darum ging denn auch die strengere Ansicht dahin, daß durch die Nichterfüllung des Einen die ganze conditio deficire. Dafür spricht Pomponius in fr. 112. §. 2. D. de cond. et dem. (35, 1.) (Lib. 12. Epistolar.) indem er zugleich die mildere überwiegende Ansicht der strengeren gegenüberstellt:

> De illo quoque quaeritur: fundus quibusdam legatus est, si pecuniam certam in funus impensamque perferendi corporis in aliam regionem dedissent: *nam, nisi uterque dederit, neutri sit legatum: quoniam conditio nisi per utrumque expleri non potest.* Sed haec humanius interpretari solemus [1]): *ut cum duobus fundus legatus sit, si decem dedissent, et alteri dando partem, legatum quoque debeatur.*

An das in dem mitgetheilten fr. 112. §. 2. i. f. enthaltene Beispiel einer theilbaren Bedingung kann das Beispiel einer

1) fr. 29. D. de hered. inst. (28, 5.)

untheilbaren conditio angeknüpft werden, worüber ULPIANUS Zweifel äußert in

fr. 13. pr. D. de manum. testam. (40, 4.) (Lib. 5. Disputat.)
Si ita fuerit duobus libertas data, *si insulam aedificaverint, vel si statuam posuerint:* dividi haec conditio non poterit: solummodo illud habebit dubitationem, an altero faciente satisfactum voluntati videatur: ideoque ad libertatem perveniat? quod magis est, nisi aliud expressit testator. Faciendo tamen sibi conditionem implevit, alteri non: quinimo extinguitur ei conditio: nec enim amplius parere conditioni potest, cum semel expleta sit.

Außer allen Zweifel setzt aber der Kaiser JUSTINIANUS die Sache in

const. 6. C. de conditionibus insertis. (6, 46.) (531.)
Si plures personae unam conditionem implere fuerint jussae, apud ULPIANUM [1]) dubitabatur, utrumne omnes simul eandem facere debeant, an singuli quasi soli implere eam compellantur? Videtur autem nobis unumquemque necessitatem habere conditionem implere, et pro portione sibi contingente accipere quicquid ex hoc commodi est: ut hi quidem, qui compleverint jussa, ad lucrum vocentur, qui autem neglexerint, sibi imputent, si ab hujusmodi commodo repellantur [2]).

Nach den mitgetheilten Gesetzen ist jetzt die Sache im Allgemeinen dahin zu entscheiden, daß, wenn Mehreren eine gemeinschaftliche Bedingung auferlegt ist, auch der Eine dieselbe erfüllen, und dadurch den für ihn bestimmten Theil erlangen kann; jedoch nur dadurch, daß er, wenn die zur Bedingung gemachte Handlung eine untheilbare ist [3]), diese Handlung

---

1) Vergl. fr. 13. pr. D. de manum. testam. cit. ALTESERRAE commentar. ad l. 112. D. de cond. et dem. BRUSSEL. l. c. Lib. III. Tit. II. No. 19. VOET. l c. Lib. 28. Tit. 7. No. 5. i. f.

2) fr. 31. i. m. D. de cond. et dem. (35, 1.) const. 3. u. 7. C. de condition. insert. (6, 46.)

3) fr. 11. §. 23. u. 24. D. de legatis III. (32.) fr. 80. §. 1. D. ad leg. Falcid. (35, 2.) fr. 13. §. 2. D. de statuliberis. (40, 7.)

allein ganz so vornimmt, wie sie den Mehreren auferlegt worden [1]). Läßt sich dagegen eine theilweise Erfüllung der Bedingung gedenken, so wird der Eine schon durch die Vornahme des ihm zukommenden Theils das, was ihm hinterlassen worden, erwerben [2]), wenn nicht die Absicht des Testators ausdrücklich auf die Vornahme der ganzen zur Bedingung gemachten Handlung gerichtet ist. Denn in der Regel erscheint eine solche conditio gleich Anfangs unter die mehreren Personen pro rata vertheilt:

fr. 56. D. de cond. et dem. (35, 1.) (JAVOLENUS Lib. 14. Epistolar.)

verb.: Dissimilis est causa, cum duobus eadem res sub conditione legata est. In hac enim quaestione statim a testamento, quo pluribus conditio apposita est, divisa quoque in singulas personas videri potest: et ideo singuli cum sua parte et conditioni parere, et legatum capere possunt. nam, quamvis summa universae conditionis sit adscripta, enumeratione personarum potest videri esse divisa etc.

Derjenige dagegen, welcher die Bedingung an seinem Theile nicht erfüllt, kann natürlich auch nichts erhalten. Das ist nach fr. 13. pr. i. f. cit. namentlich dann der Fall, wenn der Eine die ganze als Bedingung gesetzte Handlung bereits vorgenommen hat, weil dann die conditio, wie sie vorgeschrieben war, erfüllt erschien; eine bereits erfüllte Bedingung aber eben nicht zum zweitenmal als dieselbe Bedingung erfüllt werden kann.

Auf diese Weise kann es auch durch das Wegfallen des einen Eingesetzten oder Bedachten dahin kommen, daß dem Andern, welcher an seinem Theile die Bedingung erfüllt hat, das Ganze zufällt, wenn nämlich die durch das Wegfallen

1) Hat er aber auf diese Art die Bedingung erfüllt, und der andere Erbe fällt weg, so erwirbt er nach dem Grundsatze: Nemo pro parte testatus, pro parte intestatus decedere potest, die ganze Erbschaft: fr. 44. D. de hered. inst. (28, 5.)

2) fr. 54. §. 1. D. de cond. et dem. (35, 1.) fr. 44. §. 9. u. 10. D. eod. fr. 10. pr. D. de annuis legat. (33, 1.)

des Einen vacant gewordene Portion, nach den Regeln des Accrescenzrechts, dem Andern mit der conditio zuwächst:

fr. 54. §. 1. D. de cond. et dem. (35, 1.) (JAVOLENUS Lib. 2. ex Cassio.)

Duobus eadem res, *si heredi centum dedissent*, legata est: si alter ex his quinquaginta dederit, partem legati consequitur; et pars ejus, qui non dederit, alteri cum sua conditione adorescit [1]).

Mit dem vorhergehenden Falle, wenn Mehreren eine Bedingung auferlegt worden, und nur der Eine erfüllt hat, der Andere aber nicht, steht ein zweiter Fall in naher Verbindung, nämlich der, wenn Einem zur Bedingung gemacht ist, Mehreren etwas zu entrichten, und die Leistung nur an Einen von diesen geschehen kann, die Erfüllung also später theilweise unmöglich wird.

Auch hier läßt sich wieder eine strengere Ansicht, welche die theilweise Unmöglichkeit der vollständigen gleichsetzte [2]), von einer minder strengen unterscheiden, nach welcher die Bedingung nicht deficiren soll, wenn deren Erfüllung auch in der Person des Einen unmöglich geworden, vorausgesetzt, daß dieses nur ohne mora des mit der Bedingung Beschwerten geschehen ist [3]).

Als gesetzliches Beispiel kann hier fr. 112. pr. u. §. 1. D. de cond. et dem. (35, 1.) (POMPONIUS Lib. 12. Epistolar.) angeführt werden:

Tales conditiones, *si monumentum* (puta) *fecerint*, pluribus propositae, non possunt nisi in omnibus simul personis existere. §. 1. Item, *si Symphoro et Januario centum Titius praestiterit, fundum ei lego:* Symphoro mortuo an legatum perisset? Sed hoc quoque sic puto interpretandum, ut si dum quisque eorum vivet, praestitisset.

---

1) Vergl. im Allg. auch const. unica. §. 10. C. de caducis tollendis. (6, 51.) fr. 26. §. 1. fr. 30. D. de cond. et dem. (35, 1.)

2) fr. 23. D. de cond. et dem. (35, 1.) fr. 44. §. 8. D. eod.

3) Vergl. im Allg. fr. 44. §. 8. D. de cond. et dem. (35, 1.)

Sed *benigna interpretatione*[1]) dicendum, si non post moram Titii Symphorus decessit, debere partem dimidiam Januario dantem, partem fundi dimidiam legatarium esse consecuturum.

Nach diesem Gesetze verdient denn auch hier wieder die mildere Ansicht den Vorzug.

Daß übrigens in fr. 112. §. 1. cit. wirklich von einer Bedingung die Rede ist, welche zur Zeit der Errichtung des Testaments möglich war, und erst später unmöglich geworden ist, geht schon aus den Worten des Gesetzes „an legatum *perisset?*“ hervor; denn untergehen kann doch nur das, was einmal wirklich existirt hat. Wäre dagegen die Bedingung schon vor Errichtung des Testaments unmöglich gewesen, so würde dieselbe, weil sie gleich Anfangs pro non adjecta galt (wie theils schon aus dem Bisherigen hervorgeht, theils unten in der dritten Abtheilung sich noch näher ergeben wird,) das Legat gar nicht afficirt haben. Dazu kommen noch als Bestätigung der obigen Behauptung die weiteren Worte des Gesetzes: „si non post moram Titii Symphorus decessit.“ Wenn nämlich von einer mora die Rede seyn soll, so muß doch vorerst die obligatio fällig seyn. Die Verbindlichkeit aus dem Testamente ist aber, wie bekannt, erst fällig nach dem Tode des Testators und der Antretung der Erbschaft. Da nun das Gesetz hier den Fall einer mora erwähnt, so müssen die Verhältnisse des einzelnen Falles doch so angenommen werden, daß eine mora überhaupt als möglich erscheint[2]).

In dem bisher betrachteten fr. 112. §. 1. cit. ist nur davon die Rede, daß der Eintritt der Bedingung durch einen reinen casus, den Tod des Symphorus, unmöglich geworden war. Daneben kann aber auch noch der Fall vorkommen, daß die

---

1) fr. 29. D. de hered. inst. (28, 5.)

2) Hier ist also allein von dem Falle einer fortdauernden theilweisen Unmöglichkeit die Rede; denn, wäre die theilweise Unmöglichkeit zur Zeit des Anfalls verschwunden, so würde hier, nach dem vorigen §., von einer Unmöglichkeit überhaupt gar nicht mehr die Rede seyn können; es würde aber auch ebensowenig der Fall einer mora denkbar seyn.

Erfüllung der conditio aus dem Grunde theilweise unmöglich geworden, weil der Eine von denen, welchen nach der conditio etwas geleistet werden sollte, die Annahme der ihm bestimmten Rate verweigert.

Auch in diesem Falle verdient die mildere Ansicht nach den Gesetzen den Vorzug, wie hervorgeht aus

fr. 4. §. 3. D. de statuliberis. (40, 7.) (PAULUS Lib. 5. ad Sabinum.)

Si duobus decem datis, liber esse jussus sit, et unus quinque accipere noluerit: *melius est* dicere, posse eum eadem quinque alteri offerentem [1]) ad libertatem pervenire.

Zwar spricht diese Stelle von Freilassungen, welche bekanntlich in den Gesetzen überall besonders begünstigt werden [2]); allein hier enthält das Gesetz nur einen Ausfluß allgemeiner Bestimmungen; denn es wird sich später im Laufe der Untersuchung mehrmals Gelegenheit finden, zu zeigen, daß die Fälle, wenn der Eintritt der Bedingung durch den Willen eines Andern verhindert wird, in den Gesetzen nach minder strengen Grundsätzen beurtheilt werden, als wenn die Erfüllung durch einen reinen casus (z. B. durch den Tod, wie in dem Falle des fr. 112. §. 1. cit.) unmöglich geworden.

An die beiden bisher erwähnten Fälle theilweise unmöglich gewordener Bedingungen schließt sich noch ein **dritter**: **wenn nämlich Einer Person mehrere Bedingungen und zwar untereinander verbunden** (conjunctim) **auferlegt sind**; denn, wird nur **eine** Bedingung erfüllt, die andere kann aber nicht eintreten, so ist eine theilweise Unmöglichkeit der conditio vorhanden, weil die mehreren conditiones, welche conjunctim auferlegt sind, für **eine** Bedingung gelten, wie PAULUS in fr. 5. D. de condit. inst. (28, 7.) (Lib. 2. ad Sabinum.) ausdrücklich sagt:

---

1) Weil hier der Gegenstand, die Libertät, untheilbar ist, muß dem Einen das Ganze (10) geleistet werden.

2) fr. 122. D. de R. J. fr. 87 — 90. fr. 96. §. 1. D. de cond. et dem. (35, 1.) const. 2. pr. C. de his quae sub modo. (6, 45.) const. 7. C. de condit. insert. (6, 46.)

Si heredi plures conditiones conjunctim datae sint, omnibus parendum est, *quia unius loco habentur:* si disjunctim sint, cuilibet [1]).

Das tritt sogar bei der sonst so begünstigten Libertät ein, wie Modestinus in fr. 45. D. de manum. testam. (40, 4.) lehrt:

Quod vulgo dicitur, sub pluribus conditionibus data libertate levissimam conditionem spectandam esse: ita verum est, si separatim conditiones sint datae; quod si conjunctim datae sunt, nisi omnibus paruerit, liber non erit.

Die Wirkung der theilweise unmöglichen Bedingungen muß aber nach diesen Gesetzen eine ganz andere seyn, als in den beiden vorhergehenden Fällen solcher Bedingungen. In jenen schadet die theilweise Unmöglichkeit nicht; hier bestimmen dagegen die Gesetzesstellen, daß die theilweise unmöglichen Bedingungen, gleich den gänzlich unmöglich gewordenen, als deficirend betrachtet werden, und somit die ganze Disposition ungültig machen sollen. Zwar ist weder in fr. 5., noch in fr. 45. cit. der Fall ausdrücklich erwähnt, daß die eine der conjunctim auferlegten Bedingungen durch Zufall unmöglich geworden sey, und in so ferne könnten diese Stellen bloß von dem Falle verstanden werden, wenn die eine der Bedingungen durch den Willen des Onerirten nicht eingetreten ist; allein die so bestimmte Erklärung der Gesetze „omnibus parendum est, quia unius loco habentur," und „nisi omnibus paruerit, liber non erit," ist so allgemein und bestimmt gefaßt, daß darin nur der Sinn gefunden werden kann: die mehreren Bedingungen müssen durchaus alle erfüllt werden, wenn man das unter den verschiedenen Bedingungen Hinterlassene erhalten will.

Damit stimmt auch ein anderes Gesetz überein, welches den Fall, wenn einer Person eine (selbst theilbare) Bedingung auferlegt ist — und der unsrige steht diesem völlig gleich, weil die mehreren conjunctim auferlegten Bedingungen, nach fr. 5. D. de condit. inst. cit., für eine conditio gelten — ausdrücklich den Fällen, wenn Mehreren eine Bedingung gesetzt worden, gegenüber stellt, und diese nach weit gelinderen

1) §. 11. J. de hered. inst. (2, 14.)

Grundsätzen beurtheilt, als jene, weil der Disponirende, indem er dieselbe theilbare conditio Mehreren auferlegt, schon von Anfang die Bedingung unter die mehreren Personen pro rata vertheilt hat, was sich bei der einen auferlegten conditio nicht gedenken läßt. Das fragliche Gesetz ist das schon oben stückweise angegebene

fr. 56. D. de cond. et dem. (35, 1.) (Javolenus Lib. 14. Epistolar.)

Cui fundus legatus est, *si decem dederit*, partem fundi consequi non potest, nisi totam pecuniam numerasset: dissimilis est causa, cum duobus eadem res sub conditione legata est. In hac enim quaestione statim a testamento, quo pluribus conditio apposita est, divisa quoque in singulas personas videri potest: etc. in eo vero, quod uni sub conditione legatum est, scindi ex accidenti conditio non debet: et omnis numerus eorum, qui in locum ejus substituuntur, pro singulari persona est habendus.

Für die größere Strenge der Gesetze in diesem dritten Falle im Vergleich mit den beiden vorhergehenden, läßt sich denn auch, in Uebereinstimmung mit dem bei unserer Untersuchung befolgten allgemeinen Princip, ein ganz guter Grund gedenken: Wenn nämlich der Disponirende einer bestimmten Person mehrere Bedingungen, und zwar conjunctim, auflegt, so giebt er dadurch die unzweideutige Absicht zu erkennen, daß er dieselbe ganz besonders oneriren wolle, und daß er gerade an der vereinten Erfüllung der mehreren Bedingungen ein besonderes Interesse habe. Die Bedingungen können darum nicht von einander getrennt (scindirt) werden; denn der Testator hat ja gerade durch ihre conjunctio das Gegentheil bestimmt genug ausgesprochen.

Nachdem wir in der vorhergehenden Untersuchung die verschiedenen Fälle von später theilweise unmöglich gewordenen Bedingungen bei negotia mortis causa einzeln genauer betrachtet haben, bleibt uns noch übrig, dieselben Fälle in Beziehung auf negotia inter vivos näher durchzugehen.

Da es uns hier an bestimmten gesetzlichen Vorschriften mangelt, so müssen wieder theils allgemeine Grundsätze, theils die Analogie der Rechtsgeschäfte auf den Todesfall entscheiden. Demgemäß werden sich überhaupt folgende Regeln aufstellen lassen.

Ist die zur Bedingung gemachte Handlung, welche zur Zeit der Abschließung des Rechtsgeschäfts ihrem ganzen Umfange nach möglich war, später theilweise unmöglich geworden, so gestaltet sich im Allgemeinen das Verhältniß gerade so, wie oben bei den zur Zeit des Rechtsgeschäfts bereits theilweise unmöglich gewesenen Bedingungen. Die später theilweise eingetretene Unmöglichkeit schadet nämlich nichts, wenn dasjenige, was nach der Absicht der Contrahenten das Wesen der Bedingung ausmacht, noch erfüllt werden kann, während die Bedingung deficirt, und das ganze Rechtsgeschäft ungültig wird, wenn der unmöglich gewordene Theil für die Bedingung wesentlich war. Diese ganze Unterscheidung setzt indessen durchaus theilbare Objecte der conditio voraus, weil bei untheilbaren die theilweise Unmöglichkeit der völligen immer gleichsteht, wie oben näher gezeigt worden ist.

Nach der eben angegebenen allgemeinen Regel werden sich auch die einzelnen Fälle theilweise eingetretener Unmöglichkeit der Bedingungen ohne besondere Schwierigkeit genauer bestimmen lassen.

Ist nämlich Erstens mehreren Contrahenten eine gemeinschaftliche Handlung zur Bedingung gemacht, so muß dieselbe bei untheilbaren Objecten immer ganz geleistet werden, damit auch nur der Eine seine rata erlangen kann, wie das oben bei den negotia mortis causa bereits näher gezeigt worden ist: quia, quod in partes dividi non potest, ab omnibus quodammodo factum videretur; wie Paulus in fr. 4. §. 1. D. de V. O. (45, 1.) Lib. 12. ad Sabinum sagt.

Ist dagegen das Object ein theilbares, so genügt für den Einen auch schon die theilweise Erfüllung, und es schadet ihm das Deficiren der Bedingung bei dem Andern nicht, wenn nicht die Absicht bei Abschließung des Geschäfts ausdrücklich auf völlige Erfüllung der conditio durch alle Contrahenten gerichtet war.

Zweitens: War dem Contrahenten etwas unter der Bedingung versprochen, daß er Mehreren etwas leiste, und die Leistung in Beziehung auf den Einen durch casus oder Verweigerung der Annahme des Angebotenen theilweise unmöglich geworden; dann wird wohl auch hier, wie oben bei den Rechtsgeschäften auf den Todesfall, wenn die Bedingung überhaupt eine theilweise Erfüllung zuläßt, durch eine solche Erfüllung dem Einzelnen die ihm gebührende rata erworben werden. Nur tritt hier noch der Unterschied ein, daß bei negotia inter vivos, deren Wirkungen in der Regel sich auch auf die Erben erstrecken, die Erfüllung der Bedingung, wenn keine mora stattgefunden, nicht immer dadurch unmöglich wird, daß derjenige, welchem etwas geleistet werden soll, vorher gestorben ist, weil alsdann, wenn nicht ausdrücklich oder stillschweigend die eine bestimmte Person allein als diejenige bezeichnet war, bei welcher die Bedingung zu erfüllen ist, die Leistung auch an deren Erben geschehen kann. — Doch kommt hier Alles auf den einzelnen Fall an.

Sind endlich Drittens dem einen Contrahenten mehrere Bedingungen *conjunctim* auferlegt, so muß er sie alle vereint erfüllen [1]), und das Deficiren einer einzigen zieht die Ungültigkeit des ganzen Rechtsgeschäfts nach sich, wie bereits oben bei den negotia mortis causa des Näheren gezeigt ist.

§. 11.

Fortsetzung.

c) Absolut und relativ unmögliche Bedingungen.

Als eine zweite Art der oben erwähnten unmöglichen Bedingungen sind die absolut und die relativ unmöglichen hier näher zu betrachten.

Der Begriff der absolut oder nothwendig unmöglichen Bedingungen ergiebt sich einfach daraus, daß ein an sich, also durchaus unmögliches Ereigniß, zur Bedingung gemacht ist; bei relativ oder zufällig unmöglichen

---

1) fr. 129. D. de V. O. (45, 1.)

Bedingungen[1]) dagegen macht ein im Allgemeinen zwar mögliches, im concreten Falle aber unmögliches Ereigniß den Gegenstand der Bedingung aus.

Die absolut unmöglichen Bedingungen bilden hier die Regel, und brauchen darum nicht besonders hervorgehoben zu werden, weil deren Wirkungen unten im Allgemeinen zu erörtern sind. Dagegen sind in Beziehung auf die relativ unmöglichen Bedingungen hier einige Puncte näher zu betrachten. Vor Allem müssen wieder die negotia inter vivos und mortis causa von einander unterschieden werden: Bei den Rechtsgeschäften unter Lebenden stehen die relativ unmöglichen Bedingungen den absolut unmöglichen im Allgemeinen gleich, und zwar aus folgenden Gründen. Die Hinzufügung einer solchen Bedingung läßt sich immer nur bei einem Obligationsverhältniß gedenken [bei Verträgen, Pollicitationen rc.[2]) s. unten §. 16 ff.]. Bei diesen Rechtsge-

---

1) In den lateinischen Schriften werden die relativ unmöglichen Bedingungen durch verschiedene Ausdrücke bezeichnet, nämlich durch „conditiones per suppositionem et per accidens impossibiles“: Duban. l. c. P. I. cap. 2. No. 6. P. III. cap. 7. No. 7. Höpfner a. a. O. §. 490. pos 4. a. E. Not. 3., oder „conditiones secundum quid impossibiles,“ im Gegensatze der „conditiones impossibiles simpliciter tales“ (absolut unmöglichen): Ziegler l. c. No. LXI. oder auch durch „conditiones *falsae*“: Höpfner a. a. O. Not. 3. Averan. interpret. jur. Lib. II. cap. 24. Hofacker. princip. jur. civ. Tom. I. §. 195. pos. 3. Ueber den letzteren Ausdruck s. weiter unten in der dritten Abtheilung das Nähere.

2) Hier wird also der Ausdruck negotia inter vivos in seiner eigentlichen weiteren Bedeutung genommen, weil alle möglichen Obligationsverhältnisse darunter begriffen werden sollen, und die Pollicitationen, die obligationes quasi ex contractu etc. erst in der zweiten Abtheilung als unbedeutend ausgeschieden werden können. Oben bei Darstellung der Wirkungen der unmöglichen Bedingungen haben wir diese Ausscheidung schon als geschehen im Voraus angenommen, und darum unter den Rechtsgeschäften unter Lebenden kurzweg die Verträge allein verstanden. Es erschien dieß räthlich, weil die dort angezogenen Stellen allein von Verträgen handeln. Ueberhaupt kann ja der Gebrauch dieser Ausdrücke in keinem Falle zu einer Unbestimmtheit oder Verwirrung Veranlassung geben, da er jedesmal durch einen erläuternden Beisatz genauer bezeichnet ist.

schäften findet aber nur eine bestimmte Verbindlichkeit zwischen bestimmten Personen statt. Diesem Character der Obligationen entsprechend, wird denn auch nur auf die individuellen Verhältnisse unter den Obligirten bei Hinzufügung unmöglicher Bedingungen zu sehen, und in so ferne es gleichgültig seyn, ob die Bedingung in allen Fällen, oder nur in dem einen, von welchem gerade die Rede ist, unmöglich erscheint. (Denn alles Uebrige existirt rechtlich für die Obligirten, wenigstens in Beziehung auf das Obligationsverhältniß, gar nicht.)

Dafür sprechen außer diesen allgemeinen Rechtsgrundsätzen, auch ausdrückliche positive gesetzliche Bestimmungen, namentlich fr. 1. §. 9. D. de O. et A. (44, 7.) (Gajus Lib. 2. Aureorum.) In dieser Gesetzesstelle wird ausdrücklich die Stipulation, welche auf einen (in physischer oder juristischer Hinsicht) relativ unmöglichen Gegenstand gerichtet ist, für gänzlich ungültig erklärt: Si id, quod dari stipulemur, tale sit, ut dari non possit: palam est, naturali ratione inutilem esse stipulationem: Veluti si de homine libero, vel jam mortuo, vel aedibus deustis facta sit stipulatio inter eos, qui ignoraverint, eum hominem liberum esse, vel mortuum esse, vel aedes deustas esse [1]). Idem juris est, si quis locum sacrum, aut religiosum [2]) dari sibi stipulatus fuerit. Mit dieser in die Digesten aufgenommenen Stelle aus den Schriften des Gajus, stimmt fast wörtlich eine Stelle aus dessen commentar. III. §. 97. überein: Si id, quod dari stipulamur, tale sit, ut dari non possit, inutilis est stipulatio: velut si quis hominem liberum, quem servum esse credebat, aut mortuum, quem vivum esse credebat, aut locum sacrum vel religiosum, quem putabat esse humani juris, sibi dari stipuletur, aeque inutilis est stipulatio.

Zwar spricht die vorstehende Stelle nicht von einem bedingten, sondern von einem unbedingten Rechtsgeschäfte; allein wir werden in einem der folgenden §§. sehen, daß Alles, was

---

1) fr. 7. §. 1. D. de tritico, vino vel oleo legato. (33, 6.)
2) fr. 83. §. 5. D. de V. O. (45, 1.)

ein unmögliches Ereigniß wirkt, wenn es Gegenstand eines unbedingten Rechtsgeschäfts ist, auch ein solches Ereigniß zur Folge hat, wenn es als Bedingung eines Rechtsgeschäfts gesetzt wird. Diese allgemeine Bemerkung wird gerade für unsern Fall, in Beziehung auf das fr. 1. §. 9. cit., durch den mit dem §. 9. enge verbundenen §. 11. desselben Gesetzes, und in Beziehung auf den §. 97. aus Gajus, durch den unmittelbar darauf folgenden §. 98. ausdrücklich bestätigt, wie gleichfalls der §. 13. unten näher zeigen wird.

An das Bisherige knüpft sich aber eine weitere Frage: ob nämlich diejenigen, welche die relativ unmögliche Bedingung einem Rechtsgeschäfte hinzugefügt haben, Kenntniß dieser Unmöglichkeit gehabt haben müssen, oder nicht.

Haben sie die Unmöglichkeit gekannt, so kann das Rechtsgeschäft (nach dem oben §. 7. angegebenen Princip der Gesetze bei unmöglichen Bedingungen, nämlich dem Willen der Disponirenden,) aus dem Grunde nicht gelten, weil dieselben nicht die Absicht gehabt, ein wirkliches Geschäft abzuschließen, wie das oben erwähnte fr. 31. D. de O. et A. (44, 7.) (Maecianus Lib. 2. Fideicommiss.) von den Contrahenten bei einer absolut unmöglichen Bedingung sagt, was aber sicher auch von relativ unmöglichen gelten muß: verb.: quorum proculdubio in hujusmodi actu talis cogitatio est, *ut nihil agi existiment*, apposita ea conditione, quam *sciant*, esse impossibilem.

Dasselbe wird auch gelten müssen bei einseitigen Dispositionen unter Lebenden, wie bei Pollicitationen u. dergl., weil auch hier der Disponirende nicht den ernstlichen Willen gehabt haben kann, das Unmögliche in Erfüllung gehen zu lassen.

Eine andere Frage (deren Lösung nicht so leicht fallen wird) ist aber die, ob auch dieselben Wirkungen eintreten, wenn die Disponirenden die relative Unmöglichkeit der Bedingung nicht gekannt haben.

Sehen wir hier auf die Hauptgesetzesstelle, das schon erwähnte fr. 1. §. 9. D. de O. et A. (44, 7.), so wird auch dann Unmöglichkeit des ganzen Rechtsgeschäfts eintreten, wenn die Disponirenden bei der relativ unmöglichen Bedingung diese Unmöglichkeit nicht gekannt haben; denn das bestimmen die Worte jenes Gesetzes „inter eos, *qui ignoraverint*, eum hominem liberum esse, vel mortuum esse, vel aedes deustas esse" ganz unzweideutig.

Damit stimmt auch vollkommen überein eine Stelle in den Institutionen, nämlich §. 1. u. 2. J. de inutilibus stipulat. (3, 20.), in welcher die absolute und die relative Unmöglichkeit, sey diese nun eine physische oder juristische, in Beziehung auf die Nichtkenntniß völlig gleichgestellt sind: §. 1. At si quis rem, quae in rerum natura *non est, aut esse non potest*, dari stipulatus fuerit: veluti Stichum, qui mortuus sit, *quem vivere credebat; aut hippocentaurum, qui esse non possit:* inutilis erit stipulatio. §. 2. Idem juris est, si rem sacram aut religiosam, *quam humani juris esse credebat;* vel rem publicam, quae usibus populi perpetuo exposita sit, ut forum, vel theatrum: vel liberum hominem, *quem servum esse credebat*, vel cujus commercium non habuerit etc.; und fast wörtlich dasselbe sagt der oben erwähnte §. 97. aus Gajus.

Auch ist in der That bei negotia inter vivos eine andere Entscheidung wohl kaum denkbar, weil die vernichtende Wirkung der unmöglichen Bedingung bei dieser Gattung von Rechtsgeschäften durch die fehlende Kenntniß der Unmöglichkeit natürlich nicht aufgehoben werden kann. Die eigentliche Frage bleibt also hier nur die, in wieferne die hier vertheidigte Ansicht [1]) mit dem Princip der Untersuchung sich vereinigen lasse.

Dieses Princip wurde bekanntlich allein auf den wirklichen oder vermuthlichen Willen der Disponirenden gestellt.

Wenn nun aber die Disponirenden die Unmöglichkeit der Bedingung nicht gekannt haben, so darf man auch nicht annehmen, daß sie das fragliche Rechtsgeschäft nicht haben abschließen wollen; vielmehr kann man gerade umgekehrt behaupten, daß ihr Wille auf die Abschließung gerichtet gewesen.

Dem eben erhobenen Einwand läßt sich indessen mit Grund

1) Für diese Ansicht ist auch im Allg. Duran. l. c. P. II. cap. 1. No. 62—70.

durch das Folgende begegnen: Die Gesetze haben einmal bei negotia inter vivos den Grundsatz angenommen, daß die Hinzufügung einer unmöglichen Bedingung das ganze Rechtsgeschäft ungültig machen soll, und sie stützen diese Bestimmung im Allgemeinen auf den vermuthlichen Willen der Disponirenden. Wenn nun diese die relative Unmöglichkeit[1]) einer Bedingung nicht gekannt haben, so ist nur eine zweifache Vermuthung denkbar; entweder

a) die Disponirenden würden, wenn sie die relative Unmöglichkeit der Bedingung gekannt hätten, diese Bedingung weggelassen, oder

b) sie würden das ganze Rechtsgeschäft nicht abgeschlossen haben.

Die letztere Vermuthung muß nun das Gesetz, um nicht inconsequent zu seyn, annehmen, weil es bei negotia inter vivos im Allgemeinen keine Trennung der unmöglichen Bedingungen von dem Hauptgeschäfte gelten läßt, wie bei den Rechtsgeschäften auf den Todesfall, sondern die Unmöglichkeit jener jedesmal auch auf dieses vernichtend einwirkt.

Dieselben Gesichtspuncte werden auch für die relativ unmöglichen Bedingungen bei negotia mortis causa[2]) angenommen werden müssen; denn auch hier läßt sich nur die vorhin unter a und b bemerkte doppelte Vermuthung aufstellen, welche

---

1) Daß bei absoluter Unmöglichkeit der Bedingung dasselbe gelte, wie bei den relativ unmöglichen, und zwar aus denselben Gründen, ist schon oben §. 7. S 34. Not. 2. S. 35. Not. 3. angedeutet worden.

2) Bei dieser Art von Rechtsgeschäften wird eigentlich die Frage, ob der Disponirende die Ungültigkeit der Bedingung gekannt habe, oder nicht, in Beziehung auf die Wirkungen dieser Bedingungen allein wichtig; denn bei negotia inter vivos kann, wie schon bemerkt ist, die Kenntniß oder Nichtkenntniß der Unmöglichkeit an der vernichtenden Wirkung nichts ändern; bei negotia mortis causa dagegen, bei welchen die Unmöglichkeit der Bedingung nicht auf die Hauptdisposition übergeht, läßt sich wohl fragen, ob der Disponirende, wenn er die Unmöglichkeit der Bedingung nicht gekannt hat, nicht lieber die Bedingung, als die Hauptdisposition aufrecht erhalten wissen will; und, je nachdem man der ersteren, oder der letzteren einen größeren Werth beilegt, wird entweder die Nebenbestimmung, oder die Hauptdisposition ungültig erscheinen.

indessen bei dieser Art von Rechtsgeschäften, wegen deren Begünstigung in den Gesetzen, gerade zu dem entgegengesetzten Resultat, nämlich zu dem Wegfallen der Bedingung und der Aufrechthaltung des Hauptgeschäftes, führt, weil beide nach den Gesetzen als trennbar von einander betrachtet werden, wie das Alles oben §. 8. näher ausgeführt worden ist.

Nach der bisherigen Ausführung beruht denn auch hier ebenso, wie in dem Falle, wenn die Disponirenden die Unmöglichkeit der Bedingung gekannt haben, der Grund für die gesetzlichen Wirkungen derselben in dem vermutheten Willen des Disponirenden; nur mit dem Unterschiede, daß hier die Vermuthung noch weiter geht, oder (wenn der Ausdruck erlaubt ist) im Allgemeinen mehr aus dem Princip der Consequenz der Gesetze, als aus den factischen Verhältnissen abgeleitet wird, weil hier nicht so leicht, und mit der Bestimmtheit, als wenn die Disponirenden die Unmöglichkeit gekannt hätten, ihre wirkliche Absicht vermuthet werden kann, und darum eben das Gesetz in der Bestimmung der Wirkungen mehr seine eigne Consequenz zur Richtschnur nehmen muß.

Natürlich wird das Gesagte aber immer nur so lange gelten, bis ein entgegengesetzter Wille des Disponirenden ausdrücklich oder stillschweigend (aus dem Zusammenhange der Disposition) sich ergiebt. In so ferne muß also (dem hier befolgten Princip ganz entsprechend) jede einzelne Disposition genau geprüft werden, um daraus die wirkliche Absicht des Disponirenden zu erfahren, und darum ist die Frage über die Wirkung der Kenntniß oder Nichtkenntniß der Unmöglichkeit der Bedingung für den einzelnen Fall öfters aus dem Grunde von geringeren practischen Folgen, weil der eigentliche Wille des Testators aus dem Zusammenhange seiner Disposition sich entnehmen läßt.

Von der hier aufgestellten Ansicht weichen aber manche Rechtslehrer ab; namentlich Seuffert[1]), welcher sich dahin

1) Lehrbuch rc. Bd. 3. §. 536. pos. 3. Not. 5. Er stützt seine Ansicht auf Averan. interpretat. jur. Lib. II. cap. 24. No 14 — 31;

ausspricht: „Ist die Erfüllung (der Bedingung) nicht absolut, „sondern nur im concreten Falle unmöglich, so bleibt die „Bedingung nur in so ferne unwirksam, als der Erblasser „die Unmöglichkeit kannte, indem, wenn er die Erfüllung „für möglich hielt, die ganze Verfügung ohne Erfolg „bleibt“ [1]). Er stützt diese Ansicht auf drei Gesetzesstellen, nämlich auf

---

aber mit Unrecht; denn AVERAN. selbst No. 18. pag. 601 sq. sagt: Invaluit itaque opinio falsissima et nulla lege suffulta, conditiones, quas testator falsas esse ignorabat, non detrahi, sed vitiare ultimas voluntates: cum tamen hac tanto magis detrahendae sunt, quando certius est, eas incauto testatori excidisse. Sed hanc sententiam alii confutarunt.

1) HERM. BECKER Diss. conditio impossibilis non indistincte pro non scripta habenda. Rostoch. 1751. §. 10 sqq.*) läßt die unmögliche Bedingung überhaupt (auch die absolut unmögliche) nur dann pro non adjecta gelten, wenn der Testator die Unmöglichkeit gekannt hat, weil, wenn er sie nicht gekannt, sein Wille für die Erfüllung sich ausgesprochen, was man so lange annehmen müsse, bis das Gegentheil sich nachweisen ließe: Diss. §. 20. 23. 24. Diese Ansicht befolgt auch Weber zu Höpfner. §. 491. Not. 3. S. 393. i. d. N.; allein er stützt sich dabei auf den oben §. 8. als irrig nachgewiesenen Grund, daß bei negotia mortis causa die unmögliche Bedingung odio testatoris für nicht beigefügt gelte, und verwickelt sich alsdann in Widersprüche mit andern Gesetzen. — Der eben erwähnten Ansicht, nach welcher alle, sowohl absolut als relativ unmögliche Bedingungen, für wirksam gelten sollen, wenn der Testator sie für möglich gehalten hat, widerstreitet direct die hier vertheidigte, nach welcher gerade umgekehrt auf die Kenntniß oder Nichtkenntniß der Unmöglichkeit der Bedingung, sey diese absolut oder relativ, gar nichts ankommen kann. Diese Ansicht wird auch gebilligt von SCIPIO GENTILIS de error. testamentor. (Argentor. 1669.) cap. 6. p. m. 51 sqq. u. AVERAN. interpret. l. c. (s. vorhergehende Not.) HILLIGER l. c. cap. II. No. XLII.

Eine dritte Meinung ist endlich die hier bestrittene von Seuffert, nach welcher bei absolut unmöglichen Bedingungen zwar keine Kenntniß der Unmöglichkeit gefordert wird, wohl aber bei relativ unmöglichen. — Der Streit über die erwähnten Ansichten ist übrigens schon sehr alt: DURAN. l. c. cap. VII. No. 7. — Dem Verf. scheinen die Gründe für die Unwirksamkeit der unmöglichen Bedingungen im

*) Gegen Becker's Dissertation ist gerichtet: Jo TOB. RICHTER de conditione impossibili ultimae voluntati adjecta indistincte pro non scripta habenda. Lips. 1756. pag. 4 sqq.

fr. 45. D. de hered. inst. (28, 5.) (Alfenus Lib. 2. Digest. a Paulo epitomator.)

Si Maevia mater mea et Fulvia filia mea vivent, tum mihi Lucius Titius heres esto. Servius respondit: si testator filiam nunquam habuerit, mater autem supervixisset, tamen Titium heredem fore: *quia id, quod impossibile in testamento scriptum esset, nullam vim haberet;* sodann auf

---

Allgemeinen, der Testator mag diese Unmöglichkeit gekannt haben, oder nicht, nach dem Geiste und der Consequenz des römischen Rechts bei Weitem die überwiegenden. Wollte man aber darauf überhaupt Rücksicht nehmen, ob der Testator von der Unmöglichkeit der Bedingung Kenntniß gehabt hat, oder nicht, so wird doch die Ansicht consequenter seyn, welche einen solchen Unterschied bei absolut unmöglichen Bedingungen ebenso, wie bei relativ unmöglichen, eintreten läßt. Denn, wenn der Testator von der Unmöglichkeit einer Bedingung nichts gewußt hat, so läßt sich, von dem Standpuncte jener hier bestrittenen Ansichten aus, doch nur annehmen, der Testator habe die Erfüllung der Bedingung gewollt. In dieser Beziehung kann aber kein Unterschied zwischen absolut und relativ unmöglichen Bedingungen eintreten, weil man doch wohl, um consequent zu seyn, bei beiden diese Absicht des Testators voraussetzen muß; denn, daß bei absolut unmöglichen Bedingungen deren Nichtkenntniß seltener vorkommt, wie bei relativ unmöglichen, ist doch nur ein factisches Verhältniß, welches auf die rechtlichen Wirkungen der unmöglichen Bedingung nicht influiren kann. Höchstens in Rücksicht auf die Vermuthung, ob der Testator diese Kenntniß gehabt, und somit auf den Beweis, kann dieser Unterschied einwirken. Die Anhänger der letzteren Ansicht müssen deßhalb, um die Wirkungen der absolut unmöglichen Bedingungen gehörig begründen zu können, annehmen, daß der Disponirende die absolute Unmöglichkeit bei Bedingungen immer gekannt, und darum auch immer die Absicht gehabt habe, durch diese Bedingung die Hauptbestimmung nicht ungültig zu machen. Für den Fall aber, wenn der Testator die absolute Unmöglichkeit nicht gekannt hat, was doch auch, wenn gleich selten, vorkommen kann, haben sie in ihrem Systeme eine Lücke, welche sie wieder nur dadurch ausfüllen können, daß sie die Kenntniß der Unmöglichkeit hier überall vermuthen. Also können sie immer nicht strenge an dem wirklichen Bekanntseyn oder Nichtbekanntseyn festhalten, sondern müssen gleichfalls zu Vermuthungen ihre Zuflucht nehmen, was aber der Ansicht im Ganzen widerstreitet; während die hier vertheidigte Ansicht mit der auf die Consequenz der Gesetze gestützten Vermuthung überall ausreicht.

fr. 6. §. 1. D. de cond. et dem. (35, 1.) (POMPONIUS Lib. 3. ad Sabinum.)

Si servos certos quis manumisisset, heres esse jussus erat: quibusdam ex his ante mortuis, Neratius respondit, defici eum conditione; nec aestimabat, pareri posset conditioni, necne: Sed Servius respondit, cum ita esset scriptum: *Si filia et mater mea vivent*, altera jam mortua, non defici conditione: idem est et apud Labeonem scriptum: Sabinus quoque et Cassius, *quasi impossibiles eas conditiones in testamento positas, pro non scriptis esse:* quae sententia admittenda est; und endlich auf

fr. 72. §. 7. D. eod. (PAPINIANUS Lib. 18. Quaestionum.)

Falsam conditionem Cassius et Caelius Sabinus impossibilem esse dixerunt: *veluti, Pamphilus, si quod Titio debeo solverit, liber esto:* si modo nihil Titio fuit debitum etc.

Wahr ist es, daß in den angeführten drei Gesetzesstellen der Testator die Unmöglichkeit der Bedingung gekannt haben mag; denn, ob Jemand eine Tochter hat, ob seine Mutter oder Tochter noch lebt, ob man an einen bestimmten Dritten etwas verschuldet, weiß man doch in der Regel, und nach dem Zusammenhange der Gesetze läßt sich nicht wohl etwas Anderes annehmen, als daß der Disponirende in allen diesen Fällen die Unmöglichkeit gekannt habe. Hiernach setzen also diese Gesetze in dem Falle, wenn man die Unmöglichkeit der Bedingung gekannt hat, die relativ unmöglichen Bedingungen ohne allen Zweifel den absolut unmöglichen gleich, und stimmen in so ferne mit dem überein, was oben in Beziehung auf die negotia inter vivos gesagt worden ist, und was auch hier bei negotia mortis causa ebenso gelten muß.

Enthalten aber diese Gesetzesstellen auch ein stringentes argumentum a contrario, muß also aus denselben nothwendig gefolgert werden, daß, weil im Falle der Kenntniß der relativen Unmöglichkeit der Bedingung, diese für nicht beigefügt gilt, im Falle des Unbekanntseyns derselben, nicht bloß die Bedingung als non scripta betrachtet wird, sondern vielmehr die ganze Disposition wegfällt?

In den Gesetzesstellen selbst scheint dem Verf. durchaus nichts für dieses Argument zu liegen; denn, sehen wir zunächst auf die Gründe, welche die Entscheidungen der gesetzlichen Fälle veranlassen, so heißen diese ganz allgemein: quia id, quod impossibile in testamento scriptum esset, nullam vim haberet, oder quasi impossibiles eas conditiones in testamento positas pro non scriptis esse [1]); der Kenntniß der Unmöglichkeit wird mit keiner Silbe gedacht, sondern nur der Unmöglichkeit an sich; — diese ist aber offenbar bei der Nichtkenntniß derselben ebenso gut vorhanden, als bei deren Kenntniß.

Wollte man aber auch auf diesen Grund weniger Gewicht legen [2]), so kann doch kein Gesetz angegeben werden, welches ausdrücklich nur dann bei Rechtsgeschäften auf den Todesfall die relativ unmögliche Bedingung für non scripta hält, wenn die Unmöglichkeit den Disponirenden bekannt ist, im Falle des Unbekanntseyns aber die ganze Disposition für ungültig erklärt [3]); denn aus den angeführten drei Gesetzesstellen läßt sich doch eine solche ausdrückliche Bestimmung gewiß nicht herleiten.

---

1) Vergl. auch fr. 104. §. 1. i. f. D. de legatis I. (30)

2) Man könnte nämlich behaupten, die in den Gesetzen angegebenen Gründe dürften nur auf die darin entschiedenen Fälle angewendet werden, und darum sey die Erwähnung der Kenntniß der relativen Unmöglichkeit (weil dieselbe aus dem Fall selbst hervorgehe) unnöthig gewesen.

3) Doch beruft man sich noch in Beziehung auf die vernichtende Wirkung relativ unmöglicher Bedingungen auf ein specielles Gesetz, (Weber zu Höpfner §. 491. Not. 3., gestützt auf Brusser. l. c. pag. 299. u. A. m.) nämlich auf

fr. 58. D. de condict. indeb. (12, 6.) (Papinianus Lib. 9. Responsor.)

Servo manumisso fideicommissum ita reliquit, *si ad libertatem ex testamento pervenerit;* post acceptam sine judice pecuniam ingenuus pronunciatus est; indebiti fideicommissi repetitio erit.

Die in dem Gesetze enthaltene Bedingung ist offenbar relativ unmöglich; sie vernichtet aber hier das ganze Fideicommiß; denn das erhaltene Geld soll ja nach dem Gesetze condicirt werden können. Allein richtiger sucht man hier nach dem ganzen Zusammenhange mit Averan. interpret. jur. Lib. II. cap. 24. No. 18. u. 19. den Rechtsgrund für die condictio nicht in der Wirkung der relativ

Verhält sich nun das bisher Gesagte richtig, so müssen, in Ermangelung besonderer Gesetze, bei Rechtsgeschäften auf den Todesfall passende Analogieen eintreten. Deren können aber hier zwei statthaben: nämlich, die analoge Anwendung der gesetzlichen Bestimmungen für die relativ unmöglichen Bedingungen bei negotia inter vivos, und die analoge Anwendung der Bestimmungen über absolut unmögliche Bedingungen bei negotia mortis causa.

Wenden wir uns zu der ersten dieser Analogieen, so zeigt, wie bereits oben das Nähere erörtert worden ist, das fr. 1. §. 9. D. de O. et A. (44, 7.), der §. 97. aus Gajus, sowie der §. 1. u. 2. J. de inutilib. stipulat., daß auf die Kenntniß der relativen Unmöglichkeit bei der Bedingung nichts ankommt, daß vielmehr das negotium inter vivos auch dann als ungültig erscheint, wenn die Disponirenden die relative Unmöglichkeit der Bedingung nicht gekannt haben [1]). Die Wirkungen

unmöglichen Bedingung, sondern vielmehr in den eigenthümlichen Verhältnissen des concreten Falles; denn die Gesetze schreiben im Allgemeinen vor, daß derjenige, welcher durch den Richter nach vorhergegangener Verhandlung für einen ingenuus erklärt worden ist, seinem manumissor oder dessen Erben alles dasjenige zurückgeben muß, was er von diesem durch Geschenk, Legat u. dergl. erhalten hat. Das geht hervor aus const. 1. C. de ingenuis manumissis. (7, 14.) (Imp. Alex. A. Phileto.) verb.: ut qui post manumissionem originem repetierint ea, quae de domo manumissoris habent, ibi relinquant. In qua causa etiam legata, ut liberto data esse, juris prudentibus placuit; vergl. mit fr. 3. §. 1. D. si ingenuus esse dicatur. (40, 14.) Mit dieser Ansicht stimmt auch überein Endemann. l. c. pag. 18. Ist aber das Gesagte gegründet, so gehört das erwähnte fr. 58. D. de condict. indeb., in keiner Beziehung hierher, weil es von einem ganz singulären, mit unserer Lehre durchaus in keiner Verbindung stehenden Falle handelt.

1) Zur Unterstützung dieser Analogie kann wohl auch noch eine Stelle aus Gajus angeführt werden. Aus dem oben mitgetheilten §. 97. (Gajus Lib III.) erhellt nämlich, daß bei relativer Unmöglichkeit einer Stipulation nichts darauf ankommt, ob die Contrahenten die Unmöglichkeit gekannt haben, oder nicht. In dem darauf folgenden, durch die Partikel „Item" enge verbundenen §. 98., werden sodann die Bestimmungen des §. 97. über unbedingte Verträge auf die bedingten im Allgemeinen übertragen (s. §. 13 unten), und dabei

unmöglicher, einem Rechtsgeschäfte unter Lebenden hinzugefügter, Bedingungen erscheinen also nach den Gesetzen ganz gleich bei absoluter, sowie bei relativer Unmöglichkeit, sowohl wenn diese Unmöglichkeit bekannt, als wenn sie unbekannt war.

Dasselbe Resultat wird sich auch durch Anwendung der zweiten Analogie ergeben; denn, stellt man hier, wie bei absolut unmöglichen Bedingungen, die Alternative: ob der Disponirende eher das Wegfallen der Bedingung, als das Ungültigwerden des ganzen Rechtsgeschäfts wählen werde, so wird man für das Erstere auch dann im Allgemeinen vermuthen müssen, wenn der Disponirende die relative Unmöglichkeit nicht gekannt hat; denn auch in diesem Falle kann man doch nicht wohl etwas Anderes annehmen, als daß der

---

des Streits zwischen den Cassianern und Proculianern gedacht, deren Letztere einen Unterschied in den Wirkungen unmöglicher Bedingungen bei negotia mortis causa und negotia inter vivos nicht anerkennen wollten. (s. §. 8. oben.) Nach der Ansicht der Proculianer konnte nun auf das Bekanntseyn oder Nichtbekanntseyn der Unmöglichkeit der Bedingung bei negotia mortis causa nichts ankommen, weil dieß an der vernichtenden Wirkung der Bedingung nichts änderte. Diese Ansicht ist zwar nicht in Justinian's Compilation übergegangen, sondern vielmehr die entgegengesetzte der Cassianer; allein, da unter den Verschiedenheiten der beiden Ansichten die Kenntniß oder Nichtkenntniß der Unmöglichkeit nicht erwähnt wird, vielmehr umgekehrt durch die enge Verbindung des §. 97. u. 98. die Bestimmung des ersteren, daß Nichtkenntniß der relativen Unmöglichkeit der Stipulation nichts entscheidet, auf die Bedingungen sowohl bei negotia inter vivos, als negotia mortis causa (§. 13. unten) übertragen ist, und da auch in den bereits oben erwähnten Stellen der Institutionen und Digesten, welche fast wörtlich mit Gajus übereinstimmen, auf Bekanntseyn und Nichtbekanntseyn der relativen Unmöglichkeit bei unbedingten Stipulationen keine Rücksicht genommen wird; und da endlich in fr. 1. §. 9. verbunden mit §. 11. D. de O. et A., die Grundsätze von unbedingten Verträgen auf bedingte, ebenso, wie bei Gajus, (nur mit dem Unterschied, daß Gajus auch noch die negotia mortis causa unter dieselben Gesichtspuncte stellt,) angewendet werden, so scheint aus dem ganzen Zusammenhange hervorzugehen, daß auch dann, wenn man die relativ unmöglichen Bedingungen bei negotia mortis causa, nach Ansicht der Cassianer und Sabinianer, für nicht beigefügt hält, doch auf Kenntniß oder Nichtkenntniß der relativen Unmöglichkeit nichts ankommen kann.

Disponirende mehr das Hauptgeschäft, als die Nebenbestimmung beabsichtigt habe [1]).

Thibaut [2]), dessen Ansicht Seuffert [3]) als übereinstimmend mit der seinigen anführt, spricht sich dahin aus: „Affirmative, physisch, oder moralisch unmögliche Bedingungen, „sie seyen nun absolut unmöglich, oder, indem der Erb„lasser es wußte, oder wissen konnte, relativ un„möglich (difficiles sensu juridico) werden als nicht beige„fügt angesehen.“

Thibaut's Ansicht nähert sich der hier vertheidigten weit mehr, als Seuffert's, weil er nicht allein in den Fällen, wenn der Disponirende wirklich wußte, daß die beigefügte Bedingung relativ unmöglich war, sondern auch dann, wenn er dieß nur überhaupt wissen konnte, das bloße Wegfallen der Bedingung annimmt, während Seuffert es nur im ersten Falle gestattet.

Allein, wie wird es seyn, wenn der Erblasser gar nicht wissen konnte, daß die Bedingung relativ unmöglich war? Wird dann die Vermuthung eher für das Wegfallen der ganzen Disposition, oder für das bloße Wegfallen der Bedingung sprechen?

Dem Verf. scheint auch hier immer, nach der Consequenz der gesetzlichen Bestimmungen, das Hauptgeschäft als das Hauptaugenmerk des Disponirenden betrachtet, und darum auch das Hauptgeschäft so lange aufrecht erhalten werden zu müssen, bis aus besonderen Gründen eine entgegengesetzte Absicht des Disponirenden nachgewiesen werden kann.

Dieß letztere [d. h. die erweisliche [4])], die Bedingung mehr, als das Hauptgeschäft, berücksichtigende Absicht des Dis-

1) Schon die allgemeine, eben §. 8. S. 41. Not. 1. erwähnte Interpretationsregel, daß im Zweifel das Rechtsgeschäft so ausgelegt werden soll, daß es aufrecht erhalten wird, spricht für die hier vertheidigte Ansicht.

2) System ꝛc. §. 803. pos. III.

3) a. a. O. Not. 6.

4) Dieser Beweis einer entgegengesetzten Absicht kann, wie schon oben bemerkt worden, ebenso gut aus den Worten des Disponirenden, als aus dem Zusammenhange der Disposition geführt werden.

ponirenden) kann darum auch allein als Grund für die Ungültigkeit des ganzen negotium mortis causa bei Bedingungen gelten, deren relative Unmöglichkeit man weder wirklich gekannt hat, noch überhaupt zu kennen vermochte.

Noch könnte zur Unterstützung der entgegengesetzten Ansichten eine andere Analogie hervorgehoben werden, nämlich die Analogie der gesetzlichen Bestimmungen bei den Legaten fremder Sachen. Denn diese gelten bekanntlich in der Regel nur dann, wenn der Erblasser gewußt hat, daß sie fremde Sachen seyen; sie gelten aber gewöhnlich nicht [1]), wenn ihm dieß unbekannt gewesen, wenn er sie vielmehr für eigne Sachen gehalten hat [2]). Allein, mag auch diese gesetzliche Bestimmung auf dem vermuthlichen Willen des Testators beruhen, so wird uns doch die analoge Anwendung der gesetzlichen Vorschriften über andere Fälle der unmöglichen Bedingungen ungleich viel näher stehen, und darum jede andere Analogie in den Hintergrund drängen [3]).

§. 12.

Fortsetzung.

d) Die Unmöglichkeit der Bedingung kann auch in der Hinzufügung eines dies gelegen seyn [4]).

Nachdem wir in den vorhergehenden §§. den Begriff der Unmöglichkeit nach seinen verschiedenen Nüancen näher erörtert haben, ist zur Ergänzung dieser Untersuchung noch die Bemerkung hinzuzufügen und näher zu begründen, daß die

---

1) Ueber die Ausnahmen vergl. fr. 67. §. 8. D. de legatis II. (31.) const. 25. C. de fideicommissis. (6, 42.) const. 10. C. de legatis. (6, 37.) fr. 77. §. 8. D. de legatis II. (31.) fr. 72. D. ad SCtum Trebell. (36, 1.)

2) const. 10. C. de legatis. (6, 37.) fr. 21. D. de probationibus. (22, 3.)

3) Vergl. im Allg. auch fr. 10. §. 1. fr. 11. pr. fr. 68. D. de cond. et dem. (35, 1.) fr. 45. §. 2. D. de legatis II. (31.)

4) Ueberhaupt kann hier bemerkt werden, daß, wenn für die Erfüllung der Bedingung eine bestimmte Zeit vorgeschrieben ist, nach Ablauf dieser Zeit die Bedingung jedesmal zu den unmöglichen gehört, wenn nicht eine singuläre Begünstigung in den Gesetzen stattfindet: arg. fr. 3. §. 31. 32. D. ad SCtum Silan. (29, 5.)

Unmöglichkeit einer Bedingung auch darin gelegen seyn kann, daß für deren Erfüllung (ausdrücklich oder stillschweigend) eine Zeit festgesetzt ist, in welcher diese Erfüllung als unmöglich erscheint [1]). Auch in diesem Falle läßt sich die allgemeine Regel aufstellen: negotia inter vivos werden durch eine solche Zeitbestimmung ungültig, bei negotia mortis causa gilt dieselbe dagegen pro non adjecta.

Für negotia mortis causa spricht

fr. 6. D. de cond. inst. (28, 7.) (ULP. Lib. 9. ad Sabinum.)
Si quis ita institutus sit, *si monumentum post mortem testatoris in triduo proximo mortis ejus fecisset:* cum monumentum in triduo perfici non possit, dicendum erit, conditionem evanescere, quasi impossibilem [2]).

Dasselbe gilt auch, wenn die Unmöglichkeit allein in der Form einer Zeitbestimmung ausgedrückt ist, ohne daß dieser eine Bedingung beigefügt wäre:

fr. 12. §. 1. D. de legat. I. (30.) (POMPONIUS Lib. 3. ad Sabin.)
Si quis servos, quos Gadibus haberet, eo testamento, quod Romae moriens fecerit, triduo, quo mortuus fuerit, heredem dare mihi damnaverit: ratum esse legatum, et angustias temporis nihil legato nocere [3]).

und für negotia inter vivos:

§. 5. i. f. J. de V. O. (3, 16.)
verb.: Et ideo, si quis Romae ita stipuletur, hodie Carthagini dare spondes? inutilis erit stipulatio: cum impossibilis sit repromissio [4]).

---

1) Vergl. im Allg. CUJAC. Recitat. ad Tit. Dig. de cond. inst. pr. A. E. ENDEMANN. commentar. de implendae conditionis tempore. Marb. 1821. §. 2. pag. 15 sqq. §. 16. pag. 63. sq. BRUSSEL. l. c. Lib. IV. Tit. II. No. 2. sq. DURAN. l. c. P. II. cap. 2. No. 18. fr. 22. pr. i. f. D. quando dies legator. (36, 2.)

2) Vergl. auch const. 19. C. de legatis. (6, 37.)

3) AVERAN. l. c. Lib. II. cap. 24. No. 40. CUJAC. Recit. ad Tit. Dig. de legatis I. l. 12. §. 1. cit. MAJANS. l. c. §. 10—13. Vergl. im Allg. auch BRUSSEL. l. c. Nr. 11. DURAN. l. c. P. I. cap. 1. No. 16. sqq.

4) Auch die Bestimmung eines gewissen Orts zur Erfüllung der Verbindlichkeit kann nämlich, als Nebenbestimmung eines Rechtsgeschäfts,

Die Ungültigkeit der Bestimmung tritt indessen bei Rechtsgeschäften unter Lebenden nur dann ein, oder (muß man weiter folgern) die Nebenbestimmung wird nur dann bei Rechtsgeschäften auf den Todesfall als nicht beigefügt betrachtet, wenn in der Nebenbestimmung auch wirklich eine Unmöglichkeit enthalten ist. Das ist in den Digesten, welche ja so oft die Vorschriften der Institutionen genauer ausführen, deutlich bestimmt, und zwar in

fr. 141. §. 4. D. de V. O. (45, 1.) [GAJUS [1]) Lib. 2. de V. O.] Si inter eos, qui Romae sunt, talis fiat stipulatio, *Hodie Carthagine dari spondes?* Quidam putant, non semper videri impossibilem causam stipulationis contineri: quia possit contingere, ut tam stipulator, quam promissor ante aliquod tempus suo quisque dispensatori notum fecerit, in eum diem futuram stipulationem, ac demandasset promissor quidem suo dispensatori, ut daret; stipulator autem suo, ut acciperet: quod si ita factum fuerit, poterit valere stipulatio [2]).

Daß übrigens das, was in fr. 141. und in den vorhergehenden Gesetzen von unbedingten Rechtsgeschäften gesagt worden ist, auch von bedingten gilt, wird aus dem folgenden §. hervorgehen.

Von den bisher angeführten Bestimmungen muß jedoch eine Ausnahme gemacht werden. Da der wirkliche oder vermuthliche Wille des Disponirenden der Grund für die gesetzlichen Bestimmungen über die Wirkungen der unmöglichen Be-

---

dieselben Wirkungen, wie eine unmögliche conditio, oder ein unmöglicher dies haben; denn in einer solchen Ortsbestimmung liegt immer zugleich ein dies [fr. 2. §. 6. D. de eo quod certo loco. (13, 4.) fr. 73. pr. fr. 137. §. 2. D. de V. O. (45, 1.)]. Darum wird denn die letztere auch in den Gesetzen öfters den beiden vorhergehenden Nebenbestimmungen hinsichtlich der Wirkungen gleichgestellt; z. B. in fr. 55. D. de legatis I. (30.) Vergl. im Allg. CUJAC. Recit. ad h. l. GIPHAN. lectur. ALTORF. ad Tit. Dig. de V. O. l. 38. No. 66.

1) Der Umstand, daß diese Gesetzesstelle aus einer Schrift von Gajus entlehnt ist, spricht um so mehr gegen einen wirklichen Widerspruch dieses fr. mit dem §. 5. J. cit.

2) Vergl. fr. 24. D. de operis libertorum. (38, 1.)

dingungen ist, so wird in allen den Fällen, in welchen aus dem ganzen Inhalt der Disposition hervorgeht, daß der Disponirende durch die Zeitbestimmung den Eintritt des Ereignisses habe verhindern wollen, die ganze Disposition wegfallen; und zwar sowohl bei negotia inter vivos, als mortis causa, weil bei den letzteren die Vermuthung für deren Aufrechthaltung dem erklärten Willen des Disponirenden weichen muß. Das wird sogar in Beziehung auf solche negotia mortis causa gesagt, welche sich auf Verleihung der Libertät beziehen, und darum selbst vor allen andern Rechtsgeschäften auf den Todesfall bevorzugt sind [1]):

fr. 61. pr. D. de manum. test. (40, 4.) (POMPON. Lib. 12. Epist.) Scio quosdam efficere volentes, ne servi (sui) unquam ad libertatem perveniant, hactenus scribere solitos, *Stichus cum moreretur, liber esto.* Sed et Julianus ait, libertatem, quae in ultimum vitae tempus conferatur, nullius momenti esse: cum testator impediendae magis, quam dandae libertatis gratia ita scripsisse intelligitur. Et ideo etiam, si ita sit scriptum, *Stichus, si in Capitolium non ascenderit, liber esto;* nullius momenti (hoc) esse, si apparet, in ultimae vitae tempus conferri libertatem testatorem voluisse: nec Mucianae cautioni locum esse [2]).

§. 13.

Was ein unmögliches Ereigniß bei unbedingten Rechtsgeschäften wirkt, wirkt auch ein als Bedingung gesetztes.

Nachdem wir in den vorhergehenden §§. die verschiedenen Arten der unmöglichen Bedingungen näher kennen gelernt, sodann einen gemeinsamen Grund für die Wirkungen derselben aufgefunden, und den Begriff der Unmöglichkeit in seinen einzelnen Nüancen näher betrachtet haben, müssen wir, bevor wir zu einer detaillirteren Schilderung der Wirkungen einzelner Arten von unmöglichen Bedingungen übergehen, noch einige allgemeine Bemerkungen vorausschicken, unter welchen zuerst die folgende, bisher schon mehrmals angedeutete, hervorzuheben ist:

---

1) Vergl. oben §. 10. S. 70. Not. 2.

2) fr. 17. pr. D. eod. fr. 4. §. 1. D. de statuliberis. (40, 7.)

Dieselbe Wirkung, welche ein unmögliches Ereigniß auf ein Rechtsgeschäft äußert, wenn es unbedingt ist[1]), tritt auch dann ein, wenn dieses Ereigniß als Bedingung einem Rechtsgeschäfte hinzugefügt wird[2]).

Dafür spricht bei Rechtsgeschäften unter Lebenden schon die Natur der Sache; denn es ist im Allgemeinen einerlei, ob die Unmöglichkeit in der Hauptdisposition, oder in einer Nebenbestimmung liegt, welche als nothwendige Voraussetzung für das Hauptgeschäft erscheint. Beide sind offenbar zur Aufrechthaltung des Ganzen gleich unentbehrlich. Unsere Quellen stimmen mit diesem allgemeinen Gesichtspunct völlig überein, wie aus vielen einzelnen Gesetzesstellen hervorgeht; z. B.

fr. 1. §. 9—11. D. de O. et A. (44, 7.) (GAJUS Lib. 2. Aureorum.)

§. 9. Si id, quod dari stipulemur, tale sit, ut dari non possit: palam est, *naturali ratione* inutilem esse stipulationem etc.[3]): *Idem juris est*, si quis locum sacrum aut religiosum dari sibi stipulatus fuerit. §. 10. *Nec minus* inutilis est stipulatio, si quis rem suam, ignorans suam esse, stipulatus fuerit. §. 11. *Item* (sub) impossibili conditione factam stipulationem constat inutilem esse[4]).

Hier wird offenbar der Fall der unmöglichen Bedingung im §. 11. als völlig gleich mit den in §. 9. u. 10. enthaltenen Fällen der Unmöglichkeit bei unbedingten Rechtsgeschäften betrachtet. Dafür spricht die Verbindungspartikel „Item," zumal nach der Verbindung der vorhergehenden Sätze durch „Idem juris est" „Nec minus."

Die eben ausgesprochene Behauptung, welche durch zahl-

1) fr. 31. 185. D. de R. J. fr. 26. 27. 69. D. de V. O. (45, 1.) §. 1. u. 2. J. de inutilib. stipulat. (3, 20.)

2) fr. 26. 27. D. de V. O. (45, 1.) vergl. mit PAULI S. R. Lib. III. Tit. IV. B. §. 1—3. u. fr. 9. §. 6. D. de rebus creditis. (12, 1.)

3) fr. 185. D. de R. J. fr. 69. D. de V. O.

4) Mit dieser aus Gajus entlehnten Stelle der Digesten stimmen fast wörtlich überein GAJUS III. §. 97. u. 98.

reiche Gesetze sich bestätigen läßt [1]), führt zu dem für unsere Untersuchung wichtigen Resultate, daß die Gesetze, welche von der Ungültigkeit von Rechtsgeschäften handeln, deren Hauptgegenstand unmöglich ist, unbedenklich auch auf unmögliche Bedingungen angewendet werden können.

Das bisher Gesagte gilt sicher von den Rechtsgeschäften unter Lebenden, bei welchen die Unmöglichkeit der Bedingung das ganze Rechtsgeschäft vernichtet; anders dagegen verhält es sich bei der Anwendung der vorhin angegebenen Bestimmung auf die negotia mortis causa, bei denen die unmögliche Bedingung nur für nicht hinzugefügt gilt, ohne das Hauptgeschäft zu afficiren. Denn bei diesen ist die physische, juristische oder moralische Unmöglichkeit der Bedingung von einer solchen Unmöglichkeit des Hauptgeschäfts sehr verschieden, weil die letztere auch hier natürlich das ganze Rechtsgeschäft ungültig machen muß, (s. unten die dritte Abtheilung) während die bloß unmögliche Bedingung diesem nichts schadet. Hier kann also die obige Bestimmung nur in so ferne zur Anwendung kommen, als die gesetzlichen Vorschriften, welche bei unbedingten unmöglichen Verträgen die Ungültigkeit des ganzen Geschäfts aussprechen, bei negotia mortis causa, wenn eine solche Unmöglichkeit in der Bedingung enthalten ist, deren (d. h. der Bedingung) Ungültigkeit bewirken. Das läßt sich auch aus den mehrfach erwähnten Stellen aus Gajus Lib. III. §. 97. u. 98. folgern, in welchen durch die Partikel „Item“ die gesetzlichen Bestimmungen bei unbedingten Stipulationen, sowohl auf bedingte Stipulationen (Verträge), als auf bedingte Legate (negotia mortis causa) angewendet werden; denn nach der Ansicht der Proculianer mußten natürlich auch diese letzteren, gleich den negotia inter vivos, ungültig werden, nach der obsiegenden Ansicht der Cassianer und Sabinianer dagegen konnte die Unmöglichkeit, welche die

1) Vergl. z. B. fr. 31. D. de R. J. fr. 9. §. 6. D. de rebus creditis. (12, 1.) const. 6. C. de pactis. (2, 3.) fr. 26. u. 27. D. de V. O. (45, 1.) fr. 7. §. 3. u. 7. fr. 50. D. de pactis. (2, 14.) fr. 61. 123. D. de V. O. (45, 1.) fr. 137. §. 6. D. eod. fr. 134. pr. D. eod. u. die vorherg. Note.

Verträge vernichtete, bei Rechtsgeschäften auf den Todesfall nur auf die Bedingung einwirken; allein nach dem Zusammenhange kann diese Einwirkung auf die Bedingung hier doch nur ganz auf dieselbe Weise geschehen, wie bei Verträgen auf das Hauptgeschäft.

§. 14.

Die Gesetzesstellen, welche von unmöglichen Bedingungen bei Rechtsgeschäften auf den Todesfall handeln, können auch auf solche Bedingungen bei Rechtsgeschäften unter Lebenden angewendet werden, und umgekehrt.

Wir haben in dem Bisherigen schon wiederholt gesehen: Regel für die Wirkungen der unmöglichen Bedingungen bei negotia inter vivos ist Nichtigkeit des ganzen Rechtsgeschäfts, bei negotia mortis causa dagegen Aufrechthaltung der Hauptdisposition und bloßes Wegfallen der Nebenbestimmung. — Wenn diese Regel, wie die Gesetze zeigen [1]), im römischen Rechte consequent durchgeführt ist, so ergiebt sich daraus für unsere Untersuchung das wichtige Resultat, daß die Gesetzesstellen, welche die Wirkungen unmöglicher Bedingungen in einzelnen Fällen für die negotia mortis causa bestimmen, auch zur Bestimmung der Wirkungen bei negotia inter vivos gebraucht werden können, in der Art, daß, wenn bei jenen die unmögliche Bedingung pro non scripta gilt, bei diesen dadurch das ganze Rechtsgeschäft vernichtet wird. Wichtig ist dieses Resultat aus dem Grunde, weil bei Weitem die meisten Gesetze, welche von unmöglichen Bedingungen handeln [2]), auf negotia mortis causa sich beziehen, und darum auf negotia inter vivos analog angewendet werden müssen.

---

1) Man vergl. nur beispielsweise §. 10. J. de hered. inst. (2, 14.) fr. 1. 4. §. 1. fr. 6. 9. 14. 20. D. de condit. instit. (28, 7.) fr. 3. u. 6. i. f. D. de cond. et dem. (35, 1.) fr. 12. §. 1. fr. 104. §. 1. i. f. D. de legatis I. (30.) fr. 63. §. 7. D. ad SCtum Trebell. (36, 1.) fr. 135. D. de R. J. fr. 16. i. f. D. de injusto rupto. (28, 3.) mit fr. 1. §. 11. fr. 31. D. de O. et A. (44, 7.) fr. 7. 8. 137. §. 6. D. de V. O. (45, 1.) fr. 31. D. de R. J. fr. 29. D. de fidejussor. (46, 1.) §. 11. J. de inutilib. stipulat. (3, 20.)

2) Man vergl. nur die oben in den Quellen der Untersuchung angegebenen Rubriken der Titel aus den Institutionen, Digesten und dem Codex.

In Beziehung auf diese letztere Art von Rechtsgeschäften ist noch insbesondere zu bemerken, daß die meisten Gesetze, welche die Wirkungen unmöglicher Bedingungen bei Verträgen [1]) bestimmen, nur von Verbalcontracten, von Stipulationen, handeln [2]); wohl aus dem einfachen Grunde, weil die Stipulationen, als die allgemeine Form, einem Versprechen Klagbarkeit zu verleihen, am Häufigsten im römischen Rechte vorgekommen sind.

Die gesetzlichen Bestimmungen über Verbalcontracte gelten indessen ebenso auch für die übrigen Arten der Contracte; das wird in fr. 31. pr. D. de O. et A. (44, 7.) (Marcianus Lib. 2. Fideicommissorum.) ausdrücklich gesagt: Non solum stipulationes impossibili conditione adplicatae, nullius momenti sunt: sed etiam *caeteri quoque contractus*, veluti emtiones, locationes, impossibili conditione interpositae, aeque nullius momenti sunt etc.; und darauf wird in der Gesetzesstelle, wie schon oben §. 7. genauer ausgeführt worden ist, der Grund für die Wirkungen der unmöglichen Bedingungen dahin näher bestimmt, daß die Contrahenten bei Hinzufügung einer solchen Bedingung, deren Unmöglichkeit sie gekannt, keine ernstliche Absicht gehabt haben könnten, den Contract abzuschließen.

Zunächst sind in diesem fr. 31. zwar nur die Consensualverträge erwähnt, wie Kauf und Miethe (bei welchen denn auch neben den Stipulationen am Häufigsten unmögliche Bedingungen vorgekommen seyn mögen); allein das Gesetz bezieht sich ebenso auch auf die übrigen Arten der Verträge, theils nach seiner Wortfassung: sed etiam caeteri contractus etc.; (da unter den caeteris contractibus offenbar auch die Real- und Literalcontracte begriffen sind, wenn gleich nur einige Consensualcontracte im Gesetze als Beispiele aufgeführt

1) Die Abweichungen bei einzelnen einseitigen Rechtsgeschäften unter Lebenden rc. werden wir unten in der zweiten Abtheilung näher kennen lernen.

2) Das haben schon die vorhergehenden §§. an mehreren Stellen gezeigt. Vergl. Tit. Dig. de V. O. (45, 1.) namentlich fr. 7. 8. 19. 26. 27. 35. 61. 69. 83. §. 5. fr. 97. 123. 134. pr. i. f. fr. 137. §. 6.; auch fr. 31. D. de R. J. fr. 1. §. 9. D. de O. et A. (44, 7.)

werden;) theils spricht auch die Natur der Sache für diese Ausdehnung sehr bestimmt [1]). Wenn nämlich auch die Realcontracte erst durch wirkliche Uebergabe des Gegenstands, und die Literalcontracte durch schriftliche Aufzeichnung gültig werden, so setzen sie doch, als zweiseitige Rechtsgeschäfte, immer einen vollkommenen Consens von Seiten der beiden Contrahenten voraus; ist nun aber bei der Uebergabe, oder bei Abfassung der Vertragsurkunde eine unmögliche Bedingung von Seiten des Promittenten hinzugefügt, und auf diese hin der Vertrag von Seiten des Promissars angenommen und abgeschlossen worden, so kann auch hier unmöglich eine ernstliche Absicht zu contrahiren auf beiden Seiten vorhanden gewesen seyn. Denn es war durch die mündliche Hinzufügung einer unmöglichen Bedingung bei der Uebergabe mit dem Realcontract zugleich eine stipulatio eingegangen, welche das ganze Rechtsgeschäft vernichtet, und zur Rückforderung des Gegebenen durch eine condictio berechtigt, wie ausdrücklich gesagt wird in fr. 9. §. 6. D. de rebus creditis. (12, 1.) (Ulp. Lib. 26. ad Edict.) Item quaeri potest, et si, *quod tibi numeravi, sub impossibili conditione stipuler:* cum enim nulla sit stipulatio, manebit condictio; — nachdem kurz vorher in dem §. 3. desselben Gesetzes bemerkt worden: Quoniam igitur ex omnibus contractibus haec certi condictio competit, sive re fuerit contractus factus, sive verbis, *sive conjunctim*, referendae sunt nobis quaedam species, quae dignum habent tractatum, an haec actio ad petitionem eorum sufficiat.

Was im römischen Rechte aber von den Contracten galt, muß jetzt natürlich ebenso von allen Arten der Verträge [2]) gelten, da jetzt in der Regel alle ohne Unterschied durch den Consens beider Contrahenten Klagbarkeit erhalten, und in soferne ja auch von so vielen Juristen alle Verträge als Consensualcontracte betrachtet werden.

---

1) Duran. l. c. P. IV. cap. 1. No. 7. sqq.

2) Schon nach römischem Rechte sind natürlich auch die pacta, welche eine unmögliche Leistung zum Gegenstand haben, ebenso ungültig, wie die Contracte: fr. 31. D. de R. J.

Zweite Abtheilung.

Anwendung der allgemeinen Bestimmungen auf negotia inter vivos.

§. 15.

Einleitung.

Nachdem wir in der ersten Abtheilung den Begriff, die Arten der unmöglichen Bedingungen, den gesetzlichen Grund ihrer Wirkungen, den Begriff der Unmöglichkeit nach seinen verschiedenen Nüancen näher kennen gelernt, und damit manche andere allgemeine Bestimmungen verbunden haben, wenden wir uns nun in der zweiten Abtheilung der Untersuchung zunächst zu den Rechtsgeschäften unter Lebenden, um theils die Arten der unmöglichen Bedingungen, welche wir bisher nur im Allgemeinen betrachten konnten, genauer ins Auge zu fassen, theils die Wirkungen dieser verschiedenen Arten näher kennen zu lernen, und endlich mehrere interessante Arten der unmöglichen Bedingungen besonders hervorzuheben, um sie einzeln genauer zu betrachten. Dabei muß indessen noch wiederholt bemerkt werden, daß die Bestimmungen über die Wirkungen unmöglicher Bedingungen bei den Rechtsgeschäften unter Lebenden in soferne auf die negotia mortis causa Anwendung leiden, als in allen den Fällen, in welchen jene als ungültig erscheinen, bei diesen bloß die conditio pro non scripta gilt, und ebenso umgekehrt.

Erstes Kapitel.
Physisch unmögliche Bedingungen.

§. 16.

A. Bei Verträgen.

Schon im §. 6. S. 30. Not. 1. ist bemerkt worden, daß unter den negotia inter vivos die Verträge, als die wichtigste Gattung dieser Art von Rechtsgeschäften, hier zur Norm dienen, und die anderen negotia inter vivos, in soweit sie etwa eine Abweichung von den gesetzlichen Bestimmungen bei Verträgen enthalten, oder in so ferne sie eine besondere Erörterung erheischen, später nach den Verträgen näher betrachtet, oder vielmehr als unwichtig für unsere Lehre hier gänzlich ausgeschieden werden sollen.

§. 17.

Fortsetzung.

Physisch unmögliche Bedingungen im eigentlichen Sinne machen jedesmal den ganzen Vertrag ungültig.

Um die Wirkungen physisch unmöglicher Bedingungen genauer zu bezeichnen, macht man gewöhnlich einen Unterschied zwischen den Fällen, wenn dieselben affirmativ, oder negativ, wenn sie als Suspensiv- oder als Resolutivbedingungen hinzugefügt sind; und betrachtet dieselben je nach der Verschiedenheit dieser Fälle, und dem Zusammentreffen des affirmativen, oder negativen Characters der Bedingung mit dem suspensiven, oder resolutiven, entweder als völlig ungültig [1]), oder als vollkommen wirksam. Einfacher und genauer läßt sich aber wohl die Regel so aufstellen: Physisch unmögliche Bedingungen im eigentlichen Sinne machen jedesmal den Vertrag, welchem sie hinzugefügt sind, völlig ungültig. — Damit aber die Be-

1) Diese Ansicht rührt schon aus der Zeit der Glossatoren her: Vergl. Glossa ad l. 7. D. de V. O. ad l. 50. §. 1. D. de hered inst. und unter den neueren Schriftstellern Thibaut System. §. 125. v. Wening-Ingenheim Lehrbuch. Buch III. §. 87. Mackeldey Lehrbuch. (10te Ausg.) §. 360. Höpfner Commentar. § 491. pos. 3. u. 4. §. 740. pos. 1. u. 2. Muehlenbruch D. P. Vol. I. §. 108. Vol. II. §. 339. pos. 1. u. 2. not. 2. 3. 4.

dingung als eine unmögliche im strengen, eigentlichen Sinne gelte, genügt es nicht, daß überhaupt ein unmögliches Ereigniß als Bedingung gesetzt ist, sondern dieses Ereigniß muß auch in der Art zur Bedingung gemacht seyn, daß in dieser (in der Bedingung) eine Unmöglichkeit liegt; denn offenbar kommt es bei einer physisch unmöglichen Bedingung, d. h. bei einer solchen, welche nach den Gesetzen der Natur nicht eintreten kann [1]), nicht sowohl darauf an, ob das als Bedingung auferlegte Ereigniß an sich, *in abstracto*, unmöglich ist, als vielmehr darauf, ob es *in concreto*, d. h. in der Art, wie es im einzelnen Falle zur Bedingung gemacht worden, nach den Gesetzen der Natur möglich oder unmöglich erscheint.

Darum wird man im einzelnen Falle, um die Wirkung einer Bedingung zu bestimmen, nur zu fragen haben: Kann die Bedingung so, wie sie gestellt ist, nach physischen Gesetzen eintreten, oder nicht; und im Bejahungsfalle wird man den ganzen Vertrag für gültig, im Verneinungsfalle aber für ungültig erklären müssen. Nach diesen Vorbemerkungen können wir die einzelnen Fälle also von einander trennen:

1) Ist ein physisch unmögliches Ereigniß affirmativ und als Suspensivbedingung dem Vertrage hinzugefügt, z. B. ich verspreche dem A. 100 fl., wenn er in den Himmel steigt [2]); — so ist das ganze Rechtsgeschäft von Anfang an ungültig [3]); denn es ist sogleich gewiß, daß die Bedingung (d. h. die Art, wie das physisch unmögliche

1) §. 11. J. de inutilib stipulat. (3, 20.) verb.: Impossibilis autem conditio habetur, cui *(conditioni)* natura impedimento est etc. s. die Gesetzesstellen in den folgenden Noten und dem Texte.

2) Das vorstehende Beispiel wird hier aus dem Grunde gewählt, weil es aus den Gesetzen selbst entlehnt ist, und, wie sich sogleich zeigen wird, zur Erläuterung der Sache passend scheint.

3) Es kann ein solches Rechtsgeschäft, wie sich eigentlich schon von selbst versteht, auch keine naturalis obligatio erzeugen; denn es kann für dessen Gültigkeit nicht einmal ein Bürge bestellt werden: fr. 29. D. de fidejussor. (46, 1.) (Paulus Lib. 18. ad Edict.) Si sub impossibili conditione stipulatus sim, fidejussor adhiberi non potest. vergl. mit fr. 16. pr. §. 3. u. 4. fr. 56. D. eod. fr. 1. § 2. D. de V. O. (45, 1.) fr. 185. D. de R. J. Gajus III. §. 119. i. f. Brussel l. c. Lib. IV. Tit. II. No. 1.

Ereigniß in concreto zur Bedingung gemacht ist) nach den Gesetzen der Natur nie existent werden kann: §. 11. J. de inutilibus stipulationibus. (3, 20.) Si impossibilis conditio obligationibus adjiciatur, nihil valet stipulatio. Impossibilis autem conditio habetur, cui natura impedimento est quominus existat, veluti si quis ita dixerit: *Si digito coelum attigero, dare spondes?* etc.[1]).

Bei einem solchen Vertrage haben natürlich die Parteien nicht die wirkliche Absicht gehabt, zu contrahiren.

2) Ist ein physisch unmögliches Ereigniß negativ und als Resolutivbedingung[2]) dem Vertrage beigefügt;

---

1) fr. 1. §. 11. D. de O. et A. (44, 7.) fr. 185. 188. §. 1. D. de R. J. fr. 9. §. 6. D. de rebus creditis. (12, 1.)

2) Für die Wirkungen der Resolutivbedingungen haben wir zwar hier keine besonderen gesetzlichen Bestimmungen; wir werden deren aber auch keine bedürfen, wenn wir nur die Bestimmungen über Suspensivbedingungen gehörig auf die Resolutivbedingungen anwenden; denn die letzteren sind ja auch eigentliche Suspensivbedingungen, (wie Thibaut civilist. Abhandlungen S. 360. sehr richtig bemerkt hat) nur mit dem Unterschied, daß sie, während das Hauptgeschäft unbedingt ist, negotium purum, quod sub conditione resolvitur*), bloß den Rückerwerb hinausschieben. — Dabei kann noch bemerkt werden, daß die Resolutivbedingungen und die Suspensivbedingungen in ihren Wirkungen sich gerade zu kreuzen: Was nämlich als affirmative Suspensivbedingung Ungültigkeit des Hauptgeschäfts bewirkt, schadet diesem nichts als affirmative Resolutivbedingung; und was als negative Suspensivbedingung gültig und wirksam erscheint, macht das Hauptgeschäft ungültig als negative Resolutivbedingung; denn, was für den anfänglichen Erwerber (der erst etwas erhalten soll) ungünstig ist, weil es nie eintreten kann, muß offenbar für den günstig seyn, welcher etwas, was er bereits erhalten hat, unter dieser nie eintretenden Bedingung zurückgeben soll. Das

*) fr. 3. D. de contrah. emt. (18, 1.) fr. 2. pr. u §. 1. fr. 4. §. 3. D. de in diem addict. (18, 2.) fr. 1. §. 1. i. f. D. de donat. (39, 5.) fr. 1. D. de lege commissor. (18, 3.) fr. 2. §. 3—5. D. pro emtore. (41, 4) Die Resolutivbedingung wird auch in den Gesetzen bezeichnet durch „usque ad certam conditionem," z. B. in fr. 8. §. 2. D. de testamentar. tutel. (26, 2.) §. 2. J. quibus modis tutela. (1, 22.); oder „ad certam conditionem" in fr. 14. §. 5. D. de tut. (26, 1.) fr. 4. pr. D. de servitutibus. (8, 1.); oder der Gegensatz zwischen Suspensiv- und Resolutivbedingungen wird auch ausgedrückt durch „vel ex conditione, vel ad conditionem." Fragm. Vatican. §. 50. Vergl. auch cap. ult. X. de condit. appos. (4, 5.)

z. B. ich gebe dem A. 100 fl., unter der Bedingung, daß er sie mir wieder zurückgebe, wenn er nicht in den Himmel steigt. — Hier tritt dasselbe, wie im vorigen Falle, ein, und somit ist das ganze Rechtsgeschäft vom ersten Augenblick an völlig ungültig; denn die auflösende Bedingung, d. h. das Nichtsteigen in den Himmel, ist sogleich gewiß; die Contrahenten haben also keine ernstliche Absicht gehabt, den Vertrag abzuschließen.

3) Ist dagegen ein physisch unmögliches Ereigniß negativ und als Suspensivbedingung dem Vertrage beigefügt; z. B. ich verspreche dem A. 100 fl., wenn er nicht in den Himmel steigt; — dann ist das ganze Rechtsgeschäft sogleich ebenso gültig, als wenn gar keine Bedingung beigefügt wäre; denn, wenn auch das zur Bedingung gesetzte Ereigniß an sich (affirmativ gestellt) physisch unmöglich war, so ist es doch nicht die Bedingung, d. h. die Art, wie dieses Ereigniß im concreten Falle als conditio galt, weil das Nichteintreten einer Unmöglichkeit nicht allein möglich, sondern sogar nothwendig ist [1]; von einer unmöglichen Bedingung, ja von einer Bedingung überhaupt, kann darum auch, genau genommen, gar nicht die Rede seyn [2]. Als gesetzliches

Hauptgeschäft und der auf Rückerwerbung gerichtete Nebenvertrag, der anfängliche Erwerber und der Rückerwerber stehen sich dagegen in so ferne völlig gleich, als alles das, was für den ersteren günstig ist, auch für den letzteren im Allgemeinen günstig seyn muß, und umgekehrt, weil die Möglichkeit und die Unmöglichkeit an sich bei beiden gleich ist.

1) fr. 79. pr. D. de cond. et dem. (35, 1.) fr. 9. §. 1. D. de novationibus. (46, 2.) s. oben §. 5. u. Brussel l. c. Lib. IV. Tit. III. No. 2. Duran. l. c. P. IV. cap. 3. No. 1. sq. Leibnitz in Opp. Tom. IV. th. 64. Endemann l. c. pag. 19.

2) Hier kommt also das, was oben im §. 5. von der physisch unmöglichen Bedingung im Allgemeinen, sowohl der affirmativen, als der negativen, gesagt worden ist, überhaupt zur Anwendung. Nur ist hier noch genauer hervorgehoben, (und darin besteht eben das Eigenthümliche) daß die conditio impossibilis in non faciendo zwar schon im Allgemeinen nicht eigentlich eine Bedingung, insbesondere aber auch nicht eine unmögliche Bedingung genannt werden kann, weil, wenn sie auch wirklich eine Bedingung wäre, doch nimmer eine unmögliche, sondern nur eine mögliche seyn könnte. Endemann l. c. pag. 21. s. oben S. 29. Not. 1.

Beispiel diene die Fortsetzung des oben allegirten §. 11. J. de inutilib. stipulat. (3, 20.) At si ita stipuletur: *Si digito coelum non attigero, dare spondes?* pure facta obligatio intelligitur, ideoque statim peti potest [1]).

4) Ist ein physisch unmögliches Ereigniß affirmativ und als Resolutivbedingung einem Vertrage beigefügt, z. B. ich gebe dem A. 100 fl. unter der Bedingung, daß er sie wieder zurückgeben solle, wenn er in den Himmel steigt; — dann gilt ganz dasselbe, wie in dem vorhergehenden Falle, und zwar aus denselben Gründen. Denn im ersten Augenblick ist gewiß, daß die Bedingung nicht allein nicht deficiren wird, sondern daß sie nothwendig eintreten muß. Es ist also gar keine wirkliche Bedingung, und insbesondere auch keine unmögliche vorhanden [2]).

Daß die vorstehende Deduction der Natur der Sache entspricht, darf wohl nach dem Bisherigen als unzweifelhaft angenommen werden; es läßt sich aber auch aus den Quellen nachweisen, daß die Römer die beiden letzten Arten der Bedingungen nicht allein (wie schon oben §. 5. gezeigt worden) überhaupt als gar keine wirkliche Bedingung, sondern insbesondere auch (wenigstens nach den meisten und entscheidenden Gesetzesstellen) nicht als eine unmögliche Bedingung betrachten [3]).

---

1) fr. 7. D. de V. O. (45, 1.) fr. 16. i. f. D. de injusto rupto. (28, 3.) fr. 5. §. 4. fr. 21. D. quando dies legat. (36, 2.) fr. 32. pr. D. de legat. II. (31.) fr. 14. D. de R. J. Meier de cond. §. 12. Brueckmann de cond. §. 1. Duran. l. c. P. IV. cap. 3. No. 1. sq.

2) Gewöhnlich wird in der Darstellung der Lehre von den unmöglichen Bedingungen auf die Resolutivbedingungen und deren Wirkungen keine Rücksicht genommen, sondern allein von den Suspensivbedingungen gehandelt, und dasselbe gilt auch von unseren Gesetzen. Eine umfassende Darstellung muß aber offenbar zugleich die unmöglichen Resolutivbedingungen und deren Wirkungen in sich schließen, da diese doch einmal zu den Bedingungen im Allgemeinen gehören. Darum hat der Verf. sowohl hier, als unten bei den juristisch und moralisch unmöglichen Bedingungen, auch die Resolutivbedingungen nach ihren Wirkungen betrachtet.

3) Vergl. auch Glossa ad fr. 7. D. de V. O. (45, 1.) und H. Donell. commentar. absolut. ad leg. 7. D. de V. O. No. 6.

Damit stimmt schon die Begriffsbestimmung der physisch unmöglichen Bedingung in dem mehrfach erwähnten §. 11. J. de inutilib. stipulat. (3, 20.), sowie in den übrigen Gesetzen überein, da nach dieser die Unmöglichkeit ausdrücklich nicht bloß auf das als Bedingung auferlegte Ereigniß an sich, sondern vielmehr auf die Bedingung selbst, (die Art und Weise der Beifügung dieses Ereignisses im einzelnen Falle) bezogen wird.

Sodann nennen die Gesetze mit dürren Worten die Verträge in den Fällen unter 3. u. 4. unbedingt (obligatio pure facta) und setzen sie den beiden vorhergehenden unter 1. u. 2. geradezu entgegen.

So sagt der mehrerwähnte §. 11. J. de inutilib. stipulat. im Vordersatz bei der unmöglichen affirmativen Suspensivbedingung: nihil valet stipulatio; verbindet aber darauf das Folgende als Gegensatz mit „At,“ und sagt ausdrücklich, die obligatio sey hier unbedingt; nämlich: *At* si ita stipuletur: Si digito coelum *non* attigero, dare spondes? *pure facta obligatio intelligitur*, ideoque statim peti potest; ebenso

fr. 7. D. de V. O. (45, 1.) (ULPIAN. Lib. 6. ad Sabin.)

Impossibilis conditio, *cum in faciendum concipitur*, stipulationibus obstat: aliter atque si *talis* conditio inseratur stipulationi, *Si in coelum non ascenderit;* nam *utilis et praesens est* [et pecuniam creditam continet [1])].

Nach dem Vordersatze sollte man zwar glauben, es würde im Nachsatze die *impossibilis* conditio, quae in *non* faciendum concipitur erwähnt werden; allein es heißt darin bloß *talis* conditio; d. h. im Zusammenhange also: „Eine unmögliche Bedingung, welche auf ein Thun (des Unmöglichen) gerichtet ist, vernichtet die Stipulation; anders verhält sich aber die Sache, wenn eine Bedingung von der Art [*talis conditio* [2])] der Stipulation hinzugefügt ist: Wenn

1) Vergl. im Allg. DUARENI commentar. in Tit. Dig. de V. O. l. 7. cit. i. f.

2) Man kann hier das „talis conditio“ nicht mit „impossibilis conditio“ in Verbindung bringen, nämlich so: „Anders verhält sich die Sache, wenn eine solche unmögliche Bedingung also,

er nicht in den Himmel gestiegen" &c. Deutlicher wird aber noch die Sache durch den Schlußsatz; denn darin ist ja die Bedingung *utilis* et *praesens* genannt; sie kann also nicht zugleich eine impossibilis seyn. Zwar könnte man das „utilis et praesens" auf stipulatio beziehen; allein, da die Worte „talis conditio" als das Hauptsubject des Satzes erscheinen, so muß man die adjectiva „utilis et praesens" nach den Regeln der Construction des Satzes doch wohl auf dieses Hauptsubject beziehen, und nicht auf das nur als Nebensubject zu betrachtende „stipulationi."

Ebenso kann noch für die hier vertheidigte Ansicht angeführt werden, das auf die eben mitgetheilte Gesetzesstelle unmittelbar folgende

fr. 8. D. de V. O. (45, 1.) (PAULUS Lib. 2. ad Sabin.)

In illa stipulatione, *Si Kalendis Stichum non dederis, decem dare spondes?* Mortuo homine quaeritur, an statim ante Kalendas agi possit? Sabinus et Proculus expectandum diem actori putant: quod est verius; *tota enim obligatio sub conditione, et in diem collata est:* et licet ad conditionem committi videatur, dies tamen superest. Sed cum eo, qui ita promisit, *Si intra Kalendas digito coelum non tetigerit*, agi protinus potest [1]): haec et Marcellus probat.

Denn aus der Vergleichung des Anfangs dieser Gesetzesstelle mit deren Schluß ergiebt sich, daß die s. g. negative physisch unmögliche Suspensivbedingung gar nicht als Bedingung, und namentlich nicht als conditio impossibilis gilt, weil sie den Vertrag gar nicht hinausschiebt. — Doch finden wir

---

oder in der Art der Stipulation beigefügt ist;" denn es fehlt das „ita" oder ein ähnlicher Ausdruck im Gesetze. Ebensowenig kann man die Gesetzesstelle so übersetzen: „Anders &c., wenn die Bedingung (die unmögliche nämlich) also, oder in der Art hinzugefügt wäre;" denn es müßte dann statt „talis" ein entsprechendes adverbium stehen. Da aber die Bedingung selbst folgt, so erscheint diese als eine völlig neue, welche eben den Gegensatz gegen die im Vordersatze enthaltene conditio bildet.

1) fr. 5. §. 5. D. quando dies legat. (36, 2.) ENDEMANN l. c. pag. 19. sq.

eine Gesetzesstelle im römischen Rechte, worin eine solche physisch unmögliche negative Suspensivbedingung mit dem Ausdruck „impossibilis conditio" bezeichnet wird, nämlich

fr. 50. §. 1. D. de hered. instit. (28, 5.) (JULIANUS Lib. 6. Regularum.)

Si in non faciendo *impossibilis conditio* in institutione heredis sit expressa, *secundum omnium sententiam* heres erit, perinde ac si pure institutus esset.

Die vorstehende Gesetzesstelle kann auf eine doppelte Weise verstanden werden, und ist auch in der That schon von den Glossatoren **Bartolus** und **Accursius** ganz verschieden erklärt worden [1]). Der Erstere versteht den Ausdruck impossibilis conditio in non faciendo von einer wirklich unmöglichen Bedingung, d. h. von einer solchen, bei welcher die Unmöglichkeit in dem Nichtthun besteht, z. B. wenn du nicht stirbst, wenn du in einem Jahr nichts genießest und dergl.; während der Letztere diesen Ausdruck auf eine uneigentliche unmögliche Bedingung bezieht, wie in dem Beispiele: si digito coelum non attigeris. — Der im Gesetze gebrauchte Ausdruck an sich kann auf diese, wie auf jene Weise verstanden werden; es muß also der Zusammenhang den Ausschlag für eine der beiden Erklärungsarten geben.

Folgten wir der Ansicht von **Bartolus**, so würde die erwähnte Stelle der hier vertheidigten Meinung durchaus nicht im Wege stehen, weil dann diese Gesetzesstelle von einer wirklich unmöglichen Bedingung handelt, da die Unmöglichkeit offenbar ebenso gut positiv, als negativ gefaßt werden kann. Der Schlußsatz des Gesetzes: „secundum omnium sententiam heres erit, perinde ac si pure institutus esset" müßte dann so verstanden werden: Die **wirklich** unmögliche Bedingung in non faciendo gilt, wie die unmögliche Bedingung in faciendo, für nicht beigefügt; ist dieß aber der Fall, dann steht die so bedingt gefaßte institutio auch der unbedingten gleich. — Allein, so günstig diese Auslegungsart wäre, so scheint sie doch nicht gebilligt werden zu können, weil ihr der Zusammenhang der

1) DURAN. l. c. P. IV. cap. 3. No. 4. sqq.

Gesetzesstelle, und namentlich der erwähnte Schlußsatz widerstreitet. Oben im §. 6. haben wir nämlich gesehen, daß die Ansicht, nach welcher die unmöglichen Bedingungen bei negotia mortis causa pro non scriptis gelten sollen, erst nach langem Streite unter den verschiedenen Secten der römischen Juristen sich befestigte; hier sagt aber Julianus ausdrücklich: „secundum *omnium* sententiam“ solle der heres ebenso Erbe werden, als wenn er pure eingesetzt wäre. — Ebenso sprechen auch die Schlußworte: „heres erit perinde *ac si pure institutus esset*“ dagegen, daß man hier eine wirklich unmögliche Bedingung annehmen könnte, nach deren Wegfallen die Institution für eine unbedingte gelten solle; denn, wäre dieß, so müßte doch erwähnt werden, daß die conditio pro non scripta gelte, wie dieß in den von negotia mortis causa handelnden Gesetzen überhaupt geschieht; hier dagegen wird gerade derselbe Ausdruck („perinde ac si *pure* institutus esset“) gebraucht, wie oben bei den uneigentlichen unmöglichen Bedingungen im §. 11. J. de inutilib. stipulat.

Allein, mag auch der Sprachgebrauch dieser Stelle nicht ganz zu der hier vertheidigten Ansicht passen, so ist doch offenbar der Ausdruck *impossibilis* conditio im uneigentlichen Sinne gebraucht, wie die Bezeichnung *conditio* überhaupt öfters in den Gesetzen uneigentlich sich findet. (s. oben §. 5.) Am Deutlichsten geht dieß für unsern Fall aus dem fr. 50. §. 1. selbst hervor, da es am Schlusse heißt, der Erbe solle ebenso betrachtet werden, als sey er unbedingt eingesetzt; — wodurch denn der Character einer uneigentlichen unmöglichen Bedingung unzweideutig genug bezeichnet ist. Auf keinen Fall wird aber diese eine so unbestimmte Gesetzesstelle den andern angeführten Gesetzen aus Justinian's Compilation (fr. 7. u. 8. D. de V. O. §. 11. J. de inutil. stipul.) derogiren, und demnach die hier vertheidigte Ansicht nicht den Vorwurf der Grundlosigkeit verdienen.

§. 18.

B. Bei vertragsähnlichen Instituten (obligationes quasi ex contractu).

An die Darstellung der Wirkungen der physisch unmöglichen Bedingungen bei Verträgen schließt sich die Beantwortung der

Frage: ob und in wieferne solche Bedingungen bei vertragsähnlichen Instituten vorkommen, und was dieselben, wenn sie vorkommen sollten, für eine Wirkung auf das Rechtsverhältniß äußern.

Fassen wir nun die Verhältnisse zusammen, welche das römische Recht [1]) unter dem Namen der obligationes quasi ex contractu begreift, nämlich die negotiorum gestio [2]), die tutelae et curae administratio [3]), die rei communis administratio [4]), die hereditatis aditio [5]) und die indebiti solutio [6]), so wird sich aus der näheren Betrachtung der Natur dieser Rechtsverhältnisse ergeben, daß bei denselben der Fall des Vorhandenseyns einer unmöglichen Bedingung nicht wohl eintreten kann, weil dieselben erst durch die wirkliche Vornahme der Handlungen entstehen, welche den Gegenstand des Hauptgeschäfts ausmachen. Denn das Gesetz nimmt bei solchen Verhältnissen einen durch die Vornahme der Handlung stillschweigend abgeschlossenen Vertrag, oder wenigstens ein solches vertragsähnliches Verhältniß an, welches den Verbindlichkeitsgrund für den Handelnden abgibt; wobei freilich im pr. J. h. t. dieser Grund für jene Art der Verbindlichkeit ziemlich vag und unbestimmt dahin angegeben wird: quia non ex maleficio substantiam capiunt, quasi ex contractu nasci videntur.

Wenn aber diese Rechtsverhältnisse erst durch wirkliche Vornahme der, das Hauptgeschäft selbst ausmachenden äußeren Handlungen, existent werden, sey dieß nun eine einzelne Handlung, wie bei der indebiti solutio, oder eine ganze Reihe zusammenhängender Handlungen, wie bei der tutelae et curae und der rei communis administratio etc., — so wird eben daraus hervorgehen, daß unmögliche Bedingungen, wie bei abgeschlossenen Verträgen, nicht wohl vorkommen können [7]).

---

1) Tit. inst. de obligationibus quasi ex contractu. (3, 28.)
2) §. 1. J. h. t.
3) §. 2. J. h. t.
4) §. 3. u. 4 J. cod.
5) §. 5. J. cod.
6) §. 6. J. cod.
7) Dieß gilt natürlich nicht allein von den physisch, sondern auch von

Nur bei **einem** der erwähnten Rechtsverhältnisse, nämlich der hereditatis aditio, läßt sich der Fall einer beigefügten unmöglichen Bedingung gedenken, da diese durch ausdrückliche Erklärung geschehen, und dieser Erklärung auch eine physisch unmögliche Bedingung hinzugefügt seyn kann. Allein, wenn dieß auch nach der Natur des Rechtsverhältnisses eintreten könnte, so ist es doch nach unsern positiven Gesetzen nicht möglich, weil diese [1]) die hereditatis aditio zu **den** actus legitimi rechnen, qui non recipiunt diem vel conditionem — et in totum vitiantur per temporis, vel conditionis adjectionem [2]).

§. 19.

C. Bei einseitigen Rechtsgeschäften unter Lebenden.

Unter den negotia inter vivos verdienen auch die einseitigen Versprechungen, die pollicitationes an den Staat, oder eine Gemeinde, (überhaupt an eine res publica), sowie das votum, Gelübde, und die dotis pollicitatio, einer besonderen Erwähnung.

Alle diese Rechtsgeschäfte characterisiren sich dadurch, daß das Versprechen bindend erscheint, auch ohne daß eine Acceptation desselben erfolgt ist. Sie werden demnach als acceptirte Versprechungen, m. a. W. als Verträge betrachtet, oder wenigstens diesen in den Wirkungen völlig gleichgeachtet [3]). Demzufolge würden die bisher entwickelten Grundsätze über die Wirkungen unmöglicher Bedingungen bei Verträgen auch auf diese einseitigen Versprechungen im Allgemeinen Anwendung leiden.

Doch erhebt sich gegen eine solche Anwendung noch folgender Zweifel: Als Grund für die gesetzliche Bestimmung, daß unmögliche Bedingungen die Verträge, denen sie hinzu-

---

den juristisch und moralisch unmöglichen Bedingungen. — Die genannten obligationes quasi ex contractu brauchen darum unten bei diesen beiden Arten unmöglicher Bedingungen gar nicht mehr genannt zu werden.

1) fr. 77. D. de R. J.

2) s. das Nähere unten §. 25.

3) fr. 3. D. de pollicitat. (50, 12.)

gefügt sind, vernichten, wird in dem Gesetze ausdrücklich angegeben: Die Contrahenten, welche eine solche Bedingung dem Vertrage beigefügt, hätten nicht den ernstlichen Willen, zu contrahiren, gehabt: quia in ea re, quae ex duorum pluriumve consensu agitur, omnium voluntas spectetur [1]).

Völlige Anwendung leidet dieser Grund hier nicht; denn es ist nicht von dem übereinstimmenden Willen Mehrerer, sondern von einer einseitigen Disposition die Rede, welche in so ferne weit mehr einem Legat, oder Fideicommiß, als einem Vertrage sich nähert. Bei Legaten und Fideicommissen wird aber eine solche Bedingung als nicht hinzugefügt angesehen, weil man nach dem vermuthlichen Willen des Disponirenden eher die Bedingung, als die ganze Disposition schwinden lassen will, und weil dem Honorirten nicht imputirt werden kann, daß er nicht auf deutlichere Willenserklärung beim Disponirenden gedrungen hat [2]). Diese Gründe passen im Allgemeinen auch auf einseitige Versprechungen unter Lebenden. Es würden sich also die Bestimmungen über einseitige letzte Willensdispositionen für unsern Fall ausdehnen lassen — wenn nicht ein Glied für den vollkommen logischen Schluß mangelte; nämlich der favor der negotia mortis causa. Denn schon oben §. 8. hat sich gezeigt, daß der letzte Grund für das Wegfallen unmöglicher Bedingungen bei diesen Rechtsgeschäften doch immer in der gesetzlichen Begünstigung derselben gesucht werden muß; — eine Begünstigung, welche bekanntlich, als singuläre Bestimmung, keine Ausdehnung erleiden darf.

Nach dieser Ausführung würden nun hier, wie der Verf. glaubt, die gesetzlichen Bestimmungen über Verträge zur Anwendung kommen müssen, wenn nicht besondere Gründe eine ähnliche gesetzliche Begünstigung rechtfertigen. Um dieß zu erforschen, müssen die einzelnen Arten der einseitigen Versprechungen, genauer von einander getrennt, betrachtet werden, und zwar

I. die pollicitatio, das einseitige Versprechen an den Staat, eine Gemeinde, öffentliche Anstalt [res publica, civitas [3])].

1) fr. 31. D. de O. et A. (44, 7.) s. oben §. 7.

2) s. oben §. 8.

3) Vergl. Tit. Dig. de pollicitat. (50, 12.), namentlich fr. 1. §. 5.

Bei dieser Art der einseitigen Versprechungen läßt sich nun, gestützt auf die Gesetze, behaupten, daß physisch unmögliche Bedingungen [1]) die Disposition nicht ungültig zu machen vermögen, sondern vielmehr, gleich wie bei negotia mortis causa, allein als nichtig wegfallen. Dieß beweist

fr. 13. §. 1. D. de pollicitat. (50, 12.) (PAPIRIUS JUSTUS Lib. 2. de Constitut.)

Item rescripserunt, (Impp. ANTONINUS et VERUS) *conditiones donationibus adpositas*, quae in Rempublicam fiunt, ita demum ratas esse, si utilitatis publicae interest: quod si damnosae sint, observari non debere etc.; verglichen mit

fr. 2. §. 44. D. ad SCtum TERTULL. (38, 17.) (ULPIAN. Lib. 13. ad Sabinum.)

verb.: nisi forte quis putet, conditionem hanc quasi utilitati publicae oppugnantem, remittendam, ut alias plerasque.

Welche Bedingung kann aber schädlicher seyn, welche kann mehr dem Wohle des Staats, oder einer Gemeinde widerstreiten, als eine solche, die ein für dieselben vortheilhaftes Rechtsgeschäft völlig zu vernichten droht? [2])

Daß in dem letzteren der beiden angeführten Gesetze (fr. 2. §. 44. i. f. cit.) von einem Legat die Rede ist, schwächt deren Beweiskraft für unsern Fall nicht, sondern dieser Umstand beweist gerade um so mehr, wenn man das fr. 13. §. 1. cit. mit jener Stelle vergleicht; denn, da dieses letztere ausdrücklich von „conditiones *donationibus* adpositas" spricht, und bei diesen dennoch die Bedingung ebenso als non adjecta betrachtet, wie fr. 2. §. 44. bei den Legaten, so ergiebt sich eben daraus die völlige Gleichstellung der Pollicitationen mit diesen Dispositionen auf den Todesfall.

---

fr. 3. §. 1. fr. 8. 9. 10. 14. D. h. t. und fr. 16. D. de usu et usufructu. (33, 2.)

1) Dasselbe gilt von juristisch u. moralisch unmöglichen Bedingungen.

2) Vergl. auch fr. 16. D. de usu et usufructu. (33, 2.) und unten im zweiten Kapitel die Bedingungen gegen das öffentliche Wohl. §. 23.

II. Dieselben gesetzlichen Bestimmungen, welche für eine pollicitatio an den Staat, oder eine Gemeinde gelten, müssen aber auch eintreten bei Pollicitationen zu Gunsten der Kirche, oder zu irgend einem religiösen Zwecke, m. a. W. bei dem votum, Gelübde; denn dieses wird in dem Tit. Dig. de pollicitationibus nur als eine besondere Art der Pollicitationen aufgeführt und behandelt [1]):

fr. 2. pr. D. h. t. (Ulpian. Lib. 1. Disputat.)

> Si quis rem aliquam voverit, voto obligatur: quae res personam voventis, non rem, quae vovetur, obligat: res enim, quae vovetur, soluta quidem liberat vota, ipsa vero sacra non efficitur etc.

Was darum in dem Haupttitel über die eine Art der Pollicitationen bestimmt ist, kann wohl mit hinreichenden Gründen auf die andere Art angewendet werden, zumal, da im römischen Rechte das Wohl der Kirche so oft mit dem Wohle des Staats gleichgestellt wird, was namentlich auch in unserm Falle durch die Sanction des nicht acceptirten Versprechens zu Gunsten der Kirche, gerade so, wie bei einem solchen Versprechen zu Gunsten des Staats, geschieht; ein Umstand, welcher sicher auch auf die Gleichstellung dieser beiden Arten der Pollicitationen in jeder andern Beziehung schließen läßt.

Daß das canonische Recht, bei seiner entschiedenen Begünstigung der Gelübde [2]), mit der hier vertheidigten Ansicht, auch ohne besondere Erwähnung des in Frage stehenden Falles, seinem Geiste nach vollkommen übereinstimme, bedarf wohl keiner näheren Ausführung, da nach canonischem Rechte das Wohl der Kirche doch sicher dem Wohle des Staats nicht nachstehen wird.

III. Zu den einseitigen Versprechungsarten gehört auch noch die dotis pollicitatio, welche an die Stelle der alten

---

1) Im fr. 1. h. t. ist nämlich von der pollicitatio die Rede, im fr. 2. vom votum, als einer Art derselben; im fr. 3. pr. ist die Definition der pollicitatio, im Gegensatze zum pactum, sowohl für die im fr. 1., als die im fr. 2. angegebene Art enthalten ꝛc.

1) Tit. X. de voto et voti redemtione. (3. 31.)

dotis dictio[1]) getreten ist[2]). Es wirft sich daher fast unwillkührlich hier die Frage auf, ob die unter I. und II. entwickelten Grundsätze auch auf diese Art von Pollicitationen Anwendung leiden?

Für die Bejahung dieser Frage scheint zu sprechen, daß die dotis pollicitatio immer eine Art der Pollicitationen im Allgemeinen ist, daß die Grundsätze von Verträgen, als zweiseitigen Obligationen, hier keine Anwendung leiden können; daß endlich die dos in den Gesetzen überhaupt so vielfach bevorzugt ist[3]).

Dennoch sprechen die stärkeren Gründe gegen diese Ansicht. Die dotis pollicitatio steht im concreten Falle, nach Bestimmung der Gesetze, weder den negotia mortis causa gleich, noch können auf dieselbe die Grundsätze angewendet werden, welche im Titel der Digesten de pollicitationibus angegeben sind; denn dieser Titel handelt allein von den Pollicitationen zu Gunsten des Staats, einer Gemeinde, oder der Kirche; die in diesem Titel für jene beiden Arten der Pollicitationen ausgesprochenen Begünstigungen lassen sich darum, als ein singulare, nicht auf die dotis pollicitatio überhaupt ausdehnen, zumal der Grund für das Wegfallen der Bedingungen bei jenen beiden Arten, die utilitas publica, bei der dos zunächst keine Anwendung leiden kann.

Ueberhaupt steht die dotis pollicitatio mit jenen beiden Arten in unsern Quellen durchaus in keiner näheren Verbindung, sondern sie ist vielmehr durch mehrere andere, völlig selbstständige, und an verschiedenen Orten der justinianischen Compilation zerstreut stehende, Gesetze[4]) begründet.

Mag darum auch die dos in mancher anderen Beziehung in hohem Grade privilegirt seyn, für unsern Fall würde sich

1) Ulpiani fragm. Tit. VI. §. 1. sqq.

2) Vergl. v. Löhr in der Zeitschrift für Civilrecht und Proceß. Bd. 1. Hft. 2. No. IX. §. 1. Hugo Rechtsgeschichte. (10te Aufl.) S. 507.

3) fr. 1. D. soluto matrimonio. (24, 3.) fr. 9. §. 1. i. f. fr. 70. D. de jure dotium. (23, 3.) fr. 85. pr. D. de R. J.

4) fr. 1. §. 8. D. de dotis collat. (37, 7.) const. 1. C. de jure dotium. (5, 12.) const. 25. C. ad SCtum Vellejan. (4, 29.) const. 5. C. de contrahenda et committenda stipulat. (8, 38.)

nur dann eine Begünstigung annehmen lassen, wenn sich dieselbe aus den Gesetzen strenge nachweisen ließe. Da dieß aber nicht der Fall ist, so bleibt nichts Anderes übrig, als die allgemeinen gesetzlichen Bestimmungen über bedingte Verträge zur Anwendung zu bringen [1]).

IV. Unter den einseitigen Versprechungen werden endlich noch die öffentlichen Angelobungen aufgeführt [2]). Da aber eine solche Angelobung nicht eher verpflichtet, als wenn die Dienstleistung, welche den Gegenstand derselben ausmacht, gehörig vorgenommen ist; das einseitige Versprechen also vor der wirklichen Dienstleistung jeder Zeit wieder zurückgenommen werden kann; (was gerade bei der pollicitatio als characteristisch nicht der Fall ist) da ferner die Beifügung einer wirklich unmöglichen Bedingung die Dienstleistung selbst unmöglich macht, wenn die conditio nicht nach besonderer gesetzlicher Begünstigung pro non scripta gilt; für diesen Fall aber eine solche Begünstigung nicht existirt; so müssen auch hier die allgemeinen Grundsätze über die unmöglichen Bedingungen gelten; zumal diese öffentlichen Angelobungen eigentlich nur Verträge sind, mit dem einzigen Unterschied, daß hier mit einem unbestimmten Dritten contrahirt wird [3]), welcher durch Vornahme der Dienstleistung das öffentliche, einem jeden Dritten geleistete Versprechen der Belohnung durch die That acceptirt [4]).

---

1) Vergl. oben diesen §. zu Anfang. — Gegen die bisher vertheidigte Ansicht kann auch nicht eingewendet werden (was sich eigentlich schon von selbst verstehen würde) daß alle physisch, juristisch und moralisch unmöglichen Bedingungen bei Eheverträgen nach cap. 7. X. de conditionibus appositis. (4, 5.) pro non adjectis gelten; denn mit dem Ehevertrag ist doch nicht immer der Dotalvertrag, und noch weniger die dotis pollicitatio identisch.

2) v. Wening-Ingenheim Lehrbuch 2c. Buch III. §. 92. pos. 4.

3) Vergl. Thibaut System 2c. §. 981. a. E. u. im Allg. v. Bülow Abhandlungen. Bd. 1. No. XI.

4) Wollte man noch, wie manche Rechtslehrer annehmen, (Ravensberg. l. c. cap. 2. §. 1. Brussel. l. c. Lib. II. Tit. 1. No. 14. Lib. III. Tit. IV. No. 15. i. f. Lib. IV. Tit. II. No. 4. Duray. l. c. P. I. cap. 1. No. 26. sqq. P. II. cap. 1. No. 77. sqq.) die richterlichen Urtheile hier zu den Rechtsgeschäften inter vivos rech-

Zweites Kapitel.

Juristisch unmögliche Bedingungen.

§. 20.

Einleitung.

Nachdem wir in dem ersten Kapitel die Arten und Wirkungen der physisch unmöglichen Bedingungen näher kennen gelernt haben, wenden wir uns nunmehr zu den **juristisch unmöglichen Bedingungen**, oder, wie man wohl den Gesetzen entsprechender sagen würde, zu den **juristisch unerlaubten** Bedingungen[1]), um auch diese nach ihren verschiedenen Arten und Wirkungen genauer zu betrachten[2]). Da indessen die Wirkungen der juristisch unerlaubten Bedingungen mit denen der moralisch unerlaubten, wie schon oben §. 4.[3]) erwähnt worden ist, völlig übereinstimmen, so können wir hinsichtlich der letzteren auf deren Entwickelung im dritten Kapitel bei Gelegenheit der moralisch unmöglichen Bedingungen verweisen.

---

nen*), so wird sich aus der Zusammenstellung der gesetzlichen Vorschriften, daß keine richterliche Sentenz unter einer Bedingung gefällt werden darf, [fr. 1. §. 5. D. quando apellandum sit. (49, 4.) fr. 37. pr. i. f. D. de excusat. (27, 1.) u. fr. 7. §. 4. i. f. D. de interdictis et relegatis. (48, 22.)] und daß jede richterliche Vorschrift, welche eine Unmöglichkeit involvirt, völlig ungültig ist, [fr. 3. D. quae sententia sine appellatione. (49, 8.)] — das Resultat leicht von selbst ergeben Man wird aber, wie dieß weiter unten im zweiten Kapitel näher nachzuweisen ist, schon eine jede Bedingung für juristisch unmöglich halten müssen. Das Nähere gehört übrigens nicht hierher.

1) Vergl. oben S. 21. Not. 4.

2) H. Donell. commentar. Lib. VIII. cap. 32. §. 10. sqq.

3) Vergl. vorzügl. S. 27. Not. 1.

*) Das richterliche Erkenntniß schafft zwar in der Regel keine Rechte und Verbindlichkeiten, sondern es spricht nur aus, daß nach den bestehenden Gesetzen im einzelnen Falle eine Verbindlichkeit vorhanden sey. (Vergl. meine Abhandl. über das Recht des correus debendi von dem andern correus theilweisen Ersatz der gezahlten Correalschuld zu verlangen, in d. Zeitschr. f. Civilr u. Proc. Bd. 3. Hft. 3. No. XXI. §. 27.) Aus diesem Ausspruch über das Vorhandenseyn einer gesetzlichen Verbindlichkeit geht aber im einzelnen Falle für die streitenden Theile eine persönliche Verpflichtung, gleich wie aus einem Vertrage, hervor, und darum zählt man die richterlichen Urtheile öfters hierher. Vergl. fr. 3. §. 11. D. de peculio. (15, 1.) fr. 20. D. de judiciis. (5, 1.)

§. 21.

Verschiedene Arten der juristisch unmöglichen Bedingungen.

a) Bedingungen, welche gegen geschriebenes oder ungeschriebenes Recht verstoßen.

Zu den juristisch unmöglichen oder unerlaubten Bedingungen gehören alle diejenigen, welche dem geschriebenen, oder dem ungeschriebenen Rechte widerstreiten.

Die Gesetze, welche von solchen Bedingungen sprechen, führen ausdrücklich die verschiedenen Arten der gesetzlichen Bestimmungen auf, gegen welche eine solche Bedingung verstoßen kann: sie nennen dieselben, wie schon oben §. 2. pos. 2. S. 20. bemerkt worden, conditiones contra edicta Imperatorum, aut contra leges, aut quae legis vicem obtinent, scriptae [1]), conditio quam Senatus aut Princeps improbant [2]); und sprechen dann überhaupt von conditio, quae *jure* impleri non potest [3]).

Hiernach werden denn alle Bedingungen als juristisch unmöglich gelten müssen, welche gegen ein Gesetz irgend einer Art [4]), gegen das jus im Allgemeinen, verstoßen.

In Beziehung auf das römische Recht wird dieß sowohl bei dem Civilrechte, als bei dem jus honorarium, namentlich dem prätorischen Rechte [5]), der Fall seyn, weil beide als Quellen für das jus erscheinen [6]). Ebenso wird es eintreten, die gesetzliche Bestimmung, welcher die Bedingung zuwiderläuft, mag eine allgemeine, oder eine besondere, jus singulare [7]) seyn, so ferne dieses nur auf gesetzlichem Wege

1) fr. 14. D. de condit. inst. (28, 7.)

2) fr. 15. D. de condit. inst. (28, 7.)

3) fr. 137. §. 6. D. de V. O. (45, 1.)

4) Denn seit const. 5. C. de legibus et constitutionibus. (1, 14.) sind alle Gesetze leges perfectae geworden, welche jede zuwiderlaufende Handlung vernichten. Vergl. Ulpiani Fragm. I. §. 1. u. 2. Zimmern Rechtsgeschichte. Bd. 1. §. 17.

5) fr. 112. §. 3. D. de legatis I. (30.) vergl. mit fr. 14. D. de cond. inst. (28, 7.)

6) Gajus I. §. 2. Vergl. §. 3. u. 7. J. de jure naturali. (1, 2.) fr. 52. § 6. D. de O. et A. (44, 7.) fr. 7. §. 1. D. de J. et J. (1, 1.) fr. 28. §. 2. D. quibus ex causis. (4, 6.) fr. 8. §. 2. D. de fidejussor. (46, 1.)

7) fr. 16. D. de legibus. (1, 3)

erlassen ist; und endlich wird nach unsern Verhältnissen auch jede Bedingung hierher gerechnet werden müssen, welche gegen eine autonomische Bestimmung verstößt, wenn diese nur von den Personen ausgehen, denen das Recht verliehen ist, solche Bestimmungen mit wirklicher Gesetzeskraft zu erlassen, wie z. B. im teutschen Rechte in gewisser Beziehung dem hohen Adel [1]).

Nicht minder wird aber auch eine jede Bedingung als juristisch unmöglich erscheinen, welche gegen ein gehörig begründetes Gewohnheitsrecht verstößt, weil auch dieses als Gesetz gilt, und zu dem jus im Allgemeinen gehört, nämlich als *jus*, quod dicitur moribus constitutum [2]); — die Bedingung, quae *jure* impleri non potest, also auch das Gewohnheitsrecht in sich schließt. Dieß muß um so mehr gelten, da nach ausdrücklicher Bestimmung der Gesetze [3]) die Bestimmungen des Gewohnheitsrechts zu denen gerechnet werden, quae legis vicem obtinent.

§. 22.

b) Bedingungen in fraudem legis.

Sowie nach dem vorhergehenden §. alle Bedingungen, welche gegen eine gesetzliche Vorschrift irgend einer Art direct

1) Teutsche Bundes-Acte. Art. 14. pos. 2. Natürlich müssen dabei alle Vorschriften, woran die Gesetze dieses Autonomierecht knüpfen, genau befolgt werden. Das Nähere gehört indessen nicht hierher. Vergl. im Allg. Eichhorn Einleitung in das deutsche Privatrecht. §. 18—20. §. 64.

2) fr. 32. §. 1. D. de legibus. (1, 3.) fr. 33. 35 — 40. D. eod. §. 9—11. J. de jure naturali. (1, 2.) const. 2. u. 3. C. quae sit longa consuetudo. (8, 53.) cap. 9. X. de consuetudine. (1, 4.) cap. 3. in VI. de consuetudine. (1, 4.).

3) const. 3. C. quae sit longa consuetudo. (8, 53) Gajus, welcher zuerst die Aufmerksamkeit auf den Ausdruck „quae legis vicem obtinent“ gelenkt hat, (Zimmern Rechtsgesch I. §. 14. Not. 7. §. 42. Not. 3. §. 44. 45. Not. 5.) gebraucht zwar denselben nur bei den Senatusconsulten, den Constitutionen der Kaiser, und den responsa prudentium: Gajus I. §. 4. 5. 7. vergl. mit fr. 1. pr. D. de const. princip. (1, 4.) §. 6. J. de jure naturali (1, 2.) const. 26. i. f. D. de donat. inter vir. et uxor. (5, 16.) Nach const. 3. C. cit. reiht sich aber offenbar an die von Gajus aufgezählten gesetzlichen Bestimmungen das Gewohnheitsrecht an.

verstoßen, juristisch unmöglich sind, so gehören zu diesen unerlaubten Bedingungen offenbar auch alle diejenigen, welche zur Umgehung des Gesetzes einem Rechtsgeschäfte beigefügt werden [1]), nach dem bekannten Grundsatze, daß alle selbst an sich erlaubte Handlungen dann unerlaubt werden, wenn sie in fraudem legis vorgenommen sind.

Diesem Grundsatze entsprechend, müssen Bedingungen in fraudem legis, wenn sie einem Vertrage beigefügt werden, das ganze Geschäft vernichten, während sie bei einem negotium mortis causa für nicht hinzugefügt gelten.

Unsere Gesetze sprechen bloß von Rechtsgeschäften der letzteren Art, und müssen darum (nach §. 14. oben) auf die ersteren analog angewendet werden.

Der erwähnte allgemeine Rechtsgrundsatz ist in dem Haupttitel der Digesten wiederholt anerkannt; z. B. in

fr. 64. §. 1. D. de cond. et dem. (35, 1.) (Terent. Clemens Lib. 5. ad leg. Jul. et Pap.)

verb: ipso jure rescindi, quod fraudandae legis gratia esset adscriptum etc. [2])

Anwendungen dieses allgemeinen Grundsatzes sind enthalten in fr. 7. D. de cond. inst. (28, 7.) (Pomponius Lib. 7. ad Sabin.)

Si quis sub conditione heredes instituisset, *si invicem cavissent, se legata eo testamento relicta reddituros:* placet, remitti eis conditionem; *quia ad fraudem legum respicerent, quae vetarent, quosdam legata capere* etc. [3])

An diese Gesetzesstelle, in welcher die Bedingung nach den Schlußworten bloß deßwegen pro non scripta gilt, weil sie auf Umgehung des Gesetzes gerichtet war, schließt sich noch eine andere, nämlich

---

1) Dabei kommt es vorzüglich auf den Geist und die Absicht, weniger aber auf die Worte des Gesetzes an; denn auch derjenige handelt in fraudem legis, qui verba legis amplexus, contra legis nititur voluntatem: const. 5. pr. C. de legibus. (1, 14.)

2) Vergl. auch fr. 79. §. 4. pr. cod. fr. 103. D. de legatis I (30.) fr. 7. §. 7. i. f. D. de pactis. (2, 14.)

3) Cujac. ad Tit. Dig. de condit. inst. l. 7. cit.

fr. 27. i. f. D. ad legem Falcid. (35, 2.) (Scaevola Lib. 6. Responsor.)

verb.: Respondit, Sejum et Agerium primo loco institutos perinde adire posse, ac si *ea conditio, quae fraudis causa adscripta est, adscripta non esset.*

In dem Gesetze, dessen Schluß eben angeführt worden, ist von dem Falle die Rede, in welchem der Testator durch die beigefügte Bedingung den Abzug der quarta Falcidia beschränken wollte, was nach den Gesetzen verboten war [1]. Darum entscheidet Scävola, die in dem fr. enthaltene conditio, welche die Umgehung des gesetzlichen Verbots bezwecke, solle nichts gelten [2]. Zwar ist später das letzterwähnte Verbot von Justinian aufgehoben worden [3]; allein mit der Aufhebung einer einzigen Anwendung des allgemeinen Grundsatzes würde der ganze Grundsatz nie aufhören, auch wenn er nur auf diese eine Gesetzesstelle, und nicht, wie hier der Fall ist, auf mehrere übereinstimmende Gesetze und allgemeine, im römischen Rechte anerkannte, Grundsätze sich stützte.

§. 23.

c) Bedingungen gegen das öffentliche Wohl.

Es ist bekannt, daß im Staate das öffentliche Wohl (das Wohl Aller) dem Privatwohl (dem Wohl des Einzelnen) vorgeht, nach dem Grundsatze: Salus publica suprema lex esto. Diesem Grundsatze wird es im Allgemeinen entsprechen, wenn Bedingungen, welche gegen das öffentliche Wohl streiten, auch dann zu den juristisch unmöglichen gerechnet werden, wenn sie nicht gerade gegen ein bestimmtes Gesetz verstoßen. Diese allgemeine Bemerkung läßt sich auch durch specielle gesetzliche Bestimmungen bekräftigen. Es kann nämlich hier auf fr. 2. §. 44. D. ad SCtum Tertyllianum. (38, 17.) (Ulpian. Lib. 13. ad Sabinum.) verwiesen werden; welches Gesetz zwar von

1) fr. 15. § 8. D. ad leg. Falcid. (35, 2.)

2) Vergl. auch fr. 7. D. de condit. inst. (28, 7.) fr. 64. §. 1. fr. 79. §. 4. D. de cond. et dem. (35, 1.)

3) Nov. 1. cap. 2. pr.

einem andern, nicht hierher gehörigen Falle handelt [1]), worin aber die ganz allgemeine Bemerkung vorkommt: nisi forte quis putet, conditionem hanc, *quasi utilitati publicae oppugnantem*, remittendam, ut alias plerasque etc.

In der vorstehenden Gesetzesstelle war von der, einem Legat hinzugefügten Bedingung die Rede, und bei dieser wird die Frage aufgeworfen, ob man sie nicht nachlassen, pro non scripta halten solle, weil sie mit dem öffentlichen Wohle im Widerspruch stehe. — Daß also Bedingungen, welche gegen das öffentliche Wohl streiten, bei negotia mortis causa für nicht beigefügt gelten, wird stillschweigend als ausgemacht vorausgesetzt [2]), und der Grund für diese Voraussetzung kann nur in der juristischen Unmöglichkeit jener Bedingungen gefunden werden. — Gilt aber einmal eine solche Bedingung als juristisch unmöglich, so wird sie nicht allein bei negotia mortis causa bewirken, daß die conditio pro non adjecta gilt, sondern sie wird ebenso bei Verträgen das ganze Rechtsgeschäft, dem sie beigefügt ist, ungültig machen.

---

1) Einem Pupillen war ein Legat hinterlassen worden, unter der Bedingung, „si tutores non habuerit." Die Mutter hatte deßhalb unterlassen, demselben einen Vormund zu erbitten, damit die conditio nicht deficire. Dasselbe war von Municipalobrigkeiten geschehen; (welche, gleich der Mutter, zum Erbitten von Vormündern verpflichtet waren) — und nun wurde die Frage aufgeworfen, ob deßhalb die Mutter der ihr angedrohte Nachtheil (Verlust ihres Intestaterbrechts bei dem Pupillen) treffen, oder ob eine Klage gegen die Municipalobrigkeit stattfinden solle. Die Antwort ist, es solle dieß der Fall seyn, wenn der durch das unterlassene Erbitten der Vormünder dem Pupillen entstandene Nachtheil größer wäre, als der Vortheil, welchen ihm das Legat gebracht, — wenn man nicht, namentlich in Beziehung auf den letzten Fall, (die Municipalobrigkeit) die ganze Bedingung, als unverträglich mit dem öffentlichen Wohle, nachlassen wollte.

2) Vergl. fr. 13. §. 1. D. de pollicitat. (50, 12.) und §. 19. S. 110. oben. Auch noch in anderer Beziehung äußert sich das Bestreben der röm. Gesetzgebung, Dispositionen zum öffentlichen Nutzen möglichst aufrecht zu erhalten: fr. 16. D. de usu et usufr. (33. 2.) Cujac. observat. Lib. XXIII. cap. 5. Duran. l. c. P. III. cap. 7. No. 25. Ulr. Huber. praelect. Lib. XXXV. Tit. 1. No. 10.

§. 21.

d) Bedingungen gegen das Wesen eines Rechtsgeschäfts.

Zu den juristisch unmöglichen Bedingungen sind auch diejenigen zu rechnen, welche dem Wesen des Rechtsgeschäfts, dem sie beigefügt sind, widerstreiten; denn offenbar kann bei einem Rechtsgeschäfte nichts mehr gegen das Gesetz verstoßen, als wenn das, was der Gesetzgeber als das Charakteristische dieses bestimmten Geschäfts bezeichnet hat, durch die conditio aufgehoben werden soll. Man kann darum auch den oben §. 7. aufgestellten allgemeinen Grund für die Ungültigkeit eines Vertrags, wenn ihm eine solche Bedingung beigefügt ist, recht eigentlich hier in Anwendung bringen: Die Contrahenten haben nämlich durch Hinzufügung einer solchen Bedingung gezeigt, daß es ihnen mit Abschließung des Vertrags nicht Ernst gewesen, weil sie das, was sie durch die Hauptdisposition festgesetzt, durch die Nebendisposition wieder aufgehoben haben.

Hierbei läßt sich ein doppelter Gesichtspunct feststellen:

I. Fürs Erste sind diejenigen Bedingungen juristisch unmöglich, welche der rechtlichen Natur einer ganzen Gattung von Rechtsgeschäften widerstreiten. — So besteht das Wesen der Verträge darin, daß der Wille des einen Contrahenten, des Promittenten, durch den Willen des andern, des Promissars, beschränkt, gebunden wird [1]). Ist nun durch die beigefügte Bedingung gegen dieses Wesen des Vertrags verstoßen, so gilt die ganze Uebereinkunft nichts, wie bei der conditio si volueris [2]), wenn diese dem Promittenten gemacht ist [3]). Die Gesetze sagen dieß nicht allein von der

---

1) fr. 108. D. de V. S. (50, 16.) fr. 178. i. f. D. eod. fr. 83. §. 1. fr. 103. §. 1. D. de V. O. (45, 1.) fr. 10—12. 55. D. de V. S. const. 13. C. de contrah. emtione. (4, 38.) verb.: quia non adstringit necessitate obligatio nulla est.

2) Ueber den Unterschied zwischen „si voluero" und „si volam" s. Cujac. Recitat. ad Tit. Dig. de O. et A. l. 8. Ueber die Gültigkeit der Bedingung „cum volueris" vergl. fr. 46. §. 2. D. de V. O. (45, 1.) Cujac. l. c.

3) Duran. l. c. P. III. cap. 4. No. 42. sq. Ziegler. l. c. No. XLIX. Giphan. lecturae Altorfinae ad Tit. Dig. de O. et A. l. 8. l. 46.

stipulatio [1]), sondern auch bei andern Verträgen, z. B. beim Kauf [2]). Ebenso gilt auch ein Legat oder Fideicommiß nicht, wenn es einem Erben oder sonstigen Honorirten [3]), unter der Bedingung „si voluerit“ aufgelegt ist [4]); denn auch hier wird der Onerirte durch Antretung der Erbschaft, oder die Annahme des Legats quasi ex contractu verpflichtet.

II. Was in dem Bisherigen von einer ganzen Gattung von Rechtsgeschäften gesagt worden ist, gilt ebenso bei einzelnen Arten dieser Gattung; also hier bei einzelnen Arten von Verträgen. Denn, wenn durch die beigefügte Bedingung das Wesen eines speciellen Contracts aufgehoben wird, tritt wieder die allgemeine gesetzliche Vermuthung ein, daß die Parteien nicht die wirkliche Absicht gehabt, den Vertrag abzuschließen, oder wenigstens wird ihre etwa entgegengesetzte Absicht gesetzlich nicht respectirt [5]).

Das würde schon aus allgemeinen Gründen hervorgehen; allein es läßt sich auch aus speciellen gesetzlichen Bestimmungen nachweisen. Als Beispiel diene nur

cap. 7. X. de conditionibus appositis in desponsatione etc. (4, 5.) (GREGORIUS IX. anno 1235.)

Si conditiones contra substantiam conjugii inserantur, puta si alter dicat alteri: Contraho tecum, si generationem prolis evites, vel donec inveniam aliam honore vel facultatibus digniorem, aut si pro quaestu adulterandam te tradas: matrimonialis contractus, quantumcunque sit favorabilis, caret effectu. Licet aliae conditiones appo-

---

1) fr. 17. 46. §. 3. fr. 108. §. 1. D. de V. O. (45, 1.) fr. 8. D. de O. et A. (44, 7.) CUJAC. l. c.

2) fr. 7. pr. D. de contrahenda emtione. (18, 1.) const. 15. C. cod. (4, 38.) Vergl. auch fr. 25. pr. D. locati. (19, 2.) fr. 75. D. pro socio. (17, 2.)

3) Vergl. S. 43. Not. 5. oben.

4) fr. 11. §. 7. D. de legatis III. (32.) fr. 43. §. 2. D. de legatis I. (30.) Doch gilt die Disposition, wenn die Bedingung nicht in die bloße Willkühr des Onerirten, sondern in den Willen desselben, quasi boni viri, gestellt ist: fr. 11. §. 7. D. de legatis III. (32.) fr. 75. pr. D. de legatis I. (30.) GIPHAN. l. c. No. 6. sqq.

5) Vergl. oben §. 7. S. 35. u. 36.

sitae in matrimonio, si turpes aut impossibiles fuerint[1], **debeant propter ejus favorem pro non adjectis haberi.**

Die Bedingungen gegen das Wesen des Ehecontracts werden also nach dem canonischen Rechte strenger, als alle übrigen physisch, juristisch und moralisch unmöglichen Bedingungen behandelt, weil die letzteren pro non adjectis gelten, während jene das ganze Rechtsgeschäft vernichten.

Diese Bestimmung des canonischen Rechts ist auch dem Geiste des römischen durchaus nicht zuwider, denn es wird auch nach diesem (wie wir schon vorhin gesehen haben) in Beziehung auf ein einzelnes Rechtsgeschäft, dessen Natur durch die Gesetze bestimmt ist, nichts mehr verstoßen, als eine gegen das Wesen desselben gerichtete Bedingung[2].

§. 25.

e) Verbietet das Gesetz die Beifügung einer jeden Bedingung bei einem Rechtsgeschäfte, so erscheint auch jede hinzugefügte Bedingung als juristisch unmöglich.

Lassen die Gesetze bei einer bestimmten Art von Rechtsgeschäften gar keine Bedingung zu[3], so widerstreitet eine jede solchen Rechtsgeschäften beigefügte conditio den positiven Gesetzen und ist somit juristisch unmöglich. Darum wird denn jede Bedingung das ganze Rechtsgeschäft ungültig machen.

---

1) Nach dieser Zusammenstellung in dem Gesetze werden denn auch die Bedingungen gegen das Wesen der Ehe zu den turpes, also den juristisch unmöglichen, gerechnet; da hier die conditiones turpes, im Gegensatze der impossibiles, auch die juristisch unmöglichen in sich schließen.

2) Als ein passender Beleg dafür kann das precarium angeführt werden. Characteristisch für dasselbe ist, daß es jeder Zeit widerrufen werden darf; darum muß jeder Nebenvertrag, welcher gegen diesen wesentlichen Bestandtheil streitet, für nichtig gelten, wie hervorgeht aus fr. 12. pr. D. de precario (43, 26.) (CELSUS Lib. 25. Digestor.) Cum precario aliquid datur, si convenit, *ut in Kalendas Julias precario possideat:* numquid exceptione adjuvandus est, ne ante ei possessio auferatur? Sed nulla vis est hujus conventionis, ut rem alienam domino invito possidere liceat.

3) Vergl. BRUSSEL. l. c. Lib. III. Tit. V. No. 25. sqq. DURAN. l. c. P. II. cap. 1. No. 100. 105.

Dafür sprechen bestimmte Gesetzesstellen; namentlich in Beziehung auf actus legitimi[1]) das bekannte

fr. 77. D. de R. J. (PAPINIANUS Lib. 28. Quaestionum.)

Actus legitimi, qui *non*[2]) recipiunt diem, vel conditionem, veluti mancipatio[3]), acceptilatio[4]), hereditatis aditio[5]), servi optio, datio tutoris[6]), *in totum vitiantur per temporis, vel conditionis adjectionem:* nonnunquam tamen actus suprascripti tacite recipiunt, quae aperte comprehensa vitium adferunt[7]): nam si acceptum feratur ei, qui sub conditione promisit, ita demum egisse aliquid acceptilatio intelligitur, si obligationis conditio exstiterit: quae si verbis nominatim acceptilationis comprehendatur, *nullius* momenti faciat actum[8]).

---

1) const. 21. i. m. C. de haereticis. (1, 5.) HOEPFNER de legis actionibus et actibus legitimis. (Dritter Anhang zu seinem Commentar.) vergl. mit J. A. REICHARDT Disqu. utrum actus legitimi Romanis fuerint solenniores. Partic. I. u. II. Jen. 1788. 1789. Das Nähere hierüber würde zu weit von dem Gegenstande der Untersuchung abführen.

2) Die Lesart mit der Negation „*non*" ist offenbar nach dem Zusammenhange des Gesetzes die einzig richtige. Zwar fehlt dieselbe in der Florentina; allein schon die glossa ad h. l. bemerkt diesen Mangel, und verweist auf reg. 50. in VI. de R. J. Actus legitimi conditionem *non* recipiunt neque diem. Man muß darum ohne Zweifel mit besseren Vulgatmanuscripten, wie hier geschehen, „qui *non* recipiunt" lesen. Vergl. WARNKOENIG commentar. juris roman. privat. Tom. I. Lib. I. cap. 4. § 145. not. 2. Hugo's civ. Magaz. Bd. III. No. XII. S. 248. Not. *. Gött. gelehrte Anzeigen. 51. Stück. März 1833. S. 500.

3) Fragmenta Vaticana. §. 329.

4) fr. 4. u. 5. D. de acceptilat. (46, 4.)

5) fr. 51. §. 2. D. de acquir. hered. (29, 2.)

6) fr. 6. §. 1. D. de tutelis. (26, 1.)

7) Nach dem Grundsatze: Expressa nocent, non expressa non nocent. fr. 195. D. de R. J. fr. 47. 52. D. de cond. et dem. (35, 1.) fr. 32. 68. D. de heredib. instit. (28, 5.) fr. 65. §. 1. D. de legatis I. (30) H. J. Klüpfel über einzelne Theile des bürgerl. Rechts. Stuttgart 1817. No. VIII.

8) Im älteren römischen Rechte konnten überhaupt alle Rechtsgeschäfte, welche ihrer Natur nach ewigdauernd waren, zwar unter einer

Drittes Kapitel.

Moralisch unmögliche Bedingungen.

§. 26.

Einleitung.

Für dieses dritte und letzte Kapitel der zweiten Abtheilung unserer Untersuchung bleibt noch eine genauere Betrachtung der moralisch unmöglichen, oder, richtiger wohl, der moralisch unerlaubten [1]) Bedingungen nach ihren Arten und Wirkungen übrig [2]).

In Beziehung auf die letzteren ist schon wiederholt bemerkt worden, daß Alles, was in dem gegenwärtigen Kapitel von

Suspensivbedingung constituirt, aber nicht durch eine Bedingung resolvirt werden; bis in späterer Zeit, um die Nebenbestimmung aufrecht zu erhalten, aus einer solchen Resolutivbedingung die exceptio doli oder pacti conventi gestattet wurde: fr. 44. §. 2. D. de O. et A. (44, 7.) fr. 56. §. 4. D. de V. O. (45, 1.) CUJAC. Recitat. ad Tit. Dig. de legatis I. I. 55. i. m. Recit. ad Tit. de O. et A. l. 44. §. 2. cit.

Dasselbe galt auch bei Prädialservituten *), welche übrigens nach älterem Rechte weder Suspensiv- noch Resolutivbedingungen zuließen **): fr. 4. pr. D. de servit. (8, 1.) (PAPINIANUS Lib. 7. Quaest.) Servitutes ipso quidem jure neque ex tempore, neque ad tempus, neque sub conditione, neque ad certam conditionem (verbi gratia *quamdiu volam*) constitui possunt: sed tamen, si haec adjiciantur, *pacti, vel per doli exceptionem occurretur*, contra placita servitutem vindicanti. Idque et Sabinum respondisse Cassius retulit, et sibi placere. Vergl. im Allg.: GIPHAN. lectur. Altorf. ad Tit. de O. et A. l. 44. No. 32. GOESCHEN. observat. jur. rom. pag. 65. not. k. Zimmern u. Thibaut im Archiv f. civ. Prax. Bd. 7. S. 135. u. 136. Not. 28. S. 366. oben u. 367. unten.

1) Vergl. oben §. 2. S. 21. Not. 4.

2) Vergl. im Allg. H. DONELL. comment. Lib. VIII. cap. 32. §. 10. sqq. BALDUIN. l. c. cap. VII.

*) Beim usufructus galt dieß nicht: fr. 4. pr. D. de usufr. (7, 1.) fr. 1 §. 3 i. f. D. de usufructu accrescendo. (7, 2.) Doch waren die Ansichten unter den römischen Juristen getheilt: Fragm. Vatic. §. 50.

**) Ob dieß bei Suspensivbedingungen nach neuerem Rechte noch der Fall sey, ist sehr bestritten; kann aber hier nicht näher untersucht werden. Vergl. im Allg. Schrader civil. Abhandl. No. V. §. 9.

den Wirkungen der moralisch unmöglichen Bedingungen gesagt wird, auch zugleich von den juristisch unmöglichen Bedingungen gilt, weil diese beiden Arten nach völlig gleichen Grundsätzen behandelt, ja in den Gesetzen in so ferne als identisch betrachtet werden.

Bevor wir indessen zur Darstellung der Wirkungen der moralisch und juristisch unmöglichen Bedingungen übergehen, können hier noch einige Bemerkungen vorausgeschickt werden, um die Natur beider Arten von Bedingungen etwas genauer zu characterisiren, und namentlich die hier befolgte Trennung der juristisch und moralisch unmöglichen Bedingungen der Form nach (s. oben §. 2—4.) als zweckmäßig darzustellen.

In der gegenwärtigen Untersuchung, die einen Gegenstand des positiven Rechts behandelt, kann natürlich nur von solchen Bedingungen die Rede seyn, welche die positiven Gesetze überhaupt für unmöglich oder unerlaubt erklären, und in so ferne müssen freilich alle Arten der Bedingungen, also auch die moralisch unmöglichen, gesetzlich oder juristisch unmöglich seyn. Daraus könnte man denn einen scheinbar unauflöslichen Widerspruch gegen die oben angenommene dreifache Eintheilung der Bedingung ableiten, und namentlich die moralisch unmöglichen Bedingungen ebenso der Form, als der Wirkung nach, mit den juristisch unmöglichen als völlig identisch betrachten.

Allein dennoch lassen sich triftige Gründe für die Trennung dieser beiden Arten der Bedingungen auffinden.

Wenn auch hier die moralisch unmöglichen Bedingungen nur aus dem Grunde, und nur in so ferne in Betracht kommen, weil und soweit sie das positive Recht als unerlaubt erkennt, so ist doch zwischen diesen und den juristisch unmöglichen immer noch ein Unterschied, welcher insbesondere in der Untersuchung nicht übersehen werden darf, weil dadurch die Darstellung an Deutlichkeit und leichterer Uebersicht gewinnt [1]). Die juristisch unmöglichen Bedingungen gründen sich auf ein bestimmtes, im Staate geltendes Gesetz,

---

1) Vergl. oben §. 3. a. E.

welches dieselben für unerlaubt erklärt. Dieses Gesetz ist also die einzige und ausschließliche Quelle, woraus die Unmöglichkeit der Bedingung hervorgeht. Nicht so bei moralisch unmöglichen Bedingungen! — Wenn nämlich das positive Recht vorschreibt: Alle moralisch unmögliche Bedingungen sollen den juristisch unmöglichen gleichstehen; so ist damit noch nicht bestimmt, welche Bedingungen denn moralisch unmöglich sind, sondern dieß muß erst weiter ausgemittelt werden. Eine solche Ausmittelung kann aber nur dadurch geschehen, daß man auf die mittelbare Quelle der Unmöglichkeit oder Unerlaubtheit, nämlich auf das Gesetz der Moral [1]), zurückgeht, und alle Handlungen, welche unter dieses Gesetz fallen, wenigstens nach den allgemeinen Richtungen genauer betrachtet.

Daraus ergiebt sich denn, daß die moralisch unmöglichen Bedingungen doch nicht in jeder Beziehung mit den juristisch unmöglichen als identisch zu betrachten sind [2]), und daß namentlich für den Zweck der Untersuchung eine Sonderung beider Arten zur deutlicheren Uebersicht Vieles beitragen muß.

Aus der genaueren Betrachtung der unter das Moral- oder Sittengesetz fallenden Handlungen geht nun, wie schon oben (§. 4.) angedeutet worden, hervor, daß das Gebiet der Moral weit umfassender ist, als das Gebiet des Rechts, so daß jede unrechtliche Handlung zwar als unmoralisch, aber nicht umgekehrt jede unmoralische Handlung als unrechtlich erscheint. In soferne sind denn unter den in den folgenden §§. näher betrachteten moralisch unmöglichen Bedingungen auch alle juristisch unmöglichen begriffen, und, da hier allein von den Wirkungen solcher Bedingungen die Rede ist, bei welchen

1) Die Bedingungen, welche gegen das natürliche Rechtsgesetz verstoßen, fallen für den Zweck unserer Untercrsuchung in jeder Beziehung mit den moralisch unmöglichen zusammen. S. oben S. 23. Not. 3.

2) Danach ist auch der Sinn des oben S. 23. gebrauchten Ausdrucks näher zu bestimmen, „daß die Bedingungen, welche gegen das im Staate geltende Recht verstoßen, an sich von denen verschieden sind, welche bloß den natürlichen Gesetzen der Moral zuwiderlaufen.“

beide Arten auf jeden Fall völlig identificirt werden können, so braucht in der folgenden Untersuchung die Trennung beider Arten nicht mehr besonders hervorgehoben zu werden, zumal, da die verschiedenen Arten der juristisch unmöglichen Bedingungen schon im vorigen Kapitel einzeln genauer betrachtet, und demnach von den moralisch unmöglichen bereits wirklich ausgeschieden sind; (was aber nur durch die Trennung der juristisch unmöglichen Bedingungen von den moralisch unmöglichen geschehen konnte.) Hiernach werden unter den in den folgenden §§. zu erörternden Bedingungen nur diejenigen zugleich als juristisch unmögliche Bedingungen gelten können, welche gegen ein bestimmtes positives Gesetz verstoßen, oder zu dessen Umgehung dienen ꝛc. (s. § 21 — 25.). Für diese letzteren wird denn auch im Context gewöhnlich der Ausdruck „juristisch und moralisch unmöglich" gebraucht.

Noch kann hier zum Schlusse bemerkt werden, daß es für die Untersuchung, um der leichteren Uebersicht willen, zweckmäßig erscheint, wenn dieses Kapitel in zwei Unterabschnitte getheilt wird, deren ersterer die allgemeinen Bestimmungen über die moralisch unmöglichen Bedingungen enthält, der zweite aber die Darstellung der einzelnen wichtigeren Arten solcher Bedingungen umfaßt.

Erster Unterabschnitt.

Allgemeine Bestimmungen über moralisch unmögliche Bedingungen.

§. 27.

Uebersicht der moralisch unmöglichen Bedingungen.

a) Welche Handlungen können als moralisch unmögliche Bedingungen erscheinen?

Fassen wir die verschiedenen Arten der moralisch unmöglichen Bedingungen zusammen, so lassen sich darunter alle diejenigen Fälle zählen, in welchen nachfolgende Handlungen als Bedingungen gesetzt werden:

A. Unsittliche Handlungen

1) in Beziehung auf das Verhältniß zur Gottheit;

2) zu den Menschen, und zwar

a) unsittliche Handlungen, welche gegen den Menschen selbst gerichtet sind, der etwas thun soll, oder

b) gegen andere Menschen, seyen dieß nun

α) nahe verbundene Personen, oder

β) nicht nahe verbundene Personen.

B. Unschickliche, oder unanständige Handlungen [gegen das Schicklichkeitsgefühl und den Anstand verstoßende Bedingungen [1])]. Dahin gehören, wie oben §. 2. pos. 3. a. E. näher angegeben ist, auch diejenigen Bedingungen, welche Lachen erregen [conditiones derisoriae [2])].

Die vorstehende Uebersicht der moralisch unmöglichen Bedingungen ist zwar zunächst a priori geschöpft worden; allein es lassen sich auch in Justinian's Compilation Gesetzesstellen auffinden, aus welchen diese übersichtliche Darstellung gerechtfertigt werden könnte. Das

fr. 15. i. f. D. de condit. inst. (28, 7.) (Papinianus Lib. 16. Quaestion.)

faßt nämlich die moralisch unmöglichen Bedingungen also zusammen: [3])

Quae facta laedunt *pietatem* [4]), *existimationem* [5]), *verecundiam* [6]) *nostram* et (ut generaliter dixerim) *contra bonos mores fiunt*, nec facere nos posse credendum est.

---

1) Diese Art moralisch unmöglicher Bedingungen wird unten bei genauerer Betrachtung der Wirkungen einzelner Arten der moralisch unmöglichen Bedingungen nicht besonders hervorgehoben, weil unsittliche und unschickliche Bedingungen, wie schon erwähnt, in den Gesetzen sowohl untereinander, als auch mit rechtlich unerlaubten Bedingungen als völlig gleich betrachtet werden. Vergl. Pauli S. R. Lib. III. Tit. IV. B. §. 3. Petr. Mueller. Diss. de conditionibus derisoriis ultimis voluntatib. adjectis. Jen. 1687. cap. II.

2) fr. 14. D. de condit. inst. (28, 7.) (Marcianus Lib. 4. Instit.) Conditiones contra Edicta Imperatorum, aut contra leges, aut quae legis vicem obtinent, scriptae, vel quae contra bonos mores, vel *derisoriae sunt* — pro non scriptis habentur.

3) Der ganze Inhalt dieser Gesetzesstelle wird am Ende der Untersuchung erläutert werden.

4) Brissonius de V. S. (Edit. Heinecc.) sub voc.: pietas.

5) Brisson. l. c. sub voc.: existimatio. No. 3.

6) Brisson. l. c. sub voc.: verecundia. Cicero de offic. Lib. I. cap. 27.

Versteht man nun unter pietas pflichtgemäßes Verhalten gegen die Gottheit und nahe verbundene Personen, (Eltern, Geschwister, Verwandte, Wohlthäter ꝛc.) unter existimatio Anerkennung der unverletzlichen Rechtssphäre jedes Bürgers, [1]) (seine bürgerliche Ehre im weitesten Sinne) und unter verecundia die Scheu vor allem Unrechtlichen, Unsittlichen und Unanständigen überhaupt [2]), und faßt man diese verschiedenen Handlungen unter dem allgemeinen, im Gesetze angegebenen Gesichtspuncte: et, ut generaliter dixerim, *contra bonos mores fiunt*, zusammen, so wird der von PAPINIANUS in fr. 15. cit. angegebene Inbegriff moralisch unmöglicher Handlungen mit der obigen Uebersicht im Allgemeinen übereinstimmen.

§. 28.

b) Welchen Personen können diese Bedingungen auferlegt werden, und in welcher Art kann dieß geschehen?

In dem vorigen §. haben wir die moralisch unmöglichen Bedingungen nach der Beschaffenheit der dahin zu rechnenden Handlungen zusammengestellt, in diesem §. müssen wir auf die Personen Rücksicht nehmen, welche eine Bedingung setzen, oder denen eine solche gesetzt wird, und demnach bestimmen, ob und in wieferne die Bedingung als moralisch unmöglich erscheine. In dieser Beziehung lassen sich nun möglicherweise die folgenden Fälle gedenken, welche, um der Uebersicht willen, alle hier zusammengestellt werden, von denen aber darum noch nicht zu behaupten ist, daß sie alle zu den wirklich juristisch oder moralisch unmöglichen Bedingungen gehören [3]).

I. Derjenige, welcher etwas zu geben, leisten, oder wieder

1) fr. 5. §. 1. D. de extraordinariis cognitionibus. (50, 13.) CALLISTRATUS Lib. I. de cognition.) Existimatio est dignitatis illaesae status, legibus ac moribus comprobatus etc. Vergl. Marezoll über die bürgerl. Ehre ꝛc. Gießen 1824. S. 6—18.

2) CICERO de officiis. Lib. I. cap. 27. 35 pr.

3) Der folgende §. wird das Nähere zeigen. Gewöhnlich übergeht man bei der Darstellung der unmöglichen Bedingungen die conditiones resolutivae, und dadurch erhält das System eine Lücke, welche der Verf. zu vermeiden gesucht hat.

zurückzugeben[1]) verspricht (der Promittent), macht dieß abhängig von der Bedingung

1) daß er etwas (juristisch oder) moralisch Unmögliches thue; oder
2) daß er etwas der Art nicht thue;
3) daß er etwas (juristisch oder) moralisch Nothwendiges thue (seine Pflicht erfülle);
4) daß er etwas (juristisch oder) moralisch Nothwendiges nicht thue (seine Pflicht nicht erfülle).

II. Demjenigen, welcher etwas erhalten soll (dem Acceptanten), ist die Bedingung gestellt

1) daß er etwas (juristisch oder) moralisch Unmögliches thue;
2) daß er etwas der Art nicht thue;
3) daß er etwas (juristisch oder) moralisch Nothwendiges thue;
4) daß er etwas (juristisch oder) moralisch Nothwendiges unterlasse.

III. Der Erwerb oder Verlust eines Rechtes wird von der moralisch unmöglichen Handlung eines Dritten abhängig gemacht, und zwar davon

1) daß dieser eine solche Handlung vornehme, oder
2) daß er eine solche unterlasse. —

Auch diese übersichtliche Darstellung läßt sich im Allgemeinen aus unsern Quellen rechtfertigen, nämlich aus

fr. 60. pr. D. de cond. et dem. (35, 1.) (PAULUS Lib. 7. ad leg. Jul. et Pap.)

In facto consistentes conditiones varietatem habent, et quasi tripartitam recipiunt divisionem: ut *quid detur, ut quid fiat, ut quid obtingat*[2]): vel retro, *ne detur, ne fiat, ne obtingat:* ex his dandi faciendique con-

---

1) Suspensiv- und Resolutivbedingungen werden hier unter einem Gesichtspuncte zusammengefaßt, weil dieß der Natur der Sache, wie den Gesetzen, entspricht. (s. oben §. 17. S. 100. Not. 2.)

2) Dieses dritte Eintheilungsglied der Bedingungen gehört den physisch unmöglichen Bedingungen an.

ditiones *in personas collocantur*, *aut ipsorum*, *quibus quid relinquitur*, *aut aliorum*. **Tertia species in eventu ponetur.**

§. 29.

Wirkungen moralisch und juristisch unmöglicher Bedingungen.

Die Wirkungen der moralisch unmöglichen, und der diesen gleichstehenden juristisch unmöglichen Bedingungen bestehen einfach darin, daß alle Bedingungen, welche gegen die Gesetze des positiven Rechts, oder gegen die naturlichen Gesetze der Moral verstoßen, in der Regel den ganzen Vertrag, dem sie beigefügt sind, ungültig machen [1]; denn das physisch Unmögliche kann, das juristisch und moralisch Unmögliche darf nicht geschehen. Können und dürfen stehen aber in Beziehung auf ihre Wirkungen im Staate gleich [2]. — Was aber eine moralisch unmögliche Bedingung sey, muß sich (wie

---

1) Bei negotia mortis causa gelten sie demnach pro non adjectis. Doch ist in Beziehung auf diese Art von Rechtsgeschäften zu bemerken, daß bei denselben der Promittent und Acceptant überhaupt nicht in der Art gleich Anfangs sich gegenüberstehen, wie die Contrahenten bei Verträgen, weil Testamente und Codicille einseitige Rechtsgeschäfte sind, von denen der eingesetzte Erbe oder Honorirte öfters vorher durchaus nichts weiß, sondern sich erst nach dem Tode des Disponirenden durch Antretung oder Annahme zur Erfüllung der Bedingung quasi ex contractu verbindlich macht. — In Beziehung auf Resolutivbedingungen (welche übrigens bei Erbeinsetzungen, wie sich unten in der dritten Abtheilung zeigen wird, immer für juristisch unmöglich gelten, also nur bei Legaten 2c vorkommen können) ist übrigens zu bemerken, daß der Disponirende (Testator, Codicillant) sich selbst unter einer Resolutivbedingung nichts versprechen lassen kann, aus dem ganz natürlichen Grunde, weil die Zeit zur Erfüllung einer solchen Bedingung nothwendig erst nach dem Tode des Disponirenden eintritt; denn der Anfall des Legats oder Fideicommisses geschieht bekanntlich erst mit dem Tode des Erblassers, die Verpflichtung zur Erfüllung der Bedingung erst durch die Annahme des Legats; zurückgegeben oder verloren kann aber die legirte Sache oder Summe erst dann werden, wenn man sie vorher wirklich erhalten gehabt hat.

2) Vergl. fr. 35. §. 1. fr. 137. §. 6. D. de V. O. (45, 1.) u. oben §. 4. S. 24.

oben im §. 17. gezeigt worden) jedesmal nach dem einzelnen Falle bestimmen, so daß es nicht darauf ankommt, ob eine zur Bedingung gemachte Handlung überhaupt (in abstracto) den Gesetzen des Rechts, der Sittlichkeit oder des Anstandes widerstreitet, sondern ob die Bedingung in der Art, wie sie hinzugefügt worden, das Rechtsgesetz, die Sittlichkeit oder Schicklichkeit verletzt. Wann dieß der Fall sey, wird sich in den meisten Fällen aus dem natürlichen Gebote der Sittlichkeit ergeben, weil die positiven Gesetze hier mit jenem im Allgemeinen übereinstimmen. — Wir wollen nun, nach Anleitung der im vorigen §. aufgestellten allgemeinen Gesichtspuncte, die einzelnen Fälle näher betrachten:

I. der Promittent (d. h. bei der Suspensivbedingung derjenige, welcher etwas anfänglich zu geben, bei der Resolutivbedingung derjenige, welcher etwas wieder zurückzugeben oder zu verlieren sich verpflichtet) verspricht etwas unter der Bedingung

1) daß er etwas moralisch Unmögliches nicht thue; — dann ist

a) bei der Suspensivbedingung (d. h. wenn die moralisch unmögliche Handlung negativ und als Suspensivbedingung hinzugefügt ist) das ganze Rechtsgeschäft von Anfang an ungültig; z. B. ich verspreche Jemanden 100 fl., wenn ich den A. nicht todtschlage [1]) ꝛc.; denn hier verstößt die Handlung in der Art, wie sie zur Bedingung gemacht ist, gegen das Rechtsgesetz und Sittengesetz [2]), und darum ist die Bedingung unmöglich, weil sie zur Vornahme von unrechtlichen oder unsittlichen Handlungen reizt [3]).

---

1) Es werden hier Beispiele juristisch unmöglicher Handlungen gewählt, wie es auch in den Gesetzen geschieht, z. B. in fr. 2. D. de condict. ob turpem vel injustam causam. (12, 5.) fr. 26. u. 27. D. de V. O (45, 1.), weil die juristisch unmöglichen Bedingungen immer auch die moralisch unmöglichen in sich schließen, nicht aber umgekehrt. (s. oben §. 4. S. 25. f.)

2) fr. 26. u. 27. D. de V. O. (45, 1.) §. 24. J. de inutilib. stipul. (3, 20.)

3) Vergl. fr. 5. §. 1. D. de pactis dotalibus. (23, 4.) (Paulus Lib. 7. ad Sabinum.) Ac ne illa quidem pacta servanda sunt,

b) Ist einem Rechtsgeschäfte eine solche moralisch unmögliche Handlung **negativ** und **als Resolutivbedingung** hinzugefügt; z. B. ich gebe dem A. 100 fl.; dieser verspricht mir aber, dieselben wieder zurückzugeben, wenn er den B. nicht todtschlägt; — so wird dadurch offenbar gegen die Gesetze des Rechts und der Moral angestoßen, — und es muß darum das ganze Rechtsgeschäft, dem die moralisch unmögliche Bedingung hinzugefügt ist, von Anfang an als ungültig betrachtet werden.

Das bedingte Rechtsgeschäft ist aber hier genau genommen nur der auf den Rückerwerb gerichtete Nebenvertrag, und darum würde nur dieser als ungültig erscheinen, der unbedingte Hauptvertrag aber als gültig erhalten werden. Allein bei genauerer Betrachtung wird das ganze Geschäft (der Hauptvertrag, wie der Nebenvertrag) contra bonos mores verstoßen; denn dasselbe fordert offenbar schon von Anfang an zur Begehung unerlaubter Handlungen auf. Es lassen sich aus diesem Grunde auch der Haupt- und der Nebenvertrag nicht von einander trennen, sondern beide sind von Anfang an ungültig. Da aber hier von Seiten der beiden Contrahenten eine gleiche turpitudo vorhanden ist, indem der Eine den Andern durch Hingabe der Summe unter der fraglichen Resolutivbedingung zur Begehung des Verbrechens reizt, der Andere aber durch Annahme des Gegebenen und der Resolutivbedingung seine Neigung, das Verbrechen zu begehen, zeigt, so wird hier der allgemeine Grundsatz eintreten: Si et dantis et accipientis turpis causa sit, possessorem potiorem esse [1]); und demgemäß wird derjenige, welcher den Gegenstand unter der Resolutivbedingung wirklich bekommen hat, gegen die Rückforderung desselben gesichert seyn. Hat er es freilich nicht bekommen, so kann er es natürlich nicht einfodern.

2) Der Promittent verspricht etwas unter der Bedingung,

---

ne ob res donatas vel amotas ageretur: quia altero pacto ad *furandum mulieres invitantur:* altero jus civile impugnatur. Donell. commentar. Lib. XII. cap. XXI. §. 10.

1) fr. 1. 8. D. de condict. ob turpem vel injustam causam (12, 5.) const. 2. 5. C. eod. (4, 7.)

daß er etwas Unrechtliches, Unsittliches, Unschickliches thue. Geschieht dieß

a) bei der Suspensivbedingung (s. g. affirmativ moralisch unmögliche Suspensivbedingung), z. B. ich verspreche 100 fl., unter der Bedingung, wenn ich den A. todtschlage rc. — Hier ist zwar die zur Bedingung gemachte Handlung (des Todtschlagens) an sich unrechtlich und unsittlich, allein keineswegs verstößt die Bedingung gegen das Rechts- und Sittengesetz, sondern diese trägt ja gerade dazu bei, von dessen Verletzung abzuhalten; sie kann darum auch nicht zu den unmöglichen Bedingungen (contra bonos mores), sondern sie muß vielmehr zu den möglichen und von dem Sittengesetz gebilligten gerechnet werden. Das sagen unsere Gesetze aufs Bestimmteste z. B. fr. 121. §. 1. D. de V. O. (45, 1.) (PAPINIANUS lib. 11. Responsor.)

Mulier ab eo, in cujus matrimonium conveniebat, stipulata fuerat ducenta, *si concubinae tempore matrimonii consuetudinem repetisset.* Nihil causae esse respondi cur ex stipulatu, *quae ex bonis moribus concepta fuerat* [1]), mulier impleta conditione, pecuniam adsequi non possit [2]).

b) Ist eine solche Handlung als Resolutivbedingung hinzugefügt (s. g. affirmativ moralisch unmögliche Resolutivbedingung), z. B. ich gebe dem A. 100 fl.; er soll mir dieselben aber wiedergeben, wenn er den B. todtschlägt rc.; — dann ist auch hier die Bedingung nicht allein nicht juristisch oder moralisch unmöglich, sondern vielmehr möglich, und ihre Erfüllung moralisch nothwendig.

Dieser Fall stimmt mit dem vorhergehenden (unter a) wieder in so ferne überein, als der Promittent, d. h. hier derjenige, welcher die Rückgabe versprochen hat, die Bedingung erfüllen muß.

3) Der Promittent verspricht etwas zu geben

---

1) const. 1. C. de concubinis. (5, 26.)

2) fr. 31. D. de evictionibus (21, 2.) fr. 50. D. de pactis. (2, 14.) const. 1—3. C. si mancipium ita venierit. (4, 56.) Zimmern römische Rechtsgeschichte. I. §. 211. pos. 2.

A. unter der **Bedingung, daß er etwas juristisch oder moralisch Nothwendiges thue**, d. h. seine Pflicht erfülle, und zwar

a) unter einer **Suspensivbedingung**, z. B. ich verspreche dem A. 100 fl., wenn ich eine deponirte oder geliehene Sache zurückgebe, oder wenn ich als Richter einen gerechten Urtheilsspruch fälle. (s. pos. II. 3. A. a. unten.) — Hier wird durch die dem Versprechen beigefügte Bedingung zur Uebertretung der Pflicht gereizt, und deßhalb erscheint die Bedingung als juristisch oder moralisch unmöglich, und das ganze Rechtsgeschäft als ungültig.

b) als **Resolutivbedingung**, z. B. ich gebe dem A. 100 fl., er soll mir sie aber wieder zurückgeben, wenn er seine Pflicht erfüllt. — Hier ist ohne Zweifel der zur Pflichtübertretung auffordernde Nebenvertrag ungültig; ebenso aber auch das ganze Geschäft, weil dieß von Anfang an contra bonos mores war, und von der Nebenbestimmung nicht getrennt werden kann. Das bereits Gegebene kann aber nicht zurückgefordert werden. (s. pos. 1. b. oben.)

B. Der Promittent verspricht etwas unter der Bedingung, **daß er etwas juristisch oder moralisch Nothwendiges nicht thue**, d. h. seine Pflicht nicht erfülle; und zwar

a) unter einer **Suspensivbedingung**, z. B. ich verspreche dem A. 100 fl., wenn ich meine Pflicht nicht erfülle. — Hier ist offenbar das ganze Rechtsgeschäft gültig und wirksam; denn die Bedingung ist nicht moralisch oder juristisch unmöglich, sondern vielmehr möglich, weil sie die Pflichterfüllung befördert.

b) Ist eine solche **Bedingung resolutiv** hinzugefügt, z. B. ich gebe dem A. 100 fl., er verspricht mir aber, sie wieder zurückzugeben, wenn er seine Pflicht nicht erfüllt; — dann gilt gleichfalls der ganze Vertrag aus demselben Grunde, wie im vorhergehenden Falle; denn, ob der anfängliche, oder der Rückerwerb von einer solchen Bedingung abhängig gemacht wird, ist natürlich einerlei.

II. Dem **Acceptanten** (d. h. demjenigen, welcher bei einer Suspensivbedingung anfänglich, bei einer Resolutivbedingung aber rückwärts etwas erwerben soll), ist etwas versprochen worden, unter der Bedingung

1) daß er etwas juristisch oder moralisch Unmögliches thue, und zwar

a) als Suspensivbedingung (affirmativ moralisch unmögliche Suspensivbedingung), z. B. dem A. sind 100 fl. versprochen, wenn er den B. todtschlägt. — Hier ist die Bedingung wirklich unmöglich, der ganze Vertrag gilt von Anfang an nichts:

fr. 123. D. de V. O. (45, 1.) (Papinianus Lib. 1. Definit.) Si flagitii faciendi vel facti causa concepta sit stipulatio ab initio non valet.

b) Ist eine solche Handlung als Resolutivbedingung hinzugefügt (affirmativ moralisch unmögliche Resolutivbedingung), z. B. ich gebe Jemanden 100 fl., unter der Bedingung, daß er mir dieselben wieder zurückgebe, wenn ich den A. todtschlage; — dann gilt dasselbe, wie im vorigen Falle; der ganze bedingte Vertrag ist ungültig, d. h. sowohl der Hauptvertrag, als der den Rückerwerb bedingende Nebenvertrag, weil das ganze Geschäft zur Begehung einer unerlaubten Handlung reizt. Derjenige, welcher für sich den Rückerwerb bedungen, kann aber nichts erlangen, quia in pari turpitudine melior est conditio possidentis. (s. oben S. 133. pos. I. 1. b.)

2) Dem Acceptanten wird etwas unter der Bedingung versprochen, daß er eine juristisch oder moralisch unmögliche Handlung nicht vornehme (moralisch unmögliche Handlung negativ beigefügt), und zwar

a) als Suspensivbedingung, z. B. ich verspreche dem A. 100 fl., wenn er den B. nicht todtschlägt (negativ moralisch unmögliche Suspensivbedingung.) Hier ist zwar von Seiten des Versprechenden nichts moralisch Unmögliches bezweckt worden, sondern vielmehr das Gegentheil; allein auf Seiten des Acceptanten ist eine Schändlichkeit vorhanden, welche das ganze Rechtsgeschäft ungültig macht, und denjenigen, der etwas versprochen oder gegeben hat, zur Zurücknahme des Versprechens, oder Zurückforderung des Gegebenen berechtigt. Denn dafür, daß Jemand das Rechts- oder Sittengesetz nicht übertrete, darf er sich, nach römischen Begriffen, nichts versprechen lassen, es ist das nur seine ganz allgemeine Rechts- oder Sittenpflicht. [s. unten pos. 3. A. a.[1])] Das sagen die Gesetze zu wiederholten Malen, z. B.

> fr. 7. §. 3. D. de pactis. (2, 14. (ULPIAN. Lib. 4. ad Edict.)
> Si ob maleficium ne fiat, promissum sit, nulla est obligatio ex hac conventione[2]);

und eine speciellere Anwendung dieser Regel in

> fr. 1. §. 2. D. de condict. ob turpem vel injustam causam. (12, 5.) (PAULUS Lib. 10. ad Sabinum.)
> Quod si turpis causa accipientis fuerit: etiamsi res secuta sit, repeti potest.
>
> fr. 2. D. eod. (ULPIAN. Lib. 26. ad Edict.)
> Utputa dedi tibi, *ne sacrilegium facias, ne furtum, ne hominem occidas:* in qua specie Julianus scribit, si tibi dedero, *ne hominem occidas*, condici posse[3]).

b) Ist eine solche Handlung als Resolutivbedingung hinzugefügt (negativ moralisch unmögliche Resolutivbedingung), z. B. ich gebe dem A. 100 fl., unter der Bedingung, daß er mir dieselben wieder zurückgebe, wenn ich den B. nicht todtschlage.

Hier ist das ganze Geschäft, sowohl der auf den Rückerwerb gerichtete Nebenvertrag, als der Hauptvertrag, ungültig, weil es gewiß nach den Begriffen der Römer ebenso schimpflich war, auf den Fall der Unterlassung einer mora-

---

1) Thibaut Versuche. (zweite Ausg.) Bd. 2. S. 148. Not. 17. (erste Ausg.) S. 166. Not. 17.

2) fr. 27. §. 3. u 4. D. de pactis. (2, 14.) fr. 5. D. de pactis dotalibus. (23, 4.) DONELL. commentar. Lib. XII. cap. 21. §. 10 DUAREN. l. c. P. IV. cap. 3. No. 8. sqq.

3) Vergl. auch const. 3. 4. C. de condict. ob turpem causam. (5, 7.) fr. 4. §. 2. D. de condict. ob turpem vel injustam causam. (12, 5.) Dagegen kann man sich natürlich überhaupt dazu verbinden, etwas Verbotenes nicht zu thun; denn nur darin, daß man sich für das Nichtthun etwas versprechen läßt, liegt das Schimpfliche: fr. 50. D. de pactis. (2, 14.)

lischen Schändlichkeit als Rückerwerb sich etwas versprechen zu lassen, als dieß bei dem anfänglichen Erwerb für schimpflich galt.

3) Dem Acceptanten wird etwas versprochen, unter der Bedingung,

A. daß er etwas moralisch Nothwendiges thue, d. h. seine Pflicht erfülle, und zwar

a) unter einer Suspensivbedingung, z. B. ich verspreche dem A. 100 fl., wenn er mir eine von mir deponirte oder geliehene Sache wieder zurückgebe [1]). — Hier würde zwar durch die beigefügte Bedingung ein neues Motiv zur Erfüllung der Pflicht gegeben seyn; — allein das römische Recht, von einem sehr richtigen Gefühle der honestas hier geleitet, hält es bei einem tüchtigen Manne für schimpflich, sich für Erfüllung seiner gewöhnlichen Rechts- und Sittenpflichten etwas versprechen zu lassen [2]), mögen diese nun, wie hier, in der Verpflichtung zur Vornahme einer positiven, durch das Rechts- oder Sittengesetz gebotenen Handlung, oder in der Pflicht zur Unterlassung einer moralisch oder rechtlich verbotenen Handlung bestehen; wie oben pos. 2. a. gezeigt worden. Als Beispiel diene das schon oben unter pos. 2. a. angeführte fr. 2. D. de condict. ob turpem vel injustam causam. Diese Gesetzesstelle fährt nämlich unmittelbar nach dem oben mitgetheilten pr. im §. 1. also fort: Item si tibi dedero, ut rem mihi depositam apud te, vel ut instrumentum mihi redderes [3]); und in fr. 5. D. de tutelae et rationibus distrahendis. (27, 3.) (Ulp. Lib. 43. ad Sabinum.) wird der Grund für die Rückforderung der Summe, welche man empfangen hat, damit man eine deponirte oder geliehene Sache zurückgebe, dahin angegeben: quia (pecunia) turpiter accepta sit [4]).

In einzelnen Fällen, in welchen die Gesetze eine besondere Strenge befolgen, wie beim judex, kann sogar ein sol-

1) fr. 34. D. depositi vel contra. (16, 3.)
2) Vergl. Thibaut civilist. Abhandl. S. 362.
3) fr. 9. D. eod. const. 7. C. eod. (4, 7.)
4) fr. 4. §. 2. D. de condict. ob turpem causam. (12, 5.) const. 1. C. eod. (4, 7.)

cher bedingter Vertrag ein Verbrechen involviren, wie der unmittelbar auf die vorhin mitgetheilten Worte folgende §. 3. des fr. 2. D. cit. zeigt:

Sed si dedi ut secundum me in bona causa judex pronunciaret, est quidem relatum, condictioni locum esse. Sed hic quoque crimen contrahit: judicem enim corrumpere videtur; et non ita pridem Imperator noster constituit, litem eum perdere.

b) Ist aber etwas juristisch oder moralisch Nothwendiges als Resolutivbedingung hinzugefügt, z. B. ich gebe Jemanden 100 fl., unter der Bedingung, daß er mir dieselben zurückgebe, wenn ich meine Pflicht erfülle; — so wird die Rückforderung im Falle der erfüllten Bedingung nicht stattfinden können, weil das, was beim anfänglichen Erwerb für schimpflich gehalten wird, auch beim Rückerwerb als schimpflich gelten muß.

B. Es wird etwas versprochen unter der Bedingung, daß der Acceptant eine moralisch nothwendige Handlung nicht vornehme, d. h. seine Pflicht nicht erfülle; und zwar

a) als Suspensivbedingung, z. B. ich verspreche Jemanden 100 fl., wenn er die von einem Dritten deponirte oder geliehene Sache nicht zurückgebe. — Dann ist das ganze Rechtsgeschäft, welches zu einer Pflichtverletzung reizt, als unrechtlich, oder unsittlich völlig ungültig, weil die Unterlassung einer durch das Rechts- oder Sittengesetz gebotenen Handlung für den Verpflichteten ebenso eine Uebertretung ist, wie die Vornahme einer verbotenen positiven Handlung.

b) Ist aber eine solche Bedingung resolutiv hinzugefügt, z. B. ich gebe Jemanden 100 fl., unter der Bedingung, daß er sie mir wieder gebe, wenn ich die deponirte oder geliehene Sache nicht zurückliefere; — dann ist wieder, wie oben unter I. 1. b., von beiden Seiten eine turpitudo vorhanden, und darum das ganze Rechtsgeschäft ungültig; das Gegebene kann aber nicht zurückgefordert werden.

III. Wird der Erwerb oder Verlust eines Rechts von der juristisch oder moralisch unmöglichen Handlung einer dritten [1]), bei

1) Vergl. im Allg. fr. 38. §. 1. u. 2. D. de V. O. (45, 1.)

dem Vertrage nicht betheiligten Person abhängig gemacht [1]), so hat dieß auf die Gültigkeit des Vertrags gar keinen störenden Einfluß, es mag nun ein positives Thun, oder ein Unterlassen einer solchen Handlung, und zwar resolutiv oder suspensiv als Bedingung gesetzt seyn. Denn die Handlung eines Dritten ist in Beziehung auf die Contrahenten einem casus gleich. Dabei versteht sich indessen von selbst, daß die Absicht der Contrahenten bei Abschließung des Vertrags nicht dahin gegangen seyn darf, den Dritten zur Vornahme der zur Bedingung gemachten, moralisch oder juristisch unmöglichen, oder zur Unterlassung der moralisch oder juristisch nothwendigen Handlung zu bewegen; denn alsdann würde ja wieder die eigne schändliche Handlung des Contrahenten in Frage kommen, und die gewöhnlichen Wirkungen, welche wir in dem Bisherigen kennen gelernt haben, äußern [2]).

Eine bei dem Vertrage nicht beabsichtigte spätere nachtheilige Einwirkung der Contrahenten auf den Dritten, um ihn zu einer unmoralischen oder unrechtlichen Handlung zu reizen, kann zwar gegen den Handelnden (den Verführer) nach allgemeinen Grundsätzen unter Umständen Rechtsansprüche begründen; allein dieß kommt hier, wo bloß von den Wirkungen der bedingten Verträge die Rede ist, nicht in Betracht.

---

1) So galt, wie wir weiter unten sehen werden, die Bedingung, nicht zu heurathen, oder nicht wieder zu heurathen, (letztere wenigstens nach dem Rechte vor den Novellen) für unerlaubt, wenn sie derjenigen Person, welche etwas unter derselben erwerben sollte, auferlegt war; bezog sich dieselbe aber auf eine dritte Person, so war sie gültig, und mußte erfüllt werden nach const. 1. C. de indicta viduitate. (6, 40.) (Imp. Gordianus A. Bono 242.) Legatum *alii* sub conditione sic relictum, *si uxor nuptiae se post mortem mariti non collocaverit*, contractis nuptiis conditione deficit, ideoque peti nequaquam potest.

2) Schweppe a. a. O. Bd. 3. §. 422. a. pos. g. giebt als Grund der hier vertheidigten Ansicht an: „Man kann dabei auch gar nicht an einen Reiz des Dritten zur Begehung des Unerlaubten denken, denn da den beiden Theilen eine entgegengesetzte Einwirkung auf den Dritten freistehet, so hebt sie sich auf.“

Zweiter Unterabschnitt.

Einzelne wichtige und interessante Arten moralisch unmöglicher Bedingungen.

§. 30.

Einleitung.

Nachdem wir bisher die juristisch unmöglichen und die moralisch unmöglichen Bedingungen im Allgemeinen nach ihren Arten und Wirkungen genauer betrachtet haben, heben wir nun einzelne dieser Bedingungen, welche ein besonderes Interesse gewähren, hervor, um sie nach ihrer rechtlichen Natur und ihren Wirkungen näher kennen zu lernen.

Die Gesetze, welche von diesen einzelnen Arten der Bedingungen handeln, beziehen sich auch hier meistens [1]) auf negotia mortis causa, sowie bekanntlich überhaupt die ganze Lehre von unmöglichen Bedingungen vorzüglich mit Rücksicht auf solche Rechtsgeschäfte in den Gesetzen entwickelt wird. Es könnte darum vielleicht zweckmäßiger erscheinen, wenn diese einzelnen Bedingungen erst in der dritten Abtheilung, die ausschließlich von Rechtsgeschäften auf den Todesfall handelt, näher entwickelt würden. Allein für die Stellung in diesem Unterabschnitte, spricht schon der bisher befolgte Grundsatz, daß Gesetze, welche von negotia mortis causa handeln, auch auf negotia inter vivos angewendet werden, und umgekehrt. Dazu kommt noch der weitere Grund, daß solche Bedingungen auch bei negotia inter vivos vorkommen können, und darum auf jeden Fall hier in Beziehung auf diese letztere Art von Rechtsgeschäften erörtert werden müßten [2]). Wir folgen

---

1) Doch nicht ausschließlich: Vergl z. B. fr. 71. §. 1. i. f. D. de cond. et dem. (35, 1) const. 2. C. de inutilib. stipulat. (8, 39.) fr. 19. 134. pr. D. de V. O. (45, 1.) a. a. m.

2) Thibaut System 2c. §. 803. pos. III. und Seuffert Lehrbuch 2c. Bd. 3. §. 536. führen diese Bedingungen allein bei negotia mortis causa auf; richtiger weisen ihnen aber wohl v. Wening-Ingenheim Lehrbuch 2c. Buch I. §. 136. und Valett Lehrbuch 2c. §. 989. vergl. mit §. 108 ff. ihre Stelle in der Lehre von den Bedingungen bei Rechtsgeschäften im Allgemeinen an; welche Stellung

deßhalb nur dem in der ganzen Untersuchung beobachteten Gange, wenn wir die Regel für die Wirkungen einzelner Arten von unmöglichen Bedingungen bei Rechtsgeschäften unter Lebenden auch als Regel für solche Bedingungen bei Rechtsgeschäften auf den Todesfall gelten lassen, trotz dem, daß diese Regel bei diesen ganz andere Wirkungen erzeugt, wie bei jenen. Dadurch wird zugleich, ohne daß wir den Vorwurf der Unvollständigkeit verschulden, die doppelte Erörterung der Grundsätze uber diese einzelnen unmöglichen Bedingungen bei jenen beiden Arten von Rechtsgeschäften erspart, weil sich die Anwendung von der einen dieser Arten leicht auf die andere machen läßt, wie auch hier und da in den Noten angedeutet ist. Demnach bleibt uns denn für die dritte Abtheilung nur noch übrig, theils die Anwendung der allgemeinen Grundsätze über negotia mortis causa bei einzelnen Gattungen der unmöglichen Bedingungen näher zu zeigen, theils die Abweichungen von der allgemeinen Regel nachzuweisen.

In der folgenden Zusammenstellung der näher zu betrachtenden Arten der unmöglichen Bedingungen wird die oben im §. 27. angegebene übersichtliche Darstellung hier beibehalten [1].

§. 31.

A. Moralisch unmögliche Bedingungen in Beziehung auf das Verhältniß des Menschen zur Gottheit.

Die Bedingung, die Religion zu ändern, oder nicht zu ändern.

Die vorstehende Bedingung ist in älterer [2]), wie in

---

denn auch hier befolgt wird, da dieser Unterabschnitt wenigstens mittelbar auch auf negotia mortis causa sich bezieht, und somit von den Rechtsgeschäften im Allgemeinen handelt.

1) Bei den einzelnen Arten der unmöglichen Bedingungen ist in der folgenden Untersuchung die Bedingung als eine aufschiebende (Suspensivbedingung) angenommen worden, weil dieses der gewöhnlicher vorkommende Fall ist; die Anwendung auf die Resolutivbedingungen wird indessen nach den in den §§. 17. u 29. angegebenen allgemeinen Regeln nicht schwer fallen; sie braucht darum bei jeder einzelnen Art dieser Bedingungen nicht besonders gezeigt zu werden, weil dieß offenbar zu unnöthiger Weitschweifigkeit führen würde.

2) Carpzov. Decis. LXXXIX. Struv. Exercit. ad Dig. 38. th. 50.

neuerer[1]) Zeit Gegenstand besonderer Bearbeitung gewesen, und es haben sich die Ansichten der Rechtslehrer sehr verschieden darüber ausgesprochen. Man kann diese verschiedenen Ansichten in drei Classen zusammenfassen: Die conditio de mutanda vel non mutanda religione wird nämlich entweder überhaupt als unzulässig[2]), oder sie wird an sich als zulässig betrachtet[3]), oder die erste und die zweite Ansicht werden in der Art mit einander verbunden, daß man die Bedingung, die Religion zu ändern, für schimpflich und unzulässig hält, die Bedingung, die Religion nicht zu ändern aber zuläßt[4]).

Für die gegenwärtige Untersuchung, welche diese Bedingung nur als eine einzelne Art der moralisch unmöglichen Bedingungen in der Reihenfolge der Untersuchung betrachtet, kann es nun nicht Aufgabe seyn, die eben erwähnten abweichenden Ansichten historisch zu verfolgen, und überhaupt die ganze Frage so umfassend und ausführlich zu erörtern, wie es in den diesem Gegenstande gewidmeten besonderen Bearbeitungen geschehen ist; vielmehr hat der Verf. seine Aufgabe sich allein

---

Hertius de superioritate territoriali in opusc. Vol. I. P. 2. pag. 150. sq. T. J. Reinharth select. observat. ad Pauli Christinaei decisiones. Vol. IV. obs. 24. Ravensberg. l. c. cap. II. §. 14. 15. Ziegler l. c. No. LXXV. sqq. u. A. m.

1) Thibaut System ꝛc. §. 803. Not. g. Braun, Erörterungen zu Thibaut's System. eod. v. Wening-Ingenheim Lehrbuch ꝛc. §. 136. pos. 3 Seuffert Lehrb. ꝛc. Bd. 3. §. 536. Not. 4. Valett ausführliches Lehrbuch ꝛc. Bd. 1. §. 108. a. E. Günther und Hagemann Archiv. Bd. 3. No. 8. F. G. Gambsjaeger pr. circa conditionem seu affirmativam s. negativam religionis mutandae etc. Heidelb. 1812. Jäger in der Zeitschrift für Civilrecht und Proceß. Bd. 3. Hft. 3. No. XVI. Eichhorn Einleitung in das deutsche Privatrecht. §. 79. Mittermaier deutsches Privatrecht. §. 105. Runde deutsches Privatrecht. §. 637. Danz zu Runde. Bd. 7. S. 205.

2) z. B. von Ziegler. l. c. de Berger. oeconomia jur. Lib. II. Tit. IV. Th. XIII. not. 7. Jäger a. a. O. Mackeldey Lehrb. (10te Ausg.) 1833. §. 171. Not. f. Affelmann. l. c. conclus. XXI.

3) z. B. v. Thibaut, v. Wening-Ingenheim, Seuffert a. a. O.

4) z. B. v. Runde, Danz, Eichhorn a. a. O., Höpfner a. a. O. §. 490. Not. 2. Doch entscheidet sich der Herausgeber, Weber, mehr für die Verwerflichkeit der Bedingung, die Religion nicht zu ändern. s. d. angef. Note 2. a. E.

dahin gestellt, diese einzelne Art von Bedingungen, in Uebereinstimmung mit den, in der ganzen Untersuchung befolgten allgemeinen Grundsätzen des römischen Rechts, etwas genauer zu betrachten, und demgemäß auf eigenem Wege zu einem selbstständigen Resultate zu gelangen. —

Diejenigen Rechtslehrer, welche die Bedingung, die Religion zu ändern, oder nicht zu ändern, überhaupt als zulässig, und bloß dann als unzulässig, als unmöglich betrachten, wenn dieselbe darauf gerichtet ist, daß eine im Staate verbotene Religion angenommen oder beibehalten werde [1]), müssen ihre Ansicht darauf stützen, daß diese Bedingung nur in der letzteren Art gegen die positiven Gesetze des Staates verstoße, daß sie sonst aber zwar als unsittlich, nicht aber als unrechtlich erscheinen könne. Diese Schlußfolgerung würde sich zwar schon von selbst als nothwendig ergeben, sie wird aber auch wirklich so, wie hier geschehen, ausdrücklich angegeben von Valett, a. a. O. §. 108. pos. 7. i. d. W. „Die Bedingung, seine Religion zu ändern oder nicht zu ändern, ist nicht verboten, aber unsittlich.“

Der eben erwähnten Ansicht darf nun ohne Weiteres so viel nachgegeben werden, daß die conditio de mutanda, vel non mutanda religione nur dann, wenn sie auf eine im Staate verbotene Religion gerichtet ist, als juristisch unmöglich gelten könne, weil sie nur in diesem Falle gegen ein bestimmtes positives Gesetz verstößt.

Da sich aber durch die bisherige Untersuchung im Allgemeinen gezeigt hat, daß nicht allein die durch bestimmte positive Gesetze verbotenen Bedingungen zu den unmöglichen gehören, (als juristisch unmögliche) sondern daß auch, nach den Grundsätzen des römischen Rechts, das ganze Gebiet der Moral in Beziehung auf die Wirkungen der Bedingungen in der Art mit dem Gebiete des positiven Rechts vereinigt erscheint, daß Alles, was den Gesetzen der Moral widerstreitet, ebenso verboten und ungültig ist, als das, was bestimmten Gesetzen zuwiderläuft, (moralisch unmögliche Bedingungen) — so muß

1) Vergl. Thibaut, Seuffert, v. Wening-Ingenheim a. a. O.

dieß auch bei den einzelnen Arten der Bedingungen gelten; denn auch die moralisch unmöglichen Bedingungen leiten dann wenigstens den unmittelbaren Grund ihrer Wirkungen aus dem positiven Rechte ab, nur mit dem Unterschiede, daß sie auf die allgemeinen gesetzlichen Bestimmungen sich stützen, und neben der unmittelbaren Quelle des positiven Verbots noch die mittelbare und letzte Quelle des Verbots durch das Sittengesetz haben. (s. oben S. 125. u. 126.)

Nach dem Bisherigen würde also schon aus allgemeinen Gründen die hier in Frage stehende Bedingung als unzulässig erscheinen; denn, daß es gegen das Sittengesetz verstößt, wenn die Beibehaltung oder die Aenderung des religiösen Glaubens[1]) — des Heiligsten, was der menschliche Geist zu fassen vermag — von dem Erwerbe eines äußeren Gewinnes abhängig gemacht wird, bedarf wohl keiner weiteren Ausführung.

Zu den im Bisherigen entwickelten allgemeinen Gründen für die Unzulässigkeit der Bedingung, die Religion zu ändern, oder nicht zu ändern, kommt noch ein besonderer, aus einer einzelnen Gesetzesstelle des römischen Rechts abzuleitender Grund, welcher bisher zu wenig beachtet worden ist, weil man gewöhnlich[2]) nur nach dem Geiste des römischen Rechts im Allgemeinen die Frage über Zulässigkeit der betreffenden Bedingung verneinend oder bejahend beantwortet hat. Das Gesetz, welches hier der Untersuchung speciell als Beleg dienen soll, ist das

fr. 8. pr. D. de condit. instit. (28, 7.) (Ulpian. Lib. 50. ad Edict.)

das, gestützt auf das prätorische Edict, die conditio juris-

1) Auf die Reinheit des beizubehaltenden oder anzunehmenden religiösen Glaubens in abstracto kommt bei der conditio de mutanda vel non mutanda religione natürlich nichts an; denn sehr wahr sagt ein neuerer Schriftsteller: „Wer hartnäckig auf seinem Aberglauben besteht, ist immer noch besser, als wer einen besseren Glauben nur aus weltlichem Interesse annimmt. Der ehrliche Aberglaube ist immer noch besser, als ein besserer Glaube, der nur Maske des Eigennutzes ist.“

2) Vergl. jedoch Ziegler l. c. No. LXXVI. i. f. und Lauterbach l. c. Lib. XXXV. Tit. I. cap. II. not. *.

jurandi [1]) für eine schimpfliche Bedingung erklärt, und darum bei negotia mortis causa dieselbe pro non scripta hält. Als Grund für die turpitudo dieser Bedingung wird, unter andern nicht hierher gehörigen Motiven, auch der folgende, aus der Gesetzgebungspolitik im Allgemeinen entlehnte, angeführt:

> Cum enim faciles sint nonnulli hominum ad jurandum *contemptu religionis*, alii perquam timidi metu divini numinis usque ad superstitionem, ne vel hi, vel illi aut consequerentur, aut perderent, quod relictum est, Praetor consultissime intervenit etc.

Die vorstehende gesetzliche Bestimmung beruht auf dem mit dem natürlichen Sittengesetze in völliger Uebereinstimmung stehenden Motive: Gegenstände, welche mit dem religiösen Glauben eines Menschen zusammenhängen, wie der Eid [2]) — und also noch vielmehr solche, welche den Inbegriff des ganzen religiösen Glaubens eines Menschen in sich schließen, wie die Religion selbst, — sollen nicht von dem Erwerbe äußerer Güter abhängig gemacht, noch überhaupt damit in Verbindung gebracht werden. Der Mensch soll durch solche Bestimmungen nicht in Versuchung geführt werden; denn manche Tugend, welche, so lange sie unangefochten war, sich rein erhalten hat, scheitert an der gefährlichen Klippe des Eigennutzes. Daß die Gesetzgebung solche Klippen im Interesse der Moralität so viel wie möglich wegzuräumen sucht, ist ebenso leicht zu begreifen, als vollkommen zu billigen. Daran schließt sich noch die weitere Betrachtung: Während, wie wir eben gesehen, im Falle einer solchen Bedingung, derjenige, welcher das Heilige nicht heilig achtet, Gewinn zieht, wird derjenige, welcher dem Gebote seines Gewissens folgt (sey dieses auch allzuzart) des Erwerbs verlustig werden.

Paßt nun nicht Alles, was bisher über den in fr. 8. cit. für die conditio jurisjurandi angegebenen Grund gesagt worden ist, genau und vollkommen auf die conditio de mutanda vel non mutanda religione? — oder steht der analogen Anwen-

---

1) Vergl. über die conditio jurisjurandi die dritte Abtheilung.

2) Der Eid wird in den Gesetzen öfters jurisjurandi religio genannt: fr. 77. §. 23. D. de legatis II. (31.)

dung dieses Grundes auf die letztere Bedingung irgend etwas im Wege? — Ein Grund, welcher aus der allgemeinen Gesetzgebungspolitik geflossen und ganz allgemein gefaßt ist!

Billigen wir aber die analoge Ausdehnung jenes Grundes, und wenden wir denselben speciell auf die Bedingung, die Religion zu ändern, oder nicht zu ändern, an, so wird sich die Sache, je nach Verschiedenheit der Fälle, also gestalten:

1) Die Bedingung, die Religion zu ändern, ist unzulässig.

Es lassen sich hier zwei verschiedene Fälle als möglich gedenken, nämlich:

a) Derjenige, dem diese Bedingung auferlegt ist, wird nicht durch seine Ueberzeugung zum Wechsel der Religion getrieben. — Dann erscheint die Bedingung als moralisch unmöglich, turpis, weil sie ihn versuchen könnte, seine innere Ueberzeugung einem äußeren Vortheile nachzusetzen; denn durch den bedingt angebotenen Gewinn wird er in die alternative Zwangslage versetzt, entweder die Religion wider bessere Ueberzeugung zu ändern, oder den Gewinn auszuschlagen; — ein Zwang, welchen das römische Recht, wie wir vorhin bei Erläuterung des angeführten fr. 8. pr. D. de condit. instit. gesehen haben, nicht duldet. — Auch enthält hier in der That die Bedingung, noch außer dem oben erwähnten alternativen oder indirecten Zwange, eine directe Kränkung, oder Beschimpfung. Denn, wenn ich Jemanden, der bei seinem religiösen Glauben sich glücklich fühlt, die conditio de mutanda religione auferlege, so muthe ich ihm doch etwas Unerlaubtes zu; — eine solche Zumuthung ist aber kränkend, beschimpfend. Der Grund dafür liegt darin, weil ich doch in der Regel Erfüllung der von mir gesetzten Bedingung wünschen, und darum Jemanden, von dem ich ganz gewiß weiß, daß ihm seine Religion für äußere Güter nicht feil ist, die Bedingung, die Religion zu ändern, nicht auferlegen werde.

Bei demjenigen also, welchem eine solche Bedingung gesetzt ist, muß mein Vertrauen auf die Festigkeit und Reinheit seiner religiösen Gesinnung wenigstens schwankend seyn; — und ein solches halbes Mißtrauen, sobald es gegen die bestimmte Person unmittelbar oder mittelbar ausgesprochen wird, tritt deren Ehre zu nahe.

Zwar wendet man gegen die hier vertheidigte Ansicht, nach welcher die Bedingung, die Religion zu ändern, für unzulässig gehalten wird, im Allgemeinen ein: Die bedingte Disposition enthalte nicht, wie die unbedingte, einen directen Zwang, weil demjenigen, welcher etwas unter dieser Bedingung erwerben soll, immer die Wahl zwischen Aenderung der Religion und dem Verluste des bedingt angebotenen Gewinnes bleibe; er brauche darum nur den letzteren auszuschlagen, um sich von jeder Beschränkung der Gewissensfreiheit zu bewahren.

Allein es besteht doch immer ein alternativer Zwang, ein Conflict zwischen dem äußeren Vortheil und der inneren Ueberzeugung, welcher nach dem Obigen aus allgemeinen Gründen der Gesetzgebungspolitik nicht stattfinden soll [1]).

Ueberhaupt herrscht bei keiner der unmöglichen Bedingungen, und namentlich bei keiner der moralisch unmöglichen Bedingungen ein directer Zwang zur Vornahme der als Bedingung gesetzten Handlung, weil bei allen dieselbe Wahl zwischen der Erfüllung der Bedingung und der Ausschlagung des bedingt angebotenen Vortheils freisteht; — und doch werden dieselben im römischen Rechte unzähligemal als verboten aufgeführt. — Was aber bei diesen Bedingungen im Allgemeinen gilt, muß auch bei der hier in Frage stehenden einzelnen Art derselben gelten.

b) Demjenigen, welcher durch seine religiöse Ueberzeugung zur Aenderung der Religion ge-

---

1) Vergl. auch Jäger a. a. O. S. 318. a. E. f. Aus dem durch die Reichsgesetze verbotenen Religionszwang (Westphäl. Friede. Art. VII.) kann dagegen strenge genommen kein anderer Grund für die hier vertheidigte Ansicht abgeleitet werden, als der bereits angegebene der Gesetzgebungspolitik; denn ein solcher directer Zwang ist eben durch die fragliche Bedingung nicht begründet; wohl aber entspricht es dem Geiste der Reichsgesetze, wenn auch ein jeder entfernter oder indirecter Zwang nicht gestattet wird. Vergl. im Allg. Gambsjaeger l. c.

trieben wird, ist die *conditio mutandae religionis* auferlegt.

Man könnte, um die Unzulässigkeit dieser Bedingung zu zeigen, schon folgendes Raisonnement anwenden: Fordert die innere Ueberzeugung die Aenderung der Religion, so legt das Sittengesetz die Pflicht auf, dieselbe vorzunehmen; — für die Erfüllung einer Pflicht darf sich aber ein tüchtiger, feinfühlender Mensch nichts versprechen lassen, wie der §. 29. pos. II. 3. A. a. oben gezeigt hat. Zwar ist in den dort angeführten Gesetzesstellen zunächst nur von Erfüllung von Rechtspflichten die Rede, allein nach der allgemeinen Gleichstellung des Rechtlichen und Sittlichen in Beziehung auf die Wirkungen der Bedingungen, wird die Anwendung auf Pflichten der Moral gewiß als gegründet erscheinen; denn offenbar ist es dem wahren Ehrgefühle (der honestas), auch dann, wenn zur Erfüllung einer heiligen Gewissenspflicht Geld,[1]) oder äußerer Vortheil geboten wird, ebenso empfindlich, als wenn dieses Erbieten in Beziehung auf die Erfüllung einer Rechtspflicht geschieht. Zu diesem allgemeinen Grunde kommt aber noch der aus dem fr. 8. cit. abzuleitende specielle, welcher sich hier passend anfügen läßt: Wenn Jemand, der zu dem Entschluß, seine Religion zu ändern, aus innerer Ueberzeugung geführt wird, diese Aenderung wirklich vornimmt, so handelt er recht; er darf also (abgesehen von dem eben angeführten Grunde der honestas) durch diese Handlung etwas rechtlich erwerben, ohne eine Gesetzwidrigkeit zu begehen; allein ein zartes Gewissen (man braucht hier nicht einmal, wie in fr. 8. cit. geschieht, eine allzu ängstliche oder abergläubische Gesinnung anzunehmen) wird einen solchen Erwerb verschmähen,[2]) und hier also der Fall eintreten: alii perquam timidi metu divini numinis (usque ad superstitionem) — ne hi perderent, quod relictum est, Praetor consultissime intervenit.

---

1) Vergl. auch im Allg. Thibaut Versuche. (2te Ausg.) Bd. 2. S. 147. u. 148. (erste Ausg. S. 166. Not. 17.) u. dessen civilist. Abhandl. S. 55. Not. 10.

2) Mit diesem Gefühle trifft auch, wie wir eben gesehen, das der honestas überein.

2) Die Bedingung, die Religion nicht zu ändern, ist unzulässig

a) bei demjenigen, welcher sich durch seine Ueberzeugung zur Aenderung verpflichtet fühlt, — weil hier durchaus ebenso, wie im Falle sub 1. a. bei der Bedingung, die Religion zu ändern, die religiöse Ueberzeugung äußerem Gewinne geopfert, oder wenigstens mittelbar zu einer solchen Aufopferung aufgefordert werden soll. Ob darum die Bedingung affirmativ oder negativ gefaßt ist, kann nichts entscheiden, da die Sache selbst die nämliche bleibt.

b) Demjenigen, welcher bei seiner Religion zu bleiben aus reinen Motiven entschlossen ist, wird die *conditio non mutandae religionis* gesetzt. — Auch hier treten wieder die oben pos. 1. b. angeführten Gründe ein, weil gleichfalls die positive oder negative Fassung der Bedingung nichts entscheidet; denn es widerstreitet ebenso der honestas, für eine Pflicht, welche in non faciendo besteht, sich etwas versprechen zu lassen, als für eine solche, die in faciendo besteht; und ein zartes Gewissen wird auch hier den Erwerb unter der negativen Bedingung verschmähen, wie oben bei der affirmativen. Denn auch die negative Bedingung legt hier der moralischen Selbstständigkeit und Freiheit dadurch einen Zwang auf, daß man, wenn man einmal etwas unter der Bedingung, die Religion nicht zu ändern, angenommen hat, künftig auch dann keine solche Aenderung vornehmen darf, wenn etwa die religiöse Ueberzeugung zum Uebertritt zu einer andern Confession sich hinneigen sollte; was bei dem Wechsel der menschlichen Dinge nicht allein möglich erscheint, sondern öfters auch wirklich geworden ist [1]).

Wahr bleibt es zwar immer, daß die conditio de non mutanda religione dem Beobachter weniger anstößig erscheint,

---

1) Man könnte darum auch hier in Beziehung auf die innere moralische Freiheit den Grund geltend machen, welcher in fr. 71. §. 2. D. de cond. et dem. (35, 1.) von Papinianus (*Lib.* 17. Quaestionum.) in Beziehung auf die äußere Freiheit angewendet wird: Jus *libertatis infringitur*.

als die Bedingung, die Religion zu ändern[1]), weil doch in der Regel die Menschen die Religion, in welcher sie erzogen sind, beibehalten werden; allein, von dem gesetzlichen Standpuncte betrachtet, sind beide Fälle völlig gleich; denn der Umstand, ob etwas häufig oder selten vorkommt, ist nur etwas Factisches, was auf die rechtlichen Principien nicht influiren kann.

Um die Fälle, welche bei der conditio de mutanda vel non mutanda religione vorkommen können, vollständig aufzuzählen, wurde in der vorstehenden Erörterung auf die Gesinnung dessen, dem die Bedingung auferlegt ist, in jedem einzelnen Falle Rücksicht genommen; da sich aus dieser Erörterung aber ergeben hat, daß in allen jenen Fällen die eine, wie die andere dieser Bedingungen als unzulässig erscheine, so kann uns hier der Einwurf nicht treffen, daß die Ergründung der religiösen Ueberzeugung eines Einzelnen unmöglich sey; denn, wenn diese Ueberzeugung an den rechtlichen Wirkungen der hier in Frage stehenden Bedingung nichts ändert, so erscheint sie eben, vom juristischen Standpuncte aus, als indifferent, und kann somit bei der Beurtheilung der Gültigkeit oder Ungültigkeit der fraglichen Bedingung im einzelnen Falle völlig übergangen werden.

In so ferne stimmt die hier vertheidigte Ansicht auch nicht mit der Meinung derjenigen Rechtslehrer[2]) überein, welche die conditio de mutanda religione nach den besonderen Umständen im einzelnen Falle für eine turpis conditio erklären, oder nicht. Denn, da auf die individuelle Ueberzeugung oder Neigung dessen, dem die Bedingung gesetzt ist, nichts ankommt, wie die vorstehende Untersuchung gezeigt hat, so gilt eben die allgemeine Regel der Unzulässigkeit der fraglichen Bedingung für alle Fälle, welche sich darunter subsumiren lassen. Damit stimmen auch die Vorschriften des römischen Rechts bei andern Arten unmöglicher Bedingungen überein. Ist nämlich eine conditio in unseren Quellen einmal für eine turpis er-

---

1) Jäger a. a. O. S. 320.

2) Vergl. Mittermaier Grundsätze des gemeinen deutschen Privatrechts. §. 105. Not. 6 u. 7.

klärt, so gilt sie im Allgemeinen als solche, ohne Rücksicht auf die besonderen Verhältnisse des einzelnen Falles. So ist z. B. die Bedingung, nicht zu heurathen [1]), wie wir in einem der folgenden §§. näher sehen werden, als eine turpis conditio unzulässig, auch dann, wenn etwa derjenige, welchem sie auferlegt ist, ohne dieselbe doch niemals würde geheurathet haben [2]). Dasselbe tritt ein bei der Bedingung, überhaupt nach dem Willen eines Dritten zu heurathen [3]), wiewohl es recht gut seyn kann, daß dieser Dritte eine solche Person wählt, welche dem Andern vollkommen gefällt.

Es hätte also wohl nicht einmal der im Obigen versuchten detaillirten Nachweisung der Unzulässigkeit der fraglichen Bedingung in allen hierher gehörigen Fällen bedurft, sobald nur diese Bedingung im Allgemeinen als unstatthatt nachgezeigt worden.

In der vorstehenden Untersuchung ist die conditio de mutanda vel non mutanda religione für eine turpis erklärt worden, wenn sie als eine wirkliche Bedingung einer bestimmten Person bei einem bestimmten Rechtsgeschäfte auferlegt ist; z. B. bei einem Vertrage, einer Erbeinsetzung, einem Legat ꝛc., weil sie in diesen Fällen eine die moralische Selbstständigkeit verletzende Bestimmung enthält.

Damit wird indessen keineswegs behauptet, daß von dem Bekenntniß zu einer bestimmten Religion überhaupt nicht äußere Vortheile und Rechte abhängig gemacht werden dürfen; z. B. die Erlangung eines bestimmten Staatsamts, die Er-

---

1) fr. 72. §. 5. fr. 74. fr. 77. §. 2. D. de condit. et demonstr. (35, 1.) u. a. m.

2) Doch läßt sich auch bei dieser Bedingung immer noch denken, daß durch dieselbe ein lästiger Zwang auferlegt wird, für den, welcher im Augenblicke der Beifügung der Bedingung entschlossen ist, nicht zu heurathen; denn er könnte ja später seinen Entschluß ändern wollen, wäre aber dann durch die Bedingung gebunden.

3) fr. 72. §. 4. fr. 28. pr. D. de cond. et dem. (35, 1.) fr. 54. §. 1. D. de legatis I. (30.) const. 1. C. de nuptiis. (5, 4.) (s. unten §. 36. ff.)

langung von Stipendien auf Universitäten, die Succession in Stammgüter oder in Lehngüter rc. [1]).

In den Fällen der letzteren Art könnte man zwar auch eine stillschweigende Bedingung, die Religion zu ändern, oder beizubehalten, finden wollen, weil, je nachdem man schon der Confession angehört, oder nicht, die Beibehaltung oder Aenderung des bisherigen religiösen Glaubens unerläßliche Voraussetzung zur Erlangung des fraglichen Vortheils oder Rechtes ist. — Allein offenbar sind diese Fälle von denen der wirklichen Beifügung der conditio de mutanda vel non mutanda religione weit verschieden; denn hier ist keine bestimmte Person vorhanden, welcher diese Bedingung in einem einzelnen Falle gemacht wäre, es wird kein Rechtsgeschäft über die Religion abgeschlossen, der religiöse Glaube nicht bei den einzelnen Geschäften dem pecuniären Vortheile gegenüber in die Wagschale gelegt, sondern es sind vielmehr dadurch nur diejenigen Personen bezeichnet, welche den fraglichen Vortheil erlangen sollen.

Darum wird hier weit eher eine *demonstratio*, als eine *conditio* angenommen werden müssen; denn es ist offenbar völlig gleich, ob man in der Disposition die Worte gebraucht: Die zu einer bestimmten Confession gehörigen Personen sollen z. B. das Familienfideicommiß erhalten, oder: Die zu der bestimmten Confession nicht gehörigen sollen es nicht erhalten, oder davon ausgeschlossen seyn.

In allen diesen Fällen ist nicht auf eine künftig vorzunehmende Handlung, sondern nur auf einen bereits bestehenden Zustand (das Bekenntniß zu der bestimmten Confession) Rücksicht genommen; und darin liegt gerade der Unterschied zwischen conditio und demonstratio [2]) nach fr. 34. §. 1. D. de cond. et dem. (35, 1.) (Florenti-

1) Damit steht, wie schon Jäger a. a. O. S. 323. richtig bemerkt, die gesetzliche Gleichstellung der drei recipirten christlichen Confessionen keineswegs im Widerspruche.

2) Cujac. Recitat. ad Tit. Dig. de condit. inst. l. 2. pr. Vergl. eben §. 1. S. 11. Not. 3. i. f.

ues Lib. 11. Instit.) Inter demonstrationem et conditionem hoc interest, quod demonstratio plerumque *factam rem ostendit, conditio futuram* [1]).

Wenn darum auch etwa eine Person, um den fraglichen Vortheil zu erlangen, die Religion ändern sollte, so läßt sich doch nicht behaupten, daß die Disposition sie hierzu aufgefordert, und darum als moralisch unmöglich zusammenfallen müsse.

Nehmen wir aber hier eine demonstratio an, so ist sicher ein Grund für die Ungültigkeit der Disposition nicht vorhanden, weil in der Bezeichnung mit dem Namen einer bestimmten Religionspartei allein eine turpis demonstratio doch wahrlich nicht liegt.

Ebenso wenig läßt sich gegen die Gültigkeit einer solchen Verfügung ein anderer gegründeter Einwand gedenken; denn Jeder kann, so ferne er über sein Vermögen frei verfügen darf, Rechte und Vortheile zuwenden, wem er will.

Man braucht darum nicht einmal, um die eben erwähnte Disposition für gültig zu halten, zu dem Grunde die Zuflucht zu nehmen, daß sie von dem Staate unmittelbar, oder einer vom Staate genehmigten Anstalt (einer öffentlichen Stiftung) ausgehe, und darum unter dem besonderen Schutze des Staates stehe [2]); vielmehr wird auch jede, von einem Privaten herrührende Disposition der Art durch sich selbst, ohne speciellen Staatsschutz, gelten müssen, weil eben hier von einer Anmuthung, die Religion zu ändern, oder beizubehalten, in Beziehung auf eine bestimmte Person gar nicht die Rede seyn kann, und darum in der Disposition etwas Unerlaubtes sich nicht finden läßt.

§. 32.

II. Moralisch unmögliche Bedingungen in Beziehung auf das Verhältniß zu Menschen, und zwar

1) in Beziehung auf dritte Personen,

a) auf nahe verbundene Personen insbesondere.

Nachdem wir in dem vorhergehenden §. die moralisch

---

1) Vergl. fr. 12. i. f. fr. 10. pr. D. eod. fr. 6. D. de legatis I. (30) Voet l. c. Lib. 35. Tit. I. No. 6.

2) Jäger a. a. O. S. 325. i. d. M. scheint auf diesen Grund Gewicht zu legen.

unmöglichen Bedingungen betrachtet haben, welche sich auf das Verhältniß des Menschen zur Gottheit beziehen, wenden wir uns nun zu den Bedingungen, die in Handlungen bestehen, welche eine Unrechtlichkeit, Unsittlichkeit oder Unschicklichkeit in Beziehung auf das Verhältniß zu Menschen enthalten, und zunächst auf solche, die gegen dritte Personen, und zwar nahe verbundene Personen gerichtet sind.

Die Gesetze enthalten über diese Bedingungen keine von den bereits angegebenen allgemeinen gesetzlichen Vorschriften abweichenden besonderen Bestimmungen. Da jedoch unter den Personen, welche durch die Bande der Ehe, des Bluts ꝛc. näher mit einander verbunden sind, besondere Verpflichtungen zu positiven Handlungen entstehen, so gehört schon nach allgemeinen Grundsätzen jede Bedingung, welche gegen eine solche, durch das nähere Verhältniß gebotene Rechts- oder Sittenpflicht verstößt, zu den moralisch unmöglichen, auch wenn sie etwa in Beziehung auf dritte, nicht näher verbundene Personen keine solche Pflichtverletzung enthalten sollte.

Als Beispiele mögen die nachfolgenden Gesetzesstellen dienen:

fr. 9. D. de condit. inst. (28, 7.) (Paulus Lib. 45. ad Edict.)
Conditiones, quae contra bonos mores inseruntur, remittendae sunt, veluti si ab hostibus patrem suum non redemerit [1]), si parentibus suis patronove alimenta non praestiterit [2]).

In diesen Gesetzesstellen sind specielle Verpflichtungen der Kinder gegen die Eltern, des Freigelassenen gegen den patronus erwähnt, und die Bedingungen, welche gegen dieselben verstoßen, als unerlaubt, als unmöglich verworfen.

Noch läßt sich eine zweite Gesetzesstelle dafür anführen, daß die aus einem durch Ehe oder Verwandtschaft begründeten näheren Verhältnisse hervorgegangenen besonderen Verbindlichkeiten den allgemeinen Verpflichtungen hier völlig gleichstehen, nämlich

1) Nov. 115. cap. 3. §. 8.

2) fr. 5. D. de agnosc. liberis. (25, 3.)

fr. 14. §. 1. D. soluto matrimonio. (24, 3.) (Ulpian. Lib. 36. ad Sabinum.)

Eleganter quaerit Pomponius Lib. XV. ex Sabino, si paciscatur maritus: *Ne in id quod facere possit condemnetur, sed in solidum,* an hoc pactum servandum sit? Et negat, servari oportere: Quod quidem et mihi videtur verum: namque contra bonos mores id pactum esse, melius est dicere: quippe cum *contra receptam reverentiam, quae maritis exhibenda est,* id esse apparet.

Was aber hier für den unbedingten Vertrag vorgeschrieben wird, würde auch gelten, wenn die Handlung als Bedingung dem Vertrage beigefügt wäre.

§. 33.

b) Moralisch unmögliche Bedingungen in Beziehung auf dritte nicht näher verbundene Personen.

Sowie wir in dem vorigen §. die Bedingungen betrachtet haben, welche eine Handlung enthalten, die gegen die Gesetze des Rechts und der Sittlichkeit in Beziehung auf nahe verbundene Personen verstoßen, so gehen wir nun zu solchen Bedingungen über, die den allgemeinen Verpflichtungen in Beziehung auf jede dritte, nicht näher verbundene Person widerstreiten.

Bei diesen bedarf es kaum einer besonderen Erwähnung, daß alle Bedingungen als moralisch oder juristisch unmöglich erscheinen, welche gegen eine allgemeine Menschen- oder Bürgerpflicht streiten; denn solche Bedingungen bilden ja gerade die Regel, und Beispiele für dieselben sind im Laufe der ganzen bisherigen Untersuchung zur Genüge aufgeführt worden.

§. 34.

2) Moralisch unmögliche Bedingungen in Beziehung auf den Handelnden selbst.

Allgemeine Bestimmungen.

Sowie die Handlungen, welche einem Rechtsgeschäfte als Bedingung beigefügt sind, die Pflichten des Rechts, der Sittlichkeit und des Anstands in Beziehung auf dritte Personen (seyen diese näher verbundene, oder nicht) verletzen können, so kann auch der Character der Unmöglichkeit darin gelegen seyn, daß sie den Pflichten der Sittlichkeit und des Anstands widerstreiten, welche derjenige, dem die Bedingung auferlegt ist, sich selbst, seiner Würde als Mensch und Staatsbürger, schuldet. Auch hier werden wieder unanständige Bedingungen den unrechtlichen und unsittlichen völlig gleichgesetzt, wie aus der mehrfach erwähnten Stelle in Pauli S. R. Lib. III. Tit. IV. B. §. 2. hervorgeht:

Condiciones contra leges et decreta Principum, vel bonos mores adscriptae nullius sunt momenti: veluti, *Si uxorem non duxeris, si filios non susceperis, si homicidium feceris, si barbaro habitu processeris* et his similia.

§. 35.

A. Moralisch unmögliche Bedingungen mit Rücksicht auf Eingehung und Auflösung der Ehe.

a) Bedingungen zur Beschränkung der freien Wahl beim Heurathen [1]).

Einleitung.

Als Grundsatz wird im römischen Rechte für die eheliche Verbindung in fr. 197. D. de R. J. (Modestinus Lib. singulari de *ritu nuptiarum*) angegeben:

Semper in conjunctionibus non solum quid liceat considerandum est, sed et quid honestum sit [2]).

Dieser honestas entspricht vor Allem die Freiheit bei der Eingehung der Ehe, und zwar in einer doppelten Beziehung, nämlich, sowohl in Rücksicht darauf, ob man überhaupt eine Ehe abschließen wolle, oder nicht, als in Hinsicht auf die zu wählende Person [3]). Ein Zwang in Beziehung auf diese Puncte wird den guten Sitten, dem

1) Vergl. im Allg. Donell. commentar. cap. 32. §. 13—20. Duran. l. c. P. II. cap. III. Nr. 20. sqq. Voet l. c. Lib. 23. Tit. 5. Nr. 11. 12. 13. 14. Perez. Praelect. ad Tit. Cod. de indicta viduitate et Lege Julia Miscella tollenda. Ziegler l. c. No. LXXXIX. sqq. Stryk. usus modern. Pandect. Lib. XXXV. Tit. I. §. V. Muehlenbruch D. P. Vol. I. §. 106. not. 11. Westphal a. a. O. §. 183. ff.

2) fr. 42. D. de ritu nuptiar. (23, 2.)

3) Vergl. im Allg. Terent. Andria. Act. I. Scen. V.

Gefühle für Freiheit und Ehrenhaftigkeit mehr oder weniger widerstreiten, und darum eine auf solche Beschränkung hinzielende Bedingung als moralisch unmöglich, als turpis, erscheinen [1]).

Dazu kommt noch bei den Bedingungen, welche die Abschließung der Ehen überhaupt unmittelbar oder mittelbar verhindern, ein zweiter, aus der Gesetzgebungspolitik hervorgegangener Grund, die Begünstigung der Ehen [2]). Es ist nämlich bekannt, daß zur Zeit des Sittenverfalls der Römer die Corruption sich auch besonders darin äußerte, daß wirkliche Ehen seltener eingegangen wurden, weil man, frei von dem Ehebande, den Lüsten um so leichter den Zügel schießen lassen konnte. — Die Legislation suchte daher, um der Entvölkerung des Staats entgegen zu wirken, durch besondere gesetzliche Bestimmungen [3]) sowohl auf der einen Seite zur Eingehung rechtsgültiger Ehen einzuladen [4]), als auf der andern Alles, was einer solchen Eingehung hinderlich seyn konnte, abzuwenden. Zu diesen Hindernissen gehörten denn auch die oben erwähnten Bedingungen, welche demnach, weil sie in fraudem des Gesetzes wirkten [5]), für juristisch unmöglich galten. Das Gesagte wird im Allgemeinen bestätigt durch

fr. 64. §. 1. D. de condit. et demonstrat. (35, 1.) [Terentius Clemens Lib. 5. ad Legem Juliam et Papiam [6])].

---

1) Vergl. im Allg. const. 14. C. de nuptiis. (5, 4.) const. 12. C. eod. (5, 4.) fr. 134. i. f. D. de V. O. (45, 1.) fr. 71. §. 1. i. f. u. §. 2. fr. 72. §. 4. i. f. D. de condit. et demonstrat. (35, 1.) const. 2. C. de inutilib. stipulat. (8, 39.)

2) Vergl. auch Donell. comment. l. c. Lib. VIII. cap. 32. §. 13. 18. Balduin. l. c. cap. VII. ad voc.: conditiones jurisjurandi. pag. 348.

3) Man denke nur an die Lex Julia et Papia Poppaea. Vergl. Zimmern R. G. §. 33. 172. 173. Not. 1. §. 174. 175. Hugo R. G. S. 634. ff.

4) Daher z. B. die Begünstigung der dos: fr. 1. D. soluto matrimonio. (24, 3.) fr. 70. D. de jure dotium. (23, 3.)

5) fr. 79. §. 4. D. de cond. et dem. (35, 1.) Zimmern a. a. O. §. 173. Hugo a. a. O. S. 636. a. E.

6) Die meisten hier angeführten Gesetzesstellen beziehen sich auf die Lex Julia et Papia Poppaea.

Quod si ita scriptum esset, *Si Ariciae non nupserit:* interesse, *an fraus legi facta esset:* nam si ea esset, quae alicubi nuptias non facile possit invenire, interpretandum, *ipso jure rescindi, quod fraudandae legis gratia esset adscriptum*[1]): legem enim utilem Reipublicae, *sobolis scilicet procreandae causa latam*, adjuvandam interpretatione[2]).

Bei der nachfolgenden Untersuchung darf nun, um den Geist des römischen Rechts gehörig zu fassen, und die einzelnen Gesetzesstellen richtig zu verstehen, der angedeutete doppelte Gesichtspunct nicht außer Acht gelassen werden.

§. 36.

a) Bedingungen zur Beschränkung der freien Wahl beim Heurathen, in so ferne sie unverheuratheten Personen gemacht werden.

aa) Bedingung nicht zu heurathen.

Die Bedingungen, welche die Freiheit bei Eingehung einer Ehe beschränken, können sowohl bei verheuratheten, als unverheuratheten Personen vorkommen[3]). Da nun dieselben bei diesen beiden Arten von Personen im römischen Rechte nicht nach gleichen Grundsätzen behandelt werden, so muß man jene beiden Fälle in der Untersuchung von einander trennen.

Wenden wir uns zunächst zu den unverheuratheten Personen, und betrachten vor allen **die Bedingung, nicht zu heurathen**[4]). Denn offenbar kann unter den hierher ge-

---

1) Vergl. fr. 72. §. 4. fr. 74. 79 §. 4. D. de cond. et dem. (35, 1.)

2) Noch weniger zart ist dieses Streben der Legislation als Grund für die Begünstigung der dos in fr. 1. D soluto matrimon. (24, 3.) von Pomponius (Lib. 15. ad Sabinum) angedeutet, verb.: nam et publice interest, dotes mulieribus conservari, cum dotatas esse foeminas ad sobolem procreandam replendamque liberis civitatem maxime sit necessarium.

3) Vergl. im Allg. Ravensberg. l. c. cap. II. §. 29. sqq. Brussel. l. c. Lib. IV. Tit. II. No. 7. Duran. l. c. P. II. cap. 3. No. 18. sqq. Voet. l. c. Lib. 28. Tit. 7. No. 11. Perez. in Tit. Cod. de indicta viduitate tollenda. (6, 40.) Ziegler l. c. No. LXXXIX. sqq. Giphan. lectur. Altorf. ad Tit. Dig. de V. O. l. 134. Averanus. l. c. Conclus. XV.

4) Donell. l. c. §. 13.

hörigen Bedingungen gegen die im vorigen §. angeführten Gründe: Freiheit bei Eingehung der Ehe, und Verhinderung der Entvölkerung des Staats, keine stärker verstoßen, als die eben erwähnte. Darum gilt denn diese auch für durchaus unzulässig [1]), wie aus zahlreichen Gesetzesstellen hervorgeht. Als Beispiel diene nur

fr. 22. D. de condit. et demonstrat. (35, 1.) (JULIANUS Lib. 35. Digestor.)

Quotiens sub conditione mulieri legatur, *Si non nupserit*, et ejusdem fideicommissum sit, *ut Titio restituat, si nubat:* commode statuitur, et si nupserit, legatum eam petere posse, et non esse cogendam fideicommissum praestare [2]).

Die erwähnte Bedingung [3]) ist indessen nicht bloß dann unzulässig, wenn sie demjenigen gemacht ist, welcher dadurch vom Heurathen abgehalten werden soll, sondern auch dann,

---

1) Ist dagegen einer Person für den Fall, wenn sie heurathet, eine geringere, wenn sie aber nicht heurathet, eine größere Summe hinterlassen, so erhält sie im Falle der Verheurathung zwar die größere Summe, aber doch nicht zugleich auch die geringere, weil sie natürlich nicht als unverheurathet und verheurathet zugleich etwas erhalten kann: fr. 100. D. de cond. et dem. (35, 1.) (PAPINIANUS Lib. 7. Responsor.) Titiae, *si non nupserit*, ducenta, *si nupserit*, centum legavit: nupsit mulier: ducenta, non etiam centum residua petat: ridiculum est enim, eandem et ut viduam et ut nuptam admitti.

2) Vergl. auch fr. 63. i. f. fr. 64 § 1. fr. 72. §. 5. fr. 74. 77. §. 2. fr. 100. D. eod. fr. 65. §. 1. D. ad SCtum TREBELL. (36, 1.) fr. 6. pr. u. §. 4. D. de jure patronatus. (37, 14.) PAULI S. R. Lib. III. Tit. IV. B. §. 1.

3) Auch die Bedingung, eine bestimmte Zeit lang nicht zu heurathen, gilt als unerlaubt, wenn sie bloß zur Beschränkung der Freiheit beim Heurathen, und nicht aus einem andern erheblichen Grunde, z. B. Sorge für die unerzogenen Kinder, auferlegt wird: fr. 62. §. 2. D. de cond. et dem. (35, 1) (TERENTIUS CLEMENS Lib. 4. ad Leg. Jul. et Pap. Popp.) Cum vir uxori, si a liberis ne nupserit, in annos singulos aliquid legavit, quid juris sit? Julianus respondit, posse mulierem nubere et legatum capere. Quod si ita scriptum esset, *Si a liberis impuberibus ne nupserit*, legem locum non habere: *quia magis cura liberorum, quam viduitas injungeretur.* DURAS. l. c. P. II. cap. 3. Nr. 31. PFRIZ l. c. Nr. 3.

wenn sie einer andern Person auferlegt ist, welche dahin wirken kann, bei einem Dritten die Eingehung der Ehe zu verhindern; z. B. bei dem pater familias in Beziehung auf den filius oder die filia familias [1]). Denn offenbar würde in einer solchen Bedingung eine Umgehung des Gesetzes liegen. Das Gesagte wird bestätigt durch

fr. 79. §. 4. D. de cond. et dem. (35, 1.) (PAPINIANUS Lib. 1. Definitionum.)

Quod in fraudem legis ad impediendas nuptias scriptum est, nullam vim habet: veluti, Titio patri, si filia, quam habet is in potestate, non nupserit, heres dato: vel filio familias [2]), si pater ejus uxorem non duxerit, heres dato [3]).

§. 37.

bb) Bedingung zu heurathen.

Von der Bedingung, nicht zu heurathen, wird man leicht auf deren Gegensatz, die Bedingung zu heurathen, „si nubat," „si nupserit," „si nupta fuerit," „cum nupserit" und dadurch auf die Beantwortung der Frage geführt, ob diese zu den unzulässigen zu rechnen sey, oder nicht [4]).

---

1) Ueberhaupt darf der pater familias nicht willkührlich seine Kinder in patria potestate an Eingehung der Ehe verhindern: fr. 19. D. de ritu nuptiarum. (23, 2.), und ebenso wenig zur Abschließung einer Ehe zwingen: const. 12. C. de nuptiis. (5, 4.)

2) Man kann darum nicht, wie Seuffert a. a. O. Bd. 3. §. 536. pos. 3. Not. 7., bloß so sagen: „Nicht beachtet wird die Bedingung: wenn der Honorirte (od. ein Descendent desselben) nicht heurathen werde;" denn auch die Bedingung, wenn der Vater nicht heurathet, welche dem filius familias gesetzt ist, gilt als unzulässig — weil ja auch der Letztere wohl bei seinem Vater die Ehe verhindern kann. Vergl. PEREZ l. c. Nr. 5. DONELL. commentar. absolut. in Lib. VI. Cod. Tit. de indict. viduitate etc.

3) Aus dieser Gesetzesstelle geht zugleich hervor, daß die Bestimmungen über die Beschränkung der freien Wahl beim Heurathen keineswegs allein für die Frauen gelten, wiewohl die meisten Gesetzesstellen bei diesen Bedingungen von Personen weiblichen Geschlechts handeln, weil wohl bei diesen solche Bedingungen häufiger vorkommen. Die folgenden §§. werden auch noch mehrere Gesetze enthalten, welche sich auf Männer beziehen.

4) RAVENSBERG. l. c. cap. II. §. 28, 33. BRUSSEL. l. c. Nr. 4. DEBAN. l. c. P. II. cap. 3. Nr. 36. seq.

Für deren Unzulässigkeit könnte der Grund angeführt werden, daß demjenigen, welcher entschlossen ist, nicht zu heurathen, durch eine solche Bedingung ein gewisser Zwang auferlegt, und somit gegen den oben erwähnten Grundsatz verstoßen wird, welcher jede Beschränkung der Freiheit in Beziehung auf die Eingehung einer Ehe verbietet. Allein trotz dem wird die Bedingung zu heurathen nicht nur nicht im römischen Rechte verboten, sondern es läßt sich auch deren Zulässigkeit aus zahlreichen Gesetzesstellen leicht direct nachweisen [1]). Außerdem werden wir in einem der folgenden §§. sehen, daß die Bedingung, einen bestimmten Dritten zu heurathen, in unsern Quellen keineswegs im Allgemeinen für unzulässig gehalten wird. In dieser letzeren Bedingung ist aber offenbar auch die Bedingung, überhaupt zu heurathen, enthalten, und diese involvirt eine bei Weitem geringere Beschränkung der Freiheit, als jene, weil hier ja nur das Heurathen an sich aufgelegt wird, die Wahl der Person aber völlig freisteht.

Als allgemeiner Grund für die Zulässigkeit der fraglichen Bedingung läßt sich theils die geringe Beschränkung der Freiheit des Willens, welche doch nicht so leicht eine turpitudo enthalten kann, gedenken [2]), theils und vorzüglich spricht für dieselbe der Umstand, daß diese Bedingung gerade den politischen Zweck des Gesetzes fördert; denn die Lex Julia et Papia Poppaea hat ja gerade für den caelebs nicht unbedeutende Vermögensnachtheile ausgesprochen [3]), und dadurch einen relativen Zwang zur Abschließung von Ehen begründet, wel-

1) Die Bedingung „si nupta fuerit,“ „si nupserit“ etc. wird ausdrücklich für gültig erklärt in const. 7. C. de institut. et substitut. (6, 25.) fr. 28. i. f. D. de condit. instit. (28, 7.) fr. 10. pr. fr. 68. D. de cond. et dem. (35, 1.) const. 5. C. de condit. insert. (6, 46.) fr. 10. §. 4. fr. 21 D. de jure dotium (23, 3.) fr. 30. D. de legatis I. (30.) fr. 30 D. quando dies legat. cedat. (36, 2.) Nov. 123. cap. 37.

2) Es lassen sich hier Papinian's Worte in fr. 71. §. 1. D. de condit. et demonstr. (35, 1.) (Lib. 17. Quaest.) anwenden: Aliud est enim, eligendi matrimonii poenae metu libertatem auferri, *aliud ad matrimonium certa lege invitari.*

3) S. oben S. 158. Not. 3.

cher wohl öfters nicht geringer seyn mag, als der durch die Bedingung zu heurathen dem Honorirten auferlegte.

§. 38.

cc) Bedingung einen bestimmten Dritten, oder mehrere bestimmt bezeichnete Personen nicht zu heurathen.

Auch diese Bedingung enthält eine Beschränkung der freien Wahl beim Heurathen, und es ist darum näher zu untersuchen, ob und wieferne dieselbe für unzulässig zu halten sey. Vergleichen wir die hierher gehörigen Gesetzesstellen, so scheinen unter den römischen Juristen verschiedene Ansichten geherrscht zu haben, unter denen jedoch diejenige überwiegend geworden ist [1]), welche für die Zulässigkeit einer solchen Bedingung spricht.

Dieß könnte man wohl schon daraus ableiten, daß sogar die Bedingung einen bestimmten Dritten zu heurathen, (s. §. 40.) für gültig gehalten wird, welche die Freiheit der Wahl doch im Allgemeinen noch mehr beschränkt, als die Bedingung, einen bestimmten Dritten, oder mehrere bezeichnete Personen nicht zu heurathen, weil hier die Wahl unter allen nicht ausgenommenen Personen freisteht [2]). Doch wir müssen uns nun zu den Gesetzesstellen selbst wenden:

fr. 63. pr. D. de condit. et demonstrat. (35, 1.) [3]) (Gajus ad legem Jul. et Pap.)

Cum ita legatum sit, *Si Titio non nupserit*, vel ita, *Si neque Titio, neque Sejo, neque Maevio nupserit*, et denique si plures personae comprehensae fuerint [4]): *magis placuit*, cuilibet eorum si nupserit, omissuram legatum, nec videri tali conditioni viduitatem injunctam, cum alii cuilibet satis commode possit nubere.

---

1) fr. 63. pr. D. de cond. et dem. (35, 1.) verb.: „magis placuit" etc.

2) Dieser Grund ist auch in fr. 63. pr. i. f. D. de cond. et dem. (35, 1.) ausdrücklich für die Zulässigkeit der fraglichen Bedingung angegeben. Vergl. auch H. Donell. l. c. §. 14. Voet. l. c. Lib. 28. Tit. 7. Nr. 12.

3) Alteserra ad h. leg.

4) Natürlich dürfen dadurch nicht alle honette Partieen ausgeschlossen werden: argum. fr. 63. §. 1. fr. 64. §. 1. D. eod.

Die Worte der Gesetzesstelle „viduitatem injunctam" dürfen indessen nicht zu dem Einwand führen, daß hier allein von verwittweten Personen die Rede sey; denn, nach dem Zeugniß des Labeo, wird der Ausdruck „vidua" nicht allein von verwittweten, sondern auch von solchen Frauenzimmern gebraucht, welche nie verheurathet gewesen sind [1]). Das geht auch noch daraus hervor, daß in dem unmittelbar darauf folgenden

fr. 64. pr. D. eod. (Terentius Clemens Lib. 5. ad legem Jul. et. Pap.)

dieselbe Bestimmung ganz allgemein (also auch in Hinsicht auf Unverheurathete) wiederholt wird:

Hoc modo legato dato, *Si Lucio Titio non nupserit:* non esse legi locum Julianus ajebat [2]):

und am Deutlichsten erhellt das Behauptete aus dem, unmittelbar auf das eben angegebene pr. in fr. 64. cit. folgenden, §. 1. dieses Gesetzes, welcher nur dann die Bedingung für unzulässig erklärt, wenn durch dieselbe mittelbar nicht allein die Verheurathung mit einer bestimmten Person, sondern überhaupt jede Verheurathung verhindert, und dadurch in fraudem legis gehandelt wird:

Quod si ita scriptum esset, *Si Ariciae non nupserit:* interesse, an fraus legi facta esset: nam si ea esset, quae alicubi nuptias non facile possit invenire, interpretandum, ipso jure rescindi, quod fraudandae legis

---

1) fr. 242. §. 3. D. de V. S. (50, 16.) (Javolenus lib. 2. ex posterioribus Labeonis.) Viduam non solum eam, quae aliquando nupta fuisset, sed eam quoque mulierem, quae virum non habuisset, appellari ait Labeo; etc. Doch wird auch wieder an andern Orten die vidua der virgo gerade entgegengesetzt: §. 4. J. de publicis judicis (4, 18.) verb.: cum quis sine vi vel virginem, vel viduam honeste viventem stupraverit etc. §. 8. J. eod. Vergl. im Allg. Brissonius de V. S. (edit. Heineccii) sub voce: „vidua" „viduitas".

2) Die legataria kann also hier nicht „beneficio legis cuilibet nubere": fr. 106. fr. 63. §. 1. fr. 71. §. 1. fr. 77. §. 2. fr. 79. §. 4. D. eod.

gratia esset adscriptum [1]): legem enim utilem Reipublicae, sobolis scilicet procreandae causa latam, adjuvandam interpretatione.

Mit den vorerwähnten Gesetzesstellen scheint aber ein anderes in demselben Titel der Digesten enthaltenes Gesetz im Widerspruch zu stehen, nämlich

fr. 71. §. 1. D. de condit. et demonstr. (35, 1.) (Papinianus Lib. 17. Quaest.)

Titio centum relicta sunt ita, *ut Maeviam uxorem, quae vidua est, ducat:* conditio non remittetur: et ideo nec cautio remittenda est. Huic sententiae non refragatur, quod si quis pecuniam promittat, *si Maeviam uxorem non ducat*, Praetor actionem denegat: aliud est enim eligendi matrimonii poenae metu libertatem auferri, aliud ad matrimonium certa lege invitari.

Hier interessirt uns nur der letzte Theil der Gesetzesstelle: In diesem ist bei einem Vertrage [2]) die conditio, si Maeviam uxorem non ducat, für unzulässig, unmöglich, und somit als den Vertrag vernichtend erklärt, (Praetor actionem denegat) weil dadurch die Freiheit der Wahl bei Eingehung der Ehe durch die Furcht vor dem Nachtheile (nämlich die versprochene poena entrichten zu müssen), beschränkt werde. Und doch erklären die andern allegirten Gesetzesstellen die nämliche Bedingung bei negotia mortis causa (bei welchen doch sonst jede unzulässige Bedingung pro non scripta gilt) für statthaft!

Diesen unläugbaren Widerspruch unter den Juristen vermag sich der Verf., wie schon oben angedeutet worden, nur daraus zu erklären, daß im römischen Rechte über die in Frage stehende Bedingung abweichende Ansichten herrschten; was auch dadurch ausdrucklich bestätigt wird, daß Gajus

---

1) Balduin. l. c. cap. VIII. pag. 350. pr. Perez. in Cod. Tit. de indicta viduitate tollenda (6, 40.) No. 2. i. f.

2) In so ferne kann das fr. 71. §. 1. cit. als directer Beleg dafür gelten, daß die hier in Frage kommenden Bedingungen auch in den Gesetzen den negotia inter vivos beigefügt werden. Vergl. auch const. 2. C. de inutilib. stipulat. (8. 39.)

in dem oben mitgetheilten fr. §. 63. pr. von der Meinung derjenigen, welche die Bedingung für zulässig halten, sagt: „*magis placuit*“; ein Ausdruck, welcher immer eine Vergleichung mit andern abweichenden Ansichten nothwendig voraussetzt. Die letztere Ansicht des Gajus wird denn auch für uns den Vorzug vor der abweichenden Meinnng von Papinianus behaupten müssen [1]), weil jene theils mit dem Geiste des römischen Rechts überhaupt eher übereinstimmt, wie schon vorhin erwähnt ist, und theils, weil dieselbe auch durch andere Gesetzesstellen, wie in fr. 64. cit. von Terentius Clemens bestätigt wird, während Papinianus so ziemlich allein steht.

§. 39.

dd) Bedingung nach dem Willen eines bestimmten Dritten zu heurathen.

Offenbar enthält diese Bedingung eine sehr große Beschränkung der Freiheit; denn derjenige, dem sie gemacht ist, wird dadurch seiner ganzen Selbstständigkeit in Beziehung auf die Eingehung der Ehe beraubt und in den Willen eines Dritten gegeben [2]). Eine solche Beschränkung erscheint nach den Gesetzen unzulässig, und darum gilt die Bedingung fur unstatthaft (pro nihilo):

---

1) Papinianus scheint hier die Beschränkung der Freiheit sehr scharf und weiter gefaßt zu haben, als die übrigen Juristen; denn er stellt in einer andern Gesetzesstelle (welche aus demselben Werke, wie fr. 71. §. 1. cit. entlehnt ist), den allgemeinen gesetzlichen Grund für die Unzulässigkeit solcher Bedingungen also auf: eamque legis sententiam videri, ne quod omnino nuptiis impedimentum inferatur.

2) Vergl. Ulric. Huber. praelect. Lib. XXXV. Tit. I. Nr. 7. Diese Bedingung enthält offenbar eine weit größere Beschränkung der Freiheit, als die Bedingung eine bestimmte Person zu heurathen (s. folg. §.): denn durch die erstere wird die Wahl desjenigen, dem die Bedingung auferlegt ist, durchaus aufgehoben, und derselbe in den Willen dessen, der die Bedingung beigefügt hat, hingegeben, weil die Person, welche der Letztere wählen wird, noch unbekannt ist, und sogar eine persona turpis seyn kann; während in dem Falle, wenn die zum Gatten oder zur Gattin bestimmte Person vorher genannt wird, doch wenigstens dem bedingt Bedachten die Prüfung möglich ist, ob dieselbe seinem Wesen entspreche, oder nicht.

fr. 72. §. 4. D. de cond. et. dem. (35, 1.) (PAPINIANUS Lib. 18. Quaest.)

Si arbitratu Titii Seja nupserit, heres meus ei fundum dato: vivo Titio, etiam sine arbitrio Titii eam nubentem legatum accipere, respondendum est: eamque legis sententiam videri, *ne quod omnino nuptiis impedimentum inferatur*. Sed si Titius vivo testatore decedat, licet conditio deficit, *quia tamen suspensa quoque pro nihilo foret*, mulieri succurretur [1]).

Dabei ist auch kein Unterschied, ob derjenige, welcher die hier in Frage stehende unzulässige Bedingung beigefügt hat, in anderer Beziehung die Freiheit der Person, welcher dieselbe auferlegt ist, beschränken kann; denn selbst der pater familias darf die freie Wahl seines filius oder seiner filia familias nicht in der Art binden [2]):

fr. 28. pr. D. de cond. et dem. (35, 1.) (PAULUS Lib. 2. Epitomar. Alfeni Digestor.)

Filiae suae ita quis legavit, *Si Attia filia mea arbitratu Titii nupserit, ei tot heres meus dato.* Titio ante testatorem mortuo, Attia nupserat. Quaerebatur, an legatum ei deberetur? Respondit, deberi.

§. 40.

cc) Bedingung, eine bestimmte Person zu heurathen, und zwar:

αα) Eine Person soll von einem Dritten etwas erhalten, wenn sie eine andere namentlich bezeichnete Person [3]) heurathet [4]).

Diese Bedingung läßt sich in doppelter Weise gedenken: nämlich so, daß eine Person etwas erhalten soll, wenn sie eine bestimmte Person heurathet, oder daß zwei Personen

---

1) Vergl. auch fr. 51. §. 1. D. de legatis I. (30.) CUJAC. Recitat. ad. h. l.

2) Vergl. im Allg. const. 12. C. de nuptiis. (5, 4.)

3) Diese Person kann auch der Disponirende selbst seyn: fr. 91. D. de cond. et dem. (35, 1.)

4) BAUSSEL. l. c. Lib. III. Tit. IV. Nr. 6. i. f.

verschiedenen Geschlechts etwas zugesagt ist, wenn sie einander heurathen.

Beide Arten der Bedingungen beschränken wohl die Freiheit der Wahl beim Heurathen, allein die römischen Gesetze finden in dieser Beschränkung keine turpitudo [1]), und halten darum im Allgemeinen diese Bedingungen für zulässig; denn Papinianus, welcher die conditio, eine bestimmte dritte Person nicht zu heurathen, im fr. 71. §. 1. D. de cond. et dem. cit. für unzulässig hält (s. oben S. 165.) erklärt die Bedingung, eine bestimmte dritte Person zu heurathen, für gültig und stützt sich dabei auf den Grund:

Aliud est enim eligendi matrimonii poenae metu libertatem auferri, *aliud ad matrimonium certa lege invitari.*

Vielleicht tritt auch hier wieder der politische Grund ein, daß durch die in Frage stehende Bedingung die Eingehung der Ehe begünstigt wird. Diese Bedingung erscheint demnach im Allgemeinen als gültig [2]), und wird nur dann unzulässig, wenn sie nach den concreten Verhältnissen eine wirkliche turpitudo enthält, wenn nämlich die bestimmte Person von der Art ist, daß man honetterweise dieselbe nicht heurathen konnte; denn alsdann würde in dem Gebot, den bestimmten Unwürdigen zu heurathen, ein Verbot, mit allen Uebrigen sich zu verehelichen, liegen, und diese Bedingung, da man die bestimmte Person ehrenhalber nicht heurathen kann, der Bedingung gar nicht zu heurathen, demnach gleichstehen, oder vielmehr noch härter, als diese, erscheinen, weil hier die Freiheit doppelt durch Gebot und Verbot beschränkt wird:

fr. 63. §. 1. D. de condit. et demonstrat. (35, 1.) (Gajus ad leg. Jul. et Pap.)

Videamus, et si ita legatum sit, *Si Titio nupserit:* et quidem *si honeste Titio possit nubere*, dubium non erit, quin, nisi paruerit conditioni, excludatur a legato: *si vero indignus sit nuptiis ejus iste Titius* [3]), dicendum

1) const. 2. C. de institut. et substitut. (6, 25.)
2) fr. 10. de cond. et dem. (35, 1.)
3) fr. 3. §. 5. D. de bonor. poss. contra tab. (37, 4.)

est, posse eam beneficio legis cuilibet nubere: quae enim Titio nubere jubetur, caeteris omnibus nubere prohibetur: itaque si Titius indignus sit, tale est, quale si generaliter scriptum esset, *Si non nupserit:* immo si verum amamus, durior haec conditio est, quam illa, *Si non nupserit:* nam et caeteris omnibus nubere prohibetur; et Titio cui inhoneste nuptura sit, nubere jubetur [1]).

Wenn aber die Bedingung, eine bestimmte Person zu heurathen, nicht unzulässig ist, so muß dieselbe auch erfüllt werden, und es müssen an die Nichterfüllung nachtheilige Folgen geknüpft seyn können [2]).

Bei dieser Nichterfüllung lassen sich nun drei verschiedene Gründe gedenken, nämlich: derjenige, welchem die Bedingung auferlegt ist, eine bestimmte Person zu heurathen, will die Bedingung nicht erfüllen, oder die bestimmte Person, mit welcher die Ehe eingegangen werden soll, verhindert die Erfüllung der Bedingung, weil sie den Andern nicht heurathen will, oder die Erfüllung der Bedingung wird durch einen zufälligen Umstand unmöglich; z. B. durch den Tod der Person, mit welcher die Ehe abgeschlossen werden soll [3]).

Diese verschiedenen Fälle müssen nun einzeln näher betrachtet werden.

Hindert derjenige, welchem unter der Bedingung, daß er eine bestimmte Person heurathe, etwas hinterlassen ist rc., den Eintritt der Bedingung, weil er dieselbe nicht erfüllen will,

1) Vergl. im Allg. fr. 101. D. de cond. et dem. (35, 1.) fr. 23. u. 24. D. de condit. inst. (28, 7.) const. 1. u. 2. C. de inst. et subst. (6, 25.) fr. 9. §. 10. u. 11. D. de heredib inst. (28, 5.)

2) const. 2. C. de instit. et substit. (6, 25.)

3) Daß durch den Tod der Person, welcher die Eingehung der Ehe zur Bedingung gemacht ist, die conditio deficire, und demnach die Erben derselben nichts verlangen können, bedarf kaum einer besonderen Erwähnung. S. fr. 31. D. de cond. et dem. (35, 1.) und den folg. §.

so kann er auch natürlich das bedingt Hinterlassene ꝛc. nicht erhalten. Dafür sprechen schon die ganz allgemeinen Grundsätze [1]). Als besondere gesetzliche Bestimmung ist aber hierbei hervorzuheben, daß nach römischem Rechte die Bedingung, wenn Jemand heurathe, und ähnliche, gewöhnlich so zu verstehen ist, daß der bedingt Eingesetzte oder Bedachte den Eintritt einer solchen Bedingung nicht hindere, daß er also (muß man weiter schließen) den bedingten Vortheil erlangen soll, wenn der Eintritt der Bedingung durch andere außer dem Bereiche seines Willens liegende Gründe verhindert worden ist:

fr. 23. i. f. D. de condit. inst. (28, 7.) (Marcellus Lib. 12. Digestor.) verb.:

plerumque enim haec conditio: *si uxorem duxerit, si dederit, si fecerit*, ita accipi oportet, quod per eum non stet, quominus ducat, det aut faciat [2]).

Noch bestimmter wird dasselbe in Beziehung auf die hier in Frage stehende Bedingung gesagt in

fr. 101. pr. i. f. D. de cond. et dem. (35, 1.) (Papinianus Lib. 8. Responsor.) verb.:

Respondi, cum in conditionibus testamentorum voluntatem potius, quam verba considerari oporteat, Aelio Philippo fideicommissum ita datum videri, *si ei Procula defuncti filia nubere noluisset* etc.

Durch diese allgemeine gesetzliche Vermuthung werden wir denn auch leicht zur Beantwortung der zweiten Frage geführt, wenn die bestimmte Person, mit welcher nach der Bedingung die Ehe eingegangen werden soll, nicht heurathen will; denn die Nichterfüllung wird nach dem Bisherigen dem bedingt Eingesetzten, dem Honorirten ꝛc., nicht schaden können [3]). Das ist in vielen Gesetzesstellen bestimmt und deutlich ausgesprochen. Als Beispiel diene:

---

1) Vergl. fr. 31. i. f. D. de cond. et dem. (35, 1.) const. 1. u. 2. C. de instit. et substitut. (6, 25.) fr. 101. D. de cond. et dem. (35, 1.)

2) Vergl. fr. 5. §. 5. D. quando dies legat. cedat. (36, 2.)

3) Chr. Henr. Breuning l. c. §. 2.

const. 1. C. de instit. et substit. (6, 25.) (Impp. SEVERUS et ANTONINUS A. A. Alexandro. 200.)

Cum avum maternum ea conditione filiam tuam heredem instituisse proponas, *si Antylli filio nupsisset*, non prius eam heredem existere, quam conditione paruerit, *aut Antylli filio recusante matrimonium impeditum fuerit*, manifestum est [1]).

Nicht so leicht wird aber mit diesem zweiten Puncte der dritte der oben erwähnten Fälle zu vereinigen seyn, wenn nämlich die Erfüllung der Bedingung aus dem Grunde nicht eintritt, weil sie durch einen Zufall in der Person dessen, mit welchem die Ehe eingegangen werden sollte, unmöglich geworden ist. Hier liegt doch auch die Erfüllung der Bedingung nicht an demjenigen, dem sie auferlegt ist, und darum sollte man, nach dem oben aufgestellten allgemeinen Grundsatze, glauben, daß auch hier die Bedingung als erfüllt angesehen werden könne. Allein die Gesetze sagen bestimmt, in dem letzten Falle deficire die conditio:

const. 4. C. de condit. insert. (6, 46.) (Imp. ALEX. A. Liciniae 227.)

Legatum sive fideicomissum a patre tuo relictum tibi sub conditione, *si filio ejus nupsisses:* cum mortuo filio, priusquam matrimonium cum eo contraheres, conditio defecerit, nulla ratione debere tibi existimas.

Ebenso das schon vorhin erwähnte

fr. 101. i. f. pr. i. f. D. de cond. et dem. (35, 1.);

denn Papinianus sagt am Schlusse desselben (unmittelbar nach den bereits oben mitgetheilten Worten): da die Bedingung nach der vermuthlichen Absicht des Testators darauf gestellt gewesen, wenn die Procula den Aelius Philippus nicht heurathen wolle, so deficire dieselbe, weil die Procula vor ihrer Mannbarkeit gestorben:

---

1) Vergl. const. 1. C. de his quae sub modo (6. 45.) const. 2. i. f. C. eod. fr. 31. D. de cond. et dem. (35. 1.) fr. 5. §. 5. i. f. D. quando dies legator. cedat. (36, 2.) fr. 23. u. 24. D. de cond. instit. (28, 7.) CUJAC. Observat. Lib. XVII. cap. 22. PEREZ. Praelect. in Cod. Lib. VI. Tit. 25. Nr. 8.

quare cum ea prius, quam viripotens fieret, vita decesserit, conditionem extitisse non videri.

Auch gehören hierher alle diejenigen Gesetzesstellen, welche sagen, daß nur dann die Bedingung, einen Dritten zu heurathen, erlassen werde, wenn dieser Dritte die Ehe nicht eingehen wolle [1]; denn vermöge des argumentum a contrario wird in allen übrigen Fällen die conditio deficiren [2].

Forschen wir nach einem Grunde für die Verschiedenheit der gesetzlichen Bestimmung in dem Falle, wenn diejenige Person, welche der bedingt Eingesetzte oder Honorirte heurathen soll, die Ehe nicht eingehen will, und dem Falle, wenn die Ehe mit demselben nicht eingegangen werden kann, weil sie früher gestorben, — so läßt sich dieser Grund vielleicht darin finden: So lange die Person, mit welcher die Ehe abgeschlossen werden soll, noch lebt, kann derjenige, welchem diese Ehe zur Bedingung gemacht war, seinen Willen, die Bedingung zu erfüllen, im wahren Ernste kund geben [3], er kann sich also bei der Alternative, entweder die Ehe einzugehen, oder das Hinterlassene nicht zu verlangen, für das Eine gehörig entscheiden; — ist aber die fragliche Person früher gestorben, und dadurch die Erfüllung der Bedingung unmöglich geworden, so ist hierdurch dem bedingt Eingesetzten ꝛc. eigentlich die Möglichkeit der Wahl entzogen; denn das eine Glied der Alternative existirt ja nicht mehr, man kann darum auch nicht mehr die Ernstlichkeit des Willens, die Bedingung zu erfüllen, bei dem sub conditione Eingesetzten prüfen, weil dessen bloße Versicherung, er würde, Falls die bestimmte Person noch am Leben gewesen wäre, dieselbe sicher geheurathet haben, nicht wohl genügen kann [4].

1) const. 1. C. de instit. et substit. (6, 25.) const. 1. C. de his quae sub modo (6, 45.)

2) Jo. Tob. Richter diss. de condit. potestativis et mistis etc. §. 8. 13.

3) Wenigstens dann, wenn er die Gesinnung der andern Person vorher nicht kennt.

4) Das Nähere wird unten in der dritten Abtheilung entwickelt werden.

§. 41.

ββ) Zwei Personen verschiedenen Geschlechts sollen von einem Dritten etwas erhalten, wenn sie einander heurathen.

Diese Bedingung ist offenbar identisch mit der im vorigen §. erwähnten, nur mit dem Unterschiede, daß hier dieselbe den beiden Personen gemacht ist, und demnach bei der Frage, ob sie das bedingt Hinterlassene erhalten, auf den Willen beider gesehen werden muß, so, daß derjenige, welcher die Bedingung nicht erfüllen will, das Hinterlassene auch nicht erhalten kann, während der Andere, der zur Erfüllung bereit ist, das ihm Zugedachte erhält, wenn das Deficiren der conditio bloß durch das Nichtwollen der mitbedachten Person veranlaßt worden ist; liegt dagegen der Grund des Nichteintritts in dem Nichtkönnen, namentlich, wenn die andere Person gestorben, so erhält auch der Ueberlebende nichts; gerade so, wie dieß im vorigen §. näher ausgeführt worden ist.

Als gesetzliches Beispiel diene

fr. 31. D. de cond. et dem. (35, 1.) (Africanus Lib. 2. Quaest.) [1]).

In testamento ita erat scriptum, Stichus et Pamphila liberi sunto: et si in matrimonium coierint, heres meus his centum dare damnas esto: *Stichus ante apertas tabulas decessit.* Respondit, partem Stichi defectam esse: sed et Pamphiliam defectam conditione videri, ideoque partem ejus apud heredem remansuram. Sed etsi uterque viveret, et *Stichus nollet eam uxorem ducere*, cum mulier parata esset nubere: illi quidem legatum deberetur, Stichi autem portio in utilis fiebat. Nam cum ita legatum sit, *Titio si Sejam uxorem duxerit, heres meus centum dato:* si quidem *Seja moriatur, defectus conditione intelligitur:* at si *ipse decedat, nihil ad heredem suum eum transmittere*, quia morte ejus conditio defecisse intelligitur: utroque autem vivente, *siquidem ipse nolit uxorem ducere*, quia ipsius facto conditio defecit, nihil ex legato consequitur; *mu-*

---

1) Cujac. Tractat. ad Africanum. II. c. f. (ad l. 31. D. cit.) Brfuning l. c. §. 4.

liere autem nolente nubere, cum ipse paratus esset, legatum ei debetur [1]).

Wenn nun nach der bisherigen Ausführung die Bedingung, daß Personen verschiedenen Geschlechts sich gegenseitig heurathen, so ferne dieselbe diesen Personen selbst gemacht ist, ohne Zweifel nach den Gesetzen als zulässig erscheint, so wird doch die Bedingung, wenn mehrere Personen (seyen dieß auch die Eltern) etwas zu geben versprechen, wenn sie es nicht bewirken, daß andere dritte Personen (namentlich ihre Kinder) sich gegenseitig heurathen, als contra bonos mores verworfen, weil dadurch ein Zwang bei Eingehung der Ehe herbeigeführt wird, welcher insbesondere den Eltern verboten ist [2]).

Das Gesagte wird bestätigt durch

fr. 134. pr. D. de V. O. (45, 1.) (Paulus Lib. 15. Responsor.)

Titia, quae ex alio filium habebat, in matrimonium coit Gajo Sejo habenti filiam, et tempore matrimonii consenserunt, *ut filia Gaji Seji filio Titiae desponderetur*; et interpositum est instrumentum, et adjecta poena, *si quis eorum nuptiis impedimento fuisset*. Postea Gajus Sejus constante matrimonio diem suum obiit, et filia ejus noluit nubere. Quaero, an Gaji Seji heredes teneantur ex stipulatione? Respondit, ex stipulatione, quae proponeretur, cum non secundum bonos mores interposita sit, agenti exceptionem doli mali obstaturam: *quia inhonestum visum est, vinculo poenae matrimonia obstringi, sive futura, sive jam contracta.*

---

1) Daß im Vordersatz der Stelle von Freigelassenen die Rede ist, steht der allgemeinen Anwendbarkeit des Gesetzes nicht im Wege, da die Grundsätze, welche in dem fr. entwickelt werden, ganz die allgemein gültigen sind, und in dem zweiten Satze ausdrücklich ein Beispiel von freigebornen Personen zur Erläuterung des im Vordersatze enthaltenen Falls bei Freigelassenen angeführt ist; demnach unmittelbar und ausdrücklich die allgemeinen Grundsätze hier in Anwendung gebracht werden.

2) const. 12. u. 14. C. de nuptiis (5, 4.) fr. 19. D. de ritu nuptiarum. (23, 2.)

§. 42.

ff) Bedingung, daß man eine bestimmte Person heurathen wolle, wenn sie eine bestimmte Summe zu geben verspreche.

Die eben bemerkte Bedingung (welche sich dadurch von der vorhergehenden unterscheidet, daß hier nicht ein Dritter etwas bedingt verspricht, sondern derjenige, welcher heurathen will, sich selbst etwas versprechen läßt), kann unter den moralisch unmöglichen aufgezählt werden, weil hier die Eingehung der Ehe — einer Verbindung, durch welche das wechselseitige Lebensglück der Verbundenen bedingt wird — nicht von freier Neigung [1]), sondern von der Erfüllung eines Geldversprechens, abhängig gemacht ist.

Die römische Gesetzesstelle, welche von diesem Falle handelt, ist

fr. 97. §. 2. D. de V. O. (45, 1.) (Celsus Lib. 26. Digestorum.)

Si tibi nupsero, decem dari spondes? causa cognita denegandam actionem puto: nec raro probabilis causa ejusmodi stipulationis est. Item si vir a muliere eo modo non in dotem stipulatus est [2]).

Ein solches Versprechen kann aus einem doppelten Grunde ungültig seyn: Man kann nämlich darin etwas Schimpfliches finden, wie bereits oben bemerkt worden, oder es kann die Ungültigkeit daraus hervorgehen, daß die Klage erst nach eingegangener Ehe nata wird, unter Ehegatten aber in der Regel keine gültige Schenkung stattfinden kann; was auch nach ausdrücklicher Erklärung der Gesetze von dem Falle gilt, wenn das Versprechen zwar vor der Eingehung der Ehe, aber nur unter der Bedingung geleistet worden war, daß das Eigenthum der versprochenen Gegenstände erst nach abgeschlossener Ehe auf den Promissar übergehen solle [3]).

---

1) fr. 3. pr. D. de donat. inter virum et uxor. (24, 1.) s. diese Versuche Thl. 1. S. 111.

2) fr. 108. pr. D. de V. O. (45, 1.)

3) const. 4. C. de donat. ante nuptias (5, 3.) (Imp. Gordianus A. Marcello.) Quod sponsae ea lege donatur, ut (tunc) dominium ejus adipiscatur, cum nuptiae fuerint secutae, sine ef-

Die beiden angegebenen Gründe scheinen sich hier zu vereinigen, um das gedachte Versprechen ungültig zu machen, oder sie fallen vielmehr in Eins zusammen; denn der Grund, welcher den Gesetzgeber veranlaßt hat, die Schenkungen unter Ehegatten zu verbieten, liegt zum Theil gerade darin, daß jedes eigennützige, unreine Motiv zur Abschließung von Ehen entfernt werde, weil dieselben allein durch gegenseitige Neigung bedingt seyn sollen:

fr. 3. pr. D. de donat. inter vir. et uxor. (24, 1.) (Ulp. Lib. 32. ad Sabinum.) verb.:

Majores nostri inter virum et uxorem donationes prohibuerunt, *amorem honestum* solis animis aestimantes, *famae* etiam conjunctorum consulentes, *ne concordia pretio conciliari videretur* etc.

Wenn aber die Gesetze die donationes inter virum et uxorem aus dem Grunde im Allgemeinen verboten haben, weil etwa diese Geschenke zu eigennützigen, schimpflichen Heurathen Veranlassung geben könnten, so muß doch sicher auch eine solche stipulatio als turpis gelten, durch welche geradezu concordia pretio conciliatur!

Soweit wäre also die allegirte Gesetzesstelle ohne besondere Schwierigkeit zu erklären. Schwieriger aber scheint der weitere Satz: nec raro probabilis causa ejusmodi stipulationis est; denn es wirft sich die Frage auf: welches denn die nicht seltenen Fälle der Gültigkeit einer solchen stipulatio sind?

Es ist bekannt, daß es auch Fälle der Gültigkeit der Schenkungen und Versprechungen unter Ehegatten giebt; und namentlich können, ja müssen sogar in der Regel von der Frau oder für die Frau dem Manne eine dos, von dem Manne der Frau eine propter nuptias donatio bestellt werden. Ist darum ein solches Versprechen in dotem d. h. mit Rücksicht auf die zu bestellende dos gegeben werden, so muß es gültig seyn [1]. Die-

---

fectu erit. Damit stimmt auch der Glossator Bartolus überein: Glossa ad fr. 97. §. 2. cit.

1) Das nimmt auch die Glosse zu fr. 97. 2. cit. an, indem sie sich auf const. 19. C. de donat. ante nuptias (5, 3.) stützt.

sen Fall scheint Celsus zunächst vor Augen gehabt zu haben, wie aus dem Schlußsatz hervorgeht:

Item si vir a muliere eo modo non in dotem stipulatus est.

Die verbindende Partikel „item" bezieht sich darum auf den Vordersatz, und soll die Ungültigkeit der stipulatio andeuten, wenn nicht in dotem stipulirt worden [1]). Man kann darum wohl annehmen, daß der weggelassene Grund, die probabilis causa ejusmodi stipulationis, eben darin gelegen, daß in dotem stipulirt worden; was denn ganz natürlich den Uebergang zu dem Gegensatz gebildet hat, daß die stipulatio nicht gelten solle, wenn nicht in dotem stipulirt worden war.

Von der angegebenen Bestimmung des römischen Rechts weicht indessen das canonische Recht ab; denn dieses erklärt die Bedingung, durch welche man für Eingehung einer Ehe eine bestimmte Summe sich versprechen läßt, ausdrücklich für gültig in

cap. 3. X. de conditionibus appositis (4, 5.) (Alexander III. Panorm. Archiepiscop. 1180.) Si vero aliquis sub hujusmodi verbis juramentum alicui mulieri praestiterit: *Ego te in uxorem accipiam, si tantum mihi donaveris:* Reus perjurii non habebitur, si eam nolentem sibi solvere, quod sibi dari petiit, non acceperit in uxorem, nisi consensus de praesenti [2]) aut carnalis sit inter eos commixtio subsecuta [3]).

Wäre hier die Bedingung für moralisch unmöglich gehalten worden, so würde entweder dieselbe pro non scripta,

1) Ebenso versteht die Stelle auch Accursius in der Glosse, indem er zu den Schlußworten „stipulatus est" bemerkt: scil. actionem denegandam dico. Vergl. fr. 108. pr. D. de V. O. (45, 1.)

2) In diesem Falle war die Ehe durch den consensus de praesenti gültig eingegangen: cap. 31. X. de sponsalibus et matrimoniis (4, 1.) cap. 4. X. de sponsa duorum (4, 4.) und darum unauflöslich: cap. 15. X. de conversione conjugatorum (3, 32.)

3) Hier wurde die Bedingung als stillschweigend nachgelassen angesehen: cap. 6. X. de condit. appos. (4, 5.) verb.: videtur a conditione apposita recessisse.

oder das ganze Versprechen für ungültig erklärt worden seyn. Das Gesetz läßt aber das eidliche Versprechen unter dieser Bedingung gelten.

§. 43.

β) Bedingungen zur Beschränkung der freien Wahl beim Heurathen, in so ferne dieselben solchen Personen gemacht werden, welche schon verheurathet gewesen sind.

aa) Bedingung nicht wieder zu heurathen.

Zum leichteren Verständniß mögen einige Bemerkungen über den Wechsel in der Gesetzgebung bei dieser Bedingung vorausgeschickt werden [1]).

Vor Justinian galt hier die alte Lex Julia Miscella [2]), nach welcher die Ehefrau, auch dann, wenn ihr von dem verstorbenen Ehemanne unter der Bedingung, nicht wieder zu heurathen, etwas hinterlassen war, dennoch binnen Jahresfrist [3]) zur zweiten Ehe schreiten konnte, wenn sie nur den Eid leistete, sie heurathe „filiorum causa" oder „procreandae sobolis gratia" [4]); einerlei, ob sie schon Kinder hatte, oder nicht. Nach

1) Vergl. im Allg. Balduin. l. c. cap. VII. ad voc.: Conditiones jurisjurandi. p. 349. 350. Donell. commentar. absolut. ad Lib. VI. Cod. Tit. de indicta viduitate et lege Julia Miscella tollenda. Cujac. Recit. ad Tit. Dig. de condit. instit. l. 4. §. 1. i. m. Cujac. Recitationes (solennes) in Tit. Cod. de indicta viduitate et lege Julia Miscella tollenda. Cujac. Paratitla in Cod. eod. Cujac. observat. Lib. V. cap. 2. Perez. Praelect. ad eund. Tit. Cod. Brussel. l. c. Lib. IV. Tit. II. Nr. 7. Brunnemann. in Cod. eod. Voet l. c. Lib. 28. Tit. 7. Nr. 13. 14.

2) Vergl. im Allg. const. 2. u. 3. C. de indicta viduitate (6, 40) Auth. Cui relictum C. eod. Nov. 22. cap. 43. u. 44. und über die Literärgeschichte: Brisson. de V. S. sub. voc.: Miscellus. Cujac. l. c. Perez l. c. Nr. 7. Zimmern Rechtsgesch. Bd. 1. §. 24. Not. 6. auch §. 173.

3) Wie läßt sich damit die Vorschrift wegen des Trauerjahrs vereinigen? Vergl. im Allgem. Dionys. Gothofred. ad Nov. 22. cap. 43. pr.

4) Offenbar wieder der politische Grund, die Bevölkerung zu befördern; wie auch const. 2. C. cit. sagt verb.: Augeri etenim magis nostram Rempublicam, et multis hominibus legitime progenitis frequentari etc.

Ablauf des ersten Jahres konnte sie aber das sub conditione viduitatis Hinterlassene nur gegen Leistung der Mucianischen Caution [1]: quod ad secundas non veniret nuptias, erhalten.

Ebenso galt auch im Allgemeinen [2]) die Lex Julia Miscella bei den Männern [3]). Justinian hob aber diese Lex durch const. 2. C. de indicta viduitate et lege Julia Miscella tollenda (6, 40.) im J. 631 für die Ehefrauen, und durch const. 3. C. eod. aus demselben Jahre für die Männer, sammt der Verpflichtung der cautio Muciana völlig auf, so daß nun Wittwen und Wittwer auch vor Ablauf des Jahres zur zweiten Ehe schreiten konnten, ohne das Hinterlassene zu verwirken. Als Grund für die Aufhebung der Lex Julia Miscella wird die Besorgniß vor falschen Eiden angeführt [4]).

Die in const. 2. u. 3. C. citt. enthaltene Vorschrift hob Justinian indessen selbst wieder auf durch Nov. 22. cap. 43. u. 44. aus dem Jahre 536, und gab als Grund für seine neue, auch für uns noch geltende Bestimmung an: cap. 43. i. f. non enim volumus deficientium nihil illicitum habentes voluntates frustrari [5]).

1) fr. 7. pr. D. de cond. et dem. (35, 1.) fr. 18. fr. 72. §. 2. D. eod.

2) Etwas Näheres über diese Lex bei den Männern wissen wir nicht. Vergl. im Allg. auch Ulpiani fragm. Tit. III. §. 3.

3) Unter die Lex Julia Miscella fielen aber nicht die Fälle, wenn etwas hinterlassen war unter der Bedingung: Si vidua erit, quoties vidua erit, oder cum vidua erit (bei Frauen); oder Si amiserint uxores, oder quando ad coelibatum pervenerint (bei Männern), weil durch solche Bedingungen nur der Fall bezeichnet werden soll, in welchem die Disposition eintritt, einer solchen Disposition aber nichts im Wege steht: const. 3. C. eod. Cujac. l. c. Brunnemann. l. c. Nr. 13, 14.

4) Die const. 2. C. eod. sagt sehr unzart: „Cum enim mulieres ad hoc natura progenuerit, ut partus ederent, et maxima eis cupiditas in hoc constituta sit: quare scientes prudentesque perjurium committi patimur?" — Aehnlich Nov. 22. cap. 43. verb.: „et perjurium eis cohibere, nec sinere talia subire juramenta, in quibus omnino perjurium promptum est.".

5) Durch diese neueste Bestimmung Justinian's sind denn natürlich alle ältere gesetzliche Vorschriften in der Compilation, in so ferne sie abweichen, aufgehoben oder veraltet.

Nach dieser Nov. cap. 44. soll ein Ehegatte dem andern mit voller Gültigkeit etwas unter der Bedingung hinterlassen können, daß er nicht wieder heurathe; so jedoch, daß dem Honorirten die Wahl freisteht, entweder das Hinterlassene anzunehmen, oder dasselbe auszuschlagen, und dadurch die Freiheit, wieder zu heurathen, sich zu bewahren [1].

Wählt er das Erstere, so soll er zuvörderst ein Jahr lang mit der Einforderung des Hinterlassenen warten [2]; hat er bis dahin nicht gegen die Bedingung gehandelt, so kann er das Hinterlassene verlangen, wenn er genügende Caution leistet [3], daß er Alles, was er erhalten, Hauptsache, Accessionen und Früchte, Forderungen und Zinsen [4], zurückgeben wolle, wenn er die Bedingung übertreten sollte. Ebenso soll zur Sicherung der Rückforderung des Vermächtnisses im Falle der Uebertretung der Bedingung ein generelles Pfandrecht an dem Vermögen des Honorirten stattfinden [5].

In den bisher erwähnten Vorschriften Justinian's war übrigens immer nur von dem Falle die Rede, wenn ein Ehegatte dem andern unter der Bedingung, nicht wieder zu heurathen, etwas hinterlassen hatte. In dem §. 8. der Nov. 22. cap. 44. dehnt dagegen der Kaiser seine Vorschrift in allen ihren Theilen auch auf die Fälle aus, wenn irgend

1) Nov. 22. cap. 44. pr.

2) Eine Ausnahme findet nur statt, wenn er früher dem geistlichen Stande sich widmet: utpote nequaquam nuptiarum existente spe. Nov. 22. cap. 44. §. 1. u. 7. i. f.

3) Die Caution ist mit Rücksicht darauf, ob bewegliche oder unbewegliche Sachen, oder Forderungen hinterlassen sind, ob der Honorirte vermögend ist, oder nicht ꝛc., näher bestimmt in Nov. 22. cap. 44. §. 2. ff.

4) Nov. 22. cap. 44. §. 2. ff. fr. 79. §. 2. D. de cond. et dem. (35, 1.)

5) Ob dieses Pfandrecht ein gesetzliches, wie man fast allgemein annimmt, oder bloß ein vertragsmäßiges sey, wie Marezoll im Magazin von v. Grolman u. v. Löhr IV. Abh. XI. Nr. 9. und, gestützt auf ihn, Zimmern Rechtsgesch. §. 173. a. E. Not. 13., behaupten; — dieß näher zu untersuchen und zu entscheiden, ist wohl hier nicht der schickliche Ort.

ein Dritter unter einer solchen Bedingung dem Ehemanne oder der Ehefrau etwas hinterlassen hatte [1]):

Hanc ipsam autem introducimus observantiam et eundem intellectum, etiamsi non conjuges alterutris sub tali reliquerint conditione, sed aliquis alius extraneus sive viro, sive mulieri sub tali conditione dari quid voluerit sc. fortuitorum casuum: secundum suam naturam, lege super his tam in praestandis, quam in restituendis conservata etc.

§. 44.

bb) Andere Bedingungen zur Beschränkung der freien Wahl beim Heurathen.

Hinsichtlich der übrigen Bedingungen, durch welche die freie Wahl beim Heurathen beschränkt werden kann, gelten, wie auch schon früher bemerkt worden, bei verwittweten Personen ganz dieselben Bestimmungen, wie bei unverheuratheten. Das würde sich schon aus allgemeinen Grundsätzen ergeben, weil bei solchen Bedingungen kein Grund zur Verschiedenheit in den gesetzlichen Vorschriften vorliegt; es läßt sich aber auch noch aus besonderen Gesetzesstellen nachweisen; und zwar

a) bei der Bedingung einen bestimmten Dritten nicht zu heurathen aus dem schon mitgetheilten

fr. 63. pr. D. de cond. et dem. (35, 1.)

verb.: nec videri tali conditione *viduitatem injunctam* [2]), cum alii cuilibet satis commode possit nubere.

b) bei der Bedingung, einen bestimmten Dritten zu heurathen aus

---

1) Westphal a. a. O. §. 503.

2) Denn, wenn auch der Ausdruck „vidua“ nach fr. 242. §. 3. D. de V. S. (50, 16.) (s. oben §. 33. S. 164. Not. 1.) in den Gesetzen zuweilen ein jedes gattenloses Frauenzimmer bezeichnet, so sind in dem Ausdruck „viduitatem injunctam“ „viduitatem indixisse“ verwittwete Frauenzimmer doch zweifellos mit inbegriffen; zumal, da, wie wir bereits oben gesehen, der Ausdruck vidua auch wieder ausschließlich von verwittweten Frauen, im Gegensatz von virgo, gebraucht wird. Vergl. auch fr. 31. i. f. D. qui et a quibus manum. (40, 9.) fr. 15. §. 8. D. ad leg. Jul. de adulter. (48, 5.)

const. 2. C. de institut. et substitut. (6, 25.) (Imp. ANTONINUS A. Cassiae 214.)

verb.: Nec enim videri potest sub specie turpium nuptiarum *viduitatem* tibi indixisse, cum te filio sororis suae consobrino tuo probabili consilio matrimonio jungere voluerit.

§. 45.

b) Unmögliche Bedingungen bei Eingehung von Verlöbnissen.

Nachdem in den vorstehenden §§. die unmöglichen Bedingungen zur Beschränkung der freien Wahl beim Heurathen durchgegangen worden sind, wenden wir uns zunächst zu den unmöglichen Bedingungen bei Verlöbnissen, weil diese, als ein die Ehe vorbereitender Vertrag, am Schicklichsten hier ihre Stelle finden.

Das Verlöbniß ist ein negotium inter vivos, bei welchem die Hinzufügung einer Bedingung an sich nicht als unzulässig erscheint [1]. Es müssen darum hier dieselben Grundsätze, wie bei den Rechtsgeschäften unter Lebenden im Allgemeinen so lange eintreten, bis eine Ausnahme aus den Gesetzen sich nachweisen läßt. Eine solche Ausnahme wird nun

1) in Beziehung auf Suspensivbedingungen von mehreren Rechtslehrern [2]) behauptet, welche sich vorzüglich stützen auf

cap. 7. X. de conditionibus appositis in desponsatione vel in aliis contractibus (4, 5.) (GREGORIUS IX. anno 1235.)

Si conditiones contra substantiam conjugii inserantur, utputa si alter dicat alteri: Contraho tecum, si generationem prolis evites, vel donec inveniam aliam honore, vel facultatibus digniorem, aut si pro quaestu adulterandam te tradas, *matrimonialis contractus*, quantumcunque sit favorabilis, caret effectu. Licet aliae conditiones appo-

---

1) cap. unicum §. 1. in VI. de sponsalibus et matrimoniis (4, 1.) Glück Commentar Bd. 23. §. 1195.

2) DURAN. l. c. Part. IV. cap. 6. Nr. 42. LAUTERBACH. colleg. pand. Lib. 23. Tit. 1. §. 15. 16. 38. BOECLER. l. c. cap. III. sect. I. pag. 16 sqq. CONR. GUIL. STRECKER Progr. de condit. impossib. Erford. 1744. pag. 2.

sitae *in matrimonio*, si turpes aut impossibiles fuerint, debeant propter ejus favorem pro non scriptis haberi.

Man folgert aus dieser Gesetzesstelle, daß alle unmöglichen Bedingungen, in so ferne sie nicht dem Wesen der Ehe widerstreiten, bei Sponsalien, gleichwie bei Eheverträgen, als nicht hinzugefügt gelten sollen, weil ja das Verlöbniß nur ein die Ehe vorbereitender Vertrag sey, bei welchem im Allgemeinen, und namentlich hinsichtlich des Verbots der Eingehung desselben, in den meisten Fällen die nämlichen Bestimmungen, wie beim Ehevertrage, eintreten [1]. — Allein diese Folgerung erscheint hier als durchaus unstatthaft [2]; denn die singulären Bestimmungen des cap. 7. cit. beziehen sich ausdrücklich nur auf den matrimonialis contractus (conditiones appositae in matrimonio) [3], zu welchem der Verlöbnißvertrag doch nicht gerechnet werden kann, weil dieser, wenn er den Ehevertrag auch vorbereitet, doch mit demselben nicht identisch ist, sondern immer einen selbstständigen Contract bildet.

Bezieht sich aber das erwähnte cap. 7. nicht nach Wort und Sinn direct auf Verlöbnisse, so wird sich eine analoge Ausdehnung der darin für die Ehe gegebenen Vorschriften auf die Sponsalien in keiner Weise rechtfertigen lassen; denn diese Vorschriften über die Bedingungen bei der Ehe enthalten eine Ausnahme von der Regel, welche aus der singulären Begünstigung der Ehe („propter ejus favorem") hervorgegangen ist.

Dazu kommt noch, daß gerade der Grund für diese singuläre Bestimmung bei der Ehe, bei den Sponsalien völlig mangelt. Denn dieser Grund, der favor matrimonii, liegt in der Sacramentseigenschaft der Ehe, welche Unauflöslichkeit des Ehebands erzeugt; und kann auf Sponsalien um so weniger

---

1) Vergl. im Allg. fr. 16. D. de sponsalibus (23. 1.)

2) Die hier befolgte Ansicht vertheidigt auch Ravensberg. l. c. Cap. II. §. 3. sqq.; ebenso Brussel. l. c. Lib. IV. Tit. II. Nr. 3. Vergl. auch Duran. l. c. P. IV. cap. 6. Nr. 42 sqq. Mackeldey Lehrbuch (10te Ausg.) §. 505. Not. f. Muehlenbruch D. P. (edit. III.) §. 507. not. 9 u. 10. vergl. mit §. 510. i. f. not. 9. Hofacker. princ. jur. civ. Tom. I. §. 387. not. d — f.

3) Glück a. a. O. S. 13.

Anwendung leiden, als vielmehr gerade ungekehrt die Auflösung dieses Vertrags in den Gesetzen besonders begünstigt wird, weil man unglücklichen Ehen vorzubeugen sucht [1]). Auch können die Worte der Rubrik des Titels: „de conditionibus appositis in *desponsatione*“ an dem Bisherigen nichts ändern, weil ja unmittelbar darauf noch der Zusatz „vel in aliis contractibus“ folgt, und darum Alles, was nicht nach Wort und Sinn des Gesetzes auf Sponsalien paßt, auf andere Verträge (hier auf den matrimonialis contractus) bezogen werden muß.

Das Resultat der bisherigen Untersuchung wird demnach dahin gehen, daß moralisch unmögliche Suspensivbedingungen den Verlöbnißvertrag, sowie jeden andern Vertrag, ungültig machen [2]).

2) Nach der vorstehenden Ausführung würden nun auch bei Resolutivbedingungen, in so ferne dieselben wirklich als moralisch unmöglich erscheinen, (s. oben §. 29.) die allgemeinen Grundsätze bei Verträgen eintreten müssen, und dem zu Folge eine unmögliche Resolutivbedingung den ganzen Verlöbnißvertrag vernichten; allein dagegen scheinen einige Gesetzesstellen des canonischen Rechts zu sprechen, nämlich

cap. 1. X. de conditionibus appositis in desponsatione vel in aliis contractibus (4, 5.) (Ex Concilio Africano.)

Quicunque *sub conditionis nomine* aliquam desponsaverit, *et eam relinquere voluerit:* dicimus, quod *frangatur conditio* et desponsatio irrefragabiliter teneatur;

und noch ausführlicher ist dieselbe Bestimmung angegeben in

can. 7. Caus. 27. quaest. 2. (Palea.)

Quod conditio interposita non valeat, ex Concilio Africano probatur; und darauf folgt der can. 8. eod. (Palea.), welcher mit dem cap. 7. X. cit. wörtlich übereinstimmt.

Allein, sollen diese beiden Gesetzesstellen nicht mit den allgemeinen Grundsätzen des canonischen Rechts über Sponsalien

---

1) cap. 2. X. de sponsalibus. (4, 1.)

2) Mit diesem Resultate stimmen überein Walch. introductio in controversias jur. civ. Sect. 1. cap. 2. membr. 1. §. 2. Thibaut System. §. 413. Not. g. Braun Erörterungen zu Thibaut eod.

in Widerspruch gerathen, so muß man dieselben mit Cujacius, Glück u. A. [1]) von der Ehe verstehen; für welche Ansicht auch der Umstand spricht, daß in den, den can. 7. u. 8. vorangehenden und nachfolgenden Gesetzesstellen nur von „conjux“, „conjugium“, „conjugale pactum“ die Rede ist. Namentlich scheint das cap. 6. eod. der hier angenommenen Ansicht günstig zu seyn: *Conjuges* verius appellantur a prima *desponsationis* fide, quamvis adhuc ignoretur inter eos *conjugalis concubitus.*

Hier werden also durch die prima desponsationis fides die beiden Personen conjuges, und es kann zwischen ihnen conjugalis concubitus stattfinden. Darum muß wohl auch hier unter desponsatio nicht der bloße Verlöbnißvertrag, sondern, wie schon bemerkt, der unförmliche Ehevertrag selbst, *sponsalia de praesenti,* verstanden werden.

§. 46.

c. Unmögliche Bedingungen bei Eheverträgen, und zwar α) in Beziehung auf die Eingehung der Ehe.

Ueber die unmöglichen Bedingungen bei Eheverträgen enthält zwar nicht das römische Recht, wohl aber das canonische, eine ausdrückliche gesetzliche Bestimmung [2]), und zwar das schon im vorigen §. angeführte cap. 7. X. de conditionibus appositis in matrimonio vel in aliis contractibus (4, 5.). Nach diesem Gesetze sollen die physisch, wie die juristisch und moralisch unmöglichen Bedingungen, welche bei Abschließung des Ehevertrags beigefügt sind, propter matrimonii favorem pro non adjectis gehalten werden; und davon sind nur diejenigen Bedingungen ausgenommen, welche dem Wesen der Ehe widerstreiten (quae contra substantiam matrimonii inserantur), weil sie den ganzen Ehevertrag vernichten [3]). Als Beispiele

1) Vergl. im Allg. Glück Commentar rc. Bd. 23. S. 6 u. 7. Not. 17.

2) Brussel. l. c. Lib. III. Tit. IV. Nr. 13.

3) Duran. l. c. P. IV. cap. 6. Brussel. l. c. Lib. IV. Tit. II. Nr. 3. Balduin l. c. cap. 7. ad voc.: *Pro nullis habendas.* pr. Brueckmann de condit. Sect. III. §. 1. sqq. Mackeldey a. a. O. §. 505. a. E.

der letzteren Art von Bedingungen werden aufgeführt: Contraho tecum, si generationem prolis evites, vel donec inveniam alteram honore vel facultatibus digniorem, aut si pro quaestu adulterandam te tradas; denn diese Bedingungen sind theils gegen den Zweck der Ehe, theils gegen deren Unauflöslichkeit, oder die eheliche Treue gerichtet; es ist darum natürlich, daß ein solcher Vertrag, welcher neben der moralischen Schändlichkeit, auch noch einen wahren Widerspruch in sich enthält, nicht zu Recht bestehen kann [1]). Alle übrige unmögliche Bedingungen können dagegen wohl propter favorem matrimonii als nicht beigefügt gelten, weil dadurch die Würde der ehelichen Verbindung nicht leidet, und die Unauflöslichkeit des Ehebands mit einer solchen gesetzlichen Begünstigung vollkommen übereinstimmt.

§. 47.

β) in Beziehung auf die Trennung der Ehe.

Hier sind zuvörderst zwei Fälle von einander zu unterscheiden: nämlich der, wenn die Bedingung der Ehescheidung dem Ehevertrage selbst, und, wenn diese Bedingung einem andern Rechtsgeschäfte unter Lebenden oder auf den Todesfall beigefügt ist.

Wir betrachten den ersten dieser beiden Fälle zunächst.

Im römischen Rechte konnte bekanntlich die Ehe durch Privatwillkühr, d. h. ohne Concurrenz des Richters, getrennt werden, und die Gesetzgebung rechnete das Recht der freien Scheidung ebenso, wie das Recht der freien Eingehung der Ehe, zu den Befugnissen, deren man sich nicht begeben konnte, ohne gegen die guten Sitten zu verstoßen. Darum wurde der Vertrag, durch welchen die Freiheit der Ehescheidung verhindert ward, als ungültig betrachtet:

const. 2. C. de inutilibus stipulat. (8, 39.) (Imperat. Alexander A. Menophilo. 224.)

Libera matrimonia esse antiquitus placuit: *ideoque pacta, ne liceret divertere, non valere:* et stipulationes, quibus

---

1) Vergl. oben §. 24.

poenae irrogarentur ei, qui (quaeve) divortium fecisset, ratas non haberi [1]).

und const. 11. i. f. C. de nuptiis (5, 4.) (DIOCLET. et MAXIM. A. A. et C. C. Titio.)

verb.: unde intelligis, liberam facultatem contrahendi atque distrahendi matrimonii ad necessitatem transferri non posse [2]).

Mit dem Bisherigen steht auch nicht im Widerspruch, daß im späteren römischen Rechte die Gründe für die Ehescheidung genauer angegeben, bedeutend beschränkt [3]), und sodann für die Fälle der Scheidung ohne genügende Gründe bestimmte Strafen festgesetzt worden sind [4]); denn immer stand noch den Ehegatten die Befugniß zu, bei Eintritt eines der gesetzlichen Gründe eine Scheidung vorzunehmen, und dieser Freiheit konnte man sich, ohne contra bonos mores zu verstoßen, nicht im Voraus begeben.

Ganz anders gestaltet sich die Sache nach canonischem Rechte.

Hiernach erscheint die Ehe als ein Sacrament, und ist darum, vermöge ihres character indelebilis, unauflöslich [5]); eine Bedingung, welche gegen diese Unauflöslichkeit des Ehebandes streitet, erscheint deßwegen mit dem Wesen der Ehe unvereinbar; sie muß folglich zu den conditiones gerechnet werden, quae contra substantiam matrimonii gerichtet sind, und aus diesem Grunde den ganzen Ehevertrag vernichten [6]). Diese Bestimmung wurde schon aus der Natur der Sache hervorgehen, selbst wenn sie sich nicht aus speciellen gesetzlichen Vorschriften nachweisen ließe. Eine solche Nachweisung fehlt indessen auch nicht; denn das cap. 7. cit. zählt ja unter den

---

1) fr. 19. D. d. V. O. (45, 1)

2) S. oben §. 35. und const. 2. C de condit. insertis (6, 46.)

3) Nov. 117. cap. 8, 9, 10, 11, 12, 14. Nov. 123. cap. 39 u. 40.

4) Nov 117. cap. 13. Nov. 127. cap. 4. Nov. 134. cap. 11.

5) can. 10. Caus. 27. quaest. 2.

6) BRUSSEL. l. c. Lib. III. Tit. IV. Nr. 13. pr. Lib. IV. Tit. II. Nr. 3. i f. HILLIGER l. c. cap. III. Nr. XLIII. i. f.

gegen die Substantialzwecke der Ehe streitenden Bedingungen ausdrücklich die conditio auf: donec inveniam alteram honore et facultatibus digniorem; — offenbar eine Resolutivbedingung, welche schon darin, daß sie die Auflösung der Ehe bezweckt, den Grund zu ihrer nachtheiligen Wirkung enthält, abgesehen davon, daß in derselben auch eine gewisse moralische Schändlichkeit liegt; denn diese allein würde ja nur zur Folge gehabt haben, daß die conditio pro non adjecta gehalten worden wäre.

Das bisher Gesagte gilt im Ganzen auch für das protestantische Kirchenrecht; denn, wenn nach dessen Grundsätzen auch die Ehe nicht als ein Sacrament betrachtet wird, und darum auch keinen character indelebilis hat, sondern vielmehr quoad vinculum getrennt werden kann — so erscheint doch der Ehevertrag schon seiner Natur nach als ein für die ganze Lebenszeit abgeschlossener Contract, und sodann ist derselbe auch in Beziehung auf die Privatwillkühr der Parteien rechtlich unauflöslich, weil nur der Richter in Gefolge genügender gesetzlicher Gründe, oder der Regent aus landesherrlicher Machtvollkommenheit das Eheband auflösen kann.

Wir gehen nun zu dem zweiten der oben erwähnten Fälle über:

Ist die Bedingung, eine bestehende Ehe zu trennen, einer bestimmten Person bei Gelegenheit eines andern Rechtsgeschäfts, z. B. bei einer Erbeinsetzung, einem Legat, einer Schenkung rc. auferlegt worden, so gilt dieselbe ohne Zweifel als eine moralisch unmögliche; denn es verstößt offenbar contra bonos mores, wenn die Dauer des ehelichen Verhältnisses, welche das ganze Glück der Verbundenen und so wichtige Pflichten gegen Dritte (die Kinder) enthält [1]), von der Erlangung eines äußeren Gewinnes abhängig gemacht werden soll. Darum betrachten die römischen Gesetze eine solche Bedingung bei negotia mortis causa als nicht beigefügt. Man vergleiche nur

1) §. 1. J. de patria potestate. (1, 9.)

const. 5. C. de instit. et substit. (6, 25.) (Impp. VALER. et GALLIEN. Maximo. 258.)

Reprehendenda tu magis es, quam mater tua: Illa enim, si heredem te sibi esse vellet, id, quod est inutile, matrimonium te dirimere cum viro, non juberet: tu porro voluntatem ejus divortio comprobasti. Oportuerat autem, etsi conditio hujusmodi admitteretur, *praeferre lucro concordiam maritalem* [1]. *Enimvero cum boni mores haec observari vetent*, sine ullo damno conjunctionem retinere potuisti. Redi igitur ad maritum, sciens, hereditatem matris, etiamsi redieris, retenturam: quippe quam retineres, licet prorsus ab eo recessisses [2]);

und noch bestimmter spricht

fr. 8. §. 1. D. de usu et habitatione (7, 8.) (ULP. Lib. 17. ad Sabinum.)

Sed si usus aedium mulieri legatus sit ea conditione, *si a viro divortisset*, remittendam ei conditionem, et cum viro habitaturam. (Quod et) Pomponius libro quinto probat.

Wenn aber die Gesetze die Bedingung „si a viro divortisset" bei negotia mortis causa als eine moralisch unmögliche mit ihren vollen Wirkungen betrachten, so wird dieselbe nach dem Obigen (§. 44.) auch bei negotia inter vivos als eine solche gelten müssen, obgleich hier die Wirkung darin besteht, daß das ganze Rechtsgeschäft ungültig wird.

§. 48.

B. Bedingungen zur Beschränkung der freien Wahl des Wohnorts.

Es ist bekannt, daß die Römer die persönliche Freiheit sehr hoch geschätzt, und die römischen Gesetze eine Beschränkung derselben ohne Grund, oder eine zu große Beschränkung überhaupt nicht geduldet haben.

Damit hängt die Bestimmung des römischen Rechts zu-

1) Vergl. const. 18. C. de inofficioso testamento. (3, 28.)

2) Vergl. DUHAN. l. c. P. II. cap. 3. Nr. 15 sqq. PEREZ. praelect. in Cod. Lib. VI. Tit. 25. Nr. 5. u. Lib. VI. Tit. 45. Nr. 4.

sammen, durch welche verschiedene Bedingungen zur Beschränkung der freien Wahl des Wohnorts als moralisch unmöglich bezeichnet werden [1]). Die hierher gehörige Gesetzesstelle ist

fr. 71. §. 2. D. de condit. et demonstrat. (35, 1.) (Papinianus Lib. 17. Quaestion.)

Titio centum relicta sunt ita, *ut* [2]) *a monumento meo non recedat, vel uti in illa civitate domicilium habeat*; potest dici, non esse locum cautioni, *per quam jus libertatis infringitur.*

Nach diesem fr. erscheint vor allen moralisch unmöglich

1) die Bedingung, an einem bestimmten Orte nothwendig seinen Wohnsitz zu haben [3]); und

2) sich nie von einem bestimmten Orte zu entfernen; denn, daß hier das Grabmal des Erblassers gerade genannt ist, gilt bloß als Beispiel, und muß auf alle gleiche Fälle angewendet werden.

Es fragt sich aber hier noch, ob die beiden angegebenen Bestimmungen der Gesetze nicht weiter ausgedehnt werden dürfen auf solche Bedingungen, welche die freie Wahl des Wohnorts ebenso sehr, oder noch in höherem Grade beschränken, als die beiden in dem Gesetze namentlich aufgeführten Bedingungen.

Der Grund für die Unzulässigkeit dieser letzteren ist in dem Gesetze ausdrücklich aus der Beschränkung der Freiheit

---

1) Balduin. l. c. cap. VII. ad voc.: Conditiones jurisjurandi. p. 348.

2) Daß in der Gesetzesstelle eigentlich von einem modus die Rede ist, hindert deren Anwendung auf Bedingungen hier nicht, da beide Nebenbestimmungen sich so nahe berühren, so manchmal in einander fließen (const. 1. C. de his quae sub modo (6, 45.) fr. 44. D. de manum. testam. (40, 4.) s. oben §. 1.) und bei negotia mortis causa die Wirkungen des unmöglichen modus und der unmöglichen conditio völlig mit einander übereinstimmen.

3) Es wird also hier nicht erfordert, daß in der Wahl des Orts etwas Schimpfliches liege (weil an demselben kein honetter Mensch wohnen kann); wie oben bei den Bedingungen zur Beschränkung der freien Wahl beim Heurathen, die Bedingung, eine bestimmte dritte Person zu heurathen, nur dann ungültig war, wenn mit dieser eine Person von Ehre keine Ehe eingehen konnte. S. oben §. 40.

entlehnt: fr. 71. §. 2. verb.: per quam jus libertatis infringitur. Schon dieser ganz allgemeine Grund wird auch bei andern Bedingungen gleichbeschränkender Art gelten; dazu kommt noch weiter, daß die Vorschriften im fr. 71. §. 2. neben den Bedingungen zur Beschränkung der freien Wahl beim Heurathen aufgeführt, und mit diesen nach denselben Grundsätzen behandelt werden; denn im fr. 71. §. 1. heißt es: aliud est enim eligendi matrimonii poenae metu *libertatem auferri* etc. und in fr. 71. §. 2.: quia jus *libertatis infringitur*. — Es wird darum nicht gegen die gesetzlichen Regeln der Interpretation verstoßen, wenn man wenigstens die Gesetze, welche bestimmte Bedingungen zur Beschränkung der Freiheit beim Heurathen verbieten, hier analog zur Anwendung bringt [1]). Nach diesen Prämissen werden denn, außer den oben angegebenen Bedingungen, noch folgende unter die moralisch unmöglichen zu rechnen seyn:

3) die Bestimmung des Wohnsitzes allein von dem Willen eines Dritten abhängig zu machen; denn diese kommt offenbar mit der unzulässigen Bedingung, nach dem Willen eines Dritten zu heurathen, überein, und enthält eine größere Beschränkung, als die Bedingung, an einem vorher bestimmt bezeichneten Orte seinen Wohnsitz zu nehmen, weil dort nicht allein durch den Willen des Dritten der Wohnsitz

1) Man kann jedoch nach dem Bisherigen auch weiter gehen, und den allgemeinen Grund für das gesetzliche Verbot der einzelnen, in den Quellen besonders hervorgehobenen Arten unmöglicher Bedingungen: Jus libertatis infringitur — nicht allein, wie im Obigen geschieht, auf die verschiedenen, in den Gesetzen nicht speciell erwähnten Bedingungen zur Beschränkung der freien Wahl des Wohnorts anwenden, sondern diese Anwendung läßt sich auch, nach dem Geiste des römischen Rechts, bei allen denjenigen Bedingungen rechtfertigen, durch welche überhaupt die Freiheit einer Person in irgend einer andern Beziehung in gleich hohem, oder in höherem Grade beschränkt wird. Ob aber die Freiheit in einem solchen Grade beschränkt sey, läßt sich nur durch Vergleichung des einzelnen Falles mit den gesetzlichen Beispielen einzelner Arten der verbotenen Bedingungen ermitteln, und kann darum hier nicht näher erörtert werden. Vergl. auch den folg. §.

bestimmt wird, sondern auch der Andere diesem noch ganz ungewissen Willen geradezu anheim gegeben ist. Dieß haben auch die Gesetze bei den Bedingungen zur Beschränkung der freien Wahl, zu heurathen, dadurch ausgesprochen, daß sie die Bedingung, eine bestimmte honette Person zu heurathen, (welche doch mit der Bedingung, an einem bestimmten Orte zu wohnen, am Ersten übereinkommen würde) nicht für ungültig gehalten haben, während sie die Bedingung, nach dem Willen eines Dritten zu heurathen, unbedingt für unstatthaft erklären. Daran schließt sich ferner

4) die Bedingung, seinen bisherigen Wohnort nicht zu ändern; denn diese ist schon in der im fr. 71. §. 2. erwähnten Bedingung, an einem bestimmten Orte zu wohnen, enthalten, da durch das Verbot der Aenderung des Wohnorts eben das Gebot auferlegt ist, an diesem bestimmten Orte zu wohnen, oder wohnen zu bleiben; denn es wird in Beziehung auf die Beschränkung der Freiheit nichts darauf ankommen, ob man durch die Bedingung an den bisherigen Wohnsitz mit Nothwendigkeit gebannt, oder ob man durch dieselbe zur Vertauschung des früheren Wohnsitzes mit einem andern von dem Dritten vorgeschriebenen, in der Art genöthigt wird, daß man diesen später nicht mehr nach eignem Willen wechseln kann. Auch die Bedingung: ut a monumento non recedat spricht für das hier Behauptete.

Dagegen wird

5) die Bedingung an einem oder dem andern Orte den Wohnsitz nicht zu nehmen, im Allgemeinen [1]) als zuläßig erscheinen nach Analogie der Bedingung, eine oder mehrere bestimmte Personen nicht zu heurathen, (§. 38. oben).

Schließlich ist jedoch noch zu bemerken, daß die Römer bei Freigelassenen die in diesem §. erwähnten Bedingungen nicht für unzuläßig gehalten haben; denn das fr. 71. §. 2.

1) Besondere Verhältnisse können allerdings eine solche Bedingung zur moralisch unmöglichen machen; wenn nämlich durch dieselbe dem Andern die Verletzung einer Pflicht u. dgl. angesonnen wird.

cit. sagt in seinen Schlußworten, welche unmittelbar an die oben erwähnten sich anreihen: Sed in defuncti libertis alio jure utimur [1]).

§. 49.

C. Bedingung zur Beschränkung der Freiheit bei letztwilligen Dispositionen.

Die Römer haben, wie bekannt, die Freiheit der letztwilligen Dispositionen besonders hoch geachtet, und jede Beschränkung derselben zu verhindern, oder zu entfernen gesucht [2]). Damit steht denn die Bestimmung des römischen Rechts in Verbindung, daß alle Bedingungen, welche auf die Beschränkung des freien Willens bei letztwilligen Dispositionen hinwirken, contra bonos mores verstoßen. Dahin gehört

1) die einem Vertrage beigefügte Bedingung, daß man eine Privatstrafe erlegen wolle, wenn man einen bestimmten Dritten nicht zum Erben einsetze:

fr. 61. D. de V. O. (45, 1.) (JULIANUS Lib. 2. ad Ursejum Ferocem.)

Stipulatio hoc modo concepta, *Si heredem me non feceris tantum dare spondes?* [3]) inutilis est; quia contra bonos mores est (haec stipulatio) [4]).

Denn durch eine solche Bedingung wird der Wille des Testators in so ferne widerrechtlich beschränkt, als ihm nur die Alternative bleibt, entweder die versprochene Summe zu entrichten, oder den Dritten einzusetzen; — in einer solchen Al-

---

1) Vergl. fr. 44. D. de manumissis testam. (40, 4.) fr. 18 i. f. D. de alimentis (24, 1.) Vergl. mit const. 12. C. de operis libertor. (6, 4.)

2) fr. 32. pr. D. de heredib. inst. (28, 5.) fr. 52. i. f. D. de condit. et demonstrat. (35, 1.)

3) GIPHAN. lectur. Altorf. ad Tit. Dig. de V. O. L. 61. cit.

4) Namentlich durfte eine letztwillige Disposition nicht dem Willen eines Dritten überlassen werden; und, war dieß geschehen, so wurde dadurch die ganze Disposition nichtig; das bloße Wegfallen der Bedingung, welche dem Willen des Dritten die Wahl überließ, genügte nicht. Vergl. unten die dritte Abtheilung.

ternative liegt aber ein den guten Sitten widerstreitender Zwang, wie wir bereits oben §. 31. S. 147 u. 148 bei der conditio mutandae vel non mutandae religionis gesehen haben.

2) Die Freiheit bei den letztwilligen Dispositionen kann aber auch in der Art beschränkt werden, daß die Aenderung eines letzten Willens durch Privatdispositionen rechtlich unmöglich gemacht wird. — Eine solche Beschränkung würde bei Erbverträgen, Verträgen über eine künftige Erbfolge, successio futura, vorkommen, weil diese, als zweiseitige Rechtsgeschäfte, von dem Disponirenden allein nicht widerrufen werden dürfen; und darum verstoßen dieselben contra bonos mores, nach

const. 4. C. de inutilib. stipulat. (8, 39). (Dioclet. et Maxim. A. A. et C. C. Dominae.)

Ex eo instrumento nullam vos habere actionem, (in quo) contra bonos mores de successione futura interposita fuit stipulatio, manifestum est: cum omnia, quae contra bonos mores, vel in pactum, vel in stipulationem deducuntur, nullius momenti sint [1]).

Insbesondere waren auch Bedingungen, welche auf den künftigen Anfall der Erbschaft (hereditas adventura) einer bestimmten, noch lebenden dritten Person gerichtet, und einem Vertrage über diese hereditas beigefügt werden, völlig ungültig, und fielen mit dem Hauptgeschäfte selbst zusammen, wenn die dritte Person nicht in den Vertrag einwilligte, und bis an ihr Lebensende bei dieser Einwilligung beharrte [2]). Als Grund für diese Unmöglichkeit solcher Verträge führen die Gesetze die, bei dem Sittenverfall der Römer wohl nicht ungegründete Besorgniß vor Lebensnachstellungen an. Zur Er-

1) Vergl. im Allg. const. 15. 19. 30. C. de pactis (2, 3.) const. 5. C. de pact. conv. (5, 14.) const. 34. C. de transact. (2, 4.) fr. 3. §. 1 u. 2. fr. 73. D. pro socio (17, 2.)

2) Diese Einwilligung hindert also den einseitigen Widerruf nicht: const. 30. C. de pactis (2, 3.) verb.: nisi ipse forte, de cujus hereditate pactum est, voluntatem suam eis accomodaverit, et in ea usque ad extremum vitae suae spatium perseveraverit etc. Vergl. im Allg. v. Wening-Ingenheim Lehrbuch. Buch V. § 4. Not. y.

läuterung des Bisherigen diene, statt weiterer Ausführung, die Mittheilung von

const. 30. pr. C. de pactis (2, 3.) (JUSTINIANUS 531.)

De quaestione tali a Caesariensi advocatione interrogati sumus: Duabus vel pluribus personis spes alienae hereditatis fuerat ex cognatione forte ad eos devolvendae: pactaque inter eos inita sunt pro adventura hereditate, quibus specialiter declarabatur: *Si ille mortuus fuerit, et hereditas ad eos pervenerit, certos modos in eadem hereditate observari:* vel, *si forte ad quosdam ex his hereditatis commodum pervenerit, certas pactiones evenire.* Et dubitabatur, si hujusmodi pacta servari oporteret. Faciebat autem eis quaestionem, quia adhuc superstite eo, de cujus hereditate sperabatur, hujusmodi pactio processit: et quia non sunt ita confecta, quasi omnimodo hereditate ad eos perventura, *sed sub duabus conditionibus composita sunt: Si ille mortuus fuerit,* et *Si ad hereditatem vocentur hi, qui hujusmodi pactionem fecerunt.* Sed nobis omnes hujusmodi pactiones odiosae esse videntur, et plenae tristissimi et periculosi eventus: Quare enim quodam vivente et ignorante de rebus ejus quidam paciscentes conveniunt? Secundum veteres itaque regulas sancimus: *Omnimodo hujusmodi pacta, quae contra bonos mores inita sunt, repelli, et nihil ex his pactionibus observari;* etc.

§. 50.

D. Die conditio nominis alterius ferendi [1]).

Schließlich kann hier noch die Bedingung, den Namen eines Andern (namentlich des Testators ꝛc.) anzunehmen, conditio nominis alterius ferendi, angeführt werden, nicht

---

1) Das einzige bekannte Beispiel *) einer heredis institutio sub conditione nominis ferendi **) ist enthalten in einer auf Marmor

*) Vergl. Puggé a. a. O. S. 250. a. E.

**) Ueber die abweichenden Ansichten hinsichtlich der Frage, ob diese Bedingung und die adoptio per testamentum verschieden gewesen, oder nicht, s. Puggé a. a. O. Hugo Rechtsgesch. (10te Aufl.) S. 418. Dirksen Versuche zur Kritik und Auslegung der Quellen des. R. R. S. 73.

als ob dieselbe im Allgemeinen zu den moralisch unmöglichen gehörte, sondern, um näher zu untersuchen, in welchen Fällen sie als turpis erscheine. Und diese Untersuchung wird leicht durch Berufung auf eine Gesetzesstelle sich bewirken lassen, weil in dieser alle Grundsätze über die moralische Möglichkeit einer solchen conditio enthalten sind, nämlich

fr. 63. §. 10. ad SCtum Trebell. (36, 1.) (Gajus Lib. 2. Fideicommissorum).

Si vero *nominis ferendi* conditio est [1]), quam Praetor

---

befindlichen Testamentsurkunde, *) deren erstes Fragment im Jahre 1820 in Italien an der Via Appia in der Vigna Santi Amendola gefunden, und von dem Advocaten Carlo Fea zuerst bekannt gemacht worden. Dieses erste Fragment des Testaments eines gewissen Dasumius ist bereits im Rheinischen Museum Jahrg. 1. Heft 3. S. 249 ff. von Puggé, (der zugleich eine Ergänzung der fehlenden oder unleserlichen Schrift auf einer besonderen Tafel beigefügt hat,) mitgetheilt. Die hierher gehörige Stelle am Anfang des Testaments lautet nach der übereinstimmenden Ergänzung **) Puggé's und Anderer:

*Test*AMENTU*m*
RECTUM. PRAEST
AMICUS. KARISSIM*us* .... *heres. esto. si. se.*
*nome*N. MEUM. LATURUM. P*romiserit* etc.

Puggé spricht a. a. O. den Wunsch aus, daß die noch fehlenden Fragmente bald sich irgendwo finden möchten. Dieser Wunsch ist bis jetzt in so ferne erfüllt worden, als im Jahr 1830 an derderselben Stelle, wo sich das erste Fragment befunden, noch ein zweites aufgefunden worden ist. Nähere Auskunft darüber wird in den Annali dell' instituto di corrispondenza archeologica. Anno 1831. Altro fascicolo. pag. 387—406 von Guilio Amnosii ***) gegeben, wo sich auch das erste und zweite Fragment mit Ergänzungen im Anhange auf einem Blatte nebeneinander abgedruckt findet. Ebenso ist eine Rechtfertigung der Ergänzung des Textes der beiden Fragmente (132 Zeilen) mit den Bemerkungen von Bethmann-Hollweg, Borghesi, Niebuhr, Puggé und Sarti gegeben.

*) Die älteste Urkunde dieser Art. Pugge a. a. O. S. 249.

**) Die Cursivschrift zeigt die ergänzten Buchstaben und Silben an.

***) Die Mittheilung dieser zweiten Hälfte ist auch bereits im Rhein. Museum für Jurisprudenz. B. 4. H. 3. S. 382 angekündigt.

1) Cicero de officiis Lib. III. cap. 18.

exigit: recte quidem facturus videtur, si eam expleverit: nihil enim mali est, *honesti hominis nomen adsumere, nec enim in famosis et turpibus nominibus hanc conditionem exigit Praetor* etc.[1]):

Demnach erscheint die conditio nominis alterius ferendi im Allgemeinen zulässig[2]), und nur dann unmöglich, wenn sie in der That etwas Schimpfliches enthält, nämlich, wenn sie die Verpflichtung auflegt, einen schändlichen, verrufenen Namen anzunehmen. Sie kommt in so ferne völlig überein mit der oben §. 40. erwähnten Bedingung, einen bestimmten Dritten zu heurathen.

Eine Anwendung, der im fr. 63. §. 10. cit. enthaltenen Regel findet sich in

fr. 7. i. f. D. eod. (MAECIANUS Lib. 4. Fideicommissorum.)

Sed et salutis et *dignitatis* ratio habenda erit: quid enim, si morbo adplicitus Alexandriae jussus fuerit adire: *vel nomen vispellionis*[3]) *testatoris ferre?*

---

1) Vergl. CUJACII observat. Lib. 21. cap. 39. RAVENSBERG. l. c. cap. V. §. 40. BALDUIN l. c. cap. VII. ad L. 20. D. de cond. et dem. MAJANSIUS l. c. §. 34. 35. DURAN. l. c. P. II. cap. 3. Nr. 8 sqq. ZIEGLER l. c. Nr. XCV.

2) fr. 19. § 6. D. de donationibus (39, 5.) Gelegentlich kann hier vielleicht auch erwähnt werden, daß eine Sache nach den Gesetzen zuweilen unter der Bedingung hinterlassen wird, „ne de nomine exeat“ d. h. die Sache soll nicht aus der Familie (welche das nomen gentilitium führte, wozu namentlich die Freigelassenen gehörten) veräußert werden: Vergl. fr. 108. D. de cond. et dem. (35, 1.) fr. 77. §. 15. fr. 88. §. 6. D. de legatis II., (31.) fr. 38. §. 1. fr. 94. D. de legatis III. (32.) ALTESERRAE commentar. ad leg. 108. D. de cond. et dem.

3) fr. 72. §. 5. D. de solut. (46. 3.) (MARCELLUS Lib. 20. Digestor.) verb.: Num ergo et si vispellionem aut alias turpem dederit hominem idem sit? etc. fr. 31. D. de evictionibus (21, 2.) BRISSONIUS de V. S. s. voc.: vispellio. MAJANSIUS l. c.

Dritte Abtheilung.

Anwendung der allgemeinen Bestimmungen auf die negotia mortis causa, und besondere von der allgemeinen Regel abweichende Bestimmungen.

---

§. 51.

Einleitung.

Die Anwendung der in der ersten Abtheilung der Untersuchung entwickelten allgemeinen Grundsätze auf die negotia mortis causa würde hier keiner besonderen Ausführung bedürfen, weil schon bei Gelegenheit der negotia inter vivos in der vorhergehenden zweiten Abtheilung auf die negotia mortis causa Rücksicht genommen worden ist; indem die Regel bei Rechtsgeschäften unter Lebenden, nach welcher die Beifügung einer unmöglichen Bedingung das ganze Rechtsgeschäft vernichtet, auf Rechtsgeschäfte auf den Todesfall in der Art angewendet wurde, daß in allen den Fällen, in welchen bei jenen das Rechtsgeschäft ungültig wird, bei diesen bloß die conditio pro non scripta gilt [1]). Diese Regel ward als so durchgreifend angenommen und nachgewiesen, daß die Gesetzesstellen, welche von negotia mortis causa handeln, unbedenklich auf die negotia inter vivos angewendet wurden, ohne in der Verschiedenheit der Wirkungen einen Verhinderungsgrund die-

1) S. §. 6. oben. Von den unmöglichen Bedingungen, welche pro non scriptis gelten, sind die conditiones zu unterscheiden, die als supervacuae (überflüssig) für non scriptae gehalten werden: fr 22. §. 1. D. quando dies legat. (36, 2,) fr. 21. §. 1. D. eod. fr. 7. §. 5. eod. Westphal a. a. O. §. 426.

ser Anwendung zu befürchten [1]; denn die gegenwärtige Untersuchung ist hier gerade von dem Princip ausgegangen, daß die unmöglichen Bedingungen bei negotia inter vivos und mortis causa, trotz ihrer entgegengesetzten Wirkungen, dennoch im Allgemeinen nach denselben gesetzlichen Regeln beurtheilt werden, daß namentlich diese so entgegengesetzten Wirkungen aus einem und demselben Grunde, dem vermuthlichen Willen des Disponirenden, hervorgehen, und daß die Ursache für die abweichenden milderen gesetzlichen Bestimmungen bei den Rechtsgeschäften auf den Todesfall in dem gesetzlichen favor dieser Rechtsgeschäfte zu finden ist [2].

Nach dem Bisherigen wird also die Begründung der allgemeinen gesetzlichen Regel bei negotia mortis causa, sowie die Anwendung derselben in den einzelnen Fällen, keine besondere Ausführung mehr erfordern, und es würde somit diese ganze dritte Abtheilung der Untersuchung als überflüssig erscheinen, wenn nicht für dieselbe noch eine doppelte Aufgabe bestünde, nämlich, theils die Anwendung der allgemeinen Regel auf einzelne Arten der negotia mortis causa genauer, als bis jetzt geschehen konnte, zu zeigen, theils die gesetzlichen Abweichungen von dieser Regel bei einzelnen Arten dieser Rechtsgeschäfte näher zu betrachten, und namentlich den Grund dieser abweichenden Bestimmung der Gesetze mit dem bei dieser Untersuchung aufgestellten Princip möglichst in Einklang zu bringen.

Erstes Kapitel.

Anwendung der allgemeinen Grundsätze auf relativ unmögliche Bedingungen.

§. 52.

Einleitung.

Schon in der ersten Abtheilung haben wir den Begriff der relativ unmöglichen Bedingungen [3] näher kennen gelernt,

1) Vergl. §. 14 oben.

2) Vergl. §. 7. u. 8. oben.

3) Vergl. §. 11. oben. Wir haben schon oben §. 11. S. 75. Not. 1.

und uns für die Ansicht entschieden, daß nach den Gesetzen die Kenntniß der relativen Unmöglichkeit der Bedingung nicht erfordert wird [1]; ebenso geht aus jener Abtheilung im Allgemeinen hervor [2], daß, wenn die relative Unmöglichkeit der Bedingung erst nach Errichtung der letztwilligen Disposition eintritt, das Deficiren der Bedingung bei negotia mortis causa eben so, wie bei negotia inter vivos, das Hauptgeschäft vernichtet.

Es bleibt uns darum jetzt noch übrig, die vielen zerstreuten Gesetzesstellen, welche Beispiele solcher relativ unmöglichen Bedingungen enthalten, unter allgemeinen Gesichtspuncten zusammen zu fassen, die etwaigen Widersprüche unter den einzelnen Gesetzen, zu lösen und das Ganze mit den bei dieser Untersuchung befolgten allgemeinen Grundsätzen zu vereinigen [3].

Um die Wirkungen der relativ unmöglichen Bedingungen bei Rechtsgeschäften auf den Todesfall genauer zu beobachten, sind drei Fälle von einander zu unterscheiden, nämlich: die Bedingung ist zwar nicht absolut unmöglich, aber doch in diesem einzelnen Falle (relativ) von jeher unmöglich gewesen, oder die relative Unmöglichkeit war vor Errichtung oder zur Zeit der Errichtung der letztwilligen Disposition vorhanden, oder

a. E. erwähnt, daß manche Rechtslehrer die relativ unmöglichen Bedingungen im Allgemeinen mit dem Ausdruck „conditiones falsae" bezeichnen. Dieser Ausdruck kommt in den Gesetzen gewöhnlich im Gegensatze zur falsa demonstratio und falsa causa vor [fr. 75. §. 1 u. 2. D. de legatis I. (30.)] und wird nur in einer Gesetzesstelle genauer definirt, (in welcher diese Bedingungen übrigens ausdrücklich zu den unmöglichen gerechnet werden) nämlich in fr. 72. §. 7. D. de cond. et dem. (35, 1.) (Papinianus Lib. 18. Quaest.) Falsam conditionem Cassius et Sabinus impossibilem esse dixerunt: veluti Pamphilus, si quod Titio debeo, solverit, liber esto: si modo nihil Titio fuit debitum etc. — Vergl auch fr. 88. pr. D. ad legem Falcid. (35, 2.)

1) Vergl. S. 77 ff. oben.

2) Vergl. §. 9. S. 54 ff

3) Vergl. vorzüglich Averan. interpretat. juris. Lib. II. cap. XXIV. Nr. 14—34. Majansius l. c. cap. 20 sqq.

endlich sie ist erst nach Errichtung derselben eingetreten.

Ein jeder dieser drei Fälle wird einzeln näher zu prüfen seyn.

§. 53.

I. Die relativ unmögliche Bedingung konnte unter den concreten Verhältnissen nie eintreten.

War das Ereigniß, welches als Bedingung gesetzt ist, zwar nicht an sich (absolut) unmöglich, allein es konnte doch im concreten Falle von jeher nicht eintreten, die Bedingung konnte also hier gleich von Anfang an nicht erfüllt werden; — dann ist die relativ unmögliche Bedingung auch der absolut unmöglichen völlig gleich.

Als Belege dienen mehrere Gesetzesstellen, namentlich

fr. 26. D. de statuliberis (40, 7.) (Modestin. Lib. 9. Regular.)

Libertate servo sub conditione rationis redditae [1]) testamento data, heres non solum scriptam rationem exigit, verum etiam, quae sine scriptura ab eo administrata est. §. 1. Servus jussus reddita ratione ad libertatem pervenire, *licet nullam administraverit rationem*, nihilominus erit liber [2]).

Da der Sklave nach dem vorstehenden Gesetze niemals eine Rechnung geführt hat, so war es auch von jeher unmöglich, eine solche abzulegen; und in so ferne stand die relative Unmöglichkeit offenbar der absoluten Unmöglichkeit für diesen einzelnen Fall völlig gleich. Darum bleibt auch hier, wie bei absolut unmöglichen Bedingungen, nur die Alternative, entweder allein die Nebenbestimmung, (die Bedingung) oder das ganze Rechtsgeschäft wegfallen zu lassen. Das

---

1) Ueber diese conditio vergl. fr. 32. pr. fr. 50. pr. fr. 81. pr. fr. 82. 111. 112. §. 3. D. de cond. et dem. (35, 1.) Brussel. l. c. Lib. III. Tit. I. Nr. 5. Alteserrar commentar. ad leg. 81. 82. 111. citt. Die Bedingung ist auch in dem oben S. 195. Not. 1. erwähnten testamentum Dasumii Z. 40 ff. wiederholt zu finden.

2) Derselbe Fall ist auch im fr. 41. §. 16. i. f. D. de fideic. libert. (40, 5.) enthalten.

Erstere geschieht nun, weil das Gesetz vermuthet[1]), daß die Absicht des Testators eher dahin gegangen, das Hauptgeschäft aufrecht zu erhalten, als durch das Bestehenlassen der unmöglichen Bedingung die ganze Disposition zu vernichten.

Die angeführten Gesetzesstellen könnten zwar ungenügend erscheinen, weil sie von Freilassungen handeln, welche überhaupt so sehr im römischen Rechte begünstigt werden. Allein, daß diese Bestimmung nicht bloß für Freilassungen gelten, ergiebt sich nicht nur, nach dem argumentum a majori ad minus, aus den im folgenden §. anzuführenden Gesetzesstellen, in welchen sogar dann, wenn das als Bedingung auferlegte Ereigniß nicht von jeher unmöglich gewesen, sondern nur vor Errichtung des Testaments unmöglich geworden ist, die relativ unmögliche Bedingung der absolut unmöglichen gleichgesetzt wird; sondern es lassen sich auch noch andere Gesetzesstellen aufführen, welche direct von dem hier in Frage stehenden Falle reden[2]). Dahin gehört namentlich das schon mehrmals erwähnte

fr. 45. D. de heredibus instit. (28, 5.) (ALFENUS Lib. 2. Digestor. a Paulo epitomator.)

Si Maevia mater mea et Fulvia filia mea vivent, tum mihi Lucius Titius heres esto. Servius respondit, *si testator filiam nunquam habuerit,* mater autem supervixisset, tamen Titium heredem fore: *quia id, quod impossibile in testamento scriptum esset, nullam vim haberet* [3]).

Dieses Gesetz enthält zwar nur einen Fall, worin die Bedingung als theilweise unmöglich erscheint, allein wir haben theils schon oben im §. 10 gesehen, daß die theilweise unmöglichen Bedingungen überhaupt den gänzlich unmöglichen gleichstehen, theis spricht dafür in dieser Gesetzesstelle der so allgemeine Grund am Ende derselben, welcher gewiß ebenso auf gänzlich, wie auf theilweise unmögliche Bedingungen paßt.

---

1) Vergl. §. 8. S. 41.

2) Ueber den scheinbaren Widerspruch des fr. 58. D. de condict. indeb. (12, 6.) s. oben S. 84. Not. 3.

3) Vergl. im Allg. §. 10 oben.

Außer den bisher allegirten Gesetzen lassen sich aber noch mehrere andere anführen, welche zugleich als Beleg dafür dienen, daß eine immerwährende relative Unmöglichkeit der Bedingung auch in der Art der Erbeinsetzung gelegen seyn kann. Dieß wird sich aus den Gesetzen selbst näher ergeben:

fr. 4. §. 1. D. de condit. instit. (28, 7.) (ULPIAN. Lib. 8. ad Sabinum.)

Idem Julianus scribit, eum, qui ita heres institutus est, *Si servum hereditarium non alienaverit*, caventem coheredi implere conditionem: caeterum, si solus heres scriptus sit, *sub impossibili conditione heredem institutum videri:* quae sententia vera est;

und genauere Bestimmungen enthält noch das

fr. 20. pr. D. eod. (LABEO Lib. 2. Posteriorum a Javoleno Epitomator.)

Mulier, quae viro suo ex dote promissam pecuniam debebat, virum heredem ita instituerat, *si eam pecuniam, quam doti promisisset, neque petisset, neque exegisset:* Puto, si vir denunciasset caeteris heredibus, per se non stare, quo minus acceptum faceret id, quod ex dote sibi deberetur, statim eum heredem futurum. Quod si solus heres institutus esset in tali conditione; nihilominus puto statim eum heredem futurum: quia ἀδύνατος, (id est *impossibilis*) conditio pro non scripta habenda est [1]).

§. 51.

II. Die Bedingung ist vor Errichtung des Testaments, oder zur Zeit der Errichtung desselben, und zwar für immer, unmöglich geworden.

Ist das als Bedingung gesetzte Ereigniß zwar weder absolut, noch im concreten Falle immer unmöglich gewesen, aber vor Errichtung, oder zur Zeit der Errichtung des Testaments, für immer [2]) unmöglich geworden; so gilt dasselbe, wie im

1) Vergl. auch fr. 7. § 1. D. de cond. et dem. (35, 1.) AVERAN. l. c. Nr. 16. pag. 601.

2) Ist die Bedingung nicht für immer unmöglich, sondern kann sie später noch möglich werden, so muß dieselbe entweder eintreten,

vorigen §., und zwar aus dem nämlichen Grunde; denn, ob die Bedingung von jeher unmöglich gewesen, oder von dem Augenblick der Errichtung des Testaments an für immer unmöglich ist, wird für den einzelnen Fall doch wohl ziemlich einerlei seyn, da bei der Bestimmung der Wirkung einer solchen Bedingung auf die vergangene, nicht aber auf die zukünftige Zeit Rücksicht zu nehmen ist [1]).

Als gesetzliche Belege gehören hierher zunächst

fr. 104. §. 1. D. de legatis I. (30.) (Julianus ad Ursejum Ferocem.)

In testamento sic erat scriptum: Lucio Titio, si is heredi meo tabellas, quibus ei pecuniam expromiseram, dederit, centum dato: Titius deinde, antequam tabellas heredi redderet, decesserat: Quaesitum est, an heredi ejus legatum deberetur? Cassius respondit, si tabulae fuissent, non deberi; quia non redditis his dies legati non cessit; Julianus notat, *si testamenti faciendi tempore tabulae nullae fuerunt*, una ratione dici potest, legatum Titio deberi: quod ἀδύνατος; i. e. impossibilis conditio pro non scripta habetur.

Nach dieser Gesetzesstelle war es also unter den römischen Juristen streitig, ob eine solche Bedingung als nicht beigefügt betrachtet werden könne. Die bejahende Ansicht Julian's erhielt nun den Vorzug, wie sich daraus deutlich ergiebt, daß das fr. 104. §. 1. cit., welches aus dessen Schriften entlehnt ist, und die entgegengesetzte Ansicht nur referirend erwähnt, in Justinian's Compilation aufgenommen worden ist.

Dasselbe Resultat geht aus einer andern Gesetzesstelle hervor, welche zugleich als Beleg für die gleichen Wirkungen

---

oder die ganze Disposition fällt zusammen, quia conditio defecit, wie oben §. 9. S. 50 ff. des Näheren gezeigt worden; worauf deßhalb hier zu verweisen ist.

1) Daß es auf die Kenntniß der relativen Unmöglichkeit nicht ankommt, ist schon oben §. 11. näher ausgeführt worden, und wird auch aus den im Context folgenden Gesetzesstellen hervorgehen, in denen nirgends dieser Kenntniß der Unmöglichkeit erwähnt wird.

bei theilweise unmöglichen Bedingungen dienen kann; nämlich das mehrerwähnte

fr. 6. §. 1. D. de cond. et dem. (35, 1.) (Pompon. Lib. 3. ad Sabinum.)

Si servos certos quis manumisisset, heres esse jussus erat: quibusdam ex his *ante* mortuis, Neratius respondit, defici eum conditione; nec aestimabat, pareri posse conditioni, necne: Sed Servius respondit: cum ita esset scriptum, *Si filia et mater mea vivent,* altera *jam* mortua, non defici conditione: idem est et apud Labeonem scriptum: Sabinus quoque et Cassius quasi impossibiles eas conditiones in testamento positas pro non scriptis esse: quae sententia admittenda est [1]).

Auch dieses Gesetz zeigt den Streit unter den römischen Juristen, und hebt die siegende Ansicht noch bestimmter und deutlicher hervor, als dieß in dem vorhin angeführten fr. 104. §. 1. geschehen ist [2]).

Daß aber in dem zuletzt angeführten Gesetze (fr. 6. §. 1.) von einer Bedingung die Rede ist, welche schon vor Errichtung des Testaments unmöglich war, geht aus dessen Fassung leicht hervor, namentlich aus den Worten: heres ejus jussus erat, quibusdam ex his *ante* mortuis, wonach sich das ante offenbar auf die Zeit, ehe er zum Erben ernannt war, bezieht; ebenso: si filia mea et mater mea *vivent,* altera *jam* mortua, wobei ganz dasselbe gilt.

Mit der bisherigen Ausführung scheint aber eine andere Gesetzesstelle im Widerspruche zu stehen, nämlich

fr. 84. §. 7. D. de legatis I. (30.) (Julianus Lib. 33. Digestor.)

Si ita cui legatum esset, *Si tabulas chirographi mei heredi meo non reddiderit, heres meus ei centum dato:* hujusmodi conditio hanc vim habet, si heredem meum debito libera-

1) fr. 45. D. de hered. inst. (28, 5.)

2) Aveban. l. c. Nr. 18—20.

verit [1]). Quare et si tabulae exstabunt, non intelligetur conditioni satisfecisse creditor, nisi acceptum heredi fecerit: et si tabulae in rerum natura non fuerint, existimabitur implesse conditionem, si heredem liberaverit. *Nec ad rem pertinebit, jam tunc, cum testamentum fiebat, tabulae interciderint, an postea, vel mortuo testatore.*

Der Schlußsatz der Gesetzesstelle betrachtet offenbar das Ereigniß, welches zur Zeit der Errichtung des Testaments unmöglich war, als völlig gleich mit dem, was erst nach Errichtung des Testaments unmöglich geworden ist, und streitet in so ferne direct gegen die hier zu Grund gelegte Unterscheidung der einzelnen Fälle nach der Zeit der Unmöglichkeit der Bedingung, nach welcher die vor der Testamentserrichtung, oder zur Zeit der Errichtung derselben unmöglichen Bedingungen pro non scriptis angesehen, die nach der Errichtung unmöglich gewordenen dagegen im Allgemeinen als deficirend betrachtet werden.

Allein das ganze Gesetz kann hier eigentlich keine Anwendung leiden, weil darin gar nicht von einer Bedingung die Rede ist, welche ihrem Wesen nach unmöglich war, sondern vielmehr von einer solchen, welche ihrem Wesen nach möglich ist, und wirklich werden soll. Denn das Wesen derselben bestand darin, daß der Erbe von seiner Schuld befreit werden sollte [2]); einerlei aber war es, ob die Schuldurkunde existirte, oder nicht, einerlei also auch, ob diese Urkunde vor oder nach der Errichtung des Testaments, vor oder nach dem Tode des Erblassers untergegangen war. Der in dem Gesetze enthaltene Fall ist also durchaus verschieden von den früher angegebenen, in welchen die Bedingung ihrem Wesen nach unmöglich erscheint; und in so ferne kann von einem wahren Widerstreit unter den angeführten Gesetzesstellen nicht die Rede seyn [3]);

1) Vergl. auch fr. 32. pr. fr. 50. pr. fr. 53. D. de cond. et dem. (35. 1.)

2) fr. 84. §. 7. cit. fr. 59. D. de legatis III. (32.)

3) Averan. l. c. Nr. 21 u. 22.

selbst abgesehen davon, daß das fr. 81. §. 7. cit. aus den Schriften desselben Juristen Julianus stammt, aus welchen auch das oben mitgetheilte fr. 101. §. 1. entlehnt ist; ein Umstand, welcher allein schon eine Vermuthung gegen etwaigen Widerspruch zwischen diesen Gesetzen begründen würde.

§. 55.

III. Die Bedingung ist erst nach Errichtung des letzten Willens für immer unmöglich geworden.

Enthält die Bedingung ein Ereigniß, welches zur Zeit der Errichtung der letztwilligen Disposition möglich gewesen, dagegen später, und zwar für immer [1]), unmöglich geworden ist, so wird dadurch, wie wir bereits oben §. 9. S. 55. im Allgemeinen gesehen haben, die ganze Disposition ungültig, weil die conditio deficirt.

Diese Fälle können aber, wie gleichfalls schon oben erwähnt worden, zu den unmöglichen Bedingungen im eigentlichen Sinne nicht gerechnet werden, weil sie eben in dem entscheidenden Zeitpuncte der Errichtung des letzten Willens nicht unmöglich sind.

In dieser Beziehung stimmen auch die Ansichten der Rechtslehrer im Allgemeinen überein; dagegen weichen sie darin von einander ab, ob ein Unterschied in den Wirkungen der Bedingung eintrete, in dem Falle, wenn dieselben nach Errichtung des Testaments, aber vor dem Tode des Testators, und dem Falle, wenn sie erst nach dessen Tode unmöglich geworden sind [2]).

Um in diesem Streite der verschiedenen Ansichten zum Voraus alles nicht hierher Gehörige genügend auszuscheiden, gehen wir zunächst auf den von Mäcianus in fr. 91. D.

1) Wird die Bedingung später wieder möglich, so schadet die vorübergehende Unmöglichkeit nichts, wie oben §. 9. S. 57—60 näher gezeigt worden. Zugleich ist dort auch der Zeitpunct näher bestimmt, bis zu welchem die Möglichkeit wieder eingetreten seyn muß.

2) Cujac. observat. Lib. XVII. cap. 22. Averan. l. c. Nr. 31. Ziegler l. c. Nr. CXXIV. sq. Majansius l. c. §. 29. Dagegen im Allg. Endemann l. c. pag. 69 sqq. not. 1.

de cond. et dem. (35, 1.) (Lib. 2. Fideicomm.) angegebenen dreifachen Unterschied der Bedingungen zurück.

Die wirklichen Bedingungen (quae in futurum conferuntur, s. oben S. 28. Not. 3.) können nämlich, nach der angeführten Gesetzesstelle, von dreierlei Art seyn: entweder solche, welche ihrer Natur nach bloß bei Lebzeiten des Testators erfüllt werden können, z. B. wenn ich etwas der Mävia hinterlasse, si mihi nupserit; oder solche, deren Erfüllung bloß nach dem Tode desselben eintreten kann, z. B. si ad exequias funeris mei venerit; oder endlich solche, deren Erfüllung sowohl bei Lebzeiten, als nach dem Tode des Testators möglich ist; z. B. Titius setzt Jemanden zum Erben ein, oder hinterläßt ein Legat, unter der Bedingung, si filio meo nupserit etc.

Bei den beiden ersten erwähnten Arten der Bedingungen kann ein Streit darüber, ob die conditio schon bei Lebzeiten des Testators, oder erst nach dessen Tode unmöglich geworden, gar nicht vorkommen, weil eben eine Unterscheidung dieser verschiedenen Zeitabschnitte nach der Natur der Bedingung nicht gedenkbar ist; der oben erwähnte Streit der verschiedenen Ansichten bezieht sich darum bloß auf das dritte der angeführten Eintheilungsglieder, nämlich auf die Bedingungen, deren Erfüllung ihrer Natur nach sowohl bei Lebzeiten des Testators, als nach dessen Tode eintreten kann; denn nur hier ist ein Conflict dieser beiden Zeitabschnitte möglich.

Um nun die gedachte Streitfrage, in Uebereinstimmung mit dem dieser Untersuchung im Allgemeinen zu Grunde liegenden Princip, entscheiden zu können, müssen wir wieder zuvörderst auf den ausdrücklich oder stillschweigend ausgesprochenen Willen des Testators recurriren, weil dieser die entscheidende Norm bei Bestimmung der Wirkung der Bedingungen ausmacht, und darum die Erfüllung einer conditio, welche ihrer Natur nach zwar sowohl während des Lebens, als nach dem Tode des Testators eintreten kann, durch den genügend ausgesprochenen Willen des Disponirenden entweder bloß auf die Zeit des Lebens, oder bloß auf die Zeit nach dessen Tode beschränkt werden kann, so daß also die Bedingung im concreten Falle nicht mehr zu der oben aufgezählten dritten

Art der conditiones in futurum collatae, sondern entweder zu der ersten, oder der zweiten gehört. Der eigentliche Streitpunct wird sich also allein um die Frage drehen, wie zu entscheiden ist, wenn aus der letztwilligen Disposition ein entschiedener Wille des Testators nicht hervorgeht.

Betrachten wir hier zunächst die Sache von dem allgemeinen Gesichtspuncte, so muß man doch annehmen, daß die conditio, als rechtliche Disposition, (als eine dem Hauptgeschäfte beigefügte Nebenbestimmung)[1]), von der Errichtung des letzten Willens an ihren Anfang nimmt; jedes später eintretende vernichtende Ereigniß bewirkt darum das Aufhören einer bereits ins Leben getretenen Disposition, ohne daß im Allgemeinen ein Unterschied in der Zeit vor und nach dem Tode des Testators gemacht werden könnte; denn beide Zeitabschnitte folgen der Entstehung der Nebenbestimmung nach, beide haben einen gleich vernichtenden Einfluß auf die bereits entstandene Disposition. Ein Unterschied in der Zeit vor und nach dem Tode des Testators müßte demnach erst aus speciellen Gesetzen nachgewiesen werden.

Wenden wir uns aber zu den Quellen, so finden wir, daß die Gesetze theils einen Unterschied der Wirkungen der Bedingungen nach den erwähnten verschiedenen Zeitabschnitten überhaupt nicht hervorheben[2]), theils daß einzelne Gesetzesstellen selbst ausdrücklich die Bedingung für deficirt erklären, wenn dieselbe schon bei Lebzeiten des Testators unmöglich geworden ist.

Als Beispiel diene der Ausspruch des Papinianus in fr. 72. §. 1. i. f. D. de cond. et dem. (35, 1.) (Lib. 18. Quaest.)

---

1) Damit ist freilich das zur Bedingung gemachte Ereigniß nicht zu verwechseln; denn dieses tritt erst später ein (conditio existit).

2) Vergl. im Allg. const. 4. C. de condit. insert. (6, 46.) fr. 10. 28. pr. fr. 31. 72. §. 4. fr. 94. pr. D. de cond. et dem. (35, 1.) const. 1. C. de instit. et substit. (6, 25.) fr. 54. §. 1 u. 2. D. de legatis I. (30.) fr. 8. §. 7. D. de condit. inst. (28, 7.) fr. 16. D. de manum. testam. (40, 4.) fr. 20. pr. D. de annuis legatis (33, 1.) fr. 24. D. de condit inst. (28, 7.) fr. 39. §. 4. D. de statuliberis. (40, 7.)

Sed si Titius *vivo testatore* decedat, *licet conditio defecit,* quia tamen suspensa quoque pro nihilo foret, mulieri succurretur.

Zwar gilt hier die conditio pro non scripta, weil die Bedingung, nach dem Willen eines Dritten zu heurathen, für eine turpis conditio gehalten wurde [1] (s. oben §. 39.). Das hindert aber doch den Juristen nicht, in der Gesetzesstelle zu sagen, die bei Lebzeiten eingetretene Unmöglichkeit der Bedingung würde deren Deficiren zur Folge gehabt haben, wenn nicht die conditio wegen ihrer turpitudo pro nihilo foret.

Hieran schließt sich noch eine Aeußerung des Javolenus in fr. 39. §. 4. D. de statuliberis (40, 7.). (Lib. 4. ex posterioribus Labeonis.)

Si Stichus Attiae mille nummos dederit, liber esto; Attia *vivo testatore* decessit: non posse Stichum liberum esse Labeo, Ofilius, responderunt: Trebatius, si ante testamentum factum Attia decessisset, idem si postea, eum liberum futurum. *Labeonis et Ofilii sententia rationem quidem habet:* sed hoc jure utimur, ut is ex testamento liber sit.

Der Ausspruch des Labeo und Ofilius, nach welchem das Legat ungültig seyn soll, weil die Bedingung bei Lebzeiten des Testators unmöglich geworden ist, wird hier nach allgemeinen Grundsätzen als richtig nachgegeben, und nur in Beziehung auf den einzelnen Fall, wegen Begünstigung der Freiheit [2], ertheilt Javolenus der entgegengesetzten Meinung den Vorzug.

Zur Vertheidigung der unserer bisherigen Entwickelung widerstreitenden Ansicht werden indessen mehrere Gesetzesstellen aufgeführt, welche jedoch im Laufe der Untersuchung alle näher geprüft und beseitigt werden können. Als die wichtigsten sind vorläufig hervorzuheben das fr. 8. §. 7. D. de condit. inst. (28, 7.)

---

1) fr. 28. pr. D. de cond. et dem. (35, 1.) fr. 54. §. 1. D. de legatis I. (30.)

2) fr. 94. pr. D. de cond. et dem. (35, 1.) fr. 20. §. 3. fr. 28. pr. D. de statuliberis (40, 7.) u. a. m. s. weiter unten.

und das fr. 54. §. 2. D. de legatis I. (30.) In dem ersteren dieser Gesetze wird freilich die Bedingung „si Stichum manumiserit“ nicht für deficirt erklärt, wenn Stichus bei Lebzeiten des Testators gestorben ist; allein der Grund für diese Entscheidung des Ulpianus liegt nicht in der Unterscheidung zwischen dem Zeitpunct vor und nach dem Tode des Testators, wovon in der ganzen Stelle nirgends die Rede ist, sondern vielmehr darin, daß die erwähnte Bedingung (eigentlich gegen die allgemeine Regel) nicht deficiren soll, wenn deren Erfüllung durch den Tod des Sklaven — sey dieser nun vor, oder nach dem Ableben des Testators erfolgt — unmöglich geworden ist.

Der Grund für diese abweichende gesetzliche Bestimmung beruht darin, weil die conditio, si Stichum manumiserit, einzig und allein auf den Willen des bedingt Honorirten gestellt erscheint, weßhalb jede außer dieser Willenssphäre liegende Verhinderung ohne nachtheilige Wirkung ist. Dieß sprechen die erwähnten Gesetze, namentlich das fr. 54. §. 2. cit., selbst aus, wie sich weiter unten noch näher ergeben wird.

Ferner führt man als dissentirend das fr. 23. §. 2. D. ad legem Aquil. (9, 2.) an, worauf man besonderes Gewicht zu legen scheint. Allerdings unterscheidet dieses Gesetz die Fälle, wenn die Erfüllung der conditio vor, und wenn sie nach dem Tode des Testators unmöglich geworden ist, und bestimmt die Wirkungen in beiden verschieden. Allein, genauer betrachtet, gehört das Gesetz gar nicht hierher; denn es handelt, wie unten näher zu zeigen ist, von dem Falle, wenn ein Dritter bei der Erfüllung der Bedingung nicht unmittelbar Betheiligter durch eine widerrechtliche positive Handlung den Eintritt der conditio unmöglich gemacht hat, und darum den durch seine Handlung verursachten Schaden ersetzen muß. Von der Berechnung dieses Schadens nach den Grundsätzen der lex Aquilia, aber auch davon allein, ist nun in dem gedachten Gesetze die Rede; nirgends wird aber gesagt, daß die Bedingung nur dann als deficirt gelten solle, wenn sie nach dem Tode des Testators unmöglich geworden ist, daß sie aber für nicht beigefügt gehalten werde, wenn sie schon bei Lebzeiten des Testators unmöglich geworden, sondern es geht im Gegentheile aus der Bestimmung des Gesetzes, daß der widerrechtlich Handelnde immer den durch seine Widerrechtlichkeit verursachten Schaden ersetzen muß, hervor, daß die Bedingung in beiden Fällen als unmöglich geworden deficirt, und nur der Betrag des Schadens wird in dem einen anders berechnet, wie in dem andern. Das Weitere folgt unten. S. 221 u. 222.

Sollte aber selbst die Sache, wie doch nach dem Bisherigen nicht wohl anzunehmen ist, nach dem Rechte der Pandecten zweifelhaft erscheinen, so würde wenigstens nach dem Coder nicht leicht ein Zweifel mehr übrig bleiben; denn der Kaiser Justinian erläßt in der bereits oben S. 61 vollständig mitgetheilten const. 7. C. de instit. et substit. (6, 25.) (531.) in Beziehung auf alle Bedingungen, welche ihrer Natur nach nicht nothwendig allein auf die Zeit des Lebens, oder allein auf die Zeit nach dem Tode des Testators beschränkt sind, wie die conditio, „si ille Consul factus fuerit, vel Praetor, si nupta fuerit“ [1]), die allgemeine gesetzliche Bestimmung:

> Omni veterum dubitatione explosa sancimus, quandocunque impleta fuerit conditio, sive vivo eo. (testatore) sive mortis tempore, sive post mortem; conditionem videri impletam. Quod et in legatis et fideicommissis et libertatibus obtinendum esse censemus, ne, dum nimia utimur circa hujusmodi sensus subtilitate, judicia testantium defraudentur.

Wenn aber rücksichtlich der Erfüllung der Bedingung der Unterschied zwischen der Zeit vor und nach dem Tode des Testators völlig verschwunden ist, so muß man doch, um nicht eine augenfällige Inconsequenz zu begehen, dasselbe auch hinsichtlich des Deficirens der Bedingung annehmen; denn, wenn die Bedingung ebenso gut bei Lebzeiten, als nach dem Tode des Testators erfüllt werden kann, so muß auch die bei dessen Leben eingetretene immerwährende Unmöglichkeit ebenso wirken, als die nach dem Tode erfolgte.

---

1) fr. 10. D. de cond. et dem. (35, 1.)

Das Resultat der bisherigen Untersuchung geht nun dahin, daß die conditio im Allgemeinen deficirt, mag das zur Bedingung gemachte Ereigniß bei Lebzeiten, oder nach dem Tode des Testators unmöglich geworden seyn.

Dagegen läßt sich keineswegs behaupten, daß die Bedingung jedesmal deficire, und demgemäß jedesmal die ganze Disposition ungültig werde, wenn das darin enthaltene Ereigniß später unmöglich wird; vielmehr finden wir in den Quellen nicht selten Gesetzesstellen, in welchen, trotz des späteren Nichteintritts der Bedingung, dennoch die Disposition aufrecht erhalten, und die conditio als erfüllt betrachtet wird.

Um nun hier, bei der kaum übersehbaren Masse zum Theile widerstreitender Gesetze aus den verschiedenen Theilen von Justinian's Compilation, einige allgemeine Gesichtspuncte zur Erleichterung der Untersuchung zu gewinnen, lassen sich im Voraus folgende Unterscheidungen aufstellen. — Zunächst ist hier die dreifache Eintheilung der Bedingungen hervorzuheben, in solche

1) deren Erfüllung allein von dem Willen des bedingt Eingesetzten oder Bedachten abhängt (conditiones potestativae); z. B. die Bedingung, si Capitolium ascenderit, auch wohl im Allgemeinen die Bedingung, si fecerit;

2) in solche, welche nicht allein von dem Willen des bedingt Honorirten, sondern zugleich von der Einwirkung anderer Umstände, namentlich der Mitwirkung dritter Personen, abhängig sind (conditiones mixtae s. promiscuae); z. B. die conditio, si Titiam uxorem duxerit, si Titio nupserit, weil die andere Person in die Heurath einwilligen muß; oder die Bedingung, si Titio dederit, weil dieser das Angebotene annehmen muß [1]); oder, si Titium adoptaverit, weil dieser in die Arrogation einwilligen muß [2]);

3) und endlich in solche, deren Eintritt allein von dem Zufall abhängt (conditiones casuales).

---

1) fr. 5. §. 5. i. f. D. quando dies legat. ced. (36, 2.)
2) fr. 11. D. de condit. inst. (28, 7.)

Mit dieser Eintheilung der Bedingungen ist hier, zur Erleichterung der Uebersicht, die Aufzählung der verschiedenen möglichen Ereignisse zu verbinden, durch welche der Eintritt einer Bedingung verhindert werden kann.

Es lassen sich nämlich überhaupt folgende Fälle gedenken:

1) Der bedingt Eingesetzte oder Bedachte verhindert selbst den Eintritt der Bedingung.

2) Die Erfüllung der Bedingung wird durch einen Andern unmöglich gemacht, und zwar

a) derjenige, welcher ein Interesse an der Nichterfüllung der Bedingung hat (gewöhnlich der bedingt Verpflichtete) verhindert den Eintritt der conditio;

b) derjenige, in dessen Person die Erfüllung der Bedingung geschehen soll, hindert dieselbe;

c) ein Dritter, welcher zu diesen Personen nicht gehört, verhindert den Eintritt.

3) Die Erfüllung der Bedingung wird durch einen casus unmöglich.

Nach diesen Vorbemerkungen wenden wir uns, um die Wirkungen der später eingetretenen Unmöglichkeit der Bedingungen zu betrachten, wieder zu der oben erwähnten Eintheilung der Bedingungen in potestativae, casuales, mixtae.

Auch hier wird wieder, dem allgemeinen Princip der Untersuchung entsprechend, der ausdrücklich oder stillschweigend ausgesprochene Wille die nächste entscheidende Norm bilden, und demgemäß die erste Regel dahin gehen, daß jedesmal die Individualität des einzelnen Falles genauer zu erforschen ist, um dadurch die wahre Absicht des Disponirenden zu ermitteln. Läßt sich aber diese Absicht im concreten Falle nicht mit Bestimmtheit darthun, so muß die allgemeine Natur der einzelnen Arten der Bedingungen als leitender Gesichtspunct dienen.

Hiernach ist wohl, in Uebereinstimmung mit allgemeinen Grundsätzen, das Folgende anzunehmen:

1) Bei reinen Potestativbedingungen, welche allein in den Willen des bedingt Eingesetzten oder Bedachten gestellt sind, wird man, eben wegen dieser Natur, im Allgemeinen vermuthen können, daß der Testator, wenn nur der

bedingte Erbe oder Legatar den ernstlichen Willen zu erfüllen gehabt hat, einen außer diesem Willen gelegenen Verhinderungsgrund nicht berücksichtigt haben wolle, weil ja gerade in dem entschiedenen Willen, zu erfüllen, das Wesen dieser Art von Bedingungen besteht.

2) Nicht mit derselben Bestimmtheit wird sich dieß von den gemischten Bedingungen behaupten lassen, weil hier der Testator bei der Hinzufügung der conditio zugleich auch auf den Eintritt des andern mitwirkenden, außer der Willenssphäre des bedingt Honorirten gelegenen Ereignisses Rücksicht genommen hat. Es wird darum bei dieser Art von Bedingungen im einzelnen Falle genauer zu untersuchen seyn, welcher von den beiden gemischten Characteren in concreto vorwaltet, ob der Character der conditio potestativa, oder der casualis. Doch geben uns hier die Gesetze einige nicht unwichtige Fingerzeige. Marcellus sagt nämlich in

fr. 23. i. f. D. de condit. inst. (28, 7.) (Lib. 12. Digestor.)

Plerumque enim haec conditio, *si uxorem duxerit*, *si dederit*, *si fecerit*, ita accipi oportet, quod per eum non stet, quominus ducat, det, aut faciat [1]).

Nehmen wir nun etwa die conditio, si fecerit, als ein Beispiel reiner Potestativbedingungen, die Bedingungen, si uxorem duxerit, si dederit, dagegen als Beispiel von conditiones mixtae, so sehen wir diese beiden Arten hier im Allgemeinen gleichgestellt.

Doch werden sich weiter unten immer noch einige Unterscheidungen zeigen.

3) Bei rein casuellen Bedingungen läßt sich dagegen nach deren Natur nur annehmen, daß der Disponirende die bedingt angebotene Erbschaft oder Singularsuccession nur dann dem Dritten habe zuwenden wollen, wenn das zur Bedingung gemachte, von dessen Einwirkung völlig unabhängige zufällige Ereigniß wirklich eingetreten ist.

Die bisher angegebenen Bemerkungen genügen indessen

1) Duaren. commentar. ad Tit. Dig. de condit. inst. cap. VI. i. f. Endemann l. c. pag. 72. sq.

noch nicht, um die Untersuchung zu einem erschöpfenden Resultate zu führen, sondern es muß zu diesem Zwecke, unter steter Berücksichtigung jenes dreifachen Unterschieds der Bedingungen, zugleich die Beantwortung der Frage damit verbunden werden, wodurch der Eintritt der Bedingung im einzelnen Falle unmöglich geworden ist.

Hiernach gestaltet sich denn die Sache überhaupt also:

1) Derjenige, welcher unter einer Bedingung eingesetzt oder bedacht ist, verhindert selbst den Eintritt der Bedingung, *per eum stat, quominus impleatur conditio.*

Dann kann er

a) bei einer Potestativbedingung nichts erhalten, weil gerade deren Wesen zuwider gehandelt wird. Das würde schon ohne gesetzliche Belege als ausgemacht erscheinen; allein unsere Quellen [1]) liefern auch zahlreiche specielle Beweise, unter denen als Beispiel nur der Fall der bedingten Freilassung hervorgehoben werden mag, welcher doch sonst so sehr begünstigt ist:

const. 6. C. de necessar. hered. inst. (6, 27.) (Justinianus A. Joanni P. P. 531.)

verb.: Siquidem conditio talis sit, *quae in potestate servi posita est*, ille autem eam neglexerit, minimeque compleverit: *et libertate eum, et hereditate sua culpa defraudari* etc.

b) Dasselbe gilt auch bei gemischten Bedingungen, z. B. bei der Bedingung eine bestimmte Person zu heurathen:

fr. 31. i. f. D. de cond. et dem. (35, 1.) (Africanus Lib. 2. Quaest.)

Utroque autem vivente, siquidem ipse nolit uxorem ducere, *quia ipsius facto conditio defecit*, nihil ex legato consequitur etc.

c) Bei rein casuellen Bedingungen läßt sich natürlich ein hierher gehöriger Fall nicht gedenken.

---

1) const. 3. 6. u. 7. C. de condit. insert. (6, 46.) fr. 112. §. 2. D. de cond. et dem. (35, 1.) fr. 13. pr. D. de manum. test. (40, 4.)

2) Derjenige, welcher ein Interesse an der Nichterfüllung der Bedingung hat, verhindert deren Eintritt[1]). — Dann gilt die Bedingung überhaupt als erfüllt[2]), wie Ulpianus in

fr. 161. D. de R. J. (Lib. 77. ad Edict.)

so genau bestimmt:

In jure civili receptum est, quotiens per eum, cujus interest, conditionem non impleri, fiat, quominus impleatur, perinde haberi, ac si impleta conditio fuisset, quod ad libertatem et legata, et ad heredum institutiones perducitur: quibus exemplis stipulationes quoque committuntur, cum per promissorem factum esset, quominus stipulator conditioni pareret[3]):

Ein Interesse an der Nichterfüllung der Bedingung hat aber natürlich zunächst derjenige, welcher nach deren Eintritt etwas leisten muß[4]);

fr. 81. §. 1. D. de cond. et dem. (35, 1.) (Paulus Lib. 21. Quaest.)

Tunc demum pro impleta habetur conditio, cum per eum stat, qui si impleta esset, debiturus erat;

und für negotia inter vivos

fr. 85. §. 7. D. de V. O. (45, 1.) (Paulus Lib. 75. ad Edictum.)

---

1) Ist die Verhinderung einmal geschehen, dann kann später nicht mehr pönitirt werden: fr. 3. §. 13. i. f. D. de statuliberis (40, 7.) const. 7. C. de cond. insert. (6, 46.)

2) Cujac. Recitat. ad Tit. Dig. de legatis II. l. 34. §. 4. Cujac. Observ. Lib. XVII. cap. 22. Alteserra l. c. ad leg. 24. u. 40. D. de cond. et dem. pag. 315. Balduin. l. c. cap. X. Brunsen. l. c. Lib. III. Tit. IV. Nr. 3. sqq. Voet. l. c. Lib. 28. Tit. 7. Nr. 18 u. 19. Ziegler l. c. Nr. CXIX. CXX. CXXIV. sqq. Majans. l. c. §. 29. Endemann. l. c. §. 16. pag. 65.

3) Ganz dasselbe sagt Julianus in fr. 24. D. de cond. et dem. (35, 1.) (Lib. 55. Digestor.)

4) Das ist bei bedingten Legaten der Erbe. Vergl. im Allg. fr. 24. 45. 66. 81. §. 1. D. de cond. et dem. (35, 1.) fr. 5. §. 5. D. quando dies legat. (36, 2.) fr. 3. §. 11 u. 16. fr. 20. §. 3. fr. 28. fr. 40. §. 7. D. de statuliberis (40, 7.) Ulpian. fragm. Tit. II. §. 5. const. 7. C. de condit. insert. (6, 46.) fr. 55. D. de manum. testam. (40, 4.) u. a. m.

Quicunque sub conditione obligatus curaverit, ne conditio existeret, nihilominus obligetur [1]).

3) Es kann aber nicht allein derjenige, welcher unter der Bedingung verpflichtet werden soll, durch seine Handlungen die Erfüllung der Bedingung verhindern, sondern auch derjenige, in dessen Person die Erfüllung der Bedingung geschehen soll. — Auch in diesem Falle, welcher nur bei **conditiones mixtae** eintritt, gilt die Bedingung als erfüllt, nach dem Ausspruch des Ulpianus in

fr. 5. §. 5. D. quando dies legator. cedat (36, 2.) (Lib. 20. ad Sabinum.)

Item si qua conditio sit, quae per legatarium non stat, quominus impleatur; sed, aut per heredem, *aut per ejus personam, in cujus persona jussus est parere conditioni* [2]) **: dies legati cedit:** *quoniam pro impleta habetur:* **utputa si jussus sim, heredi decem dare, et ille accipere noluit. Sed et si ita mihi legatum sit,** *Si Sejam uxorem duxero*, **nec ea velit nubere: dicendum erit, diem legati cedere, quod per me non stat — quominus impleatur conditio.**

Ebenso Papinianus in

fr. 78. pr. D. de cond. et dem. (35, 1.) (Lib. 9. Responsor.)

Cum pupillus aut tutor [3]) **ejus** *conditionem in personam pupilli collatam impedit*, **tam legati, quam libertatis, jure communi conditio impleta esse videtur;**

und endlich Julianus in

fr. 11. D. de condit. inst. (28, 7.) (Lib. 29. Digestor.)

---

1) fr. 50. D. de contrahenda emtione. (18, 1.)

2) Vergl. im Allg. fr. 3. 11. 20. D. de condit. inst. (28, 7.) fr. 14. 31. 45. 84. D. de cond. et dem. (35, 1.) fr. 34. §. 4. D. de legatis II. (31.) fr. 13. D. de annuis legatis (33, 1.) const. 1. C. de inst. et subst. (6, 25.) J. Chr. Crell., diss. an conditio, quae propter casum impleri nequit, pro impleta habeatur? Vitemb 1735. §. 4 u. 5. J. J. Richter, diss. de condit. potestat. et mixta casu deficiente pro non scripta habenda. Lips. 1750. §. 3—5.

3) fr. 34. §. 4. D. de legatis II. (31.)

Si quis testamento hoc modo scripserit, *Filius meus, si Titium adoptaverit, heres esto* 1); *si non adoptaverit, exheres esto:* et filio parato adoptare, *Titius nolit se adrogandum dare:* erit filius heres, quasi expleta conditione.

Hierher gehört namentlich, wie das schon vorhin angeführte fr. 5. §. 5. i. f. D. quando dies legat. ced. (36, 2.) zeigt, die Bedingung, eine bestimmte Person zu heurathen, bei welcher wir schon oben §. 40. S. 169 ff. gesehen haben, daß derjenige, welcher unter derselben eingesetzt oder bedacht ist, die Erbschaft oder das Legat erhält, wenn er zu heurathen bereit ist, die andere Person dagegen, mit welcher er die Ehe abschließen soll, nicht heurathen will. Bei Gelegenheit dieses Falles wird auch zunächst die oben erwähnte Regel, daß die conditio, si uxorem duxerit, si dederit, si fecerit, meistens auf den Willen des bedingt Honorirten gestellt sey, in den Gesetzen angegeben, wie hervorgeht aus

fr. 23. D. de condit. inst. (28, 7.) (Marcellus Lib. 12. Digestor.)

Uter ex fratribus meis consobrinam nostram duxerit uxorem, ex dodrante; qui non duxerit ex quadrante heres esto etc.: Si neuter eam duxerit uxorem, *non quia ipsi ducere noluerunt, sed quia illa nubere noluerit,* ambo in partes aequales admittuntur: plerumque enim haec conditio, *si uxorem duxerit, si dederit, si fecerit,* ita accipi oportet, quod per eum non stet, quominus ducat, det, aut faciat.

4) Endlich kann der Eintritt der Bedingung **durch die widerrechtliche Handlung eines Dritten, welcher weder selbst bei der Nichterfüllung ein directes Interesse hat, noch in dessen Person die Bedingung erfüllt werden soll, entweder ganz oder theilweise verhindert werden.**

---

1) Ob eine solche Bedingung überhaupt gültig sey, könnte zwar noch bestritten werden nach fr. 41. §. 8. D. de legatis III. (32.); das Weitere gehört aber wohl nicht hierher. Vergl. auch fr. 92. D. de cond. et dem. (35, 1.)

In diesem Falle wird die Bedingung gewöhnlich in den Gesetzen nicht für erfüllt gehalten, sondern sie deficirt vielmehr; dagegen muß derjenige, welcher den Eintritt der conditio entweder verzögert, oder gänzlich verhindert hat, den daraus entstandenen Schaden ersetzen.

Von dem Falle der verzögerten Erfüllung der Bedingung spricht Javolenus in

fr. 40. pr. D. de cond. et dem. (35, 1.) (Lib. 2. ex posteriorib. Labeonis.)

Quibus diebus vicinus tuus [1]) te via publica, cum ad parendum conditioni ire velles, ire prohibuerit, nec per te staret, quominus agendo ob calumnias eum summoveas: *hi dies conditioni non imputabuntur.*

Es muß also hier der bedingt Honorirte die Tage, welche bei Erfüllung der Bedingung, weder zum Vortheil, noch zum Nachtheil des bedingt Eingesetzten oder Bedachten, mitgerechnet werden [2]), nachholen; dagegen werden ihm, nach allgemeinen Grundsätzen, seine Ansprüche wegen etwa entstandenen Schadens gegen den Hindernden vorbehalten bleiben.

Dasselbe gilt auch, wenn der Eintritt der Bedingung durch den Dritten gänzlich unmöglich gemacht worden ist, nach dem Zeugniß von Ulpianus in

fr. 3. §. 9. D. de condictione causa data causa non secuta (12, 4.) (Lib. 26. ad Edict.)

Quamquam permissum sit statulibero etiam de peculio dare conditionis implendae causa [3]), si tamen vult heres nummos salvos facere, potest eum vetare dare: sic enim fiet, ut (et) statuliber perveniat ad libertatem, quasi impleta conditione, cui parere prohibitus est [4]): et nummi non peribunt: *sed is, quem testator accipere*

1) Die Glosse bemerkt hierzu mit Recht, daß unter dem vicinus nicht der bei der Nichterfüllung interessirte Erbe verstanden werden könne, weil sonst die Bedingung kurzer Hand pro impleta gelten müßte.

2) Vergl. die Glosse zu dem fr. 40. pr. cit.

3) fr. 20. 35. D. de statuliberis (40, 7.)

4) fr. 57. D. de cond. et dem. (35, 1.) fr. 20. §. 9. D. familiae hercisc. (10, 2.)

voluit [1]), *adversus heredem in factum actione agere potest, ut testatori pareatur.*

Die conditio würde hier nach der allgemeinen Regel gänzlich deficiren; allein, bei der bekannten Begünstigung der Libertät, gilt sie zwar in Beziehung auf den statuliber pro impleta, dagegen muß der verhindernde Erbe den Schaden, welcher aus der Nichterfüllung entstanden ist, ersetzen, oder vielmehr die als Bedingung auferlegte Handlung vornehmen; was natürlich nicht der Fall seyn könnte, wenn die conditio schon nach dem Gesetz für erfüllt gehalten würde.

Das Gesagte wird noch bestätigt durch eine andere, bereits oben S. 211. erwähnte Gesetzesstelle, welche von der Bedingung „si Stichum manumisero" handelt, und für den Fall, daß diese conditio durch die widerrechtliche Handlung eines Dritten unmöglich gemacht wird, den Ersatz des dadurch entstandenen Schadens nach den Grundsätzen der lex Aquilia näher bestimmt, während doch, wie sich weiter unten ergeben wird, gerade diese conditio in dem Falle gegen die Regel pro impleta gilt, wenn der natürliche Tod des Sklaven den Eintritt der Bedingung verhindert [2]):

fr. 23. §. 2. D. ad legem Aquiliam (9, 2.) (Ulpian. Lib. 19. ad Edict.)

Idem Julianus scribit, si institutus fuero sub conditione, *si Stichum manumisero,* et Stichus sit occisus post mortem testatoris, in aestimationem etiam hereditatis pretium me consecuturum: *propter occisionem enim defecit conditio.* Quod si vivo testatore occisus sit, hereditatis aestimationem cessare: quia retrorsum, quanti plurimi fuit, inspicitur.

Ist nämlich Jemand unter der Bedingung zum Erben eingesetzt, daß er einen bestimmten Sklaven freilasse, so deficirt

1) Daraus geht hervor, daß der verhindernde Erbe nicht selbst ein unmittelbares Interesse an der Nichterfüllung der Bedingung gehabt, weil nicht an ihn die Summe zur Erfüllung der Bedingung gezahlt werden sollte.

2) fr. 54. §. 2. D. de legatis I. (30.) fr. 8. §. 7. D. de condit. inst. (28, 7.) u. a. m. s. weiter unten.

nach dem mitgetheilten fr. 23. §. 2. die Bedingung, wenn der Sklave vor der Freilassung durch einen Dritten [1]) widerrechtlich getödtet worden war. Das Gesetz beantwortet nun die Frage, *wie der Schade in dem Falle, wenn der Sklave vor dem Tode des Testators, oder, wenn er nach demselben erschlagen war, zu schätzen sey.*

Geschah die Tödtung nach dem Ableben des Testators, so kommt bei der Schätzung des dadurch verursachten Schadens auch der Werth der ganzen Erbschaft mit in Aufrechnung [2]); denn diese war angefallen, der Sklave konnte jeder Zeit freigelassen und dadurch die Erbschaft erworben werden. War dagegen der Sklave noch bei Lebzeiten des Testators getödtet worden, so darf, nach dem ersten Kapitel der lex Aquilia, nur der höchste Werth desselben binnen des letzten Jahres von der Tödtung rückwärts (retrorsum) gerechnet [3]), als Ersatz gefordert werden, weil nach Grundsätzen des römischen Rechts, eine Erbschaft, ehe sie wirklich deferirt ist, überhaupt noch gar nicht in Anschlag gebracht werden kann [4]), da deren Erwerb ja noch so vielen Wechselfällen [5]) unterworfen war [6]).

---

1) Hätte der unmittelbar bei der Nichterfüllung Interessirte den Eintritt der Bedingung unmöglich gemacht, so würde die conditio wieder nach den Gesetzen kurzweg pro impleta gelten.

2) Damit stimmt vollkommen überein Gajus III. §. 212.

3) Gajus III. §. 210. 214. fr. 2. pr. D. ad leg. Aquil. (9, 2.)

4) Argum. fr. 6. D. de transact. (2, 15.) const. 4. C. de inutil. stipulat. (8, 39.) const. 19, 30. C. de pactis (2, 3.) s. oben §. 49. S. 193.

5) Vergl. die Glosse zu fr. 23. §. 2. cit. ad voc.: quia retrorsum.

6) In dem Bisherigen ist jedoch noch *eine* Frage unberührt geblieben, welche eigentlich zur Vollständigkeit der Untersuchung gehört; nämlich: *Wie es sich verhalte, wenn der Dritte, welcher die Erfüllung der Bedingung durch eine widerrechtliche Handlung unmöglich gemacht hat, außer Stand ist, den dadurch verursachten Schaden zu ersetzen.* — Wird alsdann die conditio pro impleta gelten?

Die Gesetze schweigen über diesen Fall, und darum muß man nach allgemeinen Grundsätzen wohl annehmen, daß derjenige, welcher die Bedingung erfüllen sollte, den aus dem Nichteintritt entstandenen Schaden tragen müsse, weil der einzige Weg, den die Gesetze zu

5) Zum Schlusse bleibt noch der Fall zu erörtern übrig, wenn die Erfüllung der Bedingung durch einen

---

seiner Entschädigung angegeben haben (der Regreß gegen den Verhindernden) nicht zum Ziele geführt hat.

Doch läßt sich vielleicht hier mit Azo in der Glosse zu fr. 23. §. 2. cit. nicht ohne Grund die Analogie einer andern Gesetzesstelle anwenden, nämlich die Analogie von fr. 3. §. 1. D. de eo per quem factum (2, 10.) (JULIANUS Lib. 2. Digestor.) Plane, si is, qui dolo fecerit, quominus in judicio sistatur, solvendo non fuerit, *aequum erit*, adversus ipsum reum restitutoriam actionem competere: *ne propter dolum alienum reus lucrum faciat, et actor damno adficiatur.*

Nach dieser Gesetzesstelle soll derjenige, welcher durch den dolus eines zahlungsunfähigen Dritten Schaden erlitten, im Verhältniß zu dem früher Verpflichteten (dem reus) in den Zustand versetzt werden, welcher vor der dolosen Verhinderung stattgefunden, damit der Letztere nicht aus dem dolus des Dritten mit dem Schaden des Verhinderten sich bereichere *).

Könnte man diese gesetzliche Bestimmung auf unsern Fall analog ausdehnen, so würde sich als das einzige Mittel, wodurch der Nachtheil von dem widerrechtlich Verhinderten abgewendet werden kann, nur das gedenken lassen, daß die conditio, deren Erfüllung nun einmal unmöglich geworden ist, pro impleta gehalten wird.

Als Requisite einer rechtsgültigen Analogie sind nun hier vorhanden:

a) daß derjenige, welcher an der Erfüllung der Bedingung durch den Dritten gehindert wurde, einen widerrechtlichen Nachtheil erleidet;

b) daß derjenige, welcher das bedingt Hinterlassene herausgeben müßte, durch das Deficiren der Bedingung bereichert wird, und zwar aus dem Nachtheile des bedingt Honorirten; denn der Testator hat doch, indem er die bedingte Auflage machte, dem bedingt Honorirten den Vortheil zuwenden wollen, wenn dieser die conditio gehörig erfüllt. Da nun der Honorirte durch die widerrechtliche Handlung eines Dritten an der Erfüllung der Bedingung verhindert worden, so entgeht ihm dieser Vortheil, dem gravatus dagegen wird eine nothwendige Ausgabe (die Auszahlung des Legats rc.) erspart, und in so ferne könnte man eine Bereicherung mit dem Nachtheile des Honorirten annehmen **).

c) Zweifelhaft dagegen erscheint immer der Punct, ob das oben erwähnte fr. 3. §. 1., welches allerdings von einem etwas singulären Falle handelt, hier analog zur Anwendung kommen kann.

*) Vergl. Versuche Thl. 1. S. 53 unten.
**) Versuche Thl. 1. Abhandl. I. §. 9. S. 22 unten u. §. 11.

casus, **namentlich durch den Tod einer zur Erfüllung nothwendigen Person, unmöglich geworden ist**; z. B. durch den Tod der Person, welche der bedingt Eingesetzte oder Bedachte heurathen soll, durch den Tod dessen, dem etwas gegeben werden soll ꝛc.

Die Gesetze unterscheiden diesen Fall wesentlich von den oben sub 1—3 angegebenen; denn hier wird nicht, wie in jenen Fällen, die conditio pro impleta gehalten, sondern sie deficirt vielmehr, und somit fällt die ganze Disposition als ungültig zusammen.

Das hat sich schon oben §. 10. S. 171 u. 172 bei der Bedingung, eine bestimmte Person zu heurathen, gezeigt; worauf deßhalb hier zurückgewiesen werden kann. Dieselbe gesetzliche Bestimmung läßt sich aber auch bei anderen Bedingungen nachweisen, so, daß man aus der Uebereinstimmung der Gesetze die Regel gerade so abstrahiren muß, wie dieß eben angegeben worden; mit der Modification jedoch, daß wieder in manchen Fällen gegen diese Regel die Bedingung nicht als deficirt, sondern als erfüllt von den Gesetzen betrachtet wird. Zu diesen Ausnahmsfällen gehört namentlich die bedingte Freilassung, welche ja überhaupt so vielfach im römischen Rechte begünstigt ist.

Als Belege für die allgemeine Regel sowohl, wie für die bereits erwähnte Ausnahme, mögen folgende Stellen dienen:

fr. 91. pr. D. de cond. et dem. (35, 1.) (HERMOGENIANUS Lib. 1. juris epitomarum.)

Cum ita datur libertas, *si Titio*, qui non est heres, *de-*

Für die Zulässigkeit dieser Anwendung spricht zwar die Allgemeingültigkeit des Grundsatzes, daß Niemand mit dem Schaden eines Andern sich bereichern darf *); gegen dieselbe ist aber wieder der Umstand, daß hier nicht, wie oben in fr. 3. §. 1. cit., eine actio restitutoria stattfinden kann, sondern daß die conditio pro impleta gehalten werden müßte; was freilich nach dem Obigen noch manchen Widerspruch erleiden könnte. Der Verf. wagt darum auch noch nicht, die Sache hier als völlig erwiesen zu betrachten; und auf jeden Fall würde das obige Gesetz nur auf die dolose Verhinderung durch den Dritten Anwendung leiden.

*) Vergl. die in der vorhergehenden Note angeführte Abhandl.

cem dederit: certa persona demonstratur, ac propterea in personam ejus tantum conditio impleri potest: sane, si cum cesserit dies, pecuniam conditione comprehensam statuliber habuerit, jure constituto nulli dando consequitur libertatem [1]. *Diversa causa est legatarii, in cujus persona placuit conditionem deficere, si antequam dederit legatarius pecuniam, Titius moriatur* [2].

(Ebenso Julianus in

fr. 16. D. de manum. testam. (40, 4.) (Lib. 36. Digestor.)
Si ita scriptum fuerit, *Cum Titius annorum triginta erit, Stichus liber esto eique heres meus fundum dato;* et Titius antequam ad annum trigesimum pervenerit, decesserit: Sticho libertas competet, *sed legatum non debetur.* Nam favore libertatis receptum est [3], ut mortuo Titio tempus superesse videretur, quo impleto libertas contingeret: *circa legatum defecisse conditio visa est:*

und damit völlig übereinstimmend Ulpianus in

fr. 19. D. de statuliberis (40, 7.) (Lib. 14. ad Edict.)
Si servus liber esse jussus sit, et legatum ei datum, *si filius quartum decimum annum compleverit;* et filius ante decesserit: libertas favore competet die veniente, *legati autem conditio deficit.*

Um den Grund für die Verschiedenheit der gesetzlichen Bestimmungen in dem Falle, wenn die Bedingung durch den Willen einer dritten Person (s. oben pos. 1—3.), und dem Falle, wenn dieselbe durch einen Zufall, namentlich durch den Tod dieser Person, unmöglich geworden, (wenigstens mit einiger Wahrscheinlichkeit) zu zeigen, kann hier noch das wiederholt„ und näher ausgeführt werden, was bereits oben §. 40.

---

1) fr. 51. §. 1. fr. 94. §. 1. D. de cond. et dem. (35, 1.) const. 7. C. de condit. insert. (6, 46.) Endemann l. c. pag. 67. sq.

2) Cell. diss. an conditio, quae propter casum impleri nequit, pro impleta habeatur. Vitemb. 1735. §. 5. i. f. hält diese Bestimmung des Gesetzes für einen Ausfluß des jus strictum. Vergl. auch Duban. l. c. P. III. cap. VII. Nr. 32. sqq. Voet l. c. Lib. 28. Tit. 7. Nr. 21.

3) fr. 20. §. 3. fr. 28. pr. D. de statuliberis (40, 7.)

S. 172 bei Gelegenheit der conditio, eine bestimmte Person zu heurathen, im Allgemeinen gesagt worden ist.

Da die Gesetze, wie wir schon an verschiedenen Orten gesehen haben, die Bedingungen, si uxorem duxerit, si dederit, si fecerit, meistens so verstehen, daß der bedingt Eingesetzte oder Bedachte nur den Eintritt der Bedingung nicht selbst hindere, daß also (muß man weiter schließen) eine außer dem Willen dieser Person liegende Verhinderung dem bedingt angebotenen Erwerbe nicht im Wege stehe, so muß man, in Uebereinstimmung mit jenem allgemeinen gesetzlichen Grunde wohl annehmen, daß in dem Falle, in welchem die Erfüllung der Bedingung durch den Tod der andern Person unmöglich geworden ist, der bedingt Eingesetzte oder Bedachte nicht mehr mit voller Kraft und Wirksamkeit seine Bereitwilligkeit, die Bedingung zu erfüllen, kund geben könne, weil, bei der offenbaren Unmöglichkeit der Realisirung dieses Willens, die bloße Erklärung, daß man zur Erfüllung bereit sey, nicht hinreicht, da dieß immer nur eine leere Aeußerung bleibt [1]).

Beruht indessen die Nichterfüllung der Bedingung bloß darauf, daß die andere Person deren Eintritt verhindert, so kann der bedingt Honorirte wenigstens von seiner Seite den entschiedenen Willen zeigen, die Bedingung zu erfüllen, indem er sich zur Leistung der bedingenden Handlung erbietet. Zwar kann auch hier der Fall eintreten, daß dieses Erbieten zur Leistung bloß illusorisch ist, weil man vorher bestimmt weiß, daß die andere Person das Erbieten nicht annehmen werde; allein, trotz dem, steht dieser Fall dem oben erwähnten der physischen Unmöglichkeit immer nicht völlig gleich; denn derjenige, welcher auch früher nicht Willens war, das Erbieten anzunehmen, kann ja seine Gesinnungen später ändern, der Erbietende ist darum immer nicht so gesichert, als wenn der Tod die Sache für immer unabänderlich bestimmt hat.

Und dann wird doch auch der Fall, daß der bedingt Honorirte schon zum Voraus bestimmt weiß, sein Erbieten zur Erfüllung der conditio werde nicht angenommen, im Allge-

1) arg. fr. 1 u. 18. D. de adquir. vel amitt. hered (29, 2.)

meinen wohl der seltnere seyn; er konnte darum auch bei Aufstellung einer Regel, welche immer nur die gewöhnlicheren Fälle umfaßt, im Voraus nicht in Betracht kommen.

Damit ist jedoch keineswegs gesagt, daß es ohne Folgen bleibe, wenn der bedingt Honorirte und derjenige, in dessen Person die Bedingung erfüllt werden soll, im Voraus dolose über die Verhinderung des Eintritts der Bedingung sich vereinigt haben; denn, ist dieß erweislich geschehen, so handeln Beide offenbar in fraudem legis, und der bedingt Honorirte kann daher aus seiner Improbität natürlich keinen Vortheil ziehen [1]). —

Von der bisher angegebenen gesetzlichen Regel, nach welcher die conditio im Allgemeinen deficirt, wenn die Erfüllung derselben durch einen casus unmöglich geworden, finden wir jedoch in den Quellen wieder manche abweichende Bestimmungen: [2]).

a) Dahin gehört vor allen der Fall der bedingten Freilassung, in welchem der Grund der Ausnahme von der Regel, wie schon aus mehreren der oben angeführten Gesetze zur Genüge hervorgeht, in dem favor libertatis zu finden ist [3]).

b) Nicht so leicht läßt sich aber ein anderer Fall erklären. Die Gesetze halten nämlich nicht allein dann die conditio für erfüllt, wenn von deren Eintritt die Freilassung abhängt, sondern sie lassen auch dann die bedingt angebotene Universal- oder Singularsuccession eintreten, wenn Jemanden etwas unter der Bedingung hinterlassen ist, daß er einen Sklaven freilasse, dieser Sklave aber vor der Freilassung gestorben ist.

Hier kann man nicht sagen, in der Begünstigung der Freiheit liege der Grund der abweichenden gesetzlichen Vorschrift, weil ja von Freilassung bei einem bereits gestorbenen Sklaven nicht mehr die Rede seyn kann. Auch geben hier die

---

1) Versuche Thl. 1. S. 198. Not. 1—4.

2) Donell. commentar. Lib. VIII. cap. 34. §. 9—11.

3) Vergl. die S. 225. angeführten Gesetze.

Gesetze den favor libertatis nicht als Grund ihrer Vorschrift an, sondern sie stützen diesen vielmehr darauf, daß die conditio „si manumiserit“ ausschließend auf den Willen des bedingt Honorirten gestellt sey; weßhalb eine zufällige Verhinderung nicht schaden könne.

Als gesetzliche Beispiele können hier angeführt werden.

fr. 54. §. 2. D. de legatis I. (30.) (POMPONIUS Lib. 8. ad Sabinum.)

Sed et si servi mors impedisset manumissionem, cum tibi legatum esset, *si eum manumisisses:* nihilominus debetur tibi legatum: *quia per te non stetit, quominus perveniat ad libertatem* [1]);

und Ulpianus in

fr. 8. §. 7. D. de condit. inst. (28, 7.) (Lib. 50. ad Edict.)

Mortuo autem vel manumisso Sticho, vivo testatore, qui ita institutus est, *si jurasset* [2]) *se Stichum manumissurum*, non videbitur defectus conditione (heres): quamvis verum sit, compellendum eum manumittere, si viveret. Idem est, et si ita heres institutus esset quis, *Titius heres esto, ita ut Stichum manumittat* [3]). Nam mortuo Sticho nemo dicet summovendum eum: *non videtur enim defectus conditione, si parere conditioni non possit: implenda est enim voluntas si potest.*

c) Ein dritter Fall, in welchem der Tod der Person, deren Leben zur Erfüllung der Bedingung als nothwendiges Erfor-

---

1) Nach der ganzen Fassung des Gesetzes kann man doch nur annehmen, daß der Sklave nach der Testamentserrichtung gestorben ist. Vergl. namentlich fr. 6. §. 1. D. de cond. et dem. (35, 1.)

2) S. unten die conditio jurisjurandi.

3) Man könnte zwar einwenden, es sey hier von einem modus die Rede, welcher bekanntlich nie erfüllt zu werden braucht, wenn er unmöglich geworden ist; allein der Vordersatz handelt offenbar von einer wirklichen Bedingung, und stellt diese hier dem modus völlig gleich; ebenso enthält der Schlußsatz ganz denselben Grund für beide Nebenbestimmungen, und stimmt in so ferne auch mit dem in fr. 54. §. 2. cit. für die Bedingung angegebenen Grunde vollkommen überein.

derniß erscheint, das Deficiren der conditio nicht bewirkt, tritt ein bei den *legata annua* nach dem Ausspruch des Scävola in

fr. 20. pr. D. de annuis legatis (33, 1.) (Lib. 18. Digestor.)

Annua his verbis legavit, *Si morarentur cum matre mea, quam heredem ex parte institui.* Quaesitum est, an, mortua matre, conditio adposita defecisse videatur [1]: ac per hoc neque cibaria, neque vestiaria his debeantur? Respondit, *secundum ea, quae proponerentur, deberi* [2].

Der in den Gesetzen angedeutete Grund für die Fortdauer des Legats liegt, nach den Schlußworten des Gesetzes, in dem vermuthlichen Willen des Disponirenden. Das wird noch deutlicher von demselben Juristen ausgesprochen bei Gelegenheit des Legats der Alimente (welches ja als eine Unterart des legatum annuum gelten kann) in

fr. 13. §. 1. D. de alimentis vel cibariis legatis (34, 1.) (Scaevola Lib. 4. Responsor.)

Imperator Antoninus Pius libertis Sextiae Basiliae: *Quamvis verba testamenti ita se habeant, ut, quoad cum Claudio Justo morati essetis, alimenta et vestiarium legata sint* [3]: *tamen hanc fuisse defunctae cogitationem interpretor, ut et post mortem Justi eadem vobis praestari voluerit* [4]. Respondit, ejusmodi scripturam ita accipi, *ut necessitas alimentis praestandis perpetuo maneat* [5]:

ebenso

const. 1. C. de legatis (6, 37.) (Imperator Antoninus Pius A. libertis Sextiliae.)

Quamvis verbis his, *quoad cum Claudio Justo morati essetis,* alimenta vobis et vestiarium legatum sit: *tamen*

---

1) fr. 8. D. de cond. et dem. (35. 1.)

2) fr. 13. i. f. D. de alimentis legatis (34, 1.)

3) fr. 30. §. 5. D. de legatis III. (32.)

4) Vergl. auch fr. 10. pr. D. de annuis legatis (33. 1.) fr. 13. pr. eod.

5) fr. 20. §. 5. i. f. D. eod.

hanc fuisse defuncti cogitationem interpretor, ut et post mortem Justi (Claudii) eadem vobis praestari voluerit [1]).

Als Grund für die Vorschrift in den letzterwähnten Gesetzesstellen könnte zwar die Begünstigung des legatum alimentorum [2]) angenommen werden; allein, da die Gesetze selbst den vermuthlichen Willen des Disponirenden als diesen Grund so bestimmt bezeichnen, so kann und darf kein anderer hier gesucht werden.

Das geht noch deutlicher aus einer Entscheidung des Paulus in dem

fr. 84. D. de cond. et dem. (35, 1.) (Lib. 14. Responsor.)

hervor, nach welcher das legatum alimentorum keineswegs immer nach der eingetretenen Unmöglichkeit der Bedingung fortdauern, sondern das Nähere allein durch den Willen des Disponirenden im einzelnen Falle bestimmt seyn soll [3]).

Die Gesetzesstelle lautet also:

Illis libertis alimentorum nomine, si cum filio meo morati fuerint, menstruos denarios centenos et vestiaria dari volo: liberti in obsequio fuerunt, quamdiu adolescens ad militiam promoveretur: qua causa effectum est, ut quibusdam Romae relictis proficisceretur, et apud castra defunctus est. Quaesitum est, an ab heredibus

1) fr. 20. i. f. D. de alimentis legatis (34, 1.) const. 3. C. de condit. insert. (6, 46.)

2) Vergl. im Allg. fr. 14. pr. u. §. 1. fr. 17. 23. D. de alimentis legatis (34, 1.) u. a. m. Dionys. Gothofredus leitet in den Noten zu dem oben erwähnten fr. 13. §. 1. D. de alimentis legatis, sowie an mehreren anderen Orten, den Grund der abweichenden gesetzlichen Bestimmungen aus dem specialis favor alimentorum ab.

3) Läge der Grund für die gesetzlichen Bestimmungen hier, wie Gothofredus annimmt, in einem specialis favor alimentorum, (vermöge dessen bei dieser Art von Legaten der Wille des Testators gewöhnlich so interpretirt werden müßte, daß er auf die Fortdauer des Legats gerichtet gewesen,) so könnte, ohne Inconsequenz, in den Gesetzen nicht so speciell auf die im einzelnen Falle aus den Worten des Disponirenden wirklich hervorgehende Absicht desselben Rücksicht genommen, und namentlich diese Absicht nicht in der Art gegen die Fortdauer des Legats gedeutet werden, wie in fr. 84. cit. von Paulus geschieht.

ejus alimenta debeantur. Paulus respondit, conditionem quidem in persona libertorum, qui cum filio defuncti morati sunt, aut per eos non stetit, quominus morarentur, *mortuo filio testatoris defecisse non videri: sed si testator propter filii utilitatem his, qui cum eo morati fuissent, alimenta praestari voluit, contra voluntatem defuncti petentes audiri non oportere.*

Durch den in diesen Gesetzen wiederholt angegebenen Grund werden wir denn auch auf einen Weg geleitet, welcher hier überhaupt zur Vereinigung des scheinbaren Widerspruchs in den seither angegebenen Gesetzesstellen führen kann. Denn, wenn hier der ausdrückliche oder vermuthliche Wille des Testators sowohl den Grund zur Fortdauer, als zum Aufhören des Legats abgibt, und wenn dieser Grund das allgemeine leitende Princip für unsere ganze Lehre in den Gesetzen ausmacht, (s. oben §. 7 u. 8.) so muß derselbe wohl auch hier nicht bloß in dem Falle des legatum annuum und alimentorum eintreten, wie Donellus annimmt [1]), sondern vielmehr als entscheidende Norm für alle Fälle gelten, so, daß hier die Regel nur dahin angegeben werden kann, es lasse sich etwas Allgemeingültiges nicht im Voraus bestimmen, sondern es müsse vielmehr nach der Individualität des einzelnen Falles entschieden werden, ob der Disponirende die Bedingung einzig und allein auf den Willen des bedingt Eingesetzten oder Bedachten gestellt, so daß auch der casus, durch welchen der Eintritt der conditio unmöglich geworden, nichts schade, oder ob er im Falle der durch Zufall bewirkten Unmöglichkeit der Bedingung das Deficiren derselben beabsichtigt habe.

1) Donell. commentar. Lib. VIII. cap. 34. §. 9—11. führt die drei in der vorstehenden Untersuchung unter a—c angegebenen Fälle der abweichenden gesetzlichen Bestimmungen auf, und findet den Grund bei dem ersten in dem favor libertatis, bei dem dritten (dem legatum annuum und alimentorum) in dem Willen des Testators; bei dem zweiten (si servi mors impedierit manumissionem) dagegen erklärt er diesen Grund nicht aus der Absicht des Disponirenden, sondern auf eine andere eigenthümliche Weise, welche unten S. 233. Not. 1. näher zu prüfen ist.

Diese Grundsätze lassen sich auch auf den oben sub b. erwähnten Fall anwenden, wenn Jemanden etwas unter der Bedingung hinterlassen worden, si Stichum manumiserit, Stichus aber vor der Freilassung gestorben ist; denn, da diese conditio eine reine Potestativbedingung ist, weil der Sklave der Manumission mit rechtlicher Wirksamkeit sich nicht widersetzen darf [1]), so kann man, in Uebereinstimmung mit den oben S. 213—215 angegebenen allgemeinen Grundsätzen, annehmen, daß diese Bedingung gewöhnlich ausschließend auf den Willen des bedingt Honorirten gestellt sey, und daß deßhalb das Unmöglichwerden der Bedingung durch den erfolgten Tod des Sklaven die bedingte Erbeinsetzung, oder das bedingte Legat, nicht ungültig mache, während die oben erwähnten Bedingungen, si Titiam uxorem duxerit, si Titio dederit, si Titium adoptaverit etc., (bei welchen im Falle der durch Zufall eingetretenen Unmöglichkeit die conditio nach den Gesetzen gewöhnlich deficirt), bloße conditiones mixtae sind, bei denen ihrer Natur nach nicht Alles einzig und allein auf den Willen des bedingt Honorirten gestellt seyn kann, weil zu deren Erfüllung immer die Einwirkung eines unabhängigen Dritten erfordert wird [2]). Denn, sowie bei diesen gemischten Bedingungen nach den Gesetzen die conditio nicht deficirt, wenn zwar der bedingt Honorirte zur Erfüllung bereit, diese aber durch den entgegengesetzten Willen des Dritten unmöglich geworden ist, (weil man annimmt, der Testator

1) const. 15. §. 2. C. de testamentar. manumissione (7, 2.) verb.: Licet enim Romanam civitatem recusare nemini servorum licitum sit etc.

2) Bei späterer Vergleichung hat der Verf. gefunden, daß auch die Glosse bei Erklärung des oben angeführten fr. 8. §. 7. D. de condit. inst. (28, 7.) im Wesentlichen mit der hier ausgesprochenen Ansicht übereinstimmt; denn, indem die condititiones mixtae der Bedingung „si manumiserit" gegenüber gestellt werden, ist, nach Verwerfung einiger andern Ansichten, der Grund für die hier eintretende Abweichung der gesetzlichen Bestimmungen dahin angegeben: „Sed ibi erat conditio, quae pendebat ex suo et alterius facto, scil. si illi nubat: hic ex facto manumittentis tantum, quia invitus manumittitur" etc.

habe hier bloß den Willen des bedingt Honorirten berücksichtigt) so kann man wohl auch nicht inconsequent annehmen, daß bei reinen Potestativbedingungen (welche doch ihrer Natur nach weit mehr auf den Willen berechnet seyn müssen, als die conditiones mixtae) der Absicht des Testators im Allgemeinen eher entsprochen werde, wenn man, im Falle der zufälligen Unmöglichkeit der Bedingung, die conditio für erfüllt, als wenn man dieselbe für deficirt hält, weil ja dieser Fall der zufälligen Unmöglichkeit überhaupt der einzig denkbare, außer der Willenssphäre des bedingt Honorirten gelegene ist, und, wenn hier die conditio für deficirt angesehen werden sollte, die reine Potestativbedingung gewissermaßen in eine nachtheiligere Lage versetzt würde, als die conditio mixta, da bei dieser doch in einem Falle der außer dem Willen gelegenen Unmöglichkeit (bei dem entgegengesetzten Willen der dritten zur Erfüllung nöthigen Person) die conditio nicht für deficirt, sondern vielmehr für erfüllt gilt [1]). —

Nachdem wir in der bisherigen Untersuchung von den Fällen gehandelt, in welchen eine reine Potestativbedingung, oder eine conditio mixta durch casus unmöglich geworden ist, so bleibt noch die Erörterung des dritten der zu Anfang angedeuteten Fälle übrig, wenn nämlich der Eintritt einer conditio casualis durch Zufall verhindert worden.

Da nun, nach den schon oben angegebenen allgemeinen Gesichtspuncten, eine solche Bedingung überhaupt allein auf

1) Donell. l. c. findet den Grund der abweichenden gesetzlichen Bestimmung in dem Falle „si mors impedierit manumissionem" (wobei er nur einen natürlichen Tod annimmt) darin, daß hier das Hinderniß der Erfüllung mehr von dem Sklaven selbst, als von einem äußeren Zufall (?), oder von der Nachlässigkeit des Legatars ausgehe. Seine Worte lauten: „Tum enim videtur mors impedimentum magis a servo ipso, quam aut a casu (?), aut negligentia legatarii contigisse." — Allein bei der conditio mixta „*si Titio decem dederit*" würde doch auch dann, wenn Titius vor dem Anbieten gestorben ist, die Verhinderung mehr von dem Titius, als von einem casus, oder von der Nachlässigkeit des Legatars, welcher nicht in mora sich befindet, abhängen; und doch wird in dem letzteren Falle nach fr. 94. pr. D. de cond. et dem. cit. hier die Bedingung für deficirt gehalten. S. oben. S. 224 a. E. u. 225 oben.

den wirklichen Eintritt des zufälligen Ereignisses gestellt erscheint, so muß man, diesem Gesichtspuncte entsprechend, im Zweifel annehmen, daß der Testator die bedingt angebotene Erbschaft oder Singularsuccession nur in dem Falle der wirklich geschehenen Erfüllung habe zuwenden wollen; daß also auch im Falle des Nichteintritts der conditio dieselbe deficire. Das wird auch durch specielle Gesetze bestätigt; namentlich sagt eine schon oben S. 216 theilweise angeführte Constitution von Justinian, daß in dem Falle, in welchem ein Sklave im Testament unter einer casuellen Bedingung freigelassen, und unbedingt zum Erben eingesetzt ist, wenn die zufällige Bedingung deficirt, die Freiheit zwar, nach ihrer bekannten Begünstigung [1]), zu Theil werden, die Erbschaft aber für den servus verloren seyn soll:

const. 6. C. de necessar. (servis) hered. instit. (6, 27.) (Justinian. A. Joanni P. P. 531.)

verb.: Sin autem *casualis conditio* est, et *ex fortunae insidiis defecerit*, tunc humanitatis intuitu libertatem quidem ei omnimodo competere: hereditatem autem, siquidem solvendo sit [2]), ad alios venire, quos leges vocant etc. —

Zum Schlusse der Untersuchung können hier noch zwei Fälle berührt werden, welche jedoch theils in dem Bisherigen schon genügend erörtert sind, theils weiter unten genauer erörtert werden.

Der erste dieser Fälle ist der, wenn eine Bedingung theilweise unmöglich geworden. Daß hier die Bedingung nicht deficirt, wenn der noch möglich gebliebene Theil gehörig erfüllt ist, zeigt der §. 10. oben so ausführlich, daß es hier bloß einer Zurückweisung auf diesen §. bedarf.

Der zweite besteht darin, daß der Testator durch seine eigene Handlung nach Errichtung des Testaments die Erfüllung der Bedingung un-

1) fr. 122. D. de R. J. const. 7. C. de condit. insert. (6, 46.)

2) Vergl. im Allg. fr. 42. 57. D. de hered. inst. (28, 5.) Ulpian. fragm. Tit. I. §. 14. u. a. m. Das Nähere gehört nicht hierher

möglich gemacht hat. Daß hier, nach der unverkennbaren Absicht des Testators die conditio deficirt, und somit die ganze Disposition als ungültig zusammenfällt, wird sich in dem ersten Unterabschnitte des dritten Kapitels näher zeigen.

Zweites Kapitel.

Bedingungen, welche allein bei negotia mortis causa zu den unmöglichen zu rechnen sind.

§. 56.

A. Conditio jurisjurandi.

Unter den Bedingungen, welche die Gesetze allein bei den Rechtsgeschäften auf den Todesfall zu den unmöglichen rechnen, ist zunächst die conditio jurisjurandi [1]) zu erwähnen.

Man versteht darunter die Bedingung, wenn Jemand sich eidlich zu einer künftigen Handlung verpflichten soll, wozu er nach der letztwilligen Disposition schon ohnehin verpflichtet ist [2]). Diese Bedingung wird in den Gesetzen für eine turpis conditio erklärt [3]), und als solche bei allen Dispositionen auf den Todesfall, (sowohl bei der Universalsuccession, als bei den Singularsuccessionen) ausdrücklich bezeichnet [4]).

---

1) Vergl. im Allg. Duaren. commentar. ad Tit. Dig. de condit. inst. cap. IV. pag. 413. Balduin. l. c. cap. VII. ad voc.: Plerumque u. Conditiones jurisjur. Donell. commentar. Lib. VIII. cap. 32. §. 21—23. Cujac. observat. Lib. V. cap. 1. Cujac. ad Tit. Dig. de condit. inst. l. 8. Altesserra ad leg. 20. de cond. et dem. Brussel. l. c. Lib. IV. Tit. II. Nr. 8. Duran. l. c. P. III. cap. VI. Voet. l. c. Lib. 28. Tit. 7. Nr. 15. i. f. Ziegler l. c. Nr. XCIII. Majans. disputat. jur. Tom. I. Disp. V. Ravensberg. l. c. cap. II. §. 9.

2) Thibaut System ꝛc. §. 803. Not. d. Seuffert Lehrbuch. Bd. 3. §. 530. Not. 14.

3) fr. 20. D. de cond. et dem. (35, 1.)

4) fr. 8. §. 1—3. D. de condit. instit. (28, 7.) Auch bei dem testamentum militis gilt die condit. jur. jur. nicht: fr. 29. §. 2. D. de testam. militis (29, 1.) — Ueber den Fall, wenn der Erbe alternativ, oder cumulativ, unter der conditio jur. jur. und einer

Die Hauptgesetzesstelle, worin der Grund für die turpitudo dieser conditio von **Ulpianus** ausführlich erörtert wird, ist das schon oben §. 31. S. 145 ff. bei der conditio mutandae vel non mutandae religionis theilweise angeführte und benutzte

fr. 8. pr. D. de condit. instit. (28, 7.) (ULPIAN. Lib. 50. ad Edict.)

Quae sub *conditione jurisjurandi* relinquuntur, a Praetore reprobantur: providit enim, ne is, qui sub jurisjurandi conditione quid accepit, aut omittendo conditionem, perderet hereditatem legatumve, aut cogeretur *turpiter accipiendo* [1]) *conditionem* jurare: voluit ergo, eum, cui *sub jurisjurandi conditione* quid relictum est, ita capere, ut capiunt hi, quibus nulla talis jurisjurandi conditio inseritur: et recte. Cum enim faciles sint nonnulli hominum ad jurandum contemptu religionis, alii perquam timidi metu divini numinis usque ad superstitionem, ne vel hi, vel illi, aut consequerentur, aut perderent, quod relictum est, Praetor consultissime intervenit [2]). Etenim potuit is, qui voluit factum, quod religionis conditione adstringit, sub conditione faciendi relinquere: ita enim homines aut facientes admitterentur, aut non facientes deficerentur conditione.

---

andern Bedingung eingesetzt ist, vergl. fr. 8. §. 5. D. de condit. inst. (28, 7.) fr. 26. D. de cond. et dem. (35, 1.) fr. 8. §. 4. D. de condit. inst. (28, 7.)

1) Die **Florentina** liest hier: „turpiter accipiendi conditionem jurare" mit dem Zusatz der Glosse zu accipiendi „scil.: relictum." Das würde dann heißen: „die Bedingung des schimpflichen Empfangs beschwören", oder „die Bedingung beschwören, durch welche der Empfang des Hinterlassenen schimpflich wird". Im Ganzen wird diese Erklärung denselben Sinn haben, wie die unten nach der Lesart accipiendo gegebene.

2) Auch wird bei einer solchen Bedingung nicht Remission des Eides durch den Prätor im einzelnen Falle erfordert, sondern derselbe erscheint ein für allemal im Voraus und von Anfang an erlassen, gerade so, als wenn die Erbeinsetzung ꝛc. unbedingt geschehen wäre, auch wenn der Erbe von dieser gesetzlichen Remission nichts weiß: fr. 8. §. 8. D. de condit. inst.

Ulpianus, wohl eingedenk des römisch-rechtlichen Grundsatzes, daß der Eid nicht die äußere Gültigkeit eines Rechtsgeschäftes begründe, sondern nur die inneren Motive zur Erfüllung einer Verbindlichkeit bestärke [1]), hält die conditio jurisjurandi bei einer schon an sich gültigen Verpflichtung [2]) für eine turpis, aus dem doppelten Grunde: einmal, weil derjenige, welcher die Bedingung gesetzt hat, zu dem, welchem dieselbe auferlegt ist, so wenig Vertrauen zeigt, daß er von ihm noch das Beschwören der ohnehin schon gültigen Verbindlichkeit verlangt. Der Letztere wird darum genöthigt, entweder durch Annahme der Bedingung gewissermaßen das gegen ihn ausgesprochene Mißtrauen zu rechtfertigen, also etwas Kränkendes, Schimpfliches zu übernehmen, m. a. W. zu schwören, indem er die Bedingung auf eine für ihn kränkende, beschimpfende Weise annimmt, gelten läßt [turpiter accipiendo [3]) conditionem jurare]; oder er muß das unter der Bedingung Hinterlassene verlieren. Dieser in der erwähnten Alternative liegende Zwang soll aber, weil er gleichfalls der Ehre zu nahe tritt [4]), wie Jäger [5]) neuerlich gezeigt hat, nach dem Gesetze nicht gelten, sondern die Erwerbung des bedingt hinterlassenen Vortheils allein von der wirklichen Vor-

1) Arg. fr. 44. pr. D. de liberali causa (40, 12.) fr. 112. §. 4. D. de legatis I. (30.) const. 5. §. 1 i. f. C. de legibus (1, 14.) cap. 58. in VI. de R. J.

2) Der Erbe war ja durch die Antretung der Erbschaft, der Legatar durch Annahme des Legats quasi ex contractu zur Erfüllung aller im Testamente gemachten Auflagen verpflichtet. S. oben §. 18.

3) Ueber die abweichende Lesart der Florentina siehe vorige Seite Not. 1.

4) Vergl. S. 146 ff. oben.

5) Diese Erklärung stimmt zwar mit der Ansicht von Jäger in der Zeitschrift für Civilrecht und Proceß. Bd. 3. Heft 3 S. 314 u. 315. zum Theil überein, sie weicht aber auch wieder in anderer Beziehung von derselben ab, weil sie neben dem schimpflichen alternativen Zwang auch noch die in jener Bedingung liegende mehr directe Beschimpfung oder Kränkung hervorhebt. S. oben 147 a. E. u. 148 oben.

nahme der zur Bedingung gemachten Handlung abhängig gemacht werden [1]).

Daran schließt sich der zweite in der Gesetzesstelle angegebene Grund, welcher aus der Gesetzgebungspolitik im Allgemeinen von dem Prätor entlehnt ist: Es soll nämlich durch die Vorschrift des fr. 8. pr. cit. verhütet werden, daß auf der einen Seite leichtsinnige, gewissenlose Menschen den Eid ausschwören, dadurch die Erbschaft oder das Legat erwerben, und dann die zur Bedingung gemachte Handlung doch nicht vornehmen [2]); auf der andern Seite aber, daß allzugewissenhafte Leute, welche wohl gerne die bedingende Handlung vornehmen würden, sich aber nur vor dem Eide scheuen, des Erwerbs verlustig gehen.

Darum soll auch die Erwerbung des bedingt angebotenen Rechts nicht durch das bloße Ausschwören des Eides, sondern erst durch die wirkliche Vornahme der als conditio auferlegten Handlung geschehen, so ferne diese nur nicht unerlaubt ist. Die Ausschwörung des Eides erscheint demnach als völlig frucht- und zwecklos [3]):

1) fr. 8. §. 6. D. de condit. inst. (28, 7.) fr. 26. D. de cond. et dem. (35, 1.)

2) Es würde also durch die conditio jur. jur. (wenn diese gültig wäre) der Absicht des Testators leicht entgegengewirkt werden können; denn diese Absicht ist doch im Allgemeinen auf wirkliche Erfüllung der als Bedingung auferlegten Handlung gerichtet, und die Bedingung selbst soll nur dazu dienen, diese Erfüllung um so sicherer zu bewirken. Wenn aber der Gewissenlose schwört, dadurch die conditio dem Worte nach erfüllt, die Handlung, welche die wahre Bedingung ausmacht, später aber nicht vornimmt, so ist der Testator gerade in seiner wahren Absicht getäuscht.

3) Weiter geht noch die, jedoch verworfene, Ansicht des Labeo, welcher, nach dem Zeugniß des Javolenus in fr. 62. pr. D. de adquir. hered. (29, 2.) (Lib. 1. ex posteriorib. Labeonis), sogar in dem Falle, wenn der Erbe bloß unter der Bedingung „Si juraverit" eingesetzt war, annahm, daß derselbe noch nicht durch das Ausschwören dieses Eides, sondern erst durch Vornahme einer Handlung, wodurch er sich als heres gerirt, die Erbschaft erwerbe: „quia jurando voluntatem magis suam declarasse videatur". Javolenus und Proculus dagegen lassen mit vollem Rechte das Ausschwören des Eides als eine solche Handlung gelten, welche zur pro herede ge-

fr. 8. §. 6. D. eod.

Quotiens heres jurare debetur, daturum se aliquid, vel facturum, quod non improbum est, actiones hereditarias non alias habebit, quam si dederit, vel fecerit id, quod erat jussus jurare [1]). —

Von der in dem Bisherigen aufgestellten Regel, nach welcher die conditio jurisjurandi, als eine schimpfliche Bedingung, bei negotia mortis causa durch das prätorische Edict nachgelassen wird, finden indessen einige Ausnahmen statt, welche nun etwas näher zu betrachten sind.

Die erste dieser Ausnahmen tritt bei Sklaven und bei Freigelassenen ein [2]). Bei diesen wird nämlich die *conditio jurisjurandi* nicht nachgelassen, wenn von deren Erfüllung die Erlangung der Freiheit abhängig gemacht ist:

fr. 12. D. de manumissis testamento (40, 4.) (Ulpian. Lib. 50. ad Edict.)

Si quis libertatem *sub jurisjurandi conditione* reliquerit, Edicto Praetoris locus non erit, ut jurisjurandi conditio remittatur, et merito: etc.

Der Grund für diese Ausnahme liegt in dem großen Werthe des unter dieser conditio hinterlassenen Gutes; denn, hatte einmal der Testator diese Bedingung gesetzt, und dadurch seinen entschiedenen Willen ausgesprochen, daß nur

---

stio genüge. Vergl. Cujac. observat. Lib. V. cap. 1. i. f. Duaren. l. c.

1) fr. 26. pr. D. de cond. et dem. (35, 1.) fr. 14. §. 1. D. de legatis III. (32.)

2) Dieser erste Ausnahmsfall ist zwar mit dem Verschwinden der Sklaverei Antiquität geworden, und könnte darum in der gegenwärtigen, zunächst dem positiven Rechte gewidmeten Abhandlung, füglich weggelassen werden. Allein gerade bei Gelegenheit dieses Falles werden so manche, aus dem Geiste des römischen Rechts hervorgehende Bestimmungen über unsere conditio in den Gesetzen angegeben, welche ein allgemeineres Interesse gewähren, daß der Verf. nicht den Vorwurf unnöthiger Abschweifung befürchtet, wenn er die im Folgenden enthaltene gedrängte Darstellung in den Kreis der Untersuchung aufnimmt.

durch deren Erfüllung die Freiheit gewonnen werden könne, so würde ja das Nachlassen der Bedingung die Erlangung der Freiheit selbst hindern; wie Ulpianus in den, unmittelbar auf den eben angeführten Anfang des fr. 12. cit. folgenden Worten bestätigt: nam si quis remiserit conditionem libertatis, ipsam libertatem impedit: dum competere aliter non potest, quam si paritum fuerit conditioni [1]).

Dasselbe gilt auch, wenn ein Legat zugleich mit der Freiheit unter der conditio jurisjurandi hinterlassen war, wie der §. 1. des erwähnten fr. 12. näher bestimmt: Proinde et si legatum quis cum libertate acceperit, non aliter legatum habebit, nisi conditioni jurisjurandi paruerit.

War dagegen die Freiheit unbedingt hinterlassen, das Legat aber unter jener conditio, oder waren beide zwar unter der conditio jurisjurandi im Testamente hinterlassen, der Testator hatte aber den Sklaven schon bei seinen Lebzeiten manumittirt, dann brauchte die Bedingung nicht erfüllt zu werden, nach dem Ausspruch des §. 2 u. 3. des erwähnten fr. 12. §. 2. Sed si pure libertatem acceperit, legatum sub juris

---

1) Auch in andern Gesetzesstellen, namentlich in fr. 4. §. 1. D. de statuliberis (40, 7.) fr. 17. pr. fr. 61. pr. D. de manumissis testam. (40, 4.) wird bei Bedingungen, welche dem Freigelassenen auferlegt sind, mit besonderer Strenge auf deren Erfüllung gesehen, und die Freiheit (trotz ihrer Begünstigung im Allgemeinen) eher gar nicht verliehen, als die conditio nachgelassen; wenn aus der Disposition nur die entschiedene Absicht des Testators hervorgeht, daß er die Erfüllung der Bedingung gewollt habe. — Bei der hier in Frage stehenden conditio jur. jur. kann man wohl noch als Grund für die Bestimmung der Gesetze annehmen, daß der Sklave, (welcher erst durch die Manumission aus der Reihe der Sachen in die Zahl der Personen übertrat) sowie der Freigelassene, (der hinsichtlich des Grades der bürgerlichen Ehre dem Freigebornen immer nicht gleich stand) sich eher eine Bedingung gefallen lassen mußten, die zwar für Freigeborne als eine turpis conditio galt, bei deren Erfüllung aber jene beiden zurückgesetzten Classen von Menschen eben so empfindlich nicht seyn durften; wenigstens dann nicht, wenn unter jener Bedingung allein die Freiheit, die Grundlage aller Rechtsfähigkeit, verliehen wurde; weil bei der Wahl zwischen dieser letzteren, und jener Bedingung, die Entscheidung zu Gunsten der Freiheit wohl nicht schwankend war.

jurandi conditione: putat Julianus Lib XXXI Digestor., remitti ei conditionem jurisjurandi. §. 3. Idem puto dicendum, et si libertati quoque injecta conditio sit, sed testator vivus manumiserit: nam et hic conditio legati remittetur [1]).

Aus dieser letzteren Gesetzesstelle erhellt zugleich recht deutlich, daß die conditio jurisjurandi immer nur dann gelten soll, wenn libertatis causa geschworen wird.

Da jedoch diese Bedingung nur das Ausschwören des Eides auferlegte, also mit dem geleisteten Eide erfüllt war, so erlangt der Sklave, sobald er geschworen hatte, die Freiheit; das eidlich Versprochene braucht er aber nicht zu leisten, denn als Sklave konnte er überhaupt nicht rechtsgültig verpflichtet werden [2]), und, da der Eid nur die inneren Motive, nicht aber die äußere Gültigkeit der Verbindlichkeit zu verstärken vermag, so ward dadurch das an sich ungültige Versprechen nicht gültig. Die Gesetze sprechen dieß wiederholt aus, namentlich das

fr. 36. D. de manum. testam. (40, 1.) (Paulus Lib. 7. ad Plautium.)

Servum testamento ita manumisi, *Si juraverit, se Cornelio filio meo decem operarum daturum* [3]), liber esto.

---

1) Majans. l. c. §. 29.

2) fr. 22. pr. fr. 32. 107. D. de R. J. fr. 44. D. de liberali causa (40, 12.) Der Sklave wird bekanntlich aus Rechtsgeschäften nur naturaliter obligirt, was aber die römischen Gesetze für eine vollständige Verbindlichkeit nicht halten. Vergl. im Allg. fr. 14. 42. §. 1. D. de O. et A. (44, 7.) fr. 13. D. de condict. indeb. (12, 6.) §. 6. J. de inutilib. stipulat. (3, 20.) §. 1. J. de fidejussor. (3, 21.) Gajus III. §. 179. i. f. Theophilus ad §. 3 J. quibus modis tollitur obligat. (3, 19.) u. a. m. Cujac. observat. Lib. V. cap. 11.

3) Die conditio jur. jur. kommt in den Gesetzen meistens bei dem Versprechen der operae libertorum vor (jurata promissio operarum liberti.). Vergl. darüber im Allg. fr. 7. pr. u. §. 1. fr. 30. pr. fr. 37. D. h. t. (38, 1.) fr. 6. §. 3. D. de confessis (42, 2.) fr. 13. pr. D. de acceptilat. (46, 4.) Gajus III. §. 83. i. f. mit fr. 3. pr. fr. 15. §. 1. fr. 37. D. h. t. (38, 1.) Tit. Cod. eod. (6, 3.) Hugo RG. (10te Aufl.) S. 586 oben. Zimmern RG. Bd. 1. Abth. 2. §. 218. Hatte dagegen Jemand, der

Quaeritur quid juris sit? Et sciendum est, jurando servum conditionem implere [1]: sed non teneri operarum nomine: quia, nisi post manumissionem juret, non obligatur.

Damit stimmt eine andere Gesetzesstelle überein, welche zugleich zeigt, daß nicht allein bei dem Versprechen der operae libertorum [2]) die conditio jurisjurandi vorkommen kann, sondern bei Versprechungen der Sklaven und Freigelassenen überhaupt, wenn sie nur libertatis causa geschehen [3]); nämlich

fr. 13. §. 3. D. de statuliberis (40, 7.) (Julianus Lib. 43. Digestor.)

Qui ita liber esse jussus est, *Si juraverit, se Capitolium ascensurum,* confestim, ut juraverit, quamvis Capitolium non ascenderit, liber erit.

Aus diesem Grunde mußte denn der zu Manumittirende, wenn er durch das eidliche Versprechen wirksam verpflichtet werden sollte, nach der Freilassung schwören, wie die Gesetze gleichfalls ganz consequent aussprechen:

fr. 7. §. 2. D. de operis libertor. (38, 1.) (Ulpian. Lib. 28. ad Sabinum.)

Jurare autem debet post manumissionem, ut obligetur: et sive statim, sive post tempus juraverit, liber erit.

Doch war die Frage, ob der Sklave, oder nur der Freigelassene durch die Ausschwörung des Eides rechtsgültig verpflichtet werden könne, früher streitig, wie aus dem Ausspruch

---

nicht Freigelassener war, die Leistung solcher operae eidlich versprechen, so war das ganze Versprechen ungültig, so daß nicht einmal eine naturalis obligatio blieb: Vergl. fr. 7. pr. D. h. t. (38, 1.) fr. 8. §. 1. D. h. t. fr. 13. pr. D. de acceptilat. (46, 4.) mit fr. 56. pr. D. de fidejussor. (46, 1.) im Gegensatz von fr. 16. §. 3 u. 4. D. de fidejussor. (46, 1.) §. 1. J. eod. (3, 21.) und mit fr. 6. §. 3. D. de confessis (42, 2.)

1) Ueber den Fall, wenn der Sklave unter der Bedingung, entweder irgend eine Summe zu versprechen, oder eidlich operae zuzusagen, freigelassen war, vergl. fr. 24. D. de statuliberis (40, 7.)

2) Vergl. vor. S. Not. 3.

3) fr. 7. pr. D. de operis libertorum (38, 1.)

des Venulejus in fr. 44. pr. D. de liberali causa (40, 12.) (Lib. 7. Actionum.) hervorgeht; bis es fest angenommen wurde, daß der Eid den Sklaven nur moralisch verpflichten könne.[1]). Man ließ darum den Sklaven vor der Manumission nur zu dem Zwecke de his, quae libertatis causa imponuntur, schwören, damit er aus moralischen Gründen (durch die Heiligkeit des Eides) sich verpflichtet fühle, nach geschehener Freilassung — sey dieß auch unmittelbar nach derselben [2]) — wiederholt die Leistung dessen, was ihm libertatis causa auferlegt war, entweder eidlich, oder ohne Eid, jedoch gültig, zu versprechen:

fr. 44. pr. cit. i. f.

Ideo autem solet jusjurandum a *servis* exigere, ut hi religione adstricti, posteaquam suae potestatis esse coepissent, jurandi necessitatem haberent: dummodo in continenti, cum manumissus est, *aut juret, aut promitteret* [3]).

Man kann also hier sowohl bei Sklaven, wie bei Freigelassenen sagen, sie hätten libertatis causa [4]) geschworen. —

Der zweite der oben erwähnten Ausnahmsfälle, in welchen die conditio jurisjurandi bei negotia mortis causa nach den Gesetzen für gültig zu halten ist, tritt in dem Falle ein, wenn Municipalbürgern [5]), als juristischer Per-

1) Zimmern RG. Bd. 2. §. 218. Not. 20.

2) Vergl. fr. 77. D. de solutionibus (46, 3.) const. 1. C. de operis libertor. (6, 3.)

3) Nach dem Codex wurde jedoch auch in dem Falle, wenn der manumissor sich vor der Freilassung etwas von dem Sklaven hatte versprechen, dieses Versprechen aber nach der Manumission nicht hatte wiederholen lassen, eine actio in factum gegeben: const. 3. C. an servus pro facto suo (4, 14.) (Imp. Alex. A. Herodi 227.) Promissae tibi pecuniae a servo tuo, *Ut cum manumitteres*, si posteaquam manumisisti stipulatus ab eo non es, adversus eum petitionem *per in factum actionem* habes.

4) fr. 7. pr. D. de operis libertor. (38, 1.)

5) Was hier von römischen Municipien gilt, kann wohl ohne Anstand auf unsere heutigen Gemeinden überhaupt angewendet werden.

son etwas unter dieser Bedingung hinterlassen war, nach dem Ausspruche des Paulus in

fr. 97. D. de cond. et dem. (35, 1.) (Lib. 2. ad Neratium.) Municipibus [1]), *si jurassent*, legatum est: haec conditio non est impossibilis [2]). Paulus: Quemadmodum ergo pareri potest? Per eos itaque jurabunt, per quos municipii res geruntur [3]).

Der Grund für diesen gesetzlichen Ausnahmsfall scheint bei der ersten Betrachtung schwer aufzufinden, da selbst bei Sklaven und Freigelassenen die conditio jurisjurandi nur dann erfüllt werden mußte, wenn libertatis causa geschworen werden sollte, nicht aber, wenn ein Legat unter dieser Bedingung hinterlassen war; wie die vorstehende Ausführung zu Anfang gezeigt hat. Bei näherer Betrachtung ergiebt sich jedoch folgender, mit dem Geiste des römischen Rechts ganz in Uebereinstimmung stehender Grund. Nach dem fr. 97. cit. war, wie bereits angegeben, einem municipium, als moralischer Person, unter der conditio jurisjurandi ein Legat hinterlassen. Hier erschien denn diese Bedingung nicht als unmöglich, sondern sie mußte erfüllt werden, und Paulus giebt in der angeführten Gesetzesstelle den Weg an, auf welchem dieß geschehen kann. Der Grund für die Zulässigkeit der fraglichen conditio mag hier wohl darin liegen, weil sie nicht Mißtrauen gegen die Redlichkeit einer bestimmten Person verrieth, und die Municipalobrigkeit, im Namen des municipium, recht wohl den Eid ausschwören konnte, welcher nicht ihr, sondern der von ihr verwalteten Gemeinde einen äußeren Vortheil verschaffte; wie ja überhaupt das römische Recht, da, wo die Annahme eines äußeren Vortheils

1) Vergl. im Allg. Ulpiani fragm. Tit. XXII. §. 5.

2) Vergl. auch oben S. 20. Not. 1.

3) Balduin. l. c. cap. VII. ad voc.: Plerumque. Cujac. Recitat. ad Tit. Dig. et condit. inst. l. 8. i. f. Brussel. l. c. Lib. IV. Tit. II. Nr. 8. i f. Duran. l. c. P. III. cap. VI. Nr. 22 sqq. Majansius l. c. Tom. I. Disp. V. §. 25. 31. pr. Alle diese Schriftsteller führen theils gar keinen, theils keinen genügenden Grund für diesen gesetzlichen Ausnahmsfall an.

für den Einzelnen wohl als schimpflich erscheinen konnte, z. B. bei legata poenae nomine relicta, (s. unten im dritten Kapitel) bei juristischen Personen eine solche turpitudo gewöhnlich nicht annahm [1]. —

In der vorstehenden Untersuchung ist bis jetzt ohne weitere Nachweisung vorausgesetzt worden, daß die conditio jur. jur. nur bei negotia mortis causa als eine turpis conditio zu betrachten sey; daß sie folglich bei Rechtsgeschäften unter Lebenden, bei Verträgen, nicht zu den unmöglichen gehöre.

In Beziehung auf den eben erwähnten Punct weichen nun die Meinungen der Rechtslehrer in mancher Hinsicht unter einander ab [2], und es ist darum die hier befolgte Ansicht näher zu begründen.

Um auch die gegenwärtige Streitfrage auf die möglichste Einfachheit zurückzuführen, werden vorerst alle die Puncte gehörig auszuscheiden seyn, welche zwar von manchen Schriftstellern hierher gezogen werden, eigentlich aber gar nicht zu der conditio jur. jur. in der hier in Frage kommenden Bedeutung zu rechnen sind.

1) Dahin gehören zunächst manche Gesetzesstellen, die

---

1) arg. fr. 6. pr. fr. 27. D. de cond. et dem. (35, 1.) s. das Nähere unten bei den legata poenae nomine relicta.

2) Manche neuere Lehrbücher, wie Muehlenbruch D. P. (edit. III.) §. 106 not. 10. Valett Lehrbuch ꝛc §. 108. pos. 7 rechnen die conditio jur. jur. zu den Bedingungen, welche bei den Rechtsgeschäften überhaupt, also auch bei den Verträgen, für turpes gelten; andere dagegen, wie das Lehrbuch von v. Wening-Ingenheim (welches doch die in der vorhergehenden Abtheilung aufgeführten Arten der Bedingungen, wie die conditio mutandae vel non mutandae religionis, die Bedingung nicht zu heurathen ꝛc. für allgemein unzuläßig hält, vergl. Buch 1. §. 136. pos. 1—3. Not. h—l.) erklären, mit der hier vertheidigten Ansicht übereinstimmend, die conditio jur. jur. nur bei negotia mortis causa für eine turpis conditio. (vergl. Buch V. §. 73. pos. 4. Not. o.) Vergl. auch im Allgem. Balduin. l. c. cap. VII. ad voc.: Pro nullis habendas Brussel. l. c. Lib. IV. Tit. II. Nr. 8. Cujac. recitat. ad Tit. Dig. de condit. l. 8. Cujac. observat. V. cap. 1. Ziegler l. c. Nr. XCIV. Majans. Diss. de jurisjurandi conditione a Praetore remissa. in Disputat. jur. civ. Tom. I. Disp. V. pag. 95.

man mit der conditio jur. jur. in Verbindung bringt, um daraus einen Widerstreit der Ansichten in Justinian's Compilation abzuleiten [1]: nämlich

fr. 39. D. de jurejurando (12, 2.) (JULIANUS Lib. 10. Digestor.)

Si quis cum debitore suo pepigerit, ne ab eo pecunia peteretur, *si jurasset, se Capitolium non ascendisse, vel aliud quod fecisse, vel non fecisse*, isque juraverit, et exceptio jurisjurandi dari debebit, et solutum repeti poterit: *est enim justa conventio*, si quaelibet causa in *conditione jurisjurandi* deducta fuerit;

ferner

const. 6. C. communia utriusque judicii (3, 38.) (DIOCLET. et MAXIM. A. A. et C. C. THESIDIANAE et aliis 294.)

Si cum patruo vestro *hac conditione* divisionem fecistis, *ut se nullum dolum malum adhibuisse juraret*, nec fidem placitis exhibuit: quominus res indivisas requiratis, eorum placitum, quae in divisionem venerunt, nihil vobis nocere potest.

In diesen Gesetzesstellen ist zwar von einer conditio jurisjurandi die Rede, allein diese kommt nur dem Namen, nicht aber dem Wesen nach mit der hier in Frage stehenden Bedingung überein; denn sie unterscheidet sich sehr bestimmt dadurch von jener, daß nicht die Vornahme einer künftigen Handlung eidlich versprochen wird, sondern daß nur eine eidliche Versicherung zur Bewahrheitung einer bereits vergangenen Thatsache abgelegt werden soll: m. a. W. die vorstehenden Gesetze handeln nur von dem außergerichtlichen assertorischen Eide, welcher bekanntlich als eine Art von Vergleich gilt, und in so ferne recht wohl in dem Gesetze ein Vertrag genannt werden kann [2].

---

1) Diese Ansicht erwähnt schon die Glosse zu den nachfolgenden Gesetzesstellen, und Dionys. Gothofred. behauptet in den Noten zu diesen Gesetzen durch sein bekanntes „Imo“ einen wirklichen Widerspruch der angedeuteten Art.

2) fr. 17. pr. D. de jurejurando (12, 2.) Zirkler in Grolman's Magazin rc. B. 1. St. 4. S. 429—458.

Daß aber dieser letztere Eid vollkommen gültig und wirksam ist, bedarf keiner weiteren Nachweisung.

2) Man könnte ferner mit dem gesetzlichen Verbot der eigentlichen conditio jur. jur. das *juramentum promissorium* überhaupt in Verbindung bringen, und durch Anwendung der bei dem Verbot jener Bedingung von den Gesetzen befolgten Gründe wohl gar zu dem Resultate gelangen, daß das juramentum promissorium überhaupt als unverträglich mit den Gesetzen der Ehre, als turpe, zu betrachten sey.

Schon oben unter den allgemeinen Bestimmungen unserer Lehre wurde nämlich im §. 13. der Grundsatz aufgestellt: Was ein unmögliches Ereigniß bewirkt, wenn es Gegenstand eines unbedingten Rechtsgeschäftes ist, dasselbe wirkt auch ein solches Ereigniß, wenn es als Bedingung einem Rechtsgeschäfte beigefügt wird.

Bringen wir diesen allgemeinen Grundsatz hier in umgekehrter Form zur Anwendung, so ergiebt sich daraus die Folgerung, daß Niemand verpflichtet werden könne, eine Verbindlichkeit, zu welcher er ohnehin rechtsgültig gehalten ist, durch einen Eid zu bekräftigen; -- und somit würden wir zur gänzlichen Unzulässigkeit des juramentum promissorium, als inneren Bestärkungsmittels einer Verbindlichkeit, gelangen.

Es muß deßhalb, um die oben entwickelten Gründe für das gesetzliche Verbot der conditio jurisjurandi als vereinbar mit der Statthaftigkeit des juramentum promissorium darzustellen, gezeigt werden, daß jene Gründe für die turpitudo der fraglichen Bedingung auf das juramentum promissorium nicht in gleichem Grade Anwendung leiden.

Verlangt der eine Paciscent bei Abschließung eines Vertrags von dem andern zur Bestärkung der inneren Motive für die Erfüllung desselben einen promissorischen Eid, so giebt er dadurch freilich zu erkennen, daß er zu diesen Motiven an sich noch nicht soviel Vertrauen hege, daß er deren Bestärkung durch den Eid nicht für nöthig, oder wenigstens für räthlich halte. Wer darum den von dem Mitpaciscenten verlangten Versprechungseid annimmt und ausschwört, von dem könnte man etwa auch hier sagen, er bestätige dadurch den Mangel des Zutrauens in die Festigkeit seiner rechtlichen Gesinnungen, und begehe dadurch eine turpitudo; ebenso wie in dem Gesetze [1]) bei der conditio jur. jur. gesagt wird: cogeretur turpiter accipiendo conditionem jurare.

Allein dennoch findet zwischen der conditio jur. jur. und dem unbedingten juramentum promissorium ein nicht unbedeutender Unterschied statt, welcher sehr wohl eine Abweichung der gesetzlichen Bestimmungen in diesen beiden Fällen rechtfertigen läßt.

a) Wenn auch bei dem, einem Vertrage hinzugefügten promissorischen Eide ein gewisser Mangel des vollen Vertrauens auf die Festigkeit der Gesinnung des Mitcontrahenten obwaltet, so ist doch die Folge dieses mangelnden Vertrauens eine andere, minder schimpfliche, wie bei der conditio jurisjurandi. Im Falle des Versprechungseides ist nämlich, juristisch betrachtet [2]), die Verbindlichkeit selbst bereits rechtsgültig abgeschlossen, und somit wirksam; um die inneren Motive zu deren Erfüllung zu verstärken, wird nun der Eid beigefügt, welcher zwar äußerlich nichts mehr zur Gültigkeit des Rechtsgeschäftes beiträgt, aber doch auch der bereits bestehenden äußeren Gültigkeit sicher nichts schadet.

b) Demnach wird hier eigentlich nicht der ursprüngliche Erwerb eines äußeren Gutes von der Ausschwörung des Eides abhängig gemacht; denn dieser Erwerb war ja schon durch die vorhergegangene Hauptverbindlichkeit begründet, zu welcher der Eid nur als accessorisches Geschäft sich verhält. Aus demselben Grunde findet auch hier der oben bei der conditio jur. jur. erwähnte alternative Zwang nicht statt, entweder den Eid zu leisten, oder das bedingt Hinterlassene nicht zu erhalten, weil eben, juristisch gedacht, das Versprechen selbst als Hauptverbindlichkeit schon vorausgegangen war, und der promissorische Eid nichts Neues erwarb.

1) fr. 8. pr. D. de condit. inst. (28, 7.)

2) Daß von der Bestärkung durch den Eid die Eingehung der Hauptverbindlichkeit sich in jedem einzelnen Falle äußerlich genau unterscheiden lasse, ist nicht gerade nöthig: vergl. z. B. fr. 16. D. qui satisdare cogantur (2, 8.)

c) Dazu kommt endlich, daß durch die Beifügung des juramentum promissorium der beabsichtigte Zweck in so ferne erreicht wird, als zu der bestehenden äußeren Verbindlichkeit des Versprechens ein verstärktes inneres Motiv hinzutritt, während bei der conditio jur. jur. der Erfüllung der Bedingung ihrem Wesen nach eigentlich gerade entgegen gearbeitet wird, weil durch Ausschwörung des Eides die Bedingung den Worten nach zwar erfüllt ist, die zur Bedingung gemachte Handlung selbst aber später nicht vorgenommen zu werden braucht. Es bleibt sonach zwischen der conditio jurisjurandi und dem juramentum promissorium nur noch der Grund gemeinschaftlich, daß in beiden Fällen ein gewisses Mißtrauen gegen den Andern geäußert wird, welches derselbe durch Ableistung des Eides gewissermaßen stillschweigend billigt oder rechtfertigt. Allein, wenn sich dieß auch nicht in Abrede stellen läßt, so ist doch auch nicht zu verkennen, daß dieses Argument für die Ungültigkeit der conditio jur. jur. in den Gesetzen etwas unbestimmt ausgedrückt wird, und daß, wenn dasselbe allein steht, ohne, wie bei der conditio jur. jur. im fr. 8. pr. D. de condit inst. cit., mit den aus der Gesetzgebungspolitik hervorgegangenen Motiven des Prätors (s. S. 238. oben) verbunden zu seyn, dessen Wirkung ohne speciellen Ausspruch der Gesetze nicht für so stark gelten kann, um die Ungültigkeit des juramentum promissorium zu veranlassen. Denn es würde doch mit Recht das Ehrgefühl der Betheiligten wider deren Willen allzu fein zuspitzen heißen, wenn die Gesetze den Versprechungseid, welcher von dem Contrahenten freiwillig angenommen wird, und als ein passendes Mittel zur Erreichung des beabsichtigten Zweckes erscheint, für unzuläßig erklären wollten.

3) Von den beiden vorhergehenden unter 1. u. 2. erwähnten Puncten ist offenbar die eigentliche conditio jurisjurandi bei Verträgen sehr verschieden; nämlich der Fall, wenn auch hier der künftige Erwerb eines äußeren Guts von dem Ausschwören eines Eides abhängig gemacht wird, z. B. ich verspreche Jemanden 100 fl., wenn er schwört, künftig dieses oder jenes vornehmen zu wollen.

Auch hier würde schon die einfache Acceptation des bedingten Versprechens dieselbe Verbindlichkeit zur Erfüllung der zur Bedingung gemachten Handlung, wie die Ausschwörung des Eides, begründen; auch hier wird ein gewisses Mißtrauen gegen den Acceptanten ausgesprochen; auch hier wird der Erwerb des äußeren Guts von der Ausschwörung des Eides abhängig gemacht, und der Acceptant in die alternative Zwangslage versetzt, entweder den Eid auszuschwören, oder das bedingt Angebotene nicht zu erhalten; auch hier ist endlich zu befürchten, daß gewissenlose Leute, wenn sie durch Leistung des Eides die Bedingung den Worten nach erfüllt haben, künftig die zur Bedingung gemachte Handlung selbst nicht vornehmen werden.

Die Consequenz scheint demnach zu fordern, daß auch bei Verträgen die conditio jur. jur. im eigentlichen Sinne für eine turpis conditio gehalten werde.

Dennoch erklären die Gesetze jene Bedingung für gültig, wie hervorgeht aus einem Ausspruch desselben Juristen Ulpianus, aus dessen Schriften die meisten Gesetzesstellen entlehnt sind, welche oben für die turpitudo der conditio jur. jur. bei negotia mortis causa angeführt worden sind.

Das hier in Frage stehende Gesetz ist,

fr. 19. §. 6. D. de donat. (39, 5.) [Ulpian. Lib. 76. ad Edict. [1])].

Denique Pegasus putabat, si tibi centum spopondero hac conditione, *si jurasses, te nomen meum laturum* [2]): non esse donationem, quia ob rem facta est, res secuta est.

Würde hier die (wirkliche) conditio jur. jur. für eine turpis conditio gehalten, so müßte, der allgemeinen Regel entsprechend, (§. 6. oben) der ganze Vertrag für ungültig erklärt werden, während Ulpianus, auf die Ansicht des Juristen Pegasus gestützt, in der vorstehenden Gesetzesstelle nur die

---

1) Das mehrfach erwähnte fr. 8. D. de condit. inst., welches die Gründe für die turpitudo der conditio jur. jur. so ausführlich angiebt, ist aus Ulpian. Lib. 50. ad Edictum, also aus demselben Werke desselben Juristen entlehnt.

2) fr. 63. §. 10. D. ad SCtum Trebell. (35, 1.) s. oben §. 50.

Frage berührt, welches Vertragsverhältniß hier bestehe, und dadurch stillschweigend die Gültigkeit des Vertrags voraussetzt.

Die Gründe dieser Verschiedenheit in den gesetzlichen Bestimmungen, müssen nun, da sie sich nirgends ausdrücklich angegeben finden, aus der Natur der Sache näher entwickelt werden:

a) Vergleichen wir zunächst die Art und Weise, wie im Allgemeinen Vertragsverhältnisse eingegangen werden, im Gegensatze zu der Art, wie bei negotia mortis causa die Verbindlichkeit begründet wird, so mag schon daraus ein Grund für die Verschiedenheit in den gesetzlichen Bestimmungen hervorgehen.

Wenn nämlich zwei Personen einen Vertrag abschließen, so wird bekanntlich erfordert, daß von der einen Seite ein Versprechen, von der andern die Annahme dieses Versprechens, und bei zweiseitigen Verträgen das Versprechen einer gegenseitigen Leistung erfolge. Beide Theile stehen sich sogleich und in der Regel persönlich gegenüber; Versprechen, Annahme desselben und Gegenversprechen geschieht im gegenseitigen Austausche der Gedanken. Anders bei negotia mortis causa: der Disponirende, welcher einseitig seinen letzten Willen ausgesprochen, existirt im Augenblicke des Anfalls der Erbschaft oder des Legats nicht mehr im Reiche der Lebenden; die letztwillige Disposition wird eröffnet, und der Eingesetzte oder Bedachte erklärt wiederum einseitig die Annahme der Erbschaft oder des Legats, so wie es ihm angeboten worden; von einem gegenseitigen Austausche der Gedanken kann nicht die Rede seyn rc.

Wenden wir dieses allgemeine Verhältniß auf die conditio jur. jur. an, so mag sich daraus Folgendes ergeben.

Nimmt derjenige, welchem etwas unter der Bedingung versprochen wird, daß er schwöre, eine Gegenleistung vorzunehmen, das Versprechen an, so wird in dieser Acceptation, sowohl der Idee nach, als auch öfters in der Wirklichkeit, eine der Leistung des Eides vorangehende einfache Zusage, die Bedingung zu erfüllen, die Gegenleistung vorzunehmen, enthalten seyn; demnach in der eidlichen Versicherung nur eine Bestärkung dieser vorhergehenden einfachen Zusage liegen, wie dieß beim juramentum promissorium überhaupt der Fall ist. Nicht so bei negotia mortis causa, bei welchen die Disposition so vereinzelt dasteht, ein Versprechen und Gegenversprechen, wie im persönlichen Verkehr, nicht vorkommt, sondern der Eingesetzte oder Bedachte die Disposition eben so, wie sie vorliegt, annimmt, den Eid ohne Weiteres ausschwört, dadurch die Bedingung erfüllt, und nun von jedem weiteren Rechtszwange zu einer künftigen Leistung frei wird [1]).

Allein dieses Argument bleibt immer etwas unbestimmt, und würde darum allein für sich nicht viel beweisen können, wenn nicht noch andere Gründe sich damit verbinden ließen. Doch auch daran wird es nicht fehlen.

---

1) Um das Gesagte noch deutlicher auszusprechen, Folgendes. Bei der einem Vertrage beigefügten conditio jur. jur. wird sich, die Sache genauer betrachtet, die Unterhandlung unter den Contrahenten also herausstellen: In dem Anerbieten des Promittenten unter der conditio jur. jur. liegt eine doppelte Frage an den Acceptanten: a) ob er die zur Bedingung gemachte Handlung vornehmen, und b) ob er die Zusicherung dieser Erfüllung durch Eid bekräftigen wolle. — In der Annahme des Versprechens ist somit immer der Idee nach eine Bejahung auf die beiden erwähnten Fragen enthalten, und, da die eidliche Versicherung der einfachen Zusage der Erfüllung nachfolgt, so gewinnt sie dadurch die Natur eines accessorischen Rechtsgeschäftes, wie das juramentum promissorium. Auch wird ja in den meisten Fällen bei Vertragsunterhandlungen nicht bloß der Idee nach, sondern in der Wirklichkeit, das einfache Versprechen, die Bedingung zu erfüllen, von der eidlichen Versicherung wirklich getrennt erscheinen, und jenes dieser der Zeit nach vorangehen. Aehnlich gestaltet sich freilich das Verhältniß bei negotia mortis causa, weil auch bekanntlich bei diesen der Honorirte durch die Antretung der Erbschaft, oder die Annahme des Legats quasi ex contractu zur Erfüllung der Auflagen sich verbindlich macht; allein darin liegt der Unterschied, daß im letzteren Falle die conditio jur. jur. in der einseitigen Disposition so vereinzelt dasteht, und der Honorirte sie ebenso einseitig annimmt, eine wirklich vorhergehende einfache Versicherung, die Bedingung erfüllen zu wollen, seltener vorkommt, und auch der Idee nach eine Theilung des vorhergehenden einfachen Versprechens und des später zur Bestärkung desselben folgenden Eides weniger nahe liegt, als in dem lebendigen Verkehr der einander gegenüberstehenden Contrahenten.

b) Die gesetzlichen Bestimmungen, welche bei negotia mortis causa die conditio jur. jur. für eine turpis conditio erklären, enthalten nämlich, indem sie die Wirkungen dieser Bedingung festsetzen, strenge genommen, eine Anomalie, und zwar in der Art: Ist einmal die conditio jur. jur. gesetzlich für eine schimpfliche Bedingung erklärt, so müßte dieselbe der Regel nach kurzer Hand pro non scripta gelten; der Eingesetzte oder Bedachte also die Erbschaft, oder das Legat gerade so erhalten, als wäre die Bedingung gar nicht vorhanden. Dadurch würde aber (im Widerspruch mit dem unserer Lehre zu Grunde liegenden Princip, s. §. 7. u. 8. oben) die Absicht des Testators, welche eigentlich auf die Vornahme der zur Bedingung gemachten Handlung selbst gerichtet ist, offenbar verfehlt werden. In dieser Absicht, sowie in der Auflage selbst, liegt aber nichts für den Honorirten Kränkendes, sondern nur in der Form, in welcher die Auflage gemacht ist. Darum entkleidet der Prätor die Disposition dieser ihrer anstößigen Form, läßt sie aber ihrem Wesen nach bestehen, indem er die Erbschaft oder das Legat nur dann anfallen läßt, wenn die Handlung, deren Vornahme eidlich versprochen werden sollte, selbst erfolgt ist. Dadurch entsteht aber *strenge genommen* eine Verwechslung der Bedingung; denn in der letztwilligen Disposition war doch nur *das eidliche Versprechen, künftig eine Handlung vornehmen zu wollen*, zur Bedingung gemacht, nach dem Gesetze wird aber an die Stelle dieser Bedingung *die Vornahme der zur Bedingung gemachten Handlung selbst* gesetzt — (und dadurch freilich die eigentliche Absicht des Testators sicherer, als durch die conditio jur. jur. erreicht).

Anders gestaltet sich das Verhältniß bei Verträgen.

Erschiene hier die conditio jur. jur. als eine schimpfliche Bedingung, so würde sie (nach §. 6. oben) das ganze Rechtsgeschäft vernichten; also selbst dann, wenn die Handlung, deren künftige Vornahme zugesichert werden sollte, wirklich vorgenommen war, das unter der conditio jur. jur. Zugesagte nicht zu Theil werden, weil eben der ganze Vertrag rechtlich gar nicht existirt, also auch keine rechtsgültige Wirkung haben kann.

Dadurch würde aber der Absicht des Testators, welcher doch die Form des Eides gewöhnlich nur zu dem Zwecke einer stärkeren Begründung der Verbindlichkeit gewählt hat, offenbar zuwider gehandelt werden.

Wie soll man aber hier, ohne gegen allgemeine Grundsätze zu verstoßen, helfen?

Eine Trennung der unmöglichen Bedingung von der Hauptverbindlichkeit, wie die Gesetze bei negotia mortis causa eintreten lassen, (s. S. 40 u. 41 oben) ist hier unzulässig; eine Vertauschung der in dem Testamente enthaltenen conditio jur. jur. mit einer andern (welche Vertauschung bei negotia mortis causa vielleicht in so ferne gerechtfertigt werden kann, als in dem plus des gänzlichen Weglassens auch das minus der theilweisen Aenderung gelegen seyn mag) kann gleichfalls hier nicht stattfinden; und doch beabsichtigt der Testator die Erfüllung der Bedingung.

Es bleibt darum, weil ein Mittelweg nicht denkbar ist, nur die Wahl, entweder den ganzen Vertrag durch die conditio jur. jur. unwirksam machen zu lassen, oder die Bedingung sammt dem Vertrage aufrecht zu erhalten.

Die Gesetze wählen das Letztere — und wohl mit Recht; weil, wie bereits oben bemerkt, die conditio jur. jur. bei Verträgen eher einem juramentum promissorium sich nähert, da man leicht annehmen kann, daß dem eidlichen Versprechen der künftigen Erfüllung der Bedingung ein einfaches Versprechen dieser Erfüllung und der Vornahme der zur Bedingung gemachten Handlung vorangegangen, zu dessen Bestärkung der Eid dient; wie ja überhaupt auch in dem Verhältniß, wenn zwei Personen selbst persönlich ein Rechtsgeschäft abschließen, nach den Erfahrungen des practischen Lebens Manches anders erscheint, als in der feierlichen Form der letztwilligen Dispositionen [1]).

§. 57.

B. Resolutivbedingungen bei Erbeinsetzungen.

Zu den Bedingungen, welche allein hier bei den Rechts-

1) Vergl. auch Thibaut im Archiv für civil. Praxis. Bd. 5. S. 318.

geschäften auf den Todesfall als unmöglich [1]) aufzuführen sind, gehören die Resolutivbedingungen bei Erbeinsetzungen, weil diese dem allgemeinen Grundsatze: semel heres, semper heres [2]) widerstreiten. — Gelten die genannten Bedingungen aber einmal als juristisch unmöglich, so müssen dieselben auch, der allgemeinen Regel entsprechend, so lange für nicht hinzugefügt gehalten werden, bis aus bestimmten Gesetzen eine Ausnahme von dieser Regel sich nachweisen läßt.

Eine solche Ausnahme wird nun in neuerer Zeit, theils mit Berufung auf einzelne Gesetzesstellen, theils auf allgemeinere Grundsätze, behauptet [3]), während ebenso die unveränderte Gültigkeit der allgemeinen, früher nie angefochtenen Regel, von der andern Seite mit Gründen vertheidigt wird [4]).

Nachdem so bewährte Autoritäten diese Frage von allen Seiten beleuchtet haben, wird hier eine vollständige Darstellung, welche doch nur Wiederholungen enthalten könnte, als unnöthig erscheinen, da der Zweck der gegenwärtigen Untersuchung überhaupt verbietet, bei einem jeden von so vielen einzelnen Puncten zu lange zu verweilen.

Vielmehr wird hier in Beziehung auf die in Frage stehende Controverse die Aufgabe dahin zu stellen seyn, daß dieselbe nur nach ihren wesentlichsten Puncten betrachtet, und deren Beantwortung mit dem bei dieser Untersuchung befolgten allgemeinen Princip in Einklang gebracht, das Detail der Ausführung dagegen den besonderen Abhandlungen überlassen werde. —

Die abweichende neuere Ansicht geht von der Behauptung aus, daß nach den Gesetzen die der Erbeinsetzung bei-

---

1) Vergl. Thibaut im Archiv für civ. Prax. Bd. 5. S. 322 oben und Bd. 7. S. 365 unten.

2) fr. 88. i. f. D. de hered. inst. (28, 5.) fr. 7. §. 10. i. f. D. de minoribus (4, 4.) Thibaut im angef. Archiv. Bd. 5. S. 310. Zimmern ebendas. Bd. 7. S. 126—129. Not. 1—13.

3) Wening im Archiv für civ. Prax. Bd. 1. Heft 1. Nr. IX. und Zimmern ebendas. Bd. 7. Heft 1. Nr. VII.

4) Thibaut im Archiv für civ. Prax. Bd. 5. Heft 3. Nr. XIII. I. S. 317 ff. und ebendas. Bd. 7. Heft 3. Nr. XIX.

gefügte Resolutivbedingung in die entgegengesetzte Suspensivbedingung verwandelt werden müsse [1]).

Diese Behauptung stützt sich auf mehrere ausdrücklich von Legaten sprechende Gesetzesstellen [2]), in welchen gesagt wird, daß „so oft der Testator ein Legat ertheilt, und dasselbe unter einer Bedingung entzieht (adimirt), es so gehalten werden soll, als hätte derselbe dem Legatar die Sache unter der entgegengesetzten Bedingung zugedacht" [3]).

Die eben erwähnte Bestimmung für Legate dehnt man nun auf Resolutivbedingungen bei Erbeinsetzungen in der Art aus, daß man weiter schließt: „Eine bedingte ademtio sey ein bedingtes Geben, und die Einsetzung unter einer auflösenden Bedingung sey, genau betrachtet, nichts als eine bedingte ademtio, folglich gelte der, unter einer auflösenden Bedingung eingesetzte Erbe, als ob er unter der umgekehrten Bedingung aufschiebend eingesetzt sey" [4]).

Dabei stützt man sich noch auf die Nebengründe, daß auch Legate früher weder unter einem Endtermin, noch unter Resolutivbedingungen hätten errichtet werden können, und daß auch nach neuestem Rechte [5]) nur die Endtermine, nicht aber die Resolutivbedingungen als zulässig zu betrachten seyen. Demnach erscheine auch für Singularsuccessionen das Verwan-

---

1) v. Wening-Ingenheim Lehrbuch. Buch V. §. 73. Not. q.

2) fr. 10. D. de adimendis vel transferendis legatis (34, 4.) fr. 14. D. eod. fr. 107. D. de cond. et dem. (35, 1.) fr. 6. D. quando dies legator. (36, 2.)

3) Wening im Archiv für civ. Prax. Bd. 1. S. 140 oben.

4) Archiv Bd. 7. S. 364. i. d. M.

5) const. 26. C. de legatis (6, 37.) (Justinianus A. Joanni. P. P. 532.) Illud quod de legatis, vel fideicommissis temporalibus, utpote irritis, a legum conditoribus definitum est, emendare prospeximus: sancientes etiam, talem legatorum, vel fideicommissorum speciem valere, et firmitatem habere. Cum enim jam constitutum sit, fieri posse temporales donationes et contractus: consequens est, etiam legata, vel fideicommissa, quae ad tempus relicta sunt, ad eandem similitudinem confirmari: etc.

deln der Resolutivbedingung in die umgekehrte Suspensivbedingung als das einzige Mittel zur Erhaltung der Nebenbestimmung; und der analogen Anwendung dieser für die Legate geltenden gesetzlichen Vorschriften auf die Erbeinsetzung stehe nichts im Wege, da ja Suspensivbedingungen ohne allen Zweifel auch bei der heredis institutio als gültig betrachtet werden müßten [1]).

Allein diese neuere Ansicht läßt sich mit überwiegenden Gründen widerlegen, wie Thibaut in seiner Erwiederung auf Zimmern's Angriffe gezeigt hat [2]). Indem wir uns der Ausführung des Ersteren im Allgemeinen anschließen, heben wir hier nur folgende Puncte hervor:

1) Die bedingte ademtio ist mit der Einsetzung unter einer Resolutivbedingung keineswegs identisch, sondern in Form und Wirkung wesentlich von derselben verschieden, wie Thibaut [3]) zur Genüge nachgewiesen hat.

2) Wenn dieß aber richtig steht, so können überhaupt alle von der bedingten ademtio handelnden Gesetzesstellen hier nicht zur Anwendung kommen, sowie überhaupt der analogen Anwendung der von den Legaten sprechenden Gesetze auf die Erbeinsetzung die wesentlich verschiedene Natur der letzteren entgegensteht, welche jeder Aufhebung des einmal erworbenen Erbrechts so durchaus zuwider ist. Weit eher würde es der Natur der heredis institutio entsprechen, wenn man hier die Analogie der durch stipulatio eingegangenen Obligationen anwenden wollte, bei welchen bekanntlich nach älterem strengen Rechte Resolutivbedingungen und Endtermine eben so wenig, wie bei Legaten [4]), zugelassen wurden; wenn sie aber dennoch

---

1) Zimmern im Archiv. Bd. 7. S. 131—138.

2) Archiv Bd. 7. Heft 3. Nr. XIX. S. 363 ff.

3) Archiv a. a. O. S. 364 u. 365. Francke das Recht der Notherben. §. 4. Not. 4 bemerkt mit Recht, daß die hier bestrittene Ansicht eine negativ ausgedrückte Suspensivbedingung mit einer Resolutivbedingung verwechselt, und dadurch auf die Verwandlung der Resolutivbedingung in die umgekehrte Suspensivbedingung geführt wird. Vergl. fr. 13. §. 5. D. de statu liberis (40, 7.)

4) fr. 55. D. de legatis I. (30.)

beigefügt waren, nicht etwa in die umgekehrte Suspensivbedingung sich verwandelten, sondern einfach pro non adjectis galten [1]; bis man denn in späterer Zeit die exceptio doli und pacti conventi zuließ, um die Nebenbestimmung zu erhalten [2].

3) Ueberhaupt muß man wohl mit Thibaut [3]) die const. 26. C. de legatis [4]) richtiger dahin interpretiren, daß Justinian in dieser Verordnung nicht bloß die Endtermine, sondern ebenso auch die Resolutivbedingungen bei Legaten und Fideicommissen für gültig erklärt habe; was schon aus der Gleichstellung der negotia mortis causa mit den Verträgen hervorgeht; wie dieß ja auch bei Weitem von den meisten Rechtslehrern als ausgemacht angenommen wird [5]). Erscheinen aber Resolutivbedingungen bei Legaten und Fideicommissen nach neuestem Rechte als zulässig, (was recht wohl geschehen kann, ohne gegen die Natur dieser Institute zu verstoßen) so bedarf es hier natürlich gar keiner Umwandlung der Resolutivbedingung in die umgekehrte Suspensivbedingung, und es fehlt somit selbst das, was als Grundlage für die analoge Anwendung auf Erbeinsetzungen dienen soll.

4) Direct gegen die hier bestrittene Ansicht kann auch noch eine specielle Gesetzesstelle angewendet werden, nämlich

fr. 15. §. 4. D. de testamento militis (29, 1.) (ULPIANUS Lib. 45. ad Edict.)

Miles et ad tempus heredem facere potest, et alium post tempus, vel ex conditione, vel in conditionem [6]).

Denn, wenn die Resolutivbedingung überhaupt jedesmal in die umgekehrte Suspensivbedingung verwandelt wurde, wie

---

1) fr. 44. §. 2. D. de O. et A. (44, 7.) Zimmern a. a. O. S. 135. Not. 28. Thibaut Archiv Bd. 7. S. 366 oben.

2) S. oben S. 123. Not. 8.

3) Archiv Bd. 7. S. 367. u. 368.

4) S. oben S. 256. Not. 5.

5) Vergl. Thibaut System. (8te Ausg.) §. 954. Not. q.

6) fr. 19. §. 2. fr. 41. pr. D. eod. const. 8. C. eod. (6, 21.) Francke das Recht der Notherben. §. 4. Not. 4. a. E.

hätte es dann eines besonderen Privilegs für den Soldaten bedurft, um für dessen Testament die Resolutivbedingung zu erhalten?

5) Mit den bisher angeführten Gründen stimmt denn auch — und das muß für unsere Untersuchung besonderes Gewicht haben — das allgemeine hier befolgte Princip überein:

Der Wille des Testators bildet bekanntlich bei negotia mortis causa die entscheidende Norm [1]); dieser Wille wird aber so lange mit den Worten übereinstimmend angenommen, bis eine abweichende Absicht sich nachzeigen läßt [2]).

Ist nun eine Erbeinsetzung unter einer Resolutivbedingung geschehen, so erscheint die letztere als juristisch unmöglich; Hauptbestimmung und Nebenbestimmung können nicht nebeneinander bestehen; die letztere wird darum, weil man im Zweifel annehmen muß, daß der Testator der Hauptbestimmung vor der Bedingung den Vorzug gegeben, der Hauptdisposition weichen müssen, damit diese letztere gerade so aufrecht erhalten werde, wie sie in dem Testamente steht. Denn, so lange nicht eine entgegengesetzte Absicht des Testators ganz klar nachgewiesen ist, kann man doch, ohne specielle gesetzliche Sanction, im Widerspruch mit den Worten der letztwilligen Disposition, nicht die Nebenbestimmungen vertauschen oder verändern.

Nur soviel wird man, dem eben erwähnten Princip folgend, im Allgemeinen nachgeben können, daß, wenn der Testator bei Hinzufügung einer Resolutivbedingung der Form nach die außer allem Zweifel liegende Absicht gehabt [3]), unter der entgegengesetzten Suspensivbedingung ein-

1) S. oben §. 8.

2) S. S. 40. Not. 2. oben.

3) Man kann der hier ausgesprochenen Ansicht nicht den Vorwurf machen, daß sie durch diese Modification alles Vorhergehende aufhebe, und mit der bestrittenen Ansicht der Gegner sich vereinige. Denn diese Letzteren nehmen an, daß die Resolutivbedingung bei der Erbeinsetzung immer in die entgegengesetzte Suspensivbedingung verwandelt werden müsse, weil dieß die wahre Absicht des Testators sey; während hier gerade umgekehrt behauptet wird, daß bei Reso-

zusetzen, die letztere dieser Bedingungen, nicht aber die erstere gelten muß, weil die erweisliche Absicht des Disponirenden den bloßen Worten der Disposition vorgeht [1]); denn es ist ja eigentlich gar keine Resolutivbedingung, sondern nur eine Suspensivbedingung [2]) vorhanden; eine Verwandlung der ersteren in die letztere also strenge genommen gar nicht nöthig [3]).

---

lutivbedingungen die Absicht des Testators in der Regel so verstanden werden müsse, daß er die Hauptdisposition gerade so, wie dieselbe im Testament enthalten ist, erhalten wissen wolle, und daß demnach die Nebenbestimmung der durchaus unveränderlich bestehenden Erbeinsetzung so lange weichen müsse, bis die entgegengesetzte Absicht des Testators unwiderleglich dargethan ist. Es gilt also hier bloß als speciell nachzuweisende Ausnahme, was nach der Ansicht der Gegner die Regel bildet.

1) Denn man kann dann nur annehmen, der Testator habe sich nicht deutlich ausgedrückt; was jedoch nicht schadet, weil die wahre Absicht auf anderem Wege sich nachweisen läßt. — Der Testator kann ja entweder später im Testamente diese seine wahre Absicht näher ausgesprochen oder angedeutet haben; oder es kann dieß auch auf andere Weise ermittelt werden.

2) Es kann ja namentlich eine negative Suspensivbedingung so ausgedrückt seyn, daß sie den Schein einer Resolutivbedingung gewinnt. S. Francke S. 257. Not. 3. oben.

3) Man kann hiergegen nicht etwa einwenden, daß in dem Falle, wenn eine den Worten nicht entsprechende Absicht des Testators nachgewiesen werden könne, nach gesetzlicher Vorschrift weder die wörtliche Disposition Gültigkeit habe, weil diese nicht dem Willen des Testators gemäß ist; noch die erwiesene Absicht gelte, weil diese nicht in dem Testamente ausgesprochen worden. Denn, wenn diese Regel auch im Allgemeinen gilt: z. B. dann, wenn statt des einen Erben irrig ein anderer eingesetzt ist, nach fr. 9. pr. D. de hered. inst. (28, 5.), so wird dieselbe bei den einer letztwilligen Disposition hinzugefügten Bedingungen, (bei welchen, wie wir im ganzen Laufe der Untersuchung gesehen haben, die Absicht so vielfach den Worten prävalirt,) nicht so strenge angewendet werden können. Das geht namentlich aus demselben fr. 9. §. 5. i. f. D. de hered. inst. (28, 5.) hervor, nach welchem eine gegen die wahre Absicht gesetzte Bedingung wegfällt, und der Erbe unbedingt zur Succession kommt. Daraus läßt sich aber wohl mit Grund ein argumentum a majori ad minus ableiten; denn, wenn sogar eine irrig im Testamente gesetzte Bedingung gänzlich wegfällt, wenn auf irgend eine Art genügend erwiesen wird, daß der Testator sie nicht beabsichtigt,

Drittes Kapitel.

Unmögliche Bedingungen, welche die ganze letztwillige Disposition vernichten.

§. 58.

Einleitung.

In der ganzen bisherigen Untersuchung haben wir die Wirkungen der unmöglichen Bedingungen bei negotia mortis causa nur in der Art kennen gelernt, daß die Bedingung pro non scripta gilt, das Rechtsgeschäft selbst aber davon nicht afficirt wird, sondern völlig gültig bleibt.

Betrachten wir aber die Gesetze in Justinian's Compilation, welche von unmöglichen Bedingungen handeln, genauer, so finden wir neben der bereits angegebenen Wirkung derselben, welche offenbar die Regel bildet, noch eine andere, die jedoch nur als Ausnahme zu betrachten ist.

Es giebt nämlich Fälle, in welchen solche Bedingungen nicht bloß pro non scriptis gelten, sondern vielmehr die ganze Disposition ungültig machen.

Die Gründe für diese Ausnahmen von der gesetzlichen Regel lassen sich in zwei Puncten zusammenfassen; und zwar in der Art, daß auch hierdurch nicht gegen das bei der ganzen Untersuchung befolgte allgemeine Princip verstoßen wird. Dieses Princip ist nämlich oben §. 7. u. 8. in dem vermuthlichen Willen des Disponirenden, verbunden mit dem gesetzlichen favor testamentorum, gefunden worden. Hält man daran fest, so wird sich daraus ergeben

1) daß in den Fällen, in welchen der Wille des Disponirenden (sey dieser nun ausdrücklich ausgesprochen, oder aus concludenten Handlungen zu folgern,) bei Hinzufügung der unmöglichen Bedingung auf das Ungültigwerden der

---

so kann man doch wohl eher noch eine bloß undeutlich ausgesprochene Suspensivbedingung gelten lassen, wenn die wahre Absicht des Disponirenden außer Zweifel gestellt werden kann. Doch kommt hier natürlich sehr viel auf die Beschaffenheit des einzelnen Falles an.

ganzen Disposition gerichtet, wenn die Disposition mehr *adimendi animo* geschehen war, — die letztere Wirkung eben aus dem allgemeinen Grunde eintreten muß, weil der Wille als entscheidende Norm gilt.

2) Bei einem negotium mortis causa, welchem eine unmögliche Bedingung hinzugefügt war, liegt die Unmöglichkeit gewöhnlich in der Bedingung, so, daß durch Annullirung des fehlerhaften Nebengeschäftes (der conditio) das Hauptgeschäft (die Disposition selbst), als fehlerlos aufrecht erhalten wird, nach dem Grundsatze: utile per inutile non vitiatur [1]).

Wenn aber nun die unmögliche Bedingung so enge mit dem Hauptgeschäfte verbunden ist, daß eine Trennung beider nicht stattfinden kann, daß also die Unmöglichkeit in der Hauptdisposition selbst liegt, so läßt sich nichts Anderes annehmen, als daß die ganze Disposition zusammenfällt, weil der gesetzliche favor der letztwilligen Dispositionen nie so weit gehen kann, daß eine der Natur, dem Rechte, oder der Moral widerstreitende Verfügung der Privaten aufrecht erhalten, und somit gegen die Natur, das Recht oder die Moral selbst verstoßen würde [2]). Die beiden eben angeführten Ausnahmen sind so nothwendig durch die Natur der Sache geboten, daß sie keiner weiteren Rechtfertigung mehr im Allgemeinen bedürfen; es bleibt darum bloß übrig, die einzelnen Ausnahmsfälle selbst aus den Gesetzen nachzuweisen.

Erster Unterabschnitt.

Die letztwillige Disposition wird durch die unmögliche Bedingung ungültig, wenn die eigentliche Absicht des Disponirenden bei Hinzufügung derselben auf Vernichtung des Ganzen gerichtet war.

§. 59.

Specielle Nachweisung dieses Grundsatzes aus den Gesetzen.

Der in der Ueberschrift enthaltene Grundsatz ist so natürlich, daß er auch ohne specielle Nachweisung aus den Gesetzen

---

1) cap. 37. in VI de R. J.

2) §. ult. i. f. J. de legatis (2, 20.) const. unica i. f. C. de his quae poenae nomine (6. 41.)

angenommen werden müßte; allein eine solche Nachweisung fehlt auch keineswegs, sondern es lassen sich vielmehr in Justinian's Compilation einzelne Gesetzesstellen auffinden, welche wohl unbedenklich auf andere nicht namentlich erwähnte Fälle analog angewendet werden können, weil sie von dem sonst in den Gesetzen so exorbitant begünstigten Institut der Freilassungen handeln.

Die erste dieser Gesetzesstellen ist

fr. 4. §. 1. D. de statuliberis (40, 7.) (Paulus Lib. 5. ad Sabinum.)

Non est statuliber [1]), cui libertas in tam longum tempus collata est, ut eo tempore is, qui manumissus est, vivere non possit: aut si *tam difficilem,* [2]) *imo pene*

---

1) Ueber den Begriff und die rechtlichen Verhältnisse der statuliberi vergl. Ulpiani fragm. Tit. II. u. Gajus II. §. 200. Elvers Promtuarium Gajanum s. voc.: conditio. pag. 138. s. voc.: statuliber. pag. 719. Zimmern röm. RG. I. Abth. 2. §. 210 ff.

2) Man führt dieses Gesetz öfters zur Unterstützung der Behauptung an, daß schwer zu erfüllende Bedingungen den unmöglichen nicht gleichstehen: Cujac. Observat. Lib. 21. cap. 39. Thibaut System (7te Aufl.) §. 803. Not. z. (8te Aufl.) §. 954. pos. III. Not. p. v. Wening-Ingenheim Lehrbuch. Buch. V. §. 73. Not. l. — Allein, wenn es auch im Allgemeinen wahr ist, daß die bloße Schwierigkeit der Erfüllung einer Rechtspflicht den debitor (also auch den im Testamente Onerirten, weil dieser quasi ex contractu verpflichtet wird,) nicht befreit, [fr. 137. §. 4. i. f. D. de V. O. (45, 1.)] so geht doch aus dem fr. 4. §. 1. cit., wie dem Verf. scheint, unzweifelhaft hervor, daß, wenn die Schwierigkeit in concreto an physische Unmöglichkeit gränzt, die conditio difficilis der conditio impossibilis in den Wirkungen völlig gleichsteht; wie denn auch in der That ein wirklicher Unterschied zwischen beiden schwerlich wird gefunden werden können. Das erhellt aus den Worten des fr. 4. §. 1. cit. „aut si tam difficilem, imo pene impossibilem conditionem adjecerit“; und noch bestimmter aus der völligen Gleichstellung der beiden Bedingungen „si heredi millies dedisset, aut cum moreretur liberum esse jussisset.“ — Der Grund, warum die so schwer zu erfüllende Bedingung das ganze Rechtsgeschäft ungültig macht, liegt also nach dem Vorstehenden nicht in dem Unterschiede der Wirkungen bei der conditio difficilis und der conditio impossibilis, sondern in der vermuthlichen Absicht des Testators, welche in diesem gesetz-

impossibilem conditionem adjecerit, ut aliunde ea libertas obtingere non possit: *veluti si heredi millies dedisset:*

---

lichen Falle bei der conditio difficilis dieselbe ist, wie bei der conditio impossibilis. — Als weiterer Beleg für die Richtigkeit der Behauptung, daß die an Unmöglichkeit gränzende, (oder in wirkliche Unmöglichkeit übergehende) Schwierigkeit der Unmöglichkeit im Allgemeinen gleichsteht, kann noch angeführt werden: fr. 6. D. de condit. inst. (28, 7.) (Ulpian. Lib. 9. ad Sabinum.) Si quis ita institutus est, *si monumentum post mortem testatoris in triduo proximo mortis ejus fecisset:* cum monumentum in triduo perfici non possit, dicendum erit, conditionem evanescere, *quasi impossibilem.*

Ebenso kann für die Gleichstellung der an Unmöglichkeit gränzenden Schwierigkeit mit der wirklichen Unmöglichkeit eine andere Gesetzesstelle angeführt werden, welche die Gegner, namentlich Cujacius l. c., für die Verschiedenheit der Wirkungen der beiden Arten von Bedingungen allegiren, nämlich fr. 55. D. familiae hercisc. (10, 2.) (Ulpian. Lib. 2. ad Edict.) Si familiae herciscundae, vel communi dividundo judicium agatur, *et divisio tam difficilis sit, ut pene impossibilis esse videatur:* potest judex in unius personam totam condemnationem conferre, et adjudicare omnes res. — Die übrigen Gesetzesstellen, welche Cujac. l. c. noch anzieht, nämlich fr. 63. §. 7—9. D. ad SCtum Trebell. (36, 1.), leiden aus dem Grunde hier keine volle Anwendung, weil sie von dem Verhältniß des fiduciarius heres zum heres fideicommissarius handeln. In diesem Verhältniß tritt nämlich das Eigenthümliche ein, daß der fiduciarius heres, welcher unter einer Bedingung eingesetzt ist, überhaupt nur dann zu deren Erfüllung genöthigt werden kann, wenn diese mit keiner besonderen Schwierigkeit verbunden erscheint; und in so ferne steht jede wirkliche Schwierigkeit (auch ohne daß sie gerade an Unmöglichkeit zu gränzen braucht) der Unmöglichkeit völlig gleich: fr. 63. §. 7. cit. (Gajus Lib. 2. Fideicommissorum.) verb.: Si neque difficultatem, neque turpitudinem ullam habet conditio, nec impendium aliquid, jubendus est parere conditioni et adire, et ita restituere. Vergl. im Allg. fr. 31. §. 2. D. eod. Balduin. l. c. cap. VII. ad voc.: impossibilem. Duran. l. c. P. II. cap. 2. Nr. 19. sqq. Ravensberg. l. c. cap. V. §. 41. Muehlenbruch. D. P. §. 648. not. 8.

Dagegen muß man aber auch auf der andern Seite wieder zugeben, daß die Bedingung, wenn sie zwar schwierig, vielleicht sogar in gewisser Beziehung unmöglich ist, eine der Absicht des Testators im Allgemeinen entsprechende Erfüllung sich aber doch gedenken läßt, nicht, als unmöglich, pro non scripta gelten kann,

aut *cum moreretur, liberum esse jussisset:* sic enim libertas inutiliter datur: et ita Julianus scribit: *quia nec animus dandae libertatis est.*

Ebenso

fr. 61. pr. D. de manumissis testamento (40, 4.) (Pomponius Lib. 11. Epistolarum.)

Scio *quosdam efficere volentes, ne servi (sui) unquam ad libertatem perveniant,* hactenus scribere solitos, *Stichus, cum moreretur liber esto.* Sed et Julianus ait, libertatem, quae in ultimum vitae tempus conferatur, nullius momenti esse: *cum testator impediendae magis, quam dandae libertatis gratia ita scripsisse intelligitur* etc. [1]).

Hier kann auch noch der Fall erwähnt werden, wenn der Testator die an sich mögliche Bedingung nach Errichtung des Testaments durch eine freie Handlung von seiner Seite unmöglich gemacht hat. Denn alsdann ist natürlich die ganze Disposition völlig nichtig, weil aus den späteren Handlungen des Testators offenbar eine Aenderung des früheren Willens sich ergiebt [2]). Als Beispiel diene

---

sondern, soweit dieß thunlich, erfüllt werden muß: arg. fr. 27. D. de cond. et dem. (35, 1.) Vergl. überhaupt S. 19. Not. 1. oben.

1) fr. 17. pr. D. eod. fr. 38. D. de statuliberis (40, 7.) fr. 10. §. 3. i. f. D. de testamentar. tutela (26, 2.) fr. 58. D. de condict. indeb. (12, 6.) Majansius l. c. §. 9. Brueckmann de condit. Sect. I. §. 4. Doch muß der Wille des Testators wirklich nur dahin verstanden werden können, daß er den Sklaven nicht habe freilassen wollen: arg. fr. 51. §. 1. de hered. inst. (28, 5.). Denn nach andern Gesetzesstellen wird die bedingt hinterlassene Libertät, wenn der Testator die Erfüllung der Bedingung verhindert, als unbedingt hinterlassen angenommen: fr. 53. D. de cond. et dem. (35, 1.) fr. 3. §. 9. i. f. D. de adimend. vel transfer. legat. (34, 4.)

2) Hat er aber die Erfüllung der Bedingung verboten, um dieselbe zu erlassen, so gilt natürlich die institutio für eine pura: fr. 53. D. de cond. et dem. (35, 1.) (Modestinus Libro sing. de Eurem.) Si quis servum liberum esse jusserit, *si heredi rationes reddidisset,* posteaque eum rationes reddere vetuerit, *quasi purum facturus libertatem:* competit ex testamento libertas.

fr. 72. §. 7. D. de cond. et dem. (35, 1.) (PAPINIANUS Lib. 18. Quaest.)

Falsam conditionem Cassius et Caelius Sabinus impossibilem esse dixerunt: veluti, Pamphilus, si quod Titio debeo, solverit, liber esto: si modo nihil Titio fuit debitum: *quod si post testamentum factum testator pecuniam exsolvit, defecisse conditio intelligi* [1]).

Wird aber die Bedingung durch eine nachfolgende Handlung des Testators nur theilweise unmöglich, so deficirt sie nach der überwiegenden Ansicht nicht; denn die strengere Ansicht des Labeo ist in den Digesten verworfen, wie hervorgeht aus

fr. 29. §. 4. D. de legatis III. (32.) (LABEO Lib. 2. Posteriorum a Javoleno Epitomator.)

Si Stichus et Dama, servi mei, in potestate mea erunt, cum moriar, tum Stichus et Dama liberi sunto, et fundum illum sibi habento: Si alterum ex his post testamentum factum dominus alienasset, vel manumisisset, neutrum liberum futurum Labeo putat: sed Tubero eum, qui remansisset in potestate, liberum futurum, et legatum habiturum putat. Tuberonis sententiam voluntati defuncti magis puto convenire [2]).

Am Schlusse dieser Stelle wird also auch hier wieder das allgemeine Princip, der Wille des Testirenden, als richtende Norm bezeichnet; und dieser braucht nicht besonders ausgesprochen zu seyn, wenn er sich nur aus dem Zusammenhange unzweideutig ergiebt [3]).

---

1) fr. 75. §. 2. i. f. D. de legatis I. (30.) verb.: nam et si vivus exegissem, extingueretur legatum etc. fr. 47. D. de cond. et dem. (35, 1.) s. im Allg. §. 55. oben.

2) fr. 33. §. 4. D. de cond. et dem. (35, 1.) fr. 2. pr. D. de condit. inst. (28, 7.) s. oben S. 64. Not. 2. S. 65 ff.

3) Vergl. im Allg. S. 39. Not. 2. oben u. fr. 51. §. 1. D. de hered. inst. (28, 5.) fr. 3. §. 9. D. de adimend. vel transferend. legatis (34, 4.)

Zweiter Unterabschnitt.

Ist die unmögliche Bedingung so enge mit der Hauptdisposition verbunden, dass eine Trennung beider nicht stattfinden kann, so fällt das ganze Geschäft zusammen.

§. 60.

A. Conditiones perplexae.

Unter den hierher gehörigen Arten der Bedingungen können zuerst die perplexen, zu einer Verwirrung führenden [1]) aufgeführt werden; denn es unterliegt wohl keinem Zweifel, daß diese Bedingungen, welche gerade gegen die Vernunft verstoßen, zu den unmöglichen gehören. Ist nun eine Bedingung von der Art, daß sie die ganze Disposition verwirrt, so bleibt vernünftigerweise nichts übrig, als diese Disposition für ungültig zu halten [2]). Das erkennen denn auch die Gesetze aufs Bestimmteste an:

fr. 16. D. de condit. inst. (28, 7.) (Marcianus Lib. 4. Instit.)

Si Titius heres erit, Sejus heres esto: Si Sejus heres erit, Titius heres esto [3]): Julianus inutilem esse institutionem (scribit), cum conditio existere non possit.

1) H. Donell. commentar. Lib. VIII. cap. 32. §. 9. Cujac. Recitat. ad Tit. Dig. de condit. pr. Brussel. l. c. Lib. IV. Tit. II. Nr. 16. Duran. l. c. P. I. cap. 2. Nr. 18. P. III. cap. 10. Majansius l. c. §. 31. Brueckmann de cond. Sect. I. §. 5. Voet. commentar. ad Pand. Lib. 28. Tit. 5. Nr. 27. Ziegler. l. c. Nr. LXIV. LXXII. Thibaut System (8te Aufl.) §. 953. pos. I. Not. r.

2) Auch irrig weggelassene Begingungen vernichten die ganze Disposition, während irrig gesetzte für nicht beigefügt gelten: fr. 9. §. 5. u. 6. de hered. inst. (28, 5.) s. oben S. 260. Not. 3.

3) Die Bedingung, si Titius heres erit, Sejus heres esto, allein würde nicht als perplexa erscheinen, sondern Sejus zur Erbschaft schaft gelangen, wenn Titius dieselbe angetreten: fr. 3. §. 2. D. de hered. inst. (28, 5.) Deutlicher ist dieß noch ausgedrückt in fr. 88. D. de hered. inst. (28, 5.) verb.: Si mihi Titius heres erit, *tunc* Titius *quoque* heres esto etc. Vergl. auch fr. 19. D. de condit. inst. (28, 7.)

Dazu kann noch

fr. 88. pr. D. ad legem Falcid. (35, 2.) (Africanus Lib. 5. Quaest.)

gezählt werden.

Qui quadringenta habebat, trecenta legavit: deinde fundum tibi dignum centum aureis sub hac conditione legavit, *si legi Falcidiae in testamento suo locus non esset.* Quaeritur, quid juris est? Dixi τῶν ἀπόρων i. e. *ex perplexis,* hanc quaestionem esse, qui tractatus apud dialecticos τοῦ ψευδομένου i. e. frustratorii, cavillatoriique dicitur. Etenim quidquid constituerimus verum esse, falsum reperietur: *namque si legatum tibi datum valere dicamus, legi Falcidiae locus erit: ideoque deficiente conditione, non debebitur: rursus si, quia conditio deficiat, legatum valiturum non sit: legi Falcidiae locus non erit: porro, si legi locus non sit, existente conditione, legatum tibi debebitur.* Cum autem voluntatem testatoris eam fuisse appareat, ut, propter tuum legatum caeterorum legata minui nollet; magis est, ut statuere debeamus, tui legati conditionem defecisse.

Die in der vorstehenden Gesetzesstelle erwähnte Bedingung gehört offenbar zu den perplexen, wie auch der Context selbst deutlich sagt; denn sie führt zu einem endlosen Dilemma, was in dem Gesetze ausführlich gezeigt wird. Darum müßte die ganze Disposition als perplex völlig zusammenfallen, ergäbe sich hier nicht aus dem Zusammenhange, daß nach dem Willen des Testators einer dieser Doppelschlüsse den Vorzug verdiene; aus welchem Grunde denn die Bedingung als deficirend betrachtet wird [1]).

1) Zur Vergleichung kann hier eine Stelle aus Pauli S. R. Lib. IV. Tit. XIII §. 3. angeführt werden, in welcher gleichfalls die ganze Disposition wegen Perplexität ungültig seyn würde, wenn nicht die Gesetze zu Gunsten der Freiheit die Verwirrung gelöst hätten: Si decedens servis suis libertatem ita dederit: *Illum et illum liberos esse volo, eosque filiis meis tutores do,* impeditur fideicommissa libertas: quia pupilli sine tutoris auctoritate manumittere non possunt; et habentibus tutores tutor dari non potest.

Ferner läßt sich noch hierher zählen

fr. 4. pr. D. de condit. instit. (28, 7.) (Ulp. Lib. 8. ad Sabinum.)

Si qui ita sint instituti: *Si socii una bonorum meorum permanserint usque ad annos sedecim, heredes sunto:* inutilem esse institutionem secundum verborum significationem, Marcellus ait: Julianus autem, quoniam et ante aditam hereditatem iniri societas potest, quasi rei futurae, valere institutionem: quod est verum.

Schon die glossa ad h. l. giebt als den Grund der Entscheidung des Marcellus für die Richtigkeit der Institution die Perplexität derselben an; und zwar mit vollem Recht; denn die Instituirten sollen nicht eher Erben seyn, als bis sie 16 Jahre in Societätsverhältnissen in Beziehung auf die Güter des Erblassers gelebt haben, und sie können nicht eher in Beziehung auf diese Güter socii seyn, als sie Erben sind, weil sie erst nach dem Tode des Erblassers an diesen Gütern ein Recht als Erben erlangen können, und dieses Recht doch zur Societät unumgänglich nöthig ist. Julianus aber trifft den Ausweg, daß die Societät ja auch vor Antretung der Erbschaft, quasi rei futurae, eingegangen werden könne, und, weil dadurch die Erfüllung der Bedingung möglich werde, so solle die Erbeinsetzung gültig seyn.

Endlich ist hier noch hervorzuheben, daß bei den Legaten, welche unter einer negativen Potestativbedingung, die während des ganzen Lebens übertreten werden kann, hinterlassen worden sind, durch die cautio Muciana öfters einer Perplexität vorgebeugt wird [1]). Eine solche Perplexität ist nämlich offenbar dann vorhanden, wenn Jemand nicht eher etwas erhalten soll, bis gewiß ist, daß er die Bedingung nicht übertreten wird,

Sed interim vice absentium pupilli habebuntur, ut ex decreto Amplissimi ordinis primum libertas, ac deinde tutela competere possit.

1) fr. 65. §. 1. D. ad SCtum Trebell. (36, 1.) fr. 7. 73. 77. §. 2. fr. 101. §. 3. fr. 106. D. de cond. et dem. (35, 1.)

diese Gewißheit aber, und mit ihr die Bedingung, erst mit seinem Tode eintritt [1]).

§. 61.

B. Sich selbst widerstreitende Bedingungen.

Da in einem Testamente keine sich selbst widerstreitenden Bestimmungen bestehen können, sondern vielmehr sich gegenseitig aufheben, nach der Vorschrift des

fr. 188. pr. D. de R. J. (Celsus Lib. 17. Digestor.)

Ubi pugnantia inter se in testamento juberentur, neutrum ratum est;

so werden auch solche Bedingungen, welche unter einander im Widerspruche stehen, so ferne dadurch für die Hauptdisposition eine Verwirrung sich ergiebt [2]), die ganze Disposition ungültig machen. Diese Bedingungen sind aber zu den perplexen, (Verwirrungen veranlassenden) überhaupt zu rechnen [3]), und wenn ihrer in diesem §. besondere Erwähnung gethan wird, so geschieht dieß nicht sowohl aus dem Grunde, um dieselben dadurch als eine von den perplexen Bedingungen verschiedene, selbstständige Art zu bezeichnen, als vielmehr um dieselben, der leichteren Uebersicht wegen, hier besonders hervorzuheben. Es wird daher im Allgemeinen auf den vorhergehenden §. zurückgewiesen.

---

1) Eine negative Potestativbedingung kann auch bei Erbeinsetzungen, (bei welchen nicht gerade zur cautio Muciana erforderlich ist, daß die Bedingung während des ganzen Lebens übertreten werden kann) als conditio impossibilis wegfallen, wenn neben dem also bedingt eingesetzten Erben kein Miterbe mehr vorhanden ist, dem die cautio Muciana geleistet werden kann: fr. 4. §. 1. fr. 20 pr. D. de condit. instit. (28, 7.) s. oben S. 203.

2) Geht dagegen aus dem Zusammenhange hervor, daß eine von diesen widerstreitenden Bedingungen nach der Absicht des Testators den Vorzug vor der andern verdienen soll, so ist der Widerspruch gelöst.

3) Dafür sprechen auch namentlich die im vorigen §. angeführten Gesetzesstellen fr. 16. D. de condit. inst. (28, 7.) fr. 88. pr. D. ad leg. Falcid. (35, 2.)

§. 62.

C. Inepte Bedingungen.

Inepte, alberne, sinnlose Bestimmungen des Testators werden bekanntlich als ungültig betrachtet; z. B. inepte Bestimmungen in Beziehung auf das Begräbniß des Verstorbenen ꝛc. [1]) nach

fr. 113. §. 5. D. de legatis I. (30.)

Ineptas voluntates defunctorum circa sepulturam [veluti vestes, aut si qua alia supervacua ut in funus impendantur [2])] non valere, Papinianus Lib. III. responsorum scribit.

Eine solche inepte Bestimmung kann auch in einer beigefügten Bedingung enthalten seyn. In diesem Falle treten denn ganz die allgemeinen Bestimmungen ein, nach welchen eine solche conditio, weil sie der Vernunft widerstreitet, und somit unmöglich ist, pro non adjecta gehalten wird. Allein die Beifügung einer solchen sinnlosen oder inepten Bedingung kann auch zugleich den Verdacht erregen, daß der Disponirende nicht bei gesundem Verstande gewesen; und, wenn sich dieß bei näherer Untersuchung, welche in diesem Falle erfordert wird, als gegründet ergiebt, so fällt die ganze Disposition wegen mangelnder Fähigkeit des Disponirenden zusammen [3]); geht aber das Gegentheil aus der Untersuchung mit gehöriger Bestimmtheit hervor, so bleibt zwar die Hauptdisposition bestehen, die inepte Bedingung fällt aber weg. Das eben Gesagte ist enthalten in

fr. 27. pr. D. de condit. inst. (28, 7.) (Modestinus Lib. 8. Responsor.)

Quidam in suo testamento heredem scripsit sub tali conditione, *si reliquias ejus in mare abjiciat*. Quaere-

---

1) Ziegler l. c. Nr. XCVI.

2) fr. 40. §. 2. D. de auro argento (34, 2.) fr. 14. §. 5. D. de religiosis (11, 7.) fr. 50. §. 1. D. de heredit. petit. (5, 3.) Balduin. l. c. cap. VII. ad voc.: Conditiones jurisjurandi p. 348. Duran. l. c. Part. I. cap. 1. Nr. 9. 10. P. III. cap 1. Nr. 11.

3) In so ferne gehört diese Bedingung hierher.

batur, cum heres institutus conditioni non paruisset, an expellendus est ab hereditate? Modestinus respondit: Laudandus est magis, quam accusandus heres, qui reliquias testatoris non in mare secundum ipsius voluntatem abjecit, sed memoria humanae conditionis, sepulturae tradidit. Sed hoc prius inspiciendum est, *ne homo, qui talem conditionem posuit, neque compos mentis esset* [1]). Igitur si perspicuis rationibus haec suspicio amoveri potest, nullo modo legitimus heres de hereditate controversiam facit scripto (heredi).

§. 63.

D. Beschimpfende oder beschämende Bedingungen.

Diejenigen Dispositionen des Testators, welche mehr zur Beschämung oder Beschimpfung des Honorirten gereichen, gelten odio testatoris für nicht geschrieben, nach

fr. 54. pr. D. de legatis I. (30.) (POMPONIUS Lib. 8. ad Sabinum.)

Turpia legata, quae denotandi magis legatarii gratia scribuntur, odio scribentis pro non scriptis habentur [2]).

Der Grund dieser gesetzlichen Bestimmung liegt wohl darin, daß Legate, Fideicommisse und ebenso auch Erbeinsetzungen als ein Zeichen des Wohlwollens, der Zuneigung des Testators gelten [3]); — sind sie nun in einer beschimpfenden Form hinterlassen [4]), so erhellt daraus klar, daß die Absicht des Testators keine solch wohlwollende gewesen seyn könne, sondern daß er nur die Gelegenheit benutzt habe, um den Honorirten zu kränken, oder ihm wenigstens etwas Unangenehmes, statt Angenehmen, zu bereiten. Darum gilt denn ein solches Legat nicht; und zwar odio scribentis: er soll seinen schlechten Zweck nicht erreichen, seine Kränkung nicht vollführen können; darum

---

1) DURAN. l. c. P. III. cap. 1. Nr. 11 sqq.

2) S. oben S. 44.

3) fr. 9. D. pro socio (17, 2.) THEOPHILI paraphras. ad §. ult. J. de legatis. s. oben S. 44. Not. 3.

4) fr. 9. §. 8. D. de hered. inst. (28, 5.) vergl. mit fr. 48. §. 1 D. eod. fr. 3. pr. D. de liberis et posthumis (28, 2.)

wird das Ganze gesetzlich pro non scripto, als wenn es gar nicht existirte, betrachtet.

Liegt nun das Beschimpfende oder Beschämende bloß in der Bedingung, so wird natürlich allein diese, als eine turpis conditio, pro non adjecta gehalten [1]; ist sie aber so enge mit der Hauptdisposition verbunden, daß beide sich nicht von einander trennen lassen, so wird dadurch die ganze Disposition ungültig.

Ob und in wieferne nun in einer Disposition, oder einer Bedingung, eine Beschimpfung oder Beschämung des Honorirten gelegen sey, muß nach den besonderen Verhältnissen eines jeden Falles, und nach dem natürlichen Gefühle für Ehre und Anstand beurtheilt werden. Doch enthalten die römischen Gesetze noch einzelne Ausflüsse dieses Grundsatzes, welche nun näher betrachtet werden müssen, um den Geist des römischen Rechts in dieser Beziehung genauer kennen zu lernen. Vorzüglich gehören hierher die legata poenae nomine relicta, bei welchen sich die Eigenthümlichkeiten des römischen Rechts genauer zeigen [2]).

§. 64.

E. Legata poenae nomine relicta.

Unter legata poenae nomine relicta werden in den Gesetzen diejenigen Legate verstanden, welche dem Erben [3]) unter der Bedingung auferlegt sind, wenn er eine von dem Testator gemachte Auflage nicht erfülle: sie sollen also eine Bestrafung für den Ungehorsam des Erben enthalten [4]). — Als

---

1) S. oben S. 44. u. 45.

2) Donell. commentar. Lib. VIII. cap. 32. §. 11. i. f.

3) A legatario legari non potest: sed fideicommissum relinqui potest etc. Gajus II. §. 271. Ulpian. Tit. XXIV. §. 20. Vergl. mit const. 9. C. de fideicommissis (6, 42.) f. S. 43. Not. 5. oben.

4) Vergl. im Allg. §. 36. J. de legatis (2, 20.) const. unica C. de his quae poenae nomine (6, 41.) Tit. Dig. de his quae poenae nomine (34, 6.) Ulpian. Tit. XXIV. §. 17. Gajus II. §. 235 u. 236. 243. 288. Theophili paraphras. ad §. 36. J. de legatis. Bynkershoek. opusc. de legatis poenae nomine relictis. Goeschen observat. jur. roman. III. pag. 47—108.

Beispiele mögen aus §. 36. J. de legatis (2, 20.) folgende Fälle hier angeführt werden, aus denen sich zugleich ergiebt, daß die legata poenae nomine relicta in Form einer Bedingung hinterlassen werden, und darum hier ihre Stelle behaupten: Heres meus si filiam suam in matrimonium Titio collocaverit: vel ex diverso, si non collocaverit, dato decem aureos Sejo; oder: Heres meus, si servum Stichum alienaverit: vel ex diverso, si non alienaverit, Titio decem aureos dato; oder endlich: Si Titius filiam suam in matrimonium Sejo collocaverit, Sejus quoque heres esto etc. [1]).

Wir haben nun schon im vorigen §. gesehen, daß die Erbeinsetzungen, die Legate und Fideicommisse als ein Zeichen des Wohlwollens, der Zuneigung des Testators gegen den Honorirten angesehen werden [2]). Geht man von diesem Gesichtspuncte aus, so wird nothwendig erfordert werden, daß solche Dispositionen allein um des Honorirten willen hinterlassen sind; es muß dagegen schon dem ursprünglichen Gesichtspuncte widerstreiten, wenn Erbeinsetzungen, Legate oder Fideicomisse weniger aus dem Grunde hinterlassen sind, um dem Honorirten einen Vortheil zuzuwenden, als, um dadurch einen andern Zweck zu erreichen; und noch viel größer wird dieser Widerstreit seyn, wenn der eigentliche Grund für solche letztwillige Dispositionen darin liegt, durch dieselben einen Dritten zu bestrafen, so daß der Honorirte gewissermaßen nur als Mittel, als Werkzeug zur Bestrafung dieses Dritten

---

Frid. Es. a Puffendorf observat. Tom. I. Obs. 107. Brussel. l. c. Lib. IV. Tit II. Nr. 13. pag. 299. i. f. sq. Duran. l. c. P. III. cap. 9. Cujac. Recitat. ad Tit. Dig. de condit. instit. pr. Paratitl. in Cod. 6, 41. Perez in Cod. Tit. de his quae poenae nomine (6, 41.) Brunnemann. in Cod. eod. Donell. commentar. absolut. in Lib. VI. Cod. h. t. Thibaut System (8te Aufl.) §. 954. pos. III. a. E. Not. z—b.

1) Die verschiedenen Ansichten über den Begriff dieser Legate s. bei Bynkershoek opusc. de legatis poenae nomine relictis. cap. 1. und 2.

2) Goeschen l. c. pag. 108. Chr. L. Crell. Diss. an conditio quae propter casum impleri nequit, pro impleta habeatur. Vitemb. 1735. §. 1.

dienen soll. Ein feinfühlender Mensch wird in einer solchen zweideutigen Gunstbezeugung eher eine Beschämung oder Kränkung finden, weil er sich nicht als Zuchtruthe für den Andern gebrauchen lassen will [1]). Darum läßt es sich denn auch recht wohl denken, daß das feinere Gefühl der Römer für Ehre und Anstand [2]) in solchen Legaten eine turpitudo fand, und deßhalb die ganze Disposition für ungültig erklärte. Das eben Gesagte wird im Allgemeinen ausgesprochen in

Ulpiani fragm. Tit. XXIV. §. 17.

Poenae causa legari non potest [3]). Poenae autem causa legatur, *quod coërcendi heredis causa relinquitur, ut faciat quid, aut non faciat, non ut ad legatarium pertineat:* utputa hoc modo: Si filiam tuam in matrimonio Titio collocaveris, decem . . Sejo dato [4]);

---

1) Doch war nach den Gesetzen stets erlaubt, im Testamente Geldstrafen (mulcta, multa) zu Gunsten öffentlicher Cassen anzudrohen, wenn der Onerirte die von dem Testator gemachte Auflage nicht erfüllte: fr. 6. pr. fr. 27. pr. D. de cond. et dem. (35, 1.). Grund für die Gültigkeit solcher Dispositionen war wohl theils das Interesse für den fiscus, theils die so nahe liegende und natürliche Betrachtung, daß öffentliche Cassen, als juristische Personen, verwaltet von Dritten, welche nicht für ihren Privatvortheil den Gewinn, den der fiscus zieht, verfolgen, Alles das, was ihnen nicht gerade auf rechtswidrige Weise zugewendet wird, unbedenklich annehmen können, weil der Verwalter, wenn er auch bei einem Gewinn für eignes Interesse beschämt seyn würde, sobald er im öffentlichen Interesse handelt, diese doch immer mehr durch das individuelle Gefühl bestimmte Rücksicht weder nehmen kann, noch darf. So haben wir auch oben S. 244 oben gesehen, daß die conditio jurisjurandi bei Municipien wirksam ist, und durch deren Vorsteher der Eid ausgeschworen wird.

2) Das Verbot dieser Legate rührt, wie J. Capitolinus in vita Antonini Pii cap. VIII. berichtet, von dem Kaiser Antoninus Pius her, welcher bekanntlich die honestas und pietas in so hohem Grade begünstigte. S. meine Versuche Thl. 1. S. 10. Vergl. Bynkershoek l. c. cap. 1. pr.

3) Dasselbe gilt von Fideicommissen. Gajus II. §. 288. Item poenae nomine jam non dubitatur, nec *per fideicommissum* quidem relinqui posse. const. unica C. h. t. (6, 41.) Ulpian. fragm. Tit. XXV. §. 13.

4) Mit Ulpianus stimmt überein Gajus II. §. 235; er führt aber

und §. 36. J. de legatis (2, 20.) sagt:

Poenae quoque nomine inutiliter (antea) legabatur et adimebatur [1]), vel transferebatur [2]). *Poenae autem nomine legari videtur, quod coërcendi heredis causa relinquitur, quo magis aliquid faciat aut non faciat* etc.

Hierzu kommt noch

Theophilus ad §. 36. J. cit. (Reitz.)

verb.: Poenae nomine legari videtur, quod puniendi heredis causa relinquitur, quo magis quid faciat aut non faciat. — und: *Deinde legata ex benevolentia et amore erga legatarium relinquenda sunt, non ex odio heredis.*

Das Verbot der Dispositionen, welche im Testamente poenae nomine getroffen waren, galt nach dem Vorstehenden als so allgemein und durchgreifend, daß es sowohl auf Legate, als auf Fideicomisse sich bezog, und sowohl bei der anfänglichen Errichtung des Legats, als bei der Ademtion und der Translation desselben eintrat [3]).

---

noch weiter als Beispiel solcher Legate an: si heres intra biennium monumentum sibi non fecerit, X. Titio dari jusserit, poenae nomine legatum *videtur:* denique ex ipsa definitione multas similes species varias fingere possumus.)

1) Goeschen l. c. pag. 65—82. nimmt an, daß der Natur der Sache nach eine von der Translation verschiedene Ademtion nicht stattfinden könne, und daß in so ferne Justinian und Theophilus das ältere Recht mißverstanden hätten. Vergl. namentlich pag. 75.

2) Dasselbe Mißverständniß behauptet Goeschen l. c. pag. 82—95 bei den von Theophilus gewählten Beispielen der translatio legati. — Hier würde indessen eine nähere Erörterung der Sache zu weit führen. Man behält darum in jedem Falle am Schicklichsten die Unterscheidung der ademtio und translatio, wie sie von Justinian in den Gesetzen aufgestellt ist, bei; — zumal durch Aufhebung des Verbots der legata poena nomine relicta der ganze Gegenstand Antiquität geworden ist; und darum für die gegenwärtige Untersuchung kein unmittelbares Interesse mehr hat.

3) §. 36. J. de legatis (2, 20.) const. unica C. h. t. (6, 41.) verb.: nullum valere dicendo poenae nomine quaedam esse *relicta*, vel *ademta*, etc. — tam in adimendis hereditatibus, vel legatis, vel fideicommissis, vel libertatibus, quam in praecipiendo ad alias personas eas *transferri* ab eo, cui relicta ab initio sunt.

In gleichem Grade ungültig war auch die heredis institutio poenae nomine, welche man uneigentlich auch öfters unter der allgemeinen Bezeichnung der legata poenae nomine mit begreift: wenn nämlich auf den Fall, daß der heres institutus eine vom Testator ihm gemachte Auflage nicht erfüllte, ein coheres beigefügt war:

GAJUS II. §. 243.

Cetera vero, quae supra diximus, ad legata proprie pertinent. quamquam non inmerito quibusdam placeat, *poenae nomine heredem institui non posse:* nihil enim intererit, utrum legatum dare jubeatur heres, si fecerit aliquid, aut non fecerit, *an coheres ei adjiciatur* [1]), quia tam heredis adjectione, quam legati datione compellitur, ut aliquid contra propositum suum faciat.

Der mehrerwähnte §. 36. J. de legatis (2, 20.) drückt sich dagegen so aus:

Nihil enim intererat, qua ratione Titius coërceretur, utrum legati datione, an coheredis adjectione.

Ebenso galt auch das Verbot der legata poenae nomine relicta bei den militärischen Testamenten, bei denen doch sonst der Wille des Testators so unumschränkt war, und nicht minder dann, wenn Freilassungen, die gleichfalls so sehr begünstigt wurden, in Form solcher Legate hinterlassen waren, nach

§. 36. J. cit.

verb.: nec ex militis quidem testamento talia legata valebant, quamvis aliae militum voluntates in ordinandis testamentis valde observabantur: quin etiam nec libertates [2]) poenae nomine dari posse placebat. —

Nach der in dem Bisherigen entwickelten Ansicht ließe sich also wohl, im Einklange mit dem Geiste des römischen Rechts, ein genügender Grund für die gesetzliche Ungültigkeit der legata poenae nomine relicta annehmen.

Trotz dem hat Kaiser Justinian, der den Grund der bisher entwickelten Bestimmungen des älteren Rechts entweder

---

1) GOESCHEN l. c. pag. 94. sqq.

2) GAJUS II. §. 236. const. unica C. h. t. (6, 41.)

wirklich nicht erkannte, oder nicht erkennen oder gelten lassen wollte [1]), bekanntlich das allgemeine Verbot der legata poenae nomine relicta aufgehoben, und dasselbe nur auf die Fälle beschränkt, wenn im Testamente etwas den Gesetzen der Natur, des Rechts, oder der Moral Widerstreitendes angeordnet, und im Falle der Unterlassung dieser in der That unmöglichen Bestimmung ein Legat rc. als Strafe auferlegt war; wie die

const. unica i. f. C. h. t. (6, 41.) (JUSTINIANUS A. Mennae. P. P. 528.) ausdrücklich sagt:

Quod si aliquid facere, vel legibus interdictum, vel alias probrosum, vel etiam impossibile jussus aliquis eorum fuerit: tunc sine ullo damno, etiam neglecto testatoris praecepto servabitur [2]).

In diesen von Justinian beibehaltenen Fällen der legata poenae nomine relicta mußte denn freilich deren Ungültigkeit nothwendig eintreten, weil der Kaiser das physisch Unmögliche, oder das gesetzlich und moralisch Unerlaubte natürlich weder direct, noch indirect sanciren konnte [3]). —

Zum Schlusse der Untersuchung ist hier noch eine eigne Ansicht von Bynkershök [4]) zu erwähnen, welche derselbe vorzüglich stützt auf

fr. 1. D. de his quae poenae nomine (34, 6.) (AFRICANUS Libro Quaestion.)

Filio familias vel servo herede instituto, etiam si in patris dominive poenam *illicite vel probrose datum est*, nullius momenti legatum esse respondit: non enim id solum, quod in heredes, sed omne, quod in cujusque lucrum aliquod ex ultima voluntate sentientis, talem

---

1) Vergl. Thibaut civilist. Abhandl. S. 55. Not. 16. und dessen Versuche (2te Ausg.) Bd. 2. S. 148. Not. 17. (erste Ausg. S. 160. Not. 17.) Neustetel im Archiv für civ. Prax. Bd. III. S. 95 unten.

2) Damit stimmt überein §. 36. i. f. J. de legatis (2, 20.) DONELL. l. c.

3) THEOPHIL. ad §. 36. J. de legatis i. f.

4) l. c. cap. IV.

(poenam) in testamento scriptum sit, nullius momenti habendum.

Er behauptet nämlich auf den Grund des vorstehenden Gesetzes, daß auch vor Justinian die legata poenae nomine relicta nur dann verboten gewesen seyen, wenn etwas Unmögliches oder Unerlaubtes auferlegt, und auf den Fall der Nichterfüllung einer solchen Auflage das Legat ꝛc. hinterlassen worden sey; und, auf diesem Fundament weiter fortbauend, gelangt er zu dem so erorbitanten Resultate, daß Justinian wie Theophilus[1]) das ältere Recht völlig mißverstanden, und darum etwas als neu verordnet hätten, was schon früher nicht anders gewesen. Allein in dieser Behauptung liegt nicht bloß ein völliges Verkennen aller bisher entwickelten, mit dem Geiste des römischen Rechts durchaus harmonirenden, allgemeinen Bestimmungen, sondern insbesondere auch ein gänzliches Mißverstehen des erwähnten fr. 1.; denn das *illicitum* und *probrosum* liegt ja eben darin, daß etwas *poenae nomine* hinterlassen ist[2]); nirgends aber wird angedeutet, daß das Legat nur dann ungültig sey, wenn es auf den Fall der Unterlassung einer unmöglichen oder unerlaubten Auflage hinterlassen worden; was doch sicher hätte geschehen müssen, weil das gedachte fr. 1. natürlich so lange als übereinstimmend mit den übrigen Vorschriften in Justinian's Compilation angenommen werden muß, bis sich eine Ausnahme, (die nach der Ansicht von Bynkershök doch sicher vorhanden wäre,) gehörig nachweisen läßt.

§. 65.

F. Bedingungen, durch welche letztwillige Dispositionen von dem Willen eines Dritten abhängig gemacht werden.

Es ist ein bekannter Grundsatz des römischen Rechts, daß bei letztwilligen Dispositionen der Wille des Testators allein

---

1) Bynkershoek l. c. cap. IV. u. VIII. vorzüglich i. f.

2) Schon die glossa ad h. l. bemerkt dieß richtig, indem sie sagt: haec — dicuntur hic illicite vel probrose relinqui *eo ipso quod nomine poenae relinquuntur.*

entscheiden, jede Einwirkung eines Dritten aber durchaus verbannt seyn soll.

Dieser Grundsatz wird ganz allgemein ausgesprochen von Gajus in

fr. 32. pr. D. de hered. inst. (28, 5.) (Lib. 1. de testam. ad Edict. Praetor. urban.)

Satis constanter veteres decreverunt, testamentorum jura ipsa per se firma esse oportere, non ex alieno arbitrio pendere;

und er findet zunächst Anwendung bei solchen Bedingungen, welche eine Erbeinsetzung ausdrücklich in den Willen eines Dritten stellen; denn in dem eben theilweise angegebenen fr. 32. pr. lautet der Vordersatz, aus welchem der oben aufgestellte allgemeine Grundsatz abstrahirt ist, also:

Illa institutio, *quos Titius voluerit* [1]), ideo vitiosa est, quod alieno arbitrio permissa est [2]).

Was aber in fr. 32. cit. von Erbeinsetzungen gesagt worden, muß nicht minder von Legaten und ebenso auch von Fideicommissen gelten. Dafür spricht theils der im fr. 32. pr. enthaltene allgemeine Grundsatz, theils die specielle Anwendung desselben in einzelnen Gesetzesstellen, namentlich in

fr. 52. D. de cond. et dem. (35, 1.) (Modestinus Lib. 7. Differentiar.)

verb.: Non — poterit aliis verbis utiliter legari, *si Maevius voluerit, Titio decem do:* nam in alienam voluntatem conferri legatum non potest [3]).

---

1) Daß hier durch das pronomen relativum „quos" eine Bedingung ausgedrückt ist, bedarf nach S. 16. Not. 11. ff. oben keiner weiteren Ausführung.

2) Vergl. Duaren. commentar. in Tit. Dig. de condit. instit. cap. IV. i. f. pag. 415 sq. Cujac. recitat. ad Tit. Dig. de legatis I. l. 43. §. 2. ad Tit. D. de legatis II. l. 1. Cujac. observat. Lib. II. cap. 2. Vinnii quaestion. select. Lib. II. cap. 25. Brussel. l. c. Lib. III. Tit. 5. Nr. 17. pag. 250. Ziegler l. c. Nr. XLVI. Voet. l. c. Lib. 28. Tit. 5. Nr. 29.

3) Dem Willen des Legatars darf natürlich das Legat auch ausdrücklich überlassen werden, weil ja bei jedem Legat der Erwerb dessel-

Wenn indessen nach dem Bisherigen die Erbeinsetzungen und Legate auch nicht ausdrücklich in den Willen eines Dritten gestellt werden können, so verbieten doch die römischen Gesetze nicht, dasselbe Resultat stillschweigend, oder indirect zu bewirken, nach dem allgemeinen Grundsatze: **Expressa nocent, non expressa non nocent** [1]).

Dieser Grundsatz entspricht der, auch in andern Fällen [2]) sich zeigenden Eigenthümlichkeit des römischen Rechts, daß etwas zugelassen wird, was in seinen Wirkungen eigentlich den Gesetzen widerstreitet, wenn nur die Form gewahrt ist, so daß der Widerstreit nicht zu grell hervortritt [3]).

Als Beleg für die Anwendung des eben erwähnten allgemeinen Grundsatzes auf den concreten Fall diene hier eine schon oben stückweise mitgetheille Stelle aus den Werken des Modestinus, nämlich

fr. 52. D. de cond. et dem. (35, 1.) (Modestin. Lib. 7. Differentiar.)

Nonnunquam contingit, ut quaedam nominatim expressa officiant, quamvis omissa tacite intelligi potuissent, nec essent obfutura: quod evenit, si alicui ita legatur: *Titio decem do, lego, si Maevius Capitolium ascenderit:* nam quamvis in arbitrio Maevii sit, an Capitolium ascendat [4]), et velit efficere, ut Titio legatum debeatur: non tamen poterit aliis verbis utiliter legari, *si Maevius voluerit, Titio decem do:* nam in alienam voluntatem

---

den auf dem Willen des Legatars beruht: fr 69. D. de cond. et dem. (35, 1.) fr. 65. §. 1. D. de legatis I. (30.)

1) fr. 195. D. de R. J. fr. 52. i. f. D. de cond. et dem. (35, 1.) fr. 65. §. 1. D. de legatis I. (30.) Klüpfel über einzelne Theile des bürgerlichen Rechts. Nr. VIII. §. 4.

2) Vergl. im Allg. fr. 138. §. 1. D. de V. O. (45, 1.) fr. 27. §. 3. D. de pactis (2, 14.) fr. 1. §. 7. D. depositi (16, 3.) fr. 77. i. f. D. de R. J. fr. 68. i. f. D. de hered. inst. (28, 5.)

3) fr. 68. i. f. D. de hered. inst. (28, 5.) verb.: quando si verbis tegantur, eandem significationem habeant etc.

4) fr. 3. D. de legatis II. (31.)

conferri legatum non potest. Inde dictum est, expressa nocent, non expressa non nocent.

Daran schließt sich eine Stelle aus **Pomponius (Lib. 7 ad Quintum Mucium.)**, welche den fraglichen Grundsatz zunächst auf Erbeinsetzungen anwendet; nämlich

fr. 68. D. de hered. inst. (28, 5.)

> **Si quis Sempronium heredem instituerit sub hac conditione, *si Titius in Capitolium ascenderit:* quamvis non alias heres esse possit Sempronius, nisi Titius ascendisset in Capitolium, et hoc ipsum in potestate sit repositum Titii; quia tamen scriptura non est expressa voluntas Titii, erit utilis ea institutio. Atquin si quis ita scripserit, *si Titius voluerit, Sempronius heres esto:* non valet institutio. Quaedam enim in testamentis si exprimantur, effectum nullum habent: quando, si verbis tegantur, eandem significationem habeant, quam haberent expressa? (et) momentum aliquod habebunt. etc.**

Als Resultat der bisherigen Untersuchung geht nun hervor, daß letztwillige Dispositionen, sowohl Erbeinsetzungen, als Legate, nicht ausdrücklich in den Willen eines Dritten gestellt werden können, wie in der Form: si Titius voluerit, Sempronius heres esto, oder si Maevius voluerit, Titio decem do; daß es dagegen nicht unzulässig erscheint, wenn dieß stillschweigend in Form einer Bedingung geschieht, welche eine Handlung enthält, deren Vornahme allein von dem Willen des Dritten abhängt: z. B. si Titius Capitolium ascenderit, Sempronius heres esto, oder si Maevius Capitolium ascenderit, Titio decem do, lego. —

Der ganzen bisherigen Ausführung scheint aber Ulpianus in verschiedenen Stellen seiner Schriften, welche in Justinian's Compilation aufgenommen sind, zu widersprechen.

Die Gesetzesstellen sind

fr. 13. §. 2. D. de legatis I. (30.) (Ulpianus Lib. 21. ad Sabinum.)

fr. 1. pr. D. de legatis II. (31.) (Ulpianus Lib. 9. ad Sabinum.)

fr. 46. §. 2. D. de fideicommissis libertatibus (40, 5.) (Ulpianus Lib. 6. Disputationum.)

Die in den vorstehenden Gesetzen enthaltenen Aussprüche des Ulpianus haben nun schon von der Zeit der Glossatoren an die verschiedenartigsten Versuche veranlaßt, um dieselben mit den in der vorhergehenden Untersuchung angeführten Gesetzesstellen zu vereinigen, so daß die gegenwärtige Streitfrage wohl mit Recht zu den berühmten Controversen gezählt werden kann [1]).

Vorzüglich das fr. 1. pr. D. de legatis II. cit. ist der Gegenstand mannigfaltiger Auslegung gewesen: man hat theils durch Emendation des Textes zu helfen gesucht, theils zwischen der reinen Willkühr und dem arbitrium des Dritten, quasi boni viri, unterschieden; man hat das pr. des fr. 1. cit. theils als selbstständig für sich, theils ausschließend in Beziehung auf den darauf folgenden §. 1. betrachtet, und allein auf diesen angewendet [2]); und es haben sich dann wieder bei diesen einzelnen Ansichten mancherlei Nüancen und Schattirungen gezeigt; auch ist endlich von Manchen jeder Vereinigungsversuch der fraglichen Gesetzesstellen für vergeblich erklärt worden [3]). Eine umfassende Zusammenstellung und Prüfung dieser sich durchkreuzenden Ansichten ist theils von Schrader [4]), theils in neuerer Zeit von Glück [5]) gegeben worden.

Hier genügt eine Hinweisung auf die eben genannten Schriften, da eine vollständige Aufzählung früherer Ansichten, welche doch nur zu Wiederholungen führen würde, der bisher bei der Untersuchung befolgten Methode nicht entspricht; vielmehr wird hier die Aufgabe dahin zu stellen seyn, die frag-

1) Vergl. über die so zahlreiche Literatur dieser Controverse die in den folgenden Noten angeführten Schriften von Schrader und Glück. Vergl. auch Thibaut System (8te Aufl.) §. 951. Not. g.

2) Neustetel im Archiv für civ. Prax. Bd. 3. Nr. VII.

3) Z. B. von Schrader in der in der folg. Note angeführten Abhandl. §. 8. u. A. S. Glück Commentar. Bd. 33. S. 458. Not. 38—44.

4) Abhandlungen aus dem Civilrechte. Bdch. 1. Nr. III.

5) Commentar Bd. 33. §. 1406. u. 1406 a). S. 440—478. Bd. 34. §. 1406 b). S. 1—23.

liche Controverse zunächst aus den Gesetzen selbst, jedoch mit steter Beziehung auf die früher ausgesprochenen Ansichten, in so ferne diese mit der hier vertheidigten sich verbinden lassen, zu behandeln; dagegen alle übrigen gänzlich abweichenden Ansichten auszuscheiden, weil ein tieferes Eingehen in dieselben zu weit führen würde, und, wenn die hier vertheidigte Meinung gegründet ist, die von derselben abweichenden Ansichten sich von selbst als ungegründet darstellen müssen. —

Wir betrachten zunächst den allgemeinen Ausspruch des Ulpianus in

fr. 13. §. 2. D. de legatis I. (30.) (Lib. 21. ad Sabinum.) Legatum in aliena voluntate poni potest; in heredis non potest.

Mit vollem Rechte wird behauptet [1]), daß dieser Ausspruch so allgemein und unbestimmt gefaßt sey, daß er durch die andern Stellen aus den Schriften desselben Juristen näher erklärt werden müsse.

Zu diesem Zwecke wird das fr. 1. pr. D. de legatis II. (31.) cit. vollkommen geeignet seyn; denn es ist aus Ulpian. Lib. 9. ad Sabinum. entlehnt, während das eben mitgetheilte fr. 13. §. 2. aus Ulpian. Lib. 21. ad Sabinum herrührt. Ulpianus konnte darum in dem späteren Buche desselben Werks, (woraus fr. 13. §. 2. cit. stammt,) unter Voraussetzung der bereits früher gegebenen genaueren Bestimmung, den Satz: „Legatum in aliena voluntate poni potest,“ eher so allgemein ausdrücken, ohne daß dadurch gerade ein wirkliches Mißverständniß zu befürchten war.

Das fr. 1. pr. cit. lautet nun:

In arbitrium alterius conferri legatum, *veluti conditio* potest; quid enim interest, *Si Titius Capitolium ascenderit*, mihi legetur: an, *Si voluerit?*

Verbindet man dieses fr. mit dem oben angeführten fr. 13. §. 2., so wird der Fall, in welchem das Legat in den Willen eines Dritten gestellt werden kann, allein dann eintreten, wenn dieß in Form einer Bedingung (veluti conditio) ge-

1) Glück a. a. O. B. 33. S. 368 unten u. 369.

schieht, d. h. wenn es von einer zur Bedingung gemachten äußeren Handlung abhängig gemacht wird, deren Vornahme bloß in dem Willen des Dritten liegt [1]). Eine solche Bedingung wird nun in dem Nachsatze selbst angegeben: si Titius Capitolium ascenderit.

Das fr. 1. pr. ist demnach wohl also zu interpretiren: „Ein Legat kann in den Willen eines Dritten gestellt werden, „wenn dieß in Form einer Bedingung geschieht; denn welcher „Unterschied ist (dem Wesen nach) zwischen der Bestimmung: „si Titius Capitolium ascenderit, und si Titius voluerit? „m. a. W. sind nicht beide gleichviel von dem Willen des „Dritten abhängig?“

Daß das Legat gültig sey, wenn es in der Disposition heißt, „si Titius voluerit“, ist weder direct gesagt, noch läßt es sich aus dem Zusammenhange entnehmen, sondern es wird vielmehr in dem Gesetze allein die Behauptung Ulpian's: In arbitrium alterius conferri legatum, *veluti conditio* [2]), potest erklärt, indem eine solche Bedingung angeführt wird: „si Capitolium ascenderit“; und alsdann, um zu zeigen, daß diese Bedingung wirklich in den Willen des Dritten gestellt sey, gesagt: quid enim interest, *si Titius Capitolium ascenderit* mihi legetur: an *si voluerit?*

Nach dieser Ausführung stimmt denn Ulpianus in den beiden angegebenen Gesetzesstellen mit den oben als Regel angenommenen Aussprüchen der andern Juristen, des Gajus [3]), Pomponius [4]), und namentlich mit Modestinus [5]), sei-

1) Glück a. a. O. Bd. 33. S. 400.

2) Die Bestimmung „si voluerit“ würde dagegen hier nicht als wirkliche conditio (im Geiste des Gesetzes) gelten, weil sie nach fr. 52. D. de cond. et dem. (35, 1.) und fr. 68. D. de hered. inst. (28, 5.) ausdrücklich auf den Willen des Dritten gestellt ist; denn ein Widerspruch zwischen Ulpianus und den andern Juristen, namentlich seinem Schüler Modestinus, kann doch gewiß nicht angenommen werden, wenn sich die Gesetze so leicht, wie hier, mit einander vereinigen lassen.

3) fr. 32. pr. D. de hered. inst. (28, 5.)

4) fr. 68. D. eod.

5) fr. 52. D. de cond. et dem. (35, 1.)

nem Schüler [1]), im Ganzen überein, weil auch er (Ulpianus) den Unterschied, ob das Legat ausdrücklich in den Willen des Dritten gestellt (si voluerit) [2]), und ob es bloß stillschweigend (implicite) in Form einer Bedingung (veluti conditio) geschehen ist, wohl beobachtet, und demnach mit dem Grundsatz: Expressa nocent, non expressa non nocent, völlig harmonirt. —

Mehr Schwierigkeit wird die dritte der oben erwähnten Gesetzesstellen veranlassen, nämlich

fr. 46. §. 2. D. de fideicommissis libertatibus (40, 5.) (Ulpianus Lib. 6. Disputat.)

Sed si ita adscriptum sit, *si Sejus voluerit: Stichum liberum esse volo:* mihi videtur posse dici, valere libertatem: quia conditio potius est, quemadmodum si mihi legatum esset, *si Titius Capitolium ascenderit.*

Nach diesem Gesetze war in dem Testament ausdrücklich gesagt: si Sejus voluerit, Stichum liberum esse volo; und diese Disposition wird von Ulpianus für gültig erklärt: es ist also geradezu gegen den Grundsatz: Expressa nocent, non expressa non nocent, verstoßen, weil eben das Fideicommiß ausdrücklich in den Willen des Dritten gestellt war.

Ulpianus selbst scheint das Abweichende dieses seines Ausspruchs recht wohl gefühlt zu haben, weil er hier mit so bedenklicher Miene sagt: mihi *videtur posse dici*, valere libertatem: quia conditio *potius* est, während er oben in fr. 1. pr. D. de legat. II. cit. so bestimmt und unumwunden spricht.

Es muß darum, weil sich eine Vereinigung dieser Gesetzesstelle mit allen vorher angeführten nicht wohl denken läßt, eine Ausnahme von der gesetzlichen Regel zu Gunsten der fideicommissa libertas angenommen werden [3]), in der Art, daß Ulpianus hier das in fr. 1. pr. D. de legat. II. cit. enthaltene Raisonnement gewissermaßen umdreht.

---

1) Glück a. a. O. S. 447. Not. 5.

2) Vergl. fr. 52. D. de cond. et dem. (35, 1.) fr. 68. D. de hered. inst. (28, 5.).

3) Glück a. a. O. Bd. 33. S. 474 u. 475.

In fr. 1. pr. sagt er nämlich: Das Legat kann stillschweigend in Form einer Bedingung in den Willen eines Dritten gestellt werden; das zeigt die Gültigkeit der Bedingung, si Titius Capitolium ascenderit, welche doch im Grunde ebenso gut auf dem Willen des Dritten beruht, wie die Bestimmung: si Titius voluerit. — Hier aber meint Ulpianus, die fideicommissa libertas könne doch wohl zu Theil werden, wenn der Testator im Testamente geschrieben: si Sejus voluerit: Stichum liberum esse volo, weil diese Bestimmung ja auch mehr als eine Bedingung gelten könnte; ebenso wie wenn das Legat in der Form hinterlassen wäre, si Titius Capitolium ascenderit. Es ist also hier nicht bloß, wie in fr. 1. cit., der Satz, daß ein Legat in den Willen eines Dritten gestellt werden kann, aus dem Beispiel der Gültigkeit der Bedingung, si Titius Capitolium ascenderit, erklärt, sondern gerade umgekehrt die Gültigkeit der Bestimmung, si Titius voluerit, troß dem, daß diese ausdrücklich auf den Willen des Dritten gestellt ist, aus der Gültigkeit der Bedingung, si Titius Capitolium ascenderit, gefolgert, obgleich diese letztere nur stillschweigend die Disposition in den Willen des Dritten stellt.

Als Grund für die Behauptung, daß in dem fr. 46. §. 2. cit. eine gesetzliche Ausnahme enthalten sey, mag dieß Gesetz selbst in seinem Zusammenhange dienen. Es lautet also: pr. Fideicommissa libertas ita potest dari, *Heres si volueris, fidei tuae committo, ut Stichum manumittas:* quamvis nihil aliud in testamento potest valere ex nutu heredis. §. 1. Plane et si ita, *si Stichus voluerit*, potest ei libertas adscribi [1]). Im §. 3. wird sodann die Freiheit verliehen, wenn das Fideicommiß ausdrücklich in den Willen eines Dritten gestellt; und im §. 4., wenn dasselbe von dem Willen des Erben, quasi boni viri arbitrio, abhängig gemacht ist.

Es werden demnach in dieser Gesetzesstelle alle möglichen Fälle aufgezählt: nämlich, wenn die fideicommissa libertas in

1) fr. 69. D. de cond. et dem. (35, 1.)

den bloßen Willen des Erben, des zu Manumittirenden, eines Dritten, oder in das arbitrium des Erben, quasi boni viri, gestellt ist. In allen diesen Fällen wird die fideicommissa libertas für gültig erklärt.

Gehen wir nun auf das pr. des Gesetzes zurück, so ergiebt sich daraus unzweifelhaft, daß hier von einem Ausnahmsfall die Rede ist. Oben in fr. 43. §. 2. D. de legatis I. cit. haben wir nämlich gesehen, daß Ulpianus zwar das Legat gelten läßt, wenn es in den Willen eines Dritten, nimmer aber, wenn es in den Willen des Erben gestellt war.

Darum ist in fr. 46. pr. cit. offenbar eine Ausnahme von der von Ulpianus selbst so bestimmt ausgesprochenen Regel vorhanden, weil hier die fideicommissa libertas in die reine Willkühr des Erben gestellt wird. Diese Ausnahme gibt denn auch der Jurist ausdrücklich in den Worten zu: quamvis nihil aliud in testamento potest valere ex nutu heredis.

Wenn aber im pr. des fr. 46. cit. die Existenz einer Ausnahme von der Regel so deutlich aus den Worten des Gesetzes selbst nachgewiesen werden kann, muß dieß nicht auch im §. 2. desselben Gesetzes angenommen werden, da doch die in demselben enthaltene Bestimmung so sehr von allen übrigen Gesetzen abweicht? —

Durch die eben erwähnte Ausführung werden wir denn noch schließlich zur genaueren Betrachtung der Gründe geführt, warum Legate nicht in den bloßen Willen des Erben[1]) gestellt werden dürfen.

Hier läßt sich wieder, wie in dem Falle, wenn die Dis-

1) Dagegen kann das Legat recht wohl in den Willen des Erben oder eines Dritten, quasi boni viri arbitrio, gestellt werden: fr. 75. pr. D. de legatis I. (30.) fr. 11. §. 7. D. de legatis III. (32.) fr. 1. §. 1. D. de legatis II. (31.) fr. 46. §. 1—3. D. de fideicom. libertat. (40, 5.) fr. 7. §. 1. D. de rebus dubiis (34, 1.) fr. 22. §. 1. D. de R. J. u. a. m. Brussel. l. c. Lib. III. Tit. V. Nr. 22. pag. 257. Duran. l. c. P. III. cap. 4. Nr. 4. i. f. Nr. 5. sqq. Ziegler l. c. Nr. XLIII. sqq. XLVII. Weber zu Höpfner's Commentar. §. 488. Not. 5. pos. 4.

position in den Willen eines Dritten gestellt ist, eine doppelte Möglichkeit gedenken, nämlich: daß die Disposition entweder ausdrücklich, oder daß sie nur stillschweigend in den Willen des Erben gesetzt wird.

In beiden Fällen muß das Legat als ungültig erscheinen, wie selbst Ulpianus in dem oben mitgetheilten fr. 43. §. 2. D. de legatis I. so deutlich ausspricht.

Die Gründe für diese Ungültigkeit sind folgende [1]):

Nehmen wir erstens den Fall an, daß das Legat ausdrücklich in den Willen des Erben gestellt ist, wie in dem Beispiele: Titio decem do, lego, si heres voluerit, so braucht, um die Ungültigkeit dieser Disposition darzuthun, nur auf §. 24. S. 120 u. 121. Not. 3. u. 4. oben zurückgewiesen zu werden. Eine solche Bedingung widerspricht nämlich dem Wesen des Rechtsverhältnisses; denn der Erbe soll durch Antretung der Erbschaft quasi ex contractu verpflichtet werden, die Bedingung zu erfüllen; die conditio „si voluerit" hebt aber diese Verpflichtung geradezu auf, und macht somit die ganze Disposition ungültig, weil bei Hinzufügung einer solchen Bedingung ein Rechtszwang, (welcher doch das Characteristische des Vertragsverhältnisses ausmacht,) gegen den Erben nicht begründet wird [2]).

Nehmen wir dagegen an, daß das Legat stillschweigend in den Willen des Erben gestellt wird; wenn nämlich auf den Fall, daß der Erbe eine willkührliche Handlung vornehme, oder nicht vornehme, etwas hinterlassen ist; z. B. Titio decem do, lego, si heres Capitolium ascenderit, vel non ascenderit; — so fällt eine solche Disposition unter den Begriff der legata poenae nomine relicta, wie schon Donellus a. a. O. gezeigt hat; denn der Erbe soll dann durch die Disposition zu einer Handlung oder Unterlassung genöthigt werden. (S. den vorhergeh. §.)

Nach der vorstehenden Ausführung kann nun wohl mit

1) Donell. commentar. jur. civ. Lib. VIII. cap. 15 §. 8. Glück Commentar. Bd. 33. S. 470.

2) Weber zu Höpfner's Commentar. §. 488. Not. 5. pos. 3. i. f.

Grund angenommen werden, daß nach den Vorschriften des römischen Rechts letztwillige Dispositionen von dem Erben selbst ausgehen müssen, nicht aber in den Willen eines Andern gestellt seyn können. Dagegen ist eine bekannte Streitfrage, ob das canonische Recht an diesen Bestimmungen der römischen Gesetze eine allgemeine Aenderung vorgenommen habe durch das

cap. 13. X. de testamentis et ultimis voluntatibus (3, 26.) (Innocentius III. Altissiodorens. Episcopo an. 1212. Roma in Galliam.)

In secunda quaestione dicimus, quod qui extremam voluntatem in alterius dispositionem committit, non videtur decedere intestatus.

Bekanntlich haben sich über dieses Gesetz zwei verschiedene Ansichten gebildet: die eine, welche dieses Gesetz nur auf Geistliche anwenden will, wurde schon früher vertheidigt von J. H. Böhmer[1]), und später vorzüglich genauer ausgeführt von Glück[2]); die andere, welche daraus eine ganz allgemeine derogatorische Vorschrift ableitet, ist genauer entwickelt von Schrader[3]), dem auch die meisten Neueren[4]) gefolgt sind. —

Wiewohl nun die Entscheidung dieser Controverse unserer Untersuchung, in soferne dieselbe die Theorie der unmöglichen Bedingungen nach römischem Rechte enthält, strenge genommen nicht angehört, so erlaubt sich doch der Verf. einige Bemerkungen gegen die letztere der erwähnten Ansichten der Vollständigkeit wegen anzufügen, indem er sich dabei vorzüglich an die Ausführung von Glück anschließt, welche seinem Ermessen nach die überwiegenden Gründe für sich hat.

---

1) Jus ecclesiast. Protestant. Lib. III. Tit. 26. §. 56.

2) Comm. Innocentius III. in cap. 13. X. de testamentis, juri civili haud derogans. Erlang. 1784. Sect. II. Opusc. Fasc. I. pag. 238. sqq. u. Commentar Bd. 33. §. 1406 a) S. 477. ff. Bd. 34. §. 1406 b) S. 1—23.

3) Abhandlungen aus dem Civilrecht. 1. Bdch. Nr. 3.

4) Thibaut System (8te Ausg.) §. 951. Not. f. v. Wening-Ingenheim Lehrbuch. Buch V. §. 61. Not. 5. u. A. m.

1) Unläugbar ist vorerst, daß das canonische Recht in cap. 13. cit. eine correctorische Bestimmung enthält, welche also strict zu interpretiren ist.

An dieser Interpretationsregel muß hier um so mehr festgehalten werden, als jenes cap. 13. nur allgemeinhin, ohne nähere Erläuterung, einen Ausspruch des Pabstes Innocenz III. mittheilt, welcher, wenn man ihn in seiner vollen Ausdehnung gelten lassen will, das ganze römische testamentarische Erbrecht in seinen Fundamenten erschüttert und umgestaltet. Denn es ergiebt sich alsdann aus jenem Gesetze das so exorbitante Resultat, daß nicht der Testator, sondern ein Dritter das Testament errichtet, und zwar nach dem Tode des Erblassers errichtet. Die Fragen: welche Form der Dritte befolgen, ob er die Notherben des Erblassers im Testamente einsetzen müsse? u. a. m., über welche das canonische Recht keine Sylbe enthält, bilden dabei nur eine untergeordnete Schwierigkeit; wohl aber würde, wenn man der hier bestrittenen Ansicht folgen wollte, der ganze Character der Testamente, als selbstständiger letztwilliger Dispositionen, völlig aufgehoben, und sogar das Verbot des Senatusconsultum Libonianum umgangen werden können — wie Glück [1]) näher gezeigt hat; — und dieß Alles ohne speciellere Vorschrift des canonischen Rechts als bloßer Ausfluß eines unbestimmt und allgemein hingestellten Satzes! —

Schrader selbst [2]) macht nun von seiner allgemeinen Behauptung die Ausnahme, daß man die Vormundsernennungen im Testamente keinem Andern überlassen dürfe, weil hierbei ein certum judicium [3]) erfordert werde. — Allein wird wohl nach der ganzen bisherigen Ausführung zur Erbeinsetzung, welche doch den Hauptinhalt des Testaments [veluti caput atque fundamentum totius testamenti [4])] bildet,

1) a. a. O. Bd. 34. S. 15. ff.

2) a. a. O. §. 5. u. 15.

3) §. 27. i. f. J. de legatis (2, 20.)

4) §. 34. pr. J. de legatis (2, 20.) also kurz nach §. 27. cit., welcher bei der Vormundsernennung ein certum judicium fordert.

nach römischem Rechte weniger ein certum judicium erfordert? oder war es nach den Begriffen der Römer minder wichtig, wer künftig den Erblasser repräsentiren ꝛc., als wer Vormund der hinterlassenen Kinder seyn sollte? — oder welcher andere besondere Grund berechtigt zu der obigen Ausnahme, wenn man einmal das cap. 13. als einen allgemeinen Grundsatz gelten läßt?

Zu dieser ersten Ausnahme fügt man noch eine zweite Modification: daß nämlich dem *oneratus* nur unter den näheren Bestimmungen des römischen Rechts überlassen werden könne, wem und was er auszahlen solle, weil bei diesem der besondere Grund eintrete, daß er Schuldner des *honoratus* sey. — Allein der oneratus kann doch nicht eher Schuldner des honoratus seyn, als bis er diesen (dessen Ernennung allein in seinen Willen gestellt war) wirklich ernannt hat: hat er ihn aber ernannt, und das, was ihm hinterlassen werden soll, bestimmt, so bleibt der Willkühr des oneratus nichts mehr überlassen, weil er sein Wort, (wenigstens wenn es vom honoratus angenommen worden ist,) nicht mehr einseitig zurücknehmen kann; wiewohl auch hier noch gar manche Puncte einer näheren Bestimmung und Erläuterung bedürfen würden, welche jedoch nirgends gegeben ist [1]).

Auf der anderen Seite sprechen dagegen für die Ansicht von Glück auch noch die folgenden positiven Gründe:

2) Das erwähnte cap. 13. X. de testam. ist, wie aus dessen Ueberschrift hervorgeht, der letzte Theil eines Rescripts von Pabst Innocenz III. an den Bischof von Auxerre in Frankreich, dessen erster Theil in cap. 18. X. de V. S. enthalten ist; wie sich gleichfalls aus der Ueberschrift dieser letzten Gesetzesstelle ergiebt. Aus dem in cap. 18. aufgenommenen ersten Theile geht nun hervor, daß in dem ganzen Rescript von einem Falle die Rede war, welcher allein auf Geistliche, clerici, sich bezog; denn im Vordersatz wird die Frage entschieden, ob canonici zu den clericis zu zählen seyen, weß-

1) Glück a. a. O. Bd. 31. S. 17. ff.

halb denn auch das Gesetz offenbar am Passendsten in dem Tit. de V. S. seine Stelle findet. Daran schließt sich, als Antwort auf eine zweite Frage, der in cap. 13. X. de testam. enthaltene Schlußsatz des Rescripts, welcher, wenigstens nach dieser (im Rescript selbst liegenden) Verbindung allein von dem im Mittelalter häufiger vorkommenden Falle verstanden werden kann, daß Geistliche [aber auch nur diese [1])] die Dispositionen über ihren Nachlaß vertrauten Personen (manufideles) als testatores und ordinatores überließen, um dadurch dem Bischof das [öfters durch ein päbstliches Indult verliehene [2])] Recht zu entziehen, vermöge dessen derselbe den Nachlaß des ohne Testament verstorbenen Geistlichen einziehen durfte [3]).

3) Es bleibt darum für die hier bestrittene Ansicht nur der Hauptgrund übrig, daß die Bestimmung des cap. 13. cit. durch ihre Aufnahme in den Tit. de testamentis et ultimis voluntatibus als ein ganz allgemeiner Rechtsgrundsatz gelten müsse, weil sie ganz allgemein gefaßt ist, und ohne alle nähere Verbindung in dem Haupttitel steht.

Doch läßt sich auch dagegen wieder Folgendes einwenden: Wenn auch der letzte generell lautende Theil des Rescripts von dem vorhergehenden specieller gefaßten getrennt ist, so erscheint doch das cap. 13. cit. so, wie es im Titel de testamentis steht, nicht außer aller Beziehung zu den gesetzlichen Vorschriften über die Testamente der Geistlichen; denn das unmittelbar vorhergehende cap. 12. X. de testam. spricht ausdrücklich von den Testamenten der Cleriker, und darum kann man, ohne den Vorwurf eines unnatürlichen Zwangs zu verschulden, wohl annehmen, daß das darauf folgende cap. 13. auch mit Beziehung auf die vorhergehende Gesetzesstelle allein von diesem Testamente handle. Das wird auch noch dadurch bestärkt, daß im Mittelalter kein von Laien handelndes

---

1) S. weiter unten.

2) cap. 18. pr. X. cit.

3) Das Nähere s. bei Glück a. a. O. Bd. 34 S. 4 ff.

Statut sich findet, worin die letzte Willensdisposition einem Dritten überlassen würde, wie Glück[1]) näher zeigt.

4) Das Gesagte findet noch eine weitere Bestätigung durch das von Glück[2]) mitgetheilte Statut des Domcapipels des St. Petrus Stifts zu Mainz aus dem Jahre 1264, mithin nicht viel später, als das Rescript, woraus cap. 13. entlehnt ist.

In diesem Statut ist dieselbe Bestimmung, wie in cap. 13. enthalten; allein sie wird ausdrücklich auf die Geistlichen bezogen, verb: alioquin *Manufideles* ab ipso electi remaneant, *cum non intelligatur decedere intestatus, qui testamentum vel ordinationem rerum suarum alterius potestati committit.*

5) Auf jeden Fall muß für das heutige Recht behauptet werden, daß die Bestimmung des cap. 13. bei uns keine practische Gültigkeit mehr hat; denn die Notariats-Ordnung von 1512, welche in Beziehung auf die Form der Testamente allein an das römische Recht, als gesetzliche Norm, sich anschließt[3]), führt unter diesen Formen in §. 8. (vergl. mit §. 5. u. 9. i. A.) ausdrücklich auch als nothwendiges Erforderniß an, daß der Testator bei dem mündlichen Testamente jedesmal die Erben und Legatare in Gegenwart der Zeugen selbst nennen solle; woraus mit Nothwendigkeit folgt, daß auch in dem schriftlichen Testamente die Einsetzung des Erben und die Ernennung des Singularsuccessor von dem Testator selbst erfolgen muß, wenn auch im letzteren Falle ein Benennen der Erben und Legatare in Gegenwart der Zeugen nicht gerade nöthig erscheint. Darum zieht auch Glück[4]) mit Recht aus der erwähnten Bestimmung der N. O. den Schluß, daß jetzt selbst bei Geistlichen die Ernennung des Erben und Legatars nicht mehr in den Willen eines Dritten gestellt werden kann[5]).

1) a. a. O. S. 5.

2) a. a. O. S. 8. Not. 12.

3) S. meine Versuche Th. 1. S. 218 ff.

4) a. a. O. S. 20.

5) v. Cramer Wetzlar. Beiträge. Th. 3. Nr. XII. S. 62 ff.

§. 66.

G. Captatorische Erbeinsetzungen und Legate.

Es kann hier nicht die Absicht des Verf. seyn, die Lehre von den captatorischen Erbeinsetzungen und Legaten [1]), welche bei den mangelhaften und vieldeutigen Bestimmungen der Gesetze so manchen Schwierigkeiten unterliegt, in ihrem ganzen Umfange detaillirt zu behandeln; vielmehr entspricht dem Zwecke der gegenwärtigen Untersuchung nur eine gedrängte Darstellung des Begriffs und des allgemeinen Characters dieser Dispositionen, namentlich in so ferne dieselben hierher in die Lehre von den unmöglichen Bedingungen gehören [2]). — Mit dieser Darstellung müssen sich nun zwar einige Bemerkungen über neuere Ansichten verbinden, durch welche der früher ganz allgemein angenommene Begriff captatorischer Dispositionen wesentlich umgestaltet werden soll; allein die so zahlreichen früheren Controversen [3]) über einzelne Puncte dieser Lehre können hier füglich übergangen, oder brauchen höchstens angedeutet zu werden, weil dieselben in den Schriften von van Bynkershök [4]) und Thibaut [5]), welche unsern

1) fr. 64. D. de legatis I. (30.) (Gajus Lib. 15. ad Edictum provinciale.) Captatoriae scripturae simili modo neque in hereditatibus, neque in legatis valent.

2) Vergl. die Legaldefinition der captatorischen Erbeinsetzungen in fr. 70. D. de heredibus instituendis (28, 5.) u. Ziegler l. c. Nr. LXXIII. sq. s. weiter unten.

3) Gegen die Gültigkeit des Verbots der captatorischen Dispositionen für unsere Zeit ist Thomasius de captatoriis institutionibus. 1696. u. Leyser. Meditat. ad Pand. spec. 376. Nr. X.; welcher Letztere den Grund der Zulässigkeit solcher Erbeinsetzungen und Vermächtnisse in der Erlaubniß, testamenta reciproca zu errichten, findet. Gegen ihn ist aber Mueller ad Leyser. Observat. 582. i. f., indem er nachweist, daß Leyser die testamenta reciproca und die institutiones captatoriae mit einander verwechselt. Jene sind schon nach römischem Rechte nicht verboten, in so ferne sie aus gegenseitiger Zuneigung errichtet werden, nach fr. 70. D. de hered. inst. (28, 5) s. weiter unten.

4) De captatoriis institutionibus. in Opusc. Tom. II. Nr. V.

5) Versuche ꝛc. (2te Ausg.) Thl. 1. Abhandl. IV. S. 59—70. Vergl. auch Duran. l. c. P. III. cap. 5. Voet. l. c. Lib. 28. Tit. 5

Gegenstand ex professo behandeln, so erschöpfend erörtert sind, daß hier, um Wiederholungen und unnöthige Weitläufigkeit zu vermeiden, wohl passender bloß auf jene besonderen Bearbeitungen zurückgewiesen wird. —

Schon im vorhergehenden §. haben wir den Grundsatz des römischen Rechts näher kennen gelernt, nach welchem jede Einwirkung eines Dritten auf den Inhalt eines fremden Testaments durchaus verbannt seyn soll. Mit diesem Grundsatze steht wohl auch das Verbot der captatorischen Erbeinsetzungen und Legate in Verbindung, wie hervorgeht aus der von Papinianus gegebenen Definition solcher Dispositionen in

fr. 70. D. de hered. inst. (28, 5.) (Lib. 6. Responsor.)

Captatorias institutiones non eas Senatus improbavit, quae mutuis affectionibus judicia provocaverunt: sed quarum conditio confertur *ad secretum alienae voluntatis.*

Denn diese Definition zeigt, daß bei captatorischen Erbeinsetzungen die Bedingung auf einen fremden Willen gestellt ist; also (muß man weiter schließen) auf diesen Willen einwirken soll, und zwar in der Art, daß der Disponirende in den unbekannten Willen des zu Captirenden sich gewissermaßen eindrängt [confertur ad *secretum alienae* voluntatis [1])].

Zu diesem ersten aus der Natur der Sache abgeleiteten Grunde, kommt übrigens noch ein zweiter historischer Grund für das gesetzliche Verbot captatorischer Dispositionen, welcher vorzugsweise dessen strenge und durchgreifende Anwendung [2]) veranlaßt haben mag.

Es ist nämlich aus den Schriften der Alten bekannt [3]), daß in den Zeiten des überhandnehmenden Sittenverfalls der Römer das schimpfliche Gewerbe der Erbschleicherei sehr häufig, und bis zu einem sehr hohen Grade getrieben wurde.

Nr. 28. Thibaut System (8te Ausg.) §. 954. pos. VI. Not. h. u. i.

1) Das Nähere s. unten gegen Ende des §.

2) Auch beim testamentum militare gilt das Verbot captatorischer Institutionen nach const. 11. C. de condit. (6, 21.)

3) Bynkershoek l. c. cap II. pr. cap. V. Thibaut Versuche S. 62.

Um diesem so schädlichen, und so weit verbreiteten Uebel gründlich abzuhelfen, wählte nun die Gesetzgebung [1]) dasjenige Mittel, wodurch dasselbe [wenigstens in dieser einen Beziehung [2])] an der Wurzel abgeschnitten, und sonach am Sichersten verhindert wurde. Dieß geschah dadurch, daß man die Erbeinsetzungen und Legate, welche einen Andern zu gegenseitigen Dispositionen veranlassen (ihn captiren) sollten, für ungültig erklärte, und somit durch Verhinderung des Mittels zur Erreichung des schimpflichen Zweckes die Erreichung des Zweckes selbst unmöglich machte. (s. weiter unten.)

Wir wenden uns nun zuvörderst zur genaueren Bestimmung des Begriffs captatorischer Dispositionen.

Man versteht darunter nach der gewöhnlichen Ansicht diejenigen Erbeinsetzungen oder Legate, welche unter der Bedingung [3]) gemacht sind, daß der Honorirte den Erblasser oder einen Dritten [4]) künftig bedenke [5]).

Der Honorirte soll also gefangen, captirt werden; denn die institutio captatoria ist eine solche, welche, wie eine andere (zunächst nicht hierher gehörige) Gesetzesstelle [6]) sich ausdrückt, geschieht *hereditatis captandae causa i. e. spe futurae successionis* [7]). Ein solches Captiren konnte denn auch leicht auf

1) Das Verbot der institutiones captatoriae ist, wie die hierher gehörigen Gesetze zeigen, durch ein Senatusconsultum eingeführt worden, dessen Name jedoch nicht bekannt ist. Ueber den in dieser Beziehung seit längerer Zeit herrschenden Streit vergl. Bynkershoek l. c. cap. I.

2) Daß die Legislation auch noch auf andere Weise dem so tief gewurzelten Uebel der Erbschleicherei zu steuern suchte, zeigt Leyser l. c. spec. 375—377.

3) In so ferne gehören diese captatorischen Dispositionen in die Lehre von den unmöglichen Bedingungen.

4) fr. 71. §. 1. D. de hered. inst. (28, 5.)

5) Thibaut System (8te Ausg.) §. 954. pos. VI. Not. h.

6) const. 25. C. de transact. (2, 4.) Vergl. auch fr. 1. pr. D. si quis aliquem testari prohib. (29, 6.)

7) Schimpflich ist eine solche captatorische Disposition eigentlich nur dann, wenn sie in der wirklichen Absicht, einen Anderen zu

folgende Weise bewirkt werden: Der captans (Erbschleicher) setzt denjenigen, welchen er captiren will, zum Erben ein, oder hinterläßt ihm ein Legat; er gibt ihm darauf von dieser Disposition durch einen Dritten, ganz wie zufällig, Nachricht; bewegt denselben dadurch zur gegenseitigen Institution rc.; und, wenn dieser Zweck erreicht ist — so vernichtet er heimlich seine eigne Disposition. Der captatus ist dann in der That in der gestellten Schlinge gefangen. — [1])

Wenn indessen in dem Obigen, der gewöhnlichen Ansicht entsprechend, unter den captatorischen Dispositionen diejenigen verstanden worden sind, welche unter der Bedingung geschehen, daß der Honorirte künftig den Erblasser (den captans) oder einen Dritten bedenke, so muß dieser Begriff, nach genauerer Betrachtung der Quellen, noch eine Erweiterung finden. Dafür spricht nämlich Paulus in

fr. 71. pr. D. de hered. inst. (28, 5.) (Lib. 5. ad Leg. Jul. et Pap.)

Illae autem institutiones captatoriae non sunt: veluti si ita heredem quis instituat: *qua* [2]) *ex parte Titius me*

---

fangen, errichtet wird. Ob aber eine solche Absicht im einzelnen Falle vorhanden gewesen, braucht nicht jedesmal untersucht zu werden; denn, wenn einmal solche Dispositionen im Allgemeinen für ungültig erklärt sind, so genügt nach den Gesetzen schon die captatorische Form, um deren Ungültigkeit zu bewirken. Ein solches allgemeines Verbot war übrigens auch gewiß nöthig, um einem so tief gewurzelten Uebel durchgreifend und mit Nachdruck entgegen zu wirken. Vergl. Thibaut Versuche S. 64. u. 65. — Da jedoch, wie weiter unten gezeigt wird, Einsetzungen, welche aus gegenseitiger Zuneigung geschehen, nicht unter den Begriff der captatorischen fallen, so müssen natürlich alle diejenigen Dispositionen, bei welchen sich solche mutuae affectiones entweder ausdrücklich aus den Worten, oder stillschweigend aus dem Zusammenhange der Disposition nachweisen lassen, für gültig gehalten werden.

1) Diese Erklärung hat im Allgemeinen schon Paul. de Castro gegeben, von dem sie Bynkershoek l. c. cap. XI. entlehnt hat. Vergl. auch Thibaut a. a. O. S. 62 u. 63.

2) Daß hier, wie in so manchen andern in diesem §. angeführten Gesetzesstellen durch das pronomen relativum eine Bedingung ausgedrückt wird, bedarf nach §. 1. S. 19 oben hier keiner näheren Erklärung. S. auch §. 65. S. 280. Not. 1 oben.

heredem instituit, ex ea parte Maevius heres esto: quia in praeteritum, non in futurum institutio collata est;

und ebenso derselbe Jurist in

fr. 81. §. 1. D. eod. (PAULUS Lib. 9. Quaest.)

Quanta ex parte *me a Titio heredem institutum* recitassem, ex ea parte *Sempronius mihi heres esto:* non est captatoria institutio. etc. [1])

In diesen beiden Gesetzesstellen ist nämlich nicht der Fall einer Bedingung vorhanden, daß dem captatus etwas hinterlassen werden soll, wenn er den captans oder einen Dritten bedenke, sondern vielmehr der Fall, daß, wenn der captatus mich (den captans) in seinem Testamente bedenkt, ich einen Dritten in meinem Testamente zum Erben einsetzen werde ꝛc. [2]). — Von der Einsetzung des *captatus* ist also in jenen beiden Gesetzen gar nicht die Rede, sondern vielmehr von der Institution eines Dritten, der offenbar in keiner Weise als captatus erscheinen kann, weil von dessen Testamente auch mit keiner Sylbe Erwähnung geschieht. —

Es fragt sich darum, ob und in wieferne in den fr. 71. pr. u. 81. §. 1. citt. nach der Natur der Sache ein wirkliches Captiren enthalten ist.

Außer Zweifel steht nun, daß eine institutio captatoria nach den Gesetzen auch dann existirt, si in aliam personam captionem direxerit (captans); für welchen Fall Paulus in fr. 71. §. 1. cit. folgendes Beispiel anführt: *Titius,* si *Maevium* tabulis testamenti sui heredem a se scriptum ostenderit, probaveritque, *heres esto.* — Nach dieser captio in alium directa soll jedoch immer nur der captatus (Titius) Erbe werden, unter der Bedingung, wenn er, nicht den captans (Gajus) sondern einen Dritten (Mävius) einsetzt. Allein trotz dem

1) Ueber die vergeblichen Versuche, durch Emendation des Textes (der in diesen verschiedenen Gesetzen der Hauptsache nach durchaus übereinstimmt) die hier entgegenstehenden Schwierigkeiten zu beseitigen, vergl. BYNKERSHOEK l. c. cap. VI. u. VII., welcher übrigens in dem fraglichen Falle eine institutio captatoria anerkennt.

2) v. Wening-Ingenheim Lehrbuch. Buch V. §. 77. Not. v—y.

bahnt uns dieses Gesetz doch den Weg zur Beantwortung der obigen Frage: Wenn die Gesetze nämlich auch dann eine institutio captatoria annehmen, wenn der *captans* dadurch eine nicht für ihn selbst, sondern für einen Dritten günstige Disposition bezwecken will; so läßt sich ebensowohl annehmen, daß nach den Gesetzen auch dann eine captatorische Disposition vorhanden ist, wenn der captans ein Interesse des *captatus* für eine dritte Person benutzt, um darauf die captio zu gründen. Denn, nimmt das Gesetz einmal auf das Interesse, welches die Personen für einen Dritten haben können, Rücksicht, so wird dieses Interesse nicht minder bei dem *captatus*, als bei dem *captans* berücksichtigt werden müssen. Auch läßt sich eine wirkliche captio hier leicht in der Art gedenken: Der captans, (Gajus) welcher die wohlwollende Gesinnung des captatus (Titius) gegen einen Dritten (Mävius) kennt, setzt diesen Letzteren in seinem Testamente zum Erben ein; giebt davon unter der Hand dem Titius Nachricht; bewegt denselben, ihn (Gajus) zum Erben einzusetzen, und — vernichtet später insgeheim seine (des Gajus) Disposition zu Gunsten des Mävius. — Titius ist alsdann wirklich gefangen.

Hieran schließt sich noch die allgemeine Bemerkung, daß im römischen Staate bei dem so verbreiteten und mit so großer Verschmitztheit betriebenen Gewerbe der Erbschleicherei gewiß alle nur erdenklichen Wege eingeschlagen wurden, den beabsichtigten eigennützigen Zweck zu erreichen; daß namentlich nicht leicht ein Mittel wird unversucht gelassen worden seyn, die Worte des Gesetzes zu umgehen. Darum war es aber auch gewiß zur Erreichung des gesetzlichen Zweckes unumgänglich nöthig, das Verbot der institutiones captatoriae auf alle Dispositionen auszudehnen, welche nur in irgend einer Art als Mittel zur Erbschleicherei dienen konnten.

Daß übrigens Paulus, (dem eine Nachlässigkeit oder Unrichtigkeit sicher nicht leicht wird imputirt werden können,) in den Fällen, von welchen die oben erwähnten Gesetze (fr. 71. pr. u. fr. 81. §. 1. D. de hered. inst.) handeln, eine wirkliche captatorische Einsetzung im Allgemeinen angenommen habe, geht daraus hervor, daß er als Grund für die Gültigkeit der institutio in fr. 71. pr. nur den angegeben hat: quia in praeteritum, non in futurum collata est; während er dann, wenn die Voraussetzungen der institutio captatoria überhaupt nicht vorhanden gewesen wären, den Grund der Gültigkeit der Erbeinsetzung weit kürzer und bündiger in dieser fehlenden Voraussetzung hätte finden müssen. —

Nach der bisher entwickelten Definition captatorischer Erbeinsetzungen und Vermächtnisse werden indessen von dem Begriffe solcher Dispositionen ausgeschlossen seyn:

1) diejenigen, welche aus gegenseitiger Zuneigung errichtet worden sind, wie Papinianus in dem mehrerwähnten fr. 70. D. de hered. inst. (28, 5.) (Lib. 6. Responsor.) ausdrücklich sagt:

Captatorias institutiones non eas Senatus improbavit, *quae mutuis affectionibus judicia provocaverunt:* etc. [1]).

Der Grund ist hier einfach und natürlich: Haben Mehrere sich aus gegenseitiger Zuneigung zu Erben eingesetzt, oder mit Vermächtnissen bedacht, so kann von keinem Erschleichen der Erbschaft rc. [2]) die Rede seyn, weil das Motiv zur Einsetzung allein aus dem freien Willen des Disponirenden (der gegenseitigen Zuneigung) hervorgegangen ist, und dieses Motiv schon vor der Einsetzung vorhanden gewesen seyn muß.

2) Captatorisch sind nicht diejenigen Dispositionen, welche unter der Bedingung geschehen, daß der Honorirte den Testator oder einen Dritten bereits vorher eingesetzt oder mit Vermächtnissen bedacht habe rc.; weil hier auf die früher schon errichtete Disposition keine Rückwirkung mehr stattfindet, und darum eine Erbschleicherei sich nicht gedenken läßt.

Dafür spricht Paulus in den schon oben mitgetheilten Gesetzesstellen, nämlich in fr. 71. pr. D. de hered. inst. (28, 5.) (Lib. 5. ad leg. Jul. et Pap.), indem er den Grund für seine Behauptung, daß die also gefaßte Institu-

1) Cujac. observat. Lib. XVI. cap. 11.

2) Vergl. im Allg. fr. 2. §. 3. ad SCtum Vellejan. (16, 1.)

tion: qua ex parte Titius me heredem *instituit*, ex ea parte Maevius heres esto: keine captatorische Einsetzung sey, darin findet: *quia in praeteritum, non in futurum institutio collata est.*

Ebenso erklärt derselbe Paulus in fr. 81. §. 1. D. eod. (Lib. 9. Quaest.) die Institution: Quanta ex parte me a Titio heredem institutum *recitassem*, ex ea parte Sempronius mihi heres esto, für keine captatorische Erbeinsetzung; offenbar aus demselben Grunde. Auch Labeo hält eine solche Disposition für gültig, wie hervorgeht aus

fr. 20. §. 2. D. de condit. inst. (28, 7.) (Lib. 2. Posterior. a Javoleno epitomator.)

Si quis te heredem ita instituit, si se heredem *instituisses*, aut quid sibi *legasses:* nihil interest, quo gradu is a te heres institutus, vel quid ei legatum sit: dummodo aliquo gradu id te fecisse probes;

und damit stimmt auch noch derselbe Jurist und Pomponius in einer andern Gesetzesstelle [fr. 29. D. de heredib. inst. (28, 5.)] überein, welche nachher mitgetheilt werden wird. —

Mit allen diesen Gesetzen scheinen aber einige andere Stellen aus den Schriften des Julianus und Paulus in Widerspruch zu stehen, welche zu mancherlei Streitigkeiten Veranlassung gegeben haben; nämlich

fr. 1. i. f. D. de his quae poenae nomine (34, 8.) (Julianus Lib. 78. Digestor.)

verb.: Nam Senatus, cum poenas legis Corneliae constitueret adversus cum, qui sibi hereditatem vel legatum scripsisset, eodem modo improbasse videtur, quo improbatae sunt illae: *Qua ex parte me Titius heredem scriptum in tabulis suis recitaverit, ex ea parte heres esto*: ut perinde haberentur, ac si insertae testamento non fuissent;

und

fr. 71. §. 1. D. de hered. inst. (28, 5.) (Paulus Lib. 5. ad. leg. Juliam et Papiam.)

Sed illud quaeri potest, an idem servandum sit, quod Senatus censuit, etiam si in aliam personam captionem direxerit: Veluti si ita scripserit: Titius si Maevium tabulis testamenti sui *heredem a se scriptum ostenderit, probaveritque,* heres esto. Quod in sententiam Senatusconsulti incidere non est dubium.

Dieser Widerspruch erscheint besonders deutlich, wenn man mit fr. 1. i. f. u. fr. 71. §. 1. cit. den Ausspruch des Labeo und Pomponius verbindet in

fr. 29. D. de heredib. inst. (28, 5.) (Pomponius Lib. 5. ad Sabinum.)

verb.: Labeo scribit, si ita scriptum sit: Titius et Sejus, quanta quisque eorum ex parte *heredem me habuerit scriptum,* heres mihi esto, nisi omnes habeant scriptum heredem testatorem, neutrum heredem esse posse: quoniam ad omnium factum sermo refertur: in quo puto testatoris mentem respiciendam. Sed humanius est, eum quidem, qui testatorem suum heredem scripserit, in tantam partem ei heredem fore: qui autem eum non scripserit, nec ad hereditatem ejus admitti.

In den beiden ersten Gesetzesstellen fr. 1. i. f.. u. fr. 71. §. 1. citt. heißt es: Qua ex parte me Titius heredem scriptum *recitaverit* oder *ostenderit probaveritque* — und die ganze Disposition wird als ungültig verworfen; in dem zweiten Gesetze (fr. 29. cit.) lauten die Worte: quanta quisque ex parte heredem me *habuerit* scriptum — und hier soll die ganze Disposition gültig seyn. —

Doch lassen sich diese widerstreitenden Gesetze wohl dadurch vereinigen, daß man in den beiden ersten den Ausdruck „recitaverit" „ostenderit probaveritque" als das tempus futurum exactum annimmt [1]), welches zwar auf eine Vergangenheit sich bezieht, aber auf eine solche, die erst in der Zukunft als vergangen gedacht wird; während man die Worte

---

1) Das geht auch namentlich daraus deutlich hervor, daß in dem fr. 71. pr. D. de hered. inst., also unmittelbar vor dem §. 1. dieses Gesetzes, die Disposition „qua ex parte Titius me heredem *instituit*" für gültig erklärt wird, aus dem Grunde: quia in praeteritum, non in futurum collata est institutio: worauf als Gegensatz im §. 1. die Disposition folgt: Titius si — *ostenderit probaveritque* etc.

in dem zweiten Gesetze „heredem me habuerit scriptum“ [1]) als tempus perfectum conjunctivi ansehen kann, indem man dieselben folgendermaßen ins Teutsche überträgt: „Auf „den Theil, auf welchen mit etwa Jeder von Beiden zum „Erben eingesetzt hat (oder eingesetzt haben mag); auf „soviel soll er auch von mir eingesetzt seyn“ [2]). —

Der in der vorstehenden Untersuchung zu Grund gelegte Begriff der captatorischen Erbeinsetzungen und Vermächtnisse ist früher allgemein angenommen worden; wie er denn auch mit der Legaldefinition sowohl, als mit den in mehreren Gesetzen angeführten Beispielen vollkommen übereinstimmt.

Dagegen hat sich in neuerer Zeit über den Begriff der captatorischen Dispositionen eine der früheren ganz entgegengesetzte Ansicht geltend zu machen gesucht, welche im Allgemeinen auf den Hauptpunct zurückgeführt werden kann, daß die captatorischen Dispositionen aus dem Grunde ungültig seyen, weil bei denselben die Bedingung darauf gestellt werde, daß ein Anderer den Inhalt seines Testaments bekannt mache [3]).

Als Hauptgrund für diese Ansicht soll dienen, daß in fr. 70. D. de hered. inst. (28, 5.) ausdrücklich diejenigen institutiones als captatoriae bezeichnet werden, quarum conditio confertur ad *secretum* alienae voluntatis; und daß in den andern Gesetzesstellen, welche Beispiele von captatorischen Einsetzungen enthalten, auf das Publiciren des Testaments besonderes Gewicht gelegt werde, wie aus den Worten des Julianus in

fr. 1. i. f. D. de his quae poenae nomine (34, 8.)

---

1) Ulpianus in fr. 2. pr. D. de hered. inst. (28, 5.) (Lib. 2 ad Sabinum.) drückt diese Bedingung bestimmter so aus: ex qua parte me Titius heredem *scripsit*, Sejus heres esto etc.

2) Mit dieser Erklärung stimmt überein Bynkershoek l. c. cap. IX. pr. Vergl. auch Duran. l. c. P. III. cap. 5. Nr. 37. sq. u. Thibaut a. a. O. S. 62. Not. 7. a. E.

3) Bilderdyk observat. et emendat. Lugd. Batav. 1820. L. 2. c. 1. L. W. Bruyner Diss. de captator. institut. Lugd. Bat. 1823.

Qua ex parte me Titius heredem scriptum in tabulis suis *recitaverit*, ex ea parte heres esto;

und des Paulus in

fr. 71. §. 1. D. hered. inst. (28, 5.)

verb.: Titius si Maevium tabulis testamenti sui heredem a se scriptum *ostenderit, probaveritque*, heres esto; etc.

hervorgehe.

Allein gegen diese neuere, von der gewöhnlichen so durchaus abweichende Ansicht läßt sich wohl im Allgemeinen Folgendes mit Grund einwenden:

1) Der Ausdruck „*secretum* alienae voluntatis“ soll, wie schon oben angedeutet worden, nur die künftige unbekannte Willensbestimmung bezeichnen, weil nur eine künftige Disposition absolut ein secretum, etwas Geheimes, Verborgenes genannt werden kann [1]).

2) Direct gegen diese neuere Ansicht spricht auch

fr. 81. §. 1. D. de hered. inst. (28, 5.) (PAULUS Lib. 9. Quaest.)

Si ita scripserit testator: Quanta ex parte me a Titio heredem institutum *recitassem*, ex ea parte Sempronius mihi heres esto: *non est captatoria institutio* [2]): plane, nullo *recitato* testamento *ab ipso testatore*, inanis videbitur institutio, *remota suspicione captatoriae institutionis*.

In dem Vordersatze dieser Stelle ist doch bestimmt genug von dem recitare des Testaments die Rede, und dennoch wird die Institution wiederholt für keine captatorische, und darum

1) Vergl. const. 3. C. de codicillis (6, 36.) (DIOCLET. et MAXIM. A. A. Hyacintho et aliis 290.) verb.: in dubium non venit id, quod priori codicillo inscripserat, per eum, in quem *postea secreta voluntatis suae contulerat* — revocatum esse; und fr. 3. i. f. D. de probation. (22, 3.) Thibaut a. a. O. S. 62. Not. 7. wo man auch die Ansichten Anderer über das „secretum alienae voluntatis“ findet.

2) Daß diese institutio an sich eine captatoria seyn würde, wenn sie sich nicht auf eine bereits früher geschehene Einsetzung bezöge, ist schon in dem Früheren durch Zusammenstellung mit fr. 71. pr. D. eod. nachgewiesen worden.

für gültig erklärt; und zwar von demselben Juristen Paulus für gültig erklärt, welcher in dem von den Dissentienten angeführten fr. 71. §. 1. D. de hered. inst. die Disposition: Titius si Maevium tabulis testamenti sui heredem a se scriptum *ostenderit, probaveritque*, heres esto etc., unbedingt für eine captatorische, und somit für ungültig hält [1]).

Das Vorlesen (recitare), sowie das Publiciren des Testaments überhaupt (ostendere et probare), kann also nach den Gesetzen für den Begriff der captatorischen Dispositionen nicht entscheidend seyn; denn die Ausdrücke „heredem scriptum recitaverit", „heredem institutum recitassem" „heredem scriptum ostenderit probaveritque" sind offenbar nur Umschreibungen des einfacheren „heredem instituit" oder „heredem habuerit scriptum" wie aus der Vergleichung des Inhalts aller in dieser Untersuchung bisher angeführten Gesetzesstellen sich ergiebt.

3) Ueberhaupt erscheint das Geheimhalten des Inhalts des Testaments im römischen Rechte durchaus nicht so strenge geboten, wenn der Testator, der doch offenbar das nächste Interesse dabei hat, nicht strenge darauf gehalten wissen will.

Verfolgen wir nämlich den historischen Gang der Legislation bei Testamenten, so finden wir in den ältesten Zeiten, wie bekannt, das testamentum in calatis comitiis und in procinctu [2]), welches ja jedesmal eine förmliche Anfrage an das ganze Volk oder Heer, und eine Aufforderung zur Sanction des Testaments (rogatio) enthielt [3]); wobei also das Publiciren des ganzen Testaments unerläßliche Bedingung der gesetzlichen Form war. Ebenso wurde bei dem späteren testa-

---

1) Die Gründe für die Ungültigkeit der letzten, sowie für die Gültigkeit der ersten der beiden hier gegenübergestellten Dispositionen sind schon in dem Vorhergehenden angegeben.

2) pr. u. §. 1. sqq. J. de testam. (2, 10.) Theophil. paraphras. ad h. l. Gajus II. §. 101—108. Ulpian. fragm. Tit. XX. §. 1—10.

3) v. Gros Lehrbuch des Naturrechts (5te Aufl.) §. 172. Anm. 1. J. H. Dernburg Beiträge zur Geschichte der römischen Testamente. Bonn 1821. §. 2.

mentum per aes et libram [welches wahrscheinlich aus der alten Form hervorgegangen [1]),] wenigstens Anfangs, dem Erben der Inhalt des Testaments nothwendig bekannt, weil nämlich früher der heres jedesmal familiae emtor seyn mußte. Dieß wurde zwar später, nach dem Zeugniß des Theophilus [2]), aus dem Grunde geändert, weil daraus Lebensnachstellungen für den Erblasser zu befürchten waren; allein, wenn auch der Erbe nicht mehr nothwendig Kenntniß von seiner Einsetzung haben muß, so findet sich doch auch nirgends eine gesetzliche Bestimmung, durch welche es dem Testator verboten würde, dem Erben [3]) oder einem Dritten den Inhalt seines Testaments bekannt zu machen; im Gegentheile geht aus dem Verbot des Senatusconsultum Libonianum, nach welchem der Erbe keine Disposition zu seinen Gunsten im Testamente selbst schreiben [4]), sowie aus dem weiteren Verbot, daß er beim Testament des Erblassers kein Zeugniß ablegen darf [5]), durch das argumentum a contrario hervor, daß dem heres die bloße Anwesenheit bei dem Act der Testamentserrichtung, und somit auch das Kennenlernen des Inhalts des Te-

1) Vergl. Versuche Thl. 1. S. 7 unten u. 8 oben.

2) l. c. (nach der Uebers. v. Reitz) Quoniam enim familiae emtor idem erat ac heres, et inde porro sciens, se fore successorem, insidiabatur domino patrimonii: ideo secundum antiquam quidem formam adhibebatur familiae emtor, qui morituri patrimonium imaginarie emebat; sed testator seorsum in tabulis vel in chartis scribebat, quem sibi vellet heredem. GAJUS II. §. 103 u. 104.

3) Bei captatorischen Erbeinsetzungen würde es nämlich immer vorzüglich darauf ankommen, ob der eingesetzte Erbe (der zu Captirende) Kenntniß von dem Inhalte des Testaments erhalten hat.

4) Die Zusammenstellung des Verbots, sich im Testamente keine Disposition zu eignem Vortheil niederschreiben zu dürfen, mit der captatorischen Einsetzung in dem früher angeführten fr. 1. D. de his quae poenae nomine (34, 8.) entscheidet hier nichts; denn dieselbe soll nach dem Zusammenhange des Gesetzes nur soviel sagen, daß in beiden Fällen auf gleiche Weise „hereditas vel legatum pro non scripto habeatur"; wie sich namentlich aus der Verbindung des pr. und des Schlusses der Gesetzesstelle ergiebt.

5) fr. 20. pr. D. qui testamenta facere possunt (28, 1.) §. 10. J. de testamentis (2, 10.)

staments nicht untersagt ist; — wie es denn auch gewiß nicht selten der Fall seyn mag, daß der Erblasser seinen künftigen Erben bei der Testamentserrichtung zuziehen, oder ihn von der Einsetzung vorher in Kenntniß setzen wird. —

Schließlich ist noch die Frage zu erwähnen, ob die auf die *institutio captatoria* von Seiten des *captatus* erfolgte Einsetzung des *captans* rc. nach den Gesetzen im Allgemeinen als ungültig zu betrachten sey?

Diese Frage ist indessen von Thibaut[1]) mit so erschöpfenden Gründen gegen Bynkershök[2]) verneint, und diese Ansicht auch von so vielen Seiten angenommen worden[3]), daß hier bloß auf jene Ausführung zurückgewiesen zu werden braucht.

Doch könnte man hier etwa noch den Einwand erheben, das Gesetz würde, wenn es die durch die institutio captatoria veranlaßte Disposition des captatus als gültig bestehen ließe, mit sich selbst in Widerspruch gerathen, und seinem Zwecke direct entgegen arbeiten, weil ja hier der Erbschleicher seine unreine Absicht gerade erreichte. — Allein diesem Einwand läßt sich durch die schon oben S. 297. gemachte Bemerkung begegnen, daß die Gesetzgebung bei dem Verbot der captatorischen Dispositionen von dem Gesichtspunct ausgegangen ist, die Mittel zur Erbschleicherei zu entziehen, und dadurch das Uebel in der Wurzel zu vertilgen. Man kann sich nämlich hier das Raisonnement des Gesetzgebers — gewiß nicht uncivilistisch oder inconsequent — also denken: Indem das Gesetz die institutio captatoria im Voraus und im Allgemeinen für ungültig erklärt, hält es einen Jeden, welcher die gesetzliche Vorschrift kennt, — und Kenntniß der Gesetze wird bei jedem Staatsbürger vermuthet — am Sichersten von einer solchen Disposition ab; weil derjenige, welcher etwa auch dazu geneigt gewesen wäre, doch durch die Ueberzeugung der

1) a. a. O. S. 60 ff.

2) l. c. cap. 10. i. f. Vergl. auch Muehlenbruch. D. P. §. 648. not. 9.

3) v. Wening-Ingenheim Lehrbuch. Buch V. §. 77. Not. a. Thibaut System §. 954. pos. VI. Not. i.

Fruchtlosigkeit seines rechtswidrigen Beginnens von dessen Ausführung schon vor dem Anfang abstehen wird; denn er muß ja voraussehen, daß der, welcher durch diese Disposition captirt werden soll, die Ungültigkeit derselben gleichfalls kennend, sich dadurch nicht wird fangen lassen.

Dagegen war, von dem gesetzlichen Standpuncte betrachtet, Nichtigkeit der durch die institutio captatoria beabsichtigten Gegeneinsetzung oder des Gegenvermächtnisses nicht nöthig, weil dieses nicht Mittel zum Zweck, sondern der Zweck selbst war; und der captatus sich schon selbst vor Schaden bewahrt haben wird, da er wußte [1]), die institutio captatoria gelte nichts; er also auch durch dieselbe nicht getäuscht werden konnte.

Wenn aber auch nach dem Bisherigen die Gegeneinsetzung und das Gegenvermächtniß von Seiten des captatus nicht an sich ungültig sind, so fragt sich doch noch, ob denn der captans seinen eigennützigen Zweck erreichen, und das Hinterlassene selbst erhalten soll, oder ob im römischen Rechtssysteme sich allgemeine Gründe auffinden lassen, welche die Entziehung des also Hinterlassenen rechtfertigen.

Diese Frage ist nun genauer zu erörtern.

Majansius [2]) und, ihm folgend, v. Wening-Ingenheim [3]), nehmen an, daß nach allgemeinen gesetzlichen Vorschriften das dem captans von dem captatus Hinterlassene demselben, als indignus, von dem Fiscus entzogen werden müsse.

Sie stützen sich dabei auf folgende Gesetzesstellen:

---

1) Sollte er aber auch die Ungültigkeit der institutio captatoria nicht gekannt haben, so war dieß ein error juris, welcher hier, da der Erblasser, wie Thibaut a. a. O. S. 66 oben bemerkt, nicht de damno vitando streitet, nicht berücksichtigt werden kann. War freilich der Rechtsirrthum des captatus im einzelnen Falle entschuldbar, so ändert das natürlich die Sache. Thibaut a. a. O. S. 67. (wo auch noch sub pos. 2. eine andere Ausnahme mit Recht angenommen wird.) Thibaut System (8te Ausg.) §. 954. pos. VI. Not. i. v. Wening-Ingenheim Lehrbuch. Buch V. §. 77. Not. a.

2) Disputat. jur. Tom. II. Disp. 35. §. 14.

3) Lehrbuch. Buch V. § 77. Not. a. a. E.

fr. 29. §. 2. D. de donationibus (39, 5.) (PAPINIANUS Lib. 12. Responsor.)

Donationem quidem partis bonorum proximae cognatae viventis nullam fuisse constabat: verum ei, qui donavit, ac *mores* jure Praetorio successit, *quoniam adversus bonos* postea *et jus gentium festinasset*, actiones hereditarias in totum denegandas respondit.

fr. 30. D. eod. (MARCIANUS libro sing. De delatorib.)

Nam ei ut indigno aufertur hereditas;

ferner auf

fr. 2. §. 3. D. de his, quae ut indignis (34, 9.) (MARCIANUS Lib. 12. Institut.)

Idem erit, si quis *vivi ignorantis* bona, vel partem bonorum alicujus cognati *donaverit*: nam quasi indigno aufertur;

und endlich auf

PAUL. Sent. Rec. Lib. III. Tit. 5. (De Senatusconsulto Silaniano.) §. 13.

Omnibus, qui contra voluntatem defuncti faciunt, *ut indignis aufertur hereditas*, si nihil testamento in fraudem legis fuerit cautum.

Zu diesen Gesetzesstellen lassen sich noch einige andere fügen:

fr. 2. §. 2. D. de vulgari et pupillari substitutione (28, 6.) (ULPIAN. Lib 6. ad Sabinum.)

Interdum etiam pupillaris testamenti causa compellendum heredem institutum adire hereditatem, ut ex secundis tabulis fideicommissum convalescat: utputa, si jam pupillus decessit: caeterum, si adhuc vivat, *improbum esse, Julianus existimat eum, qui sollicitus est de vivi hereditate;*

und

fr. 1. §. 21. i. f. D. de collatione (37, 6.) (ULPIAN. Lib. 40. ad Edict.)

verb.: praematura est enim spes collationis, cum adhuc vivat is, cujus de bonis quarta debetur.

Aus den vorstehenden Gesetzesstellen geht im Allgemeinen hervor:

1) daß derjenige, welcher bei Lebzeiten eines Dritten über dessen Vermögen, ohne dessen Willen, wie über sein eignes, Verträge abschließt, z. B. Schenkungen macht, wenn er später wirklich zur Succession gelangt, als indignus betrachtet, und ihm darum vom Fiscus die Erbschaft entzogen wird: quoniam adversus bonos mores et jus gentium festinasset [1]); sowie ja überhaupt jeder Vertrag über eine noch nicht angefallene Erbschaft nach römischem Rechte ungültig war [2]).

2) daß überhaupt das Sollicitiren um die Erbschaft eines noch Lebenden (d. h. daß man solche äußere Handlungen zur Erlangung einer Erbschaft vornehme, als wenn der Erblasser schon todt wäre, wie in dem Falle, wenn der heres fideicommissarius den heres fiduciarius zur Antretung der Erbschaft nöthigt ꝛc.) für unerlaubt, und derjenige, welcher etwas der Art unternommen, für improbus gehalten wird: improbus esse Julianus existimat eum, qui sollicitus est de vivi hereditate [3]);

3) daß jedes Handeln gegen den im Testamente ausgesprochenen Willen des Testators, so ferne derselbe nicht gegen die Gesetze verstößt, den Eingesetzten indignus macht.

Wenden wir nun das in diesen drei Puncten zusammengefaßte Ergebniß der Gesetze auf unsern Fall genauer an, so geht daraus hervor:

1) hinsichtlich des ersten Puncts, daß die Gesetze für diesen Fall nicht passen, weil bei einer captatorischen Disposition noch nicht über das Vermögen des captatus, ohne dessen Willen, von dem captans vorschnell so verfügt wird, als wenn es ihm schon eigenthümlich gehörte, sondern weil das Streben des captans nur darauf gerichtet ist, die Erbschaft erst zu erhaschen.

2) Auch kann man, in Beziehung auf den zweiten Punct, nicht sagen, daß der captans im Sinne des fr. 2. §. 2. D. de vulgari et pupillari substit. um die Erbschaft des noch leben-

---

1) fr. 29. §. 2. i. f. D. de donat. cit.

2) S. §. 49 oben.

3) fr. 2. §. 2. i. f. D. de vulgari et pupillari substitut. cit. und fr. 1. §. 21. D. de collatione cit.

den captatus sollicitirt habe; denn er nimmt ja keine äußere Handlungen zu deren Erlangung vor, wie z. B. die Nöthigung des heres fiduciarius zur Antretung der Erbschaft in fr. 2. §. 2. cit. ꝛc.; und ebensowenig handelt er

3) gegen den im Testamente ausgesprochenen Willen des Testators.

Directe Anwendung werden demnach die oben angeführten Gesetzesstellen für den concreten Fall nicht haben können; und es bleibt darum bloß die Erörterung der Frage übrig, ob eine analoge Anwendung derselben hier als statthaft erscheint.

Für eine solche Anwendung könnte nun gesagt werden:

In jedem Fall handelt der captans unmoralisch; das Unmoralische soll aber nach den Gesetzen in Beziehung auf die Wirkungen der Bedingungen dem Unrechtlichen gleichstehen, wie die Untersuchung mehrfach gezeigt hat.

Dazu kommt, daß das oben mitgetheilte fr. 2. §. 2. i. f. D. de vulgar. et pupillar. substit. denjenigen, welcher um die Erbschaft eines Lebenden sollicitirt, einen improbus nennt; und daß wieder andere Gesetze den allgemeinen Grundsatz aufstellen: Nemo de improbitate sua consequitur actionem [1]. Wenn nun auch der captans keine offenen Schritte zur Erlangung der Erbschaft thut, so stellt er doch im Verborgenen seine gefährlichen Netze; was offenbar weit eher ein Zeichen von Improbität ist, als ein gerader, offener Schritt von Seiten des Sollicitirenden.

Allein alle diese Argumente, so richtig und bedeutend auch manche für sich seyn mögen, können doch für unsern Fall zu keinem genügenden Resultate führen; denn hier läßt sich die Frage, welche eigentlich zu entscheiden ist, doch immer nur dahin stellen: ob der *captans* wegen der *institutio captatoria* in Beziehung auf das, was ihm von dem *captatus* dagegen hinterlassen worden ist, als *indignus* zu betrachten sey.

Und diese Frage muß verneint werden; denn die in den Gesetzen aufgezählten Indignitätsfälle, enthalten Ausnahmen

1) Vergl. Versuche Thl. 1. S. 198.

von der gesetzlichen Regel, weil doch im Allgemeinen ein Jeder als würdig zum Erwerb einer Erbschaft so lange betrachtet werden muß, bis ein besonderer gesetzlicher Grund der Unfähigkeit gegen ihn vorliegt [1]). Ein solcher Grund ist aber für den captans in den Gesetzen nirgends angegeben; und, da die andern Indignitätsfälle, wie schon bemerkt, als Ausnahmen von der Regel, nicht analog ausgedehnt werden können [2]), so bleibt nichts übrig, als dem Fiscus das Recht abzusprechen, dem captans als indignus die dagegen hinterlassene Erbschaft, oder das Gegenvermächtniß zu entziehen.

§. 67.

II. Bedingungen bei der Erbeinsetzung des filius suus.

Zum Schlusse der Untersuchung sind noch unter den Bedingungen, welche die ganze letztwillige Disposition ungültig machen, die der Einsetzung eines *filius suus* beigefügten Bedingungen zu erwähnen [3]).

Es ist nämlich bekannt, daß der filius suus [4]) von dem pater familias entweder unbedingt, oder wenigstens nur unter einer solchen Potestativbedingung, welche bis zum Tode erfüllt werden kann [5]), z. B. si testamentum fecerit [6]), eingesetzt werden muß [7]); jede andere Bedingung erscheint darum in con-

---

1) Tit. Dig. de his quae ut indignis (34, 9.) Tit. Cod. de his quibus ut indignis (6, 35.)

2) v. Wening-Ingenheim Lehrbuch. Buch. V. §. 276. pos. 3.

3) Vergl. im Allgem. Francke Recht der Notherben. §. 4. 5. u. 26. a. E.

4) Die filia sua und die Enkel konnten früher unter Bedingungen eingesetzt werden: fr. 4. pr. fr. 6. §. 1. D. de hered. inst. (28, 5.); später wurden sie aber dem filius familias gleichgestellt durch §. 5. J. de liberis exhered. (2, 13.) const. 4. C. de liberis praeteritis (6, 28.) Vergl. Perez. praelect. in Cod. Tit. de instit. et substit. Nr. 4. sqq. Ravensberg. l. c. cap. II. §. 10. Francke a. a. O. S. 47 u. 48.

5) fr. 4—6. D. de hered. inst. (28, 5.) fr. 28. D. de condit. inst. (28, 7) fr. 83. D. de cond. et dem. (35, 1.) fr. 20. §. 4. i. f. D. de bonis libertor. (38, 2.)

6) fr. 20. § 4. i. f. D. de bonis libertor. (38, 2.)

7) Die Bedingung „si velit oder volet“ ist zwar bei Erbeinsetzungen

creto als unerlaubt, als juristisch unmöglich. Sie würde demnach, der bei negotia mortis causa geltenden allgemeinen Regel entsprechend, wie eine jede andere in abstracto juristisch unmögliche Bedingung, pro non scripta gelten müssen.[1] — Allein ihre Wirkung geht viel weiter; denn sie vernichtet die ganze Institution, und in Gefolge dessen, da der filius suus als im Testamente präterirt erscheint, die ganze letztwillige Disposition.

Das eben Gesagte, was von den allgemeinen Bestimmungen in so hohem Grade abweicht, wird ausgesprochen von Papinianus in dem früher[2] schon in anderer Beziehung stückweise mitgetheilten

fr. 15. D. de condit. instit. (28, 7.) (Lib. 16. Quaestion.)
Filius, qui fuit, in potestate, sub conditione scriptus heres, quam Senatus aut Princeps improbant, *testamentum infirmet patris, ac si conditio non esset in ejus potestate:* nam quae facta laedunt pietatem, existimationem, verecundiam nostram, et (ut generaliter dixerim) contra bonos mores fiunt: nec facere nos posse credendum est[3].

In dieser Gesetzesstelle wird der Grund für die vernichtende Wirkung der in abstracto unmöglichen Bedingungen darin gefunden, daß dieselben den nicht rein potestativen Bedingungen (welche in concreto unmöglich sind) gleichgesetzt werden: verb.: testamentum infirmet *ac si* (ebenso als wenn) conditio non esset in ejus potestate. Die Wirkung jener Bedingungen

---

gewöhnlich überflüssig; bei dem suus et necessarius heres gilt sie aber als eine wahre conditio nach fr. 12. D. de condit. inst. (28, 7.) fr. 69. i. f. fr. 86. §. 1. D. de hered. inst. (28, 5.) Cujac. recitat. ad Tit. Dig. de condit. inst. l. 12. cit. Duaren. commentar. in Tit. Dig. de condit. instit. cap. IV. pag. 414. sq. Hilliger. l. c. cap. III. Nr. XLV. u. XLVI. Francke a. a. O. S. 49.

1) Das gilt z. B. wenn der Pflichttheil unter einer Bedingung hinterlassen worden ist: const. 32. C. de inofficioso testam. (3, 28.) Perez. l. c.

2) S. oben S. 128 u. 129.

3) fr. 10 u. 83. D. eod. Cujac. recitat. ad Tit. Dig. de condit instit. l. 10. cit. Duaren, l. c.

wird also aus der Wirkung dieser abgeleitet, in der Art, daß **Papinianus** ausspricht, eine zur Bedingung gemachte juristisch oder moralisch unerlaubte Handlung gehöre nicht zu denjenigen, deren Vornahme in der potestas des bedingt Eingesetzten stehe.

Dieselbe Wirkung der nicht rein potestativen Bedingung wird durch eine Stelle des Codex bestätigt, nämlich durch

const. 4. pr. C. de instit. et substit. (6, 25.) (Imp. Alexander A. Aemiliano. 225.)

Si pater filium, quem in potestate habebat, sub conditione, quae in ipsius potestate non erat, heredem scripsit, nec in defectum ejus exheredavit, jure testatus non videtur etc.

Forschen wir nach dem Grunde, warum hier die nicht rein potestative, sowie die juristisch oder moralisch unmögliche Bedingung so enge mit der Hauptdisposition verbunden erscheint, daß sie die völlige Ungültigkeit derselben zur Folge hat, so läßt sich dieser wohl, in Uebereinstimmung mit dem Geiste des römischen Rechts, in der besonderen Strenge des Civilrechts in Beziehung auf die Suitätsverhältnisse finden [1].

Der pater familias war nämlich verpflichtet, rite zu testiren, d. h. die sui [2]) gehörig zu instituiren, entweder unbedingt, oder wenigstens unter einer solchen Bedingung, welche während des ganzen Lebens des suus erfüllt werden konnte, oder die-

1) Auch Donell. commentar. Lib. VIII. cap. 32. §. 10. hebt die Strenge der Wirkungen unmöglicher Bedingungen in dem fraglichen Falle hervor, ohne jedoch einen genügenden Grund dafür anzugeben; denn, wenn er sagt: die Gesetze verbieten, den *suus* unter einer Bedingung einzusetzen, so muß man natürlich weiter fragen: Worin liegt denn der Grund für die besonders strengen Wirkungen dieses Verbots? — Die Antwort auf diese Frage bleibt aber Donellus schuldig. Vergl. Ravensberg. l. c. cap. II. §. 10. 11. Majans. l. c. §. 33. und im Allg. Brussel. l. c. Lib. III. Tit. V. pag. 251 sq. Dunan. l. c. P. III. cap. 3. Nr. 1. 19. Cujac. recitat. ad Tit. Dig. de condit. instit. pr. i. f. Ziegler. l. c. Nr. LI. sqq. Glück Commentar Bd. 4. §. 338. S. 505. Not. 19. Höpfner Commentar §. 491. Not. 8. Francke a. a. O.

2) Der emancipatus konnte bekanntlich unter einer Bedingung eingesetzt werden: fr. 18. pr D. de bonor. poss. contra tab. (37, 4.)

selben gehörig [1]) zu exherediren [2]). Wurde nun gegen diese Vorschrift der Gesetze durch Beifügung einer andern Bedingung verstoßen, so war die Verpflichtung, rite zu testiren, versäumt, und es wurde deßhalb das testamentum ipso jure nullum, geradeso, als wenn bei dessen Errichtung die gesetzliche Form nicht beachtet worden wäre [3]). — Der weitere und letzte Grund für die besondere Strenge dieser gesetzlichen Bestimmungen kann aber allein in der Eigenthümlichkeit der Suitätsverhältnisse gefunden werden, die im Civilrecht begründet waren, welches jeden Verstoß gegen seine Vorschriften mit besonderer Strenge ahndete.

Zum Schluße der Untersuchung ist nun noch eine Frage zu erwähnen, welche in älterer, wie in neuerer Zeit, zu mancher Verschiedenheit der Ansichten Veranlassung gegeben hat.

Die Frage ist die: ob Justinian an den in der vorstehenden Untersuchung angegebenen gesetzlichen Vorschriften etwas geändert habe durch

---

1) Auch die exheredatio mußte, und zwar bei dem filius suus, wie bei dem emancipatus, unbedingt geschehen, so, daß jede beigefügte Bedingung dieselbe nichtig machte: fr. 3. §. 1. D. de liberis et postumis (28, 2.) fr. 68. i. f. D. de hered. inst. (28, 5.) fr. 18. pr. D. de bonor. poss. contra tab. (37, 4.) fr. 8. §. 2. D. eod. Francke a. a. O. §. 6. S. 62.

2) fr. 4. u. 5. fr. 86. D de hered. inst. (28, 5.) fr. 15. u. 28. D. de condit. inst. (28, 7.) const. 4. C. de instit. et substit. (6, 25.) fr. 20. §. 4. D. de bonis libertor. (38, 2.)

3) Denn, wenn ein filius suus unter einer nicht reinen Potestativbedingung eingesetzt war, so blieb diese Einsetzung immer noch so lange ungewiß, bis die Bedingung eingetreten war; deficirte dagegen die conditio, so war der bedingt Eingesetzte sogar präterirt. Eine solche Ungewißheit, welche zuletzt noch gar zur Präterition führen konnte, duldete aber die Strenge des Civilrechts nicht, sondern sie knüpfte daran die Nichtigkeit der ganzen Disposition. Francke a. a. O. S. 46 ff. Reine Potestativbedingungen erscheinen dagegen, gleich der conditio „si volet" S. 313. Not. 7. nur mehr als eine Erklärung, die Erbschaft antreten zu wollen; und durch dieselben wird eigentlich die Institution nicht bedingt, wie Ulpian in fr. 1. §. 8. i. f. D. si quis omissa causa testam. (29, 4.) (Lib. 50. ad Edict.) bemerkt, verb.: ejusmodi conditio pro pura (institutione) debet haberi. Francke a. a. O. S. 49.

const. 32. C. de inofficioso testamento (3, 28.) (JUSTINIANUS A. Mennae. P. P. 529.)

Quoniam in prioribus sanctionibus illud statuimus, ut, si quid minus legitima portione his derelictum sit, qui *ex antiquis legibus de inofficioso testamento actionem movere poterant,* hoc repleatur, ne occasione minoris quantitatis testamentum rescindatur: hoc in praesenti addendum esse censemus: Ut, si conditionibus quibusdam, vel dilationibus, aut aliqua dispositione moram, vel modum, vel aliud gravamen introducente, *eorum jura, qui ad memoratam actionem vocabantur,* imminuta esse videantur; ipsa conditio, vel dilatio, vel dispositio moram, vel quodcunque onus introducens, tollatur: et ita res procedat, quasi nihil eorum testamento additum esset.

Außer allem Zweifel ist, daß Justinian durch die vorstehende Constitution die Bedingungen, Zeitbestimmungen rc., welche dem Pflichttheile im Testamente beigefügt sind, pro non adjectis erklärt hat, so daß das Testament dadurch nicht afficirt wird; um so bestrittener dagegen erscheint die Frage, ob diese Vorschrift Justinian's auf den suus überhaupt auszudehnen sey, in der Art, daß nach dem Rechte des Codex jede der Einsetzung eines *suus* beigefügte nicht reine Potestativbedingung nicht mehr das ganze Testament ungültig, *nullum* mache, sondern bloß *pro non scripta* gelte.

Dem Verf. scheint die Ansicht, welche für die fortwährende Gültigkeit der älteren Bestimmungen sich entscheidet, durch überwiegende Gründe unterstützt zu seyn [1]).

Justinian spricht nämlich in const. 32. allein von dem Falle der querela inofficiosi testamenti, wie theils die Rubrik

1) BRUNNEMANN in Cod. Tit. de instit. et substit. l. 4. Nr. 5. giebt die hier bestrittene Ansicht für die „conclusio Doctorum communis" an, scheint sich aber doch mehr für die hier vertheidigte Meinung zu entscheiden. Ebenso LAUTERBACH. colleg. Pand. Lib. XXVIII. Tit. 7. §. 4. pr. Vergl. auch Höpfner Commentar §. 491. Not. 8. pos. 4. Dagegen ist AFFELMANN l. c. conclus. XIII. und in neuester Zeit vorzüglich Francke a. a. O. §. 5. a. E. S. 57. u. 58 oben u. §. 26 a. E. S. 348 unten u. 349.

des Titels de inofficioso testamento im Allgemeinen, theils die Worte der Constitution: qui ex antiquis legibus de inofficioso testamento actionem movere poterant, und: eorum jura, qui ad memoratam actionem vocabantur, im Besonderen deutlich zeigen [1]). Diese Klage bezog sich aber nie auf den Fall, wenn der suus im Testamente nicht rite instituirt war, weil alsdann das ganze Testament, ohne daß es hierzu einer Klage bedurfte, als nullum zusammenfiel. Der suus vereinigt nun in sich die doppelte Eigenschaft als suus und als Pflichttheilsberechtigter, vermöge deren er sowohl gehörige Institution oder Exheredation, als den Pflichttheil verlangen kann. Nur wenn die letztere dieser Verpflichtungen verletzt war, fand die querela inofficiosi testamenti statt, und darf darum, ohne besondere gesetzliche Bestimmungen, nicht auf die Fälle der Nullität des Testaments ausgedehnt werden. Eine solche beson-

1) Zwar will Francke a. a. O. §. 26. wegen der in Justinian's const. 30. C. de inofficioso testam. (3, 28.) (528) wiederholt vorkommenden Worte: in quibus de inofficiosis defunctorum testamentis *vel alio modo subvertendis* — die Nichtigkeit der Testamente wegen Präterition des suus, und die bonor. posess. contra tabulas des präterirten emancipatus nach dem Rechte des Coder allgemein ausschließen, wenn ihnen der Vater etwas durch Vermächtnisse hinterlassen hat; und darauf gründet er S. 348 unten und S. 349 die weitere Ansicht, daß nach dem Rechte des Coder auch die bedingte Einsetzung der sui heredes das Testament nicht ungültig machen könne, sondern die nicht rein potestative Bedingung bloß rücksichtlich des Pflichttheils als nicht beigefügt gelte, weil es nach const. 30. cit. „auf die Form der Einsetzung „gar nicht ankomme, wenn nur dem Sohne irgend etwas letztwillig „zugewandt worden". — Allein gegen Francke hat schon Fuhr in der Zeitschrift für Civilrecht und Proceß. Bd. 7. H. 2. Nr. IX. §. 4. u 6. mit Recht erinnert, daß die const. 30. cit. sowohl nach ihrer Stellung im Titel de inofficioso testam., als nach allgemeinen Grundsätzen der Interpretation, nicht so ausgedehnt erklärt werden könne, sondern daß sie mehr in Uebereinstimmung mit andern Gesetzesstellen in Justinian's Compilation, und beschränkter verstanden werden müsse, ohne daß darum die Worte: „vel alio modo subvertendis" als überflüssig erscheinen. — Das Nähere würde indessen zu weit führen, da hier die Streitfrage zunächst mit Beziehung auf const. 32. C. de inoffic. testam. selbstständig behandelt wird.

dere gesetzliche Vorschrift kann aber in der erwähnten const. 32. sicher nicht gefunden werden, und ebenso wenig läßt sich eine Ausdehnung derselben rechtfertigen, da sie offenbar ein correctorisches Gesetz ist, welches strict interpretirt werden muß; wenn man auch davon ganz absehen wollte, daß Justinian, der bei seinen verbessernden Vorschriften gewiß nicht wortkarg ist, hier wohl schwerlich ganz stillschweigend so tief in das alte Recht eingegriffen haben wird.

Dazu kommt noch, daß der Coder selbst die Fortdauer der älteren gesetzlichen Bestimmungen ausdrücklich bestätigt, wie die oben mitgetheilte const. 4. pr. C. de institut. et substitut. (6, 25.) so deutlich zeigt, indem er sagt, daß der pater familias, wenn er seinen filius in potestate unter einer nicht rein potestativen Bedingung eingesetzt habe, ohne ihn auf den Fall der Nichterfüllung gehörig zu enterben „jure testatus non videtur".

Zwar rührt diese Constitution von dem Kaiser Alexander Severus her, und ist aus dem Jahre 225, während const. 32. von Justinian im J. 529, also weit später, erlassen ist; — allein beide Constitutionen haben durch die Reception in dieselbe Gesetzessammlung ein gleiches Recht auf ihre Gültigkeit erworben; und ein Widerspruch zwischen beiden kann nicht angenommen werden, so lange noch nach den Regeln der Interpretation eine Vereinigung sich bewirken läßt; was in dem gegenwärtigen Falle ja so schwierig nicht erscheint.

Demnach wird das ältere Recht durch den Coder nicht verändert erscheinen. Und daß auch das Recht der Novellen [1]) nichts geändert, sondern vielmehr umgekehrt, jede Aenderung des Coder, wenn man eine solche annehmen wollte, wieder aufgehoben habe — weil Nov. 115. cap. 3. pr. [2]) und

1) Francke a. a. O. S. 349.

2) Nov. 115. cap. 3. pr. Sancimus igitur, non licere penitus patri vel matri, avo vel aviae, proavo vel proaviae, suum filium vel filiam, vel caeteros liberos praeterire, aut exheredes in suo facere testamento, nec si per quamlibet donatio-

cap. 4. pr. für Descendenten und Ascendenten überhaupt das Recht auf gehörige Institution oder Exheredation begründet, und dadurch diese Institution mit dem Pflichttheilsrechte nothwendig verbunden, dieselbe „zur Form des Testaments gemacht hat" [1]), — wird selbst von den Dissentienten [2]) zugegeben.

---

nem, vel legatum, vel fideicommissum, vel alium quemcunque modum eis dederit legibus debitam portionem etc.

1) Francke a. a. O. vergl. mit S. 46. a. E. 47.

2) Francke S. 349. und §. 31.

Giessen, gedruckt bei Carl Lichtenberger.

In ähnlichem Sinne urtheilen Beck's Repert. 1833. II., 4. und Schunk's Jahrbücher. 1833. I., 2.

Thibaut hat sowohl im Archiv für civilistische Praxis, namentlich Bd. 16. S. 407. Not. 21., als in der 8ten Ausg. seines Pandectensystems nicht selten des Verfassers Ansichten angeführt und angenommen, was neben den günstigen Urtheilen, die Mittermaier, Fritz rc. darüber gefällt, am ersten für den Werth der Schrift zeugen wird.

Sie ist durch jede Buchhandlung zur Einsicht und für 1 Rthlr. oder 1 fl. 48 kr. käuflich zu erhalten.

Außerdem ist bei dem Verleger dieser Schrift erschienen:

Röder, Dr. K., Abhandlungen über practische Fragen des Civilrechts, geh. 12 ggr. oder 54 kr. Inhalt: I. Untersuchung der Streitfrage über die Dauer der tacita relocatio urbanorum praediorum, als Beitrag zur Interpretation des fr. 13. §. 11. und fr. 14. D. loc. cond. nebst einigen Bemerkungen über tac. relocat. überhaupt. II. Kann error überhaupt präsumirt werden bis zum Beweiß des Gegentheils — und insbesondere bei der indebiti condictio nach erwiesener Nichtschuld? III. Inwieferne darf ein streitender Theil zum Beweiß eines behaupteten Irrthums zur Eidesleistung zugelassen werden? IV. Ueber die Natur und die rechtlichen Folgen der Vorausnahme (Antizipirung) der Zinsen. V. Ueber das Zurückfordern gezahlter nichtschuldiger Zinsen einer Schuld, und das Fordern von Zinsen einer gezahlten Nichtschuld — ein Beitrag zur Auslegung der const. 18. C. de usuris u. const. 1. C. de cond. indeb. in Verbindung mit fr. 26. D. de cond. indeb. VI. Ueber die Amtsthätigkeit des Richters im Fall ganz unterlassener oder falscher Benennung der Klage.

Auch über diese Schrift spricht sich Kind's Summarium II., 1. 2. sehr günstig aus. Schon die Inhaltsanzeige wird beweisen, daß der Verfasser nur Practisches sich zur Aufgabe gesetzt, die Schrift selbst, daß er diese Aufgabe mit Gründlichkeit und Scharfsinn in einer empfehlungswerthen, gedrängten und klaren Sprache gelöst hat.

Engelbach, des Hofgerichtsadvocaten Dr., rechtliche Vertheidigung wegen angeschuldigter Unziemlichkeiten und Beleidigungen gegen das Großherzogl. Hofgericht zu Gießen und das Großherzogl. Oberappellations- und Cassationsgericht zu Darmstadt. Nebst mehreren Anlagen. geh. 16 ggr. oder 1 fl. 12. kr.

Diese in ihrem Vaterlande mit dem höchsten Interesse gelesene Schrift behandelt in lichtvoller, höchst anziehender Sprache einen Gegenstand, der überall Aufmerksamkeit verdient, und in alle Verhältnisse eingreift, nämlich die Stellung der Partheien und ihrer Anwälte gegen die Gerichte. Die Arbeit kann zugleich als Muster jeder rechtlichen Vertheidigung angesehen und empfohlen werden.

Sodann erscheint im Laufe dieses Sommers:

Röder, Dr. K., Grundzüge der Politik (Staatswissenschaft). Etwa 12 Bogen.

Hüffell, Dr. K., Kameralrechnungsordnung für Domanial- und Standesherrliche Rentbeamte. Etwa 24 Bogen mit Tabellen.

Bestellungen können schon jetzt in allen Buchhandlungen darauf gemacht werden.

Giessen im Mai 1834.

J. Ricker.

Kolibri 360 GmbH
Ferdinand-Jühlke-Straße 7
99095 Erfurt, Deutschland
produktsicherheit@kolibri360.de